좋은 기사의 스토리텔링

좋은 기사의 스토리텔링
Legendary News Stories in Korea

초판 1쇄 인쇄 / 2025년 6월 5일
초판 1쇄 발행 / 2025년 6월 11일

지은이 / 박재영
펴낸이 / 한혜경
펴낸곳 / 도서출판 이채
주소 / 06074 서울특별시 강남구 학동로513, 6동 604호(청담동)
출판등록 / 1997년 5월 12일 제16-1465호
전화 / 02)511-1891
팩스 / 02)511-1244
e-mail / yiche7@hanmail.net
ⓒ 박재영 2025

ISBN 979-11-85788-26-5 93070

※이 책은 관훈클럽정신영기금의 도움을 받아 저술 출판되었습니다.

※값은 뒤표지에 있으며, 잘못된 책은 바꿔드립니다.

좋은 기사의 스토리텔링
Legendary News Stories in Korea

박 재 영

일러두기

1. 이 책에 사용된 국내외 기사는 제목과 매체 이름과 게재 날짜, 기자 이름을 밝히고 인용했다. 해당 기사가 타 문건에 소개되어 있으면 그 문건도 괄호 안에 밝히고 인용했다.

2. 기사의 제목, 본문, 날짜, 기자 이름은 온라인 게재 정보를 따랐고, 인터넷에 없는 과거 기사는 신문 지면의 게재 정보를 따랐다. 일부 기사의 온라인에 표기된 제목과 날짜는 지면의 정보와 다르다. 기사의 주 제목만 적었고, 부제목과 중간 제목은 제외하였다.

3. 기사 인용 부분 아래에 적은 기사 서지정보는 '기사 제목, 매체 이름, 날짜, ○○○ 기자'의 순서이다. 기자 바이라인은 모두 '○○○ 기자'로 통일했다. 지역에서 쓴 기사는 '지역명=○○○ 기자' 식으로 통일하여 적되, 특파원이라는 단어는 생략했다.

4. 옛 기사에 있는 한자와 고어는 현대어로 바꾸었다. 한자를 그대로 쓸 때는 '한자(한글)' 또는 '한글(한자)' 양식으로 적었다. 그 외에 저자가 기사에 추가한 부분은 '[ ]'로 표시했다. 기사 본문의 동그라미 번호는 저자가 설명의 편의상 붙인 것이다.

5. 맞춤법과 띄어쓰기는 한글 맞춤법을 따랐으며, 외국어 표기는 외래어 표기법을 따랐다. 본문 가운데 문장 부호의 사용은 다음과 같다. 신문·방송·통신·인터넷 매체·영화명 등은 홑화살괄호 〈 〉로, 책 제목은 겹낫표 『 』로, 잡지는 홑낫표 「 」로, 시·소설 작품 등은 ' '로 표기한다.

| 서 문 |

그간에 나는 미국 신문의 장점을 소개하고, 미국 기사를 칭찬하는 글을 많이 썼다. 미국 신문이 우리보다 200년이나 앞서고, 언론사와 기자도 많고, 기자 교육도 잘하므로 미국 신문에 좋은 기사가 많은 것은 당연지사다. 전작 『뉴스 스토리』는 그런 좋은 미국 기사를 한데 모은 책이다. 나는 미국 기사를 보면서 부러웠고, 한국 기사와 기자들에게 아쉬움을 느꼈고, 한국에도 좋은 기사가 있다는 희망과 오기를 품었다. 이것이 이 책의 탄생 배경이다.

좋은 기사를 찾으려고 도서관을 뒤져 보니 명칼럼집이나 명사설집, 특종기사 모음집, 심지어 명문장을 모은 책은 있지만, 명기사 모음집은 없었다. 신기하게도, 나쁜 기사를 모은 책은 있었다. 전현직 기자들에게 물어보니 선뜻 좋은 기사를 떠올리지 못하면서 안타까워하였다. 신문사마다 '전설의 특종기자'가 있는데, 신문사 사람들은 그 기자와 그의 특종 아이템은 알아도 그가 썼던 기사가 어떠했는지는 기억하지 못했다. 기사는 천덕꾸러기라는 생각이 들었다. 이 말이 전혀 지나치지 않음은 기자들이 기사를 대하는 태도를 보면 알 수 있다.

수습기자든 에디터든 한국의 기자들은 기사는 '그냥 쓰는 것'으로 안다. 육하원칙의 정보를 기사에 잘 담으면 그만이지, 무엇이 더 필요하냐고 되묻기까지 한다. 기자들은 기사를 기계적으로 쓴다. 자신의 글쓰기 습관을 바꾸려고 하지 않는다. 그 결과는 이렇다. 학생들에게 존경하는 기자를 물어보면 대뜸 칼럼을 쓴 사람의 이름을 댄다. 기자를 기억하되 그의 기사가 아니라 칼럼으로 기억한다는 뜻이다. 칼럼은 공들여서 쓰니 그럴 만하다. 학교의 미디어 담당 교사들은 교재로 사용할 나쁜 기사는 많은데 좋은 기사는 없다고 말한다. 이런 말을 들을 때마다 좋은 기사를 찾아야겠다는 의욕이 더 생겼다.

'좋은 기사'라고 하지만, 사람마다 '좋다'의 의미는 서로 다르다. 아래와 같은 기사라면 당연히 좋은 기사일 텐데, 이 중에서 한두 가지만 부합해도 충분하다.

재미있는 기사, 술술 읽히는 기사, 몰입할 수 있는 기사, 성실한 취재에 기반한 기사, 실명 취재원으로 신뢰도를 높인 기사, 사안을 다각적으로 입증하는 기사, 감동을 주는 기사, 기억되는 기사, 공유하고 싶은 기사, 구매하고 싶은 기사

혹자는 여기에 특종기사가 빠졌다고 의아해하겠지만, 특종기사도 재미있거나 몰입되거나 감동을 줄 수 있도록 써야 한다. 그래야 단순 클릭 이상으로 기사 만족감이나 언론사 충성도를 높이는 좋은 기사가 될 수 있다. 한마디로, 특종기사도 잘 써야 한다. 또 하나, 익명 취재원으로 된 기사는 좋은 기사가 되기 어렵다. 독자들은 익명 취재원에 별 거리낌 없는 것처럼 보이지만, 내심 기사를 불신하고 기자를 의심한다. 독자의 눈이 조금만 높아지면 익명 취재원의 기사는 설 자리를 잃을 것이다.

나는 1896년 〈독립신문〉부터 지금까지 130여 년간의 기사 중에서 좋은 기사를 찾겠다는 목표를 세웠다. 기사 수집이 관건이어서 여러 방법을 활용했다. 첫째, 언론인들을 만나서 좋은 기사에 대해 설명하고, 그에 부합하는 기사를 추천받았다. 둘째, 문헌에서 좋은 기사의 단서를 찾았다. 언론사의 사사(社史) 및 언론인과 언론학자의 저서는 당대의 훌륭한 기자와 기사를 소개한다. 〈경향신문〉, 〈동아일보〉, 〈서울신문〉, 〈조선일보〉, 〈중앙일보〉, 〈한국일보〉의 사사 및 『한국언론인물사화』, 『한국언론사』, 『한국현대언론인 열전』 등이 그런 책이다. 셋째, 4년 전에 내가 젊은 기자 20여 명과 함께 만든 'N클럽'은 매달 한 번 모여서 근래 자기가 읽은 좋은 기사를 소개하고 장단점을 토론하는

데, 여기에서도 좋은 기사를 많이 발굴했다. 이런 방법으로 국내 매체의 좋은 기사 500여 개를 모았으며 그중에서 100개를 이 책에 실었다. 기사를 엄선할 때, 몇몇 언론학자와 전현직 기자의 검토를 받았다.

책에 실린 기사의 일부는 기자 여러 명이 길게는 몇 달 동안 만든 대형 기획 기사이며 나머지는 개별 기자가 당일의 사안을 평소보다 조금 더 신경 써서 좋게 만든 기사다. 작심하고 준비하여 만드는 기사도 훌륭하지만, 취재의 일상에서 평소보다 조금 더 신경 써서 좋게 만드는 기사가 진짜 명품이다. 프리미엄 뉴스나 에버그린 콘텐츠(evergreen content)는 멀리 있지 않다.

이 책은 좋은 기사를 스토리텔링 차원에서 해석했다. 책을 3부로 나누었는데, 제1부는 기사 주제나 구성과 같은 큰 틀에서 기사를 해석했으며, 제2부는 그보다 조금 작은 틀인 객관성 차원의 해석이며 제3부는 가장 작은 틀인 표현 차원의 해석이다.

처음에 걱정했듯이 이 일은 도저히 혼자서는 못 할 일이었다. 그 정도로 이 책에는 숨은 공저자가 많다. 정진석 한국외국어대학교 명예교수는 책의 기획 때부터 물심양면으로 나를 도와주었다. 옛 기사를 찾아 주었으며 손수 문서로 작성하여 파일로 보내 주기도 했다. 나의 질문에는 자세한 답변과 함께 더 알아볼 수 있는 길까지 안내했다. 김학순 고려대학교 초빙교수는 좋은 기사 찾기에 도움을 줄 수 있는 기자 30여 명을 추천했으며 수시로 좋은 기사와 기자에 대한 정보를 전해 주었다. 박정찬 고려대학교 기금교수는 이 책에 여러 번 등장하는 안병찬 언론인권센터 명예이사(전 〈한국일보〉 기자)와 만나는 자리를 만들어 주었다. 홍병기 한국신문윤리위원회 심의위원(전 〈중앙일보〉 기자)은 『뉴스 동서남북』이라는 책을 통해 좋은 기사를 선구적으로 발굴하였는데, 추가로 찾아볼 문헌과 전문가를 내게 제안하였다. 나경택 전 〈전남매일〉 기자는 5·18 광주항쟁 때 위험을 무릅쓰고 찍었던 귀중한 사진을 책에 사용하도록 허락해 주었다.

 이재경 이화여대 명예교수, 배정근 전 숙명여대 교수, 이완수 동서대 교수, 안수찬 세명대 교수, 김창숙 한국언론진흥재단 선임연구위원, 이희정 〈미디어오늘〉 대표, 김진경·이진·신석호·임보미 〈동아일보〉 기자, 김태익 〈조선일보〉 기자, 유대근 〈한국일보〉 기자, 오대양 〈뉴스타파〉 기자도 좋은 기자와 기사 찾기를 도와주었다.

 4년 전부터 나와 함께 기사 공부모임을 하면서 직접 좋은 기사를 발굴하였던 N클럽 멤버들은 이 책의 일등 공신이다. 강은·전현진 〈경향신문〉 기자, 강수련·원태성·이비슬·임세원 〈뉴스1〉 기자, 조권형·조웅형·최미송 〈동아일보〉 기자, 이소연 〈매일경제〉 기자, 김미루·정세진 〈머니투데이〉 기자, 노유정 〈문화일보〉 기자, 변은샘 〈부산일보〉 기자, 조민희 〈부산MBC〉 기자, 조희연 〈세계일보〉 기자, 공병선 〈아시아경제〉 기자, 안정훈·오지은·임지우 〈연합뉴스〉 기자, 김예림 〈연합뉴스TV〉 기자, 김지환 〈조선비즈〉 기자, 구아모·윤상진 〈조선일보〉 기자, 이준성 〈채널A〉 기자, 노지원·장현은·조해영 〈한겨레〉 기자, 한경제 〈한국경제〉 기자, 조소진 〈한국일보〉 기자, 허지원 〈CBS〉 기자, 이희령 〈JTBC〉 기자, 안희재 〈SBS〉 기자가 그들이다.

 좋은 기사의 단서를 소개받거나 문헌에서 기사를 언급한 한 줄을 읽으면, 게재 매체와 날짜와 기자를 찾으려고 신문사 기사 아카이브와 인터넷 포털을 검색하고, 도서관과 온라인 서점을 뒤지고, 지인에게 물어보았다. 그러나 기사 찾기는 고대 유적의 보물찾기 같았다. 여기저기 수소문해도 못 찾을 때는 끝까지 한번 해보자는 오기가 발동했다. 그렇게 기사의 존재를 확인했을 때는 원고를 다 쓴 것처럼 기뻤지만, 난관은 남아 있었다. 도서관의 귀중 서고나 희귀 서고에서 발견한 신문과 책은 손을 대기만 해도 으스러질 지경이어서 한 장 한 장 조심해서 넘기면서 사진을 찍었다. 인쇄본으로 남아 있지 않은 신문은 눈이 따갑도록 마이크로필름을 돌려 가며 기사를 찾아서 손으로 옮겨 적었다.

책을 준비하던 4년은 언론 성현들의 레전드 기사를 찾아 읽는 기쁨의 시간이었다. 한국 신문 역사에서 낙양지귀(洛陽紙貴)의 시대를 발견하고 지면으로나마 그 주역들을 만나는 행운도 누렸다. 그런 기사는 요즘의 대중에게는 처음 알려지는 기사들이다. 나는 '숨은 보석 같은 기사'를 찾고 싶었고, 찾을 수 있다고 믿었으며, 결국 찾았다. 미국의 퓰리처상 수상작 못지않게 탁월한 기사가 한국에도 있었다!

독자와 광고의 이탈, 포털과 유튜브의 위력, 정부 규제, 편 가르기와 가치의 충돌, 기자 공격 등 언론 내외부의 난국을 타개하기 위해 기자 개개인이 할 수 있는 유일한 일은 기사를 잘 쓰는 것이다. 마음에 드는 한두 아이템은 평소보다 조금 더 신경 써서 어떻게 해서든지 과거와 다르게 잘 써 보려고 해야 한다. 특종기사도 그 자체에 만족하기보다 독자가 감동적으로 읽을 수 있도록 쓰기를 권한다. 칼럼이 아니라 기사에 매료되고, 칼럼니스트가 아니라 기자가 우대받는 시대를 기대해 본다.

오랫동안 원고를 주무르면서 때로 길을 잃고 뒤죽박죽이 되고 개악이 되기도 했는데, 집필 과정에서 한혜경 도서출판 이채 대표가 실수와 오류를 바로잡는 데 도움을 주었다. 꼼꼼하게 원고를 읽고 날카롭게 비평해 준 공로에 감사드린다.

이 책에 실린 기사는 한국 언론의 역대 좋은 기사 중 빙산의 일각일 것이다. 독자 여러분이 기억하는 좋은 기사도 숱할 것이다. 많은 사람에게 좋은 기사가 더 많이 전파될 수 있도록 여러분의 제보를 기다린다.

박재영
고려대학교 미디어대학 교수, jaeyungp@korea.ac.kr

| 목 차 |

서문 … 5

제1부 주제와 구성

1. 일상에서 주제 찾기 … 21

대표 기사

"걷다 보면 길 보일까요". 마포대교 24시간 기자가 만난 사람들. 〈국민일보〉 2015.12.10. 김판 기자

2. 과정 중심의 글쓰기 … 29

대표 기사

강남 한복판서 멈춰 선 구급차… 오라는 응급실 '0'. 〈동아일보〉 2023.3.28. 조건희·송혜미·이상환·이지윤 기자

3. 사건 재구성 … 39

대표 기사

총독부에 폭발탄! 〈동아일보〉 1921.9.13.
➡ 김익상의 조선총독부 폭발 사건
세 차례 성폭행, 기억 안 난다? 「한겨레21」 2007.1.27. 길윤형 기자

4. 사건 중간종합 … 48

대표 기사

五件條約請締顚末(오건조약청체전말). 〈황성신문〉 1905.11.20.
➡ 을사늑약 강제 체결 과정
別報(별보). 〈공립신보〉 1908.3.25.
➡ 전명운과 장인환의 스티븐스 저격

5. 시점의 혼재 ··· 74

> **대표 기사**

바닷가 공업도시에 아프간 꼬마들 벚꽃처럼 왔고요. 〈경향신문〉 2022.4.14. 울산=조해람 기자
➜ 아프간 기여자들의 울산 정착 과정

6. 티저 예고 ··· 88

> **대표 기사**

어둠 속에서 사내 둘이 다가왔다. 다짜고짜 수갑을 채웠다. 〈동아일보〉 2013.9.30. 신광영·손효주 기자
➜ 북한 이탈주민들의 기구한 운명

"괜찮은 척했다 살아가야 했기에". 〈동아일보〉 2022.8.9. 지민구·김예윤·이소정·이기욱 기자
➜ 순직 소방관 가족의 슬픔과 재기

7. 호기심을 유발하라 ··· 99

> **대표 기사**

설설 이끌었소! 전황의 여파는 군밤 장사에도 감쪽같이 변장하고 안동까지. 〈조선일보〉 1924.10.9. 이서구 기자
➜ 군밤 장수 변장 취재

8. 주연-조연 구도 ··· 110

> **대표 기사**

모정의 뱃길 3만 4천리, 6년을 하루같이 20리길 노 저어 딸 등교시킨 어머니. 〈한국일보〉 1962.2.10. 여수=이문희 기자

하루는 책보 이틀은 깡통, 대전에 목불인견의 구걸 대열. 〈경향신문〉 1964.5.9. 대전=손충무·장비호 기자

9. 프로타고니스트 대 안타고니스트 ··· 120

대표 기사

고양이 n번방, '인천 토리'의 추적이 시작됐다. 〈경향신문〉 2023.3.4. 전현진 기자

7과 4 사이… 꽃피운 '잡초' 김경문 야구. 〈중앙일보〉 2008.8.26. 김식 기자

10. 미스터리 추적 ··· 135

대표 기사

광주항쟁 곳곳에 등장한 이 미국 청년을 아십니까. 〈오마이뉴스〉 2020.5.12. 소중한 기자

11. 다큐멘터리 ··· 148

대표 기사

무명의 정주영 수주·차관 '두 개의 바늘구멍' 뚫은 알프스 산장의 한판. 〈경향신문〉 1982.3.8. 특별취재반(손광식 편집국장 대리, 최낙동 논설위원, 백선기·이승구 기자)

➜ 정주영의 조선소 성공 신화

12. 주인공 추적취재법 ··· 163

대표 기사

대화고추와 첫눈. 〈한국일보〉 1987.1.6. 안병찬 논설위원

해송이 속삭이는 갯마을 풍상. 〈일간스포츠〉 1980.8.15. 안병찬 기자

13. 논픽션 5단계 구조 ··· 183

대표 기사

소록도의 반란. 「사상계」 1966.10. 이규태 기자

➜ 이청준 『당신들의 천국』의 모태 기사

제2부 객관화

1. 글은 주제 증명이다 ••• 209

대표 기사

부모 갈등·따돌림이 패륜 참극 불렀다. 「시사저널」 2000.6.8. 고제규 기자

2. 물증을 찾아라 ••• 222

대표 기사

"김영란법요? 그렇다고 접대가 사라지겠어요". 〈헤럴드경제〉 2015.3.5. 배두헌 기자

초등생의 참혹한 죽음 이후… 인천 그 동네, 모든 게 달라졌다. 〈동아일보〉 2017.7.26. 김단비·최지선 기자

3. 입증의 다원화 ••• 234

대표 기사

사기당한 'MB 자원외교'… "석유보다 물 더 퍼내". 〈한겨레〉 2015.1.18. 리마·딸라라=최현준·임인택·김정필 기자

4. 인물 그리기 ••• 241

대표 기사

'미아리텍사스' 약사 이미선 씨 "언니들 얘기 들어 주는 것, 그게 치유". 〈경향신문〉 2019.9.7. 장은교 기자

백만 불의 혀바닥. 〈민중일보〉 1952.
➡ 아이젠하워 인물 기사

5. 인물의 변화 ••• 263

대표 기사

벚나무 보며 슬픔 삭였는데… 두 번째 딸도 떠났다. 〈한국일보〉 2024.4.20. 진달래 기자

아들 선물로 주려고 했는데… 영정 사진으로 끝난 앨범. 〈한국일보〉 2024.4.23. 원다라 기자

6. 평전 쓰기: 지인을 취재하라 ··· 277

대표 기사

김성근, 야구, 야구, 야구밖에 모르는 '야구바보'. 〈조선일보〉 2013.7.19. 김수혜 기자

"전재수는 우리 동네 서민… 아무리 센 사람 와도 안 돼". 〈조선일보〉 2024.4.15. 부산=김경필 기자

7. 관점이 있는 글쓰기 ··· 290

대표 기사

'기이한 전투'의 정지 당사국 제쳐 놓은 결정서로 종막. 〈조선일보〉 1953.7.29. 판문점=최병우 기자
→ 6·25전쟁 휴전협정 체결 장면

만찬장서 디스코 공연… "이것이 변화다". 〈조선일보〉 1990.10.20. 오태진 기자

8. 돌직구 비평 ··· 304

대표 기사

탄탄하게 만든 화제의 수작 〈깊고 푸른 밤〉. 「주간조선」 1985.3.24. 정영일 기자

신상옥의 〈이별〉과 F. 포드 코폴라의 〈대부〉를 보고. 「월간 영화」 1973.10. 정영일 기자

제3부 묘사와 서사

1. 관찰과 묘사 ··· 321

대표 기사

襤褸憔顔(남루초안)으로 고국 부두에 금의환향은 옛말에만 그치던가. 〈조선일보〉 1946.2.12. 부산=김찬승 기자

심해의 "그로" 문어공 별장은 의외로 함정. 〈조선일보〉 1935.8.10. 채만식 기자

피난 열차. 〈민주신보〉 1951.

삼등차통신. 〈서울신문〉 1954.4.

2. 디테일을 살려라 ··· 347

대표 기사

폭력배에 짓밟힌 장충단 강연회. 〈동아일보〉 1957.5.27.

Aftermath of atomic bomb: A city laid waste by world's most destructive force. 〈The New York Times〉 1945.9.9. William L. Laurence
→ 나가사키 원자폭탄 투하 관찰기

수도고지의 탈환 전야 비분의 최후 수단, 전우 시체를 방패로 처절한 전투. 〈조선일보〉 1952.9.14. 전동천 기자

막힌 회전문 엉킨 시체 연옥 같은 그 현장, 숯덩이 같아 남녀 구별 못 해. 〈중앙일보〉 1974.11.4. 김광섭 기자
→ 서울시 청량리역 대왕코너 화재 현장

3. 친근한 문장 ··· 369

대표 기사

인구 350명 중 65세 이상 80명, 늙어도 대부분 앓아눕는 일 없어. 〈한국일보〉 1995.3.16. 이하마=박래부 기자

낙농인들 "우유 버리기" 시위 확산. 〈한국일보〉 2003.6.4. 나주·함평=고찬유 기자

4. 한두 문장에 승부를 걸어라 ··· 381

대표 기사

한 소방관의 죽음. 〈국민일보〉 1999.6.2. 김훈 편집위원

서울서 두 시간 거리엔 '캄보디아'… 이 농장선 나 홀로 한국인이었다. 〈조선일보〉 2024.5.4. 장근욱 기자

5. 무조건 재미있게 ··· 393

대표 기사

전 세계 500명 기자 중 28명만 라운드 기회… 한경 기자 마스터스 무대에 서다. 〈한국경제〉 2022.4.17. 오거스타(미국 조지아주)=조희찬 기자

'하룻강아지와 범' 예상 뒤집혀, 한봉진 돌격 伊(이) 수비진 흔들려. 〈동아일보〉 1974.2.20. 국흥주 기자

➡ 1966년 잉글랜드월드컵 조별리그 북한–이탈리아 전

6. 목격기: 실황중계 ··· 416

대표 기사

지루하게 끌던 3년 동안 예심 조선인으로는 처음 있는 큰 사건. 〈조선일보〉 1926.3.3. 동경=이석 기자

➡ 박열의 일본 도쿄대심원 대법정 공판

박 대령 살해범 총살형 목격기. 비장한 유언. 〈서울신문〉 1948.9.26. (〈조선통신사〉 조덕송 기자)

➡ 4·3사건 강경 진압 지휘관 박진경 대령 살해범 사형 장면

태연한 표정 짓고 끝까지 조국통일 부탁하며 애국가에 대한민국 만세도 고창(高唱). 〈조선일보〉 1957.9.26. (〈동화통신〉 박성환 기자)

➡ 이승만 정부 특무대장 김창룡 살해범 사형 장면

7. 르포르타주 ··· 435

대표 기사

탄광지대일기. 「월간 중앙」, 1978.2. 오소백 기자

사이공 최후의 새벽 나는 보았다. 〈한국일보〉 1975.5.6. 마지막 특파원 본사 안병찬 기자

괌도서 급전
➡ 월남 패망을 마지막까지 지켜본 르포

8. 내러티브 에세이 ··· 453

대표 기사

돌·모래 위 평화와 전쟁 함께 엉겨. 〈한국일보〉 1982.1.1. 정달영 기자

2011년 도심의 봄… 그러나 압구정에 봄은 없다. 〈국민일보〉 2011.4.7. 박유리 기자

There is no news from Auschwitz. 「The New York Times Magazine」 1958.8.31. A. M. Rosenthal

9. 시적 표현 ··· 464

대표 기사

헐려 짓는 광화문. 〈동아일보〉 1926.8.11. 小木吾子(설의식 기자)

오오, 朝鮮(조선)의 南兒(남아)여! 〈조선중앙일보〉 1936.8.10. 심훈
➡ 손기정 마라톤 우승 절명시

거리는 인산인해, 상가 완전철시로 조의를 표명. 〈국도신문〉 1949.7.6. 조덕송 기자
➡ 김구 장례식 시적 기사

참고문헌 ··· 476
찾아보기 ··· 486

그림 목차

〈그림 1〉 "답답한 마음에 걷다 보면 길이 보일까요". 〈국민일보〉 2015.12.11. ── 25
〈그림 2〉 총독부에 폭발탄! 〈동아일보〉 1921.9.13. ── 41
〈그림 3〉 五件條約請締顚末(오건조약청체전말). 〈황성신문〉 1905.11.20. ── 52
〈그림 4〉 別報(별보). 〈공립신보〉 1908.3.25. ── 65
〈그림 5〉 전 경성을 들어 흥미의 초점 된 변장 탐방 제1군 금석 출동. 〈조선일보〉 1924.10.7. ── 102
〈그림 6〉 모정의 뱃길 3만 4천 리. 〈한국일보〉 1962.2.10. ── 112
〈그림 7〉 광주항쟁 때 시민들과 함께 부상자를 들것으로 옮기는 팀 원버그. ── 135
〈그림 8〉 무명의 정주영 수주·차관 '두 개의 바늘구멍' 뚫은 알프스 산장의 한판. 〈경향신문〉 1982.3.8. ── 154
〈그림 9〉 대화고추 사기. 〈한국일보〉 1986.12.25. / 대화고추와 첫눈. 〈한국일보〉 1987.1.6. ── 166
〈그림 10〉 '소록도의 반란'의 내러티브 포물선. ── 185
〈그림 11〉 소록도의 반란. 「사상계」 1966.10. ── 189
〈그림 12〉 취재 방법 및 문장의 3종류. ── 223
〈그림 13〉 "부끄러움보다 안타까움, 그들과 한편을 먹고 싶었어요". 〈경향신문〉 2019.9.7. ('미아리텍사스' 약사 이미선 씨) ── 246
〈그림 14〉 김성근, 야구, 야구, 야구밖에 모르는 '야구바보'. 〈조선일보〉 2013.7.19. ── 283
〈그림 15〉 '기이한 전투'의 정지. 〈조선일보〉 1953.7.29. ── 293
〈그림 16〉 심해의 "그로" 문어공 별장은 의외로 함정. 〈조선일보〉 1935.8.10. ── 335
〈그림 17〉 폭력배에 짓밟힌 장충단 강연회. 〈동아일보〉 1957.5.27. ── 350
〈그림 18〉 막힌 회전문 엉킨 시체 연옥 같은 그 현장. 〈중앙일보〉 1974.11.4. ── 366
〈그림 19〉 사이공 최후의 새벽 나는 보았다. 〈한국일보〉 1975.5.6. ── 445
〈그림 20〉 2011년 도심의 봄… 그러나 압구정에 봄은 없다. 〈국민일보〉 2011.4.7. ── 459
〈그림 21〉 헐려 짓는 광화문. 〈동아일보〉 1926.8.11. ── 467
〈그림 22〉 오오, 조선(朝鮮)의 남아(男兒)여! 〈조선중앙일보〉 1936.8.10. ── 471

제 1 부
주제와 구성

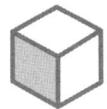

1. 일상에서 주제 찾기

서울시 한강 다리는 28개이며 짧아도 800m, 길면 2.9km나 된다. 길다 보니 걸어서 건너는 대신 차나 전철로 다리를 지나면서 한강을 감상한다. 간혹 걷는 사람이 있는데, 왜 저 사람은 굳이 걸어가는지 의아했을 것이다. 다리가 마포대교라면 보는 이의 마음은 궁금증을 넘어 조금 심란해진다. 마포대교는 여전히 자살 시도가 가장 많은 다리다. 누군가 마포대교 1.4km를, 그것도 살을 에는 한겨울에 걷고 있다면, 과연 그는 어떤 사람일까? 그게 궁금해서 김판 〈국민일보〉 기자는 마포대교로 나가 봤다. 12월 초순의 추운 날이었다.

> 서울 기온이 영하로 내려간 8일 오전 9시. 지하철 마포역부터 걸어서 마포대교 서쪽 인도에 올라섰다. 강바람은 더 차가웠다. 여의도를 향해 걷는데 맞은편 동쪽 인도에서도 한 남성이 걷고 있었다. 우리는 쌩쌩 달리는 차들을 사이에 두고 10여 분을 나란히 걸었다.

정장을 입은 그는 몇 걸음 터벅터벅 걷다 멈춰서기를 반복했다. 자꾸만 한강을 바라봤고, 알 수 없는 소리를 지르기도 했다. 왜 그러는지 물어보려면 먼저 여의도에 도착해야 했다. 서둘러 다리를 건너 여의나루역까지 쫓아가서야 그를 붙잡아 세울 수 있었다.

이 겨울에 1.4km 마포대교를 걸어서 건너는 이들이 있다. 운동 나온 차림도 아니고, 산책하기 좋은 날씨도 아니다. 차를 타면 3분도 안 걸리는데 굳이 20여 분을 들여 매서운 강바람을 맞으며 다리를 건넌다. 왜 그러는 건지, 저 남성을 만난 것과 같은 방식으로 8일 오전 9시부터 24시간 동안 마포대교 걷는 이들을 만나 물었다.

"마지막일지 몰라 한번 건너보고 싶었어요." 여의나루역 앞에서 A 씨(29)는 이렇게 말문을 열었다. 이날 아침 인턴으로 일하던 여의도의 잡지사에 그만두겠다는 말을 하고 나왔다고 했다. 3년 전 서울 사립대 국문과를 졸업하고 아르바이트로 버티다 구한 일자리였다. 글쓰기를 좋아해 잡지사 일이 괜찮을 줄 알았는데, 사람 만나는 게 영 힘들었단다.

A 씨는 "회사는 참 좋은 곳이었어요. 제가 안 맞았던 거죠"라고 여러 번 말했다. 그래도 아쉬움이 남아 마포대교를 걸어서 건너갔다 다시 걸어서 돌아온 거였다. 중간에 뭔가 소리를 지른 건 아마 자신을 향한 꾸짖음 같은 거였을지 모른다. 여의나루역을 내려가면서 에스컬레이터를 두고 굳이 계단을 택했다. 집에 빨리 가도 할 게 없다고 했다.

오전 11시가 되자 마포대교를 걷는 사람이 꽤 많아졌다. 그 사이로 앳된 여학생들의 웃음소리가 들렸다. 재수학원에서 친구가 됐다는 이진표(19), 이민희(19), 박서현(19) 양. 수시모집 결과를 기다리다 나온 거였다. '셀카' 찍으며 웃고 떠드느라 좀처럼 걷는 속도를 내지 못했다. "시간은 많은데 돈이 없어서요. 그냥 이렇게 종일 다니려고요" 하더니 "우리 재수했다고 (기사에) 우울하게 나오는 거 아니죠?"라고 발랄하게 물었다.

오후 1시쯤 대학생 문성은(19) 양이 귀에 이어폰을 꽂고 마포대교 남단에 올라섰다. 마포역 근처 미술학원에 가는데 한 정거장 전인 여의나루역에 내린 터였다. 문 양은 전공을 미술로 바꾸려 하는 중문과 학생이었다. 학원에서 재능 있는 후배들 볼 때마다 '난 너무 늦었나' 생각이 들고, 그래서 걷는다고 했다. 문 씨는 "이렇게 마포대교를 걸어야 마음을 다잡고 미술학원에 갈 수 있다"고 말했다.

김영찬(23) 씨는 이날 전역한 군인이었다. 여의도에서 동기생들과 전역 기념 점심을 먹고 집까지 걸어가는 길이라고 했다. 전역 기분에 들떠서인지 야전상의를 벗어 들고 있었다. '생명의 다리' 문구를 유심히 읽던 그는 "복학 전까지 뭘 할지 계획을 짜야겠다"며 걸음을 재촉했다.

오후 3시가 되자 여의도 IFC몰 위에 해가 올라섰다. 노란 햇빛이 마포대교를 따라 나란히 한강에 내렸다. 모녀도 몸이 닿을 듯 말 듯 거리를 유지하며 나란히 마포대교를 걸어왔다. 22세 딸의 진로 문제로 며칠간 딸과 신경전을 벌였다는 어머니는 딸의 '데이트 신청'에 못 이기는 척 따라 나왔다고 했다.

어머니는 "화해하자고 바로 화해가 되나요. 그냥 이렇게 한강 보면서 걷다 보면 풀리기도 하고 어떻게든 되겠죠"라며 미소를 지었다. 토라졌던 딸도 입가를 씰룩였다. 모녀는 다리 중간 벤치에 앉아 한동안 밀린 이야기를 나눴다.

오후 3시 30분의 마포대교는 여의도 빌딩 청소원 장모(60·여) 씨의 퇴근길이다. 장 씨는 "집에 가서 저녁 먹고 일찍 자야 내일 새벽 4시에 나올 수 있다"며 "시간이 없으니 이렇게라도 걸어야 건강을 챙긴다"고 말했다.

─ "걷다 보면 길 보일까요". 마포대교 24시간 기자가 만난 사람들.
〈국민일보〉 2015.12.10. 김판 기자

김판 기자는 6시간 30분 동안 기대 이상으로 여러 사람을 만났으며 그들의 사연은 훨씬 더 기대 이상으로 흥미로웠다. 이런 취재는 어떤 기자도 성공을 장담하지 못할 텐데, 이 정도 수확이면 더 밀어붙이고 싶은 의욕이 생긴다. 이제 겨울철 짧은 해가 지고 어둠이 내리깔릴 것이다. 밤의 마포대교를 보아야 하지 않는가?

오후 5시가 되자 하늘이 붉게 물들기 시작했다. 해가 모습을 감출수록 강바람은 더 거세졌다. 취업준비생 이모(22·여) 씨가 찬바람을 맞으며 혼자 걷고 있었다. 이 씨는 "2년간 다닌 회사가 적성에 안 맞아 2주 전 그만뒀다"며 "내 길이 뭔지 모르겠고 답답해서 나왔다. 마포대교 간다니까 친구들이 뛰어내리지 말라더라"며 웃었다. 이 씨는 '내일이 더 기대되는 사람'이라는 난간 문구 앞을 한참 서성이더니 휴대전화로 그 문구를 촬영해 돌아갔다.

박경진(26·여) 씨는 2시간을 걸어 마포대교에 왔다고 했다. 시내 회사의 계약직 콜센터 직원인데 오후 7시 30분 퇴근해 줄곧 걸었고, 마포대교도 걸어서 건너는 길이었다. 이렇게 집에 가면 꼬박 3시간이 걸린다. 도대체 왜? 박 씨는 "이렇게 걸어야 전화상담 스트레스도 풀리고 앞으로 뭘 할지 고민도 해볼 수 있다"며 "걷는 것만으로도 큰 힘이 된다"고 답했다.

날이 바뀌었다. 마포대교도 텅 비었다. 과연 이 밤중에 걷는 사람이 있을까? 오전 1시 18분, 멀리 여의도 쪽에서 중년 남성이 걸어왔다. 그는 기자를 경계했다. 어디서 출발했느냐는 뜻으로 "어디서 오셨냐" 물었는데 "중국 동포"라고 했다. 왜 걷느냐 물으니 "왜요? 누가 시켜서 왔어요?"라고 한다. 그는 잠시 걸음을 멈추곤 "저 앞에 경찰 있어요?"라고 되물었다.

오전 1시 30분쯤 소방차 3대와 순찰차 1대가 마포대교에 나타났다. 한강에는 경광등을 켠 모터보트까지 등장했다. 소방서 상황실에 전화해 보니 "자살하려는 동생을 찾아 달라"는 30대 여성의 신고가 접수된 터였다. 한참을 수색한 경찰은 마포역 인근에서 그 동생을 찾아냈다. 마포대교에 오르기 직전이었다.

오전 4시 30분 마포대교의 하루는 이미 시작됐다. 전날 오후 3시 30분 퇴근길에 만났던 빌딩 청소원 장 씨가 다시 마포대교에 왔다. 이번엔 출근길이었다. 그는 알람시계가 오전 3시 30분에 맞춰져 있다고 했다. 가방에는 아침·점심 도시락 2개가 들어 있었다. "빨리 가서 사무실에 청소기 돌려야 한다"며 걸

"재수하지만 우울하진 않아"

"전공 바꾸자니 고민 많아요"

"복학 때까지 계획 잘 짜야죠"

"답답한 마음에… 걷다 보면 길이 보일까요"

마포대교서 24시간… 본보 기자가 만난 사람들

서울 기온이 영하로 내려간 8일 오전 9시. 지하철 마포역부터 마포대교 서쪽 인도에 올라섰다. 강바람은 더 차가웠다. 여의도를 향해 걷는데 맞은편 동쪽 인도에서도 한 남성이 걷고 있었다. 우리는 생명 달리는 차들을 사이에 두고 100m분을 나란히 걸었다.

정중앙 입구. 그는 몇 걸음 터벅터벅 걷다 범퍼식기를 반복했다. 자꾸만 한강을 바라보고, 알 수 없는 소리를 지르기도 했다. 서울이 다리를 건너 여의나루역까지 쫓아가서야 그를 붙잡아 세울 수 있었다.

이 추위에 1.4㎞ 마포대교를 걸어서 건너는 이들이 있다. 운동 나온 차림도 아니고, 산책하기 좋은 날씨도 아니다. 차를 타면 3분도 안 걸리는데 굳이 20여분을 들여 매서운 강바람을 맞으며 다리를 건넌다. 왜 그러는 건지, 저 남성을 만난 것과 같은 방식으로 8일 오전 9시부터 24시간 동안 마포대교 걷는 이들을 만나 물었다.

한강에 해가 떠오르고

"마지막일지 몰라 한번 건너보고 싶었어요." 여의나루역 앞에서 A씨(29)는 이렇게 말문을 열었다. 이날 아침 인터넷으로 일하던 여의의 잡지사에 그만두겠다는 말을 하고 나왔다고. 3년 전 서울시립대 국문과를 졸업하고 아르바이트를 버티다 구한 일자리였다. 글쓰기를 좋아해 잡지사 일이 괜찮을 줄 알았는데, 사람 만나는 게 힘들었다며.

A씨는 "회사는 참 좋은 곳이었는데 제가 안 맞았던 거죠"라며 여러번 말했다. 그래도 아쉬움이 남아 마포대교를 걸어서 건너갔다. 다시 걸어서 돌아올 것이었다. 중간에 빈 가 소리를 지른 건 아마 자신을 향한 꾸짖음 같은 거였을지 모른다. 여의나루역을 내려가면서 에스컬레이터를 두고 굳이 계단을 택했다.

잠지사 그만둔 20대 "제가 부족했죠" 티격태격했다는 모녀도 화해 시도 19세 대학생 "움직여야 마음 다잡아"

택했다. 집에 빨리 가도 할 게 없다고 했다.

오전 11시가 되자 마포대교를 걷는 사람이 많아졌다. 그 사이로 옛날 여학교의 웃음소리가 들렸다. 재수학원에서 친구가 됐다는 이진표(19) 이민찬(19) 박서현(19)양. 수시모집 결과를 기다리다 나온 거였다. '셀카' 찍으며 웃고 떠드느라 춤처럼 걷는 속도를 내지 못했다. "시간은 많은데 돈이 없어서요. 그냥 이렇게 종일 다니고요." 하더니 "우리 재수했다고 (기사에) 우울하게 나오는 거 아니죠?"라고 발랄하게 물었다.

오후 1시쯤 대학생 문성은(19)양이 귀에 이어폰을 꽂고 마포대교 남단에 올라섰다. 마포역 근처 미술학원에 가기에는 한 정거장 전인 여의나루역에 내린 터였다. 문양은 전공을 미술로 바꾸려 하는 증문과 학생이었다. 학원에서 재능 있는 후배들 볼 때마다 '난 너무 늦었나' 생각이 들고, 그래서 걷는다고 했다. 문씨는 "이렇게 마포대교를 걸어와 마음을 다잡고 미술학원에 갈 수 있다"고 말했다.

김영찬(23)씨는 이날 전역한 군인이었다. 여의도에서 동기생들과 전역 기념 점심을 먹고 집까지 걸어가는 것이라고 했다. 전역 기분에 들떠서인지 야전상의 벗어 들고 있었다. '생명의 다리' 문구를 유심히 읽더니 그는 "복학 전까지 뭐 할 지 계획을 짜야겠다"며 걸음을 재촉했다.

오후 3시가 되자 여의도 IFC몰 위에 해가 걸렸다. 노란 햇빛이 마포대교를 따라 나란히 한강에 내렸다. 모녀도 몸이 닿을 듯 붙어 거리를 유지하며 나란히 마포대교를 걷고 있었다. 22세 딸의 진로 문제로 며칠간 말다 신경전을 벌였다는 어머니는 딸의 '데이트 신청'에 못이기는 척 따라 나섰다. 어머니는 "화해하자고 바로 뭐 화해가 되나요. 그냥 이렇게 한강 보면서 걷다 보면 풀리기도 하고 이렇게 개운 되겠죠"라며 미소를 지었다. 토라졌던 딸도 입가를 실룩이더니 중간 벤치에 앉아 한 동안 밀린 이야기를 나눴다.

오후 3시30분이 되자 마포대교는 여의도 빌딩 청소원 장호(65-여)씨의 퇴근길이었다. 장씨는 "집에 가서 저녁 먹고 잠자고 자야 내일 새벽 4시에 나올 수 있다"며 "시간이 없으니 이렇게라도 걸어야 건강을 챙긴다"고 말했다.

해가 지자 바람이—

오후 5시가 되자 하늘이 붉게 물들기 시작했다. 해가 모습을 감출수록 강바람은 더 거세졌다. 취업준비생 이모(22-여)씨가 찬바람을 맞으며 혼자 걷고 있었다. 이씨는 "2년간 다닌 회사가 적성에 안 맞아 2주 전 그만뒀다"며 "내 길이 뭔지 모르겠고 답답해서 나왔다. 마포대교 간다니까 친구들이 뛰어내리지 말라더라"며 웃었다. 이씨는 '내일이 더 기대되는 사람'이라는 난간 문구 앞을 한참 서성이다 휴대전화로 그 문구를 촬영해 돌아갔다.

퇴근때 만난 청소원 다음날 또 만나 "내 알람시계 오전 3시30분 되면 울려" 40대 작장인 "4년째 걸어서 출퇴근"

오후 7시30분쯤 소방차 3대와 순찰차 1대가 마포대교에 나타났다. 한강에는 경 공특보 선 모터보트까지 등장했다. 소방 본 상황실에 전화해보니 "자살하려는 동생을 찾아 달라"는 30대 여성의 신고가 접수된 터였다. 한참을 수색한 경찰은 마포역 인근에서 그 동생을 찾아냈다. 마포대교 위로 오르기 직전이었다.

다시 해가 뜨고

오전 4시30분 마포대교의 하루는 이미 시작됐다. 전날 오후 3시30분 퇴근길에 만났던 빌딩 청소원 장씨가 다시 마포대교에 왔다. 이번엔 출근길이었다. 그는 알람시계가 오전 3시30분에 맞춰 있다고 했다. 가방에는 아침·점심 도시락 2개가 들어 있었다. "빨리 가서 사무실에 청소가 끝나야 한다"며 걸음을 서둘렀다.

오전 7시가 지나서야 날이 훤해졌다. 서류가방을 든 심준용(42)씨가 걸어왔다. 집에서 직장까지 50분 거리를 4년째 걸어 다닌다고 했다. 마침 헬퍼들이 무리지어 마포대교 위를 날아가고 있었다. "저는 힘이 남에 이런 데가 없어요. 저는 매일 봐요"라고 물었다. "중국동포"라고 했다. 왜 건느냐 물으니 "왜요? 누가 시켜서 왔어요?"라고 했다. 그는 잠시 걸음을 멈추곤 "저얼마 경찰 와있어요?"라고 되물었다.

오전 1시30분쯤 소방차 3대가 순찰차 1대가 마포대교에 나타났다. 한강에는 경찰가방을 든 심준용(42)씨가 걸어왔다. 집에서 직장까지 50분 거리를 4년째 걸어 다닌다고 했다. 마침 헬퍼들이 무리지어 마포대교 위를 날아가고 있었다. "저는 힘이 남에 이런 데가 없어요. 저는 매일 봐요"라고 물었다. 실은 SNS에 이런 출근길 풍경을 자주 올렸다. "하루 종일 콘크리트 건물에서 모니터만 보고 있는데, 오갈 때라도 땅바닥을 디디면 얼마나 답답해요?"

글·사진=김민 기자 pan@kmib.co.kr

"2년 만에 퇴사… 내 길은 어디"

"나이 80 넘으니 운동도 힘들어"

"자살 신고 받고 출동 했어요"

알바 고등 "택시비 아까워죠"

〈그림 1〉 "답답한 마음에 걷다 보면 길이 보일까요". 〈국민일보〉 2015.12.11.

음을 서둘렀다.

　　오전 7시가 다 돼서야 날이 훤해졌다. 서류가방을 든 심준원(42) 씨가 걸어왔다. 집에서 직장까지 50분 거리를 4년째 걸어 다닌다고 했다. 마침 철새들이 무리지어 마포대교 위를 날아갔다. 그는 "저거 보세요. 서울에 이런 데가 없어요. 저는 매일 봐요"라고 했다. 심 씨는 SNS에 이런 출근길 풍경을 자주 찍어 올린다. "하루 종일 콘크리트 건물에서 모니터만 보고 있는데, 오갈 때도 땅속으로 다니면 얼마나 답답해요?"

　　4년 전에 젊은 기자 20여 명과 함께 '좋은 기사'를 찾아내서 토론하는 'N클럽'을 만들었는데, 구아모 〈조선일보〉 기자(당시 〈서울경제〉 소속)가 이 기사를 소개하면서 "언론이 '사회 엘리트'의 담론에 치중하는 바람에 일반 시민의 일상적이고 소소한 삶은 잘 다뤄지지 않는다"라고 했다. 역시, 이 기사의 매력 포인트는 일반 시민 취재원이다. 기사에 등장한 사람들은 지금 이 책을 읽는 당신 같은 소시민이다. 당신의 친구, 직장 동료, 이웃, 부모 같은 사람들이어서 그들의 말과 행동이 가깝게 다가온다.

　　시민들의 말과 행동은 함축적이다. 기사의 한 댓글은 "서술하지 않아도 뭘 말하고 싶은지 공감됩니다. 뛰어난 기사네요"라고 했다. 헤밍웨이의 글쓰기 원칙인 '빙산 이론'(김욱동, 2008, 285쪽)처럼, 기사는 구구절절 부연하지 않음으로써 오히려 더 강렬하게 메시지를 전한다. 생략의 미학, 여백의 미덕을 잘 살린 덕에 독자는 스스로 무언가를 생각하게 됐다. 기사 속 사람들은 현재 각자가 짊어진 서로 다른 고민을 말하지만, 독자에게는 그것이 자기가 겪은 일련의 인생 경험으로 되살아난다. 가만히 생각해 보니, 대학 입시를 치르고, 제대하고, 진로를 고민하고, 직장에서 힘들고, 퇴사를 결심하고, 자녀와 다투고, 중년 가장의 무게를 느꼈을 때, 내 심정이 기사와 똑같았다. 그렇게 독자는 기사에 빙의한다. 한 독자는 댓글에 "모든 게 우리 이야기네요"라고 썼다. 나는 이 기사를 수십 번 읽었는데, 지금 다시 읽으면서도 기사 속 사람들의 말에 울고 웃는다.

요즘같이 상처받는 시대에 이런 청량제 기사가 절실하다. 권력층이나 사고뭉치 유명인들이 뉴스를 도배하는 현실에서 일반 시민만으로도 좋은 기사를 만들 수 있다. 필부들의 평범한 일상사는 어떠한 사건보다 더 울림이 크다. 결정적 이유는 삶과 죽음, 사랑과 이별, 성장과 고통, 우정과 배신, 기쁨과 슬픔 같은 만인의 공통 관심사를 다루기 때문이다(박재영, 2020). 크레이머와 콜(Kramer & Call, 2007/2019)은 이를 '친밀한 저널리즘'(intimate journalism)이라고 하였다(493쪽). 그 효과는 위 기사의 댓글에서 분명하게 확인된다. "기사가 안 될 것 같은데, 의미 있는 주제를 뽑아냈다", "기사 내용을 예측할 수 없었기 때문에 좋았다", "이런 기사가 필요하다. 있는 대로 썼을 뿐인데 메시지가 엄청 강렬하다", "의견을 강요하지 않아서 좋다. 눌러 쓴 칼럼보다 훨씬 더 좋다!"….

이 기사의 취재원은 13명이며 그중 7명이 실명이고 6명은 익명이다. 취재원이 많고, 절반 이상을 실명으로 확보한 기자의 노력은 칭찬받을 만하다. 기사에 맨 처음 등장하는 취재원이 실명이어야 하는데, 그렇지 못한 점은 이 기사의 유일한 '옥에 티'다.

기자들은 이 기사가 어떻게 에디터를 통과했는지를 궁금해할 수 있다. 국내 언론사에서 이 기사처럼 주제가 불분명하면 야단맞기 딱 좋다. 더구나 김판 기자가 경력 10개월 때 이 기사를 썼다는 사실을 알면, 게이트키핑(gatekeeping) 과정이 더 궁금해진다. 김판 기자는 사단법인 '저널리즘클럽Q'의 2023년 'Q 저널리즘상' 지원서에 그 과정을 다음과 같이 털어놓았다.[1]

2015년 12월 8일 화요일 아침 출근길에 당시 선정수 〈국민일보〉 사회부 사건팀장은 차로 마포대교를 지나면서 걷는 사람을 보았고, 겨울철 차가운 강바람을 맞으며 다리를 걷는 사람들이 그날따라 신기하게 보였다. 선 팀장은 그날

---

1) 추가로 2024년 4월 22일 김판 기자와 전화 인터뷰를 했다.

저녁 사건팀 회의 때 그 얘기를 꺼냈으며 마포 지역 담당이면서 마침 별다른 기삿거리가 없던 김판 기자에게 일을 맡겼다. 김 기자는 다음 날인 수요일 오전 9시부터 목요일 오전 9시까지 꼬박 24시간 취재하고 곧바로 원고를 작성하여 금요일인 11일 신문에 기사를 게재했다. 결국 선정수 사건팀장의 '추운데 왜 걷지?'라는 개인적 호기심이 기사의 출발점이었다. 역시 윗사람이 지시를 잘 내리면 좋은 기사가 나온다.

김판 기자는 긴가민가한 상태에서 취재를 시작했지만, 첫 취재원부터 사연이 흥미로웠으며 시간이 갈수록 예상치 못한 이야기들이 쌓이면서 오후엔 재밌는 기사를 쓸 수 있겠다는 자신감이 생겼다. 저녁이 되어도 사건팀장의 철수 지시가 없던 차에, 김 기자는 밤새워 취재해야 하느냐고 물어보자니 퇴근하고 싶다는 뜻으로 비칠 것 같아서 차마 그러지 못하고, '그래, 뭐 미친 척하고 한 번 해 보자'라는 생각으로 마포대교 위에서 밤을 지새웠다. 다음 날 아침 6시, 팀장은 전화를 걸어와 "설마 마포대교냐? 아이고, 깜빡했다"라고 했지만, 그의 정확한 속내는 지금도 김 기자는 알지 못한다. 다만, 기사가 될 것 같다고 팀장에게 흥분된 목소리로 보고했던 것은 또렷하게 기억하고 있다.

사건팀장의 후원에 이어 태원준 당시 사회부장(현재 논설위원)이 이런 기사를 좋아한다는 점도 큰 도움이 됐다. 태원준 부장은 편집회의 때 편집국장에게 신문 1개 면을 요구했을 정도로 이 기사를 독자에게 크게 자랑하고 싶었다. 그랬던 만큼 태원준 부장과 김찬희 사회부 차장(현재 경제산업 담당 부국장)은 기사를 다듬는 데 무척 공을 들였다. 편집국에선 신선한 시도였다거나 막내 기자가 발에 땀 냄새 나는 좋은 기사를 썼다는 호평이 있었다. 한 독자는 "진짜 24시간 있었나 보네 ㄷㄷ 김판 기자 이름 기억해 놔야겠다"는 댓글을 달았다. 당시 태원준 사회부장은 "한국 사회를 딱 잘라 보여 주는 단면 같은 기사"라고 말했다고 한다. 10년이 지난 지금도 한국은 이 기사와 똑같다. 앞으로 10년, 20년이 더 지나도 크게 다르지 않을 것이다. 에버그린 콘텐츠(evergreen content)란 이런 기사를 두고 하는 말이다.

기사는 우리 주변에 있다. 취미로 글을 쓰는 사람에게도 글감은 주변에 널려 있다. 주변에 있는 평범한 사람들의 이야기가 독자에게 친근하고 호소력 있다. 일상이 기사 창고이며 글감의 보고(寶庫)이며 블루오션이다. 이런 일에는 컴퓨터나 휴대전화를 뒤지는 '손품' 대신 직접 가서 현장을 보는 발품이 필요하다. 현장에 가 보면 답이 있다. "안 풀릴 때는 일단 나가 보라."[2]

2. 과정 중심의 글쓰기

기자들은 대개 역피라미드 구조로 기사를 작성한다. 기사 주제를 앞세우면 쓰기가 편하고 읽기에도 좋다. 예를 들어, 경찰이 불심 검문으로 어떤 사람을 붙잡아 조사했더니 그가 미제사건의 범인이었다면, 역피라미드 구조의 기사는 '두 미제사건의 범인이 경찰의 불심 검문에 붙잡혔다'로 시작할 것이다. 이 리드 문장은 사건의 결과를 한마디로 요약했다. 역피라미드 구조는 결과 중심적이다. 결과를 먼저 제시하므로 일단 속 시원하지만, 무언가를 더 알아 가는 재미와 호기심은 별로 없다. 이와 정반대는 결과를 나중에 제시하는 방식인데, 그러려면 과정을 앞세워야 한다. 다음 기사가 그런 예다.

---

2) 유대근 〈한국일보〉 사회정책부 차장이 엑설런스랩 팀장 시절인 2024년 2월 3일 N클럽 특강 때 한 말이다. 유대근 차장은 최근 1년 6개월 동안 '추적: 지옥이 된 바다', '세월호 참사 10년 기획: 산 자들의 10년', '새마을금고의 배신', 'K스포츠의 추락, J스포츠의 비상', '사라진 마을: 오버투어리즘의 습격' 기획기사로 한국기자협회의 '이달의 기자상'을 5회나 수상했다. 2015년 '대한민국 노블레스 오블리주'(고위 공직자 직계비속의 병역 특혜 추적 보도)와 2024년 '세월호 참사 10년 기획'으로 관훈언론상을 받았으며 2025년에는 '새마을금고의 배신'으로 한국기자상을 받았다.

지난달 26일 오전 4시쯤 서울 광진구의 한 주택가. 추석을 앞두고 강·절도 예방을 위한 집중 순찰을 돌던 경찰이 점퍼 차림으로 동네를 배회하던 한 남성을 발견했다.

이 남성은 잰걸음으로 왔던 길을 되돌아가며 힐끔힐끔 경찰이 탄 차를 쳐다봤다. 이상한 낌새를 느낀 경찰은 차에서 내려 남성을 쫓아가 불심 검문을 했다. 키 172cm에 머리가 약간 벗겨진 동네에서 흔히 볼 수 있는 평범한 30대 남성이었다.

경찰이 신원 확인을 위해 이름을 묻자 남자는 횡설수설하더니 다른 사람 이름을 댔다. 자신이 가지고 있던 휴대전화번호도 제대로 대지 못했다. 확인 결과 1년 전쯤 도난당한 전화였다. 경찰은 소지품에서 자동차 열쇠가 나오자 이 남성을 추궁해 자동차로 이동했다. 자동차에서는 여성 속옷 20여 점과 흉기 3점, 컴퓨터 하드디스크가 나왔다.

지구대에서 확인한 결과 컴퓨터 하드디스크에서 23명의 남녀 신분증을 찍은 사진이 저장돼 있었다. 8년 전 자택에서 목 졸려 숨진 채 발견된 회사원 정모(여·사망 당시 31세) 씨 신분증 사진도 나왔다. 두 건의 부녀자 강도살인사건을 저지른 피의자 이모(37) 씨가 붙잡히는 순간이었다.

경찰은 이 씨 집과 자동차에서 변태 성향의 포르노 동영상이 담긴 700~800MB짜리 CD 967장과 컴퓨터 외장 하드디스크 10개를 발견했다. 또 이 씨가 1998년 강도 혐의, 2002년 여자 속옷을 훔친 혐의 외에 2006년 속칭 '바바리맨' 행위를 한 혐의로 입건되는 등 전과 3범인 점을 미루어 정 씨 사건과 관련이 있을 것으로 보고 이 씨를 집중 추궁했다. (중략)

―속옷 도둑인 줄 알았는데 '연쇄 살인범'.
〈조선일보〉 2009.10.6. 전현석·변희원 기자

기사는 대뜸 경찰의 순찰 장면을 보여 주다가 배회하던 남성, 불심 검문, 휴대전화의 도난 확인, 여성 속옷과 하드디스크 발견으로 착착 넘어간다. 정보의 밀도가 높고 전개가 빨라서 이후에 얼마나 더 많은 내용이 나올지 궁금해진다. 여기까지가 기사 전체 분량의 1/4인데, 범인 검문과 추궁의 과정을 앞세운 덕에 독자의 호기심을 유발하고 추리 분위기까지 낼 수 있었다. 이것이 과정 중심의 글쓰기다.

과정 중심 글쓰기는 위 기사처럼 새로운 사건에서 효과적이지만, 이미 알려진 사건에서는 더 위력적이다. '응급실 뺑뺑이'는 종종 언론에 보도되어 많이 알려졌음에도 실상을 아는 사람은 별로 없다. 그래서 그것이 얼마나 처절한 상황인지 잘 모른다. 응급환자가 응급실에 가지 못하고 거리를 뺑뺑이 도는 상황은 과연 어떤 상황일까? 아래 기사를 보면 그것을 알 수 있다.

> 붉은 경광등을 켠 구급차 안에서 세 남자가 사투를 벌이고 있다. 시린 칼바람이 불던 1월 12일 서울 송파구 석촌호수 인근 6차로 도로에 구급차 한 대가 서 있다. 이미 퇴근길 정체가 풀리고도 남았을 오후 9시 19분인데 최경환 잠실119구급대 반장이 탄 구급차는 달리는 차들 사이에서 외로이 멈춰 서 있다.
>
> 구급차 안에서 가슴에 전극을 주렁주렁 단 진수(가명·68) 씨는 가쁜 숨을 몰아쉬고 있다. 가슴 통증을 호소하는 그가 구급차에 탄 건 오후 8시 37분. 이미 42분이 지났다.
>
> 최 반장이 연신 전화를 걸었다. "은평성모는 전화를 안 받아." 엄지로 발신 기록을 훑었다. 가까운 거리순으로 서울아산병원, 삼성서울병원, 서울성모병원, 마지막으로 은평성모병원까지…. 환자를 태우고 나서 이미 21곳에 전화를 건 터였다.
>
> 최 반장은 다시 전화를 들었다. 22번째 병원이다. 분초를 다투는 순간에도 차분한 안내 음성이 흘러나왔다.
>
> "안녕하십니까, 이대목동병원 권역응급의료센터입니다. … 의무기록, 진단서 등 제 증명 발급 문의는 1번, … 기타 문의는 0번을 눌러 주십시오."
>
> 0번을 눌렀다. 연결음, 상담원, 다시 연결음을 거쳐 59초 만에 응급실로 연결

됐다. "68세 남자 환자인데 가슴 통증이랑 호흡 곤란이 있습니다. 수용 가능할까요?"

진수 씨는 오후 7시 10분부터 가슴이 아팠다고 했다. 손목시계를 확인하는 순간, 초조함이 밀려온다. 환자 상태를 전하는 최 반장의 말소리가 더 빨라졌다. 만약 심장에 이상이 생긴 거라면, 나아가 심장 혈관이 막혀 있다면 가슴 통증이 시작되고 90분 안에 치료를 받아야 한다.

진수 씨의 생사가 달렸을지 모를 시간, 구급차가 우두커니 서 있는 이유는 오라는 응급실이 없어서다. 대형병원 56곳이 모여 있는 서울 한복판에서 벌어지는 일이다. 매일 119구급대원들이 겪고 있는 일이기도 하다.(①)

"근처에서 수배가 안 돼요?" 강남에도 병원이 많지 않으냐는 질문이다. 이대목동병원은 구급차의 위치로부터 30분이 넘는 거리에 있다.

"네…. 다 안 된다고요." "잠시만요."

길어지는 침묵에 고개를 돌려 다른 병원에 전화를 걸던 정진우 반장에게 물었다. "전화해 봤어?" "지금 안 된대. 중환자실에 빈 병상이 없대요."

잠시 후 응급실 직원은 "저희도 병상이 없어서 수용이 안 될 것 같습니다"라고 말했다. 3분 1초의 통화가 끝났다. 바로 23번째 병원에 전화를 건다.

내내 눈을 감고 통증을 참던 환자가 쥐어짜는 목소리를 냈다. "세상에 이런 경우가 있어요? 심장이 이렇게 아픈데…."

〈동아일보〉 히어로콘텐츠팀은 지난해 10월부터 올해 3월까지 응급실과 구급차에서 37일을 보내며 병원을 찾아 표류하는 환자와 그 가족을 인터뷰했다. 1월 12일은 최 반장의 출동에 동행했던 날이었다. 이날 밤 기자의 기록은 이렇게 끝난다. '여의도성모병원 응급실에 도착하기까지 1시간 15분.'

—강남 한복판서 멈춰선 구급차… 오라는 응급실 '0'.
〈동아일보〉 2023.3.28. 조건희·송혜미·이상환·이지윤 기자

여기까지, 기자는 1시간 15분 동안 구급차에서 본 내용을 요약했다. ①번 문

단이 주제 문단이다. 기사는 이렇게 주제를 개괄한 다음에, 구급차 안의 상황을 정밀하게 보여 주기 시작한다.

"심장이 '쿵쾅쿵쾅' 너무 크게 뛰어요."
　진수 씨가 저릿한 통증을 처음 느낀 건 약 2시간 전. 퇴근하고 집으로 가던 길이었다. '이러다 설마' 할 만큼 통증이 심해진 건 오후 8시 37분. 아내는 119로 전화를 했고 5분 만에 구급차는 도착했다.
　최경환 잠실119구급대 반장의 구급차가 서울 송파구 삼전동 진수 씨의 집에 도착했을 때 그는 가슴을 움켜쥔 채 고통스러워했다.
　서둘러 진수 씨를 태웠지만 구급차는 달릴 수 없었다. 오후 8시 48분, 최 반장은 인근 응급실 병상 정보가 뜨는 구급대용 '병상 정보 상황판' 애플리케이션(앱)을 열어 병원 목록을 훑었다.
　가장 가까운 삼성서울병원에는 '-35'라는 숫자가 뜬다. 35명이 대기 중이란 뜻이다. 빈 병상이 날 가망이 없는 숫자다. 서울아산병원은 '-9'였다. 전국에서 환자가 몰리는 이른바 '빅5' 병원의 응급실은 늘 이렇다.
　20분 이내에 있는 강동성심병원 응급실에는 빈 병상이 있다고 표시됐다. 그래도 구급차는 시동을 걸지 못했다. 응급실은 병상이 있지만 '중환자실에 병상이 없다'는 경고가 함께 떴기 때문이다. 만약 진수 씨를 심장 모니터와 인공호흡기 등을 갖춘 중환자실로 옮겨야 한다면 다시 병원을 찾아 거리를 헤매게 된다는 뜻이다.
　건국대병원은 빈 병상이 있다고 표시됐다. 곧바로 전화를 걸었다.
　"송파 잠실 구급대원이고요."
　"혹시 저희 병원에 다니는 분이세요?" 환자의 상태 설명이 끝나기도 전에 응급실 직원이 물어 왔다.
　"그건 아니고 가슴 통증이랑…."
　"병상 없어서 다 대기 중입니다."

이 환자의 자택 근처 5km 안에는 대형병원 5곳이 있다. 모두 진수 씨 받기를 거절했다. 응급실 빈 병상이 없거나 심장 검사를 할 의사가 없다고 했다. 최 반장의 전화기 너머로 '죄송한데요'로 시작하는 대답이 계속 들려왔다.

"중환자실에 빈 병상이 없어서요."(한양대병원)

"응급으로 심장 검사가 안 돼요."(을지대병원)

"가슴 통증 환자가 너무 많아서 시술도 못 하고 있어요."(고려대 안암병원)

진수 씨 부인의 표정이 점점 어두워졌다. "응급실 자리가 없는 거예요? 119만 타면 그냥 (병원에) 가는 줄 알았는데…."(②)

기자들이 습관적으로 수집하는 인터뷰 코멘트가 하나도 없다. 기자는 입을 꾹 다문 채 그저 지켜볼 뿐이다. 그 덕에 장면을 정밀하게 그릴 수 있었고, 인물들의 대화를 옮길 수 있었다. 게이 탤리즈(Gay Talese)는 기자를 '벽에 붙은 파리'(Kovach & Rosenstiel, 2021/2021, 388쪽)라고 했는데, 이렇게 취재하는 기자가 별로 없다. 기사는 ②번 문장을 통해 한 번 더 주제를 제시했다. 기자의 설명문이 아니라 취재원의 인용문으로 주제를 처리한 점이 돋보인다. 이렇게 장면을 확대 묘사한 '현장 내러티브'를 진하게 풀어냈으므로 독자는 인지 에너지를 소비하며 정보 처리의 피로감을 느꼈을 것이다. 그래서 기사는 상황의 배경을 설명하는 '요약 내러티브'로 전환하여 독자가 수월하게 정보를 얻도록 도와준다(박재영, 2020, 167쪽). 아래가 그 대목이다.

> 2주 전에 이송했던 호흡곤란 환자는 응급실에 들어가지 못했다. 병원이 없어 빈 병상이 표시된 곳으로 구급차를 급히 몰았지만 의식을 잃은 응급환자가 오고 있다고 했다.
> 응급실은 일찍 온 순서가 아니라 생명이 위태로운 환자 순서로 진료한다. 다른 중증 환자가 줄지어 대기하고 있을지도 모르는 곳으로 무작정 향했다간 진수 씨가 되레 위험해질 수 있다.

이날 밤 구급차는 찢어진 지도 반쪽을 들고 망망대해를 항해하는 것처럼 보였다. 의료 인프라가 집중된 서울 한복판에서 밤마다 응급 대란이 벌어진다면 응급실 중환자실 의료진이 모두 가동되는 병원이 어딘지 찾아 주는 시스템이 있을 법도 한데, 그런 시스템은 없다.(③) 지금까지 병원의 빈 병상과 의사 당직 현황을 119에 제공하려는 시도는 번번이 무산됐다. 아직도 구급대가 일일이 전화를 걸 수밖에 없는 구조다.

위 ③번 문장은 응급환자가 길거리를 표류할 수밖에 없는 구조적 이유를 설명한다. 요약 내러티브는 적은 분량에도 많은 정보를 담을 수 있어서 이야기 진전에 경제적이다. 현장 내러티브는 길고 정밀하게, 요약 내러티브는 짧고 간명하게 쓰면 좋다. 지금 기자가 관찰하고 있는 응급환자는 아직 병원을 구하지 못했다. 과연 그는 무사히 병원에 도착하게 되는지, 또는 표류만 하다가 결국 어떻게 되는 것은 아닌지, 기사는 독자의 궁금증을 풀어 주기 위해 다시 현장 내러티브로 돌아온다.

전화가 길어지자 누워 있던 환자가 신음을 흘렸다. 최 반장이 큰 소리로 물었다. "환자분, 지금 통증이 더 심하세요?" 환자가 겨우 고개를 끄덕인다. "좀…."
두 반장은 다급해진다. "국립중앙의료원 뭐 들어온 거 있어?" "수용 불가. 중환자실 풀(만실)." "중앙대병원은?" "'모든 환자 불가'."
진수 씨는 38도의 미열이 있고 사흘 전부터 잔기침을 했다. 응급실 직원은 고개를 저었다. 신종 코로나바이러스 감염증(코로나19)이 의심되니 검사를 해야 하는데 격리실에 빈 병상이 없다고 했다.
보건복지부는 지난해 10월 응급실에 '응급환자는 우선 진료부터 하고 코로나19 검사는 나중에 하라'는 지침을 내렸으나 집단감염이 발생하면 오롯이 피해를 감수해야 할 병원은 소극적이었다. 정부 지침과 현장이 따로 놀고 있었

다.(④)

　서울 안에서 병원을 찾지 못한 최 반장은 경기 성남시 분당제생병원에 전화를 걸었다. 심장 검사는 해줄 수 있다고 했지만 코로나19가 양성이면 귀가하는 조건이었다. 빈 격리실이 없어서 입원이 어렵다는 이유였다.
　"그럼 코로나면 어떻게 되는 건가요?" 눈물이 그득한 진수 씨의 아내가 묻는다.
　환자가 놀랄까 봐 차분히 설명하고 있지만 최 반장의 머릿속은 복잡하다. 만약 코로나19 양성이면서 심장도 이상이 있다고 판명된다면…. 격리 병상도 있고 응급 시술도 가능한 병원을 찾아 다시 도로 위를 헤매야 한다. 자칫 제때 치료받지 못할 가능성도 있었다. 분당으로 가는 건 포기한다. 최 반장은 다시 전화기를 들었다.
　오후 9시 26분. 24번째로 한양대구리병원에 전화를 걸었다. "지금은 전화를 받을 수 없습니다. 다시 이용해…." ARS 전화를 끊으면서 최 반장은 지난해 봄 유독 안타까웠던 환자를 떠올렸다.(⑤) 숨을 제대로 못 쉬는 90대 할머니를 구급차에 눕혀 두고 30곳 넘게 전화를 돌리고 있었다. 곧 돌아가실 것 같았다. 귀가 뜨거워지도록 전화를 걸어 봐도 오라는 병원이 없었다.
　"그만, 응급실 그만 찾으세요. 집에서 편히 임종하게 해 드리고 싶어요." 한 시간쯤 떠돌았을 때 할머니의 가족이 말했다. 결국 최 반장은 할머니의 집으로 구급차를 돌렸다.
　정 반장은 이대서울병원에 전화를 걸었다. 23번째 병원이다. 상담원은 이미 응급실에 너무 많은 전화가 걸려와 연결이 되지 않을 수 있다고 했다. 실제 정 반장의 전화는 응급실에 닿지도 않았다.
　구급대에 주어진 응급실 번호는 무늬만 '핫라인'이었다. 세 번 걸면 한 번은 ARS나 상담원으로 넘어갔다. 정부는 응급환자 이송 문제가 지적될 때마다 '핫라인' 신설을 대책으로 내놓았지만 공허한 다짐이었다. 구급대는 고장난 무전기를 든 것이나 다름없었다.(⑥)

25번째는 서울 중랑구 녹색병원. 전화를 받지 않았다. 이제 서울엔 전화할 병원이 몇 곳 남지 않았다. 26번째는 서울 영등포구 여의도성모병원이었다. 같은 내용을 반복했다. 68세 남성, 가슴 통증, 호흡 곤란…. "잠시만요"라는 말 뒤로 '엘리제를 위하여'가 흘러나온다.
　　멜로디가 서너 바퀴 돌았을까. "오시면 될 것 같아요." 드디어 구급차가 출발했다. 한강을 따라 한참을 달린 오후 9시 52분, 여의도성모병원에 도착했다. 병원 26곳에 전화를 31차례 한 끝이었다. 진수 씨의 아내가 119에 전화한 지 1시간 15분 만이다.(⑦)
　　진수 씨를 내려 주고 최 반장은 1.5L짜리 물을 꿀꺽꿀꺽 마셨다. 환자는 살았을까. 심장은 괜찮을까. 구급대는 직접 이송한 환자의 진료 결과는커녕, 생사조차 알 수 없다. 개인정보라는 이유로 구급대에 알려 주지 않는다. 최 반장이 말했다. "아쉽죠. 만약에 알 수 있으면, 다음에 비슷한 환자를 태울 때 더 잘할 수 있을 텐데."(⑧)

　　기사는 병원과 응급실이 응급환자를 받지 못하는 저마다의 이유를 보여 주면서도 ④, ⑥, ⑧번 문장에서 구조적 문제점을 짚는다. 이런 문제점이 어떤 결과를 낳을 수 있는지를 알려 주면, 독자는 더 잘 설득될 것이다. 기사는 그것을 ⑤번 이후 8개의 문장에서 회상 형식으로 풀어 나간다. 이 부분은 구급대원의 과거 경험을 현재화한 '상황 재구성'인데, 이것을 기자가 설명문으로 썼다면 김빠지고 재미없었을 것이다. 이 기사를 쓴 기자는 글의 생동감을 살리고 흡인력을 높이는 노하우를 알고 있다. 안타깝고 속 터지는 전화 통화가 계속되다가 26번째 통화에서 구급대원과 응급실의 '밀땅'은 끝난다. 기자와 독자의 밀땅도 끝난다. ⑦번 문장의 '1시간 15분'은 기사의 맨 앞에서도 언급된, 이 사안의 주요 정보다.
　　〈동아일보〉히어로콘텐츠팀이 만든 위 기사는 '표류'라는 기획의 첫 번째 기사이며 '응급실 밀착 관찰기'라는 부제가 붙었다. 여러 매체가 응급실을 뺑뺑이 도는 환자의 표류를 보도했지만, 그 과정을 이 기사만큼 적나라하게 보여 주지 않았다. 그래서 강렬하지 않았고 효과도 적었다. 사람들은 언론 보도를 통해 무언가를 알게 되지만 속속들이 알지는 못한다. 기사가 사안의 겉만 건드렸을 뿐이지 속을 보여 주지 않았기 때문이다(박재영, 2021b). 사안을 훨씬 더 생생하게 보도해야 한다. 그러면 위 기사처럼 "여태껏 처음 접해 본 기사다"라거나 "수필이나 소설에 있을 법한 자세한 묘사는 독자를 그날의 구급차 안으로 이끈다"는 독자 반응을 유발할 수 있다.

이 기사의 가장 큰 공적은 사안을 남의 일이 아니라 내 일로 여기게 만들었다는 점이다. 기실, 위와 같은 응급상황은 누구나 당할 수 있다. 만일 내가 지하철 계단에서 발을 헛디뎌 구르거나 빙판길에 미끄러지거나 교통사고를 당하거나, 아니면 갑자기 길거리나 식당에서 혼절하거나 심장마비를 겪는다면, 과연 나는 어떻게 될까? 박용준 카카오 뉴스파트장(현 다음앱 총괄)도 바로 그 점을 실감했다. 그는 매일 〈다음뉴스〉로 들어오는 거의 모든 기사를 훑어볼 정도로 기사를 많이 보는데, 2023년 3월에 이 기사를 보면서 "연말까지 더 볼 것도 없이 올해의 원톱으로 확신했다"고 말했다(박재영, 2023b, 100쪽). 한 독자 역시 "노인 시대에 남의 일이 아닐 거다"라고 하면서 "이 기사를 쓴 기자는 '진짜' 기자"라고 했다. 기사를 쓴 〈동아일보〉 히어로콘텐츠팀의 조건희 팀장과 송혜미·이상환·이지윤 기자, 디지털이노베이션팀의 위은지 기자는 2023년 관훈언론상을 받았다.

사람들은 결과를 알고 싶어 하지만, 과정에 더 호기심을 갖는다. 축구 경기에서 어느 팀이 몇 대 몇으로 이겼는지 궁금하지만, 그걸 알고 난 후에도 골이 어떻게 들어갔는지 궁금해서 몇 번이나 화면을 돌려 본다. 사람들은 기사보다 훨씬 더 긴 소설이나 드라마, 영화, 웹툰을 즐긴다. 솔직히 말하면, 기사는 안 보고 그것만 본다. 더구나 돈을 내고 본다. 짧고 무료인 기사가 긴 유료 콘텐츠에 완패했다. 기사가 유리한 조건임에도 패한 것은 결과 중심적이기 때문이다. 영화나 소설을 역피라미드 구조로 만들지 않는다. 스스로 '폭망'하고자 한다면 몰라도…. 모든 콘텐츠는, 특히 상업적 콘텐츠는 과정 중심적이다. 언론계 현안인 유료화는 기사를 상품으로 간주하여 제값을 받자는 것인데, 그러려면 기사가 시장 경쟁력을 지녀야 한다. 기사는 결과 중심적이고 경쟁 콘텐츠는 과정 중심적인 상황에서 누가 이길지는 자명하다.

무릇 콘텐츠는 결과를 향해 달려가는 과정이다. 사람들은 과정을 즐기므로 그것을 노려야 한다. 역피라미드 구조를 고집하는 관습적 글쓰기가 기사 유료화의 발목을 잡고 있다. 글쓰기에 정답은 없으므로 사안이나 취재 여건에 따라 다양하게 시도하도록 권장하면 좋겠다.

3. 사건 재구성

비행기가 떨어지는 장면을 목격하는 기자는 없다. 기자는 사건이 터지고 난 후에 현장에 간다. 행사와 같은 예고된 사건이 아닌 한, 언제나 그렇다. 기자는 사건을 직접 보지 못하지만, 그것을 목격한 사람은 있다. 경찰도 사건 상황을 파악하는 데 도움이 된다. 요즘엔 CCTV와 개인이 휴대전화로 제보한 사진과 영상이 많아서 기자가 사건의 실제 장면을 볼 수도 있다. 기자는 이런 정보를 토대로 자기가 보지 못했던 사건을 현재화할 수 있다. 이것을 사건 재구성이라고 한다(박재영, 2020). 기자가 하는 모든 일은 사실상 사건 재구성이다.

사건 재구성은 사건의 개요를 적는 것과 판이하다. 자기가 못 본 장면을 구체적으로 재생해야 하고, 현장에 있었다 하더라도 혼자로는 도저히 볼 수 없는 장면을 살려 내야 한다. 카메라맨 여러 명이 지상의 현장을 따라붙고, 하늘에 드론을 띄워 전경(全景)을 여러 각도에서 촬영하는 것과 유사하다. 이런 식으로 하려면 기자는 여러 취재원을 접촉하여 각자가 서로 다른 각도에서 본 장면을 모아서 입체적으로 이어 붙여야 한다. 관련 자료도 수집하여 기사를 종합적으로 써야 하므로 기자가 혼자서 현장을 직접 보고 기사를 적는 것보다 더 어렵다. 고난도의 사건 재구성을 모범적으로 실천한 기사를 하나 살펴본다.

일제강점기에 의열단에 가입한 김익상은 김원봉 의열단장의 명령에 따라 조선총독부에 폭탄을 던져 사이토 마코토(齋藤實) 조선총독을 처단할 계획을 세웠다. 그는 1921년 9월 12일 오전 10시 20분 폭탄과 권총을 지니고 전기수리공으로 위장하여 경성 왜성대[3]의 조선총독부 청사로 잠입했다. 기사는 청사 내에서 그가 어떻게 움직이며 무엇을 했는지를 완벽하게 재현했다.

> 어제 12일 상오 10시 20분에 조선총독부에 폭발탄 2개를 던지었는데 비서과 분실 인사계실에 던진 1개는 鈴木屬[스즈키 우라라]의 뺨을 스치고 책상 위에 떨어져서 폭발되지 아니하였으며 다시 회계과장실에 던진 폭탄 1개는 유리창에 맞아 즉시 폭발되어 유리창은 산산이 부서지고 마루에 떨어져서 주먹 하나 들어갈 만한 구멍을 뚫었는데 범인은 즉시 종적을 감추었으므로 방금 염탐 중이오. 폭발하는 소리가 돌연히 일어나자 총독부 안은 물 끓듯 하여 일장의 수라장을 이루었더라.
>
> 이제 폭탄을 던지던 당시의 광경을 들건대 총독부 본관 2층 비서과 앞 복도에 홀연히 나타난 인물은 10시 20분에 창을 넘어 제일착으로 폭탄을 비서과 출납여비계실에 던지고 그대로 복도로 쫓아 외사과장실의 앞모양을 살핀 후 회계과장실 앞 복도로 와서 응접하기 위하여 놓아둔 둥근 탁상 있는 곳에서 제2차로 폭탄을 던지고 그대로 그곳 층계를 내려와서 자취를 감춘 모양인데 비서과에 던진 폭탄은 집무하고 있던 총독부속 鈴木友厚[스즈키 토모아츠] 씨의 왼편 뺨을 맞고 책상 위에 떨어졌다가 다시 데굴데굴 굴러서 떨어졌으나 폭발은 하지 아니하였는데 이령목 씨는 누가 장난으로 무엇을 던진 것인 줄 알고 복도로 나와서 급사 한 명을 불러 물어본즉 아까 외사과장실을 향하여 가던 사람의

---

3) 倭城臺. 현 서울특별시 중구 예장동·회현동 1가 일대.

소행이라 함으로 별로 이상히도 알지 아니하고 다시 돌아온즉 그 옆에서 사무 보던 사람이 아까 떨어진 덩어리를 들고 이것은 폭발탄이라고 크게 소동할 때에 제2차의 폭탄의 터지는 소리가 벼락같이 났는데 이 사이가 겨우 몇 분 동안 밖에 되지 못한다. 범인은 제1차로 폭탄을 던지고 곧 회계과장실에 들어가는 입구에서 제2차의 폭탄을 던지고 그대로 층계로 내려가서 어디로 도망한 것인데 제2차의 폭탄이 터진 현장에는 마룻바닥에 너비가 5~6촌[4]이나 되는 구멍이 뚫리고 폭탄 조각이 사면으로 헤어져서 유리창 3장을 깨트리고 그 아래층 용도계원이 쓰던 책상과 의자에는 탄환 조각이 들이박혀 큰 구멍이 10여 개나 뚫리어 현장의 광경은 처참한데 당시 폭탄이 터진 곳에 붙어 있는 회계과장실에는 菊山[키쿠야마] 과장은 있지 아니하고 아래층 용도과원 5~6명 모두 볼일이 다른 데 있어서 사무를 보고 있지 아니하였기 때문에 한 사람도 부상치 아니하였으

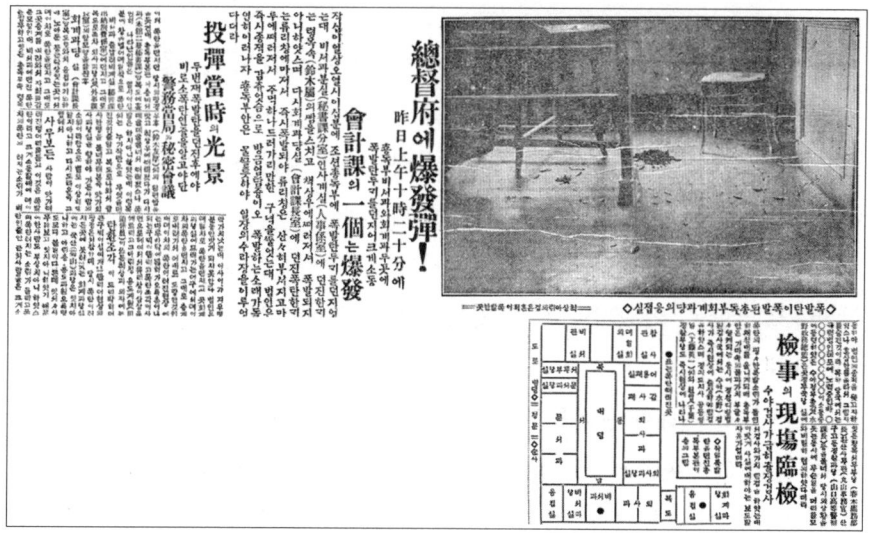

〈그림 2〉 총독부에 폭발탄! 〈동아일보〉 1921.9.13. 동아일보는 총독부 본관 2층의 도면을 기사에 그려 넣고, 김익상 의사가 폭탄을 터뜨린 곳도 표시했다(도면 하단에 굵은 점으로 표시한 두 곳).

---

4) 촌(寸)은 약 3.03cm. '치'라고도 한다.

며 폭탄 터지는 소리가 들리고 폭탄 터지는 줄 안 근처 사람들은 크게 소동하여 범인의 종적을 쫓고자 하였으나 혼잡한 틈을 타서 그림자를 숨긴 것이라. 목하 당국에서는 극력 범인 체포에 노력 중인바 ○○○○○○○○○○[5]이 소동 중에 등청하였던 水野[미즈노] 정무총감은 곧 경무국장실에 있던 春木[하루키] 서무부장, 丸山[마루야마] 사무관, 山口[야마구치] 고등경찰과장 등을 불러서 당시의 상황을 듣는 동시에 무슨 일을 머리를 모아 비밀히 협의하였다더라.

  폭탄의 굉굉한 폭발소리가 돌연히 왜성대를 울리게 되매 총독부 안은 가마 속의 물과 같이 부글부글 끓게 되는 동시에 경성지방법원 검사국에서는 水野[미즈노] 검사가 즉시 현장에 출장하여 임검을 하였으며 경기도 지사 近藤英一[콘도우 에이이치] 씨와 千葉[치바] 경찰부장도 즉시 현장에 나타나서 검사와 같이 임검을 하였는데 이 밖의 사실에 대하여는 보도할 자유가 없더라.

—총독부에 폭발탄! 〈동아일보〉 1921.9.13.

  사건은 1921년 9월 12일 터졌고 기사는 13일에 났으므로 〈동아일보〉는 실시간으로 취재하고 보도했다. 김익상 의사에게 보디캠을 달지 않는 한, 이 정도로 정밀하게 사건 상황을 알아낼 수 없다. 기자 여러 명이 따라붙는다 해도 이렇게까지 입체적으로 사건을 재구성하기는 어렵다. 놀랍고 감탄할 만한 취재력이다. 관건은 정보의 검증이다. 혹자는 기사가 너무 자세해서 진실한지 의심된다고 말할 수 있겠지만, 당시 일제의 신문 검열을 상기하면 이것은 기우에 불과하다.
  일제는 1920년대에 문화통치로 돌아서 〈조선일보〉(1920년 3월 25일 창간)와 〈동아일보〉(1920년 4월 1일 창간) 같은 조선인 소유의 민간 신문을 허용했으므로 언론 보도에 관용적이었을 것이라고 기대할 수 있다. 하지만, 실제는 그 반대다. 조선인에 대한 차별을 완화한다는 일제의 유화 정책은 허울 좋은 기만으

---

5) 기사의 원문 그대로다.

로 드러났으며 민간 신문은 모처럼 얻은 기회를 살리기 위해 일제와 관련된 사안을 적극적으로 보도했다. 그래서 언론과 일제의 충돌은 그 전의 무단통치 시기보다 더 많았으며 일제의 언론 탄압도 더 심했다(정진석, 1990). 일제는 신문에 대한 사전 검열을 통해 기사를 삭제하고, 인쇄 후에도 신문을 압수하거나 배달을 봉쇄했다. 일제가 기사를 삭제하면 신문사는 그 부분에 해당하는 납 활자의 아래위를 뒤집어서 인쇄함으로써 신문에 검은색 '━' 자가 층층이 쌓인 모습이 되었다. 이를 '벽돌 신문'[6]이라 불렀는데, 그런 이름이 생길 정도로 일제의 검열이 심했다. 〈조선일보〉와 〈동아일보〉는 1940년 8월 11일 함께 폐간되었는데, 〈조선일보〉는 창간부터 폐간까지 20년간 신문 압수 474건과 정간 4회(266일간)의 처분을, 〈동아일보〉는 신문 압수 438건과 정간 4회(569일간)의 처분을 받았다.[7] 20년간 일제에게 차압된 신문은 〈조선일보〉 1,077,109부, 〈동아일보〉 1,161,929부다(정진석, 1990, 455쪽). 위 기사는 이런 일제의 검열을 받고도 인쇄되었을 것이므로 기사 내 정보는 검증되었다고 볼 수 있다

기사는 보도됐지만, 폭탄을 던진 사람은 오리무중이었다. 그 주인공이 김익상 의사라는 사실은 폭탄 의거 약 6개월 후에 밝혀진다. 김익상 의사는 1922년 중국 상하이에서 일본 육군대장 다나카 기이치(田中義一)를 저격했으나 실패하고 현장에서 붙잡혔는데, 일본 경찰의 심문 과정에서 조선총독부 폭탄 투척 등 그가 벌인 의열투쟁의 전모가 드러났다(이진, 2021).

김익상 의사는 위의 기사 내용처럼 조선총독부 건물을 대담하게 휘젓고 다니면서도 어떠한 흔적도 남기지 않을 정도로 신출귀몰했다. 그는 폭탄 의거를 위해 중국 베이징을 떠날 때 일본 사람처럼 보이게 양복을 입고 옷 안에 폭탄

---

6) 정진석 한국외국어대학교 명예교수의 유튜브 영상 '한국 언론과 현대사 1부'에 일본 헌병사령부의 검열에 걸려 기사가 삭제된 벽돌 신문의 사진이 나온다.
https://www.youtube.com/watch?v=wdWJ2_e2Huc
7) 정진석 한국외국어대학교 명예교수의 유튜브 영상 '한국 언론과 현대사 2부' 참조.
https://www.youtube.com/watch?v=wdWJ2_e2Huc

을 감췄다. 경성으로 들어오는 기차 안에서는 아이와 함께 여행하는 일본 여자와 대화를 나누면서 부부처럼 보이게 행동해 일본 경찰의 검문을 피했다. 남대문역에 내렸을 때도 아이를 안고 일본 여자의 남편처럼 처신해 무사히 역을 나올 수 있었다. 폭탄 거사 후에는 이태원의 동생 집에서 하룻밤 숨었다가 일본인으로 변장하고 신의주를 거쳐 중국으로 빠져나갔다. 그의 행적은 잠입부터 거사, 탈출까지 마치 한 편의 영화 같았다(이진, 2021). 일제에 붙잡혔을 당시에 김익상은 28세였다.

어떠한 사건이든 재구성할 수 있다. 사회부 사건기자들이 많이 다루는 범죄, 화재, 교통사고, 재해 등 각종 사건사고는 현장감과 긴장감 면에서 재구성하기에 좋다. 예컨대, '여객기 비상착륙 직전 10분간'은 듣기만 해도 긴장되는데, 재구성한다면 더 실감 날 것이다. 일간지는 사건 당일에 재구성 기사를 보도하기가 쉽지 않지만, 주간지나 월간지는 취재 시간을 확보할 수 있으므로 수월한 편이다. 다음은 주간지 기사의 한 예다.

> 서울경찰청 3기동대 30중대 박성배(21) 이경은 "느닷없이 여성의 외마디 비명을 들었다"고 말했다. 2007년 1월 14일 새벽 6시께였다. 그때 그는 김대중 전 대통령의 서울 마포구 동교동 사저에서 경계근무를 서던 중이었다. 그날 아침 근무 시간은 새벽 4시 30분부터 6시 30분까지 2시간이었고, 근무 초소는 대통령 사저 맞은편인 학습교재 전문 출판사 지학사의 건물 뒤쪽에 설치된 5초소였다. 그는 "이상한 생각이 들어 소리가 난 쪽으로 달려갔다"고 말했다.
>
> 현장에는 아무것도 없었다. 박 이경은 초소 앞으로 돌아왔다. 잠시 뒤 다시 비명이 들려왔다. 이상했다. 다시 소리가 나는 쪽으로 뛰어갔다. 동교동 183-5번지 세교빌딩과 182-1번지 ㄷ사 사이 골목 아스팔트 바닥에 여성의 위·아래 옷가지와 신발이 떨어져 있었다. 박 이경은 주변을 세심하게 살피기 시작했다. 아무것도 없었다. 뭔가 께름칙한 느낌이 들었다. 무슨 일이 벌어지고 있는 게 분명했다. 박 이경은 초소로 돌아왔다가, 숨죽여 다시 현장으로 접근했다. ㄷ

건물 옆 주차장에 세워진 흰색 차량 옆에서 믿기 힘든 광경이 연출되고 있었다. 운전석 쪽 보닛에 얼굴이 처박힌 한국 노인(67)을 갈색 피부의 미군이 뒤에서 성폭행하고 있는 모습이었다. 노인의 얼굴은 구타를 당한 듯 심하게 일그러져 있었다.

노인과 박 이경의 눈이 마주쳤다. 노인은 손짓에 작은 목소리를 섞어 "살려달라"고 말했다. 노인은 소리를 지르지 못했는데, 소리를 지를 때마다 심한 폭행이 이어졌기 때문이었다고 한다. 경찰 조사 결과 미군은 ㄷ 건물 안과 주차장 등으로 노인을 끌고 다니며 세 차례나 노인을 성폭행한 것으로 확인됐다. 미군은 박 이경의 모습이 보이면 ㄷ 건물 안으로 숨었다가, 그가 사라지면 다시 주차장으로 나와 성폭행을 계속했다. 박 이경을 눈치챈 미군은 노인을 버리고 달아나기 시작했다.

미 8군 2사단 소속 제로니모 라미레스(23) 이병이 서울로 외출을 나온 것은 지난 1월 13일이다. 친구 마이클 포터와 놀기 위해서였다. 밤이 늦어지자 둘은 용산 미군부대 영내에 있는 드래곤힐호텔로 갔다. 호텔 쪽에서는 "빈 방이 없다"고 했다. 둘은 부대 밖으로 빠져나가 서울 시내를 배회하기 시작했다. 홍익대 앞으로 간 둘은 근처 모텔에 방을 잡았다가 밤 10시께 밖으로 나왔다. 라미레스의 수중에는 12만원이 있었다. 그는 1월 16일 오후 3시 서울서부지법 303호 법정에서 송경근 판사의 심리로 처러진 영장실질심사에서 "새벽 2시까지 술을 마시며 돌아다녔다"고 말했다.

라미레스는 말 그대로 홍대 클럽들을 배회했다. 첫 번째 클럽에서는 럼주·레몬주스·우유·칵테일을 마셨고, 두 번째 클럽에서는 맥주 1병을 마셨다. 세 번째 클럽에서는 테킬라·칵테일·아이스티를 마셨다. 3차가 끝난 뒤 친구 포터는 "피곤하다"며 모텔방으로 돌아갔다. 라미레스는 혼자가 됐다. 네 번째 클럽에서는 칵테일과 맥주, 다섯 번째 클럽에서는 맥주를 마셨다. 그가 홍대 앞 클럽들을 방황하며 돌아다닌 이유는 알 수 없다. 그는 범행 사실을 묻는 판사의 질문에 "네거티브(Negative)"(군대에서는 'no' 대신 'negative'라고 말한다)라고 답했다. "60대 정도의 한국 여성을 만나 성폭행했는가?" "Negative." "희미하게라도 기억나는 게 있는가?" "Negative." "때린 기억도 없는가?" "Negative." 그는 "술에 취해 아무것도 기억이 나지 않는다"면서도 "피해자의 진술이 모두 사실이라면 진심으로 사과하고 모든 피해보상을 하겠다"고 말했다. 일을 당한 노인은 경찰에서 "거리를 지나는데 갑자기 때리면서 옷을 벗겼다"고 말했다. 노인은 건물 청소를 위해 출근하던 중이었다.

박 이경을 발견한 라미레스는 노인을 버려두고 도망치기 시작했다. "소대장님, 강간범!" 박 이경은 순찰본부(CP)에 있던 박관호 경위에게 무선으로 상황을 전했다. 박 경위는 비상대기조와 함께 현장으로 뛰어갔다. 라미레스는 박 이경이 근무하던 5초소 앞에서 '감악산 산신장군' 점집이란 간판이 달린 골목으로 우회전해 신촌로터리와 동교삼거리를 잇는 큰길로 들어섰다. 큰길에서 왼쪽으로 접어든 라미레스는 악기점 신촌 야마하 앞에서 박 경위 등 경찰 4명과의 몸싸움 끝에 검거됐다. 사건 현장에서 200m쯤 되는 거리다. 박 경위는 "몸에서 술 냄새는 좀 났지만, 의식이 없을 정도는 아니었다"고 말했다. 서교지구대의 순찰차에 인계될 때까지 라미레스는 별다른 저항이 없었다고 했다. 그는 영장실질심사에서 "경찰들이 둘러싸고 수갑을 채워 무서웠다"고 말했다. (중략)

서울서부지법은 라미레스 이병의 구속영장을 발부했다. (중략) 영장 발부와 함께 라미레스는 서울구치소에 수감됐다. 현행범으로 체포된 미군을 미군 쪽에 인도하지 않고 재판을 받게 한 것은 2001년 개정된 한-미 주둔군지위협정(SOFA) 합의의사록 22조 5항을 적용한 첫 사례다.

—세 차례 성폭행, 기억 안 난다? 「한겨레21」 2007.1.27. 길윤형 기자

일반적인 범죄 기사라면, 위 기사의 맨 끝에 있는 정보를 맨 앞에 내세우는 역피라미드 구조였을 것이다. 그리되면 기사는 범인의 구속영장 발부와 수감 사실을 필두로 하여, 범행 상황과 검거 과정이 순차적으로 제시된다. 위 기사

는 '역피라미드 구조 뒤집어쓰기' 즉 피라미드 구조로 작성됐다. 위 사건은 2007년 1월 14일 오전 5시 30분 발생했는데, 기사는 12일 후인 1월 26일 보도됐다. 기자는 이 기간에 경찰, 피해자 노인, 가해자 군인, 법정 진술 등의 정보를 추가로 수집하여 사건을 재구성했을 것이다.

사건 전체가 아니라 짧은 시간 동안의 특정 장면을 재구성하는 '장면 재구성'도 가능하다. 아래 기사는 범인의 아파트 방화에 이은 흉기 난동 살인 장면을 실시간처럼 재생했다.

> 딸을 피지로 유학 보낸 세은 씨는 엄마와 함께 아파트 303동 304호에 살고 있었다. 여느 날과 다름없는 날이었다. 엄마와 맥주 한 잔을 하고 17일 새벽 3시쯤 잠에 든 세은 씨는 얼마 지나지 않아 바깥의 소란에 눈을 떴다. 이내 "살려주세요!"라는 올케 차모 씨(44)의 외마디 비명이 들렸다. 세은 씨 오빠 금민수 씨(가명·47)네 부부와 딸 지윤 양도 이 아파트 403호에 살았다. 놀란 엄마는 복도로 뛰쳐나갔다. 5분이 지나도 엄마가 돌아오지 않자 침대에서 몸을 일으킨 세은 씨는 잠옷에 슬리퍼 차림으로 현관으로 나갔다.
>
> 현관문을 열자 뿌연 연기가 복도를 가득 메우고 있었다. 사람들의 비명소리도 어렴풋이 들리는 듯했다. 복도를 지나 비상계단으로 통하는 방화문을 열자 경비원이 있었다. 그는 피가 흐르는 얼굴을 손으로 가린 채 "수건 달라"고 외쳤다. 경비원 뒤로 보이는 복도 계단이 피로 가득했다. '뭔가 사달이 났구나.' 정신없이 집으로 돌아가 화장실에서 손에 집히는 대로 수건을 여러 장 챙겼다. 다시 현관문을 열자 바로 앞에 올케 차 씨가 피를 흘리며 서 있었다. 아비규환 속 차 씨의 울부짖음에 정신이 번쩍 들었다. "지윤이랑 어머니 죽는다! 신고해야 된다!" 차 씨도 안인득에게서 딸을 보호하다 옆구리를 흉기로 찔린 상태였다. 세은 씨는 떨리는 손으로 112를 눌렀다.
>
> "지금 아파트가 피바다예요. 조카랑 엄마도 칼에 찔려서 피가 많이 나요. 곧 죽을 거 같아요. 빨리 와 주세요!"

신고를 마치고 비상계단을 정신없이 내려갔다. 3층과 2층 사이엔 507호 주민 조모 씨가 피를 흘린 채 누워 있었다. 조 씨의 몸에서 흘러나온 피는 3층을 지나 2층 계단으로까지 뚝뚝 떨어졌다. 그와 눈이 마주친 세은 씨는 몸에 수건을 덮어줬다.

"피를 너무 많이 흘려서 몸을 전혀 움직이질 못했지. 그 상태로 나랑 눈이 마주친 거야."

1층으로 내려온 그의 눈에 엄마와 지윤이가 들어왔다. 두 사람은 피투성이가 된 채 바닥에 눕혀져 있었다. 엄마도 손녀 지윤이를 지키려다 부상을 입었다. 2층 계단에 쓰러져 있던 두 사람을 민수 씨가 1층으로 옮긴 뒤였다. (중략)

—10분 만에 죽은 엄마와 조카… 눈물의 웅덩이는 마르지 않는다.
〈동아일보〉 2022.3.18. 이새샘·김재희·남건우·신희철 기자

기자들은 다음 날이 되면 전날의 사건은 이미 구문이라고 생각한다. 그래서 사건 재구성 기사가 적은 것 같다. 하지만 사건 다음 날이든 며칠 지나서든, 심지어 1년, 10년이 지나도 재구성 기사는 살아 있다. 오히려 사건이 발생한 후 시간이 많이 지나면 더 많은 정보를 검증할 수 있으므로 더 정확하게 사건을 재구성할 수 있다.

4. 사건 중간종합

나는 좋은 기사를 찾는 데 도움을 얻으려고 2021년 6월부터 언론계와 학계 사람들을 만났다. 그중의 한 명이 정진석 한국외국어대학교 명예교수다. 정 교수는 한국의 언론인과 언론계에 통달했으며 옛 신문의 원본을 사진 촬영해 책으로 복제하는 영인본 작업을 18회나 했다. 그 덕에 〈대한매일신보〉(1904-

1910년), 〈한성순보〉·〈한성주보〉(1883-1888년), 〈독립신문〉(1896-1899년), 해방공간 4대 신문(〈경향신문〉, 〈동아일보〉, 〈서울신문〉, 〈조선일보〉)(1945-1950년) 등이 일반인들도 접하기 쉬운 책자로 출판됐다. 일본에 있는 자료를 수집하여 『일제시대 민족지 압수기사 모음』이라는 책도 펴냈으니 한국언론사(史) 연구의 국보급 학자라 할 수 있다. 옛날 기사를 정 교수만큼 많이 본 사람도 없을 것이다. 그래서 정 교수에게 좋은 기사를 추천해 달라고 했더니 곧장 몇 개를 알려 주었다. 그러면서 '시일야방성대곡'도 언급했는데, 본인 스스로 그것은 논설이라고 하면서 시일야방성대곡 바로 밑에 스트레이트 기사가 편집돼 있다고 말했다. 시일야방성대곡의 기초가 됐던 기사다. 그 기사의 존재와 내용을 아는 사람은 많지 않다. 〈황성신문〉의 디지털 지면도 볼 겸해서 정 교수의 서고에 가 보기로 했다. 정 교수는 언론 역사 관련 서적 8,000여 권을 수집했는데, 퇴임 후에 현대고등학교가 무상으로 기증받겠다고 하여 '정진석 언론사료실'이라는 큰 서고를 마련해 주었다. 언론역사책만 모아 둔 국내 유일의 도서관이었다.[8] 2021년 6월 24일 정진석 교수를 만나고 7월 2일 현대고를 방문했으니 그 더운 여름날에 내가 어지간히 급했던 모양이다.

정진석 언론사료실 문을 열고 들어서자, 바로 오른쪽 벽 액자에 〈황성신문〉 1905년 11월 20일 2면이 조금 작게 복사돼 있었다. 세로 5단 지면[9]의 1단부터 2단 중간까지 시일야방성대곡이 편집되어 있고, 바로 이어서 '오건조약청체전말'이라는 제목의 기사가 보였다(〈그림 3〉 참조). 그날 〈황성신문〉은 4면을 발행했는데, 이 기사는 2면에서 시작하여 3면까지 이어졌다. 2면의 약 70%와 3

---

8) 언론사료실은 현대고의 사정상 2024년 말에 문을 닫았다. 정진석 교수는 이 책을 기증할 방안을 다시 찾아보았지만, 인수를 희망하는 기관이나 개인이 나타나지 않아 안타깝게도 책은 고서적상에 넘어갔다. "이제 다시는 우리 사회 어느 곳에서도 내가 수십 년에 걸쳐 모았던 언론 관련 책들을 함께 볼 장소는 없다. 책은 영원히 사라졌다. 사회와 언론학계에 죄스럽고 안타깝다. 가슴이 아프다." 정진석(2024) 교수가 '내 책들과의 기막힌 이별'이라는 에세이에 쓴 가슴 아픈 소회다(30쪽).

9) 〈황성신문〉의 크기는 여러 번 바뀌어 세로 단수가 4단 또는 5단이었다.

면의 약 60%를 차지할 정도로 장문이다. 이것이 바로 을사늑약 체결의 전모를 보도한 스트레이트 기사다.

일본은 러시아와의 전쟁에서 승리가 확실해짐에 따라 미국과 가쓰라-태프트 밀약(1905년 7월)을, 영국과 제2차 영일동맹(1905년 8월)을, 러시아와 포츠머스 강화조약(1905년 9월)을 맺어 대한제국에 대한 독점적 지배권을 확보했다. 최대 걸림돌인 러시아를 완벽히 배제함으로써 1894년 청일전쟁부터 이어진 일본의 한반도 침략 프로젝트가 마침내 마무리 단계에 들어섰다. 일본의 다음 조치는 대한제국의 외교권을 박탈하여 실질적인 통치로 들어가는 것이었으며, 이를 위해 추밀원장 이토 히로부미(伊藤博文)를 대사 자격으로 한국에 특파했다. 이토 히로부미를 통해 일본이 강제로 대한제국에 5개 항의 조약을 체결토록 한 사건이 을사늑약이다. 〈황성신문〉은 그 사건을 '오건조약청체전말'(五件條約請締顚末)이라는 제하의 기사로 보도했다. '5개 항의 조약이 일본의 요청으로 강제로 체결된 전 과정'이라는 뜻이다. 기사는 이토 히로부미의 서울 도착부터 을사늑약 체결 다음 날까지의 10일간 일어난 일을 다룬다. 〈황성신문〉은 국한문 혼용 신문이어서 기사에 한자가 포함되어 있으며 옛 표현도 많은데, 이를 한글 현대문으로 바꾸어 아래에 소개한다.

> 이달 10일 하오 7시에 일본대사 伊藤博文[이토 히로부미] 씨가 경부철도 열차를 타고 서울에 들어와서 즉시 빈관(손택 양의 저택)[10]에 투숙하였는데 이튿날 상오 12시에 황상 폐하[고종]를 알현하고 일황 폐하의 친서를 받들어 올렸는데 그 친서의 대강의 뜻은 다음과 같다.
>
> 짐이 동양의 평화를 유지하기 위하여 대사를 특파하노니 대사의 지휘를 두말 없이 좇아서 조처하소서 하고, 또 국방의 방어는 짐이 공고케 할 것이오 황실의 안녕도 짐이 보증한다는 의미로 말하였다더라.

---

10) Sontag Hotel. 손탁호텔.

- 五件條約請締顚末(오건조약청체전말), 〈황성신문〉 1905.11.20.

이토 히로부미는 실제로는 9일 서울에 들어와서 10일에 고종을 알현하였다. 고종은 이토가 전한 일본 황제의 친서를 거절하였다. 기사는 아래와 같이 이어진다.

> 14일에 이토 씨가 인천항으로 내려갔다가 이튿날 15일에 돌아와서 하오 3시에 일본 영사관 서기관 國分象太郎(고쿠부 쇼타로)와 황실 심사국장 朴鏞和(박용화) 씨와 함께 폐하를 알현할 때 이토 씨가 3대 조건을 제출하며 폐하에게 말씀을 올려 요청함이 다음과 같다.(①)
> 1 외부를 폐지하고 외교부를 일본 동경에 설치하고 일체 외교권을 일본에 위탁할 것
> 2 경성[서울]에 주재하는 공사를 통감이라 개칭할 것
> 3 한성[서울]의 각급 항구에 있는 영사를 이사로 개칭할 것
> 이토 씨가 이 세 조건을 황상 폐하가 인허하시도록 굳이 청했는데 폐하께서 답하여 내려보낸 칙령이 다음과 같다.
> 고종이 말하기를 짐이 요사이 각 신문에 보호조약 등의 말이 떠들썩하게 퍼졌음을 들었으나 짐은 작년에 귀국[일본] 황제의 전쟁 선언 조칙 가운데 한국 독립을 도와서 이루게 한다는 어구와 함께 한일의정서에 독립보증이란 말을 굳게 믿고 있으므로 이들 널리 퍼진 말을 믿지 아니하였고 또 이번에 후작[이토 히로부미]이 대사라는 직함으로 왔다고 하기에 또한 대단히 기뻐서 다행하다고 여겼더니 이들 조건을 요구함은 실로 천만의외라 어찌 평소에 기대했던 바리오 하셨다.(②)
> 이토 대사가 오히려 더 고집스럽게 요청하여 말하기를 이는 나 자신의 뜻이 아니라 실로 본[일본] 정부의 명령을 받들어 왔을뿐더러 이 일을 인준하시면 양국의 행복이오 동양의 평화를 영원 유지하는 것이니 속히 인허하옵소서 하거

〈그림 3〉 五件條約請締顚末(오건조약청체전말), 〈황성신문〉 1905.11.20.

늘(③)

고종이 말하기를 짐의 祖宗(조종)[11] 이래로 나라를 세우는 제도가 무릇 국가의 중대 사건이 있을 때는 정부 대소 관리와 전현직 장관들과 지방의 선비 제현들까지도 의견을 들어본 후에야 결정하여 처리하고 또 국내 선비와 백성의 여론까지도 찾아가서 물어서 듣고 시행하는 전례가 남아 있으므로 짐이 자의로 마구 처리하지 못하겠노라 하신데(④)

이토 대사가 다시 아뢰기를 백성의 잘못된 논의는 병력으로도 진압하려니와 폐하께서 양국의 사건 정을 생각하시어 속히 처분하옵소서(⑤)

고종이 말하기를 이 조약을 인허하면 즉 망국과 매한가지이니 짐은 차라리 종묘사직에 목숨을 바칠지언정 결코 인허치 못하리라 하옵시고 [이토는] 4-5시간을 허비한 후에 물러갔는데(⑥)

기사는 이토의 3대 조건 제시(①), 고종의 칙령(②), 이토의 요청(③), 고종의 반대(④), 이토의 재요청(⑤), 고종의 재반대(⑥)로 이어진다. 이토와 고종의 문답 세 번을 사실상 그대로 보도했는데, 각각에 큰따옴표를 붙이면 요즘 기사의 인용문과 똑같다. 비록 이 내용을 기자가 어떻게 알게 됐는지 즉 소스(source)를 밝히지 않았지만, 이토와 고종 사이에 오간 대화 내용을 놀랍도록 구체적으로 옮겼다. 고종이 이토의 요청을 거절했다는 사실은 널리 알려졌지만, 그 거절의 배경은 잘 알려지지 않았다. 고종은 그간에 일본이 보여 준 신뢰와, 국가 중대사는 두루 의견을 들어 처리하는 관행을 들어 일본의 요청을 거절했으며 일본의 요청을 수락하는 것은 곧 망국임을 분명히 언급했다. 기사가 역사의 기록임을 웅변하는 대목이다. 고종은 10일에 이어 15일에도 이렇게 이토의 요청을 거절했지만, 이토의 집요함은 다음 날에도 여전했다.

---

11) 조선 태조부터 철종까지의 선대 임금들.

> 이튿날인 16일 하오 3시에 참정[참정대신 한규설] 이하 각 대신과 경리원[12] 장관 沈相薰(심상훈) 씨를 대사관으로 초청하여 다시 그 세 조건을 제출하고 한 사람씩 간청하되 각 대신이 모두 불가하다고 하고 근무 시간을 넘기면서까지 옳고 그름을 논하다가 야심한 후에 일을 끝내고 돌아가 즉시 입궐하여 황제에게 이 사실을 알려드렸고 그날 일본 공사관은 외부대신 박제순을 초청하여 그 조건을 요청하였다 하고

이토뿐 아니라 일본 공사관이 나서서 대신들을 회유해도 마음대로 되지 않자, 일본은 결국 무력으로 대신들을 위협한다. 그게 운명의 11월 17일 상황이다. 일본은 17일 아침 서울에 주둔하던 일본군 기병 800명, 포병 5,000명, 보병 20,000명을 경운궁 주변에 배치했다. 이토는 오전 11시 대신들을 주한일본공사관으로 불러들여 3시간 동안 협박과 회유로 조약 체결을 강요했지만, 대신들은 거절했다. 이에, 오후 2시 대신들을 다시 경운궁에 소집했다. 아래는 그 내용이다.

> 다음 날인 17일 하오 2시에는 또 일본공사 林權助[하야시 곤스케] 씨가 각 대신을 공사관으로 불러 조약을 간절히 요청하되 일제히 반대하고 완강히 거절한 즉 하야시 공사가 어전회의를 열라고 권고하거늘 참정 이하 모든 대신이 일제히 사양하고 돌아가서 입궐한즉 하야시 공사도 뒤쫓아 따라왔는데 모든 대신이 즉시 어전회의를 열고 그 조건들을 의논할 때 모두 否(부)자로 반대한지라 하야시 공사가 이 경황을 옆에서 지켜보더니 얼마 지나지 않아 홀연 일본 병사가 다수 궐내로 들어와 수옥헌(漱玉軒)[13]의 황제 폐하 지척에 여러 겹으로 둘러

---

12) 왕실재산관리청.
13) 중명전(重明殿)의 원래 이름. 1901년에 건축된 황실도서관으로 처음 이름이 수옥헌이며 1904년 덕수궁이 불타자, 고종의 집무실인 편전 겸 외국사절 알현실로 사용됐다. 을사늑약이 체결되었던 비운의 장소다.

싼 모습이 철통과 같고 총칼이 촘촘히 늘어섰는데 정부와 궁중 안에 일본 병사들이 물샐틈없이 들어서며 長谷川[長谷川好道, 하세가와 요시미치] 대장과 이토 대사도 일시에 들이닥쳐 그 조건의 부결됨을 듣고 다시 회의하라고 다그쳤으나 한 참정[참정대신 한규설]이 굳게 버티면서 고집스럽게 불가하다고 한즉 이토 대사가 참정의 손을 쥐고 여러 번 간청하되 고집스럽게 듣지 아니한데 이토 대사가 이 궁대[궁내부대신 이재극]를 초청하여 황제의 알현을 요청하되 바로 그때 폐하께서 목구멍 질환으로 고통스러워서 알현을 거절하셨는데 이토 대사가 황제의 지척에서 뵙기를 청하였으나 폐하께서 거절하며 말하기를 볼 필요가 없으니 나가서 정부 대신과 협의하라 지시하셨는데 이토 대사가 물러 나와 또 강청하기를 폐하께서 협의하라 하시니 다시 회의를 열라 하고 정부 주사를 초치하여 해당 조항을 다시 쓰라 한데 참정 한규설 씨는 곧바로 반대하고 법대 李夏榮[법부대신 이하영] 度大 閔泳綺[탁지부대신 민영기] 두 대신만 否(부)자를 쓰고 외대 朴齊純[외부대신 박제순]은 좀자를 쓰고 그 부자 아래에 각주를 첨부하기를 만약 이 조건의 자구를 약간 고칠 경우에는 인준한다는 설명을 적은지라 그때 이토 대사가 의견을 내어 말하기를 그러면 조건을 당장 바꾸어 고치리라 하고 붓을 잡고 두세 곳을 덧칠하여 고치더니 즉시 다시 의논하라 한지라 참정 이외에 법도 양대[법부와 탁지부의 두 대신]만 부결하고 나머지 모든 대신은 다 가하다 한지라 한 참정이 몸을 일으켜 폐하께 알현코자 하되 들어가지 못하고 夾室[곁방]에 들어갔을 뿐이라

문장이 길어서 조금 헷갈리는데, 일본의 거듭된 요청과 고종 및 대신들의 일관된 거절이 주 내용이다. 하야시 공사의 요청과 대신들의 거절, 하야시 공사의 어전회의 개최 권고와 대신들의 사양, 대신들의 입궐 후 어전회의를 통한 반대 표명, 이토와 하세가와의 어전회의 재개최 요구와 참정대신 한규설의 반대, 궁내부대신 이재극을 통한 이토의 고종 알현 요청과 고종의 거절, 이토의 고종 알현 재요청과 고종의 재거절…. 요청과 거절은 무려 6번 반복됐다. 이토

는 대신들과 협의하라는 고종의 지시를 빌어 대신들을 다시 압박했지만, 참정대신 한규설과 법부대신 이하영, 탁지부대신 민영기는 여전히 반대했다. 외부대신 박제순은 조건부 찬성이었다.

이때가 밤 11시쯤이었는데, 한규설은 이 상황을 고종에게 보고하려고 회의장을 나가다가 일본군에서 붙잡혀 3시간 동안 감금된 채 다시 협박당한다. 18일 새벽까지 이어진 이날 상황에서 일제는 결국 대신 5명의 찬성을 얻어 내 과반수를 확보하고, 외부대신 박제순의 도장을 찍어 을사늑약을 체결한다. 기사에는 다 나오지 않았지만, 학부대신 이완용, 군부대신 이근택, 내부대신 이지용, 농상공부대신 권중현, 외부대신 박제순이 을사오적으로 불리는 그들이다. 이 부분의 기사는 아래와 같다.

> 萩原[萩原守一, 하기와라 슈이치] 서기와 일본 병사 및 일본 순사 등이 몰려와서 한 참정을 호위하고 가서 수옥헌(漱玉軒) 앞 곁방에 가두고 일본 병사와 조장(曹長)사관[14] 등이 좌우로 경계하고 지키더니 이토 대사가 들어와서 또 여러 방법으로 간청하다가 혹 으르고 협박하여 공갈하며 혹 감언으로 유혹하며 달래되 한 참정은 시종 듣지 아니하고 정색하여 말하기를 나는 몸을 바쳐 순국하더라도 결코 이 조약은 인준하지 못하겠다 한즉 이토 대사가 노해서 말하기를 만약 폐하의 칙명으로 허하라 하여도 따르지 않겠느냐 한즉 참정이 말하기를 이 일에 대하여는 칙명도 따르지 않겠다고 말하자 이토 대사가 크게 노해서 말하기를 그러면 불충한 신하라 하고 물러 나와서 궁대[궁내부대신] 이재극을 초청하여 황제께 상주하여 말하기를 참정이 칙령도 따르지 않는다 하니 이는 불충한 신하라 즉시 면직시키소서 하고 또 박 외대[외부대신 박제순]를 지시하여 외부의 도장[15]을 가져오라 하여 참정이 날인하지 않은 것은 관계없다고 하고 외

---

14) 부사관.
15) 외부대신의 직인.

부대신만 도장을 찍었으니 그 조건이 모두 5개 조라 하는데 다음과 같다.

― 일한 양국이 동아 대세를 공고하게 하기 위하여 동맹하는 약조를 이전보다 더 친밀하게 할 것
― 한국 외교사무를 확장하기 위하여 동경에 외교부를 설치하고 외교에 관한 사항만 일체 관할할 것
― 한국 경성에 통감을 설치하여 외교사무를 감독할 것
― 한국 각지에 외국인 필요지역[16]에 영사를 대신하여 이사를 설치할 것
― 한국 황실을 존엄 보전할 것

기사는 을사늑약 체결의 여파를 아래와 같이 전하면서 마무리된다. 대신들과 인민이 통곡한 18일 상황을 가감 없이 전했다.

조약에 날인한 후에는 일본 병사가 철수하고 長谷川[하세가와 요시미치] 林權助[하야시 곤스케] 여러 사람이 각기 돌아간지라 그때는 18일 상오 2시에 이르렀는데 한 참정[참정대신 한규설]이 해산함을 보고 정부에 도착한즉 잠깐 사이에 각부 대신이 모이거늘 참정이 비로소 외부대신이 날인했음을 듣고 한바탕 방성통곡한즉 박 외부[외부대신 박제순]도 따라 우는지라 한 참정이 박 외대를 정색하여 힐책하기를 대감이 오늘 아침에 나의 집에서 만났을 때 나는 이 조약에 조인하지 않기로 결심하였는즉 설혹 의외의 어려움이 있더라도 예방하기 위하여 외부인[17]을 비밀히 연못에 던지겠다 하더니 어찌 대감의 손으로 이 조약에 날인하였느냐 즉시 정부 관료를 명하여 법부와 탁지부 양 대신 이외는 일제히 면직시키고 처벌하자는 안을 쓰고 다음서 폐하께 올리고 아울러 그때 조약서를 베껴 쓴 정부 주사 두 사람도 면직시켰는데, 폐하께서 즉각 보류하고,

---

16) 외국인이 거류하는 지역.
17) 외부대신의 도장.

조칙을 내려서 참정대신 한규설은 대궐에서 금하는 여덟 가지 기준에 모든 조치가 정당하지 않으니 우선 파면하고 3년간 유배시켜라 하오셨고 전북관찰사 閔泳喆(민영철) 씨로 참정대신을 임명하오셨더라.

이튿날인 18일 아침부터는 일본 병사들이 수 삼십 명씩 각부 대신의 사저에 지키고 보호하였더라. 당일 성내 인민의 광경을 본즉 이와 같은 조약이 조인되었다는 설이 일시에 전파하매 신사인민이며 남녀노소를 막론하고 다 같이 분한 마음이 격앙하여 사천 년 국가와 오백 년 종사를 일조일석에 나라와 민족을 팔아먹은 반역자의 수중으로 홀연히 망하게 하였다 하며 미치거나 취한 것처럼 울면서 눈물을 흘리고 크게 한숨 쉬는 자와 장탄식하며 통곡하는 자가 부지기수인데 혹은 자위하여 말하기를 이 조약이 비록 외부[외부대신]가 날인하였을지라도 우리나라 법규에 참정이 날인하지 아니하면 즉시 조인하지 않은 것과 같으니 무효할지오. 하물며 정부에서 위협을 이기지 못하여 협박 조인하였을지라도 우리 대황제 폐하께서는 강경히 거절하시고 재가하지 아니하셨으니 윗사람의 승낙이나 결재를 받지 아니하고 스스로 조약을 체결했더라도 필경 무효하리라 하며 입으로 떠도는 말이 분분하여 연일토록 대단 비등하더라.

이것으로 부족했던지, 〈황성신문〉은 위 기사에 '近日景狀'(근일상황, 요즘의 모습)이라는 작은 기사를 이어 붙여서 사람들의 원통함을 전하며 끝난다.

> 그제 정부에서 조약에 도장을 찍었다는 설이 전파하매 각 학교 학도 등은 일제히 격렬히 떨치고 일어나 등교를 하지 않고 통곡 귀가하면서 이 세상에서 학업을 하여 어디에 쓸 것인가 하였으며 각부 관인들은 재작일 이후로 울적하고 격정스럽고 편치 않아서 때때로 눈물을 흘리고 한숨을 짓고 사무를 전폐하고 시름에 겨워 몹시 참담한 모습이오 일반 상민들도 가게를 닫고 분해하더라.

기사는 이토 히로부미가 서울에 온 이후 10일간의 사건 경과를 일목요연하게 보도했다. 〈황성신문〉은 일간지였어도 당시의 제작 여건상 매일 빠짐없이 사건을 보도하기는 어려웠을 것이다. 또한, 이토의 내한 목적을 미리 간파하지 못했다면 첫날부터 적극적으로 취재하지 않았을 수 있다. 이런 제한들 탓에, 또는 그 덕에 〈황성신문〉은 을사늑약이라는 대사건의 전모를 기사 1개에 온전히 담을 수 있었다. '오건조약청체전말'은, 기사는 역사적 기록이라는 칭찬 외에, 모범적 '종합 보도'라는 점에서 극찬받아야 한다.

요즘의 기사는 퍼즐 조각이나 레고 블록처럼 파편화했다. 이런 경향은 묘하게도 사건이 크면 더 심하다. 큰 사건이 터지면, 1보는 대개 한두 문장짜리이며 2보라고 해 봐야 그리 길지 않다. 그래도 뉴스통신사는 당일을 마무리하면서 하루 상황을 한데 묶은 '종합 상보'를 보도하기도 하지만, 타 매체는 그조차도 하지 않는다. 날짜가 넘어가면 더는 어제의 일을 보도하지 않는 게 한국 언론의 불문율이다. 그 때문에 사람들은 사건의 부분은 알더라도 전체를 잘 모른다. 이는 사람들의 정보 욕구 패턴을 잘못 이해한 결과다.

언론이 사건의 어제 내용은 구문(舊聞)이라고 쏙 빼고 오늘 정보만으로 기사를 쓰는 것은 독자를 과대평가한 오류다. 독자는 어제 정보를 기억하지 않는다. 그것을 알아보려고 어제 기사를 찾아서 읽지도 않는다. 독자는 정보를 빨리 얻으려고 하기도 하지만, 두 번 손 가지 않게 한 번에 다 알고 싶어 하기도 한다. 사람들의 이런 욕구는 정보가 많아지고 세상이 빨리 돌아갈수록 더 강해진다. 사람들은 큰 그림을 원한다(Kovach & Rosenstiel, 2021/2021). 사건이 크고 복잡할수록 누군가가 그것을 종합해 주기를 기대한다. 사건의 큰 맥락까지 담으면 더 좋지만, 그저 오늘까지의 상황을 종합하기만 해도 훌륭한 기사다. 사건의 전모를 일목요연하게 알 수 있도록 도와주는 기사가 필요하다. 기사를 잘게 쪼개는 대신 합치는 역발상이 필요하다. 누군가 을사늑약이 어떻게 체결됐는지를 한번에 정확하게 알고 싶다면, 〈황성신문〉의 '오건조약청체전말' 기사를 보면 된다. 그것이 완결판이기 때문이다.

논설 시일야방성대곡은 당시 〈황성신문〉 2대 사장이었던 장지연이 쓴 것으로 추정됐지만, 스트레이트 기사인 '오건조약청체전말'의 저자는 불분명하다. 정진석 교수는 2021년 11월 1일 프레스센터에서 열린 '위암 장지연 선생 서거 100주년 기념 장지연 명논설과 사실보도 토론회'(제24회 위암 장지연 언론상 시상식)에서 장지연은 〈황성신문〉의 사장 겸 주필이었으므로 '오건조약청체전말'도 그가 썼을 가능성이 크다고 밝혔다. 을사늑약 사실이 알려지면서 장지연은 진실을 알려야 한다는 생각에서 밤새 신문을 만들었다. 일제가 신문을 검열하고 자신을 체포할 것을 예상했으므로 평소보다 훨씬 더 많은 부수를 제작하여 11월 20일 이른 새벽에 상당수를 집집에 돌린 후 날이 밝기를 기다렸다. 일본 경찰은 이날 오전 6시 30분 〈황성신문〉에 들이닥쳐 인쇄된 신문 가운데 800부가 이미 서울 시내에 배포된 사실을 확인하고 지방에 보내려던 2,280부를 압수했다. 인쇄기를 모두 폐쇄 봉인하고 장지연 사장과 직원 전원을 체포했으며 11월 20일부로 〈황성신문〉에 무기정간령을 내렸다. 하지만, 이 기사는 일제의 강압에도 끈질기게 살아남았다.

  영국인 배설(裵說, Ernest Thomas Bethell)은 장지연이 체포되고 〈황성신문〉이 무기정간되어 신문을 볼 수 없게 된 사람들을 위해 일주일 후인 1905년 11월 27일에 자신이 발행하던 〈대한매일신보〉에서 호외를 냈다. 호외 1면에는 '오건조약청체전말' 기사를 한문[18]으로 실었으며 호외 2면의 〈코리아 데일리 뉴스〉(The Korea Daily News)에는 영어[19]로 실었다. 장지연은 〈황성신문〉에서 물러난 후 러시아령 블라디보스토크로 망명해 〈해조신문〉[20]을 만들고 항일의 필봉을 잡았는데, 1908년 2월 26일 창간호 3면에 다시 위 기사를 '오조약 맺기를 늑협하던 사실'이라는 제목의 한글 기사로 보도했다. 또한, 구한말의 재

---

18) 제목은 '韓日新條約請締顚末'(한일신조약청체전말)이다.
19) 주 제목은 'The making of a treaty and the passing of an empire'이며 부제는 'Diary of the events which led to the new treaty. The following is a translation of the article which led to the suppression of the Hwang Sung Shimbun'이다.
20) 〈海朝新聞〉. 해외에서 우리말로 발행된 최초의 일간신문으로 〈해됴신문〉이라고도 했다.

야 문인 황현(黃玹)(1955/1973, 313-315쪽 참조)은 1864년 고종 원년부터 1910년 경술국치까지 47년의 개화와 망국의 역사를 『매천야록』에 기록하면서 을사늑약 부분은 〈황성신문〉의 '오건조약청체전말' 기사를 거의 모두 전재했다.

최근에 언론계와 학계에 '오건조약청체전말' 기사가 알려진 데는 정진석 교수가 크게 기여했다. 앞에서 언급했듯이 정 교수는 2021년 장지연 서거 100주년 및 제24회 위암 장지연 언론상 시상식을 겸해 열린 세미나에서 이 기사의 존재를 알리고, 기사 전문을 현대문으로 번역하여 해제와 함께 발표했다. 무려 120년 전의 이 기사를 두고, 정진석 교수는 한국 신문 스트레이트 기사의 전범(典範)이라고 했다.

〈황성신문〉의 '오건조약청체전말' 못지않게 훌륭한 중간종합 기사가 옛 신문에 또 있었다. 1908년 미국 샌프란시스코의 한인 신문 〈공립신보〉(公立新報)가 스티븐스 저격 사건을 다룬 기사가 그것이다. 더럼 스티븐스(Durham White Stevens)는 대한제국의 외교 고문이었지만, 실제로는 일제의 한국 병탄을 도운 인물이다. 그는 1908년 3월 21일 미국 샌프란시스코에 와서 일본을 옹호하는 언행을 일삼다가 독립운동가 2명에게 저격당해 사망했다. 〈공립신보〉는 이 사건의 전모를 네 부분으로 나누어 보도했다. 아래의 기사 첫 부분은 1908년 3월 21일 스티븐스의 미국 도착과 그가 〈샌프란시스코 크로니클〉(San Francisco Chronicle)과의 인터뷰에서 한 망언을 요약했다. 이 부분의 소제목인 조걸위학(助傑爲虐)은 중국 고대 하(夏)나라 때 폭군인 걸왕(桀王)을 부추겨서 포학한 짓을 하도록 했다는 뜻의 사자성어인데, 일본을 부추겨 악한 짓을 더 하게 만드는 스티븐스를 빗댄 말이다.

- **助傑爲虐(조걸위학)**

이번 달 21일[21] 일본환[22] 선편으로 샌프란시스코에 도착한 소위 한국 정부 고문관(스티븐스)이라는 미국 놈이 이곳 각 신문기자를 만나 허무한 말로 꾀를 내어 한국을 해친 대강의 내용은 다음과 같으니

1 일본이 한국을 보호한 이후로 한국에 유익한 일이 많으므로 근래 한일 양국 사람들 사이에 교제가 점점 친밀하며
2 일본이 한국 백성을 다스리는 법이 미국이 필리핀 백성을 다스림과 같고
3 한국에 신정부가 조직된 후로 정계에 참여치 못한 자가 일본을 반대하나 지방 농민과 백성은 모든 일본 정부에 학대 같은 학대를 받지 아니하므로 농민들은 일본 사람을 환영한다 하였더라.

―別報(별보), 〈공립신보〉 1908.3.25.

기사의 두 번째 부분은 한인 대표들이 스티븐스를 찾아가 항의했는데도 스티븐스가 망언을 계속해 한인 대표들에게 얻어맞은 사건을 다루었다. 스티븐스의 미국 도착 다음 날인 1908년 3월 22일의 상황이다.

• 질문 스티븐스

소위 한국 외교 고문관(스티븐스)이 그와 같이 무리한 황당한 발언으로 샌프란시스코 각 신문에 게재한 것에 우리 동포들이 크게 분노하여 지난밤[23] 8시에 공립관에서 공동회를 열고 대표를 파송하여 이 사건을 질문키로 작정하매 최유섭 문양목 정재관 이학현 4명[24]을 선정하였더라.

한국의 월급을 먹는 자로서 일본만 위하여 우리 한국을 해롭게 하는 스티븐스는 샌프란시스코에서 제일가는 상급 여관[25]에 체류하는지라 대표 4명이 오직 스티븐스를 찾을 목적으로 호텔에 가서 스티븐스를 찾으매 여관 응접실에서 영접하는지라 인사 후에 한국 형편을 물은즉 대답하기를 한국에는 이완용 같

---

21) 1908년 3월 21일.
22) 니혼마루. 일본 범선의 이름.
23) 1908년 3월 22일.
24) 공동회를 주최했던 공립협회의 정재관과 최유섭, 대동보국회의 문양목과 이학현.
25) 페어몬트 호텔.

은 충신이 있고 이등[伊藤博文, 이토 히로부미] 같은 통감이 있으니 한국의 큰 행복이요 동양의 큰 행운이라 내가 한국 형편을 보니

태황제[26]께서는 덕망을 너무 많이 잃었고, 완고파들이 백성의 재물을 강도질하고 백성이 어리석어 독립할 자격이 없는즉 일본이 빼앗지 아니하면 벌써 러시아에 빼앗겼을 터라 일본 정책을 도와 말하며 신문에 낸 것은 사실이니 다시 고칠 것이 없다 하는지라 이 말을 들으매 크게 분개하여 정재관 씨가 주먹으로 멱살을 냅다 지르니 스티븐스는 뒤로 자빠지는지라 다른 대표님들이 일시에 일어나 각자 앉았던 의자를 들어 스티븐스를 넘겨 치니 스티븐스의 얼굴이 상하여 피가 흐를 때에 그 방에 앉았던 수백 명 손님이 크게 놀라서 붙잡고 말리는 고로 대표님들이 분을 이기지 못하여 스티븐스의 무리한 행적과 일본의 혹독한 만행을 일장 연설하매 만좌빈객[27]이 명쾌하게 알고 좋은 말로 위로하여 대표님들을 돌아가게 하였더라.

대표님들이 돌아와서 전말을 공립협회 회원들에 공포함에 모든 동포가 더욱 떨치고 일어나서 마음 편히 있지 못하다가 산회하다.

스티븐스의 기존 만행과 미국 도착 후의 망언, 그리고 이날의 계속된 망언과 몸싸움으로 인해 갈등은 최고로 높아졌다. 한인들의 분노도 극에 달해, 결국 그다음 날 폭발하고 만다. 위의 마지막 문장에 있듯이, 대표들은 스티븐스를 만나고 돌아와서 공립협회 회원들에 보고했는데, 거기에 참석했던 전명운(1884-1947)과 장인환(1876-1930)은 보고 내용을 듣고 거사를 결심하게 된다.

- 공격 須知分[28]

스티븐스가 23일 9시 30분[29]에 떠나 워싱턴으로 향하려고 정거장 선창(오클랜

---

26) 고종(1852-1919)은 조선 제26대 국왕(1864-1895), 대한제국 초대 황제(1897.10.12.-1907.7.19.), 대한제국 태황제(1907.7.19.-1910.8.29.)를 지냈다.
27) 滿座賓客. 자리를 가득 메웠던 손님들.

드 페리)에 당도하매 애국의사 두 사람은 어느 때에 왔는지 벌써 준비하고 기다리던 중에 스티븐스가 일본 영사와 같이 자동차에 내릴 때에 전후 공격하여 연달아 세 번 포성이 꽝— 하는 곳에 스티븐스가 꺼꾸러지니 경찰 관리가 급히 모여와 마차에 싣고 병원으로 갔더라.

▲의사 전명운 씨 대답

샌프란시스코 경찰서에서는 이 급보를 듣고 가본즉 스티븐스는 총알 두 방을 맞았는데 한 알은 뒤 가슴으로 들어가 허파를 맞고 한 알은 허리를 맞았고 의사 전명운 씨는 어깨에 총알 하나를 맞았는데 서로 생명은 상하지 않았던 고로 즉시 병원으로 같이 보내고 의사 장인환 씨는 경찰서에 붙잡혔으니 경찰서에서는 한인 중에 영어 아는 사람을 요청하는지라 교당[30] 전도사 양주삼 씨가 병원으로 가서 경찰관의 문답을 통역하였는데 먼저 전명운 씨에게 사실을 물었는데 전 씨가 대답하여 말하기를 일본이 우리나라의 독립을 위하여 러시아와 전쟁한다고 세계에 공언하더니 우리나라의 국권을 빼앗고 토지를 폭력으로 강제로 빼앗고 민가를 불 지르고 부녀를 강간하며 재정을 말리고 관직을 차지하여 헌병 순검[31]이 서울과 지방에 가득하여 우리의 생명을 학살하니 국내에서는 자유행동을 얻을 수 없는 고로 미국으로 건너와서 학업을 닦아 가지고 나라를 위하여 헌신하기로 결심이더니 최근에 스티븐스가 한국 월급을 먹는 자로서 일본을 따르고 도와주어 허무한 말로 각처에 통신하여 아무쪼록 일본의 야만 행동을 매번 가려서 덮다가 이번에 〈샌프란시스코 크로니클〉 신문에 무리한 말로 게재하여 우리 동포의 애국심으로 일본을 반대하는 일을 감추고자 하여 도리어 일본을 환영한다 은혜로 안다 하는 등의 말로 세상에 반포하였으니 스티븐스는 우리나라를 망하게 하고자 하는 원수라 그런고로 나는 일단 애국심으

---

28) 須知分(수지분)은 스티븐스의 음역어(音譯語).
29) 오전 9시 30분.
30) 샌프란시스코 한인 감리교회.
31) 일본 경찰을 낮춰 부르던 말. 순사.

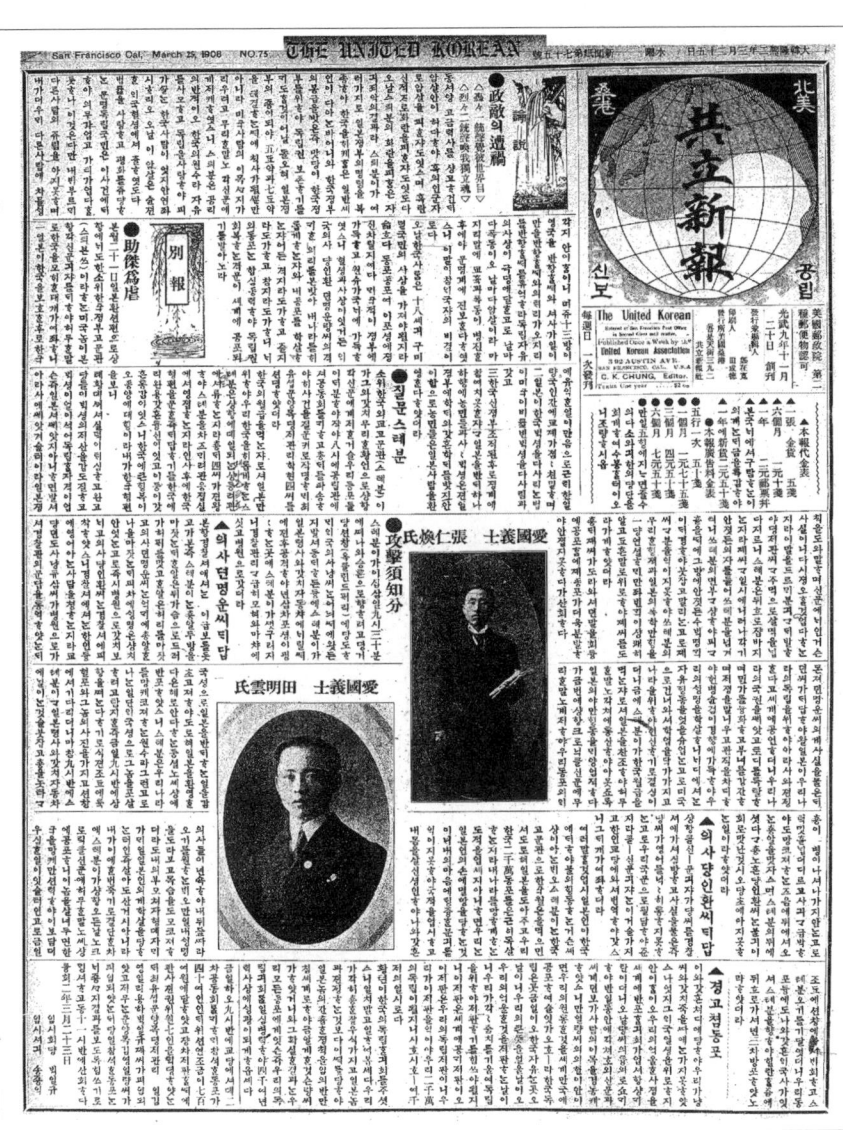

〈그림 4〉 別報(별보), 〈공립신보〉 1908.3.25.

로 그놈을 쏘아 죽이려고 찾아서 알아본즉 금일 9시 반에 샌프란시스코를 떠난다 하기로 이른 아침에 6연발 권총과 그놈의 사진을 가지고 선창에서 기다리더니 마침 9시 반에 스티븐스가 일본 영사와 같이 자동차에 내리는 것을 붙잡고 총을 쏘다가 총이 고장 나서 나가지 않는 고로 턱밑을 냅다 지르고 사태가 급박하여 도망코자 하는 즈음에 뒤에서 오는 총알을 맞았으며 스티븐스의 뒤에 섰다가 총을 쏜 장인환 씨는 불기이회[32]로 만난 것이오 당초에 알지 못하는 일이라 하였더라.

▲의사 장인환 씨 대답

〈샌프란시스코 크로니클〉 신문기자가 장 씨를 경찰서에 가서 만나보고 사실을 물은즉 장 씨가 영어를 충분히 통하지 못하는 고로 우리 국문으로 글로 써서 문답하여 준 것이라 〈크로니클〉 신문기자는 이것을 가지고 한인교당[33]에 와서 번역하여 갔으니 그 대강의 내용이 다음과 같은 바이다.

여러 말 할 것 없이 일본인이 한국에 대하여 도리에 어긋나게 행동하는 것은 세상이 아는 바이오 스티븐스는 한국 고문관으로 한국 월급을 먹으면서 도리어 일본을 도와주고 우리 한국 2천만 동포를 은근히 독살하는지라 내 나라를 망하게 하는 도적을 없애지 아니하면 우리는 일본인의 손에 멸망을 당하는 것이니 나의 마음에 가득한 분한 마음을 이기지 못하여 국적과 관계없이 내 몸을 살신성인하여 나와 같은 의사들이 연속하여 내 뒤를 따라오기를 원하는 바이오. 만일 내 생명을 돌아보고 목숨을 도모하고자 하더라도 내 부모처자 형제자매가 매일 일본인에게 학살을 당하는 터인즉 살아도 산 것이 아니라 내가 이에 한 번 죽기로 결단한 차에 스티븐스가 샌프란시스코에 오던 날로 〈크로니클〉 신문에 허무한 말로 세상에 공포하니 이놈을 살려두면 한국을 망하게만 도와

---

32) 不期而會. 뜻하지 않게 우연히.
33) 한인 감리교당.

주므로 이보다 더 걱정스러운 일이 있을 터인고로 금일 이른 아침에 선창에 가서 배회하며 스티븐스가 오기를 기다렸더니 우리 동포 중에도 나와 같은 애국지사가 있어 스티븐스를 향하여 잘못을 따질 즈음에 뒤편으로 가서 연달아 세 번 발포하였노라 하였더라.

의거를 다룬 부분은 여기까지다. 옛 기사는 종종 스트레이트 형식의 글에 이어서 칼럼 식의 조그만 글을 붙이는데, 이 기사도 그랬다. 독자가 궁금해할 의거 후의 반응과 여파를 거기에 담았다. 다음이 그에 해당하는 기사의 네 번째 부분이다.

▲경고첨동포[34]
이와 같은 처지에 당하여 우리가 두 분[35]과 같이 죽을 때에는 가지 못하였으나 어찌 그 애국열성을 위로하지 아니하리오. 우리의 억울한 사정을 세계에 반포할 기회가 없어 항상 개탄이더니 오늘 두 분의 충의로 알려지게 되어 반나절 동안에 각처 호외신문과 세계 전보가 사람의 이목을 놀라게 하였으니 만일 두 분의 의혈이 아니면 우리의 원통한 것을 세계 만국에 공포하였으리까. 오호—라 한국 독립은 곧 금일이오 한국 자유는 곧 오늘이니 우리의 큰 뜻을 이룰 날이오 우리의 억울한 것을 재판하는 날이니 우리가 각자 호주머니를 털어서 독립을 위하여 재판하기를 힘써야 할지니 이 재판은 세계에 공개재판이오 이 재판은 우리의 독립재판이니 우리가 이 재판을 이겨야 우리 2천만의 독립이 될지니 시호시호[36]—여 천재의 일시[37]로다.
하늘이 한국의 독립할 기회를 주셨으니 잃지 말고 일하여 봅시다. 우리가 각

---

34) 동포들에게 부쳐서 경고함.
35) 전명운과 장인환.
36) 좋은 때를 만나 기뻐하는 감탄사.
37) 좀처럼 만나기 어려운 좋은 기회.

기 총 한 자루씩 가지고 일본 놈과 전쟁하는 것보다 이때를 당하여 일본 놈의 간사하고 음흉한 정책을 임의반만침[38] 세계로 하여금 알게 한 것은 두 분이 하였거니와 그 확실한 결과는 우리 모든 동포에게 있는즉 우리의 독립기회를 일심병력[39]하여 4천여 년 역사상에 빛나게 하옵시다.

 기사는 1908년 3월 21-23일 3일간을 다루면서 스티븐스 저격 사건 전후의 맥락을 종합적으로 정리했다. 이 사건을 다른 자료에서 찾아봐도 위의 기사와 크게 다르지 않다. 길지 않은 한 편의 글로 온전한 역사적 기록을 만들었다. 이런 기사로 역사를 공부하면, 무척 흥미로울 것이다.
 〈공립신보〉는 이날 한 지면을 털어서 맨 위에 논설을 싣고, 이어서 위의 기사를 실었다. 논설의 제목은 '정적의 遭禍'(정적이 재앙을 만나다)이며 부제 2개는 '轟轟○[40]一銃聲覺彼世界目'(울려 퍼진 한 발의 총성이 세계의 눈을 뜨게 했다)와 '쮄○二銃聲喚我獨立魂'(애태우던 두 발의 총성이 우리의 독립 혼을 불러 일으켰다)였다. 〈공립신보〉의 기사는 보도 3주 후인 1908년 4월 17일에 영국인 배설이 발행하던 〈대한매일신보〉에 국한문으로 다시 실렸다.[41]
 전명운과 장인환은 서로 모르는 사이였으며 의거 직후에도 대면한 적이 없다가 한참 후에 만나게 된다. 전명운은 살인미수 혐의로 재판정에 섰지만 증거 불충분으로 1908년 6월 27일 무죄를 선고받았다. 석방된 전명운은 장인환 재판에 악영향을 끼칠 것을 걱정하여 연해주로 가서 안중근을 만나 독립운동을 하다가 장인환 재판이 완료된 후에 샌프란시스코로 돌아왔다. 장인환은 일급모살혐의로 기소되었다가 사형을 면하고 25년 금고형을 받은 후 4번의 가석방 청원 끝에 1919년 1월 10일 가출옥했다. 장인환의 재판은 8개월간 계속됐는데,

---

38) 임의로 반만큼이라도.
39) 한마음으로 힘을 합쳐서.
40) 옛 기사에서 단어 속의 'ㅇ'은 앞에 적힌 글자를 한 번 더 반복할 때 쓰는 부호다.
41) 〈공립신보〉의 기사 중 '의사 전명운 씨 대답' 부분까지만 실었다.

이 기사의 중간에 "우리가 각자 호주머니를 털어서 독립을 위하여 재판하기를 힘써야 할지니"라는 대목에서 보듯이 독립운동 단체인 공립협회와 대동보국회가 의연금을 모아서 통역비 등 재판비용으로 충당했다. 두 사람은 결국 샌프란시스코 한인교회 목사가 장인환의 출옥 5년 후인 1924년에 주최한 '장 의사 석방 축하회'에서 처음으로 만나게 된다.

기사를 보도한 〈공립신보〉는 미국 샌프란시스코의 한인 단체인 공립협회가 1905년에 창간하였다. 한 달에 2번 발행하다가 1907년에 주간 신문으로 바뀌었으며, 1909년 공립협회가 대한인국민회로 통합되면서 〈신한민보〉에 통합되었다.

'오건조약청체전말'과 스티븐스 저격 기사는 당시의 신문 제작 여건상 수일간 벌어진 일을 모아서 보도할 수밖에 없는 한계적 상황에서 나왔을 수 있다. 그렇지 않은 경우, 즉 사건의 추이를 매일 보도하면서도 적당한 시점에 그때까지의 경과를 종합하는 기사가 정말 필요하다. 이런 기사를 미국 신문이 곧잘 쓴다. 미국 신문은 큰 사건이 터지면, 일주일쯤 지났을 때 꼭 중간종합 기사를 쓴다. 우리가 잘 아는 조승희 사건 때도 그랬다.

조승희가 반자동 권총 2정으로 32명을 숨지게 한 미국 버지니아 공대 총기 난사 사건은 2007년 4월 16일 발생했다. 미국 역사상 가장 치명적인 학교 난사 사건이었던 만큼 신문과 방송은 사건 당일부터 엄청난 양의 기사를 쏟아 냈다. 며칠 동안에 어지간한 기사는 거의 다 나왔을 것이다. 사건 발생 6일 후, 이미 뉴스가 차고 넘쳤던 그때 〈뉴욕타임스〉는 아래 기사를 보도했다. 아무래도 독자는 범인과 범행의 동기가 제일 궁금하므로 기사는 조승희가 누구인지를 밝히는 데서 시작한다. 조승희는 현장에서 자살했던 터라 〈뉴욕타임스〉는 한국에 있는 증조할머니와 친척들을 취재하여 정보를 보강했다.

> 애초부터 그는 말이 없었다. 그의 친구뿐 아니라 그의 가족에게도. 모두들 이것을 알고 있었다. 조승희가 자란 서울에서 그의 어머니는 멍한 얼굴과 조용히

만 있는 그의 음울함에 괴로워했다. 얘기 좀 해 봐. 그녀는 아들이 말하기만을 바랐다.

"내가 그 애는 조용하고 행동이 조심스러운 좋은 소년이라고 그의 어머니에게 말했을 때 그녀는 순하기보다는 활발했으면 좋겠다고 말했어요." 서울에 살고 있는 조 씨의 이모할머니 김양순(84) 씨의 말이다.

그가 8살이었을 때 그의 부모가 미국으로 이민을 간다고 말하자 그의 친척들은 반겼다.

한 외삼촌은 "미국은 열린사회이기 때문에 승희가 자신감을 얻는 데 도움이 될 거야"라고 말했다고 한다.

그렇지만 조승희의 어머니는 그가 여전히 침묵에 묻힌 인생이라는, 예전과 같은 우울한 이야기라고 사람들에게 말했다. 그의 어머니는 교회에서 아들이 바뀌기를 기도했다.

이제 세상은 조승희가 어떻게 눈 오는 지난 월요일 버지니아 공대에서 그가 자살하기 전에 27명의 학생과 5명의 교수를 얼마나 잔인하게 학살했는지 알고 있다.

누구도 그가 왜 그랬는지 이해하지 못했다. 금요일 그의 누나가 발표한 사과와 슬픔의 성명서를 통해 그의 가족 스스로도 황당함을 드러냈다. "함께 자라고 사랑했다. 그러나 지금 나는 이 사람을 알지 못했다는 느낌이다"고 그의 누나는 말했다.

조사관, 친척, 급우, 교수 들을 인터뷰한 결과 침묵에서 살인적인 분노까지 어떻게 진행된 것인지 어렴풋이 알아냈다. 그리고 얼마나 그가 치밀하게 마지막 몇 시간을 준비했는지도 알 수 있었다. (중략)

—Before deadly rage, a life consumed by a troubling silence.
〈The New York Times〉 2007.4.22. N. R. Kleinfield

이후에 기사는 조승희 가족의 서울 생활, 미국 이민과 정착, 조승희의 미국

고등학교 시절을 전해 주었다. 고등학생 때 조승희는 말이 없고, 스스로 숨어 지냈으며 급우들도 그를 소외시키는 등 순조롭지 않은 학창 시절을 보냈다. 여학생에게 집착하고 기괴한 행동으로 정신병 검사를 받기도 했다는 정보도 제공했다. 여기까지가 기사의 중간쯤 된다. 그런 다음에 아래와 같이 범행 준비를 보여 주면서 사건으로 되돌아온다.

그가 샀던 첫 번째 총은 월터 22구경 피스톨이었다. 그는 그것을 인터넷 총 사이트에서 주문하였고 2월 9일에 캠퍼스 근처 전당포에서 찾아갔다. 그렇다면 왜? 수사관들은 무언가 촉발시킬 만한 사건이 있었는지 찾기 위해 노력하고 있다고 말한다. 하지만 명백하게 계획이 꾸며졌고 움직임이 있었다.

3월 12일 익명의 상태에서 말했던 한 명의 법률강화관리에 따르면 조[조승희]는 로아녹 지역 공항에 있는 엔터프라이즈 렌터카 사무소에서 밴을 한 대 빌려서 거의 한 달 동안 가지고 있었다. 그다음 날 그는 로아노 총기상에서 두 번째 총을 구입했다. 거기서는 버지니아 운전면허증, 영주권, 개인 확인과 같은 세 종류의 확인이 필요하게 된다.

그는 그 가게에서 가장 잘 팔리고 표적 발사와 개인 방어를 위해 선호되는 9밀리 글록피스톨을 571달러에 신용카드로 구입했다. 그는 총탄 50발을 구입했다.

3월 22일 조는 한 시간에 10달러를 내고 이용하는, 로아녹에 있는 유일한 실내 피스톨 사격장이라고 광고하는 PSS 사격장에 나타났다. 조는 한 시간 동안 사격 연습을 했고 글록에서 네 종류의 탄창도 구입했다. 수사관들은 레인지의 근무자들이 젊은 아시아인이 주차장의 밴에서 셀프비디오를 찍은 것을 기억한다고 말했다.

다음 몇 주 동안 그는 나머지 쇼핑리스트를 작성했다. 수사관들은 그가 3월 31일과 4월 7, 8, 13일에 걸쳐 크리스천버그에 있는 월마트에 갔다고 말했다. 이때 그는 카고 바지와 선글라스 그리고 22구경 탄약을 구입했다. 그는 또 사냥용 칼, 장갑, 통신장비와 아침식사용 스낵을 구입했다. 그는 이어 딕스(Dick's) 스포츠 용품점에 들러 여분의 탄창을 구입했다. (중략)

사건을 준비하는 그 기간에 조승희는 달라진 모습을 보여 주었다. 기사는 그 점을 짚음으로써 그런 엄청난 학살은 순간적으로 나올 수 없으며 오랜 시간의 변화 끝에 나옴을 알려 준다.

> 지난 몇 주간, 조승희의 룸메이트들은 몇 가지 새로운 괴상한 점을 이 기이한 남자에게서 발견했다. 그는 머리를 군인처럼 짧게 잘랐다. 저녁에는 헬스장에서 광적으로 운동을 했다. (중략) 대학생들에게는 생각할 수 없는, 저녁 9시에 자고 아침 7시에 일어나는 생활은 그에겐 평범한 일이었다. 그러나 최근에 그는 점점 더 일찍 일어났다. 마치 무언가를 하기 위한 시간이 부족한 것처럼. (중략)

그런 다음에 기사는 그가 새벽 5시에 일어나 미리 준비해 두었던 비디오테이프를 방송국에 보내고, 2명을 죽이고, 캠퍼스 전체에 이메일을 보내는 등 당일 아침 상황을 재구성한 다음에 집단 학살의 현장으로 돌아와서 마무리된다.

> 9시 30분 쯤, 조승희는 노리스홀 안으로 들어갔다. 그는 카고 바지와 스웨터, 탄창조끼를 입고 국방색의 모자를 쓰고 있었다. 그는 총을 구입한 영수증이 들어 있는 가방을 메고 체인과 칼을 들고 있었다. 그의 한쪽 팔에는 아직 그 중요성이 밝혀지지 않은, 그러나 성서 구절을 암시하는 듯한 액스 이스마엘(Ax Ismael)이라는 이름이 새겨 있었다.
> 그는 체인을 풀어 안쪽에서 문고리를 감아 잠갔다. 출입구를 잠근 후 그는 계단을 통해 2층으로 그리고 교실로 올라갔다. 두 번째 시간이 시작됐다.
> 그가 이용한 계단은 7개의 교실이 있는 L자형의 건물 끝으로 향해 있었다.

두 곳은 비어 있었고, 다섯 교실(204호, 205호, 206호, 207호, 211호)은 수업 중이었다. 그는 방아쇠를 당기면서 그중 4곳을 다녔다. 법의학자들은 10분에서 15분여 사이에 그가 175발 이상을 쏴 30명을 죽였다고 밝혔다. 그것은 미국 역사상 최악의 학살이었다.

현장에 있던 첫 번째 경찰관은 샷건으로 문을 부수고 들어갔다. 조승희는 이 발포를 듣고 그가 이제 겨우 한 번의 기회만 남았다는 것을 알았을 것이라고 수사관들은 추정했다.

그들은 그의 시체가 계단통에 뻗어 있는 것을 발견했다. 그는 그의 총 중 하나를 이용하여 자살했다. 경찰관이 소리쳤다. "용의자가 죽어 있다. 용의자가 죽어 있다. 블랙 택(Black Tag)!" 블랙 택은 경찰 암호로 죽음을 의미한다.

잔인한 월요일 산중턱의 한 학교 캠퍼스에 벌어진 사건이었다.

마침내 조승희는 입을 열었다. 하지만 그것은 수요일 NBC가 방송을 한 비디오를 통해서였다. 센트레빌의 한국 교회의 한 목사는 그의 가족과 함께 텔레비전을 통해 그 테이프를 시청했다. 그는 한국의 〈중앙일보〉에 "우리 가족은 모두 그는 우리가 알던 조승희가 아니다. 그가 완벽한 문장으로 말하는 걸 처음 봤다"고 말했다.

조승희 사건은 2007년 4월 16일 발생했고, 위의 기사는 6일 후인 4월 22일에 나왔다. 위의 기사에 포함된 조승희의 범행 과정이나 그의 이력 등의 정보는 상당 부분 이미 보도됐을 것이다. 하지만, 이렇게 하나로 묶어서 읽어 보면 그가 누구이며 왜 그랬는지가 한눈에 들어온다. 지난 며칠간의 기사를 애써 찾아서 퍼즐을 이어 붙이듯이 읽는 것보다 수월하다. 또한, 사건 후 며칠이 지나면 불명확한 정보와 미확인 사실이 분명하게 검증되므로 더 정확한 기사를 독자에게 제공할 수 있다. 〈뉴욕타임스〉는 2022년 10월 29일 이태원 참사 때도 7일 후인 11월 5일에 최상훈 서울특파원이 이런 중간종합 기사[42]를 썼다. 최상훈 기자에게 왜 이런 기사를 썼냐고 물어 보니 대답은 의외로 간단했다. "〈뉴욕타임스〉는 큰 사건이 나면, 일주일이나 열흘쯤 후에 꼭 종합형 기사를 쓰라고 지시한다."[43] 참고로, 위 조승희 기사의 분량은 영어 단어 3,200개, 번역 후 200자 원고지 47매다. 사건 정보들이 이미 보도된 상태에서 누가 이렇게 긴 기사를 볼지 걱정스러운데, 〈뉴욕타임스〉는 의외로 그런 기사가 읽힌다고 확신하는 것 같다. 그런 기사가 퓰리처상도 받으니 하지 않을 이유가 없다.

5. 시점의 혼재

대개 인물을 다루는 글은 과거에서 시작하여 현재로 이어지는 연대기를 따른다. 신문의 미담 기사는 거의 모두 이 방식이다. 예를 들어, 김밥 장수 할머니가 대학교에 장학금을 기부했다면, 기사는 기부라는 사건의 육하원칙을 담은 문단으로 시작한 다음에 곧바로 할머니의 태생으로 거슬러 올라간다. 이어서 어린 시절과 청춘기를 거쳐 현재까지의 우여곡절을 나열한다. 이 방식은 나쁘지 않다. 독자는 인물의 역사를 시간 순서대로 알아 가면서 정보를 체계적으로 얻는다. 인지 에너지를 많이 쓸 필요 없이 기자가 주는 대로 정보를 받기만 하면 되므로 읽기 편하고 이해하기 쉽다. 다만, 글이 단조로워서 흥미를 유발하기 어렵고 끝까지 읽게 만들기도 어렵다. 독자가 조금 더 흥미롭게, 긴장하며 글을 읽게 만드는 한 방법으로 시점 혼재를 들 수 있다. 글이 현재 시점에서 시작하여 몇 년 전의 과거로 거슬러 올라갔다가 현재로 돌아왔다가 다시 10년

---

42) A vibrant refuge in Seoul goes quiet after deadly crowd crush. 〈The New York Times〉 2022.11.5. Choe Sang-Hun.
43) 〈한겨레〉 주최로 2022년 11월 10일 대한상공회의소에서 열린 '제13회 아시아미래포럼, 가치, 정파성, 공정성의 균형: 영미 신문이 대통령과 정치를 보도하는 방식' 세미나 때 최상훈 기자와 인터뷰에서 얻은 내용.

전 대과거로 갔다가 현재로 되돌아오는 식이다. 이 방식은 영화에서 봐왔던 터라 낯설지 않다. 종종 영화는 현재 상황을 보여 주다가 '3년 전'이라는 화면 문구와 함께 현재 상황의 배경이 되는 과거로 돌아간다. 관객은 잠시 한눈을 팔면 영화의 줄거리를 따라잡을 수 없으므로 내내 긴장하며 영화를 봐야 한다. 그러면서 영화에 몰입하게 된다. 신문기사도 그렇게 만들 수 있다. 대표 사례 2개를 소개한다. 첫 번째 사례는 시상식을 보도한 행사 기사인데, 시상식은 현재이고 시상의 공적은 과거라서 시점을 뒤섞기가 수월하다.

> 동해안에서 석탄 나르던 민간 수송선이 6·25가 터지자 그 이튿날 해군에 차출됐다. 강원도 묵호에서 전라도 여수까지 쉴 새 없이 오가며 살아남은 국군을 부산으로 실어 날랐다. 스물네 살 선원이 잠깐 집에 들렀다가 다시 나가며 100일짜리 딸을 업은 아내에게 한마디 툭 던졌다. "내 나가서 나라에 충성하면, 남은 처자식은 마 나라가 안 거두겠나."(①)
>
> 그날 엄마 등에 업힌 채 아버지와 작별한 딸이 일흔 노인이 돼 27일 충남 계룡대 해군본부 소연병장에 섰다. 1950년 9월 국군과 함께 싸우다 침몰한 민간 선박 '문산호' 선원 10명이 전사(戰死)한 지 69년 만에 화랑무공훈장을 받는 자리였다. 함께 전사한 선장 고(故) 황재중 씨에게는 작년에 한발 먼저 충무무공훈장을 추서했다.
>
> 이날 서훈식에는 문산호 선원 고 권수헌 씨의 딸 문자(70) 씨를 포함해 문산호 전사자 유가족 30여 명이 참석했다. 문자 씨는 "외로웠다"고 했다. "아부지 가신 뒤 엄마도 고마 일찍 돌아가셨습니다. 부모님 기억도 없고 얼굴도 모르고 그저 집안 어른들이 '느그 아부지가 느그 어매한테 이래 말하고 나갔다' 카는 그 말씀 한 가지 알고 살았습니다."(②)
>
> 문산호는 1950년 9월 15일 '장사상륙작전'에 투입됐다가 좌초했다. 장사상륙작전은 인천상륙작전과 같은 날 진행된 양동작전이다. 서해안에서 국군과 유엔군 주력부대가 인천을 공략할 때, 동해안에선 문산호가 학도병 772명과 해

군 지원병 56명을 영덕군 장사해안에 상륙시켰다. 130여 명이 죽고 110여 명이 다쳤다. 그래도 격전 끝에 적을 교란하고 보급로를 끊는 데 성공했다.(③)

그 뒤 오랫동안 장사상륙작전은 인천상륙작전의 명성에 가려 국민에게 잊혔다. 특히 군번 없이 숨진 선원들은 이름도 유해도 없이 '11명 전사'라는 숫자가 됐다. 6·25 참전 용사인 최영섭(92) 예비역 해군 대령이 2012년 이 얘기를 듣고 '이 사람들 이름 찾아 주는 걸 내 인생 버킷 리스트로 삼자'고 결심했다.(④)

그 뒤 7년 노력의 결과가 이날 서훈식이다. 최 대령과 임성채 해군 군사편찬과장이 해군 문서고와 학도병 회고담을 샅샅이 뒤져 전사한 선원 이름이 모두 적힌 옛 서류를 찾아낸 것이다.

이날 서훈식은 국민의례, 공적 낭독, 훈장 수여 순으로 진행됐다. 해군 관계자가 전사한 선원 10명을 차례차례 호명했다. 그때마다 유족들이 혹은 담담하고 혹은 숙연한 얼굴로 걸어 나와 심승섭 해군참모총장이 건넨 훈장을 받아 들었다.

이어 열병식이 진행됐다. 의장대 47명이 국기와 군기를 받쳐 들고 선 가운데, 군악대와 국악대 100여 명이 여름 풀 파릇파릇한 연병장에서 '바다로 가자' '군함 행진곡'을 연주했다. 유족 대표들이 해군이 준비한 무개차 네 대에 나눠 타고 천천히 연병장을 돌며 의장대를 사열했다. 어른들 따라온 밤톨 같은 꼬마(5)가 백발성성한 유족과 노병을 보고 "와, 옛날 사람 많다" 했다.(⑤)

최영섭 예비역 해군 대령은 "빚진 무거운 짐을 내려놓은 마음"이라고 했다. 문산호는 2차대전이 끝난 뒤 우리 정부가 미군에게서 사들인 수송선 여덟 척 중 하나다. 교통부 산하 해운공사 소속으로 묵호항(현재 동해시)에서 석탄을 싣다가 전쟁을 만났다. 6·25 이튿날 석탄 대신 퇴각하는 국군을 태우고 묵호항을 출발해 부산에 갔다. 이후 여수로 이동해 거기서도 후퇴하는 국군을 부산으로 실어 날랐다. 최 대령도 그때 여수에 있었다. 최 대령은 "문산호 선원 한 명 한 명은 나에게 서류상 숫자가 아니다"라고 했다.

"나한테 문산호 선장과 선원들은 나랑 같이 싸운 사람들, 얼굴도 다 생각나는 사람들입니다. 여수에서 퇴각할 때, 인민군이 500m 거리까지 밀려와 박격포와 기관총을 쏘는데, 문산호 선장이 '우리도 이 나라 국민이니 끝까지 싸우겠다'며 마지막 병사가 배에 오를 때까지 부두에 배를 대고 기다렸습니다. 그런데 전사자 130여 명 명단에 군인 이름만 있고 선원들 이름은 없으니, 찾아야겠다 마음먹었지요."(⑥)

두 달 뒤 최 대령은 인천상륙작전에 투입됐다. 같은 시간 문산호 선원들은 장사 해안에서 파도에 휩쓸리고 총탄에 쓰러졌다. 그중엔 열아홉 살 소년도, 스무 살 새신랑도 있었다.(⑦)

고 이수용 씨의 유복자로 태어난 용규(68) 씨가 이날 훈장 액자를 받아 안고, 목멘 소리로 "감사합니다" 했다. 눈시울이 붉었다. 누나 호선(71) 씨가 아버지 기록을 찾아 준 최 대령에게 다가가 인사했다. 최 대령이 어깨를 끌어안고 다독거렸다.(⑧)

전사자 중 가장 나이 많은 사람이 고 이영룡(당시 46세·갑판장) 씨였다. 열네 살 큰딸부터 일곱 살 막내아들까지 2남 2녀를 키웠다. 전쟁 통에 이리저리 뛰면서도 륙색 가득 건빵을 채워 짬짬이 집에 들르곤 했다. 그런 그를 경찰이 불러 세워 "신분증 좀 보자"고 했다. 장정들 징집하는 게 경찰 임무였다.(⑨)

아들 영송(78) 씨가 "아부지가 신분증 보이며 '문산호 타고 국군이랑 작전한다' 카니까 경찰이 경례했다"고 했다. 그때 씩 웃던 부친의 얼굴이 아홉 살 아들의 기억에 오래 남았다. 영송 씨는 "많은 기억은 없지만 자식 위해 애쓰던 아부지가 제 가슴에 남아 있다. 저도 닮기 위해 노력하며 살았다"고 했다.

"어무이가 안 한 장사가 없습니다. 아부지가 어떻게 돌아가셨는지 구체적인 걸 몰랐는데, 이래 밝혀지고 훈장도 타니 너무 고맙습니다. 기분 안 좋으냐고요? 참 좋지요. 우리 아부지가 69년 잠수 타다 오늘 올라왔다 아입니까."(⑩)

―국군 돕다 스러진 문산호 선원들… 국가, 69년 만에 이름 불러 줬다.
〈조선일보〉 2019.6.28. 계룡대=김수혜 기자

기사는 1950년 문산호 유공자와 2019년 서훈식 유가족이라는 두 가지 시점으로 구성됐다. 맨 처음에 6·25전쟁 발발과 문산호 차출이라는 과거에서 시작하여 곧바로 현재로 돌아와서 계룡대의 서훈식을 보여 준다. 이후에도 기사는 과거와 현재를 반복해서 오간다. 기사는 '①과거→②현재→③과거→④과거(현재완료)→⑤현재→⑥과거·현재→⑦과거→⑧현재→⑨과거→⑩현재'로 이어진다. ④번은 문산호 차출보다는 가까운 과거여서 현재완료라 할 수 있으며 ⑥번의 두 문단에는 과거와 현재가 공존한다. 시점 변화에 따라 유공자와 유가족의 스토리가 엇갈리며 반복한다. ①, ③, ⑥, ⑦, ⑨는 문산호의 역사와 유공자들의 전공(戰功)이며 ②, ④, ⑤, ⑧, ⑩은 서훈식, 유족들의 고난사, 서훈식의 산파인 예비역 대령의 선행이다.

이 행사를 관습대로 스트레이트 형식으로 쓴다면, 보도되더라도 잘 기억되지 않을 것이다. 그러나 이렇게 인물들의 과거와 현재를 오가면서 대비하니 기사가 확 살아났다. 독자는 과거를 떠올리며 오늘의 유가족을 바라보게 된다. 기사가 재미있어서 독자는 기사에 몰입하며, 나아가 행사의 의미를 되새길 수 있고 기사를 읽고 난 후에도 마음에 남는다. 일거다득이다. 요체는 '과거와 현재 오가기'다. 기자의 사전 조사도 빛난다. 그 덕에 과거 사실과 현재의 행사를 절묘하게 버무릴 수 있었다. 과거와 현재를 각각 한 문장으로 요약한 리드와 엔딩도 멋지다.

서훈식은 예고되어 있었으므로 여러 기자가 이 행사를 보도했지만, 모두 행사 참석자, 서훈받은 유공자, 행사의 의미 등만 담아서 1,000자 내외로 보도했다. 위 기사처럼 쓰려면 문산호에 대한 지식이 필요하므로 김수혜 기자는 사전에 그 조사를 했을 것이다. 조금만 더 시간을 들이면, 이런 좋은 기사를 쓸 수 있다. N클럽에서 이 기사를 소개했던 조소진 〈한국일보〉 기자는 "같은 출입처의 타사 기자가 이렇게 기사를 썼다면, 다음 날 신문을 보고 나는 좌절했을 것이다"라고 말했다.

시점 혼재의 또 다른 예를 아프가니스탄 특별기여자 기사에서 볼 수 있다.

아프가니스탄이 탈레반에게 넘어가자, 한국 정부는 현지의 대사관을 비롯하여 한국과 관련된 여러 기관에서 한국인을 도왔던 아프가니스탄 사람들을 '특별기여자' 신분으로 한국에 데려왔다. 그중 일부는 현대중공업의 도움으로 울산에 정착하여 자녀들이 무사히 학교에 다니게 됐다. 조해람 〈경향신문〉 기자는 울산에 3일간 머물면서 이들을 취재하여 4월 14일과 15일에 상·하편으로 기사를 보도했다. 상편은 시점에 따라 8개로 나누어지는데, 연대순으로 배열하면 아래와 같다. 하지만, 기사는 번호 순서대로 배열되어 연대순의 맨 마지막인 학생들의 첫 등교 2주 후의 모습이 기사 맨 처음에 등장한다.

― 2021년 8월 초중순(대과거) 탈레반의 아프간 카불 점령, 한국 도움으로 기여자들 탈출(2)
― 2021년 8월 26일-12월 말(대과거) 한국 기여자 390명 한국 도착, 진천과 여수에서 정착 준비, 현대중공업은 일부 기여자들을 울산에 유치하기로 결정, 손님 맞을 준비 착수(3)
― 2022년 2-3월(과거-현재) 아프간 초등학생들의 울산 서부초등학교 배정, 한국인 학부모들의 동요, 현대중공업 관계자들의 설득(5)
― 2022년 2월 7일(과거) 아프간 기여자 29가구 157명 울산 도착(4)
― 2022년 3월 20일(과거) 울산 아프간 초등학생들을 위해 현대중공업 관계자들이 간식과 편지 등 선물 가방 준비(7)
― 2022년 3월 21일(과거) 울산 아프간 초중고 학생 85명 첫 등교(6)
― 2022년 3월 21일(과거) 울산 아프간 초중고 학생들의 첫 등교를 지켜보는 현대중공업 관계자들(8)
― 2022년 4월 6일(현재) 울산 아프간 초등학생들의 첫 등교 2주 후 등교 모습(1)

기사는 아프간 초등학생들이 한국 학교에 처음으로 등교하는 날인 3월 21일을 목표 지점(8번)으로 놓고, 그날을 향해 서서히 전진한다. 도입부는 기자의 취재 시점 즉 울산 아프간 초등학생들의 현재 모습(1번)을 보여 준다.

> 따듯한 곳에서 벚꽃은 조금 더 일찍 핀다.
> 4월의 초입인 지난 6일 울산 동구 서부동에서는 연분홍색 벚꽃이 골목마다 넘실거렸다. 해가 뜨는 동쪽 해안가 현대중공업 단지로 어른들이 이미 출근한 오전 8시 30분쯤, 고요하게 내리는 아침 햇살에 아파트 단지 외벽의 빛깔이 천천히 선명해졌다. 자동차 몇 대가 부릉 소리를 내며 느긋하게 1차선 도로를 지나갔다.
> 동구시니어클럽 소속 안모 씨(78)는 여느 평일처럼 개나리색 조끼를 입고 집을 나섰다. 스쿨존 등교봉사에 쓰는 노란색 작은 깃발을 든 채 클럽 회원들과 서부초등학교 앞 횡단보도에서 몸을 풀었다. 조금 있으면 남쪽으로 난 큰길을 따라 동네 아이들이 등교할 것이었다. 두 달 전 이 동네에 정착한 28명의 아프가니스탄 꼬마들도 그때쯤 아래쪽 삼거리에 나타난다.
> 서부초 남동쪽으로 걸어서 10분 거리, 작은 언덕 위 5층짜리 아파트 한 동에 꼬마들은 살았다.
> 아침이 되자 전나무 그늘이 드리운 아파트 앞마당으로 잠이 덜 깬 아이들이 하나둘 나타났다. 핑크색 패딩을 좋아하는 파르니안도, 수줍음 많은 자이라도 똑같은 데상트 가방을 매고 모인다. 교복에 히잡을 쓴 언니들과 곱슬머리 형들은 30분 전 각자의 중·고등학교로 출발했다. 모두 같은 초등학교에 다니는 28명의 꼬마들은 재잘대며 까르륵댔다. 유치원생 동생들은 50㎝ 높이의 돌화단을 오르내리는 재미에 푹 빠져 있다.
> 중고생 등교 인솔을 마친 출입국관리소 정 씨 아저씨가 아파트 동쪽 저편에 모습을 보일 때쯤, 히잡을 쓴 인솔당번 어머니들이 아이들에게 손짓한다. 어머니들을 따라 아이들은 아파트 서쪽 좁은 내리막길을 조심히 내려가 큰길로 향했다. 이맘 때 아프간 들판을 가득 메우는 튤립 대신, 흐드러진 울산 벚꽃나무

아래로 아이들이 한 줄로 걷는다. 강아지를 산책시키는 할아버지와 하늘색 GS25 편의점 간판, 휴대폰으로 봄 벚꽃을 찍는 청년을 지나 삼거리 횡단보도를 건넜다. 삼삼오오 등교하는 한국 아이들과 아프간 아이들 행렬이 만나는 지점이다. 오전 8시 50분, 두 언어로 재잘대는 아이들의 머리 위로 벚꽃잎이 날렸다.

살구색 작은 학교 건물이 모습을 드러냈다. "안녕하세요!" 한 꼬마가 서툰 한국어로 안 씨에게 인사한다. 말이 통하지 않는 이 외국 꼬마들이 안 씨는 손주 같다. 스쿨존 제한속도 '30' 딱지를 가방에 단 아이들은 줄지어 교문을 지나 시야에서 사라졌다.

—바닷가 공업도시에 아프간 꼬마들 벚꽃처럼 왔고요.
〈경향신문〉 2022.4.14. 울산=조해람 기자

기사는 스토리의 배경인 공간을 보여 주고 주인공인 아프간 초등생 어린이를 등장시키며 시작했다. 4월의 봄날과 벚꽃, 주변 지형지물, 등교를 도와주는 한국 할아버지와 서툰 한국어로 인사하는 아프간 어린이 등 포근한 장면이 수채화로 그려졌다. 총 분량이 200자 원고지 30매나 되는 긴 기사의 첫 장면으로 매우 좋다. 이어서 기사는 약 8개월 전의 대과거로, 장소도 아프가니스탄으로 돌아가 카불이 탈레반에 점령되고 한국 기여자들이 탈출하는 긴박했던 당시를 간호사 하피즈 압둘의 눈으로 보여 준다(2번).

2021년 8월 11일, 총상을 입은 한 남자가 아프간 파르완주(州)의 한국 병원에서 사망했다. 남자는 여자의 부축을 받으며 병원에 들어왔다. 간호사 하피즈 압둘은 놀라서 뛰쳐나왔다. 여자는 남자가 병원 앞에서 탈레반의 총에 맞았다고 했다. 왜 맞았는지는 모르겠다고 했다. 여자는 부르카를 쓰고 있지 않았.

수도 카불은 전날부터 탈레반의 수중에 넘어갔다. 8월 10일. 아침부터 소문이 돌더니 점심때쯤 카불 시내에 탈레반이 쫙 깔렸다. 병원에서 소식을 들은 하피즈는 휴대폰의 모든 데이터를 지웠다. 한국과 관련한 메시지와 사진, 연락처가 너무 많았다. 카불과 가까운 파르완 거리에도 AK-47 소총을 든 탈레반 단원들이 속속 들어왔다.

하피즈는 면도와 빗질을 끊었다. 깨끗한 옷도 입지 않았다. 병원 사무실 자리에 놓인 감사패엔 하피즈의 이름이 적혀 있었다. 숨겼다. 숨었다. 병원이 위치한 공군기지에 주둔하던 미군은 이미 철수했다. 카불공항에 가야 했다. 한국 정부가 피난작전을 편다고 들었다.

8월의 뜨거운 태양이 카불 거리를 직각으로 내리쬐었다. 흙범벅인 피난민 수만 명이 골목마다 바글거렸다. 공항에 가까워질수록 더 빽빽해졌다. 사막 열풍이 가득한 도로. 한국 대사관이 준비한 버스가 하피즈 가족과 아프간인들을 태우고 카불공항으로, 수만의 인파 사이로, 아주 천천히 기어갔다. "창문 열면 안 됩니다!" 어떤 사람들은 창문을 통해 버스에 타려 했다. 에어컨 없는 버스, 씻지 못한 몸에서는 독한 냄새가 났다. 모래와 먼지에 머리카락이 떡 졌다. 아이들은 앵앵 울었다. 탈레반 대원들이 버스가 움직이는 모습을 가만히 지켜봤다.

아프간인들은 무사히 한국에 도착하여 정착을 준비했으며 현대중공업 측은 일부를 울산에 받아들이기로 하고, 아파트를 청소하며 준비했다(3번). 2021년 8월 26일부터 12월 말까지의 이 시점도 대과거에 해당한다.

카불의 '특별기여자'들을 태운 군용기들은 파키스탄 이슬라마바드를 거쳐 인천공항에 도착했다. 하얀 방역복을 입은 한국인들이 검진을 위해 나타나자 하피즈는 그때서야 코로나를 떠올렸다. 전 세계를 휩쓸고 있는 그 바이러스를 카불의 피난민들은 떠올릴 겨를도 없었다.

하피즈 가족은 한국 정부가 마련해 준 호텔로 가 한숨을 돌리고 진천 공무원인재개발원에서 두 달을 보냈다. 10월 27일부터는 여수 해경교육원으로 옮겨 넉 달을 지냈다. 가을의 여수에서 하피즈네 셋째 딸 사라(16)가 다른 친구들과 한국어를 배우던 어느 날 오후, 30분 거리의 한 횟집에서 한국인 아저씨 4명이 은갈치 회에 소주잔을 기울였다.

울산 현대중공업 관계자들이었다. 아프간인을 채용하기 위해 해경교육원의 정부 관계자들과 미팅을 가진 뒤였다. 인력난에 시달리는 조선업 대기업들은 곧 교육원을 퇴소할 아프간인들에게 관심이 많았고 현대도 그중 하나였다. 협력사 모임 회장인 김명구 지테크 대표가 앞장섰다. 지금은 하피즈의 사장님인 김 대표가 소주를 따르며 물었다. "아프간에서 다 의사나 간호사였다매, 기계 조립 같은 거 잘할 수 있을라나?"

"그러게요…." 현대중공업 동반성장지원부 김창유 씨와 김병수 씨도 고민이 컸다. 꼭 데려오고 싶었지만, 생소한 공업도시에 그들을 어떻게 연착륙시킬지가 걱정이었다. 외국인 노동자야 오래 봐 왔지만, 수백 명이 한번에 오는 것은 처음이었다. 무엇보다 정부는 주거 지원이 가능한 곳을 원했다.

아저씨들은 동구 현대중공업 근처 언덕 위 중앙아파트를 떠올렸다. 옛날엔 회사 간부들이 살았고 최근엔 해외출장 복귀자들의 임시 격리숙소로 쓰던 5층 6라인 아파트 독채였다. "동반 쪽이 아파트만 잘 어떻게 해 주면, 그 사람들 적응은 우리 협력사들이 잘 해볼게." "네, 잘 얘기해 볼게요." "그분들 오면 우리 따로 병원 안 찾아다녀도 되는 거 아냐?" "하하하!"

울산으로 돌아간 이들은 32평형 호실 30개가 있는 낡은 사택을 열심히 청소했다. 1월의 어느 날, 전나무가 둘러싼 아파트 단지로 현대중공업은 아프간인들을 불렀다. "땡큐, 씨 유 어게인!" 아파트를 둘러본 아프간인들은 손을 흔들며 여수로 돌아갔다. 아프간인 76가구 중 29가구가 울산을 골랐다.

2022년 2월 7일, 결국 아프간인 29가구 157명이 울산 현대중공업에 도착했다(4번). 시점으로는 과거다.

29가구 157명은 2월 7일 오전 11시, 버스 4대에 나눠 타고 동구 현대중공업 정문 앞에 도착했다. 스물아홉 가족의 세간살이는 트럭 3대에 모두 담겼다. 현대중공업 직원 10여 명이 든 'Welcome to HHI(Hyundai Heavy Industries)' 현수막이 겨울 아침 바닷바람에 흔들렸고, 버스에서 막 내린 여자아이들의 머리에선 스카프가 휘날렸다. "아이들만 보였어요, 너무 예뻐서…." 창유 씨의 감상도 잠깐, 일감이 쏟아졌다. 이사를 시작으로 12개 협력사에 나눠 취업한 아버지들의 출입증 발급, 온갖 회의, 가구와 주방기기 마련… 당혹해하는 주민들도 상대해야 했다.

이슬람인 157명이 난데없이 들어오고 아프간 초등학생 28명이 서부초등학교에 몰려서 배정되자, 주민과 학부모들은 동요하고 반발했다. 현대중공업 관계자들의 설득과 도움이 뒤따른 가운데 첫 등교 날이 다가오고 있었다(5번). 2022년 2-3월의 일인데, 과거-현재의 시점에 해당한다.

아프간 초등학생 28명이 서부초 한 곳으로 일괄 배정되자 일부 학부모들이 반발했다. 아프간인들의 이주 관련 정보가 지역사회에 충분히 공유되지 못했던 데다, 157명이 한번에 오는 건 전례가 없었다. 이슬람 문화는 더더욱 낯설었다. 한국 사회에 널리 퍼진 여러 오해도 반복됐다.
　어쩔 수 없는 반응이라고, 이해가 간다고 창유 씨와 병수 씨는 생각했다. 현대중공업을 둘러싼 작은 마을. 반대하는 이들도 찬성하는 이들도 직장동료였다. 밀어붙이는 대신 직접 반대 여론 한가운데로 뛰어들기로 했다. 저녁마다 교육청 학부모설명회를 따라다니고, 필요하면 따로 사람들을 만났다. 창유 씨의 휴대폰은 온종일 지이잉 떨었다. 그 사이, 여론이 천천히 움직였다.
　치열한 저녁을 보내고 해가 밝으면 두 사람은 매일같이 아파트로 출근했다. 스물아홉 가족이 다 들어가고 남은 101호가 관리실이자 사무실이다. 101호에 앉아 있는 시간은 많지 않았다. 한밤중에 산통이 온 한 산모를 태우고 병원을 찾아다니고, 꼬마들을 놀이터에 데리고 나갔다. 접종은 뭐 그리 많은지. 2월 말 아이들의 코로나19 2차 예방접종 날, 병수 씨는 30여 명을 이끌고 10분 거리 일산해수욕장 옆 병원으로 향했다.

한 번도 바다를 본 적 없는 사막나라 아이들을 데리고 해변을 구경할 생각이었다. 아이들이 병원 방에 모이자 간호사가 예진표를 한아름 들고 왔다. '아 맞다….' 병수 씨는 방을 둘러봤다. 예진표를 받아든 아이들은 큰 눈을 끔뻑거리며 병수 씨를 향해 방글방글 웃고 있었다. 결국 병수 씨는 예진표를 영어로 혼자 다 썼다. 일정이 늦어져 바다는 물 건너갔고, 병수 씨는 물어나 봤다. "뭐 갖고 싶노?" 아이들은 책가방을 원했다.

계절은 겨울에서 봄을 향해 천천히 움직였다. 매일 두 사람이 아파트 정문에 모습을 드러내면 허리 높이만 한 아프간 꼬마들이 달려와 손을 잡아끌며 미스터 킴, 미스터 킴, 아프간 달리어로 뭐라뭐라 떠들었다. 병수 씨는 영어회화책을 사서 승용차에 두었다. 창유 씨는 그런 그를 조금 놀렸다. 3월 21일이 오고 있었다.

드디어 2022년 3월 21일 아프간 초중고 학생 85명이 울산에서 처음 등교하는 날이 왔다(6번). 설레는 날이지만, 안심할 수 없어서 여전히 조마조마하다.

3월 21일 월요일 오전 8시. 낡은 옛 사옥 앞마당이 분주해졌다. 첫 등교에 나선 85명의 아이들과 부모들, 법무부와 교육청과 현대중공업 어른들이 복작대는 틈으로 노란색 유치원 통학버스가 부릉 들어왔다. 남목고 교복을 입고 아파트 앞에 선 살림과 워리스, 다우드, 아지미를 아버지들이 휴대폰으로 찰칵찰칵 찍었다. 여자아이들 몇은 처음 입는 교복치마를 거꾸로 입고 나왔다. 하피즈 부부와 네 자녀도 마당에 함께였다. 저녁에 아이들이 돌아오면 아프간 볶음밥 팔라우를 곁들여 가족파티를 즐기기로 했다.

초등학생 꼬마들은 저마다 갈색 종이가방을 손에 들었다. 한국 친구들에게 나눠 줄 간식이 잔뜩 든 종이가방 위로 띄어쓰기가 제각각인 자기소개가 적혔다. '안녕하세요! 나는 파르하트예요. 만나서 반가워요' '안녕 나는 로하프저예요 만나서 반가워'….

과연 아무 불상사 없이 등교했는지 독자는 궁금하지만, 기사는 그것을 곧장 알려 주는 대신에 초등학생들이 손에 든 종이가방을 언급하며 하루 전 상황으로 되돌아간다(7번). 약간 뜸을 들이며 독자에게 기사의 클라이맥스를 감상할 준비를 하게 한다.

갈색 가방은 현대중공업 아저씨들의 아이디어였다. 학교 배정을 놓고 설왕설래가 계속되던 어느 날, 눈치 빠른 고등학생 큰언니들이 조심스레 물어 왔다. "우리 동생들, 학교 못 가요?" "갈 수 있지, 걱정 마. 선물을 준비할까?" 첫 등교를 앞둔 어느 날 밤 101호에 아이들을 모아 간식을 종이봉투에 나눠 담았다. 편지도 하나씩 넣자고 했다. 컴퓨터를 잘 다루는 아프간 "머스마들"이 손편지 양식을 프린트해 왔다. '안녕! 나는 ___, 만나서 반가워!' 빈칸에 이름을 적고 가방에 넣으라고 준 건데, 제멋대로인 꼬마들은 내용을 종이봉투에 그대로 적어버렸다.

이제 대망의 등교 모습이다(8번). 아프간 초등학생들의 작은 발걸음, 그들과 함께 걷는 아프간 아버지들, 이 모두를 바라보는 현대중공업 관계자들, 그리고 그들을 감싸 안은 연분홍 벚꽃…. 기사는 또다시 한 폭의 수채화를 그리며 마무리된다.

다시 21일 아침 중앙아파트, 3-4명씩 짝지은 중·고등학생들이 먼저 각자의 학교로 출발했다. 그룹마다 아버지들이 한두 명씩 따라붙었다. "멀리서 왔는데 얼라들 학교 가는 거 안 보고 싶겠습니까." 병수 씨와 12명의 협력사 사장님들도 한 명씩 붙어 따라갔다.

갈색 종이봉투를 든 초등학생들이 곧이어 한 줄로 출발했다. 작은 발들이 조심조심, 언덕길을 내려갔다. 학부모 몇 명만 우려 섞인 시선을 보낼 뿐 소란은 없었다. 따듯한 곳에서 벚꽃은 조금 더 일찍 핀다. 남쪽 바닷가 공업도시, 3월 말의 막바지 꽃샘추위를 뚫고 연분홍 벚꽃이 막 피어나고 있었다. 행렬의 맨 앞에서 열 살 아스마는 노옥희 울산교육감의 손을 꼭 잡았다.

창유 씨는 먼발치에서 행렬을 지켜봤다. 하늘색 GS25 간판과 버스정류장과 가로수들을 지나, 활짝 웃는 선생님들이 기다리는 교문으로 아이들이 한 줄로 들어갔다. "훅 들어갔다"고 창유 씨는 기억한다. 마지막 아이가 교문을 통과하자 그의 다리가 풀렸다. 지난 두 달, 수많은 민원전화와 실랑이와 간곡한 설득으로 자주 뜨거워졌던 그 휴대폰을 꺼냈다. 현대중공업 직원들과 경찰, 구청·교육청 공무원… 이날을 함께 준비한 담당자 18명이 모인 단톡방에 그는 짧게 보고했다.

"아프간 자녀들 모두 무사히 등교했습니다."

조해람 기자는 아프간인들의 이주 전부터 이주 및 정착 과정까지를 시점을 혼재하며 풀어냄으로써 독자의 긴장감과 몰입을 유발했다. 이렇게 긴 기사를 연대순으로 썼다면 단조롭게 느껴졌을 것이다. 2022년 6월 25일 N클럽 초청 세미나에서 조해람 기자는 "독자를 취재현장에 데려온다는 생각으로 기사를 썼다"고 했다. 어떠한 문장에서도 거짓말하지 않는다는 목표도 세웠는데, 한 예가 위의 4번 대목에 포함된 "현수막이 겨울 아침 바닷바람에 흔들렸고, 버스에서 막 내린 여자아이들의 머리에선 스카프가 휘날렸다"는 문장이다. 조 기자는 취재원에게서 이 말을 듣고 그날의 일기예보를 찾아서 실제로 바람이 불었는지를 확인했다.

〈경향신문〉은 이 기사를 2022년 4월 14-15일에 보도하고, 5월 2일에 인터랙티브 기사 '안녕, 봄과 함께 온 꼬마들'을 보도했다. 이 기사의 제목은 한글,

영어, 아프간어로 쓰였고, 본문은 한글과 아프간어로 나란히 적혔다. 한글, 영어, 아프간어의 3개 국어로 보도된 최초의 기사다(김고은, 2022). 조해람 기자는 용기를 내서 자신과 아이들을 공개한 아프간 사람들도 함께 기사를 읽으면 좋겠다는 생각에서 번역을 시도했다고 말했다.

당시 울산에서는 이슬람인의 전례 없는 대규모 이주로 모두가 허둥댔고, 일말의 긴장과 갈등과 걱정도 있었다. 하지만, 주민 대부분은 서로 대화하고 설득하여 이슬람인들을 이웃으로 품었다. 그래서 이 기사는 화해와 화합의 기사다. 첨예하게 갈라지기만 하는 요즘이기에 더 감동을 준다. 「시사IN」은 2023년 3월 8일 '울산으로 간 아프간 특별기여자의 1년, 그곳에 미래가 있었다'를 보도했는데, 3년이 지난 지금 그들은 또 어떻게 변했을지 궁금하다.

6. 티저 예고

영화 개봉 전에 공개하는 짧은 맛보기 영상을 티저(teaser)라고 한다. 티저는 영화의 주요 장면을 짜깁기하여 영화와 별도로 광고 홍보용으로 만든 영상이다. 이런 영상을 본 영화에 삽입할 수도 있는데, 이것을 '티저 예고'라고 한다. 영화의 앞부분에 몇몇 장면을 예고편처럼 보여 주면서 관객의 흥미를 유도하고, 나중에 그 장면을 다시 보여 주어 강한 인상을 남기는 식이다. 예를 들어, 영화 〈태극기 휘날리며〉는 처음에 6·25 전사자의 유해 발굴을 보여 주고, 그 장면을 맨 마지막에 소환하여 전체 스토리를 연결한다. 〈아이다호〉에서도 첫 장면이 맨 마지막에 다시 나온다. 티저 예고는 나중에 일어날 일을 미리 보여 주긴 하지만, 다 드러내지 말고 수수께끼를 남겨야 한다. 첫 부분에 뜬금없이 등장한 이 내용이 과연 무엇일까 궁금하게 만들고, 나중에 그 장면이 다시 나올 때는 모두 다 보여 주면서 독자의 궁금증을 풀어 준다. 티저 예고는 영상뿐 아니라 글에도 활용됐다. 미스터리 작가 메리 히긴스 클라크(Mary Higgins Clark)는 티저 예고를 가장 잘 활용한 작가로 손꼽힌다. 대표작 『나를 기억하라』에서 첫 챕터의 제목은 '8월 17일'이며 마지막 챕터의 제목은 '8월 16일'이다. 소설의 첫 부분이 맨 마지막 부분으로 되돌아오면서 미스터리를 풀어 준다. 제임스 스콧 벨(Bell, 2004/2012)은 티저 예고를 만들 때 3가지에 유의하라고 조언했다(113쪽).

- 이야기에서 가장 긴장이 고조된 장면을 선택하라.
- 똑같은 어휘를 사용해도 되고, 약간 바꾸어도 된다.
- 해결을 보여 주지 말라. 그래야 독자들이 계속 읽을 것이다.

신문에서는 미국 기자들이 티저 예고의 달인이다. 한 예로 2006년 퓰리처상 피처(Feature Writing) 부문 수상작인 〈록키마운틴뉴스〉(Rocky Mountain News)의 '마지막 경례'(Final salute)를 들 수 있다. 군인이 전사했을 때 가족에게 그의 부고를 알리는 사람인 '전사(戰死) 메신저'를 다룬 기사다.[44] 이들은 가족을 찾아가 부고를 알리는 일 외에도 전사자의 시신이 공항에 도착하면 가족에게 인도하고 유품을 수습하며 장례를 도와준다. 가장 슬픈 임무를 수행하는 군인이다. 미 해병대 제임스 캐시 소위가 2005년 8월 21일 이라크에서 폭사했을 때, 스티브 벡 소령이 그의 시신을 가족에게 인도했다. 당시, 캐시 소위의 아내 캐서린은 임신 5개월째였으며 그해 12월 아들을 출산했다. 기사는 아래와 같이 시작한다.

> 공항 활주로에 주차된 리무진 안에서 캐서린 캐시는 청명한 하늘을 쳐다보며 태동을 느꼈다.

---

[44] 이 기사에 대한 자세한 설명은 박재영(2020)의 『뉴스 스토리』 54-58쪽 참조.

"그가 움직여"라고 그녀가 말했다. "이리 와서 그를 느껴 봐. 그가 움직여."

그녀의 절친 2명이 부드러운 시트 위로 몸을 기울여 그녀의 배에 손을 얹었다.

"느껴져." 한 친구가 말했다. "느껴져."

바깥에서는 비행기 제트 엔진의 윙윙거리는 소리가 더 커졌다.

"아, 자기야." 그녀의 친구가 말했다. "저게 그의 비행기인 것 같아."

젊은 세 여인이 선팅된 차창 밖을 응시하는 와중에 캐서린은 태아와 똑같은 이름이 새겨진 군번줄의 인식표를 꽉 움켜쥐었다.

제임스 J. 캐시(James J. Cathey).

"이런 식으로 돌아와서는 안 되는데." 그녀는 목걸이에 남편의 결혼반지와 함께 걸려 있는 인식표를 더 힘껏 손에 쥐며 말했다.

세 여인은 뒤쪽 창문으로 밖을 바라봤다. 그리고 23살 난 그녀는 자기의 임신한 허리 위로 손을 올려놓았다.

"나를 행복하게 해 줬던 모든 것이 저 비행기에 타고 있네." 그녀가 말했다.

공항 직원들이 6명의 침통한 해병대원들을 따라 컨베이어 벨트를 비행기 뒤편으로 갖다 대는 것을 그들은 지켜보았다.

캐서린은 차창에서 고개를 돌려 눈을 감았다.

"지금이 밤인 게 정말 싫어. 지금이 낮이었으면 좋겠어." 그녀가 말했다. "나는 내 남은 삶이 낮이면 좋겠어. 밤은 정말이지 너무 힘들어."

갑자기 차 문이 열렸다. 흰 장갑을 낀 손이 바깥에서 리무진의 문을 열었다ㅡ똑같은 흰 장갑의 손은 5일 전에도 브라이튼에 있는 캐서린의 집 문을 두드렸다.

짙푸른 제복을 입은 남자는 무릎을 꿇고 그녀와 눈을 맞추며 부드럽고 단호한 목소리로 말했다.

"캐서린." 스티브 벡 소령이 말했다. "시간이 됐습니다." (중략)

—Final salute. 〈Rocky Mountain News〉 2005.11.11. Jim Sheeler

기사는 드넓은 활주로에서 임신한 아내가 남편의 시신을 실은 비행기를 바라보는 장면으로 시작한다. 여기까지 읽었는데 벌써 가슴이 미어진다. 짐 실러 기자는 여기까지 해 놓고, 숨을 고른다. 이어서 기사는 아내 캐서린 캐시와 전사한 남편 제임스 캐시의 만남과 사랑, 제임스의 파병과 전투, 양가 부모, 그리고 벡 소령에 대한 이야기를 풀어 독자에게 배경 정보를 제공한다. 기사는 영어 12,300단어 분량의 중간쯤에 이르러 다시 서두에 보여 주었던 티저 장면으로 되돌아온다. 다음이 그 대목이다.

> 리노의 비행장 활주로에 있는 리무진 안으로 흰 장갑이 쑥 들어왔지만, 캐서린 캐시는 움직일 수 없었다.
> "캐서린." 벡 소령이 말했다. "시간이 됐습니다."
> "나는 이 상황을 맞을 준비가 안 됐어요." 그녀가 말했다. "난 절대 준비할 수 없을 거예요."
> 친정어머니가 차 안으로 몸을 숙여 딸에게 말을 건넸다.
> "캐서린." 어머니가 말했다. "짐[제임스]은 네가 봐 주기를 원할 거야."
> 캐서린은 어머니를 쳐다보다가 이내 스티브 벡 소령에게 눈을 돌려 그의 손을 잡았다. 그녀는 차에서 내린 후 몸을 가누고 벡 소령과 팔짱을 꼈다. 그러고는 비행기를 바라보았다.
> 캐서린은 성조기로 감싼 관을 보고는 가슴 깊이 농축된 전염성 강한 슬픔을 못 이겨 날카로운 비명을 맥없이 내질렀다.
> "안 돼! 안 돼! 안…돼…요. 제임스가 아니에요. 아…니…에…요."
> 그녀는 관이 천천히 컨베이어 벨트에 내려질 때까지 비명을 질렀다. 그녀는 벡 소령의 목을 움켜잡고 다리에 맥이 풀린 채 거의 쓰러질 때까지 울부짖었다.
> (중략)

다음은 또 다른 미국 기사의 예다. 역시, 기사가 티저 예고로 시작하는데, 위

기사와 차이점은 기사의 중간이 아니라 맨 마지막에 티저 장면으로 되돌아온다는 점이다. 기사는 삼각관계에 얽힌 10대 초반 청소년 3명의 순진무구한 사랑과 무모한 죽음을 다룬다. 2명의 소년과 1명의 소녀는 고민 끝에 동반자살이라는 극단적인 계획을 세우고 가출하지만, 결국 남자 2명만 자살하고 여자는 살아남는다. 기사는 3명이 경찰에 쫓기며 막다른 길에 접어들어 약속했던 대로 자살을 감행하는 장면으로 시작한다.

> 주(州) 경찰의 푸른 불빛이 백미러에서 번쩍거렸다. 펙은 속도를 높였고 조시는 리볼버를 잡았으며, 뒷좌석에서 조시 옆에 웅크리고 있던 제니는 광기 어린 듯 뒷창문을 내다봤다.
> 그들은 집에서 멀리 떨어진 아칸소주의 황량한 고속도로를 달리고 있었다. 그 한밤중에 가장 친한 친구들이 약속을 이행할 때가 다가왔다. 경찰에게 붙잡힌다면 열다섯밖에 되지 않은 소년들과 열두 살 먹은 제니는 자살할 것이었다.
> 그들은 며칠 전에 모든 걸 계획했다. 혹은 계획했다고 생각했다. 조시는 먼저 제니를 쏠 것이다. (제니는 자살할 용기가 없었는데, 만약 죽을 거라면 조시가 자신을 쏘기를 원했다.) 그다음, 그는 펙을 쏘고 자살하려고 했다.
> 그들은 훔친 그랑프리를 타고 시속 100마일 이상으로 질주하고 있었다. 경찰이 가까워졌다. 펙은 아직 건설 중인 도로의 유일한 통로를 커다란 굴삭 트럭이 가로막고 있는 걸 봤다.
> 그들은 갇혀버린 것이다. 때가 됐다.
> 펙은 트럭에 20피트 못 미친 곳에 천천히 차를 세웠다.
> 조시가 총을 발사할 준비를 하면서 제니 쪽으로 돌아 그녀의 녹색 눈동자를 깊숙이 들여다보았다.
> "사랑해." 그는 이렇게 말하고서 제니에게 키스했다.
> "눈을 감아." (중략)
>
> ─Dying for love. 〈Associated Press〉 1996.6.2. Julia Prodis

이 티저는 기사 끝부분에 클라이맥스 장면이 되어 되돌아온다. 아래와 같다.

길을 따라 한 시간쯤 갔을 때 어느 트럭 운전사가 아이들이 탄 자동차가 이쪽저쪽으로 비틀거리며 고속도로를 따라가는 것을 발견했고 무전으로 경찰에게 연락했다. 몇 분 안에 주 경찰이 그들 뒤에 따라붙었고 조시는 손에 리볼버를 들었다.

"눈을 감아." 조시가 요구했다.

제니는 눈을 꼭 감고 몸을 긴장시켰다.

총소리가 울렸고 제니는 조시의 몸이 그녀 쪽으로 기울어지는 것을 느꼈다. 그는 자기 턱 아래를 쐈고, 머리 뒤로 피가 넘쳐 나왔다. 제니는 크고 거세게 비명을 질렀고 멈추지 않았다.

트럭 뒤에 차를 세운 펙이 조시의 총을 집기 위해 뒤쪽으로 몸을 뻗었다.

"이쪽으로 몸을 숙여!" 조시가 하지 못한 일을 할 준비가 된 펙은 제니에게 소리쳤다. 그러나 제니는 몸이 마비된 것 같았다.

펙은 앞으로 돌아앉아 총신을 입에 넣고 방아쇠를 당겼다. 그의 발이 가스 페달을 찼고, 그는 죽었다. 자동차가 갑자기 앞으로 나가 트럭 뒷부분에 충돌했다.

제니는 좌석을 밀어내고 계기반 쪽으로 머리를 들이밀었다. 엎드린 채로 그녀는 페달을 밟고 있던 펙의 발을 들어 올리고 바닥을 더듬으며 총을 찾았다. 이건 그들이 계획한 방법이 아니었다! 그들은 함께 죽기로 했었다!

차 안에 연기가 가득 차서 제니는 아직도 뜨고 있는 조시의 눈 말고는 아무것도 볼 수가 없었다. 그녀는 고개를 뒤로 젖혔고 현기증을 느꼈다.

체포하라, 체포하라! 주 경찰이 잠긴 차문을 열고 들어오려고 시도하면서 회중전등 불빛이 창문에 부딪혀 번쩍거렸다. 제니는 문을 열었고 경찰은 조시를 끌어내 도로 위에 눕혔다. 그러고 나서 제니를 끌어냈다. 제니는 조시가 바로 그곳 아칸소주 고속도로에서 서서히 죽어가는 모습을 지켜보며 정신없이 흐느졌다.

　　그녀는 경찰에게 애원했다. "나를 죽여요, 나를 지금 죽여 줘요!"(중략)

　독자는 사건 내용을 잘 모르는 가운데 기사 처음에 충격적인 장면을 보았고, 마지막에 다시 그 장면을 보면서 이제는 사건을 이해하게 된다. 별로 어렵지 않은, 그러나 효과는 매우 큰 작법이다. 이 기사가 뉴스 통신사(〈AP통신〉) 기사이며 그것도 30여 년 전 기사임을 알면, 더 놀랄 것이다. 한국에도 선구적으로 티저 예고를 시도했던 기자가 있다.

　신광영 〈동아일보〉 기자는 12년 전에 탈북민의 기구한 운명을 다룬 5회짜리 대작 '두만강변의 배신'을 보도했는데, 1회 기사의 첫 부분과 마지막 부분이 티저 예고의 모범을 보여 준다. 북한에서 국가안전보위부의 묵인하에 중국을 오가며 송이버섯 밀무역을 하던 이명호는 간부들의 과도한 뇌물 요구에 시달려 피해 다니다가 체포의 대상이 됐다. 살기 위해 남한행을 결심하고 중국으로 탈출해 남한행 도피자금을 모으려고 한국 국정원의 정보망으로 일했다. 채민철은 이미 남한행에 성공했던 탈북 브로커인데, 북한에 아내와 자녀가 인질로 붙잡혀 있다시피 해서 탈북한 반역분자나 간첩을 색출하는 임무를 대행하고 있었다. 이명호는 두 달 전에 채민철을 만났으며 위조 여권으로 비행기를 타고 한국에 간다는 그의 계획을 따르기로 했다. 약속했던 그 날에 이명호는 아내, 아들과 함께 남한행의 여정을 시작하지만, 그것은 채민철의 꾐에 빠진 덫이었다. 기사는 그 장면으로 시작한다. 아래 기사에서, 지프차의 조수석에 탄 사람이 채민철이며 장은희는 이명호의 아내이다.

　　회색 지프차에는 5명이 타고 있었다. 조수석의 남자는 낯이 익었다. 두 달 전 집에서 본 남자였다. 운전사는 말이 없었다. 한국말을 모르는 중국 남성인 듯했다. 왼쪽에 앉은 남편 가슴팍에 생후 8개월 된 아들이 잠들어 있었다. 장은희(가명·당시 24세)는 차창 밖을 내다봤다. 꽁꽁 언 두만강이 어둠 속에 멈춰 있었다. 반년 전 아들을 업고 건널 땐 가슴까지 차오르던 강이었다.

　2004년 12월 15일 오후 9시. 중국 옌볜(延邊) 두만강 접경도시인 투먼(圖們)의 외곽도로를 10여 분째 가고 있었다. 차 안은 고요했다. 남편이 초조한 말투로 입을 열었다.

　"형, 저 두만강 건너에 있는 게 강양군대(북한군 국경경비대) 아닌가?"

　조수석의 남자는 반응이 없었다. '남한행' 차에 탔지만 은희는 안심하지 못했다. 가는 길에 중국 공안이 차를 세우는 상상이 떠올랐다. 6개월간 숨어 살 때 제복 입은 사람을 보면 심장이 내려앉던 관성이 남아 있었다. 그래도 아직은 순조로웠다. 남쪽으로 간다면 왼편에 있어야 할 두만강이 오른쪽 차창 밖으로 내다보이는 것 말고는…. (중략)

　―어둠 속에서 사내 둘이 다가왔다. 다짜고짜 수갑을 채웠다.
　　　　　　　〈동아일보〉 2013.9.30. 신광영·손효주 기자

위 티저 예고의 맨 마지막 문장이 복선이다. 위 기사는 전체 5회분 중 1회인데 1회 맨 끝에 아래와 같이 이 티저가 재등장한다.

　명호 가족이 탄 차는 정적 속에 10분쯤 달렸다. 민철의 휴대전화가 울렸다. 그는 차를 세우고 밖에서 통화를 하고 들어왔다.

　"명호야. (함경북도 온성군) 상탄에서 사람 하나 넘어오기로 했다. 받아서 같이 가자."

　"아, 그럼 그렇게 하기요."

　탈북 브로커를 한 적이 있는 명호는 '남한행 합승'이 간혹 있다는 걸 알고 있었다. 차는 교차로에서 U턴해 두만강변 외곽도로로 들어섰다. 민철의 휴대전화가 다시 울렸다. 이번엔 차 안에서 전화를 받았다.

　"어, 어, 어."

　민철은 나직이 대꾸만 했다. 운전사는 곧 한적한 갓길에 차를 세웠다. 시동과 헤드라이트도 껐다. 한겨울 국경의 밤은 적막했다. 어둠 속에서 남자 2명이 걸어오고 있었다.

"현준이 아버지, 둘 다 남자입니다. 남한 가는 길에 좋겠습니다."

은희는 험한 길에 건장한 사내들이 동행하는 것을 다행스러워했다.

나란히 오던 남자는 좌우로 갈려 각각 뒷좌석 쪽으로 다가왔다. 은희가 있는 오른쪽 문을 연 남자는 차에 엉덩이를 들이밀며 말했다.

"야, 이 개간나, 안으로 들어가라."

'이런 막돼먹은 인간.' 은희는 생각했다. 명호 쪽에도 남자가 끼어 타 옴짝달싹할 수 없었다. 차 앞쪽에 또 다른 남자 두 명이 나타났다. 은희는 '차는 좁은데 무슨 사람이 이리 많나' 하며 의아해했다. 그 순간 남자들은 은희와 명호의 팔을 꺾어 수갑을 채웠다. 은희는 차 문을 열려고 몸부림쳤다. 밖에는 중국 공안 복장을 한 남자가 한 명 더 와 있었다. 차 밖으로 끌려나와 강변 쪽 절벽으로 발길질을 당했다. 그때만 해도 은희는 돈을 얼마나 줘야 공안이 풀어줄지 생각했다.

눈밭에 나뒹구는 엄마 아빠를 보고 현준이가 울기 시작했다. 울음 사이로 북한말이 들려왔다.

"야, 빨리빨리 빠져라. 복잡하게 놀지 말고."

괴한들에게 반말을 하는 민철의 목소리를 듣고서야 은희는 정신이 들었다.

신광영 기자는 채민철이 탈북자 납치 북송에 가담하기까지 10여 년간의 행적을 되짚으면서 북-중 국경에서 남북한 정보 당국이 벌이는 음모, 북한 체제의 농간에 스러져 간 두 가족의 좌절과 투쟁을 알게 됐다. 드라마 형식을 빌리지 않고는 도저히 제대로 전할 수 없는 이야기였기에, 신 기자는 사건의 진실을 파헤쳐 100% 실화를 재현하는 '논픽션 드라마'를 쓰기로 했다. 첫 회분의 기사 첫머리를 티저 예고로 구성했던 것은 그 일환이었다.

신광영 기자가 〈동아일보〉에 심은 티저 예고 작법은 9년 후에 후배 기자에 의해 다시 빛을 보게 된다. 지민구 〈동아일보〉 기자는 2022년 히어로콘텐츠팀을 맡아, '산화'라는 제목으로 순직 소방관의 유가족이 어떻게 무너지고 또 어떻게 다시 일어서는지를 다룬 대작을 만들었다. 전체 4회 구성의 이 작품을 이끄는 주인공은 박현숙이며 그의 남편 허승민은 돌도 지나지 않은 딸 소윤을 남겨둔 채 재난 현장에서 순직했다. 지민구 기자는 허승민의 사망 꼭 6년 뒤 박현숙을 만나 취재를 시작했다. 남편을 떠나보내고 홀로 젖먹이 딸을 키우는 아내의 슬픔이 어땠을지 짐작조차 하기 어렵다. 경험 많은 지민구 기자도 이런 사람을 어떻게 대해야 할지 난감한 상태로 박현숙을 만나러 나갔다. 그 첫 대면을 1회 기사의 첫 부분으로 삼았고, 그것이 티저 예고 역할을 한다.

> 사고가 발생한 지 정확히 6년이 되는 날이었다. 박현숙은 원주 시내의 한 플라워카페에 도착했다. 분홍색 스웨터에 하얀 운동화, 밝은 고동색의 단발머리. 밝고 환한 카페 분위기와 현숙의 모습은 묘하게 닮아 있었다.
> "코로나19 백신도 다 맞았는데, 마스크 벗어도 괜찮죠?"
> 현숙이 마스크를 내리며 물었다. 분홍빛의 입술 화장과 옅은 볼터치가 눈에 들어왔다.
> "궁금한 거는 편하게 물어보세요. 다 물어보셔도 돼요."
> 간단한 소개가 오가고 몇 개의 질문과 답이 이어졌다. 현숙은 기자가 질문을 빙빙 돌리고 있다는 것을 알아챈 것 같았다.
> "제가…. 뭔가 이상해 보이죠?"
> 침묵이 이어졌다. 기자는 대답할 단어를 고르지 못했다.
> "보통 소방관의 유가족이면 눈물 흘리고, 좀 어두울 것 같은데…. 그렇죠?"
> 현숙이 창밖으로 시선을 돌렸다. 건너편 공원에서 살랑살랑 부는 봄바람에 푸른 나뭇잎이 흔들렸다. 그녀가 유리잔을 들어 남은 아이스 아메리카노를 모두 비워 냈다. 분홍 립스틱이 유리잔에 묻어났다. 분홍색이 희미해진 입술은 두어 번 달싹였다. 현숙이 나지막이 말을 이어갔다.

"근데 그건 모르실 거예요. 이렇게 지낼 수 있기까지 진짜 오랜 시간이 걸렸어요." (중략)

― "괜찮은 척했다 살아가야 했기에".
〈동아일보〉 2022.8.9. 지민구·김예윤·이소정·이기욱 기자

지민구 기자는 박현숙을 처음 만난 날을 잊을 수 없었다. 박현숙은 화창한 날에 순직자의 부인으로는 전혀 어울리지 않는 화사한 차림으로 초면의 기자를 만나러 나왔다. 부인의 여유 있는 태도와 미소는 생경했지만, 이루 말할 수 없는 슬픔과 우수에서 배태했을 것 같은 느낌도 함께 주었다. 위 기사의 맨 마지막 문장이 그것을 암시하는 복선이다. 1회 기사는 위의 티저 예고 이후에 남편의 사고, 중환자실에서의 사투, 장례식, 사망 직후 주변의 불편한 시선 등을 소개하고, 다시 티저 장면으로 되돌아와서 끝난다.

> 그리고 아침이 밝아 오면, 현숙은 다시 마음을 다잡았다. '몸과 마음이 힘들어도, 소윤이 앞에선 절대 약한 모습이나 우는 얼굴은 보이지 않을 거야. 단단하게 살아갈 거야. 슬픔에 빠진 채로 지낼 수 없어. 보란 듯이 잘 살 거야.'
> 플라워카페에 앉아 있는 현숙의 뒤로는 색색의 꽃들이 놓여 있었다. 빨간 카네이션과 노란 튤립에 분홍 카네이션까지. 어린이날과 어버이날을 앞두고 있던 5월 4일이라 많은 손님이 꽃을 사러 왔다. 꽃이 심긴 곳을 등지고 앉은 현숙은 한 번도 뒤를 돌아보지 않았다.
> 6년 전 이야기를 풀어내던 현숙은 잠시 슬픈 눈을 보이다가 금세 웃어 보이며 아무렇지 않은 듯이 대화를 이어갔다.
> "소윤 아빠가 떠나고… 한 2년간 그랬네요. 괜찮은 척, 발버둥을 쳤어요. 사실 우리 집 벽지, 그리고 내 방의 천장, 저를 둘러싼 모든 공간은 온통 회색빛으로만 보였거든요. 슬픔을 있는 그대로 받아들이지 못한 거죠."
> 현숙이 텅 빈 유리잔을 조심스럽게 매만지며 회색빛 시절의 이야기를 꺼내

놓기 시작했다. (중략)

이 기사의 분량은 200자 원고지 39매인데, 티저 예고 덕분에 마지막에 이르러 호기심이 더 생기며 다음 회차의 기사를 찾아 읽게 된다. 지민구 기자는 히어로콘텐츠팀을 맡으면서 신광영 기자의 '두만강변의 배신'과 같은 기사를 쓰고 싶어서 그것을 교과서로 사용했다. 한국 신문 역사상 티저 예고를 이렇게 완벽하게 구현한 기사는 이 두 기사와 '다큐멘터리' 챕터의 '정주영의 조선소 성공 신화' 기사가 있을 뿐이다. '산화'는 2022년 관훈언론상의 저널리즘혁신부문 수상작이다. 티저 예고를 포함한 글쓰기의 혁신성이 수상 이유다.[45]

7. 호기심을 유발하라

글은 자기를 위해서가 아니라 남을 위해서 쓴다. 일기 외에는 모두 다 그렇다. 대중을 향한 글이라면, 철저히 독자 중심적으로 써야 한다. 독자가 관심을 가질 만한 주제를, 독자가 이해하기 쉽게, 독자에게 친근한 언어로 써야 한다. 이 원칙은 비상업적 글에도 적용된다. 상업적 글이라면, 이보다 더 강한 원칙이 필요하다. '독자의 호기심을 끄는 일이라면 무엇이든지 해야 한다!' 특히 신문은 대중을 상대로 장사하는 회사이므로 대중의 호기심을 유발하는 생산전략이 필수적이다. 어떻게 해서든지 독자가 오늘 신문을 읽도록 만들고, 내일 신문을 기다리게 만들어야 한다. '독자 끌어들이기'가 신문 비즈니스의 요체다. 지금에 비하면 미개하다고 말할 수 있는 우리의 옛날 신문이 이것을 얼마

---

45) 〈동아일보〉'산화'의 작성 과정에는 이외에도 글쓰기에 관한 많은 혁신이 이루어졌는데, 이에 대해서는 박재영(2025a)의 '글쓰기 혁신의 실험실, 〈동아일보〉히어로콘텐츠팀 5기' 참조.

나 잘했는지 보여 주는 사례가 있다. 무려 100여 년 전인 1920년대 〈조선일보〉의 '변장 탐방' 기사가 그것이다. 기자가 거리에서 흔히 볼 수 있는 직업인으로 변장하여 시민들의 태도와 반응을 살펴본 기획이다. 아래에서 보듯이, 첫날의 예고 기사부터 심상치가 않다.

> 조선 신문계의 처음 되는 시험으로 만천하 독자의 흥미가 집중된 『조선일보 기자의 변장 탐방』은 여러 가지 준비를 정돈하여 금 7일 저녁에 제1군이 경성 시내에 출동하게 되었습니다. 어떠한 복색을 하고 어떠한 방면에 나가서 어떠한 활동을 할는지 또한 그 결과는 얼마나 재미있는 기사로 본보 지면에 나타날는지 그 결과는 9일의 신문부터 발표될 것이올시다.
>
> ―전 경성을 들어 흥미의 초점 된 변장 탐방 제1군 금석 출동.
> 〈조선일보〉 1924.10.7.

변장 탐방 제1군이 7일에 출동하며 9일 신문에 보도된다고 했다. 제1군이라고 했으므로 앞으로 여러 팀이 나설 것이다. 〈조선일보〉는 변장 탐방 기획에 기자 4명을 투입하고, 각 기자에게 1개 군을 맡겼다. 제1군은 이서구 기자의 군밤 장수, 제2군은 손영극 기자의 인력거꾼, 제3군은 김달진 기자의 고학생, 제4군은 최은희 기자의 행랑어멈이다. 1924년 10월 9일부터 17일까지 군밤 장수 2회, 인력거꾼 2회, 고학생 1회, 행랑어멈 3회로 총 8회 보도했다. 최은희 기자의 유명세로 행랑어멈 기사가 제법 알려졌지만,[46] 독자의 호기심 유발 차원에서는 첫 보도인 이서구 기자의 군밤 장수 기사를 봐야 한다.

우선, 기획을 예고하는 기사를 위와 같이 써서 독자를 붙잡았다. 별것 아닌 것처럼 보이지만, 이 조그마한 친절이 독자의 관심을 끌 수 있다면 안 할 이유

---

46) 최은희 기자의 행랑어멈 기사에 대한 설명은 박재영(2020)의 『뉴스 스토리』 261-263쪽 참조.

가 없다. 이 기사 바로 밑에는 '게임의 규칙'을 적은 기사가 붙었다. 독자의 주목도는 더 높아진다. 아래가 그 기사다.

> 이 변장 탐방에 독자와 함께 활동을 하며 아울러 기자의 활동을 돕기 위하여 작일에 예고한 바와 같이 매우 흥미 있는 현상 『변장 기자 찾기』를 행하게 되었습니다. 아래 규정을 보시고 누구든지 변장 기자를 꼭 잡아 주십시오.
>
> '변장 기자 찾기' 현상 규정
>
> 1. 여기 사진으로 보이는 얼굴이 금 7일 저녁에 출동할 제1군 변장 기자의 사진이올시다. 이 사진을 보시고 변장 기자를 노상에서 발견하십시오.
> 2. 변장 기자는 금 7일 오후 6시 반부터 11시까지 사이에 종로서부터 삼청동까지, 종로서부터 동대문까지, 북으로는 성벽을 한정 삼고 이 구역 안에서 활동을 할 것입니다.
> 3. 변장 기자의 활동하는 구역과 시간 안에 가장 먼저 발견하는 이에게 상품으로 현금 10원을 드립니다.
> 4. 변장 기자를 발견한 때에는 기자를 먼저 붙잡고, 다음에 『그대가 조선일보 변장 기자』라고 명백히 말하여야 합니다. 발견을 당하면 변장 기자의 그 날 밤 활동은 중지합니다.
> 5. 가장 먼저 발견한 이에게는 변장 기자로부터 주소 성명을 기록하고 발견증을 드립니다.
> 6. 발견증을 가지고, 그 이튿날 본사로 오시면 상금을 드립니다.
> 7. 발견한 이가 일시에 두 사람 이상이 되어 선후의 분쟁이 생길 때는 변장 기자의 결정을 따를 것이요, 다른 이의를 받지 아니할 것이올시다.
>
> ─변장 기자를 꼭 찾아내시오. 먼저 찾는 이에게 상금 10원.
>
> 〈조선일보〉 1924.10.7.

위 규정은 변장 기자가 출몰할 시간과 장소, 상금, 변장 기자를 확인하는 방법, 발견자들 사이의 분쟁 해결 방안까지 언급하고 있어서 〈조선일보〉가 여러 변수를 미리 검토했음을 알 수 있다. 7개 조항은 친절하면서도 치밀하고 까다롭다. 규정 2항은 변장 기자의 출몰 지역을 대강 알려 줘 흥행몰이를 한다. 3항에 상금이 10원인데 요즘 화폐로 10만 원쯤 되므로 적지 않다. 이서구 기자의 얼굴을 알아야 그를 찾을 수 있으므로 〈조선일보〉는 양복 정장에 넥타이를 맨 그의 상반신 사진을 세로 2단으로 제법 크게 실었다. 그가 변장했더라도 독자는 손에 결정적 단서를 쥔 셈이다. 이것도 독자 배려이자 흥행 수단이다. 과연 이서구 기자는 군밤 장수를 하면서 무엇을 보고 느꼈을까? 이것이 기사의

〈그림 5〉 전 경성을 들어 흥미의 초점 된 변장 탐방 제1군 금석 출동. 〈조선일보〉 1924.10.7.

사회적 의미로서 중요하지만, 그가 얼마 만에 누구에게 발각됐는지가 더 궁금하다. 위 보도 이틀 후에 아래와 같은 기사가 났다.

〈조선일보〉 기자의 『변장 탐방』은 온 도시의 인기가 끄는 듯한 중에 예정과 같이 7일 밤에 제1군의 활동을 보게 되었었습니다. 초저녁부터 이 골목 저 골목에서 『변장 기자』를 찾노라고 여러 가지 희극도 많았으나 기자는 용이히 잡히지 않고 재동 네거리에까지 이르러 필경은 발각되고 말았습니다. 때는 오후 9시 40분, 발견자는 시내 화동 138번지 〈동아일보〉 구내에 있는 학생 한우성 군이요. 이리하여 제1회 변장 탐방은 흥미진진한 중에 마치었습니다.(①)

〈조선일보〉에서 변장 탐방을 한다는 소문과 그 위에 다시 변장자를 찾아내는 이에게 상금을 준다는 기별이 지상에 나타나자 가는 곳마다 『너는 무엇을 하느냐』, 『너는 반드시 내가 찾고 말겠다』 하는 농담을 많이 듣던 중 마침내 7

일 밤에 이서구가 출동한다는 소식이 사진과 함께 발표되자 6일 밤부터 길에서 붙드는 성미 급한 이까지 있어서 자기의 가슴은 한껏 긴장하여졌다. 7일 신문을 건둥건둥 마치고 편집국장과 사회부장과 함께 무엇으로 변장을 하겠는가 밀의를 한 결과 철 맞춰 성풍한 군밤 장사를 하기로 작정을 하고 나니 변장 출동을 하기로 된 6시 반이 겨우 앞으로 1시간 반밖에 아니 남았었다. 그러나 벌써 신문사 앞과 기자의 집 부근에는 수상한 사람이 무수히 배회하는 눈치라는 척후군 밀보를 듣고는 도저히 그대로 몸을 뺄 수가 없어서 하는 수 없이 기름때 묻은 노동복 한 벌을 얻은 후 인력거에 우비를 써 타고 북악산 및 참모본부로 향하였다. 군밤 장수를 매수한다고 나갔던 부장이 돌아올 동안에 나는 위선 양복을 전부 벗어 놓고 노동복을 입은 후 새끼로 허리를 동이고 머리에는 몇 해째 묵어 오던 조선 무명 중절모를 우그러 쓴 후 헌 양말에 행랑아범에게 얻은 뒤축 찌그러진 미투리를 신고 나서니 하릴없는 배 주린 친구의 가긍한 꼴이다.(②)

『서십자각』 조선 보병대 모퉁이에서 수레에 밤을 싣고 군밤 장사를 하는 이재길(20)이라는 청년과 그와 동사를 한다 하는 자칭 장 서방에게 『자기는 시골서 상경한 곤궁한 청년으로 방금 용산 철도공장에를 다니는데 도무지 힘에 부쳐서 견딜 수 없으니 군밤 장사 견습이나 하룻밤 하여 보아 재미나 볼 듯하면 즉시 군밤 장사를 개업하려고 나선 길이라 하룻밤만 군밤 수레를 끄리라』고 간청을 한 후 돈 1원을 쥐어 주니 장 서방은 미안하다고 사양을 몇 번 하다가 돈을 받아 들고 슬그머니 물러난다.(③)

때는 벌써 6시 반! 이재길 군을 조수로 세우고 나는 위선 서십자각에서부터 군밤 석쇠를 들고 앉았다. 속 모르는 이재길 군은 무한 동정하는 표정을 가지고 군밤 장사는 왜 하려고 하시오 아주 세월없소이다 밤 1말 팔면 겨우 사오십 전밖에 아니 남는 장사인데 그것도 작년에는 할 만하더니 금년에 들어서는 도무지 하루 2말, 3말을 애를 써서 팔게 되니 네 식구나 되는 살림에 견디어 가는 수가 없습니다 하며 가슴에 사무치는 탄식이 시작된다.(계속)(④)

동대문까지 더듬어서 삼청동으로 가는 길에 발견자 한우성(21) 군은 이마의 땀을 씻어 가며 어이 더워! 저녁 먹고 나와서 안국동 전동 종로로 동대문까지 갔다가 아무리 찾아도 없기에 지금 삼청동 방면으로 가던 길이오. 무어! 꼭 찾기로 결심하고 나선 길이니까… 하며 성공의 기쁜 빛을 뵈었다.(⑤)
―설설 이끌었소! 전황의 여파는 군밤 장사에도 감쪽같이 변장하고 안동까지.
군밤 장사로 변장하야(1) 〈조선일보〉 1924.10.9. 이서구 기자

이 기사는 서두에 이서구 기자가 발견되었다는 사실과 발견자 및 발견 시각 등을 먼저 제시했다(①번 문단). 아무래도 독자들이 가장 궁금할 정보는 이것이므로 먼저 제시한 것 같다. 이후에, 기사는 ②번 문단까지 탐방 기획 직전의 긴장감, 변장을 위한 작전회의, 변장의 과정과 변장한 모습을 상세히 적었다. 이서구 기자는 길에서 우연히 만난 진짜 군밤 장수를 속여서 '위장취업'을 한다(③). 진짜 군밤 장수의 입을 통해 불경기와 생활고를 전달하면서 자연스럽게 주제가 붇거지게 했다(④). 첫날 기사는 발견자가 이서구 기자와 마주치고도 알아보지 못한 채 지나가는 장면으로 끝맺었다(⑤). 이로써 이서구 기자가 크게 한숨을 돌렸다. 기사 제목에 '(1)'이라고 적어서 독자에게 연재물임을 알려 준다. 아래가 2일차 기사다.

큰길가이라 양복 한 신사이며 노동 자녀 학생들이 끊일 새 없이 지나간다. 저 사람이나 사려는가? 이 사람이나 찾으려는가? 군밤 목판으로 시선을 주는 이와 군밤 수레 부근으로 스쳐 지내가는 행인의 태도를 점치고 앉아서 마음을 졸이는 군밤 장수의 설움! 못할 일이다! 남의 마음 모르고 기웃거리는 노인네들! 집에 돌아가면 『뭐 사 가지고 왔소!』하고 내닫는 아이들을 생각하고 군밤 내음새에 마음이 걸려서 주머니는 비었어도 뜻은 있어서 군밤가게 앞에서 주저하는 이가 있다 하면 얼마나 애처롭겠는가. 그러나 다행히 그에게는 3전이라는 재산이 있었던 것이다.
군밤! 일 전에 몇 개요?

일 전에 세 개씩이올시다.

노인은 아무 말 없이 굵은 밤으로 열 개를 골라 놓더니 손 땀에 젖은 돈 3전을 놓으며 『좀 싸 주구려』 한다. 3전어치 군밤을 싸 주는데도 백 장에 5전씩 주고 사오는 종이 주머니가 들며 군밤을 굽는 가루 숯도 시세를 좇아 석유통 한 궤짝에 50전을 주고 사면 5말의 밤밖에 더 굽지를 못하며 밤도 굵은 밤은 한 말에 1원 이삼십 전이오 잔 것은 1원가량이면 사는데 구워 놓고는 10전에 30개 내지 50개씩 손님의 눈치를 보아서 팔게 되는 것이라고 한다. 군밤 장사도 인력거꾼의 그것과 같이 시내에 전차가 놓인 뒤로는 노상 행인이 줄어서 도무지 큰길 흥정은 자취가 끊이고 겨우 네거리 바닥이나 다리가에서 그날그날의 쌀 되거리를 뜯게 되었다 하며 이재길 군은 한숨을 쉬인다.(⑥)

도무지 흥정이 없다는 구실로 수레를 끌고 중학 다리를 건너 안동 네거리로 왔다. 조선어연구회의 조강희 군과 바로 마주 닥치었으나 그는 그대로 슬쩍 지나간다. 그때에 나는 옳다 어지간히 속는구나!

하며 울렁거리는 가슴이 차차 가라앉았다. 안동 네거리 별궁 첨하에 수레를 놓고 군밤 한 석쇠를 흔들며 『설설이 끓었소! 군밤이야!』를 부르노라니까 어떠한 학생 사오 인이 지나가며

아— 어디 가 찾나! 삼청동까지 올라가 보고나 말자

하는 소리가 가슴을 서늘케 한다.(⑦) 〈조선일보〉 배달복 입은 이가 지나간다! 이 사람! 저 사람! 평시 같으면 반갑게 인사할 사람이 모두 다 본체만체하고 지나간다. 세상에서 버림을 받았다 하는 슬픔을 따라서

아니꼬운 놈들!

하는 적개심이 끓어오른다. 야학에서 돌아가는 길인지 모시 진솔 두루마기에 책보를 낀 이가 기웃기웃하더니 돈 5전을 놓으며 아무 말이 없다. 나는 즉시 굵은 밤을 집으려 하니 그때에야 비로소

잔 밤으로 개수를 많이 주시오

한다. 조금 있더니 어떤 여학생 한 분이 몇 걸음 지나가다가 돌쳐 서며

군밤 1전에 몇 개요

나는 즉시 『대관절 얼마치나 사시는지 잘 드리지요』 하였다. 그는 돈 2전을 내어 놓으며

굵은 밤으로 좀 많이 주 하며 낯을 불킨다. 안색을 보니 벌써 삼십이 가까운 여학교 출신인가 보다. 나는 다시

아기네를 주시렵니까?

그렇다우.

네 그러면 특별히 많이 드리지요 하며 10개인지 12개인지 한 줌 덥썩 집어 싸서 주니 그는 미안하다는 소리도 없이 아마 당신도 아이가 있나 보구려 하며 재동 편짝으로 간다. 이 꼴을 보던 이재길 군은 남의 밑천을 그대로 들어먹으려느냐 하는 듯이 쳐다본다.(⑧)

때는 벌써 9시 반! 최후의 결전지가 되는 종로통으로 향하려고 다시 수레를 끌고 재동 네거리 파출소 앞을 지나 교동으로 내려서 공동 변소 앞을 지나려니까 맞은편에서 어떠한 학생 한 명이 겉저고리를 벗어 들고 숨이 차서 걸어온다. 나를 힐끗 보고는 지나쳐 섰다가 다시 주춤하며 우그려 쓴 모자 앞을 들여다본다. 자세히 보니 그는 기자와 면분이 두터운 한 군이었다. 나는 즉각적으로(인제는 붙들렸구나) 하며 그대로 수레를 끌고 가려 하였으나 과연 그는 덤벼들어 나의 손목을 잡으며 숨찬 소리로

〈조선일보〉 변장 기자가 아니오(⑨)

한다. 때는 9시 40분! 나의 반생에 처음 되는 군밤 장사의 폐지는 이로써 책장을 덮게 되니 형언키 어려운 서운한 생각이 가슴에 넘치는 것이었다. 이 꼴을 본 이재길 군의 기막히어 하는 표정도 매우 볼만하였던 것을 부기하고자 한다.(⑩)

―결전지를 향하여 종로로 가는 길에 재동서 발각. 군밤 장사로 변장하야(2)
〈조선일보〉 1924.10.10. 이서구 기자

2일차 기사는 이서구 기자가 군밤 장수로 행세하면서 보고, 듣고, 느낀 서민들의 생활고를 고스란히 전하면서 기사 주제를 부각한다. 군밤을 파는 사람도 사는 사람도 힘들다(⑥). 이서구 기자는 사람들이 자신을 알아보지 못한다는 데서 쾌재를 부르다가도 혹시라도 발각될까 봐 가슴을 쓸어내리는 자신을 유머러스하게 표현한다(⑦). 기사는 어린애가 있는 한 여성을 통해 사람들의 빈한한 생활을 다시 부각한다(⑧). 고물가 생활고에 시달리는 요즘에도 꼭 들어맞는 기사다. 결국 이서구 기자는 발각되었는데(⑨) 그 와중에도 발각의 아쉬움 및 이 모든 사실을 알게 된 진짜 군밤 장수의 어이없어하는 표정도 잊지 않고 기사에 적었다(⑩). 이 기사 옆에는 제2군의 출정을 알리는 예고기사를 싣고, 다시 독자의 관심을 유도했다.

이 기사는 기획을 예고하고, 변장 기자를 찾는 방법과 현상금 규정을 제시하고, 기사 2개를 연속극같이 보도하여 독자의 호기심을 한껏 유발했다. 이 기사의 또 다른 특징은 '과정 보도'라는 점이다. 기획의 과정, 변장의 과정, 장사의 과정, 흥정의 과정, 발견의 과정을 흥미진진하게 엮었다. 표현 면에서, 기자의 독백 같은 글 분위기가 인상적이며 취재원의 인터뷰 코멘트가 아니라 기자와의 대화를 그대로 옮김으로써 현장감을 높였다. 기자와 취재원의 대화를 통해 주제를 부각하기까지 했으니 더할 나위가 없다. 전체가 하나의 이야기 같은 기사다. 그럼에도 한 가지 생각해 볼 점이 있다.

혹시 언론의 권위와 무게를 중시하는 근엄주의자라면 이 기사를 가볍고 장삿속이라고 볼 수도 있겠다. 하지만, 그런 면모도 신문에 필요하다. 신문은 '공익에 봉사하는 사기업'이다. 공공성과 상업성의 야누스다. 이 둘을 모두 성취하면 아무 문제가 없겠지만, 공공성에 전념하다가 상업성을 놓치거나 상업성에 목매다가 공공성을 훼손하면 신문사에도, 사회에도 손해이고 해악이다. 2001년 6월 한국 기자들과 〈뉴욕타임스〉를 방문했을 때, 한 기자가 잭 로젠탈(Jack Rosenthal) 뉴욕타임스재단 이사장에게 〈뉴욕타임스〉의 성공 비결을 묻자, 그는 "좋은 신문을 만들려면 돈을 벌어라. 또 돈을 벌려면 좋은 신문을 만

들어라"고 답했다(박재영, 2004, 43쪽). 좋은 신문과 돈, 또는 공공성과 상업성, 둘 중 하나를 내세우기보다 둘 다 성취하기가 더 어렵다. 〈뉴욕타임스〉는 이 둘을 공개적으로 천명함으로써 스스로 더 어려운 길을 가고 있다. '공공성과 상업성의 줄타기'는 신문의 숙명이다. 둘 사이의 균형을 찾아내는 과정이 저널리즘이다. 이런 논의는 이 기사가 1924년에 나왔다는 점과도 연관된다.

한국의 신문은 1883년 〈한성순보〉를 시작으로 1896년 최초의 민간지 〈독립신문〉, 1898년에는 최초의 일간지 〈매일신문〉으로 이어졌다. 이후에 〈뎨국신문〉, 〈황성신문〉, 〈대한매일신보〉 등이 있었다가 1910년 경술국치 이후 신문의 암흑기로 들어섰다. 1919년 3·1운동 후 일제는 문화통치로 돌아서서 조선인의 신문 발행을 허가하여 1920년 3월 5일 〈조선일보〉와 4월 1일 〈동아일보〉가 창간됐다. 1924년에는 〈시대일보〉[47]가 창간되어 해방 전까지 조선인이 발행하는 '3대 민간지 시대'를 유지했다. 당시 〈조선일보〉와 〈동아일보〉는 구독료와 광고료로 운영됐으며 부수 경쟁과 인재 영입 경쟁, 직원 임금 인상 등 현대적 의미의 신문 경영과 경쟁이 본격화한 시대의 신문이었다. 과거 신문과는 비교할 수 없을 정도로 발행부수가 늘어나서 적정한 수입이 유지되지 않으면 존립이 위태로웠으므로 독자 증가에 '올인'하는 수밖에 없었다. 여러 자료를 종합했을 때, 1929년 〈조선일보〉의 발행부수는 23,486부이며 〈동아일보〉는 37,802부였다(정진석, 1990, 553쪽). 말하자면, 앞의 기사는 독자를 늘려서 돈을 벌어야 한다는 '헝그리 정신'이 충만했던 때 나온 기사다. 딱 100년 전, 엄혹했던 일제강점기 한국 신문의 상업적 몸부림은 오늘날 신문과 기자에게 온고지신이 될 만하다.

이서구(1899-1981)는 짧은 기간 기자로 일하였다. 1920년 〈동아일보〉 창간기자로 언론계에 입문하여 1925년 〈조선일보〉 동경특파원과 1926년 〈매일신보〉 사회부장을 지내고 1929년 언론계를 떠났다(대한언론인회, 1992a). 이후

---

47) 〈시대일보〉는 〈중외일보〉, 〈중앙일보〉, 〈조선중앙일보〉로 제호와 판권이 바뀌었다.

극작가, 방송 작가, 시나리오 작가 등 예술계에서 왕성하게 활동했다.

앞 기사는 체험 기사이므로 체험이라는 취재 방법에 대해 몇 가지 짚어야 할 점이 있다. 요즘에 일부 독자가 체험 기사를 좋아하는 것도 사실이지만, 체험은 경계해야 할 취재 방법이다. 우선, 기자의 자기 체험이 한두 번은 몰라도 잦아지면 금세 식상한다. 예컨대, 기자가 미화원의 거리 청소를 체험하고 기사를 쓴다면, 맨 마지막에는 대통령 체험기가 나와야 할지도 모른다. 이런 기사로 전할 수 있는 메시지가 있겠지만, 취재의 기회비용 면에서 권장할 만하지 않다. 언론계는 항상 기자가 적고 시간도 부족하다고 호소하는데, 이런 일에 기자를 투입할 필요가 있을까 싶다.

둘째, 체험은 처음에는 새로운 취재 방식이었으므로 의미를 지녔으며 역작도 만들었다. 앞의 기사가 나온 1924년에 한국에서 체험 기사는 생소함을 넘어 획기적이었을 것이다. 미국 언론에는 이보다 훨씬 앞선 예가 있다. 1887년 미국의 넬리 블라이(Nellie Bly, 1864-1922)는 미국 뉴욕시의 정신병원에 잠입하여 환자 학대의 실태를 고발한 불후의 기사를 썼다.[48] 블라이(Bly, 1887/2018)는 경찰에 붙잡혀 정신병원에 들어가려고 일주일간 정신병자 행색으로 거리를 돌아다녔으며 정신병원에서는 10일간이나 환자 흉내를 냈다. 그녀의 나이 23세 때였다. 블라이는 기사를 조지프 퓰리처의 〈뉴욕월드〉에 냈고, 그 덕에 정식 기자가 됐다. 넬리 블라이와 이서구 기자의 체험 취재는 100년도 더 된 과거에 나왔다. 말하자면, 두 기자의 체험 기사는 각각 미국과 한국에서 지금까지도 최고여서 앞으로 어떠한 기자가 어떻게 체험 취재를 한다고 해도 이류나 아류가 될 수밖에 없다.

셋째, 기자가 체험으로 기사를 쓴다고 하더라도 저널리즘 원칙을 지켜야 한다. 원래 체험은 '대상과 거리 두기'라는 저널리즘 원칙에 반하므로 하면 안 되

---

48) 블라이는 1887년 10월 9일과 16일 2회에 걸쳐 〈뉴욕월드〉 1면에 기사를 썼으며 이후 책으로 출간했다. 국내에는 『넬리 블라이의 세상을 바꾼 10일』이라는 제목으로 번역됐다.

지만, 기자의 체험을 허용하는 이유는 그렇게라도 하지 않으면 대상을 정확하고 정밀하게 볼 수 없기 때문이다. 즉 무언가를 보기 위해서 하는 체험이지 자기의 경험 차원에서 하는 체험이 아니다. 따라서 체험 기사는 기자의 관찰기여야 하지 체험기여서는 안 된다. 체험 취재는 ①중대 사안을 ②기자가 직접 보고 ③정확하게 기록하기 위해서 해야 한다. 이 조건을 충족하는 체험이어야 기자의 신분 가장이나 위장, 잠입 등의 윤리적 문제도 극복할 수 있다.

체험 취재를 하더라도 기자는 자기 경험에 매몰되지 말고, 대상 관찰에 몰입해야 한다. 체험의 목적은 관찰이기 때문이다. 그것이 기자의 개입을 최소화하는 길이다.

8. 주연-조연 구도

모든 소설과 영화는 주연-조연의 구도로 짜인다. 멀티캐스팅 영화가 있긴 하지만, 드물고 성공작은 더 드물다. 작가는 의도적으로 인물들 간에 대소의 위계를 두었겠지만, 세상 어디에나 중심과 주변이 있음을 떠올리면 그것은 지극히 자연스러운 설정이다. 모든 사건에도 중요한 인물이 있고 보조적 인물이 있다. 전자는 사건의 주연이고 후자는 조연이다. 사건을 주연-조연의 구도로 이해하면, 사건의 주제 메시지를 전하는 데 효과적이다. 아이트래킹(eye-tracking) 실험 결과가 이를 방증한다(김태용·박재영, 2005 참조).

피험자에게 눈동자의 움직임을 추적할 수 있는 특수 안경을 씌워서 크기가 비슷한 사진 2장을 보여 주면, 피험자의 눈동자는 한곳에 머물지 못한 채 갈팡질팡한다. 하지만, 크기가 다른 사진 2장을 보여 주면, 눈동자는 큰 사진에 먼저 머물렀다가 작은 사진으로 이동한다. 사람은 크기가 비슷한 두 대상은 어느 하나도 뚜렷하게 받아들이지 못하지만, 크기가 다르면 큰 것은 크게, 작은 것은 작게 받아들인다. 원래 아이트래킹은 신문 지면의 편집 효과를 알아보는 용도로 언론에 도입되었지만, 시각 디자인 차원을 넘어 기사의 내용에도 원용할 수 있다. 예를 들어, 흔히 기사는 사례 여러 개를 비슷한 크기로 소개하는데, 이렇게 병렬하면 어느 한 사례도 독자의 주목을 받기 어렵다. 아이트래킹 원리를 따른다면, 한 사례를 크게, 나머지 사례는 작게 소개해야 한다. 사례를 대소 또는 대중소로 구분해서 제시하라는 뜻이다. 큰 사례는 기사에 먼저 소개하거나 더 많은 분량으로 소개하고, 작은 사례는 뒤에 소개하거나 적은 분량으로 소개한다. 한마디로, 사례를 위계화해야 한다. 대개 사례는 인물을 동반하므로 사례의 위계화는 곧 인물의 위계화다. 다시 말해, 주연-조연 구도다.

모든 사건·사안에는 복수의 인물이 개입돼 있으므로 그중에서 중요한 한 명을 주인공으로 설정하면, 그 외의 인물은 조연이나 엑스트라가 될 수 있다. 기자들은 본능적으로 이를 알지만, 좀 더 의식적으로 이런 감각을 가져 보자는 취지다. 아래 기사는 기자가 의도적으로 주연-조연을 설정했는지는 알 수 없지만, 그렇게 했을 것으로 충분히 추정된다.

> 10일 상오 10시 전남 여수 남국민학교를 졸업하는 1백73명의 어린이들과 함께 졸업장을 받는 정(丁淑賢=14) 양―그리고 '숙현' 양의 어머니 박(朴承伊=35) 씨―한 장의 졸업장을 받는 학생과 자모일 따름이지만 이들은 내일을 위한 의기와 집착에 그처럼 억세었던 한 인간 가족의 모습을 그려 놓았다. 하루 20리 길 배를 저어 여섯 해 동안 학교에 대어 보낸 어머니와, 철과 날씨를 가리지 않고 학교를 배로 건너다닌 딸 숙현 양은 이제 조그마한 졸업장을 타면서 꿈같이 지내온 여섯 해의 남모르는 감회에 흐뭇함을 느꼈다. 거센 바닷바람과 싸우며 노를 저어 딸 '숙현' 양을 학교에 보내기를 여섯 해에 어머니의 흰 얼굴은 바람과 볕에 그을려 거칠한 구릿빛으로 변해 있었다.
>
> ○…숙현 양은 여수 국동 부둣가에서 5리나 떨어진 외딴섬 가정도(전남 여천군 돌산면 경호리)에 살고 있다. 이 섬에 집이라고는 단 세 채뿐. 그래서 주민도

〈그림 6〉 모정의 뱃길 3만 4천 리. 〈한국일보〉 1962. 2. 10.

모두 합쳐 스무 명 남짓하다. 육지와 연락되는 정기선이 있을 리 만무하지만 1년 내내 있어도 지나가던 배 하나라도 들러 주질 않는다. 그래 이곳 주민들은 조그만 나룻배 하나로 가꾼 채소 곡식을 육지에 나가 팔고 옷감을 사들이고─ 그러다가 바람이나 세차게 불면 며칠이고 꼼짝없이 갇혀지는 외로운 섬이다. 몇 명 안 되지만 그 가운데서 소위 신식 교육 받은 사람은 하나도 없다. 숙현 양이 여덟 살 되던 해 어머니 박(박승이=35) 씨는 외딸 숙현 양을 '육지의 학교'에 보내자고 했으나 아버지 정(丁學模=53) 씨는 한사코 이를 반대했다. 하루이틀도 아니고 허구한 날 어떻게 학교에 내보내겠느냐고 하면서 이 섬 사정을 잘 알면서 그런 어리석은(?) 소릴 한다고 되레 부인을 나무랐다는 것이다. 그러나 대대로 내려오는 '이 섬의 무지(無知)'에 지쳐버린 어머니는 남편 몰래 숙현 양을 입학시켜 버렸다. 어느 날 박 씨는 육지에 채소 팔러 나가면서 숙현 양을 배에 싣고 나가 하루 사이에 입학 수속을 해버렸던 것이다.

　○…시계도 없는 이 섬에서 학교 시간에 제대로 대 가기란 힘든 일이었다. 늦지 않으려고 새벽밥을 지어 먹고 여덟 살짜리 숙현 양을 배 앞머리에 앉히고는 어머니는 노를 저었다. 바람 없이 잦은 날도 30여 분이 넘어 걸리는 이 뱃길에 바람이라도 마주쳐 오면 1시간을 가도 부둣가에 못 닿을 때가 있었다. 남편이 병중에 있었고 늙은 시모를 모시고 있기 때문에 박 씨는 숙현 양을 육지에 내려놓고는 곧 돌아와야 했다. 밥상 설거지뿐만 아니라 채소밭, 보리갈이도 모두 돌봐야 하기 때문이다. 9일 찾아간 기자에게 어머니 박 씨는 아직도 그때가 서글픈 듯이 "참 그땐 많이 울었지요. 여덟 살짜리 애를 내려놓고 배를 돌리면 그저 자꾸 눈물이 나왔습니다. 처음엔 숙현이도 엄마 떨어지기 싫어 부둣가에 선 채로 어머니 배만 보곤 엉엉 소리 내어 울 때도 있었고 이럴 때면 눈물을 흘리는지 노를 젓는지 모르게 바다를 건너오곤 했습니다"라고 말한다.

　○…봄여름을 지나 추운 계절로 접어들면 고생은 더했다. 학교를 파하면 숙현 양은 미리 약속한 언덕에 서서 어머니 배를 기다려야 했다. 때로는 어머니가 먼저 와 기다리고 있는 때도 있었고, 학년을 더하면서부터 학교를 나오는 시간

이 늦어져 깜깜한 밤중에 바다를 건너야 했다. 어머니는 낮에 밭일을 하다가도 시간만 되면 배를 저어 띄웠고 몇 년을 두고 하니 하도 이름이 나서 부두를 나오는 배들이 섬 곁을 지나가다간 '애가 나와 기다린다'고 소리쳐 줄 때도 한두 번이 아니라는 것이다.

시어머니와 남편 저녁밥을 차려 주고 늦어 가면 때론 깜깜한 언덕에서 숙현 양은 훌쩍훌쩍 울고 있을 적도 있었다. 숙현 양이 3학년을 맞던 봄, 큰 배도 못 다닐 만큼 세찬 풍랑에 연사흘이나 배를 육지에 대지 못해 숙현 양은 부둣가의 친척 집에서 지내야만 했다.

○…이렇게 하루 네 번씩 20리 길을 오가기를 여섯 해 동안―깜깜한 밤 살을 베어 낼 것같이 추운 겨울을 무릅쓰고 이 '어머니와 딸'을 실은 배는 모두 바닷길 3만 4천 리를 달렸다. '사라호' 태풍 때 배를 잃기도 하고 학교에서 돌아오는 길에 풍랑으로 옆 섬에 표류하기도 하고 바람이 세차 며칠씩 배를 띄우지 못할 때도 있었지만 숙현 양은 누구 못지않게 출석하였고 성적도 좋은 편이었다고 한다. 한번은 이웃 섬에 표류된 후로는 아버지 정 씨가 "차마 너희들을 바다에 내놓고는 견딜 수 없으니 학교고 무어고 치워버리라" 하는 것을 숙현 양이 애원을 하여 다시 나가게 된 적도 있었다고 한다.

○…숙현 양은 이렇게 6년간의 풍랑과 싸워 이제 졸업장을 받게 되었다. 얼굴이 검게 그은 어머니 박 씨도 부둣가에 배를 매 논 채로 졸업식장에 와 앉았다. 갖가지로 마련된 축하의 말과 노래들도 이 두 모녀의 '6년'을 다 어루만져 주지는 못하였을 것이다. 숙현 양은 정말 '빛나는 졸업장'을 받았다.

○…졸업식이 끝나고 숙현 양과 함께 부두를 떠나면서 박 씨는 "여수여중에 합격이 되었으니 힘자라는 데까지 더 공부를 시키겠다"고 말하면서 어려운 살림을 걱정할 뿐―한 여섯 해쯤 또 배를 저을 생각은 아예 걱정거리가 못 되는 듯 선뜻 말한다. 이 '여사공'은 배 젓는 품이 아주 능숙해 보였다.

―모정의 뱃길 3만 4천 리, 6년을 하루같이 20리길 노 저어 딸 등교시킨 어머니.

〈한국일보〉 1962.2.10. 여수=이문희 기자

이 기사 바로 밑에 아래의 작은 기사가 부속으로 편집되었는데, 바로 이어서 읽어도 될 정도로 연결성이 좋다.

> 파도가 거칠기로 이름난 여수 앞바다도 이날을 축복해 주는 듯 잔잔했다.
> 　어느 날과 다름없이 정(정숙현) 양은 어머니가 젓는 배를 타고 졸업식에 참가했다.
> 　아침부터 찌푸렸던 하늘은 이 모녀가 선창가에 오른 다음 졸업장에 당도하자 비를 뿌려 놨다. 정 양이 졸업장을 받게 되기까지의 눈물 어린 얘기는 벌써 이 포구에 널리 퍼져 있었던 모양—이른 아침에 여수여중의 신(申) 교장선생은 금일봉을 보내면서 입학 후 장학금을 내겠다고 약속하는 등 여기저기서 축복의 꽃다발이 쏟아졌다.
> 　"빛나는 졸업장을 타신 언니에게 꽃다발을 한아름 선사합니다"—졸업식의 노래가 울려오는 자리에서 지(池吉煥=57) 교장선생은 정 양의 어머니 박(박승이) 씨에게 노력상을 수여했다.
> 　회색 쉐터에 까만 '몸뻬' 차림으로 단상에 올라간 어머니가 이 상장을 받을 때 식장은 박수소리에 떠나갈 듯했다.
> 　정 양의 눈에는 눈물이 닦아도 닦아도 흐르고 있었다. 졸업식장은 금시 울음바다가 되어 버렸다.
> 　　　　　—여수여중서는 장학금까지 약속, 졸업을 축하하듯 바다도 잔잔.
> 　　　　　　〈한국일보〉 1962.2.10. 여수=이문희 기자

기사에 어머니 박승이, 딸 정숙현, 아버지 정학모, 여수여중 교장, 여수남국민교 교장이 차례로 등장한다. 어머니가 주인공이고, 아버지와 딸이 조연이며 두 교장선생이 엑스트라다. 기사 내용은 그렇게 위계화돼 있다. 어머니가 뉴스의 인물이므로 그에게 취재가 집중되고 지면이 가장 많이 할애되는 게 당연하다. 그래서 원래 그에게 집중도가 높을 수밖에 없는데, 주변에 조연과 엑스트

라가 조금 작게 배치됨으로써 주목 효과가 더 커졌다. 조연이 도와주는 사람이라는 뜻 아닌가?

　이 기사는 60여 년 전 한국의 한 단면이며 오늘의 한국을 만든 사람들의 이야기다. 1962년 당시에 전국을 울음바다로 만들었던 기사다. 가난과 교육이라는 두 단어 없이 한국을 말할 수 없다. 기사 보도 42년 후, 딸 정숙현은 '한국일보와 나'라는 기획 연재물에서 당시를 이렇게 회상했다.

> (전략) 어머니는 남들이 다 자는 깊은 밤, 달빛에 의지해 혼자 노 젓는 방법을 익히셨다. 병중인 아버지와 늙은 시어머니를 모시며 오랜 세월 동안 배우지 못한 것을 원통하게 여기신 어머니는 절대로 딸에게 문맹을 대물림할 수 없다고 결심하셨다.
>
> 　내 어머니 박승이는 그렇게 6년간 전남 여천군(현재 여수시) 가정도에서 목포까지 20리 바닷길 노를 저었다. 시계는커녕 수탉도 없던 새벽, 어머니는 오직 바람소리와 파도소리로 그날의 날씨를 가늠하며 조각배를 띄웠다. 초등학교 3학년 때 태풍 사라로 산산조각이 난 배의 파편을 안고 통곡했던 어머니, 한겨울 추위에 갈라진 손등으로 여자도 배워야 한다는 일념만으로 파도를 헤쳐 나가던 어머니였다.
>
> 　말로는 표현 못 할 6년의 세월. 마침내 졸업식 날이었다. 어머니는 박수갈채와 울음바다 속에 '장한 어머니상'을 받았다. 그리고 당시 우리의 사연을 취재했던 〈한국일보〉 이문희 기자로 인해 '모정의 뱃길 3만 4천 리'는 전국 방방곡곡에 알려지며 우리 모녀는 〈한국일보〉와 인연을 맺게 됐다. 1962년 2월 14일자로 날짜까지 정확히 기억한다.[49]
>
> 　그때 받은 격려 편지는 국내외에서 하루 200여 통 이상이었다. 얼마 지나지 않아 '모정의 뱃길'이란 이름으로 영화가 만들어졌고 어머니를 소재로 한 노래

---

[49] 모정의 뱃길 기사는 1962년 2월 10일 보도됐으므로 14일은 오기다.

도 불려졌다. 라디오 연속극까지 만들어졌다. 당시 박정희 대통령이 여수에 내려와 어머니와 나를 격려하며 장학금을 주던 일을 잊을 수 없다. 그 후 나는 여수에서 중고등학교를, 서울에서 대학(성균관대 국문학과)을 나왔다.

― '모정의 뱃길' 주인공 정숙현 씨. 〈한국일보〉 2004.7.8.

위 회고대로, 당시 박정희 의장은 직접 여수로 내려와서 모녀에게 육영수 여사의 편지와 격려의 말을 전했다. 기사를 토대로 만들어진 노래는 1966년 이미자의 '꽃 피는 여수 바다'이다(정숙현, 2023). 위 회고 기사를 썼던 당시, 정숙현은 57세로 서울에서 여전히 정정한 80세 어머니를 모시고 살았다.

기사를 쓴 이문희 기자는 〈한국일보〉 입사 후 편집기자로 일했던 3개월을 제외하고 정치부장이 될 때까지 17년간 사회부에서 일했다. 대학의 사회학과 4년까지 합쳐서 21년간 사회부 기자로 일했다고 농담 삼아 말했다고 한다.

> 그의 글은 그의 경력만큼 화려하지 않다. 그의 글은 세상에 회자될 만큼 유명세도 타지 못했다. 문체도 수려하지 못하다. 기교도 없다. (중략) 그의 글은 강렬하지는 않지만 나름대로 차분하고 진지한 논리가 있다. 기교와 거리가 먼 글이지만 누룽지같이 구수하고 민들레꽃같이 순수하고 투박한 향기가 스며 있다. 그의 그런 향기는 주필, 편집상무 시절 명필 김성우, 김창열, 장명수 등과 함께 〈한국일보〉를 대표하는 필진으로 자리매김했다. (대한언론인회, 2010, 278쪽)

이문희 기자는 1960년 〈한국일보〉에 입사해 채 2년도 되지 않아 사회부 기자로서 불후의 명작을 남겼다. 서울대 문리대 시절에 '시인'으로 불렸는데, 그 별명이 과분하지 않았음을 알 수 있다(대한언론인회, 2010, 278쪽). 주연-조연 구도의 사례를 하나 더 볼 텐데, 다음 기사는 길지 않은데도 인물 여러 명이 복합 구도를 이룬다.

8세밖에 안 되는 초등학교 어린이 정길자(8) 양은 3일 만에 한 번씩 학교에 나갔다. 이틀 동안은 깡통을 들고 거리를 헤매며 집안 식구들의 먹을 것을 구해 와야 했기 때문이다. 몸이 성치 않은 아빠 엄마 대신 동네의 50여 가구가 집단적으로 대전 시내로 나가는 구걸의 대열을 따라나선 것이다.

한동네의 이 군은 학교로 가는 길에 책보와 양재기를 함께 들고 나선다.

밥을 얻어먹으며 등교하는 것이다. 재수 좋은 날은 얻은 밥으로 점심도 먹고 나머지는 집에까지 가져와 집안 식구들과 나누어 먹을 수도 있다고 했다.

이래서 가정주간(5-12일)은 퍼렇게 멍이 들었다.

대전 시내에서 10리나 떨어져 있는 오정동 6통 일대는 시내에서 판잣집 또는 하천에 천막을 치고 살다가 이주해 온 난민 3백 가구가 시에서 지어 준 1간짜리 기와집 속에 살고 있다.

3백 가구 중 노동이나 혹은 시내에서 장사를 하는 2백 가구를 제외한 나머지 1백 가구는 요구호대상자—.

이 중에서 오경자(43), 이연심(30), 서월분(53) 씨 등 50여 가구는 10리나 떨어져 있는 대전 시내에 아침저녁 밥을 얻으러 구걸 행렬을 이룬다. 새벽 6시부터 시내에 밥을 얻으러 나가는 사람들은 40여 명을 헤아리고 상오 11시쯤이나 되어 돌아와서는 허기에 지친 식구들과 얻어 온 밥을 나누어 먹는다.

이들 구걸 대열 중에는 올해 오정초등학교 1학년 3반에 입학한 정분선(42) 씨의 딸 길자 양이 있다.

2개월 전 일터에서 몸을 다쳐 자리에 누운 아버지와 해소병으로 고생을 하는 어머니, 그리고 나어린 동생을 먹이기 위해 그는 어른들과 같이 시내에 나가서 밥을 얻어 와야 했다.

어떤 날에는 운이 좋아 맛있는 음식을 많이 얻어 올 때가 있으나 요즈음은 쌀값이 오른 탓인지 조금밖에 얻지를 못한다고. 학교는 3일 만에 한 번씩 나가는 형편이라 했다.

2일간 부지런히 얻어다 두고 이것을 먹으며 다음 날에는 학교에 나간다는 기막힌 사연이다.

정 양은 학업성적도 좋은 편이며 학교의 같은 반 친구들도 그를 도와주려고 하나 가난한 학생이 많아 어쩔 수가 없는 형편이라고 한다.

한편 같은 마을에 살면서 회덕초등학교 6학년 1반에 다니는 이양원(15) 군은 어머니가 시내로 밥을 얻으러 가서 늦게 오기 때문에 책가방과 양재기를 들고서 학교 가는 길에 밥을 얻어먹으면서 등교한다.

이 군이 책가방을 들고 매일같이 다니면 어떤 집에서는 으레 음식을 준비했다가 주기도 한다. 많이 얻을 때에는 점심도 먹고 나머지는 집에 가지고 와서 가족이 나누어 먹기도 한다.

오정동 6통 3반에 사는 권영기(28) 여인은 남편 김진옥(29) 씨가 결혼 1년 만인 지난 62년 8월에 군대에 나갔다. 생활에 쪼들리다 못해 그는 밥을 얻으러 다닌다고 했다.

얻어 온 밥을 60이 넘은 시부모와 아이들에게 먹이다 보면 어떤 때는 자기 먹을 것조차 없어진다고. 권 여인은 남편이 하루속히 제대하기만을 손꼽아 기다리고 있다.

대전시는 이곳에 쌀 배급을 주고 있으나 동민들은 황송한 쌀을 감히 입에 댈 수 없다고 했다. 그것을 시장에 팔아 좀 더 많은 양의 밀가루 옥수수 가루를 사다 먹는다는 설명에는 기진맥진한 피로의 빛만이 엇갈렸다.

―하루는 책보 이틀은 깡통, 대전에 목불인견의 구걸 대열.
〈경향신문〉 1964.5.9. 대전=손충무·장비호 기자

기사는 대뜸 정길자로 시작하였는데, 이 어린이는 기사 중반 이후에 가족과 함께 다시 등장하며 인물 중에서 제일 많은 지면을 차지한다. 따라서 그가 주연이다. 첫 등장 후 그것으로 끝내지 않고 재등장시키는 것이 관건이다. 조연은 두 번째 문단에 두 번째 사례로 소개된 '이 군'이다. 이 학생 역시 기사 중반 이후에 실명과 함께 재등장한다. 앞의 정길자 어린이보다 지면을 차지하는

분량이 적다. 기사 마지막에 나오는 권영기 부부는 제2의 조연이라 할 수 있으며 기사 중간에 이름만 나온 오경자, 이연심, 서월분 3명은 엑스트라다. 이 기사는 200자 원고지 7.5매밖에 안 되는데도 이렇게 입체적으로 구성하였다. 더구나, 취재원 전원이 실명이다. 요즘 기사보다 훨씬 나은, 무려 60년 전의 기사이다.

9. 프로타고니스트 대 안타고니스트

기자들이 기사를 다르게 써 보려고 해도 잘 안 되는 분야가 몇 개 있다. 사회부에서는 법원이 그런 분야다. 예를 들어, 두 사람이 말다툼하다가 한 사람이 때려 보라는 식으로 머리를 들이밀었고 다른 사람이 뒷걸음치다가 넘어져서 숨졌는데 판사가 무죄를 선고했다면, 기사는 '머리를 들이미는 바람에 상대방이 낙상하여 사망사고를 당했다면, 폭행에 해당하는 유형력의 행사로 볼 수 없다는 법원의 판단이 나왔다'와 같은 리드로 시작할 것이다. 이후에 기사는 판사의 무죄 선고를 부연하고, 사건 경위, 검사의 주장, 변호인의 주장을 차례대로 전달한 다음에 판사가 언급한 판결의 근거를 인용하면서 마무리될 것이다. 법원 담당 기자들은 이 패턴을 바꾸어 보려고 무던히 애썼지만, 별 뾰족한 대안을 찾지 못했다. 판결 기사를 다르게 쓰는 방법은 정말 없을까?

판결은 기본적으로 둘 간의 다툼이므로 두 사람의 관계를 활용하여 어떤 구도를 만들 수 있을 것 같다. 영화나 소설은 거의 언제나 그렇게 한다. 히로(hero) 영화에 나오는 영웅과 악당의 구도가 대표적인 예다. 영웅과 악당은 각각 주인공과 조연을 맡아 서로 갈등을 유발하고 경쟁한다. 주인공은 작가가 의도한 방향으로 이야기를 이끄는 프로타고니스트(protagonist)이고, 조연은 주인공의 적대자인 안타고니스트(antagonist)이다(Ellis & Lamson, 2011/2022).

범죄 영화에서 경찰은 프로타고니스트이고 폭력배는 안타고니스트다. 둘은 선악 구도를 이루며 권선징악의 주제를 키워 나간다. 이 구도를 원고와 피고에 적용하면, 법원 기사를 다르게 쓸 수 있다. 아래가 그 예다.

> 지난해 11월 17일 오전 수원지방법원, 김미나 씨(33)가 법정에 들어선 남자를 향해 다가갔다. "반성은 했니?" 원래 잘 알고 지낸 친구처럼 상냥하게 말을 걸었다. 남자는 대꾸하지 않고 고개를 돌렸다.
>
> 조금 마른 체형, 반 뿔테 안경을 쓰고 아직 앳돼 보이는 이 남자는 길에서 마주쳐도 기억에 남지 않을 만큼 평범해 보였지만, 법정을 가득 채운 동물보호단체 회원들은 그를 주시하며 수군거렸다.
>
> "쟤야. 바로 저놈이야."
>
> 법정에 선 이모 씨(28)는 이른바 '고양이 n번방'이라고 불리는 익명 채팅방에 자신이 때리고 죽인 고양이 학대 영상을 자랑삼아 올린 혐의(동물보호법 위반)로 재판에 넘겨졌다. 고양이가 자신을 물었다는 이유로 다리를 부러뜨리는 등 길고양이 4마리를 학대하고 1마리를 죽인 혐의다.
>
> 이 씨가 혐의를 인정하자 재판은 빠르게 마무리됐다.
>
> "현재 피고인은 스물여덟 살의 나이로 앞길이 구만리 같으며 변변한 노후대책이 없는 부모님에게 큰 타격이…."
>
> 변호인의 최후 변론이 이어지자 방청석에서 흐느끼는 소리가 울렸다. 그리고 이 씨의 최후 진술 차례였다.
>
> "다시는 이런 일이 없도록 하겠습니다. 죄송…."
>
> "살인마!" "실제로 죽인 고양이는 수십 마리가 넘습니다!"
>
> 방청객들은 이 씨와 판사를 향해 소리 질렀다. 이 씨는 말을 끝맺지 못했다. 법정 경위들이 나섰지만 쉽게 잠잠해지지 않았다. 판사가 '퇴정시키겠다'며 경고했지만, 방청객들은 "나중에 사람 죽이면 어떻게 할 겁니까! 책임지실 겁니까?" 하고 소리쳤다. 이 씨는 고개를 숙인 채 눈치를 살폈다.

―고양이 n번방, '인천 토리'의 추적이 시작됐다.
〈경향신문〉 2023.3.4. 전현진 기자

　범인 이모 씨는 이날 실형을 선고받았는데, 그 정보까지 넣어서 전형적인 판결 기사의 리드를 만들면, '길고양이를 활이나 도검 등으로 도살한 후 그 장면을 '고어방'에 공유한 20대에게 실형이 선고됐다'가 된다. 이 리드와 비교해 보면, 위 기사의 도입부가 얼마나 파격적인지 실감 난다. 기사가 뜬금없이 한 인물(김미나)로 시작한다는 점이 가장 눈에 띈다. 기사는 김미나와 범인이 법정에서 만나는 장면으로 시작함으로써 프로타고니스트와 안타고니스트의 경쟁 구도를 짜기 위한 판을 깔았다.

　기사는 범인의 외모와 이미지 정보는 주면서도 그보다 더 중요한 인물일 것 같은 김미나에 대한 정보는 하나도 주지 않았다. 기사에 인물을 등장시킬 때 그의 신원 정보를 주지 않는 것은 영미 저널리즘의 금언이다. 특히 유명 인사가 아닌 보통 사람은 반드시 신원 정보 없이 제시하라고 권한다(Brooks, Kennedy, Moen, & Ranly, 2011). 한국 언론은 그와 정반대다. 유명하거나 중요한 인물은 언제나 직함을 병기하며 갑남을녀라 하더라도 '주부 ○○○ 씨'나 '회사원 ○○○ 씨' 등으로 반드시 그의 신원 정보를 제공한다. 영미 언론은 그가 누구인지 독자가 몰라야 호기심이 유발된다고 보며 한국 언론은 그가 누구인지 알려 줘야 독자에게 서비스를 해 준다고 생각한다. 둘 중에 정답은 없겠지만, 막상 위 기사에서 김미나에 대한 정보가 없으니 당장 그가 누구인지 궁금해진다. 독자의 호기심을 유발했으므로 이제 그것을 풀어 줘야 한다. 기사는 자연스럽게 김미나로 넘어온다.

　　완전 범죄를 꿈꾼 이 씨가 법정에 서게 된 것은 김미나 씨에게 덜미를 잡혀서다.
　　검고 긴 생머리를 한 미나 씨는 마르고 작은 체구지만, 도전적이고 거침없으면서도 집요한 성격을 지녔다. 미나 씨는 여성 레이서로 활동해 왔고, 최근엔 자동차 뒷바퀴를 미끄러뜨리는 '드리프트' 종목에 도전하고 있다.

　미나 씨가 고양이와 처음 만난 건 10년쯤 전이었다. 원래는 고양이를 무서워했는데, 어느 날 길고양이에게 우연히 밥을 주며 인연을 맺었다. 이후 길고양이 밥을 챙겨 주고 다친 고양이를 구조해 돌보면서 고양이 사랑이 깊어졌다.

　평범한 '애묘인'이었던 미나 씨의 삶이 바뀐 것은 지난해 1월이었다. 살아 있는 고양이를 포획틀에 가둔 뒤 몸에 불을 붙이는 영상이 한 인터넷 커뮤니티에 올라왔다. 이 영상을 올린 이는 '잡을 수 있으면 잡아 보라'며 조롱했다. 미나 씨는 학대범이 결국 붙잡히지 않았다는 사실에 큰 충격을 받았다.

　"어떻게 이런 애들이 안 잡히는 거지."

　미나 씨는 이때 고양이를 붙잡아 학대하는 게 이 사람뿐만이 아니라는 것을 알게 됐다. 각종 커뮤니티 사이트나 익명 채팅방에는 고양이를 괴롭히거나 때리고 심지어 죽이는 일을 자랑하는 사람들이 많았다.

　"살아 있는 사람한테 하는 일이라고 생각하면서 보니까 너무 무섭고 위험하다고 생각했어요."

범인을 잡을 정도라면 담대해야 하는데, 기사는 한 증거로 김미나가 드리프트를 즐기는 자동차 레이서임을 알린다. 여기까지 안타고니스트와 프로타고니스트의 성격을 소개했으므로 이제 본격적으로 둘의 경쟁 구도로 들어갈 차례다. 아래 대목은 일종의 탐색전이다.

　미나 씨는 정말 잡을 수 없는 것인지, 직접 나서 확인해 보기로 했다.
　　처음 시작한 건 '온라인 잠복'이었다
　　미나 씨는 하루에 3시간 정도만 자면서 스마트폰에 집중했다. 학대범들이 활동하는 커뮤니티나 채팅방을 살폈다. 이런 글은 삭제되면 복원할 수 없어서 바로바로 저장해 가며 정보를 모았다.

학대범들은 익명을 바탕으로 아이디를 돌려 가며 썼다. 구분하기 어려웠지만 끈질긴 관찰로 패턴을 찾아 갔다. 사람마다 말투가 다르듯, 게시글에도 서로 다른 흔적이 남았다. 한 문장을 쓰고 다섯 칸씩 띄우거나, 문장 끝에 점을 두 개씩(..) 붙이는 식이다. 고양이 학대범들은 보통 여러 개의 커뮤니티와 채팅방을 오갔지만, 이런 특징을 바탕으로 동일인을 골라낼 수 있었다.

학대범들을 분류한 뒤, 이들이 올린 고양이 학대 사진이나 영상을 분석해서 증거를 확보했다. 학대를 자랑하기 위해 올린 영상과 사진을 파고들면 힌트를 찾을 수 있었다.

잔 펀치를 교환한 후에는 결정타를 날려야 한다. 김미나는 사립탐정 이상으로 증거를 수집하고 주변을 탐문하고 현장을 조사하여 범인을 죄어 나갔다. 결국 온라인에서 범인과 조우하게 된다. 아래가 그 부분이다.

> 지난해 2월, 포획틀로 고양이를 잡아다 먹이가 없는 외딴 논밭에 버린 일을 자랑삼아 올린 학대범이 있었다. 영역 동물인 고양이를 먹이가 없는 외딴곳에 버려 죽게 만드는 이른바 '이주 방사 학대'다.
> 미나 씨는 이 영상을 돌려보며 특징을 파악해 갔다. 누군가 정기적으로 사료를 챙겨 주던 급식소에서 길고양이를 포획해 방사하는 식이었는데, 이 급식소의 파란 천막이 보였다. 미나 씨는 고양이 관련 카페에서 '파란 천막'을 친 급식소를 운영하는 이를 수소문했다.
> "고양이가 최근에 계속 사라지더니…."
> 겨우 연락이 닿은 한 카페 회원은 '방사 학대' 영상을 보여 주자 자신의 집 앞에 설치해 둔 급식소가 맞다고 했다. 범인은 이 회원의 이웃집에 사는 20대 남자였다. 미나 씨는 방사된 고양이를 찾기 위해 영상 속에 자주 등장하는 철탑의 위치도 찾아냈다. 하지만 당시 방사 학대에 대한 처벌 기준이 모호해 결국 처벌로 이어지진 않았다.(지난 1월 '이주 방사'를 처벌하는 법안이 발의됐다.)

처벌되진 않았지만, 미나 씨는 학대범을 추적하면 찾아낼 수 있다는 자신감을 갖게 됐다. 학대범들이 모이는 커뮤니티와 채팅방을 모니터링하면서 증거를 모으고 함께 힘을 보태는 사람들과 추적을 계속했다. 미나 씨가 학대범들을 추적하는 모습은 탐정을 연상케 한다. 평범한 시민인 미나 씨는 관찰력과 집요함을 무기로 학대범들을 잡아냈다. 서울, 여수, 포항 등 전국에서 학대범을 구체적으로 특정해 내는 데 성공했다. 법정에 서게 한 이 씨도 이런 집요함에 꼬리가 잡혔다.

"이주님 좋은 거 없나요?"

김미나 씨가 잠복해 있던 고양이 학대 채팅방에서 이 씨는 '이주'라는 별칭으로 통했다. 이 씨는 행동대장처럼 굴었다. 붙잡은 고양이를 자신의 집 또는 할머니 집에서 괴롭히고 죽이기를 반복했다. 그럴 때마다 채팅방에 있던 이들이 환호로 답했다.

미나 씨는 이 씨가 올린 영상을 수십 번 반복해 보며 살피고 또 살폈다. 그러다 이 씨가 집 안에서 촬영한 영상에서 '화성시'라고 쓰인 폐기물 스티커를 발견했다.

"이 집이 어디인지 아시겠어요?"

미나 씨는 직접 탐문에 나섰다. 화성시 동탄 일대에서 사용되는 폐기물 스티커라는 것을 확인한 뒤 동탄의 부동산을 하나하나 두드려가며 탐문했다. 결국 동탄의 한 아파트 단지 대형 평수 동이라는 구체적인 정보까지 확인할 수 있었다. 추적이 계속되는 중에도 고양이 학대가 이어졌기 때문에, 당시까진 이름을 알 수 없던 이 씨를 경찰에 고발하고 이 사실을 사회관계망서비스(SNS)에 올렸다.

고발 소식을 공개하자 이 씨가 직접 미나 씨에게 메시지를 보내왔다. 이 씨는 어머니와 함께 미나 씨를 만나러 와 고양이를 버린 곳을 밝히고 다시는 이런 일을 하지 않겠다며 각서를 쓰며 선처를 바랐다. 이 씨는 가족과 함께 살며 편의점에서 아르바이트를 했다. 그의 모습은 평범한 여느 20대와 다르지 않아 보였다.

　고양이를 구조하러 이 씨가 말한 방사 장소에 가 보니 수많은 고양이 사체와 방치된 채 죽어 가는 고양이들이 보였다. 선처할 수 없었다. 이 씨의 정체가 드러나지 않았다면 얼마나 더 많은 고양이가 목숨을 잃었을까.

기사는 특정 판결을 다루면서도 시각을 해당 사건에 국한하지 않고, 고양이 학대의 배경과 미흡한 처벌이라는 사회적 맥락 쪽으로 확대했다. 이 기사의 또 다른 장점이다. 그런 후에 기사는 김미나와 범인이 대면하는 장면을 보여 주면서 다시 본 건으로 돌아온다.

　미나 씨가 추적한 고양이 학대범들에게는 일정한 패턴이 있었다. 고양이 살해 자체에 쾌감을 느끼는 때도 있지만 그들이 더 필요로 하는 것은 관심과 분노였다. 실생활에서는 주눅 든 채 내세울 게 없지만 고양이를 때리고 학대하고 죽이면 온라인에서 영웅이 된다.
　고양이가 이들의 분노를 풀어낼 대상이 된 건 여러 이유가 있다. 고양이는 경계심이 강해 붙잡으려고 하면 할퀴거나 문다. 대신, 개처럼 무는 힘이 강하지 않아 크게 위험하진 않다. 학대범들은 비교적 덜 위험한 고양이를 괴롭히고, 고양이가 반항하면 더 잔인하게 학대한다. 학대와 반항, 더 큰 학대로 이어지는 피드백 고리를 통해 자신의 화를 키움으로써 분노 해소의 쾌감을 더하는 방식이다.
　고양이는 길 위에서 살기 때문에 잡기도 쉽다. 여기에 길고양이를 둘러싼 논란은 학대를 정당화하는 데 쓴다. 길에서 쓰레기 봉지를 뜯거나 차에 흠집을 내고, 길고양이에게 밥을 챙겨 주는 '캣맘'이 극성이며, 고양이가 새를 함부로 사냥해 생태계를 어지럽힌다고 주장하는 사람들이 있는데, 학대범들은 이런 주장을 발판 삼아 고양이 학대를 합리화한다.
　하지만 고양이 학대는 엄연히 범죄다. 문제는 수사기관에서는 고양이의 죽음을 적극적으로 수사하지 않는다는 것이다.

"증거를 모아서 가져다주지 않으면 제대로 수사가 안 되는 일이 많고, 처벌하더라도 벌금형으로 끝나는 경우가 많아 학대범들이 겁을 먹지 않아요."

미나 씨와 처음 만난 곳은 지난해 11월 7일 인천 미추홀경찰서였다. 동물 학대 사건의 실상을 알리고 목격자를 찾기 위해 학대 사진들을 SNS에 올렸는데, 이것이 동물보호법 위반이라며 학대범들이 도리어 미나 씨를 고발했기 때문에 조사를 받으러 왔다. 대부분 혐의 없음으로 마무리되지만 이렇게 고발당한 사건이 10건이 넘으니 이에 따른 스트레스와 불편함도 적지 않다.

미나 씨가 표적이 된 것은 학대범을 잡아냈다는 사실이 알려지면서다. 미나 씨가 쓰는 SNS 아이디 '인천토리'는 학대범들 사이에선 꽤나 유명하다. '인천토리에게 걸리면 골치 아파진다'는 말이 돌 정도였다. 학대범들은 고양이를 '털바퀴'(털 난 바퀴벌레)라고 부르고 길고양이를 돌보는 이들을 '털맘'이라고 부르는데, 미나 씨는 자신이 고양이 혐오자들 사이에선 "네임드(유명한) 털맘"이라고 불린다며 웃었다.

기사는 항소심 법정을 보여 주면서 끝난다.

지난달 22일 수원지법에서 '고양이 n번방 행동대장' 이 씨의 항소심 첫 공판이 열렸다.

"앞길이 구만리 같은 청년입니다." 이 씨의 변호인이 최후 변론을 했다. 1심에서 징역 8개월을 선고받아 구속된 이 씨는 이날 파란 수의를 입고 최후 진술을 했다. "사회에 복귀하게 되면 유기동물 보호소에서 봉사하면서 속죄하겠습니다." 법정에 선 이 씨는 익명 채팅방에서 고양이 학대를 자랑할 때처럼 당당하지 못했다.

이 씨의 항소심 선고는 오는 3월 17일로 잡혔다. 1심 재판을 모두 챙겨 보았던 김미나 씨는 이날 재판에 오지 못했다.

지난달 29일 다시 만난 미나 씨는 조금 지쳐 보였다. 고양이 학대범을 계속 추적하면서 생긴 스트레스 때문인지 크고 작은 병이 생겨 병원 신세를 진다고 했다. 몸도 그렇지만 마음도 많이 지쳤다.

"고양이가 귀엽게 우는 영상만 봐도 눈물이 나요. 학대당한 고양이의 울음소리가 생각나서요."

그래도 미나 씨는 학대범 추적을 멈추지 못했다. "이놈만 잡으면 조금 쉬어야지" 했는데, 학대범들은 계속해서 새로 등장했다.

"그래도 학대범들을 추적하는 사람들이 늘어나고 있어서 조금은 마음이 놓여요."

미나 씨에게 학대범들에게 하고 싶은 말이 있냐고 물으니 "욕밖에 없는데…"라며 웃었다. "입장 바꿔서 생각해 보면 좋겠어요. 고양이들을 학대하는 것처럼 네가 다른 사람에게 당했다면 얼마나 아프고 무서울지 생각해 보라고요." 미나 씨는 작은 한숨을 쉬었다.

기사는 법정에서 시작했다가 법정에서 끝났다. 기사의 처음도 장면이고 끝도 장면이다. 중간 부분은 김미나의 범인 추적 과정을 담았다. N클럽에 이 기사를 소개한 조해영 〈한겨레〉 기자는 "기사가 범인과 경찰의 추격전 같은 긴장감을 주었다"고 했다. 장면과 과정은 흡인력을 유발하는 글쓰기 요소인데, 수미쌍관까지 만들었으므로 기사의 효과는 강력할 수밖에 없다. 그러나 이 모두는 김미나와 범인 즉 프로타고니스트와 안타고니스트의 대결 구도 속에 전개되었기에 가능했다.

기사를 쓴 전현진 기자는 인터넷 매체에서 〈문화일보〉로 옮겼다가 마감이 빠른 석간 일간지의 특성상 긴 기사를 쓰기 어려워서 답답해했다. 그는 공들여 쓰는 기사를 만들고 싶었다. 그것도 사전에 준비하고 '날 잡아서' 보도하는 그런 기획기사가 아니라 일상적으로 접하는 사건을 기획형으로 만들고 싶었다. 그러려면 석간보다 조간이 나아서 다시 〈경향신문〉으로 옮겼다. 그는 어떠한 분야를 출입처로 맡더라도 어떻게 기사를 다르게 쓸 수 있을지를 고민했다. 법원은 기사의 정형성이 매우 강한 분야여서 그런 고민을 더 많이 했다. 고민만 하는 게 아니라 공부하고 실천했다. 2019년부터 2024년까지 지인 기자 10여 명과 함께 내러티브 저널리즘을 공부하는 모임을 운영했다. N클럽에 가입하여 국내의 좋은 기사를 보면서 새로운 기사 구조와 문체를 익혔다. 긴 글을 쓰고 싶어 하는 기자들은 대부분 논픽션에 관심이 많다. 전현진 기자도 그렇다. 한 예로, 그는 이 기사를 보강하여 「계간 미스터리」에 게재했는데, 아래가 리드 부분이다.

> 죽은 삼색이 고양이가 하얀 세탁망에 몸을 반쯤 걸친 채 쓰러져 있었다. 붉게 물든 배에선 내장이 쏟아져 나왔다. 창자 밑에 검은 커터칼과 빨간 주방용 가위가 아무렇지 않게 놓였다.
> "궁금한 게 있어서 메시지 남깁니다. 노란색 동그라미 친 것은 똥인가요 지방인가요?"
> 김미나는 이 사진이 올라온 인스타그램 사용자에게 물었다. 순전히 호기심이 인다는 듯한 태도였다.
> "새끼." 그는 별 대단한 것 없다는 듯 답했다.
> "새끼면 빨개야 하지 않나요." 김미나는 다시 그저 궁금하다는 듯이 물었다.
> "노무현."
> 상대는 '최진수'라는 이름으로 인스타그램 계정을 운영했다. 프로필 사진은 안경 낀 남성이었다. 물론 가명과 도용한 사진일 것이다. 김미나는 이자가 남자라고 확신했다. '일베'나 '디시인사이드' 같은 남성 커뮤니티에서 주로 사용하는 표현과 반응이었다. 길고양이를 학대하고 죽이는 이들은 대체로 남자였다. 그의 계정에 고양이를 해부한 사진이 더 있었다.
> "손질을 어떻게 해야 저렇게 정교할 수 있음요? 예술 쪽?"
> 김미나는 아무 내색 없이 대화를 이어 갔다. 고양이를 죽이고 해부하는 데 관

심이 있는 사람인 것처럼 했다. 뛰어난 손기술을 한 수 배워 보고 싶다는 말투였다.

"더발한거많다. 잘한거." 상대는 무뚝뚝했지만 계속 대답했다. 맞춤법이나 띄어쓰기는 거의 지키지 않았다.

"손기술이 어렸을 때부터 타고난 거예요?" 김미나가 물었다.

"그냥유튜브 계속봤어요."

상대는 자신이 참고한 유튜브 영상 링크를 보내 줬다. 사냥한 동물 가죽을 벗기는 법을 알려 주는 영상이다. 그는 자신의 작업을 칭찬하는 낯선 이의 관심이 싫지 않은 듯했다. 인스타그램에 따로 올리지 않은 사진도 보여 줬다. 그는 자신이 취미로 이런 일을 한다고도 했다.

"돼지고기 비린내가난다. 소시지비슷한비린내."

"눈알 터진 것 같아." 김미나는 고양이가 죽어 있는 다른 사진을 보고 물었다. 좀 전에 창자를 쏟은 고양이를 다른 각도에서 찍은 것이다.

"눈알도 뇌라서 뺑하고 튀어나온다."

"때리면 저렇게 되는 거야?"

"웅."

김미나는 인천의 집에서 스마트폰을 보면서 느끼고 있는 자신의 감정이 인스타그램의 대화 속에서는 드러나지 않게 하려고 노력했다. 늦은 밤 잔혹하게 죽은 고양이 사진을 보면서 분노하고 있었지만, '나도 너와 같은 사람'이라고 믿게 만들어야 했다. 그렇게 해서라도 대화는 계속 이어져야 한다. 이렇게 주고받은 대화는 그의 자백이나 다름없으니 말이다. (중략)

―길고양이 킬러를 추적하다. 「계간 미스터리」 2023.5.10. 전현진 기자

리드만 봤는데도 「계간 미스터리」의 기사는 〈경향신문〉 기사와 비교가 안 될 정도로 살벌하고 적나라하다. 이게 동물 학대의 진실이다. 잔인하다느니 트라우마를 유발한다느니 하며 사건을 흐릿하게 보여 주고 표현을 순화하면 진

실과 멀어질 뿐이다. 동물 학대든, 이상동기범죄(묻지마 범죄)나 전쟁이나 대형 참사든 모두 다 그렇다.「계간 미스터리」의 기사를 읽은 사람이 동물 학대범이나 관련 정책에 대해 어떻게 반응할지 쉬 짐작된다. 그런 점에서, 대중이 신문에 모범생 같은 기사를 요구하는 것을 마냥 옳다고만 할 수 없다.

〈경향신문〉기사는 200자 원고 28매이며「계간 미스터리」기사는 그 두 배인 60매다.「계간 미스터리」는 '모든 이야기는 미스터리다'라는 구호를 내건 유료 잡지다. 범죄 논픽션 만들기가 꿈이었던 전현진 기자는 결국 올해 7월 한국 마약 60년사를 추적한『뽕의 계보』를 펴냈다. 2년간 히로뽕계의 전·현직자와 검사, 경찰 등 42명을 만나고, 수감 중인 13명과 주고받은 수백 쪽의 옥중서신을 바탕으로 펴낸 최초의 마약범죄 논픽션이다(최승영, 2024).

법원 기사의 정형성을 깨트리는 것은 그리 어렵지 않다. 판결 기사를 행정문건처럼 쓰지 말고, 원고와 피고 또는 피해자와 가해자가 대결하는 이야기 구도로 바꾸기를 권한다. 선배나 에디터도 기사의 구조와 문체를 개방하여 후배들에게 새로운 길을 터 주면 좋겠다. 모두에게 실험정신이 요청된다.

기사를 앞의 〈경향신문〉처럼 쓰면, 독자 효과도 좋아진다. 이 사건을 전형적인 스트레이트로 쓴 기사와 〈경향신문〉처럼 인물 구도로 쓴 기사를 놓고 실험연구를 해 보니, 후자의 기사에서 독자의 몰입 효과가 나타났다. 몰입은 기사의 지속 사용 의도와 공유 의도에 긍정적으로 영향을 끼치는 것으로 나타나, 스트레이트 형식의 기사로는 이런 효과를 기대할 수 없음이 밝혀졌다(신보라·박재영, 2024). 프로타고니스트-안타고니스트 구도는 글쓰기의 재미나 과시 차원에서가 아니라, 독자와 기자 그리고 기사를 위한 실질적인 효과 차원에서 권장하는 작법이다.

전현진 기자는 앞의 〈경향신문〉 기사로 2024년 제2회 'Q저널리즘상'[50]의

---

[50] 학구적인 젊은 기자들이 2022년 말에 만든 기자 단체 '저널리즘클럽Q'가 2023년부터 수여하는 상.

특별상을 받았다. 특별상 부문은 과거 기사를 대상으로 하므로 수십 년 전의 기사도 수상할 수 있다. 이 기사는 '코끼리: 다시 읽고 싶은 긴 이야기'라는 기획물의 하나였는데, 기획 취지에 꼭 들어맞는 상을 받은 셈이다. 전 기자는 수상 소감에서 "범인을 추적하는 탐정 소설처럼 기사를 쓰고 싶었다. 이야기의 구조를 설계할 때 고민을 많이 했다"고 말했다. 기사를 새롭게 써 보겠다는 전 기자의 도전에는 당연히 장애물이 많았지만, 당시 이용균 뉴콘텐츠팀 부장이 크게 밀어주고 격려했다고 전 기자는 밝혔다.

범죄 외에, 스포츠도 경쟁 구도를 만들기 쉬운 분야다. 흔히 스포츠는 두 사람이나 두 팀이 맞붙어 경쟁하는데, 한쪽이 한국인이라면 대결 구도는 더 강화한다. 자연스럽게 한국 선수를 주인공 프로타고니스트로, 외국 선수를 조연 안타고니스트로 삼을 수 있다. 한국인이 이기기라도 한다면, 이 구도는 이견 없이 정당화된다. 아래 기사는 그런 예다.

> 베이징올림픽에서 김경문(50) 대표팀 감독은 호시노 센이치(61) 일본 대표팀 감독과 오더를 교환할 때 모자를 벗고 깍듯이 인사했다. 16일 예선전에서도, 22일 준결승전에서도 그랬다.
>
> 호시노 감독은 대회 전부터 "한국에 경계할 만한 선수가 없다. 위장 오더나 쓰지 않았으면 좋겠다"며 김경문 감독을 애써 무시했다. 지난해 12월 아시아 예선전에서 김 감독이 관례를 모르고 이중 오더를 제출했던 허물을 끝까지 물고 늘어졌다. 당시 승리를 거둔 호시노 감독은 최소한의 아량도 베풀지 않았다. 김경문 감독은 감정을 가라앉혔다. 그 정도를 이겨 내지 못할 그가 아니었다.
>
> 김 감독은 대표팀 유니폼에 의미 깊은 등번호 74번을 새겨 넣었다. 2004년 두산 감독에 오른 뒤부터 지금까지 그를 상징하는 숫자다. 야구를 하다 보면, 인생을 살다 보면 행운(7)도 있고 죽을 고비(4)도 있다는 의미다.
>
> 그는 흔히 잡초에 비유된다. 프로선수 10년간(1982-91년) 통산 타율 2할 2

푼, 6홈런에 그쳤다. 주목받는 코치도 아니었다. 김 감독은 "내가 남보다 나은 것은 어려움을 많이 겪어 본 것밖에 없다. 그게 내 자산이다"라고 입버릇처럼 말한다.

김 감독은 지난 4년간 두산을 세 차례나 포스트시즌으로 이끌었다. 그러나 2005년 고려대 후배인 선동열 삼성 감독에게, 2007년 OB(현 두산) 시절 스승인 김성근 SK 감독에게 우승 패권을 내줬다. 정상 문턱에서 번번이 주저앉았던 그는 2인자였다.

김 감독은 지휘철학을 더욱 강하게 밀어붙였다. 연봉 2,000만~3,000만 원의 젊은 선수들을 중용하며 세대교체를 이뤄냈다. 힘으로는 상대를 당해 낼 수 없었기에 빠르고 영민한 선수들을 키워 냈다. 번트로 안전하게 1점을 얻기보다는 위험을 안고 강공 작전을 폈다. 김 감독은 "난 잃을 게 없는 사람이다. 내 뜻대로 하고 실패하면 내가 책임을 지겠다"며 주위의 우려에 맞섰다. 그는 늘 벼랑 끝에 선 심정으로 살아간다고 했다.

베이징올림픽 감독도 폼 나게 얻은 게 아니었다. 2006년 월드베이스볼클래식(WBC) 4강 신화를 썼던 김인식 한화 감독이 대표팀 은퇴를 선언했고, 선동열 감독은 자리를 부담스러워했다. 이곳저곳 구애를 하다 실패한 한국야구위원회(KBO)는 그제야 2인자를 찾았다. 김 감독은 "프로 감독이 된 것으로도 황송한데, 국가대표 감독이라니…"라며 곤혹스러워했다. 그리고 서로 미뤘던 '독이 든 성배'를 들었다.

태극 마크를 달고도 여전히 고집스러웠다. 베테랑 대신 이종욱(두산)·이용규(KIA)·정근우(SK) 등 젊고 빠른 선수들을 대거 발탁했다. 역전패 직전까지 한기주(KIA)를 고집했고, 1할 타자 이승엽(요미우리)을 끝까지 믿었다.

한국은 9부작 드라마를 연출하며 우승을 이뤄 냈다. 7과 4 사이를 오갔던 김 감독의 전략은 때론 위기를 겪기도 했다. 100점은 아니었지만 80점이기도, 120점이기도 했다. 김경문 감독은 이제 최고 자리에 올랐다. 아니나 다를까. 그는 "너무 행복해서 지금 야구를 그만둬도 후회가 없을 것 같다"고 했다.

김경문 감독의 인사를 받고 허리를 꼿꼿하게 세웠던 호시노 감독은 7이 두 번 겹친 등번호 77번을 달았다.
　　선수 시절 최고 투수로 활약하고 감독으로서도 실패를 몰랐던 그는 자기 확신에 가득 찬 채 질주하다 잡초에 발이 걸려 넘어졌다. 금메달을 따겠다는, 한국은 안중에도 없다는 호시노 감독은 동메달도 따지 못하고 일본으로 돌아갔다. 호시노 감독은 원로들과 미디어로부터 대표팀 사퇴 압력을 받고 있다.
　　―7과 4 사이… 꽃피운 '잡초' 김경문 야구, 〈중앙일보〉 2008.8.26. 김식 기자

　위 기사에서 가장 돋보이는 점은 입체적 구성력이다. 기자는 두 감독을 세 가지 차원(등번호, 모자 쓰고·벗고 인사하기, 선수와 감독 시절 경력)에서 비교하며 기사를 전개했다. 세 차원 중에 선수와 감독 시절의 경력은 야구 담당 기자라면 알았을 가능성이 크며 등번호도 알았을 수 있다. 하지만, 서로 인사할 때 모자를 벗고 깍듯했는지 아니면 허리를 꼿꼿하게 세웠는지는 당일 현장이 아니고선 알 수 없다. 현장에서 이 장면을 포착했던 기자의 예리함이 칭찬받을 만하다. 등번호 77과 74의 의미를 풀어간 대목은 두 인물을 이해하는 데 도움을 주면서 읽는 재미까지 더해 주었다. 이 기사는 왜 기사에 복수의 인물이 등장해야 좋은지를 웅변한다. 복수의 인물이 서로 경쟁하고 대립한다면, 이야기를 구성하기에 더 좋다. 진부하지만 한 번 더 부연하면, 스토리는 갈등을 먹고 산다. 좋은 글이나 영화는 간단없이 긴장을 강화하고 이완한다. 사람은 긴장이 이완할 때 쾌감을 느낀다(Ellis & Lamson, 2011/2022).
　위 기사처럼 별것 아닌 주제이고, 짧고, 장황하지 않아도 훌륭한 기사를 만들 수 있다. 매일 관습적으로 처리하는 아이템에 조금만 더 신경을 쓰면, 어제와 다른 기사를 만들 수 있다. 이를 위한 한 방법으로 프로타고니스트 대 안타고니스트 구도를 제안했다. 영웅과 악당, 경찰과 범인, 부조리 고발자와 그것을 덮으려는 권력자…. 인물들이 경쟁하거나 대립하거나 협력하는 구도는 기자가 일상적으로 처리하는 아이템 어디에나 있다.

10. 미스터리 추적

추리소설은 언제나 재미있다. 미스터리를 풀어 가는 재미, 이것 하나만으로도 충분히 독자를 사로잡는다. 그 기법을 글쓰기에, 특히 기사에 적용해 보기를 권한다. 다음 기사에서 보듯이 그것은 그리 어렵지 않다.

보안사가 5·18 민주항쟁 당시에 압수하여 보관했던 사진첩을 국정원이 2019년에 공개했을 때, 소중한 〈오마이뉴스〉 기자는 사진 한 장을 보게 된다(〈그림 7〉 참조). 광주 시내에서 찍은 사진인데, 5명이 들것을 나르고 있고 앞쪽 줄의 가운데에 백인이 있다. 광주광역시 출신인 소중한 기자는 5·18 때 시민을 도운 외국인이 있었음을 알았지만, 이 사진에서처럼 직접 함께 행동했던 경우는 생소했다. 그는 이 백인이 누구인지 궁금해서 취재하여 기사를 2회로 나누어 보도했다. 1회는 이렇게 시작한다.

〈그림 7〉 광주항쟁 때 시민들과 함께 부상자를 들것으로 옮기는 팀 원버그(사진의 오른쪽 줄 가운데 체크무늬 셔츠 입은 사람). 당시 나경택 〈전남매일〉 기자가 찍은 이 사진은 보안사에 압수되었지만, 다행히 필름은 빼앗기지 않아 이후에 세상의 빛을 보게 됐다. ⓒ 나경택 전 〈전남매일〉 기자 제공

시작은 위 사진 한 장 때문이었다. 체크무늬 셔츠를 입은 외국인 남성이 한국인 4명과 들것을 나르는 모습. 그의 축 처진 오른 어깨는 들것의 무게를 짐작하게 했다.

해당 사진은 지난해 11월 처음 공개된 국군보안사령부(보안사) 사진첩 중 '증거물사진 393-1980-9' 40쪽에 담겨 있었다. 여러 권의 사진첩엔 1980년 5월 광주의 모습이 가득했다. 당시 보안사는 '광주사태의 증거물'로 이 사진들을 모았지만, 도도했던 40년 세월은 그것을 5·18민주화운동을 증명하는 '역사'로 만들었다.

이 외국인은 어쩌다 이 사진에 담기게 됐을까? 그것도 직접 들것을 들고 있는 모습으로 말이다. 당시 광주에 머물고 있던 선교사들, 그리고 영화 〈택시운전사〉의 위르겐 힌츠페터(Jürgen Hinzpeter)처럼, 그동안 널리 알려진 5·18 속 외국인은 '푸른 눈의 목격자'로 불렸다. 위 사진 속 외국인은 그들과 또 다른 방식으로 항쟁의 중심에 서 있는 듯했다. 체크무늬 셔츠의 증인, 그가 누군지 궁금했다.

―광주항쟁 곳곳에 등장한 이 미국 청년을 아십니까.
〈오마이뉴스〉 2020.5.12. 소중한 기자

리드가 짧지만 인상적이다. 세 번째 문단에서 기자는 스스로 질문을 던지며 독자의 궁금증을 자아낸다. 하지만, 이것으로 부족했는지, 소중한 기자는 사진 속 장소를 확인하려고 직접 현장을 찾아갔다.

지난 4월 28일 옛 전남도청 앞에 섰다. 뜨거웠던 항쟁을 지켜본 도청 울타리 안의 은행나무가 곧장 눈에 들어왔다. 시선을 조금 옮기니 5·18을 상징하는 너른 분수대가 우직하게 자리 잡고 있었다. 분수대 너머엔 최근 복원된 시계탑이, 그 너머엔 수많은 탄혼을 품은 전일빌딩이 광장을 내려다보고 있었다. (중략)

전일빌딩 앞으로 발걸음을 옮겼다. 우선 사진 속 장소가 정확히 어딘지 알고 싶었다. 사실 해당 사진은 보안사가 찍은 게 아니다. 당시 나경택〈전남매일〉기자가 찍은 사진을 보안사가 압수한 것이었다. 다행히 필름까진 빼앗기지 않아, 이후 이 사진과 함께 여러 5·18 당시 사진이 세상의 빛을 보게 됐다.

4월 28일 통화한 나 기자는 해당 사진을 "전일빌딩에서 찍었고 (사진 속 장소는 당시) 관광호텔 쪽"이라[고 말했다.] (중략)

소중한 기자는 사진을 찍은 나경택 기자에게서 사진 뒷배경인 그 건물이 관광호텔이었음을 알게 된다. 나중에는 새 건물이 지어져 무등빌딩으로 불렸으며 광주 시민들에게 친숙한 삼복서점(현 알라딘 중고서점)이 1992년부터 2008년까지 지하 1층에 있었다. 장소를 확인했으니 이제 촬영 시점을 알아봐야 한다. 과연 사진은 언제 찍은 것일까?

나 기자는 "5월 19일 혹은 20일에 찍은 사진 같다"라며 당시를 떠올렸다. 집단발포 후 시민들의 거센 항의에 직면한 계엄군이 5월 21일 광주 외곽으로 물러났으니, 사진은 그보다 이전의 모습을 담고 있었다. 계엄군의 무자비한 폭력이 한창이었던 시점이었다. 나 기자는 "사진도 몰래 찍어야 했다"며 참혹했던 당시 상황을 전했다.

"가방도 못 메고 점퍼 속에다가 카메라 두 대 숨겨 갖고 전일빌딩에 숨듯이 들어가 있었죠. 그 사진 찍을 때도 기억이 나요. 들것에 있는 냥반은 곤봉으로 세게 맞아본 거 같습니다. 얼마나 구타를 당해브렀는지 눈알이 막 빠질 듯 그래요." (중략)

나 기자는 해당 사진의 전후 모습이 담긴 사진 몇 장을 더 보내왔다. 들것을 든 이들은 최루탄 때문인지 소매로 연신 코를 막고 있었다. 방독면 가방을 멘 채 곤봉과 최루탄 발사기를 든 군인 사이를 위태롭게 지나기도 했다. 군인들은 윗옷이 벗겨진 들것 위 부상자를 무심한 눈빛으로 쳐다보고 있었다. 나 기자는 사진 속 외국인을 선명히 기억하고 있었지만, 그가 정확히 누군지는 알지 못했다.

"내가 보기에 상당히 젊었어요. 젊은 외국인이 저런 정신을 갖고 있었다는 게 참말로 대단허죠. 우린 알잖아요. 당시에 얼마나 엄혹했는지. 그때는 양림동에 있던 선교사들이라고만 생각했제 다른 생각은 못했어요." (중략)

여전히 사진 속 외국인이 누구인지 알 수 없어서 안타까웠지만, 나경택 기자는 결정적 단서를 제공한다. 사진의 5명 중 흰색 상의를 입은 남성이 당시 광주 CBS 보도국 노병유 차장이었다는 것이다. 소중한 기자는 노병유 기자를 찾아내 인터뷰하여 다음 단락을 작성했다.

"그때 당시 CBS광주방송이 가톨릭센터에 있었단 말입니다. 내가 취재를 마치고 들어오던 차에 금남로 쪽에서 막 최루탄이 쏟아지고 그래요. '병원으로 가야겠다'는 생각에 얼른 피한다고 들어간 곳이 '박윤식 외과'였어요. 아이고, 하도 눈물이 쏟아져서 원장실로 가본께 원장이 평화봉사단이랑 이야기를 하고 있더라고요.

평화봉사단은 입술 있는 데가 터져서 피를 흘리고 있드만요. 근디 옆에 중환자가 누워 있어요. 곤봉으로 머리를 얼마나 맞았는지 의식불명이에요. 머리가 깨져서 붕대로 감싸 놨고요. 딱 봐도 위중해요. 원장이 '우리 병원에선 안 돼요. 언능 대학병원으로 안 가면 생명이 위독합니다' 해서 그 평화봉사단이랑 같이 들것을 들고 전남대병원으로 갈라고 했죠. 그때 내가 원장한테 '당신 가운 좀 벗어 주쇼' 부탁했어요. 전쟁 중에도 의사 가운 입은 사람은 안 쏘잖아요. 그랬더니 원장이 옷걸이에 걸려 있던 새 가운을 줍디다." (중략)

"둘이 들것을 들고 가는디 무거워서 못 들겠어요. 그때 제일성결교회 자리에 새 빌딩이 올라가고 있었거든요? 거기 공사장에 시민들 몇 사람이 피해 있더라고요. 내가 '이것 좀 같이 들자'고 한께 몇 사람이 용기 있게 나옵디다. (외국인은 비교적 안전하니) 그 평화봉사단을 앞에 세우고, 나는 의사 행세를 하믄서 분수대 근처까지 갔어요. 앰불런스가 있드만요. 환자는 태워 주고 나는 못 태워 준다 해서 택시를 잡아다 뒤따라갔죠. 병원에 도착했는디 접수가 안 돼요. 이 사람이 의식불명이라 이름도 모르잖아요. 그래서 다 책임진다 하고 내 이름 노병유로 접수를 했어요."

노 기자는 "당시 환자를 후송하는 데 정신을 쏟고 있어서 그 외국인과 제대로 된 대화를 나눌 수 없었다"면서도 당시 그에게 느꼈던 감정을 상세히 떠올렸다.

"겁에 질려버린 것처럼 보였는디도 정말 성실히 움직이드만요. 한국인보다 더 한국을 사랑한 사람으로 보였을 정도로. (박윤식 외과 원장실에서) '평화봉사단 저 사람도 저라고 움직이는데 내가 가만있어서 쓰겠는가'라는 생각이 들었어요, 근께 나도 의사 가운이라도 빌려 볼 용기를 낸 거죠." (중략)

노병유 기자가 병원에서 이 외국인을 만났을 때 그도 부상한 상태였는데, 옆에 중상을 입은 시민을 그가 데려왔는지는 명확하지 않다. 이 부분은 2회에서 밝혀진다.

소중한 기자는 나경택 기자와 노병유 기자를 접촉하기 전에, 사진 속 외국인의 신원을 지목했던 사람을 이미 만났다. 5·18 당시 전남대 학생이었고 5·18 기념재단의 연구위원으로 해외 기록물을 발굴·분석하는 최용주 씨였다. 최용주 씨는 그 외국인을 평화봉사단 자격으로 광주에 와 있던 팀 원버그(Tim Warnberg)라고 했는데, 평화봉사단 소속이란 점은 노병유 기자의 기억과도 일치했다. 팀 원버그의 신원이 팩트체킹된 셈이다. 원버그는 1954년생으로 미국 미네소타대학에서 화학과 심리학을 전공하고 전남대병원에 배치돼 근무 중이었다. 한국 이름은 '원덕기'였다. 성실히 취재하다 보면 귀인을 만난다고 했던가.[51] 소중한 기자는 결정적 취재원을 또 한 명 만나게 된다.

> 5·18 이전부터 팀을 알고 지냈다는 사람을 지난 4월 28일 광주에서 만날 수 있었다. 1961년생인 이홍철 씨는 충장로우체국 옆 '타박네 음악감상실'에서 DJ로 일하다가 팀을 처음 만났고, 그와 함께 5·18을 마주했다. 그가 일하던 음악감상실은 사진 속 무등빌딩과도 지척 거리였다. 이 씨는 "나는 그를 팀이라고 불렀고, 팀은 나를 리(Lee)라고 불렀다. 팀은 밥 딜런(Bob Dylan)의 '블로잉 인 더 윈드(Blowin' In The Wind)'를 자주 신청했었다"라고 떠올렸다.

여기서 1회가 끝나고, 2회는 팀 원버그의 지인을 통해 그가 어떤 사람인지 검증한다. 팀 원버그의 평전인 셈이다. 1회의 마지막에 등장한 이홍철 DJ가 2회의 절반 정도를 이끌며 그의 기억 속 원버그를 그린다. 2회는 첫 문단에 원버그가 전남대병원에 근무하면서 5·18 직전에 광주지역 의료계 전공 대학생들로 이뤄진 '광주자원봉사단'을 만드는 데 큰 역할을 했다고 적었다. 소중한 기자는 당연히 이 모임의 관계자를 만나서 원버그를 물어보았다.

> (전략) 이 모임의 초대 단장을 맡은 고진석 원장(고진석의원)은 8일 〈오마이뉴스〉와 한 전화통화에서 "무테안경을 쓰고 항상 밝은 표정의, 개구장이같이 유머도 잘 하는 사람이었다"라고 그를 떠올렸다. 그러면서 "우리가 노숙인 수용시설로 자주 봉사활동을 나갔었는데 그때만 해도 정말 열악한 환경이었다"라며 "가마니 깔고 자고, 머리에 이도 득실득실하고, 강제로 정관수술도 시켜버리고 그러던 곳이었는데 팀이 정말 모범적으로 봉사에 임해 여러 번 감동을 받았다"라고 덧붙였다.

이러한 성품 때문이었을까. 팀은 5·18민주화운동 당시 벌어진 일을 적나라하게 목격했을 뿐만 아니라 광주시민을 보호하는 데에도 힘을 쏟았다. 그는

---

51) 유대근 〈한국일보〉 사회정책부 차장(당시 엑설런스랩 팀장)이 2024년 2월 3일 N클럽 특강 때 한 말이다.

> 5·18 기간 내내 계엄군의 구타를 말리고, 환자를 후송했으며, 외신기자의 통역 (대표적으로 〈택시운전사〉의 주인공 위르겐 힌츠페터)을 맡았다.
> ─계엄군 곤봉에 맞은 미국인, 그가 광주를 위해 남긴 선물.
> 〈오마이뉴스〉 2020.5.12. 소중한 기자

소중한 기자는 2회의 첫머리를 여기까지 한 다음에, 자신이 찾던 사람이 팀 원버그임을 분명히 밝혀 둔다. 그 근거는 원버그가 썼던 논문이다. 원버그는 광주의 경험을 토대로 쓴 논문에 자기가 병원에서 환자를 데리고 나와서 들것으로 옮겼다고 적어 놓았다. 이로써 원버그는 들것을 든 사람 중의 한 명이며 그가 애초부터 환자를 돌봐 주었다는 사실도 명확하게 확인됐다. 아래가 기사의 그 대목이다.

> 나경택 당시 〈전남매일〉 사진기자가 찍은 사진(기사 맨 위)은 팀이 당시 어떤 활동을 벌였는지 추측할 수 있는 소중한 자료다. 1987년 팀이 낸 논문('The Kwangju Uprising: An Inside View')에는 사진 속 상황으로 보이는 내용이 담겨 있다(해당 논문은 외국에서 나온 5·18 관련 최초의 논문이다).
> "내가 후송했던 환자는 가톨릭센터 앞에서 작은 꽃집을 운영하던 남자였다. 당시 그의 부상이 얼마나 심각했냐면, 내가 2년 후에 그를 다시 만났을 때, 그는 11번의 수술을 거친 후였고 말을 하지 못했다." (중략)

이어서 기사는 1회의 마지막 부분에 소개했던 이홍철 DJ를 소환하여 그를 통해 원버그를 그려 낸다.

> 5·18 이전부터 팀과 자주 교류했다는 이홍철 씨를 광주에서 만났다. 팀보다 7살 어린 이 씨는 한국 나이로 스무 살이었던 당시 충장로우체국 옆 '타박네 음악감상실'에서 DJ로 일하고 있었다. 팀은 그 음악감상실의 단골손님이었다.

(중략)

"1980년도 초, 겨울이었어요. 1월이나 됐겠죠? 그때 처음 이분이 우리 음악 감상실에 오셨어요. 첨에 와서 음악 몇 곡을 신청하길래 내가 틀어 줬죠. 본인이 신청한 노래가 나온께 호감을 가진 모양이에요. 웨이타한테 시켜서 나한테 주스 한 잔을 갖다주드만요. 그때 뭐 주스라고 하믄 원액에다가 그냥 물 타서 주는 것인디(웃음). 암튼 나도 감사하게 생각했죠."

이 씨는 팀이 자주 요청했던 노래도 기억하고 있었다. 2016년 노벨문학상을 받은 밥 딜런(Bob Dylan)의 노래가 그의 주된 레퍼토리였다고 한다.

"저는 그분을 팀이라고 부르고, 그분은 저를 리(Lee)라고 불렀어요. 팀이 밥 딜런 노래를 좋아해서 블로잉 인 더 윈드(Blowin' In The Wind)를 자주 신청했어요. (중략)

이 씨에 따르면 팀의 한국어 실력은 거의 원어민에 가까웠다. 그는 실제로 5·18 당시 외신기자 통역을 도맡기도 했다.

"한국 문화에 완전히 적응을 했었죠. 주로 청바지에 셔츠를 입은 채 항상 웃는 얼굴이었어요. 친절한데다가 한국말까지 엄청 잘하다본께 저도 다가가기에 부담이 없었죠. 한국 음식에도 완전히 적응해 갖고 매운 것도, 뜨거운 것도 잘 드셨어요. 젓가락질도 아주 완벽해블고요. 저랑은 냉면을 자주 먹었어요. 물냉(물냉면)보단 비냉(비빔냉면)을 더 좋아하드만요. 저도 매운 걸 좋아해서 같이 비냉을 먹다 보믄 내가 '안 맵냐' 물어봐요. 글믄 물을 계속 마심서도 항시 '안 맵다' 그랬어요. 그게 미국인 입에 안 맵겄어요? 매웠겠죠 (웃음)."

팀 원버그가 한국어를 자유자재로 구사하고 비빔냉면을 좋아했다는 점은 한국에 대한 그의 마음을 짐작하게 한다. 그가 애청했던 밥 딜런의 명곡은 그의 운명을 예감케 하는 동시에 기사 구성상 중요한 요소로 기능하게 된다.

당시, 광주 중심가는 혼란의 도가니였지만, 이홍철 DJ와 원버그는 운명처럼 우연히 여러 번 만났다. 기사는 이렇게 이어진다.

1980년 5월 초, 금남로와 충장로는 시위대로 들끓었다. 팀은 한동안 음악감상실을 찾지 못했고, 두 사람은 5·18 도중인 5월 23일 옛 전남도청 인근에서 마주쳤다. 계엄군이 광주 외곽으로 물러나 시민군이 도청을 지키고 있던 시점이었다. DJ여서 방송장비를 다룰 수 있었던 이 씨는 당시 가두방송 차량에 탑승해 있었고, 24일엔 팀을 태우고 광주 외곽을 돌기도 했다. (중략)

"5월 23일 도청 근처, 옛날 수협 자리(현 천하주차장)에서 팀을 봤죠. 한 보름 만에 봤을 겁니다. 글고 다음 날 오전에 우연히 도청 앞에서 또 만났어요. 광주 외곽 상황을 궁금해하드만요. 차에 태워 갖고 지원동, 백운동, 농성동으로 해서 운암동 근처까지 돌았죠. 외곽 상황을 본께 많이 놀라드만요. '사람 많이 죽었냐'고 물어봐서 '많이 죽었다'고 대답했던 기억이 있습니다."

그날 저녁, 이 씨는 팀의 손에 이끌려 외신기자들을 만나기도 했다. 이후 헤어진 두 사람은 지금까지 한 번도 만나지 못했다.

"그날 오후에 비가 왔어요. 조르륵조르륵 내리는 보슬비였는디 정말 소름 끼치는 비였죠. 나는 주로 가두방송을 다니다가 도청에 와서는 상황실에 있었거든요? 근디 팀 이 양반이 거기로 찾아온 거예요. 오후 7시 30분이나 됐을라나. 약간 어두컴컴해졌을 땐께. 그땐 광주 사람들이 외국인들을 신뢰했거든요. 도청 입구에서 저를 찾는다고 한께 들여보내준 모양이드라고요.

할 이야기가 있다믄서 밖으로 부르드만 어딜 같이 좀 가자 그래요. 왠지 모르게 겁이 나긴 했는디 그래도 따라나섰죠. 도청 별관 옆으로 나가서 뭔 여관 2층으로 들어갔는디 거기에 외신기자 6명이 있었어요. 팀이 '저 사람들 궁금해하는 것 좀 설명해 달라'고 그런께 '알겠다'고 했죠. 근디 사진을 찍을라 글드만요. 그래서 '지금 다들 얼굴 가리고 다니는 판에 뭔 사진을 찍는다요' 하믄서 나와블라고 했어요.

팀이 저를 겨우 안정시키고, 좀 이따가 기자들이 뭘 막 물어보대요. 팀이 다 통역하고요. '앞으로 어떻게 상황이 진행될 거 같냐', '복면을 한 이유가 무엇이냐' 이런 걸 묻드만요. 앞으로의 상황에 대해선 '나는 잘 모르겠다'고 했어요. 글고 '나중에 추적당해서 잡혀블믄 누가 감당할 수 있겠냐'고 복면을 쓴 이유에 대해서 설명했죠. 그때 헬기가 돌아다녔는디, 걱서 영상을 찍어블믄 개미 새끼 한 마리까지도 다 찍힌다는 소문이 있었은께요. 기자들도 공감했어요. 글고 인터뷰 마치고 여관 밖으로 나온 것이 팀이랑은 마지막이었어요." (중략)

소중한 기자가 만난 또 다른 취재원은 앞에 소개한 원버그의 논문과 연관된다. 1987년에 하와이대학의 한국학 학술지 「Korean Studies」에 실린 이 논문에 원버그는 5월 18일부터 27일까지 광주에서 경험했던 일을 꼼꼼히 기록했으며 당시 대한민국의 시대상, 언론 보도, 정부 발표도 분석해 '정부의 과잉진압'을 5·18의 원인으로 진단했다. 그러면서 정치세력과 불순세력의 사주와 헛소문에 의해 광주 시민이 선동당했다는 주장은 "완벽히 잘못됐다"고 지적했다. 원버그는 논문을 쓰는 데 도움을 얻기 위해 5·18 이후에도 광주와 인근 지역에서 근무했던 평화봉사단원 여러 명을 만났는데, 이들 역시 5·18의 한복판에 있었다. 소중한 기자는 그들 중 4명을 인터뷰했다. 기사에 적힌 그들의 증언은 원버그의 인품을 추측하기에 부족함이 없다.

영암보건소에 있었던 데이비드 돌린저(David Dolinger)는 (중략) "팀은 온화하고 친절한 영혼이었어요. 그는 자신의 몸을 이용해 군대가 쫓고 있는 한국 젊은이들을 보호했습니다. 그가 다른 사람들과 작은 가게로 가게 됐을 때, 한 병사가 젊은 한국인들을 때리기 시작했고 그는 그 군인과 한국인들 사이에 몸을 놓고 멈추라고 외쳤습니다."

나주 호혜원(한센인 집단 거주지)에서 근무했던 폴 코트라이트 역시 비슷한 기억을 갖고 있다. 그 역시 광주의 참상을 생생히 목격했다. 그는 "팀은 좋은 친구였다. 한국어 실력이 뛰어나 우리 마을에서 나를 두어 번 도와줬다"라며 "(5·18 때엔) 부상자를 병원으로 옮기고, (시민들이) 구타를 당하지 않도록 보호했으며, 외신기자를 위해 통역하는 등 광주시민을 도왔다"라고 말했다. 그는

5·18 40주년을 맞아 『5·18 푸른 눈의 증인』이란 제목의 회고록(영문판 제목은 『Witnessing Gwangju』)을 발간했는데, 이 책에도 팀의 이야기가 곳곳에 담겨 있다.

"(다른 평화봉사단원이었던) 에릭은 잠시 천장을 응시하다가 말을 이어갔다. (중략) '팀과 나는 부상당한 학생들을 가게 밖으로 데리고 나왔어. 그 뒤로 우리는 몇 시간 동안 부상자들을 병원으로 실어 날랐어. 죽은 학생들도 봤어! 군인들은 사람들을 마구 연행해 가고, 지옥이 따로 없었어.' 에릭은 말을 멈추더니 안경을 벗었다. 나는 놀라서 입이 반쯤 벌어졌다."

이러다 보니 광주시민을 돕던 팀 역시 계엄군에게 고초를 당한 것으로 보인다. 그는 앞서 소개한 논문에 "(5월 19일) 군인 한 명이 중년 여성의 10대 아들을 연행하려고 했다. 나는 그 군인에게 다가갔고 진압봉으로 얼굴을 한 대 맞고 난 뒤에 그 아이를 놓으라고 군인을 설득할 수 있었다"라고 썼다. 그와 함께 들 것으로 환자를 이송했던 노병유 기자도 "입술 있는 데가 터져서 피를 흘리고 있었다"라고 증언한 것을 보면, 당시 팀이 항쟁의 복판에서 얼마나 적극적으로 움직였는지 추측해 볼 수 있다.

목포를 거쳐 당시 경기도 안양에서 근무하던 빌 에이머스(Bill Amos)는 5·18 직후 서울에서 만났던 팀의 모습을 떠올렸다. 1999년 5·18을 다룬 최초의 외국 소설 『시드 오브 조이(The Seed of Joy)』를 쓴 그는 "우리는 (5·18 직후 서울의) 평화봉사단 사무실에서 만났고 저녁을 먹으며 팀에게 광주에서 무슨 일이 있었는지 들었다"라며 "그에게 들은 군의 잔혹함에 소름이 돋았다. 당시의 대화는 5·18에 대해 더 많은 것을 알아내려는 나의 관심을 일깨워 결국 내 소설로 이어졌다"라고 말했다.

팀이 5·18 직후 서울에 간 이유는 주한미대사관에 광주의 진실을 알리기 위해서였다. 데이비드 돌린저는 "팀과 나는 5월 30일 대사관을 찾아갔는데 (대사와의 만남을) 거절당했다"라며 "대사관 관계자는 '광주에서 일어난 모든 일에 대해 알고 있고 당신들의 증언이 필요하지 않다'고 말했다. 우리는 그에게 우리의 보고서를 가져가라고 강요했다"라고 떠올렸다.

캐나다 브리티시컬럼비아대학 아시아학과 교수인 도널드 베이커(Donald Baker)는 "개인적으로 팀을 알지 못하지만 우리 둘 다 광주에서 평화봉사단으로 있었단 사실 때문에 그의 존재는 알고 있다"며 "그의 논문은 광주의 비극에 대한 최초의 영어 보고서였기 때문에 우리는 모두 그에게 빚을 지고 있다"라고 말했다. 1971-1974년 광주에서 근무하다 1980년엔 박사학위 논문을 준비하며 서울에 머물고 있었던 그는 "(팀이 논문을 낸) 1987년에 광주를 말하는 것은 여전히 어려웠으며 팀의 논문은 진실을 밝히기 위한 최초의 학문적 시도였다"라고 강조하기도 했다. (중략)

팀 원버그는 39세인 1993년 지병으로 사망했다. 이 사실을 알게 된 사람들은, 한국인이든 미국인이든 모두 안타까워했다. "돌아가셨다고요? 아이고, 참 안됐네요. 가끔 '그 사람 한번 보고 싶다' 생각했는디 참 안됐네. 정말 한국을 사랑한 사람 같았거든요. 최루탄 난무하던 금남로에서, 한국인들도 사람 구해올 용기 못 냈어요. 한국인보다 더 한국인을 사랑했던 사람인디…." 기사에 적힌 노병유 차장의 코멘트다.

1, 2회 합쳐서 75.4매의 장문인 이 기사는 밥 딜런의 명곡으로 끝난다. 이 노래는 1회 기사의 마지막에 이홍철 DJ가 등장하여 원버그를 회상하는 용도로 활용됐다. 1회의 마지막과 2회의 마지막에 똑같은 정보를 사용하여 독자에게 강한 인상을 남기고자 했다. 다음은 기사 원문 그대로다.

> 팀이 음악감상실에서 자주 신청했다던 밥 딜런의 '블로잉 인 더 윈드(Blowin' In The Wind)'엔 이런 가사가 담겨 있다. 1962년 세상에 나온 이 노래는 지금은 이 세상에 없는 팀의 '5월 광주'를 향한 메시지 같기도 하다.
> How many times must a man look up before he can see the sky?
> 얼마나 자주 위를 올려다봐야 한 인간은 비로소 하늘을 볼 수 있을까?

How many ears must one man have before he can hear people fly?

얼마나 많은 귀가 있어야 한 인간은 사람들 울음소리 들을 수 있을까?

How many deaths will it takes till he knows that too many people have died?

얼마나 많은 죽음을 겪어야 한 인간은 너무나도 많은 사람이 죽어 버렸다는 걸 알 수 있을까?

The answer, my friend, is blowin in the wind. The answer is blowin in the wind.

친구여, 그 대답은 바람 속에 불어오고 있지. 대답은 불어오는 바람 속에 있네.

이 기사는 미스터리 느낌의 인물 추적기다. 호기심을 유발하는 리드, 1~2회의 연속극 구성, 1회의 마지막에 2회로의 연결고리 배치, 인물을 상징하는 노래 가사로 기사 마지막 처리 등 여러 면에서 훌륭한 글쓰기를 보여 줬다. 소중한 기자는 이 기사의 취재에 6개월 정도 썼으며 글쓰기는 2일 만에 완료했다고 말했다.[52] 소 기자는 실제 기사 작성 시간을 줄이기 위해 취재 중간중간에 떠오른 키워드 및 문장에 대한 아이디어를 자주 기록해 둔다고 했다.

소중한 기자는 광주 출신이어서 5·18과 관련한 기획을 도맡았다. 하지만, 항상 '어떻게 전달할까?'가 고민이었다. 위 기사의 경우에는 사진이 찍힌 위치와 건물을 찾는 데도 애를 먹었는데, 이런 과정을 그대로 보여 주면 독자가 기사를 재미있게 읽을 것 같았다. 그가 유달리 글쓰기에 신경을 쓰게 된 데는 계기가 있었다. 그는 2013년 〈오마이뉴스〉에 입사하고 이듬해인 2014년에 세월호 실종자 가족을 보도하면서 기존의 기사 구조와 작법은 그들의 슬픔을 담아내기에 역부족임을 실감했다. 미디어 환경 변화도 하나의 계기인데, 〈오마이

---

[52] 2024년 8월 15일 소중한 기자와 인터뷰에서 얻은 내용.

뉴스〉는 2000년 창간 당시만 해도 실시간 보도의 최선두 주자였지만, 2010년대는 모든 매체가 실시간 보도를 잘해서 〈오마이뉴스〉로서는 새 길을 찾아야 했다. 소 기자는 새로운 기사 작법이 대안이라고 생각했다. 그래서 「시사IN」 남문희 기자나 「한겨레21」 안수찬 기자(현 세명대 교수)의 과거 기사를 보면서 혼자 글쓰기를 공부했다.

"수많은 언론이 매일 그 수를 헤아리기조차 힘들 정도로 기사를 쏟아 내는 상황에서 언론 소비자들은 하루하루 '풍요 속 빈곤'을 느끼고 있을 것입니다. '조금이라도 다르게 쓰자'를 기준으로 삼은 것도 이 때문입니다. 후배들에게도 한 문장이라도 다르게 쓸 수 있도록 노력하라고 주문합니다." 스트레이트 문법에 갇히지 말자, 기존 문법을 깨트리자! 그의 지론인 '다르게 쓰자'는 미국 언론의 글쓰기 원칙이기도 하다(이샘물·박재영, 2020).

소중한 기자는 대학 학보사에서 기자 적성을 확인한 다음에 〈오마이뉴스〉 인턴기자로 들어갔다가 정식 기자가 되었다. 10여 년 동안 희로애락(喜怒哀樂) 중 노와 애를 주로 다루었으므로 이제 희와 락을 보도하고 싶다고 했다.

11. 다큐멘터리

정주영(1915-2001)의 업적을 파악하는 것은 하나의 큰 연구과제가 될 정도로 방대한 작업이다. 줄이고 줄여서 몇 개만 말하라고 하면, 대개 초대형 업적 4개를 든다. 1968-1970년 경부고속도로 완공, 1967년 현대자동차 설립과 1976년 순수 국산 자동차 1호 포니 생산, 1971-1972년 유조선 2척 수주 및 미포 현대조선소 건설, 1974년 중동 건설시장 진출. 그런데 세 번째 업적에서 일의 순서상 이상한 점이 발견된다. 유조선을 수주한 다음에 조선소를 건설했다는 점인데, 조선소도 없는데 어떻게 먼저 유조선을 수주할 수 있었는지 궁금하다.

유조선을 만들어 달라고 요청하는 사람이 유조선을 만들 공장도 없는 사람에게, 더구나 배 자체를 만들어 본 적 없는 사람에게 어떻게 일을 맡길 수 있었을까? 통통배라면 몰라도 유조선을…. 결론부터 말하면, 정주영은 누가 봐도 불가능했던 그 일을 해냈다. 그래서 이 업적이 그간에 유독 많이 회자했다. 당시에도 그랬고, 지금도 정주영을 다룬 글에 빠짐없이 등장한다. 어떤 글은 이 업적의 개요만 설명했으며 다른 글은 에피소드를 섞어서 제법 자세하게 소개했다. 하지만, 모두 그리 인상적이지 않다. 당시 상황은, 직접 보지 못해서 자신 있게 말할 수 없지만, 정주영의 캐릭터상 상당히 극적이었을 것이다. 그랬을 것으로 기대하고 싶은 마음도 있다. 반갑게도, 이런 기대에 부응하는 기사가 〈경향신문〉에 보도됐다. 이 업적 10년 후인 1982년에 나온 기사다.

정주영이 유조선을 수주한 후에야 조선소를 건설할 수밖에 없었던 데는 이유가 있었다. 조선업 쪽으로 사업 확장을 꾀하던 정주영은 조선소를 짓기 위해 차관을 알아보다가 영국 버클레이은행에서 금융 지원을 약속받았다. 버클레이은행은 정주영이 돈을 갚지 못할 때를 대비하여 보증을 요구했는데, 그게 영국 수출보험국의 승인이었다. 그런데 영국 수출보험국은 앞으로 정주영이 만들 배를 사 주겠다는 사람이 있음을 증빙해야 보증을 서 줄 수 있다고 고집했다. 그 바람에 정주영은 조선소도 없는 상태에서 자기가 만들 배를 팔러 다녀야 하는 기묘한 처지에 놓였다. 다행히 정주영은 그런 도박성 구매를 할 수 있는 사람으로 그리스 선박왕 리바노스를 찾아냈다. 이제 그의 운명은 온전히 리바노스의 손에 달렸다. 정주영은 리바노스를 만나러 눈 덮인 알프스의 생모리츠로 들어갔다. 〈경향신문〉 기사는 바로 이 장면에서 시작한다. '티저 예고' 장면이기도 하다.

> 그해 겨울은 유난히도 악천후가 잦았다. 71년 12월 스위스의 산악지대도 예외는 아니었다. 세계의 영봉 몽블랑으로 가는 기지 산모리츠는 온통 폭설과 강풍에 휘말려 있었다.

그날의 천기는 어쩌면 험난했던 지난 수개월 고난에 찼던 나날을 한 사업가에게 응집시켜 주는 종장(終章)의 의미일 수도 있었지만 대야망을 위한 마지막 한판 승부에서 어떤 패배를 안겨 줄지도 모른다는 불안한 예감일 수도 있었다. 적어도 이날 눈보라 속을 헤쳐 나가는 한 대의 승용차 속의 정주영(鄭周永)에게는 그러했다.

이제 수십 분 후에 만날 그리스인 선주(船主) 리바노스. 불모의 땅에 대단위 조선소를 건립한다는 야심찬 이 사업가의 계획이 발진(發進)될 수 있느냐 아니면 한낱 물거품이 되느냐는 이제 그와 산모리츠 산장에서 가질 이 마지막 담판이 좌우하게 되어 있었다. 물론 지난 수개월간의 국제금융계를 공략한 '런던작전'은 완벽했다.

검은 가방 속의 스코트리스코의 선박 도면도 1급이다. 그러나 협상물건은 간단한 것이 아니었다. 25만 9천t 급의 VLCC 시스터 십(쌍둥이 배로, 같은 모델로 된 2척의 유조선)으로 한꺼번에 2척이 걸린 것이다.

자그마치 선가는 척당 싯가 3,600만 달러선, 도합 7천만 달러 이상의 대수주 상담이다. 더욱이 상대는 국제 비지니스계의 혈기방자한 40대 거물. 리바노스의 심리적 변화와 계략은 전혀 의외의 방향과 결과를 가져올지도 모른다.

—무명의 정주영 수주·차관 '두 개의 바늘구멍' 뚫은 알프스 산장의 한판.
〈경향신문〉 1982.3.8. 특별취재반

기사는 정주영과 리바노스의 만남에 잔뜩 의미를 부여했다. 마지막 문장을 개방형으로 처리하여 독자의 기대감을 높이고 그다음 문장을 읽도록 유도했다. 이렇게까지 해 놓고 곧바로 만남의 결과를 알려 주면 싱거울 것이다. 독자는 리바노스가 어떤 사람인지 좀 더 잘 알아야 한다. 그래서 기사는 그의 집안과 비즈니스 원칙, 정주영을 대하는 전략을 소개한다.

리바노스가(家)는 1세기 가까이 해운업을 경영해 온 세계 유명 조선소의 대고객이다. 그 뿌리와 위세는 한때 선박왕 오나시스를 능가하는 면마저 있었다.

영국계의 그리스인인 리바노스의 부친 스타브러스 리바노스는 젊은 시절 형제들과 뱃사람 노릇을 했을 정도의 정열적인 데가 있는가 하면 비즈니스의 중요한 일은 절대로 남에게 가르쳐 주지 않는 비밀주의자의 또 다른 일면도 갖고 있었던 인물이다. 그는 뉴욕 플라자호텔에서 생활하며 인생에서 세 가지 관심만 갖고 있었다.

사업, 아내, 그리고 자식들에 관한 것이다. 20년 연하의 매력적이고 사교적인 부인 알레트 저피칼스와의 사이에는 제니와 티너의 두 딸이 있고 가업을 물려받은 2세인 요르거스 리바노스는 외동아들이자 막내이다. 긴 안목으로 친구인 오나시스를 관찰해 왔던 부친 스타브러스 리바노스는 딸 티너를 오나시스에게 출가시켰다. 그러니까 정주영의 상담 카운터파트너인 리바노스는 오나시스의 친처남이다. 그는 부친이 별세한 이후 리바노스가를 이끌며 휘하 선단을 확장 중이었다.

이윽고 차는 그리스인 선주의 별장에 섰다. 우선 별장의 규모가 압도해 왔다. 근처에 있는 샤한 샤 이란 왕의 별장보다도 더 컸다. 휘황한 샹들리에와 고풍의 가구들. 유럽의 고성을 방불케 하는 별장이었다. 정중히 손님을 맞는 리바노스는 전혀 다른 비즈니스 세계에서 살아온 국제인의 풍모를 엿보이게 하고 있었다. 하긴 그는 국적이 그리스이지 런던, 파리, 뉴욕이 그의 본거지이며, 비밀 상담은 모두 이 산모리츠의 산장에서 이루곤 해 왔다. 어떤 면에서 선대(先代)의 비밀주의가 그에게 유산된 것이리라.

대선주 리바노스와 무명의 동양인 건설업자 정주영은 벽난로의 불빛을 바라보며 스카치잔을 기울였다. 그리고 서로의 눈빛을 보았다. 목적은 뚜렷했다. 서로의 숨겨진 카드를 읽는 것이다. 선주인 리바노스는 두 가지를 생각했다. 하나는 될 수 있는 대로 가격을 후려치는 것이고, 다른 하나는 과거 '미쓰비시(三菱)에서의 성공'이 이 눈앞에 있는 1m 75cm 키에 건장하고 소박한 인상을 주는 동양인 기업가의 손에 의해 재현될 수 있을 것인가의 여부를 재빨리 판단 내리는 일이었다.
　리바노스는 미쓰비시가 조선에 손을 댔을 때 첫 배를 세계적 선주가 사 준다는 무형의 프리미엄을 대가로 당시 선가보다 훨씬 싼 값으로 배를 사들일 수 있었던 선대의 일을 기억하고 있었다.

독자가 이 협상을 지켜볼 준비는 이것으로도 충분치 않다. 독자는 이 협상에 선행했던 두 가지 관건을 알아야 지금 정주영이 어떤 지경에 처했는지 이해할 수 있다. 이어지는 부분에서 기사는 그 점을 독자에게 환기해 줄 것이다.
　여기까지가 200자 원고지 10매 분량으로, 전체의 꼭 1/4이다. 기사는 아직 갈 길이 멀다. 기자는 신문에서는 이례적으로 긴 기사를 쓰면서 독자가 글에서 이탈하지 않도록 가장 신경 썼을 것이다. 다행히 독자가 사건을 이해하는 데 많은 정보가 필요했으므로 기자는 그것을 활용하여 멍석을 깔고 뜸을 들이면서 천천히 그러나 독자의 발목을 꽉 붙잡고 이야기를 전진시킨다. 사건의 결과를, 이야기의 핵심을 아껴 두면서 어떻게 글을 이어가는지를 보는 것은 이 기사의 또 다른 묘미다.

> 신참 조선소는 사실 최초의 선박 수주가 중요한 관건을 쥐고 있다. '누구로부터 몇 톤급의 배를 발주 받았느냐'가 매우 중대한 의미를 지닌다. 그 정보 자체가 국제금융계의 여신과 지급보증은 물론 다음 수주 상담, 그리고 조선소의 장래까지 지대한 영향을 미치기 때문이다.
> 　물론 리바노스는 영국의 버클레이은행이 이 현다이(現代)라는 무명의 기업에 신뢰감을 주고 있으며, 까다롭기 이를 데 없는 영국수출보험국인 ECGD(Export Credit Guaranty Department)조차 어떤 제동도 걸 의사를 갖고 있지 않고 있다는 정보를 이미 입수하고 있었다. 그러나 앞에 앉은 사업가의 그러한 일련의 유리한 상황은 자신이 오늘 이 자리에서 25만 9천t의 VLCC 2척을

계약하느냐 여부가 키를 쥐고 있음 또한 간파하고 있었다. 선박왕 리바노스의 수주가 없으면 버클레이도, ECGD도 돈을 현대에 내어줄 수도, 보증을 서 줄 수도 없다는 사실은, 그러나 리바노스보다도 정주영이 더 잘 알고 있었으며 지금 당장은 그에게 있어 계약의 내용이 문제가 아니었다. 수부 여주가 전부였다.

 그것은 절박한 상황이었다. 지난 수개월의 '런던공략'에서 조선소 건립을 위한 금융단의 지원과 ECGD의 지급보증에 관해서는 하나의 가설적 결론이 정주영에게 이미 내려져 있었기 때문이다.

위의 마지막 문장은 그다음 상황으로 문맥을 이어 주는 연결고리다. 이제 기사는 아래에서 보듯이 두 가지 전제 즉, 금융단(버클레이은행)의 지원과 ECGD의 지급보증(영국 수출보험국의 승인)을 독자에게 풀어 놓는다. 이 부분은 독자에게 사건의 배경을 설명하는 동시에 정주영의 인품을 알려 주는 두 가지 목적을 지닌다. 먼저 버클레이은행에서 차관을 얻어 내는 장면을 그리기 위해 시점을 과거로 돌린다.

> 그 가설적 결론이 내려진 것은 수개월 전의 어느 날이었다. 금융 교섭을 위해 문이 닳도록 드나들었던 런던의 버클레이은행에서 런던지사로 한 통의 전화가 걸려 왔다. "내주 월요일 해외 담당 부총재께서 정 회장과 점심 약속을 했으면 하십니다." 비서의 전갈은 지극히 사무적이었다.
>
> '드디어 면접시험 날이 왔구나.' 정주영(鄭周永)은 내심 긴장했다. 세계의 금융센터라고 하지만 런던의 은행계는 짙은 보수성과 고집스러운 원칙주의가 지배하고 있는 곳이다. 낯모를 사업가가 신규 차관 신청서 하나를 접수시키는 경우 종횡의 정보 분석과 현지답사 그리고 수차례의 이사회를 거치고도 결론은 일단 유보되는 게 관례이다. 그리고 그러한 모든 과정에서 신참 고객과는 이른바 동양식의 막후 접촉이나 정치적 해결을 금기(禁忌)한다.
>
> 천신만고 끝에 차관은행의 승인을 받는다손 치더라도 또 한고비가 남는다.

〈그림 8〉 무명의 정주영 수주·차관 '두 개의 바늘구멍' 뚫은 알프스 산장의 한판. 〈경향신문〉 1982.3.8.

수출대전이나 신용공여를 보증하는 기관인 수출보험국의 승인을 얻어 내야 한다. 빚을 못 갚을 때까지 배려해서 보증인까지 세워야 돈을 꿀 수 있는 것이다. 그런데 이 ECGD는 개인사업가의 경우 직접 접근엔 '금단지역'으로 돼 있다. 정부기관인 이곳의 모든 의사결정은 신용공여 은행의 사업 타당성에 대한 승인과 정치적 안정, 경제적 장래성을 토대로 작성되어 있는 '국가별 신용도'에만 따를 뿐이다.

돈 꾸는 사람과는 삼각의 관계만 유지한다. 그러니까 그날 현대 런던지사에 걸려 온 한 통의 전화는 '낙타에게 열린 두 개의 바늘구멍 중 하나'와 마찬가지였다.

약속된 월요일. 버클레이의 해외 담당 부총재는 자리에 앉자마자 대뜸 질문을 던졌다.

"정 회장. 당신의 전공이 무엇인지 알고 싶습니다. 이공 분야입니까, 상경 분야입니까?" 그에게는 약간 난처한 질문이었다. 영국인의 우아한 품위와 격식을 차리자는 의례적인 질문인가, 아니면 이 오찬에서 정주영이라는 고객을 저울질해 보자는 것인가.

그러나 그런 계산에 의한 직설적 답변은 분위기를 딴 방향으로 이끌어가는 수가 많은 게 국제 비즈니스다. '여기서는 지적 대화나 전문적인 얘기가 아무런 도움도 줄 수 없다. 임기응변의 재치가 필요하다. 그리고 영국인은 유머감각이 뛰어나다고 하지 않는가. 상대의 눈빛과 표정은 이미 이쪽으로 기울어 있다.' 그는 결론을 내렸다.

"바이스 프레지던트, 당신은 우리가 귀 은행에 제출한 사업계획서를 보았는가?"

"물론 면밀히 검토해 보았다. 사업계획서는 아주 훌륭한 것이었다." 그것은 예상했던 답변이었다. 조선소의 배치도는 저명한 자기 나라의 A&P 애플도어가 설계한 것이고, 이 컨설턴트 회사의 롱바톰 회장은 이곳 재계에서 무시 못할 인물이다. 문제가 있다는 답변을 한다는 건 영국 조선컨설턴트의 기술을 스스로 깎아내리고 롱바톰 회장의 비위를 거스르는 결과나 마찬가지이다.

"내 전공은 바로 그 사업계획이다. 어제는 옥스퍼드 대학엘 갔다. 당신 할아버지 손때가 묻은 책상하며 아주 훌륭한 전통이 있는 대학인데다가 사람을 알아주는 예의도 갖추는 데 감명 받았다."

"무슨 얘긴가?"

"나에게 경영학 박사학위를 주었다. 그러니까 당신이 검토한 사업계획서는 옥스퍼드 박사의 작품인 거나 마찬가지다."

"그게 사실인가?"

"사실일 수도 있고 유머일 수도 있다."

이때 동석했던 사람이 재치를 부렸다.

"부총재, 사실은 나도 어제 옥스퍼드에서 박사학위를 받았다. 그런데 박사도 등수가 있는지 내가 1등이고 정 회장은 2등으로 받았다."

'옥스퍼드 유머'는 좌중을 웃음바다로 만들면서 분위기를 싹 바꾸어 놓았다.

"미스터 정, 당신의 전공은 아마 유머 같다. 우리 은행은 당신의 유머와 함께 사업계획서를 ECGD로 일단 보내겠다. 행운을 빈다." 그날의 오찬은 첫 번째 관문을 통과한 것이라고 정주영은 생각했다. 이제 남은 것은 두 번째 바늘구멍이다. ECGD를 설득하는 문제가 남은 것이다. ECGD의 담당국장 존 코긴즈와 면담이 이루어진 것은 그로부터 며칠 후였다.

역시 정주영은 거인이었다. 절체절명의 위기에 처했으면서도 여유를 풍기며 유머로 상대방을 무장 해제시켰다. 정주영과 버클레이은행 부총재의 대화 부분은 소설이나 영화의 한 장면을 연상케 할 정도로 생동감 넘친다. 이것을 정주영의 직접 인용구로 풀었다면, 자기 자랑 같아서 독자로서는 싱겁고 부담스러웠을 것이다. 이제 두 번째 관건을 소개해야 하는데, 위의 마지막 문장이 그것을 예고하는 연결고리다. 위에서도 이런 연결 문장을 보았다. 글은 길든 짧든 끊김이 없이 하나로 이어져서 독자가 전체를 쭉 읽을 수 있어야 한다. 그러려면 문장 간 연결, 문단 간 연결, 문맥 간 연결이 필수다. 이 기사는 그런 연결성의 진수라 할 수 있다. 이제 기사는 영국 수출보험국 쪽으로 넘어가서 정주영이 어떻게 이 보수적이고 폐쇄적인 기관을 뚫었는지 보여 준다.

> 정부기관인 수출보험국은 관례적으로 차주(借主)나 신용을 공여받는 사업가를 1대1로 만나는 일이 거의 없는데, 그 관례를 깨뜨리고 직접 면담을 제의해 온 것이다.
> 　여기에는 버클레이은행의 베네트 부장의 역할이 컸다. 아주 엄격한 뱅커인 베네트는 초창기 버클레이와 접촉할 때 「점심식사라도 하자」고 제의하면, 으레 대답은 '나 바쁘다'였다. 그래도 당시 런던지사 담당 정희영 이사는 집요하게 베네트 부장을 물고 늘어졌다. 공식 접촉의 기회가 가까스로 마련되기만 하면 한국의 성장잠재력과 조선사업의 매리트를 역설했다.
> 　드디어 베네트 부장을 은행 밖으로 끌어내는 데 성공했다. 경부고속도로를 갖은 난관 끝에 뚫은 얘기며, 정주영이라는 인물의 집념, 국가적 발전 의욕, 풍부하고 질 좋은 노동력 등 입이 닳도록 설득했다. 그리고는 술집으로 잡아끌었다. 우선 인간관계의 밀착이 필요했던 것이다. 베네트는 조금씩 움직이기 시작했다. '이젠 한국으로 베네트를 끌어내자.' 정 이사는 그와 만난 지 6개월 만에 '의기투합'의 기회를 가질 수 있었다.
> 　베네트는 한국행을 허락한 것이다. S각에서 있었던 한국식의 파티는 이 보수적 뱅커를 동양적 향수에 젖게까지 했다는 게 후일담이다.
> 　어떻든 베네트는 ECGD의 관문을 뚫어 주었다. 수문장처럼 버티고 앉아 이 기관에 접근하는 기업가들을 차단시키는 역할을 하고 있던 비서과장 미스 벨의 변화에서 이미 그런 증좌가 나타나기 시작했다. 현대 런던지사의 사람들이 얼굴을 내밀면 말도 못 붙여 보게 쌀쌀했던 올드미스 벨은 현대 사람들이 찾아가면 '노'밖에 말할 줄 모르던 때와는 달리 차차 농담도 걸어오고 한결 상냥해졌다.

정주영이 ECGD를 방문했을 때 코긴즈 국장은 버클레이의 서류를 검토하고 있었다.

"미스터 정. 우리는 귀사의 조선소 건립을 위한 사업계획에 이의가 없소. 영국 일류 은행의 차관, 우수한 기술진과 창업자의 능력에도 문제는 일단 없는 걸로 봅니다. 그러나 한 가지 의문이 있습니다. 계획서에 따르면 배를 팔아 원금과 이자를 갚는다고 했는데, 만약 당신이 선주라고 가정합시다. 한 번도 배를 만들어 보지도 않은, 그것도 이제 매립을 시작해 부지나 확보하고 있는 그런 조선소에 배를 발주하시겠소, 안 하시겠소." 처음부터 대담의 문은 좁혀져 가고 있다고 정주영은 생각했다.

"선주들의 보편적인 답은 아마 「노」일 것이오. 그것은 우리 기관이나 버클레이의 입장에서 볼 때 바로 원금과 이자를 받을 수 없다는 얘기와 통합니다. 우리는 당신의 수완과 정열은 인정합니다. 그러나 하나의 확신을 우리에게 제공하기 바랍니다. 당신의 조선소에서 배를 살 사람이 있다는 사실이 바로 그것입니다."

'배를 살 사람이 있다면… 지원한다.' 이 ECGD의 가설적 결론은 '여기서 끝'이라는 좌절감을 정주영에게 안겨 주었다. '한두 푼짜리도 아니고 척당 수천만 달러짜리 배를 사 둘 땅도 없고 소나무 몇 그루만 있는 백사장만이 피사(被寫)된 사진 한 장과 설계도면만을 들고 어디 가서 살 사람을 구한단 말인가.'

그러나 여기서 좌절할 수는 없다고 그는 생각했다.

두 가지 관건이 해결되었으므로 이제는 막바지다. 위의 마지막 문장은 또다시 연결고리가 되어 정주영이 이 난제를 어떻게 해결했는지를 예고한다.

'선주를 잡아라!' 런던지사로 돌아온 그의 비상명령은 거의 강압적이었다. 그것은 또한 자신에게 부르짖은 다급한 행동 결단의 방향이기도 했다. 우선 머리에 떠오른 인물은 울산조선소의 배치도를 제작해 준 애플도어의 롱바톰 회장이었다. 그리고 그의 부인이 그리스인이라는 얘기를 들었던 것을 기억해 냈다.

'그리스인은 국제 비즈니스계에서 선주와 같은 의미가 아닌가. 롱바톰 부인은 명문가 출신. 몇 사람의 명문가에 의해 과점체제에 있는 그리스 선단(船團) 어디에서인가 구원자를 찾아낼 수 있을 것이다.'

예상은 적중했다. 그리스 선단의 장로 격인 스타브러스 리바노스가 죽은 후 이 가문을 이끌고 있는 그 아들 요르거스 리바노스가 값싼 배를 구하고 있다는 정보를 얻어 내었던 것이다.

기억하겠지만, 앞서 기사는 정주영이 리바노스를 만나려고 알프스 생모리츠 별장으로 달려가는 '티저 예고' 장면으로 시작했다. 두 사람의 담판을 보여 주려면 기사는 예고했던 티저 장면으로 돌아와야 한다. 리바노스가 어떤 조건을 내걸었을지, 정주영은 어떻게 그리고 왜 조건을 수락했을지 궁금하다.

산모리츠의 산장은 따사롭고 조용했다. 임기응변의 기지가 풍부하며 완전주의를 모토로 하는 리바노스는 스코트리스코가 제도한 25만 9천t의 VLCC를 찬찬히 들여다보고 있었다.

"미스터 정. 나는 어쩌면 하나의 도박을 하는 것인지도 모르오. 그러나 나는 우리의 상담을 성사시키기로 결심했소. 가격은 척당 3,095만 달러. 선박 인도 날짜는 2년 후, 조건 불이행 때는 원리금을 갚을 것, 이상입니다."

"좋습니다. 그러나 우리는 불리한 조건 때문에 오는 불이익이 있소. 국제선가(船價)는 지금 당신이 결정한 것보다 16%나 높다는 것을 우리는 알고 있습니다."

16%의 덤핑 없이 이 큰 고기를 낚을 수가 있겠는가 그는 재빨리 생각했다. 사실이 그러했다. 그리스는 수백 년 전부터 해운업을 하고 있으나 20~30년 전까지만 해도 중고선들이 주력 선단이었다.

거대한 상선대는 7대양을 누비고 있으나 스칸디나비아 제국의 신조선단(新造船團)에 밀리고 그들 국가들이 누리는 장기 저리의 차관에 약했다. 따라서 그들(그리스 선주들)은 신조선을 보다 값싸게 사들이는 것이 하나의 당면 전략으로 다급한 과제가 되어 있었다. 리바노스가 정주영의 조선소에 도박을 건 것도 따지고 보면 저렴한 가격이라는 나름대로의 계산 때문이었다.

물론 정주영도 나름대로의 계산은 있었다. 그것은 공기 단축과 금융에 대한 착안이었다. 그는 경영 일선에서 그가 지휘했던 모든 공사가 그러했듯이 공기를 단축시키고 그로부터 오는 무형의 이익들을 합산하면 예상치를 상회하는 성과가 결산된다는 것을 체험적으로 터득하고 있었다.

통상적인 경영인들이 원가계산에 몰두하여 의사결정을 내리는 데 주저하는 것과 비교해 그의 경영 산술은 특이한 데가 있었던 것이다.

물론 가격 문제를 놓고 그동안 막후 접촉이 없었던 것은 아니었다. 그러나 그 협상기간이 길어질수록 사업은 정체되고 금융 압박은 더해 간다.

따라서 이 자리에서 최고경영자로 취할 수 있는 길은 500만 달러의 불이익에 집착하는 것이 아니라 그것을 현재의 여건 아래서 일단 받아들이고 조선소를 건설하고 배를 만드는 과정에서 어떻게 회복시키느냐는 데에 있다고 판단한 것이다.

2척의 배를 만드는 과정에서 차질이 있을 수 있다는 예상도 그는 각오했다. 그러나 그의 성장과정에서 성취했던 모든 것들이 그러했듯이 '항시 방법은 있다'는 자신감과 낙관적 생각을 하고 있었다. '하면 된다'는 다짐을 자신에게 되뇌며 자리에서 일어났다.

협상은 끝났다. 리바노스는 서류를 챙기며 "본 계약 서명은 프랑스에서 합시다"고 했다. 그는 마지막까지 거상다운 치밀한 계산 아래 세금을 의식하는 듯 본 계약지를 파리로 지정했다. 날씨는 청명하게 개어 있었다. 적설에 덮여 눈부신 표고 4,810m의 몽블랑 영봉을 정주영은 바라보았다.

1786년 8월 8일 하오 6시 30분 샤모니의 의사 가브리엘 파카르[장 가브리에르

바카르]와 사냥꾼 자크 발마[바르마]가 사상 최초로 정상을 정복하기까지 '저주의 산'으로 불렸던 몽블랑. 저주의 산으로 기억될지도 몰랐던 그 봉우리 밑 계곡의 한 산장에서 그는 '마지막 게임'을 일단 끝맺은 것이다.

"이제 미로의 한 코너를 돌았다. 이 코너를 돌기까지 얼마나 좌절의 고비고비를 겪었으며, '모래 위의 성'을 쌓는다고 세간의 비판은 얼마나 요란했던가."

(특별취재반)

위 기사는 빼어난 구성력으로 역사적 사실을 드라마처럼 재구성했다. 200자 원고지 40매 분량의 다큐멘터리 대작이다. 하지만, 이는 시작일 뿐이다. 〈경향신문〉은 이 기사에 '산업사회의 성장 이면사 거탑의 내막, 대야망의 승부세계를 벗긴 재벌 다큐멘터리'라는 큰 문패와 '미포조선소(1)'이라는 부제를 붙였다. 미포조선소의 첫 번째 기사이므로 두 번째 기사를 네이버 '뉴스 라이브러리'에서 찾아보았더니 미포조선소 기사는 1982년 3월 8일 시작하여 3월 22일까지 10회나 이어졌다. 위 1회 기사가 "이제 미로의 한 코너를 돌았다"라며 마무리된 데는 이유가 있었던 셈이다. 2회부터 미포조선소를 세우는 과정을 본격적으로 그리는데, 예를 들어 3회는 정주영의 밀명을 받은 30대 직원이 몰래 일본 조선소를 조사하는 장면을 보여 준다. 미포조선소 10회 연재 기사는 한 편의 거대한 논픽션 다큐멘터리다. 동시에 흥미진진한 연속극이다. 기사는 정주영의 위대함이 그의 업적보다 업적을 이루는 과정에 있음을 웅변한다. 정주영의 조선소 신화를 적은 글로는 이 시리즈 기사가 완결판이라 할 수 있다. 미포조선소 하나만으로 숨이 가쁜데, 〈경향신문〉의 이 기획에서 그것은 시작일 뿐이었다.

〈경향신문〉은 미포조선소 기사 이후에 3월 23일부터 4월 6일까지 '고속도로와 정주영'을 11회 연재했으며 4월 8일부터 19일까지 '현대의 중동 대수주전'을 9회, 4월 20일부터 23일까지 '현대총수 정주영'을 3회 연재했다. 이로써 겨우 '정주영 편'이 끝난다. 이후는 대우 김우중 편인데, 이 역시 대하드라마다. '금융 공략' 3회, '아프리카 상륙' 6회, '옥포조선소' 4회…. 이 기획은 전체 이름은 '거탑의 내막'인데, 그 끝이 언제인지 찾아보다가 지쳐서 중간에 그만두었다.

좋은 기사를 찾기 시작했던 2021년 여름, 현대고등학교에 있는 '정진석 언론사료실'에서 『경향신문 50년사』(경향신문사 사사편찬위원회, 1996)를 뒤적이다가 407쪽에 이 기사가 자랑스럽게 소개된 대목을 발견했다. 기사는 네이버 '뉴스 라이브러리'에서 쉽게 찾아냈지만, 바이라인이 기사 맨 마지막에 '특별취재반'으로 되어 있어서 저자를 알 수 없었다. 마침 김학순 전 〈경향신문〉 논설실장이 고려대에 초빙교수로 있어서 그에게 정말 재미있고 감탄할 만한 기사를 읽었다고 말했더니, 김 교수는 그 당시에 그런 글을 쓸 사람으로 손광식 기자가 당장 떠오른다고 했다. 손 기자가 경제 전문이어서 자기 추측이 맞을 것이라고 하면서 '거탑의 내막'은 동명의 책으로 출판되기도 했다고 일러 주었다. 그 책은 『거탑의 내막: 4대 재벌 총수의 경영비결』이었으며 서문에 공동 저자로 특별취재반 소속 기자 4명의 이름이 적혀 있었다. 손광식 편집국장 대리, 최낙동 논설위원, 백선기 경제부 차장, 이승구 경제부 기자. 김 교수의 추측대로 손광식 기자가 당시 편집국장 대리로 일하면서 취재팀장까지 맡아 기획을 이끌었다. 책은 현대편, 대우편, 럭키편, 삼성편의 4부 구성으로 398쪽에 달했다(손광식·최낙동·백선기·이승구, 1982). 기사 내용을 조금 덜어 내고 편집한 분량이 이 정도이니 기사 원문은 대하 소설급 다큐멘터리임이 분명하다.

손광식(1937-2015)은 서울고등학교 재학 시절에 문학 소년으로 불렸다. 당시 국어 교사 황순원의 영향으로 소설을 탐독했으며 제1회 '학원 문학상'의 산문 부문 가작상을 받고 황순원에게서 "자네는 글을 써"라는 격려의 말을 들었다(박인규, 2015; 허영섭, 2003). 그는 기자 일생 거의 전부를 경제부에서 보낸 '경제통'이었다. 1995년 「신문과 방송」이 광복 50년, 언론 50년 기획의 하나로 그에게 기고를 부탁했는데, 다음이 그 일부분이다. 당시 그는 문화일보 사장이었다.

정치, 경제, 사회라는 큰 틀도 마찬가지이지만 언론에 있어 지금의 싸움은 바로 '변화와의 싸움'이 그 본질이자 핵심이다. 크게 보면 광복 이후 50년이지만 근세 이후 100년의 틀로부터 변할 것이냐 안 변할 것이냐가 바로 언론 그리고 기자들에게 주어진 대명제라 할 수 있다. 그야말로 정신적·기술적 이노베이션이 필요하다. 가히 혁명적이라 할 수 있는 수준의 변화이다. 그 기본은 창조성이다. 뉴스 선택의 기준은 바뀌어야 한다. 기사의 문틀조차도 바뀌어야 한다. 청와대와 여의도 국회의사당을 1면 뉴스의 중심축으로 삼는 고착된 편집관은 무너져야 한다. 그 해결책을 탐색해 낼 수 있는 길을 말하라고 한다면 '독립성' 확보다. 여러 권력으로부터의 독립이라는 차원 이전에 부단히 '자기 자신으로부터 독립'하는 길밖에 없다. 30년 기자생활에서 찾아낸 기자의 본질을 말하라면 마지막으로 나는 이걸 말하고 싶다. (손광식, 1995, 51쪽)

무려 30년 전 글인데도 지금의 언론에 딱 들어맞는다. 가히 에버그린 콘텐츠급이다. '자기 자신으로부터 독립'은 자기의 관습에서 벗어나라는 뜻일 테다. 자기의 뉴스 인식, 취재 방식, 글쓰기 습관을 깨부수라는 주문이다. '거탑의 내막'은 그게 가능함을, 그리고 그렇게 했을 때 레전드 기사가 나올 수 있음을 보여 준다.

12. 주인공 추적취재법

많은 필자는 자기가 한번 손댄 사안은 이제 그것으로 끝이라고 생각한다. 기자는 더 그렇다. 기자는 항상 새것을 제시간에 전해야 하므로 한번 보도한 사건은 좀처럼 다시 다루려 하지 않는다. 사건이든 인물이든 기자가 '현재'에 주목하는 습관은 당연하지만, 과거에서 현재로 또는 현재에서 미래로의 '변화'에도 관심을 가져 볼 만하다. 시점이 현재에 한정된 글은 평탄하고 단조로운 데 비해 과거-현재 또는 현재-미래의 글은 입체적이고 역동적이다. 오늘 취재한 대상은 한 번 쓰고 마는 일회용이 아니라 1년이나 10년 후에 다시 취재하여 그간의 변화를 주제로 삼아 재활용할 수 있다. 사실, 언론은 가끔 이런 일을 해 왔다. 대형 사건이 터진 지 1년 후, 10년 후, 20년 후 등의 주기에 따라 그 사건을 소환하여 당사자들의 지금 모습을 보여 주는 기사를 썼다. 그것을 대형 사건에 국한하여 특별히 계기를 잡아서 하기보다 보통의 아이템에 일상적으로 해 보자는 취지다. 기자는 매일 새로운 사건과 사람을 접하므로 평생을 두고 취재해 볼 대상은 많다. 이를 선구적으로 실천했던 기자가 안병찬이다. 안병찬은 가끔 한 대상을 장기간에 걸쳐 반복적으로 취재했는데, 이를 스스로 '주인공 추적취재법'으로 명명했다. "시간을 종단하여 장시간에 걸쳐 변수의 변화를 탐색하고 기술할 수 있는 장점이 있다"는 것이 그의 자평이다(안병찬, 2008, 55쪽). 아래는 한 예인데, 실마리는 〈한국일보〉의 '표주박'에 실린 작은 사기 사건 기사였다.

> 서울 서초경찰서는 24일 가난한 농부를 속여 고추 2천47근을 가로챈 金允和(김윤화) 씨(46·여·사기 등 전과 3범·서울 마포구 동교동 131의 15)를 사기혐의로 구속했다.
>
> 경찰에 의하면 김 씨는 지난 9월 29일 강원 평창군 대화면 시장에 고추를 팔러 나온 이 동네 沈順洙(심순수) 씨(46·농업)에 접근, "고추값을 후하게 줄 테니 이 동네 고추를 모아 서울에 내다 팔자"고 제의, 조모 씨 명의로 5백만 원이 입금된 가짜 예금통장을 건네 준 뒤 다음 날 심 씨와 함께 고추를 싣고 서울로 올라왔다는 것.
>
> 김 씨는 심 씨를 농협 영등포지점으로 데리고 가 "예금청구서를 써 놓았으니 방송이 나오면 통장을 갖고 창구로 가 돈을 찾으라"고 말한 뒤 사라져 여관에 놔 둔 고추를 모래내시장에 내다 팔아 4백50만 원을 가로챈 혐의다.

심 씨는 2시간을 기다려도 방송이 나오지 않아 창구로 가 확인을 한 결과, 이 통장이 5백만 원이 모두 인출된 쓸모없는 것임을 알고 경찰에 신고하게 된 것.

심 씨는 뒤늦게 자신이 네다바이를 당한 사실을 알고 고향에 내려가 밭 1천 평을 팔아 유모 씨(43) 등 10여 명에게 그 돈으로 고추값을 변제해 준 뒤 감자로만 연명해 오고 있다는 것.

―고추 4백만 원어치 사기당하고 밭 천 평 팔아 빚 청산.
〈한국일보〉 1986.12.25.

'표주박'은 〈한국일보〉 사회면의 고정물로서 뉴스 가치가 크지는 않지만, 독자의 눈길을 끌 수 있는 아이템을 담았다. 위 기사는 사회부 사건 담당 기자가 사기꾼의 사기행각과 피해자의 안타까운 처지를 200자 원고지 3.2매에 밀도 높게 담았다. 한 가지 궁금한 점은 '도대체 이 사기꾼이 어떻게 잡혔을까?'이다. 안병찬도 그게 궁금해서 담당 경찰관을 만나고 강원도로 가서 피해자도 만나서 아래 기사를 썼다. 당시 그는 〈한국일보〉 논설위원이었다. 사회부 수습기자나 할 법한 현장 취재를, 그것도 지역 출장 취재를 논설위원이 자청했다. 안병찬은 크리스마스 날에 나온 위의 기사를 본 지 12일 후에 아래 기사를 썼으므로 그해 그에게 연말연시는 없었을 것이다.

(전략) 초하룻날 자정께부터 내린 눈은 초이튿날 상오부터 비로 바뀌어 비에 녹은 눈이 빙판을 만들었다. 도시에서는 그랬지만 태백산맥에는 소담한 눈송이가 펑펑 쏟아졌다. 해발 1천5백 63m의 오대산에서 분기한 차령산맥 옷자락에 들어 있는 산간 부락에는 한 자를 넘는 눈이 푹신하게 쌓이고 그 위에 다시 눈이 내려 덮였다.

높고 험한 산이 연봉을 이루었으나 소리 없이 펑펑 쏟아지는 눈발에 보얗게 가리어 그 설경이 그지없이 아늑하다.

대화면 상안미리는 평균 해발 6백m 이상인 강원도 평창군의 한 부락이다.

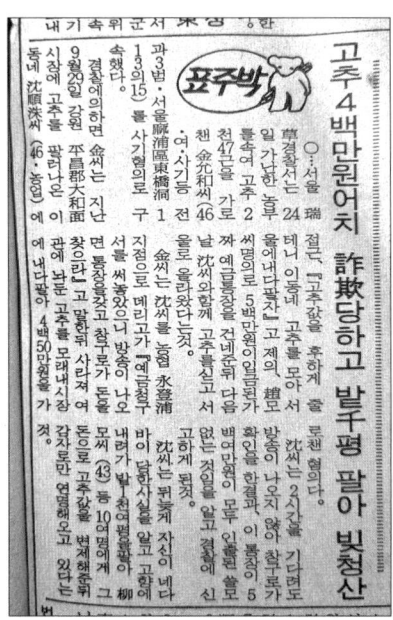

〈그림 9〉 대화고추 사기. 〈한국일보〉 1986.12.25.(왼쪽).
대화고추와 첫눈. 〈한국일보〉 1987.1.6.

　　대화면 택시 12대 가운데 한 대에 부탁하여 갈미봉 밑에 있는 상안미리 3구 심순수 씨(46) 집을 찾아간다. 바퀴에 체인을 칭칭 감은 강원도 택시도 산간마을 눈길을 전진하기가 쉽지 않다.

　　남한강으로 흘러가는 평창강 상류 안미천에 걸린 콘크리트 다리를 건너자 이장 집이 나온다. 이장 집에서 반 마장쯤 나가면 심순수 씨 농가가 있다지만 길이 험해 강원도 택시는 더 이상 가지를 못한다.

　　발목까지 빠지는 눈길을 걸어 언덕 하나를 넘자 흰 눈 속에 검은 비석 하나가 서 있다. 마른 덩굴풀에 싸인 채 잊혀져 가는 '고 이순철의 비'이다.

13년 전인 74년 8월 23일 하콧길 어린이 21명을 태운 안미천 農船(농선)이 급류에 말려 전복하고 초등학교 어린이 9명이 익사했다. 그때 강에 뛰어든 농부 하나가 어린이 6명을 구하고 죽었다. 그리하여 한 몸을 희생한 농부 이순철의 비가 그 자리에 세워진 것이었다.

산허리를 돌아 동구에 닿아 눈밭 속 개울가에서 빨래하는 아낙네를 만나 심순수 씨 농가가 두 번째 집이라는 것을 알았다.

대화고추는 서울에서도 알아 주는 명산품이다. 가난한 농부 심순수 씨는 산비탈에서 1년 내내 땀 흘려 지은 대화고추를 서울 사기에 걸려 몽땅 잃은 사람이어서 대화면 일대에 널리 알려져 있다. 그는 자기가 수확한 2백73근뿐 아니라 4촌네 9백여 근과 유 씨 및 정 씨네 8백50근을 모두 잃고서 남의 집 고추값(3백97만 원)을 판상하느라고 전 재산인 조상답 1천 평을 대화농협에 저당 잡힌 후 절망에 빠졌던 농부이다.

심순수 씨가 작년 9월 대화고추 2천47근을 사기당한 얘기(〈한국일보〉 12월 25일 사회면 보도)는 13년 전 안미천에서 농선이 전복한 사고 이래 두 번째로 서울의 신문에 난 얘기가 된다. 안미천 사고 때 심순수 씨 남매는 구사일생으로 살아났는데 장녀는 금년 27세로 이웃마을 방학동에 시집을 갔고 장남은 금년 22세로 대화고등학교를 졸업한 후 군에 입대했다.

심순수 씨의 가난한 농가는 옥수수로 담을 쳐 놓았다. 헛간은 텅 비어 있었다.

심순수 씨는 어두운 방에서 남매와 함께 늦은 보리밥 점심을 들고 있었다. 부인은 답답한 마음을 달래러 아랫마을 조카 집에 가고 없었다.

그런데 심순수 씨는 정초에 내리는 함박눈이 상서롭기를 간절하게 소망하고 있었다. 84일 만에 범인이 잡혀 2천47근 중 1천2백근이 장물로 경찰에 압류되어 있는 것이다. 우리는 다음에 가난한 산골 농부 심순수 씨를 위해 진력한 어느 경찰관 이야기를 듣기로 한다.

—대화고추와 첫눈. 〈한국일보〉 1987.1.6. 안병찬 논설위원

안병찬은 사건 피해자인 심순수를 추적하는 기사를 4번 썼다. 위 기사는 그 첫 번째로, 농부 심순수의 고단한 삶과 애처로운 처지를 그렸다. 경찰이 사기꾼을 검거한 경위가 제일 궁금함에도 정작 그것은 다음에 알려 주겠다고 기사 마지막 문장에 적었다. 그는 이 글을 〈한국일보〉 논설위원과 편집국 에디터들이 쓰는 기명 칼럼난인 '메아리'에 실었는데, 여기의 한도 분량은 200자 원고지 8-10매로 많지 않은 편이어서 애초부터 연작을 계획했다고 볼 수 있다. 위 기사는 사건 기사의 요소 중 하나인 피해자 정보를 소개한 것 같지만, 그것보다는 이후의 기사 내용 즉 왜 경찰이 진심으로 피해자를 도우려고 사기꾼 검거에 진력하게 됐는지를 이해하게 해 주는 배경 정보를 제공한다. 아래의 두 번째 기사를 보면 그것을 알 수 있다.

> 순박한 농부를 개미에 비유한다면 닳아빠진 서울 사람은 베짱이가 될 것이다. 푸근한 눈은 차령산맥 산간마을을 감싸며 겉보기로는 농부들의 모든 시름까지 달래는 듯하였다.
>
> 강원도 평창군 대화(大和)면의 농부 심순수 씨 처지는 그 눈 속에 버려진 한 마리 개미의 신세 같았다. 개미가 1년 내내 경작한 대화고추를 서울 베짱이가 교활한 속임수로 몽땅 훔쳐 간 것이었다. 고추 2,047근은 100근짜리 20여 부대로 4톤 복서 트럭[53]에 가득 싣는 분량이다.
>
> 심순수 씨가 '서초동 삼익아파트에 사는 정찬오 교감님 사모님 조명운'을 자칭한 40대 서울 여자에게 홀려 자기 마을 다섯 농가 고추를 모은 것은 추석이 지난 후 두 번째 대화 장날이다. 그리하여 그가 '교감님 사모님'을 좇아 4톤 고추 트럭에 실려 생전 처음 서울에 도착한 것이 이튿날(9월 29일) 밤. 교감님 사모님은 심순수 씨 손에 '조명운' 이름의 농협 온라인 통장(예금액은 전무했다)을 쥐어 주고 '길성여관'에서 하룻밤을 재웠다. 여자가 농협 영등포지점에 심

---

53) 또는 복사(Boxer) 트럭. 1971-1998년 생산된 기아(KIA)의 트럭.

순수 씨를 버리고 대화고추 한 트럭분과 함께 자취를 감춘 것은 그다음 날 낮.

서울 서초경찰서 이노성 형사는 그날 당직근무 중이었다. 그는 평창군 하면 우리나라 제일의 오지이며 벽지라고 생각했다. 농부 심순수 씨 부부가 다 같이 마흔여섯 해를 살면서 서울 구경을 한 적이 한 번 없었으니 그곳은 벽촌이었다. 이노성 형사가 교활한 서울 베짱이를 기어이 잡아 보리라고 결심한 것은 단순히 형사 근성 하나 때문이 아니었다. 서초동 밤길을 정신없이 헤매다 서초경찰서에 이끌려 온 강원도 산골 농부를 보자 농촌 출신인 그는 가슴이 아팠던 것이다.

"어떻게 가슴이 아프던지 관할서로 이첩하지 못했습니다. 내 손으로 기어코 잡아 보겠다는 생각이 들었지요. 산골 농부 모습이 매일 머리에서 떠나질 않았습니다."

관청은 관할구역을 놓고 곧잘 말썽을 부리는 경향이 있다. 경찰도 공(功)이 돌아올 듯하면 관할권을 고집하고 귀찮으면 관할 책임을 전가하는 악습을 가끔씩 드러낸다. 이노성 형사의 수사 동기에 과장이 없다는 점은 관할 책임이 없는 사건을 그가 스스로 떠맡은 것만 봐도 납득이 간다.

강원도 농부 심순수 씨가 서울의 동서남북을 알 리가 없으므로 단서는 아무것도 없었다. 교활한 서울 베짱이가 쪽지에 남겨 놓은 '정찬오 교감님 사모님'의 서초동 주소와 전화번호는 물론 거짓이었다. 심순수 씨가 하룻밤을 잔 길성여관이 서부역 앞에 있는 것을 이 형사가 확인한 것은 3일 만이다.

이 형사는 인상착의로 눈이 약간 들어가고 하관이 빠르고 얼굴이 황색이며 신장이 152cm인 40대 여자(가명 조명운)를 찾아서 경동시장, 모래내시장, 서부역 일대의 고추 가게를 돌며 묻고 또 물었다.

인상착의가 흡사한 여자 고추장수가 북가좌동에 산다고 제보해 준 것은 경동시장의 어느 고추 도매상이다. 그러나 북가좌동에 살던 고추 아줌마 '김 여사'는 동교동으로 이사하고 없었다. 동교동 사무소에서 주민등록카드를 세대별로 확인해 나가던 이 형사는 마침내 용의자인 '김 여사' 얼굴을 찾아냈다.

11월 말 어느 날 이노성 형사의 연락을 받고 서울에 온 심순수 씨는 '김 여사'(46) 사진을 확인하자 '아이구' 하며 털썩 주저앉고 말았다.

이노성 형사가 동교동 주소지를 여덟 번 지킨 끝에 '김 여사'를 잡은 것은 12월 23일 밤, 사건이 나고서 84일 만이었다. 죄는 밉지만 사람은 미워하지 말라 했다. 3남매 학비와 1,000만 원 빚에 쪼들린 '김 여사'는 대화고추 장날을 노려 베짱이의 속임수를 부렸다고 했다.

그 고추를 404만 원에 사들인 것은 남가좌동 고추 상점인데 팔다 남은 1,200근은 장물로 압류되어 있다.

경찰권은 힘으로써 국민을 강제하는 작용이므로 힘을 남용하면 말썽이 일어난다. 서른아홉 살의 이노성 형사는 얼마나 인간적인 경찰공무원인가. 그의 뒤에는 강원도 농부의 노자를 보태 주고 수사를 북돋아 준 젊고 열정적인 형사 5반장의 그림자도 있다. 지금 동부지청 231호 담당 검사는 사건을 검토하고 있다. 강원도 농부에게 따뜻한 겨울이 돌아올 것인가.

—대화고추와 형사, 〈한국일보〉 1987.1.8. 안병찬 논설위원

이 글도 '메아리'에 실렸지만, 맨 마지막 문단만 제외하면 전형적인 기사다. 그것도 역피라미드 구조라는 관습적 틀을 깨트린 파격적인 기사다. 이 기사 보도 후에 이노성 형사는 시민들로부터 299통의 격려 전화를 받았다(안병찬, 2008, 24쪽). 범인이 잡혔으니 이제 남은 것은 피해자 심순수 씨의 손해 배상이다. 위 기사의 마지막 문장이 다시 다음번 글을 예고한다.

세 번째 기사는 두 번째 기사가 보도된 지 12일 후인 1월 20일 나왔는데, 그 5일 전인 1987년 1월 15일에 신성호 〈중앙일보〉 기자의 특종 보도로 박종철 고문치사사건이 처음으로 알려졌다. 이 보도로 인해 고문치사에 개입됐던 파렴치한 경찰과 이노성과 같은 민생 경찰이 자연스럽게 대비됐다. 그래서 안병찬은 세 번째 기사의 리드를 아래와 같이 '극도로 대조되는 두 가지 경찰상'으로 시작했다. 왜 기사 제목을 '메밀꽃 통곡한다'라고 했는지는 기사를 읽어 보

면 알게 된다.

극도로 대조되는 두 가지 경찰상이다. 젊은 대학생이 하루아침에 목숨을 잃고 '두벌죽음'(부검)이 되어 한줌의 재로 변해 임진강에 뿌려지는 것을 보고 사람들은 허무를 느낄 뿐이다. 가혹행위를 일삼은 경찰 탓으로 사람들은 공분을 넘어 허무를 느낄 따름이다.

그 젊은 대학생이 대공분실 취조실에서 변사한 사실을 치안본부가 처음 발표한 것은 15일이다. 수사관이 주먹으로 책상을 "탕" 하고 치자 대학생은 "억" 소리와 함께 쓰러졌다는 것이 그때 치안본부가 밝힌 거짓 '진상'이었다.

같은 날 강원도 평창군 대화농협 사무실에는 온기가 감돌았다. 농부 심순수 씨는 마을 유지들에게 둘러싸여 있었다. 사무실은 농협 강원도 지회장이 춘천에서 먼 길을 찾아와 윤근환 농협회장의 이름으로 불우농민돕기성금 1백만 원을 심순수 씨에게 전달하는 자리였다.

그 현장에 나가 지켜본 작가 최기인 씨(「새농민」잡지 기획역)는 '인정의 메밀꽃'이라는 표현을 썼다. 강원도 평창군 대화는 이효석의 단편 '메밀꽃 필 무렵'의 무대이다. 장돌림인 허생원 일행이 한여름 밤에 하얗게 메밀꽃이 핀 산길을 따라 대화장으로 가면서 얘기가 전개된다.

한여름 밤의 메밀꽃 대신 한 자가 넘게 눈이 쌓인 한겨울에 대화 산간마을에서 절망해 있던 농부를 구출한 것은 형사 한 사람의 인간적 봉사, 그리고 젊은 형사반장의 이해심(1월 8일자 메아리 '대화고추와 형사') 외에 다른 것이 아니었다.

치안본부 취조실에서 고문으로 죽은 젊은 대학생의 입관 절차가 진행되는 동안 아버지는 몇 십 번이나 땅을 치며 통곡하고 어머니는 까무러쳤다. 대학생의 주검이 장의차에 실려 벽제화장장으로 옮겨져 한줌의 재가 되고 강물에 뿌려진 날은 16일이다.

같은 날 서울지검 동부지청 231호 김병화 검사는 농부 심순수 씨가 변제 받는 방법을 찾기 위해 대화고추 사건 관련자를 한자리에 불렀다. 참석자는 사기 피의자인 김 여사, 장물취득자인 고추판매상 김 씨, 피해자인 농부 심순수 씨 내외, 담당형사 이노성 순경이었다.

이 자리에서 장물취득자 김 씨는 남은 고추 1천2백근과 현금 1백만 원을 농부 심순수 씨에게 변제하고, 피의자 김 여사는 외상미수금(3백만 원)을 받아 고추상 김 씨에게 주기로 합의가 이루어졌다.

젊은 검사도 체류비와 차비를 농부 심순수 씨에게 내주며 위로했고, 고추를 되찾은 심순수 씨는 근당 1천6백 원씩에 팔아 1백90만 원을 건졌다.

담당 형사와 형사반장은 농부 심순수 씨가 눈물겹도록 고맙다면서 고추 한 부대씩을 선물하겠다고 고집하여 이를 사양하기에 혼이 났다는 후문이다.

우리는 할 바를 다하는 형사의 봉사에서 따뜻한 인간미를 느낀다. 그것은 하얗게 만개하는 메밀꽃처럼 인정의 꽃을 피울 수도 있다.

반대로 우리는 고문을 일삼는 형사의 몸에서 死神(사신)의 냄새를 맡는다. 대학생이 두벌죽음을 당하는 고문치사 사건은 고문자를 가중 처벌토록 신설한 '제도적 장치'(특정범죄가중처벌법) 따위를 우습게 여긴 결과여서 우리는 사신의 가혹함을 재확인한다.

우리는 대화고추 사건 담당 형사에게 쏟아졌던 시민들의 빗발친 전화를 알고 있다.

광화문에 산다는 신사는 "오늘 아침 신문을 보니 통쾌한 마음을 금할 길 없다. 출근길이 그렇게 가벼울 수가 없더라"고 했다.

서초동에 산다는 주부는 "이노성 형사의 목소리를 한번 들어봤으면 좋겠다. 3시간에 걸쳐 다이얼을 돌렸는데 계속 통화 중이지만 하나도 짜증이 안 났다"고 했다.

서초서 관내 디스코클럽 경영자는 "그동안 고생을 하셨으니 실컷 드실 만큼 고기를 준비하겠다. 꼭 나와 달라"고 청했다.

동대문구 상봉동에 사는 학생은 "세상에 그런 형사가 있었나. 신문에서 조작한 것이 아닌가. 믿기 어렵다"고까지 말했다. 그런 전화가 1백 통이나 넘었다.

이런 시민에게 당신들은 무엇이라고 말할 텐가. '인정의 메밀꽃'을 꽃피운 형사가 부끄러워 통곡하지 않겠는가. 하얗게 핀 메밀꽃이 온통 통곡을 하는 소리가 들리지 않는가.

—메밀꽃 통곡한다. 〈한국일보〉 1987.1.20. 안병찬 논설위원

안병찬은 '메아리'에 실린 위 3개의 글에 대해 "'행동하는 논설위원'다운 기사라고 할까. 일 단짜리 기사 뒤에 감추어져 있던 농민과 농촌의 문제를 끌어낸 칼럼"이라고 했다(안병찬, 2008, 24쪽). 이 정도만 해도 끈질긴 추적 정신을 충분히 보여 줬는데, 안병찬은 무려 7년 후에, 그것도 이직한 매체에서 다시 심순수 씨에 대한 글을 썼다. 이것이 마지막, 네 번째 기사다. 이번에는 취재원에게서 먼저 전화가 왔다. 심순수 씨의 부인은 7년 전 눈 내리던 날 자신을 찾아준 안병찬 위원이 고마워서 1994년 2월 초에 새해 안부 전화를 했다. 안 그래도 독자는 궁금했다. 과연 심순수 씨는 어떻게 살고 있는지…. 안병찬은 전화를 계기로 심순수 씨를 만나려고 다시 강원도로 갔다. 그 사연을 담은 아래 기사는 「시사저널」의 '시론'으로 났는데, 당시 그는 편집인이었다.[54]

> 지난주 눈 내리던 날 강원도 산골 사람한테서 전화가 왔다. 평창군 대화면 상안미리, 오대산에서 분기한 차령산맥 옷자락에 들어 있는 산간벽촌 농부 심순수 씨의 부인이다. 그는 눈 내리는 날씨가 문득 일깨워 주는 것이 있어 연락한다고 했다.
> 7년 전, 정월 초하루부터 태백산맥에는 소담한 눈송이가 펑펑 쏟아졌다. 산간에는 한 자 넘게 눈이 폭신히 쌓이고, 그 위에 다시 눈이 내려 덮였다. 그때

---

54) 안병찬은 1989년 11월 「시사저널」의 편집주간이 되었으며 1991년 6월 편집인, 1995년 3월 발행인이 됐다.

발목까지 빠지는 눈길을 걸어서 절박한 상황에 빠져 있던 농부 심순수 씨 오두막을 찾아간 일이 있다. (중략)

안미천을 끼고 7년 전에 갔던 눈길을 따라가서 심순수 씨네와 다시 만났다. 심순수 씨는 빚 3백만 원을 갚아 조상답을 되찾는 데 4년이 걸렸다고 했다. 91년에는 1백60만 원짜리 산비탈 농토를 사들일 수 있었다. 그러나 그 땅에 심은 옥수수는 알갱이가 하나도 열리지 않고 빈 속만 자라 1년 농사를 헛지었다. 옥수수 종자 파동이었다. 그 이듬해에는 배추 농사를 지었다가 밭에서 4.5t 트럭 24대분을 깡그리 썩혀 버렸다. 이번에는 배춧값 파동이었다. 2년을 거듭한 절망의 농사였다.

작년 농사만은 운이 좋았다. 심순수 씨는 작년 농사 소득을 꼽아 보였다. 대화고추 1천5백 평 수확으로 3백만 원, 옥수수 83가마 생산으로 1백60만 원, 송아지 새끼 두 마리 낳아 2백45만 원, 그리고 평창군 수해 지역의 돌망태 제방 공사판에서 번 노임 3백만 원을 보태 모두 1천5만 원이다. 덕분에 농협에서 영농자금으로 진 빚 절반 정도를 갚으니 남은 빚이 7백50만 원. 심씨는 '숭년(흉년)'에 그만큼 지었으면 운이 좋았다고 안도하고 있었다.(①)

그렇지만 심순수 씨 같은 가정농은 구조적 위기, 개방의 위기로부터 빠져나갈 희망이 전혀 없다. 산골뜨기 심순수 씨는 우루과이 라운드나 농산물 개방의 충격과 비탄을 새롭게 느낄 힘조차 없다. 개방을 했다는데 피부로 느끼지를 못하니 하는 말이 이렇다. "정부에서 막아 주셔야지 저희야 힘이 없으니까."(②)

가정농만 절망하는 것이 아니다. 지역 행정 당국도 대책이 없다. 중앙에서 떨어지는 소리만 요란하다. 평창군 산업과장은 아이디어도 없고 무엇을 하면 좋을지 몰라 읍면에서 계획서를 받아 집계하는 중이다. 농민이 느끼는 것도 옛날이나 지금이나 마찬가지다. 중앙 정부가 많이 내야지 시·군 농협이나 농촌지도소는 사실 뚜렷한 대안이 없다….

평창군이 작성한 '94년 우루과이 라운드 대비 주요 사업계획'도 속이 빈 옥수수 꼴이다. 51개 사업 이름을 나열하고, 사업비 투자 비용으로 국비, 도비, 군비 융자 자부담을 늘어놓은 정도다. 1월에 대화면사무소가 주최한 신농장 설명회의 내용은 소농민의 관심을 끌지 못했다. 소농민들은 그것이 지금까지 열거해 온 사업 내용을 재포장한 것에 지나지 않는다고 알기 때문이었다. 소농민의 불안과 불만을 대표하는 농민회는 김영삼 정부의 농업 정책을 믿지 못한다. 특히 '경쟁력 경쟁력' 하며 준비도 되지 않은 구조 조정 계획을 운위하는 데 강한 불신을 보였다. (중략)

농촌은 가정농과 기업농(또는 전업농)의 대결이라는 새로운 모순도 키우고 있다. 우루과이 라운드의 몹쓸 바람이 분 탓이다. 가난한 농민, 소농민들은 정부의 신농정이라는 것이 소농은 포기하고 대농 위주로 농업 정책 방향을 짜 나간다고 생각해 크게 위기감을 느낀다. 경쟁력을 강화하자는 구호가 실제로는 소농업은 파괴하고 대농업을 유도함을 목표로 한다고 소농민은 여기는 것이 농촌의 현실이다.

7년 만에 만난 강원도 산골 소농민 심순수 씨를 통해 바라본 농촌이 그렇다. 대공업주의로 시들던 소농업은 대농업주의로 더욱 황폐화하고 있다.

—강원도 소농민 그 후 7년. 「시사저널」 1994.2.10. 안병찬

심 씨에게 고추 사기의 여파는 컸으며 농촌은 우루과이 라운드라는 큰 파고에 휩쓸리고 있었다. 안병찬은 심 씨의 가계부를 통해 그의 처지를 보여 주었다(①번 문단). 당시 그는 편집인이었지만 여전히 뼛속 깊이 기자였다. 취재 의욕과 치밀함은 수습기자 이상이었다. 그리고 기사는 주제를 제시한다(②번 문단). 안병찬은 심순수라는 취재원 1명을 주제로 삼아 7년간 기사 4개를 썼다.

안병찬의 칼럼에서 주목되는 것은 그가 당시의 정치, 사회, 문화 등 다양한 사회 이슈나 문제와 관련해 그냥 책상에 앉아 다소 추상적으로 글을 쓴 것이 아니라는 점이다. 많은 경우 실제 현장을 답사하고, 관련 인물들을 인터뷰하여 생생하고 실감 나게 현실을 보여 주는 칼럼을 썼다. 그 문제와 관련해 7년, 10

년 등 오랜 기간의 시차를 두고 다시 그 현장과 관련 인물들을 취재하는 방식, 스스로 "길게 집요하게"라는 표현을 쓴 것처럼 어떻게 변화되었는지, 변화한 뒤의 현실은 무엇이고 그 의미는 어떻게 해석할 수 있는지 살펴보는 글쓰기를 했다는 점이다.(김영희, 2020, 188쪽)

안병찬의 심순수 씨 추적 기사 4개는 7년간(1987-1994) 2개 매체에 걸쳐 보도됐다. 하지만, 그의 원조 추적 기사는 무려 27년간(1980-2007) 4개 매체를 옮겨 가며 쓴 초곡리 기사다. 언론계도 암울했던 1980년, 안병찬은 잠시 〈일간스포츠〉에 배속되어 '고향길'이라는 컬러 연재 기획물에 투입됐다. 그가 선택한 취재 지역은 강원도 삼척군 근덕면 초곡리로, 113세대 700여 명이 어선 30척에 의지하여 사는 작은 마을이었다. 첫 번째 기사는 삼척공고 19회 동창회가 열린 자리에 마을 사람들도 참석하여 마을의 미래를 고민하는 장면을 보여 준다. 객지 자본이 들어와 바다 어장을 선점한 상황이었지만, 어민들은 그래도 자녀를 진학시키며 그럭저럭 살 수 있었다.

> (전략) 그가 마을 조직망을 동원하자 금세 어촌계 간사 김성복 씨(36), 어촌계 고문 심일황 씨(51) 등 유지들이 모여든다. 이장 정연복 씨(46)도 달려와 모두가 마을의 진로와 고충을 얘기한다. 그들은 '바다농사'를 짓고 있다고 했다.
> "옴폭한 이 동네를 보시오. 어디 한 군데 농토라고는 없으니 흘러가는 고기를 잡아야 살아요. 제발 돈 있는 사람이나 없는 사람이나 같이 살게 망그러 주시오." 갯바람의 풍상이 어린 김진원 노인(60)이 신신당부한다.
> 마을 앞 어장에 먼저 눈을 뜬 것은 객지 분이라는 것이다. 그것도 산골 분(충청도)이 고용인까지 모두 객지에서 데려다 어장을 경영한다는 것이다. 마을이 눈을 떠 보니 이미 앞바다를 그들이 선점해 흘러가는 고기의 농사를 짓는 데도 제한이 많다는 하소연들이다.
> 군청 수산과에서 정식 정치어업(定置漁業) 면허를 받은 객지 자본주는 동네

앞에 2킬로 너비로 큰 터를 잡은지라 '새일촌' 사람들은 그 가장자리에다 작은 정치망 세 틀(1호, 2호, 3호)을 펴고 고기농사를 지으니 남의 큰 터를 침범했다고 고발당하기 일쑤다. 그것이 영세 어민의 고충인 것이다.

그런 중에도 마을의 연간 가구당 소득은 150만~200만 원이 되어 근년 들어 진학 자녀가 부쩍 늘었다 한다. 대학생 2명, 고등학생 12명, 중학생 54명, 초등학교 아동 120명이라는 정연복 이장의 설명이다.

"고깃배가 지나는 길목에 좀 더 큰 그물을 칠 수 있다면 가구당 300만 원 소득을 올리는데…." 이것이 마을 전체의 소망이다.

마을 소년 넷이 방파제 밑 바위틈에 고개를 맞대고 앉아 철판에 소금 친 매가리를 구워 먹느라 정신이 없다. 고기서리를 하는 참이다.

해변 작은 모래밭을 가로지른 세 개의 굵은 밧줄은 마을의 바다 농토인 정치망 세 틀을 지탱하고 있다.

마을 어린이들이 주렁주렁 밧줄에 매달려 논다. 마을 앞의 무한한 바다를 배경으로….

　　　　―해송이 속삭이는 갯마을 풍상. 〈일간스포츠〉 1980.8.15. 안병찬 기자

그로부터 6년 후, 안병찬은 〈한국일보〉 논설위원 신분으로 다시 초곡리를 찾아 두 번째 기사를 썼다. 이 기사는 〈한국일보〉에 났으므로 독자를 위해 위의 첫 번째 기사를 거의 전재하고, 아래와 같이 기사 맨 끝에 새로운 추적 보도를 예고했다.

(전략) 해변 작은 모래밭을 가로지른 세 올의 굵은 밧줄은 초곡리의 바다농토인 3종 어망 세 틀을 지탱하고 있었다. 마을 어린이들이 밧줄에 주렁주렁 매달려 놀던 것도 6년 전에 본 정경이었다.

그런 어촌다운 장면을 생각하며 그곳에 다시 가 보았다.

　　　　―초곡리 6년 전. 〈한국일보〉 1986.7.8. 안병찬 논설위원

이 기사 이틀 후, 초곡리의 현재를 보여 주는 세 번째 기사를 보도했다. 초곡리는 6년 전과 조금도 달라지지 않은 가난한 어촌이었다. 6년 전에 만났던 한 인물을 다시 만나 그간의 풍상을 들었다. 아래가 '메아리'에 실린 기사의 그 대목이다.

> (전략) 공동어망 3개로 항상 궁핍함을 느껴 오던 초곡어촌계는 80년 여름 앞바다에 가만히 어망 하나를 더 놓았는데, 그것이 81년 9월 군청의 무면허 단속에 걸렸다.
>
> 이 일을 계기로 어촌계 간사이던 김성복 씨는 수산청장을 만나러 서울을 일곱 번이나 오르내렸다. 그리하여 수산청장과 두 차례 면담하여 바다만 보고 사는 초곡리의 실정을 설명하고, 공동어망 3개를 어업권 허가구역 밖에 쳐 놓은 것을 현실화해 달라고 진정했다. 또 규모가 작은 지금의 3종 공동어업면허를 정치망 어업면허로 바꾸어 달라고 탄원했다.
>
> 그런 탄원이 결실을 맺어 83년 5월 수산청장의 승인 아래 도지사는 정치망 면허를 발급하기로 결정했다. 그러자 어촌계원 간에 분쟁이 일어나 초곡리는 정치망 면허를 포기하고 만다. 초곡리가 요구한 정치망은 4개인데 수산당국은 3개만을 승인하겠다 하여 "받자" "받지 말자" 하고 어촌계원 간에 의견이 갈라진 것이었다.
>
> 그보다 더 심각한 초곡리의 수난은 85년 10월에 밀어닥쳤다. 공동어망으로 잡은 쥐치를 수협위판장의 중개인을 거치지 않고 초곡리에서 직접 상인한테 팔아넘긴 것이 화근이었다.
>
> 삼척수산업협동조합의 고발에 따라 군청수산과는 초곡어촌계의 위판지역 위반행위를 조사한 끝에 초곡리 공동어망이 구역을 이탈한 것까지 적발했다. 초곡어촌계는 수산업법 위반혐의로 입건되고 그해 11월 4일 초곡리의 바다농사 밑천인 어망 3개에도 철거령이 떨어졌다.
>
> 삼척군 수산과가 초곡어촌계 사건을 춘천지검 강릉지청에 송치한 것은 2월

17일, 위판장을 벗어나 판매한 어물대금 1백64만 원은 압류되어 국고에 들어갔고 거두어진 어망은 52만4천 원에 공매처분되어 역시 국고에 들어갔다. 강릉지청이 약식기소로 초곡리 어촌계에 1백20만 원 벌금형을 내린 것은 3월 14일이다. (중략)

이제 이장과 젊은이들을 만나 보고 수산업협동조합과 군청 수산과에도 들러 볼 차례이다.

—다시 본 초곡리. 〈한국일보〉 1986.7.10. 안병찬 논설위원

2일 후의 네 번째 기사는 인구가 감소하고 영세성을 면치 못하는 초곡리의 현재를 보도했다.

아침에 앞바다 어장에 나갔던 이장 심일황 씨(57세)가 오후 3시께 돌아왔다. 6년 전에 그는 어촌계 고문이었다.

"젊은이들이 자꾸 나가요. 중학교만 나와도 다 나가요, 아들이고 딸이고."
그는 초곡리에 현재 104가구 480명의 주민이 산다고 알려 준다. 6년 전에 비해 9세대 120명이 줄어든 숫자로 미루어 보아도 젊은 식구가 집집에서 빠져나간 사정을 짐작할 수 있다. 초곡리의 학생 구성은 대학생 5명, 초중고생 186명이던 6년 전과 견주어 볼 때 역시 2세들의 성장 후 이촌 경향을 헤아릴 수 있다.

초곡리의 '어민 후계자'로 지명된 젊은이는 66세 된 김진원 노인의 아들 김원하 씨다. 김진원 노인은 6년 전 갯바람의 풍상 어린 얼굴로 "제발 돈 있는 사람이나 없는 사람이나 같이 살게 망그러 주시오" 하고 당부하더니, 이제 심한 신경통으로 기동을 하지 못한다.

김원하 씨는 영월공고를 나온 33세의 노총각인데, 1982년 어민 후계자로 뽑혀 연리 5%의 특별융자를 받게 되자 어선어업을 해 보기로 작정했다. 그는 자기 비용 500만 원을 보태 7.8톤짜리 동력선 건조를 죽변 수협조선소에 주문했다.

배가 1982년 10월 진수하자 그는 군청 수산과에서 어업면허를 받고 어망 1천만 원 어치를 사들여 고기잡이를 나섰다.

"배만 만들어서 벌어 가면 되는 줄 알았는데 그렇지 않다 아닙니까. 1985년 순이익이 400만 원인데 그물값, 융자금 이자, 부채를 갚으니 적자입디다. 사업 발전이 없다 아닙니까." 그렇지만 김원하 씨는 한 2년 더 고생하면 빚을 갚지 않을까, 불안한 가운데 희망도 가져 본다. (중략)

초곡리는 좀 더 소득을 늘리고자 안간힘을 쓰다가 '바다농토'의 구획선을 넘어 처벌당하기를 되풀이했다. 삼척군 수산과장은 "벌주는 행정보다 조정과 계도가 필요하다"고 말하지만, 초곡리 경우에서 우리는 영세성 고기농사의 전형을 보는 것 같다.

초곡리의 첫째 소망은 내년 6월 30일 3종 공동어업면허의 시효가 끝나면 새로 정치망면허를 따는 일이다. 초곡리는 우리 어촌의 모두를 대표하지는 않는다. 대신 초곡리는 우리 어촌의 어떤 단층을 보여 준다. 다행한 일의 하나는 초곡리 갯벌에 아직 고기서리의 동심이 살아 있다는 것이다.

—초곡리 후계자, 〈한국일보〉 1986.7.12. 안병찬 논설위원

13년 후, 이번에는 자유기고가 칼럼니스트로서 〈서울경제〉 '경제수필' 코너에 다섯 번째 초곡리 기사를 썼다. 초곡리가 1992년 바르셀로나올림픽 남자 마라톤 금메달리스트 황영조의 고향임을 우연히 알게 된 게 계기였다. 황영조 덕분에 초곡리를 회상하면서 일단 전화 취재로 아래 기사를 썼다.

(전략) 지난달 하오에 나는 초곡리에 전화를 걸었다. 이장은 13년 전인 1986년 어촌 계장이던 이상희 씨였다. 삼척시는 마을 뒷산을 깎아 황영조 공원과 기념관을 조성하여 개장일을 기다리고 있다고 한다. 이상희 이장은 그간 마을 인구는 103가구 256명으로 격감했고, 가구당 평균 소득은 50-60만 원 정도로 1986년보다 빈곤해졌다고 한다. 19년 전에는 아직 무명이던 황영조를 포함해 120

명이던 초등학생 수가 단 5-6명이 되었다. 시대의 흐름으로 승용차 10여 대, 1톤 트럭 10여 대가 생겼으나, 고기가 점점 고갈하여 바다농사가 어렵다고 이장은 실상을 설명한다.

그 아늑한 어촌은 황영조라는 올림픽 승자를 배출할 정도로 물 좋은 곳이지만, 그곳에서의 평균적인 삶은 향상되지 못하고 더욱 퇴락하는 형편이다. 한일어업협정에서 어장 상실을 자초한 정부의 실책을 보고 나날이 곤궁해지는 초곡리를 떠올리게 된다.

—초곡리 회상. 〈서울경제〉 1999.3.5. 안병찬

초곡리는 올림픽 금메달리스트의 마을임이 무색할 정도로 더 악화했다. 안병찬은 전화로 들었던 초곡리의 쇠락을 눈으로 확인하기 위해 다시 현지를 찾아 기사를 썼다. 이 기사는 〈내일신문〉의 '안병찬 칼럼'에 실렸다.

(전략) 처음 방문했을 때 초곡리는 113세대, 700명 주민이 어선 30척과 공동정치망 세 틀에 의지하여 사는 아늑한 어촌이었다. 마을 소득은 관내 어촌계의 평균치에 가까웠다. 당시 전화라고는 담배 가게에 있는 경비전화 한 대뿐이었고 마을 어린이들은 텔레비전 수상기가 있는 집으로 몰려가서 전기 값 10원씩을 내고 구경했다. 아마도 초등학생인 황영조도 그런 어린이 대열에 끼어 있었을 터다. 3세대 인구는 대학생 2명, 중고등학생 66명, 초등학생 120명으로 다른 촌락에 손색이 없었다.

6년 후 이 마을은 35세대가 자동전화를 놓았다. 오토바이 5대와 경운기 1대, 붉은 벽돌 개량주택 다섯 채도 생겼다. 이런 외형적 변화와 대조적으로 초곡리 생활 형편은 어려워졌다. 마을 인구는 103가구 256명으로 격감해 있었고 가구당 평균 소득은 줄어들었다. 초등학생 수는 단 6명. 시대의 흐름에 따라 승용차 10여 대, 1톤 트럭 10대가 생겼으나 고기는 점점 고갈하여 '바다농사' 짓기가 힘들어졌다.

지난 일요일이다. 초곡리 뒷동산에 있는 황영조 기념공원에서는 삼척시가 주관하는 2007년도 '황영조비치마라톤대회'가 열려 빗속에 선수 1,000여 명과 그 가족이 모여들어 어촌이 한동안 시끌시끌했다. 높이 2.5m, 너비 5m 석재에 황영조가 뛰는 모습을 새긴 조형물의 제막 행사도 있었다. 공원에는 '황영조 집 찾기'라는 나무판이 하나 서 있다. 그 구멍으로 얼굴을 내밀면 황영조 본가와 동해바다가 눈에 들어온다. (중략)

초곡리에 들어선 황영조 기념공원과 기념관은 마을의 자랑이기는 한데 마을 살림살이와는 아무 관계가 없다. 이장의 말에 따르면 마을 인구는 8년 전보다 51명이 줄었다. 노인 인구만 100여 명에 대학생은 없고 고작 중고등학생 6명, 초등학생 14명이다. 작년부터 고기는 더 안 잡힌다.

초곡리는 가난하고 쓸쓸한 한촌이 되었다. 황영조 기념공원 아래 사는 초곡리. 마을 사람들은 마라톤 같은 인고의 삶에서 사점을 만났으나 포만감은 없고 한기만 느끼는 것을 이장의 어감에서 감지한다.

─초곡리 풍상과 황영조. 〈내일신문〉 2007.8.10. 안병찬

초곡리라는 한 아이템을 27년간 물고 늘어진 점이 존경스럽다. 기사를 한 매체가 아니라 이직했던 4개 매체(〈일간스포츠〉, 〈한국일보〉, 〈서울경제〉, 〈내일신문〉)에 이어서 냈던 점은 신기하기까지 하다. 안병찬은 기회만 되면 추적 보도를 했다. 예를 들어, 그는 베트남 최고의 민요 작곡가인 찐 꽁 선(Trinh Cong Son)을 27년간 4번 보도했다(김영희, 2020). 월남(현 베트남)의 변화에 대한 기사는 40년간 3번 썼다. 첫 기사는 1975년 〈한국일보〉에 보도된 그 유명한 월남 패망 날의 르포 기사 '사이공 최후의 새벽 나는 보았다'이며 2010년에는 「시사IN」에 통일베트남 35주년 기획기사를, 2015년에는 〈한국일보〉에 통일베트남 40주년 기획기사를 실었다. 모두 현지에 특파되어 쓴 기사다.

안병찬은, 현장이 있으면 무조건 달려간다. 기자든 논설위원이든 편집인이든, 그에게 신분은 중요하지 않다. 어디에 글을 싣느냐도 중요하지 않다. 안병

찬은, 한번 문 인물은 끝까지 물고 늘어진다. 그의 취재 철학은 "길게 집요하게"다(김영희, 2020, 188쪽). 오죽했으면 후배들이 그를 '안깡'으로 불렀을까. 그가 선호하는 주제는 '변화'다. 인물의 변화, 지역의 변화…. 이것이 주인공 추적취재법의 요체다.

2021년 6월 30일 인터뷰 때, 안병찬은 평생의 취재 수첩과 자료를 모두 보관하고 있다고 말했다. 월남에 특파되었을 때의 취재 수첩과 자료도 당연히 다 보관하고 있다고 했다. 이뿐만이 아니다. "그는 기자가 된 이후 그가 쓴 기사나 칼럼은 물론 취재 중에 직접 찍은 사진과 슬라이드, 그 밖에 타자기와 카메라, 보도증과 보도완장 등의 취재용품 일체를 보관하고 있다. 그중에는 사이공을 탈출할 때 무개 지프차를 내버리면서 가져온 자동차 열쇠도 있다. 그런 기록과 자료 보관을 통해 정확한 사실 확인과 장기간의 후속 취재가 가능했을 것이다"(김영희, 2020, 249쪽). 후배 기자들을 위한 도움말을 달라고 하니 그는 이렇게 말했다. "자기가 한번 만난 사람은 반드시 평생 더 보게 된다. 한번 방문했던 곳은 반드시 평생 더 가보게 된다. 그러니 모든 자료를 고이 잘 보관하라."[55]

13. 논픽션 5단계 구조

인간 만사는 모두 이야기다. 기자가 기사로 쓰는 모든 사건사고도 이야기다. 모든 이야기에는 처음과 끝이 있다. 어느 한 부분을 잘라 내서 그 부분만 보더라도 처음이 있고 끝이 있다. 예를 들어, 누구든지 인생의 처음은 탄생이고 끝은 현재의 모습이다. 가장 절박했던 학창 시절의 처음은 고등학교 입학이고 끝

---

[55] 이문영 〈한겨레〉 기자는 쪽방촌 건물에서 쫓겨난 45명을 취재하여 2015-2016년 「한겨레21」에 '가난의 경로'를 연재하고 2020년에는 『노랑의 미로』라는 책을 출판하는 장기 추적취재의 모범을 보였다.

은 고등학교 졸업일 수 있다. 첫사랑에도 처음과 끝이 있다. 처음과 끝이 있다면, 중간 어딘가에 절정이라 할 만한 지점이 있을 것이다. 거기가 클라이맥스다. 소설이나 영화에 나오는 것처럼 극적이지는 않더라도 가장 두드러지는 지점은 있기 마련이다. 이 진리를 2300여 년 전에 아리스토텔레스가 『시학』에서 '처음-중간-끝'의 3막 구조로 개념화했다(박정자, 2013, 79쪽). 기사가 다루는 사건사고도 이 구조를 따른다. 교통사고를 예로 들면, 사고 자체에 처음과 끝이 있다. 가해 차량 운전자를 중심으로 해도 사건과 관련한 그의 처음과 끝이 있다. 피해 차량 운전자도 마찬가지다. 매사에는, 얼마만큼의 시간 동안이든 관계없이, 처음과 끝이 있고 중간에 클라이맥스가 있다. 그렇다면, 기자가 특정한 지점을 처음과 끝으로 설정하여 이야기를 전개해도 무방하다. 이런 기사 작법을 '내러티브 논픽션'이라고 한다(박재영, 2020, 310쪽). 아리스토텔레스의 3막 구조를 조금 변형하면, 우리가 잘 아는 기승전결의 4단계 구조가 된다. 중간 단계를 더 쪼개면 5단계, 6단계, 7단계도 가능하다. 그중에서 5단계 구조가 내러티브 논픽션의 기본형이다.[56)]

• 내러티브 논픽션 5단계 구조

내러티브 논픽션의 5단계 구조는 발단, 상승, 위기, 절정, 하강으로 구성된다(Hart, 2011/2015). 이야기는 5단계를 거치면서 고조됐다가 하강하는 '내러티브 포물선'을 그린다(〈그림 10〉 참조). 한국 언론에서는 최수묵(2011) 전 〈동아일보〉 기자가 처음으로 기사 작성에 내러티브 논픽션 5단계 구조를 적용할 필요성이 있다고 보고, 교육 자료를 만들어 〈동아일보〉 기자들과 공유했다. 하트(Hart)와 최수묵의 논의를 종합하여 5단계를 설명하면 다음과 같다.

---

56) 구성 면에서 기사보다 더 복잡하고 정교한 소설이나 영화의 내러티브 전개 구조는 방현석(2013)의 『이야기를 완성하는 서사 패턴 959』 참조.

① 발단

이 단계에서는 독자의 관심을 끌면서 무엇을 이야기하려는지 드러낸다. 단, 무엇에 관한 이야기인지를 드러내되, 주제와 결말을 몽땅 드러내서는 안 된다. 인물이 처한 상황과 앞으로 벌어질 일에 대한 대강의 맛보기 정도면 충분하다.

② 상승

갈등이 고조되면서 인물은 위험 속으로 점점 더 빠져든다. 대개 어려움은 인물의 실수 즉 잘못된 선택이나 행동에서 비롯되지만, 인물이 올바른 선택을 했어도 주변 환경 때문에 안 좋은 상황에 빠지기도 한다. 대개 5단계 중에서 가장 많은 분량을 차지하는 단계다.

③ 위기

갈등이 폭발 직전의 임계 상황까지 치닫는 단계다. 두 번째 단계인 상승 단계보다 긴장감이 더 고조된다. 적절하고 신속하게 대응하지 않는다면 큰 재앙이 닥칠 것처럼 보인다.

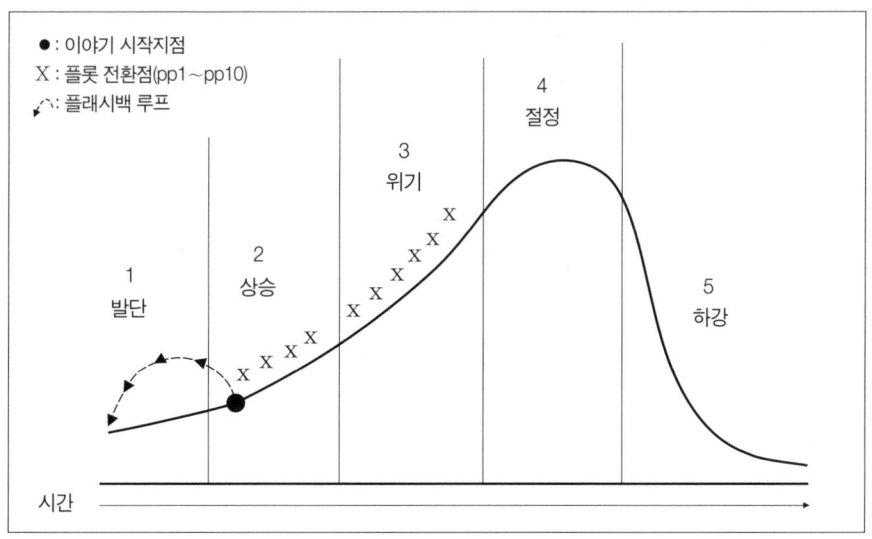

〈그림 10〉 '소록도의 반란'의 내러티브 포물선

④ 절정

발단, 상승, 위기 단계에서 제기되었던 갈등과 문제점이 모두 해소되는 단계다. 싸움의 승패가 결정되는 곳이다. 즉 인물이 갈등을 극복하고 마침내 목표를 성취하거나, 그 반대로 좌절하거나 비탄에 빠지는 단계다. 이야기가 마침내 화려한 불꽃처럼 폭발하는 지점이므로 가장 신중하고 정교하게 다루어야 한다. 양적으로는 5단계 가운데 가장 짧다. 따라서 주제를 압축적으로 표현하는 것이 무엇보다 중요하다.

⑤ 하강

모든 갈등과 비밀이 풀리고 흥분이 가라앉는 대단원(dénouement)의 단계이다.

2단계(상승)와 3단계(위기)에서 내용의 변화가 심하게 발생하는데, 이곳을 잘 다져 놓아야 4단계(절정)로 자연스럽게 이어질 수 있다. 그렇지 않으면, 4단계가 개연성이 낮고 논리적으로 비약한 것처럼 비쳐서 독자가 잘 설득되지 않으며 주제가 효과적으로 전달되지도 않는다. 2단계와 3단계에는 사건의 흐름을 바꾸게 만드는 지점 즉 플롯 전환점(plot point)이 많이 배치된다(Brooks, 2011/2015). 〈그림 10〉에서 'x'로 표시된 부분이다. 플롯 전환점은 어떤 일이 일어나거나 변화하게 만드는 원인이나 기회인데, 이런 계기들이 누적되면서 사건은 4단계(절정)로 치닫게 된다. 예를 들어, 폭행이나 자살에는 배경 요인이 있기 마련이며 요인들이 쌓여서 더는 견딜 수 없는 상황에 이르러야 마침내 행위로 표출된다. 이유 없는 행동은 없다. 이상동기 범죄도 범인 개인적으로는 그럴만한 원인이 쌓였으므로 발생한다고 봐야 한다. 따라서 이런 요인들을 충분히 많이 소개하지 않은 채 절정으로 넘어가면, 독자는 이야기가 뜬금없고 작위적이라고 느끼게 된다. 2단계와 3단계는 멍석을 깔거나 밑밥을 던져 놓는 단계라 할 수 있다.

기자들에게 내러티브 5단계로 기사를 써 보라고 했더니, 2단계와 3단계에서 가장 애를 먹었다. 기자들은 마음이 급해서 플롯 전환점을 충분히 제시하지 않은 채, 어서 빨리 제일 중요한 4단계로 넘어가려고 했다. 4단계에서 극적인 효과를 보려면, 여유를 가지고 성급하지 않게 2단계와 3단계를 전개하는 게 좋다. 4단계는 가장 극적인 부분이어서 제일 중요하지만, 분량은 많을 필요가 없다. 오히려 적어야 극적 효과가 더 커질 수 있다. 5단계는 모든 것이 해결되는 대단원이어서 역시 많은 분량이 필요하지 않다.

1-5단계를 순차적으로 밟으면 연대기의 이야기가 되는데, 이것이 단조롭다면 시점을 혼재시킬 수 있다. 현재를 먼저 보여 준 다음에 과거로 돌아갔다가 다시 현재로 이어지는 식이다. 5단계로 보면, 이야기를 2단계인 상승(또는 3단계인 위기)에서 시작했다가 1단계인 발단으로 돌아와서 이후의 네 단계를 순차적으로 밟는 방식이다(〈그림 10〉의 플래시백 루프 참조). 앞의 '티저 예고' 챕터에서 티저를 이용한 이야기 전개 방식과 비슷하다. 이를 '변형된 5단계 구조'라 한다.

이렇게 설명했는데도 사건사고에 5단계 구조를 적용하는 게 여전히 작위적이라고 생각한다면, 다음 기사를 보기를 권한다. 기자가 5단계 구조를 생각하며 기사를 썼는지 알 수 없지만, 기사를 분석해 보면 놀랍도록 정확하게 5단계 구조를 따른다. 다음 기사는 한국 언론의 숨겨진 명작 중의 하나인 이규태 기자의 '소록도의 반란'이다. 이 기사의 존재를 아는 사람이 별로 없어서 숨겨졌다고 한 게 아니라 기사 본문을 본 사람이 거의 없어서 한 말이다. 뒤에 설명하겠지만, 소설을 통해 이 기사를 아는 사람은 제법 많다. 이 기사는 한센병 환자들이 사는 소록도에 새로운 병원장이 부임하여 온갖 역경을 딛고 간척사업에 성공하여 환자들에게 희망을 심은 실화다. 200자 원고지 180매의 장문이다.

기사는 12개 장(章)인데, 맨 앞부분에 시점을 혼재하는 바람에 변형된 5단계 구조를 취한다. 즉 1-2장에 2단계(상승)가 먼저 나오고, 3장에 1단계(발단)가 나온다. 그 이후는 순차적으로 단계를 밟아서, 4-7장은 상승, 8-10장은 위기, 11장은 절정, 12장은 하강 단계로 구성됐다(〈그림 10〉 참조). 특정 시점(예를 들어, 상승 단계)이 먼저 나온 다음에 과거 시점(발단 단계)으로 되돌아가는 형식을 '플래시백'이라고 한다.

1장과 2장은 상승 단계이지만, 기사의 맨 앞부분이므로 갑작스레 플롯 전환점을 보여 주기보다 독자가 앞으로 일어날 사건을 이해하는 데 도움이 되는 정보로 구성됐다. 우선, 1장은 대뜸 축구 경기로 시작한다.

그건 묘한 축구경기였다. 빨간 유니폼에 손가락이 몇 개 잘리운 그런 깜장 마크가 흡사 나치 독일의 국기만 같은 오마도 팀은 볼다툼새가 서툴렀다. 팀웍도 서툴렀다. 볼에 몇 사람이 얽히어 달리다가 볼은 빼앗겨 이미 홈싸이드로 들어가 있는데 달리던 관성대로 서너 명이 마구 달려가 범칙을 저지르기도 했다. 또 세게 볼을 찬 빨간 유니폼들의 거의는 발이 아파 마냥 나뒹굴기도 했다.

정말 묘한 축구경기였다. 빨간 유니폼이 볼을 몰고 가면 상대편이 저지를 하기는커녕 오히려 도망을 쳤다. 그러기에 서툰 테크니크인데도 게임은 빨간 유니폼에 유리하게 이끌어졌다. 이 게임이 시작되자 빨간 유니폼의 홈싸이드에 널려 서 있던 관중들은 거의 돌아갔거나 멀찌감치 물러서서 구경을 했다. 선수들이 볼 따라 몰려가면 라인 밖에 서 있던 관중들은 물이나 끼얹듯 도망치곤 했다.

이 빨간 유니폼을 응원하는 관중은 하나도 없었다. 물론 야유하는 사람도 없었다.

다만 군복 입은 한 고급장교가 라인 밖에 쳇바퀴 돌 듯 감돌며 발악에 가까운 응원을 했다. 군의관 대령인 이 장교는 지칠 줄을 몰랐다. 팀이 몰려 머뭇거리면 권총을 빼들고 힘을 내도록 협박까지 했다.

'임마, 똑같은 사람이야! 똑같은 축구선수란 말야! 평등하지 않을 아무것도 없단 말이닷!' 이 장교는 고함치며 시든 투지에 불을 붙이며 뛰어다녔다.

이 팀의 마크처럼 손가락 없는 선수들은 솜으로 축구화의 코를 메우고 찼다.

'눈썹이 없다는 것과 문둥이라는 것과는 다르다고 말해 오지 않았나 말이

〈그림 11〉 소록도의 반란, 「사상계」 1966.10.

닷!'

눈썹들이 없었다. 하지만 이 장교 말대로 이전에 문둥이였다는 것과 지금도 문둥이라는 것과는 달랐다.

선수 체인지가 잦은 것은 발가락이 없거나 발신경의 어느 일부분이 마비되었거나 어딘가가 성하지 못하기 때문이었다. 보결 선수가 다 나간 후였다. 한 선수가 볼을 차고 뒹굴더니 일어서질 않았다. 들었던 권총을 버린 장교는 유니폼을 주섬주섬 주워 입고 경기장에 뛰어들었다. 관중들은 놀랐다. 이미 게임을 보는 것이 아니라 이 음성 나환자를 둔 어떤 사람이 어느 만큼 더 성자적인 시련을 감행하느냐를 보고 있는 관중이기 때문이었다.

이제까지 무심하던 관중들은 빨간 유니폼에 환성과 박수를 보냈다. 몇 여학생들은 돌아서서 울기까지 했다. 어떠한 사연이기에 저 고급장교가 저토록… 하여, 둘레의 사람들에게 용감을 불러일으키게 했는가.

이 묘한 축구경기는 끝났다.

이 장교는 마이크를 빌려 관중에게 인사를 했다.

'소록도 병원장 육군대령 조창원입니다. 문둥이를 이 경기에 끌고 와서 불쾌한 오후를 누리게 한 것을 사과드립니다. 하지만 여러분이 느낀 불쾌감만큼만 이 약자를 위해 박애를 베풀었다 여겨 주셔야겠습니다. 이제 경기는 끝났습니다. 여러분에겐 이것으로써 모든 것이 끝나 버린 것이지만, 문둥이에게는 이제부터 시작인 것입니다. <u>문둥이도 축구 같은 것을 할 수 있구나 하는 조그마한 사연이 수만 나환자에게는 벅차고 갈피 잡을 수 없는 희망으로 받아들여지며 받아들여진 후에 일어날 그 벅찬 일들을 여러분은 상상할 수 없을 겁니다.</u> 나는 기쁘며 여러분은 나와 수만 나환자로부터 감사받아야 할 충분한 이유가 있는 것입니다.'

이 경기를 보고 돌아가는 관중들은 경기가 아니라 장렬한 멜로드라마를 보고 돌아가는 느낌들이었다. (중략)

—소록도의 반란, 「사상계」 1966.10. 이규태 기자

기사는 선수들이 한센병 환자임을 알게 해 주는 정보를 조금씩 흘린 다음에 주인공 조창원을 등장시킨다. 마지막의 밑줄 친 부분에 앞으로 환자들에게 일어날 희망의 역사를 암시하는 복선을 깔았다. 이 기사에서 축구는 희망의 상징물이다. 앞으로 기사 몇몇 곳에서 주인공과 환자들은 난관에 부닥칠 때, 축구 승전보에 힘입어 위기를 극복한다. 다만, 현재로서는 독자는 아무것도 모른다. 따라서 앞으로 일어날 사건의 배경 정보 즉 사건의 인물(병원장과 환자들)과 사건의 공간(소록도)을 소개해야 한다. 그 정보는 2장에 나오는데, 축구 경기가 있었던 때의 시점이 그대로 이어진다.

소록도는 한센병 환자들이 모여 사는 곳이며 배로 20분 거리의 오마도[57]에는 1,000여 명의 음성나환자가 섬을 잇는 간척사업을 하고 있다. 소록도에는 한센병에 감염되지 않은 어린이 150여 명이 있는데, 부모가 환자라서 호적도 없고 성도 없는 상태라 조창원 원장이 모두 양자로 입적했다. 간척사업은 육지에서 쫓겨난 환자들이 자립할 수 있는 터전을 제공하려는 조 원장의 숙원사업이다. 1-2장에서 한센병 환자, 축구, 오마도 간척, 조창원 등의 키워드가 등장했다. 기사는 여기까지 일말의 배경 정보를 제공하고, 이제 본격적으로 5단계 구조를 밟는다.

3장은 그 첫 번째인 발단 단계인데, 가장 중요한 인물이자 독자가 가장 궁금해할 인물인 조창원을 소개한다. 조창원은 육군 대령으로 1961년 8월 24일 소록도의 병원장으로 부임하여 한센병 환자들의 실상을 목격하고서 '이대로는 안 된다'는 문제의식 지닌다. 그는 성당에서 마리아상을 올려다보며 우는 10대 여학생 2명을 보게 되는데, 이들은 육지에서 한센병에 걸려 자살할 것처럼 유서를 써 놓고 집을 나가 소록도로 들어왔다. 부모를 속인 채, 평생 문둥이 누명을 쓰고 섬에서 처녀 할머니로 죽을 운명이었다. 조창원의 문제의식은 마을 중

---

[57] 전라남도 고흥군 도덕면 오마리의 오마도(五馬島)는 해안을 낀 다섯 개의 섬(고발도, 분매도, 오마도, 오동도, 벼루섬)의 모양이 말(馬)을 닮았다 하여 붙여진 이름이다.

간에 서 있는 납골탑을 보았을 때, 극에 달한다. 아래가 기사의 그 대목이다.

> 환자지대의 복판쯤에 자리 잡은 납골탑에 이르렀을 때 소록도의 철학을 터득하는 듯했다. 문둥이가 죽으면 문둥이의 손에 화장되어 한 줌 재로서 이 탑 안에 저장된다. 소록도 인생의 종점인 것이다. 탑지기라는 환자가 나와 멀찌감치 서서 큰절을 한다. 그건 괴물 같았다. 상념 속에서 이 괴물성은 고함을 지르고 싶도록 커 나갔다. 지금의 젊음이 꽃 같은 그 싸르비아 속의 아가타[58]들도 저 괴물의 손에 의해 저곳에 저장될 것이며, 저자도 어느 땐가는 그 고된 일생을 저 괴물에 맡기게 될 것이다.
>
> 소록도의 인구 5,000여 명이 늦거나 빠르거나 저 아메바 같은 괴물에 흡수되어 문둥이의 지옥인 저 탑 속에서 영원히 울며 헤맬 것이다.
>
> 원장숙사에 돌아온 조 원장은 어딘가 잘못되어 있다고 생각했다. (중략)

여기 3장까지, 기본적인 배경 정보가 제공되었으며 주인공인 조 원장이 무언가를 시도할 조짐임을 보여 주었다. 이제 본격적으로 사건에 들어갈 차례다. 동시에, 긴장과 갈등도 불거지므로 플롯 전환점이 나오기 시작한다. 4장은 이런 내용이 담긴 상승 단계다.

조창원 원장은 간척사업을 구상하고, 현장 실사를 하고, 환자들을 모아 사업 설명회를 열었다. 봉암반도-오마도의 1,560m, 오마도-풍납반도의 723m를 연결하는 사상 최대의 간척사업으로 바다를 막아서 섬 5개와 반도 2개를 지도에서 없애고 330만 평의 대평야를 만들겠다고 발표했다. 주민이 3,000세대라 해도 세대당 1,000평 이상의 자기 땅을 가질 수 있는 규모였다. 그러나 설명회에 모인 환자들은 아무런 반응이 없었다. 화가 난 조 원장이 권총을 꺼내 들고 소리쳐도 모두 말없이 설명회장을 빠져나갈 뿐이었다. 다음 날 조 원장은 환자

---

[58] 조창원이 성당에서 본 10대 여학생을 상징하는 세례명. Agatha. 성녀.

대표인 장로 9명을 배에 태우고 현장을 둘러보게도 했지만, 여전히 묵묵부답이었다. 이제 사건이 발생할 때가 됐다.

조 원장이 배신과 울분에 차 있을 때, 환자들의 정신적 지주인 황시백 장로가 반대하고 나선다. 황 장로는 기사 내내 조 원장과 반목하기도 하고 협조하기도 하는 조연이다. 황 장로는 반대의 이유를 아래와 같이 말했다. 여기가 첫 번째 플롯 전환점(PP1)이다.

> "이유를 알고 싶을 겁니다. 첫째는 손가락 없고 발을 저는 처지에 약을 먹고 있기 때문에 힘이 나지 않습니다. 둘째 그 큰일을 해낼 의욕과 용기가 우리에게는 주어지지 않았습니다. 주님이 하라면 하겠지만…. 인자하신 주님은 우리에게 그 일을 하라 하시진 않았습니다."
>
> 조 원장은 아무 말 않고 뱃머리를 소록도로 돌리라 했다. (중략)

갈등은 쉽사리 풀리기 어려우며 풀리더라도 말끔히 풀리는 경우가 별로 없다. 황 장로의 반대 역시 그러했다. 조 원장은 신부와 목사를 찾아가 오마도 간척의 취지를 이해시키고 환자들의 정신적 선도를 부탁했다. 이에 황 장로는 조 원장에게 편지를 보내, 간척사업을 따르되 조 원장을 막다른 길로 몰아붙이는 조건(아래 기사의 밑줄 친 부분)을 내건다. 이게 5장인데 두 번째 플롯 전환점이다(PP2). 다음이 기사의 그 부분이다.

> [편지를] 읽어 내리는 조 원장의 얼굴은 희색이 돌았다. 얼굴에 묻은 뻘흙이 희색에 퍼지는 주름살 통에 바스러져 전갈 위로 떨어진다.
>
> 소록도 반세기의 역사는 배신의 역사였다는 것이다. 그것을 낱낱이 지켜본 유일한 증인 황 장로에게 이 오마도의 꿈같은 이야기가 속임수가 아니라고 여겨질 아무런 증거는 없었던 것이다.
>
> 뭇 정치인에게 속았고, 또 직원에게 속았으며, 위선된 자선에 속았고 숱한 동

정에마저 속았다고 적어 놓고 주님만이 아직 우리를 속이지 않은 유일한 존재라고 말했다.

애굽을 나가야 할 시기에 이르렀다는 것은 수십 년 전부터 뉘우쳐 왔다고 말하고 우리가 우리 땅을 만들어 '出小鹿'(출소록)해서 우리가 살 수 있도록 한다는 약속을 하라고 다그쳤다. <u>'그 약속이 속임수였다면 문둥이 손에 맞아 죽어도 좋다는 걸 서약하시오'</u> 하는 힘주어 쓴 글귀로 전갈을 끝맺고 있었다.

바로 그 이튿날 조 원장은 선서식을 하겠다는 통고를 내렸다. 2백여 명의 각급 유지, 각구 대표들이 모인 앞에서 신부가 내민 성서에 손을 얹고 그들이 요구하는 서약을 했다. (중략) 모두들 흡족해하며 떠들어 대는 속에 황 장로가 일어섰다. 전파라도 작용했듯 조용해졌다.

'원장님도 서약했으니, 우리도 서약해야 한다'고 말하고 성서에 손을 얹더니,

'주님, 우리에게 우리가 살 땅을 마련할 수 있는 용기를 주셔서 감사합니다. 주님이 허락하신 그 안에서 죽도록 일하게 하옵소서. 주님의 아들과 그리고 부모와 같이 못 사는 가엾은 문둥이의 후손들 이름으로….'

조 원장은 울먹이고 있었다. (중략)

위의 밑줄 친 부분이 황 장로의 조건이다. 이제 조 원장은 목숨을 건 도박을 시작했다. 이 조건은 나중에 절정 단계(11장)의 가장 중요한 순간에 다시 나타나 조 원장의 발목을 잡으며 이야기를 극적으로 이끄는 도구 역할을 한다.

사업 시작 단계의 장애물들이 해소되었으므로 조 원장의 계획은 탄력을 받았다. 하지만, 무슨 일이든 실제로 추진되면, 문제점도 본격적으로 불거진다. 간척사업도 그랬다. 공사를 시작하자, 반발과 갈등도 본격화했다. 6장은 그 내용을 담았다.

정부 허가와 장관과 도지사의 축하까지 받은 가운데 공사를 시작했지만, 인근 지역 주민의 반대가 터져 나왔다. 인근 어민들은 둑을 쌓으면 자기들의 거

주지가 한센병 환자들과 가까워지고, 간척사업으로 해초 어장이 사라져서 생존이 위협받는다며 공사장으로 몰려왔다. 세 번째 플롯 전환점이다(PP3). 조 원장은 소록도의 환자들은 치료를 받은 음성나환자들이지 문둥이가 아니며 어민 피해는 보상하겠다고 약속함으로써 갈등을 해소했다.

7장에서 갈등은 또 생기는데, 6장의 갈등보다 더 심하다. 제1방조제에 300명, 제3방조제에 600명을 투입하여 3개월간이나 공사를 했지만, 눈에 보이는 성과는 하나도 없었다. 오직 환자들의 손발로 돌과 흙을 바다에 퍼붓는 일이었으니 그럴 만도 했다. 무모한 도전이라는 말이 나오기 시작했다. 여기가 네 번째 플롯 전환점인데(PP4), 조 원장은 황 장로의 격려로 이 위기를 넘긴다. 기사의 해당 부분은 아래와 같다.

> 조 원장은 무서워졌다. 현장에서 도망쳐 작업 지휘본부의 둔덕에 올라앉아 얼굴을 감쌌다. 바다가 보기 싫었다. 하지만 개미 떼 같은 문둥이의 움직임이 손가락 사이로 눈에 담긴다.
>
> 그 개미 떼 같은 대열이 자기를 향해 걸어 닥치는 듯했다. 몽둥이며 곡괭이, 쇠몽둥이를 들고 그 이지러진 얼굴들이 고래고래 고함지르며 죽이려 닥치는 듯했다.
>
> 조 원장은 그 환영이 무서워 드러누워 버렸다.
>
> 인기척이 나기에 일어나 앉으니 황 장로가 5미터 앞에서 바다를 보고 앉아 있었다. 황 장로는 현장의 총지휘자였다. 그는 조 원장에게 등을 댄 채였다.
>
> '있을 수 없는 일이 있게 되고, 그 일을 사람이 어떻게 감당하느냐고 물었을 때 감당은커녕 그런 일이 어찌 있을 수 있느냐고 생각하는 그런 일들을 사람이 능히 감당할 수가 있거든. 거참 신기한 일이야.'
>
> 조 원장은 아리송했다. '원장, 맘 좀 더 크게 먹어야겠어' 하며 돌아본다.
>
> '앞으로 백날 더 던져 보지. 돌이 솟지 않을량이면 정성이라도 솟지 않겠는가. 문둥이는 남 위해 상심한다든지 남의 일 도운다든지 그러진 않거든. 하물

며 남 위해 일한다고 생각하면 웃음거리야, 웃음거리….'
   황 장로는 웃으면서 둔덕을 내려갔다.
   조 원장의 고민을 모욕한 것이기도 하지만 뒤쫓아 가 끌어안고 싶을 만큼 기쁘기도 했다. (중략)

 황시백 장로는 기사의 중요한 인물로 지금까지 여러 번 등장했지만, 독자는 그가 누구인지 잘 모른다. 그래서 기사는 7장에서 황 장로와 조 원장의 대화를 통해, 베일에 가렸던 황 장로를 드러낸다. 황 장로는 어릴 때 묘향산에서 땜장이 할아버지, 어머니와 움막에 살다가 흉년이 든 해에 유랑민에게 어머니가 죽자, 할아버지와 함께 소백산으로 들어가다가 할아버지도 죽게 된다. 이후 한 아주머니에게서 개떡 한 조각을 얻어먹으며 성 노리개로 있다가, 남자들에게 넘겨져 시체를 뒤지고 개를 죽이면서 먹을거리를 구해 왔고, 심지어 그들이 시간(屍姦)할 때 여자의 다리를 잡아주며 목숨을 부지했다. 그 사나운 남자들이 문둥이 떼였다. 황 장로는 자신의 '말도 안 되는' 인생 역정을 조 원장에게 전해 줌으로써 조 원장도 자신의 무모한 도전에 스스로 용기를 얻기를 기대했다. 그래서 기사는 7장의 마지막을 "어떻게 그러할 수 있느냐 하는 일이 능히 그러할 수도 있다는 이 장로의 체험이 이 오마도의 기적에 저력이 되고 있는 것이다"는 문장으로 끝맺었다.
 지금까지 4-5장에서 플롯 전환점 2개, 6-7장에서도 플롯 전환점 2개가 나왔다. 6-7장의 플롯 전환점이 4-5장보다 조금 더 심각하다. 이로써 상승 단계에서 위기 단계로 넘어갈 준비가 됐다. 위기 단계에서는 플롯 전환점이 더 많이 나오고, 정도도 더 심각하다. 위기 단계의 목표는 이야기를 고조시켜 자연스럽게 절정 단계로 이어 주는 것이다. 8-10장의 3개 장이 위기 단계다.
 공사는 계속됐지만 진척은 없고 예기치 않은 사고가 터져서 갈등은 누적된다. 인부가 공사장의 돌더미에 깔려서 다치는 사고가 발생했으며(PP5) 그 부상자가 떡과 술을 팔러 다니는 인근 지역의 주모를 겁탈하는 더 큰 사고를 낸다

(PP6). 그 부상자가 피투성이 상태로 주모를 깔아 문댈 때, 황 장로가 그의 머리채를 쥐어 끌고 막는다. 아래가 8장의 그 대목이다.

> 눈에 불빛을 튀기는 이 환자는 숨을 못 가누며 황 장로의 뺨을 몇 번이고 후려갈겼다. 황 장로는 눈초리를 조리며 맞아 주고 있었다.
> 때릴 힘이 다했는지 쓰러진 이 환자는 얼굴을 쳐들고….
> "왜 간섭하는 거야. 문둥이 하나 죽어 가는데 누가 간섭이야" 하며 흑흑 울었다. 얼굴을 가린 채 웅크리고 있던 여인이 옷도 못 가다듬은 채 도망쳤다.
> "문둥이로 한평생 사는 것도 서러운데… 죽을 마당에 하고 싶은 짓 하는데 간섭이야" 하며 땅을 쳤다.
> "주님은 내 살을 다 긁어먹게 두더니 이제 피마저 다 빨아먹게 버려 두었다. 주님은 나에게 있어 여자만도 못 해. 여자를 내놓아, 여자를….″ (중략)

사건은 여기서 끝나지 않았다. 인근 마을 어민들이 조 원장에게 몰려와 주모 겁탈의 책임을 묻고 대책을 내놓으라고 항의했다(PP7). 조 원장은 주민들의 공사장 접근을 막고, 가해자의 법 처벌을 약속하며 위기를 넘긴다. 어민들은 어느 정도 설득됐지만, 그래도 조 원장에게 문둥이를 믿어선 안 된다, 곧 그들이 반란을 일으킬 것이라고 경고한다. 기사 막판의 클라이맥스를 위한 복선이다.

위기 단계의 남은 9장과 10장은 위기, 반전 및 희망이 교차하는 곳이다. 11장의 절정으로 가려면 여정이 험난할 수밖에 없다. 더 큰 사고가 터지고, 운 좋게도 위기를 넘긴다. 예를 들어, 9장에서는 인부들의 불만이 폭발하여 제3공구에서 파업이 발발했다(PP8). 그러나 두 차례의 축구 대회 우승으로 위안을 얻어 마을의 냉기가 겨우 가라앉았다. 그러면서 공사 후 첫 희소식도 있었다. 바다 밑바닥을 차곡차곡 채운 돌과 흙이 드디어 수면 위로 모습을 드러내 길이 만들어진 것이다. 조 원장이 그 길을 걷는 극적인 장면이 연출됐다. 아래가 그 부분이다.

385미터의 제1방조제가 수면 10미터 아래에서 하얗게 일직선을 긋고 있었다. 수심 16미터의 바다 밑을 메우고 올라 솟은 것이다. 이 수면에 떠 보이는 환상적인 하얀 선을 보자 조 원장은 만세를 불렀다. 전갈은 문둥이와 뱃사공도 덤으로 만세를 불렀다. 부르고 나서 서로 바라보고는 계면쩍게 웃었다.

배가 닿자 2천 문둥이가 만세를 불렀다. 오마도 깃발을 찢어져라 흔들면서 조 원장을 에워쌌다

그중에 혼자 냉정한 것은 황 장로뿐이었다. 장로는 걸어 나와 "원장이 이 뚝을 먼저 걸어서 건너야 한다"고 말했다. 문둥이들은 또 함성을 지른다.

조 원장은 자신이 울고 있나 웃고 있나를 분간할 수가 없었다.

옷 입은 채로 바닷물이 일렁대는 바다로 들어섰다. 10여 미터를 쌓아올린 뚝 돌을 발밑의 촉감으로 느끼며 하체를 담근 수면을 젓고 걸어갔다.

그는 자연을 이기고 행진하는 개선장군이었다.

제1방조제를 걸은 지 한 달 만에 제2방조제를 걸었고 그 두 달 만에 제3방조제 1,560미터를 걸었다.

그건 장관이었다.

오마도 67고지의 지휘본부에서 내려보이는 너른 연안의 바다 밑이 그 바닥을 드러낸 것이니 몰려온 바닷물이 뚝에 밀려 되돌아가고 고발, 분매, 오마, 오동, 석도 다섯 섬이 한반도에 붙은 야산이 되어 버린 것이다. (중략)

10장에서는 실패와 성공이 반복하고, 갈등이 최고조에 달하면서 조 원장도 막다른 결심을 한다. 간척으로 쌓았던 둑이 태풍에 완전히 무너지면서 바다와 오마도의 5개 섬은 원래의 모습으로 되돌아갔다. 2천여 명 환자들의 노력과 희망도 완전히 사라졌다. 여기가 9번째 플롯 전환점이다(PP9). 기사는 이렇게 적었다. "자연은 무섭다 못해 원망스러웠다. 원망은 증오로, 증오는 복수로, 복수는 신도 구제 못 하는 어느 진한 상황에서 집념으로 굳어졌다. 그것은 죽음과 종잇장 같은 간격에 있는 것이었다"(352쪽). 그러나 조 원장도 쉽게 굴복할 인

물이 아니었다. 그는 전국의 간척 공사장을 돌며 기어코 성공 사례를 찾아냈다. 서해의 덕적도에서 3형제와 노모가 시멘트나 달구지도 없이 오직 손발 투석으로 8년간 둑 150m를 쌓았다. 둑이 8번이나 무너졌지만, 이들은 기어코 성공했다. 조 원장은 '둑의 침강은 실패가 아니라 당연히 치러야 할 과정'임을 환자들에게 역설했다. 때마침 축구팀이 도 선수권대회의 결승전에 진출했다. 축구가 희망의 들불이나 사기진작의 촉진제가 되었다. 그렇게 환자들은 다시 공사를 했지만, 성공과 실패의 연속이었다. 둑은 3개월 만에 다시 올라섰다가 일주일 후에 침강하고, 또 3개월 후 올라서고 보름 만에 다시 침강하고, 제1방조제를 쌓아 올리면 제2방조제가 침강하고, 그걸 쌓아 올리면 제3방조제가 침강하는 식이었다. 조 원장 지쳐 갔고, 스스로 목숨을 끊을 수 있다는 두려운 생각마저 하게 된다. 그 와중에 제3방조제의 성토장이 무너져 1명이 사망하고 3명이 중상을 입었으며 사망자의 장례를 치른 지 10일도 못 되어 작업선이 뒤집혀 1명이 익사했다. 갈등이 극에 달한 이 지점이 열 번째 플롯 전환점이다(PP10). 조 원장에 대한 원한이 고조되었고, 고사를 지내야 한다거나 섬에서 5명이 죽어 나가야 침강이 없어진다는 미신이 나돌았다. 환자가 다른 환자를 죽이려는 시도도 있었다. 조 원장은 미신을 퍼뜨리면 중형에 처한다는 경고문과 연말까지 뚝 공사를 완료한다는 시달문을 붙였다. 이때 그는 죽음을 각오한 마지막 결단을 한다.

경고문을 붙인 그날 밤, 오마도 작업대원들은 최종 담판을 지으려고 조 원장에게 몰려들었다. 일촉즉발의 이 상황을 기사는 아래와 같이 전했다. 11장의 시작 부분이다.

> [오마도 작업대원들은] 소록도를 한 바퀴 돌면서 인원을 배치, 해안선을 미리 봉쇄하고 나루에 천여 명의 문둥이를 상륙시켰다.
> 원장 사택을 중심으로 한 겹, 두 겹, 세 겹으로 둘러쌌다. 그들 손에는 곡괭이며 철주, 몽둥이들이 쥐어 있었다.

횃불에 어른거리는 이지러진 얼굴들은 지옥에서 온 사자들만 같았다.

"조창원이 나오라!" "원장새끼 나오라!"고 고래고래 고함지르며 조여드는 전위대의 함성소리를 들으며 원장은 여전히 권총을 닦고 있었다.

"오천 문둥이의 피가 진하냐. 네 한 놈의 피가 진하냐."

"우리 적의 피를 소록도에 뿌리자." 피에 굶주린 함성을 낱낱이 듣고 조 원장은 침착하려 애를 썼다.

전위대들이 문을 밀고 들어서자 동시에 일어섰다.

"원장 나간다"고 소리쳤다. 전위대가 앞뒤에 지켜보는 가운데 몇 겹으로 둘러싼 그 복판 둔덕에 올라섰다.

처분대로 맡길 테니 잠잠하라고 외쳤다. 하나 야유의 함성이 한결 높아질 뿐이었다.

그러자 갑자기 찬물이라도 끼얹듯 조용해졌다.

횃불 하나가 조 원장 앞으로 걸어 다가왔다. 그 횃불빛에 어른거리는 것은 황 장로의 얼굴이었다. (중략)

위의 마지막 문장에 보듯이, 이 결정적 순간에 다시 황 장로가 등장한다. 황 장로는 조 원장의 반대편에 서 있지만, 그를 끝까지 밀어붙여서 결단하게 만드는 조력자이기도 하다. 황 장로는 앞에서 언급했던, 목숨을 건다던 조 원장의 약속을 소환하며 마지막 국면 전환을 시도한다. 이 대목이 기사의 절정 부분이다. 긴장도 최고조의 단계에 이른다.

> "이 오마도 일을 원장 일이라고 생각해 본 적은 한 번도 없었다. 우리 일이 아닌가고 들먹이는 문둥이들을 달래 오기 벌써 3년이 지났는가. 한데 주님은 문둥이로서 과한 일이라고 계시를 내렸어. 그 계시를 원장은 믿지 않는다고 모두들 그르드만. 그래서 저의 피가 아닌 남의 피요, 문둥이 피라고 마구 쏟게 한다고 문둥이들이 그르드만. 오마도를 버릴 수 있어도 주님은 버릴 수 없다는 좋

은 시련을 겪은 거야.

 정말 있을 수 없는 일이 이렇게 있는 것은 이상한 노릇이다. 올라 솟았어야 할 오마의 평야는 영 솟지를 안고—. 오늘 밤의 소란은 아무것도 아니야. 약속을 지킨다는 간단한 절차지. 바로 그거야. 스스로 맹세한 약속은 스스로 이행하는 걸 그저 지켜보러 왔어. 사람들은 대개 구경을 좋아하니까…."

 황 장로는 성서 한 권을 앞에 놓고 뒷걸음을 쳐 대열 속으로 끼어들었다. 조 원장이 손을 얹고 맹세했던 바로 그 성서인 것이다. 모든 눈매는 조 원장께로 쏠렸다.

 조 원장은 권총을 빼들고 젖가슴 부분에 쓱쓱 닦았다.

 '내가 서약을 지킨다는 것만은 확실한 거다. 기위 구경을 왔다면 보다 재미있는 구경거리가 되어야 하지 않겠는가.'

 '…'

 '당신들은 신의 섭리를 더 믿었고 나는 사람의 힘을 더 믿었다는 그 조그마한 차이뿐인 것이다.'

 '이를테면… 너의 문둥이의 죄 없는 딸로서 리자라는 흑인 혼혈아가 있다. 그 가엾은 소녀가 기도나 하고 일생을 사는 것을 보고 싶은 것과 비록 얼굴은 이지러졌을망정 병을 나은 저의 어머니랑 논밭 가꾸고 한집에 사는 것을 보고 싶다는 그런 차이밖에 없다.'

 '유랑벽에 정착이 싫어 곧잘 도망치는… 그리고 인간에 저항하고 모든 것에 저항하는 너희들의 슬픈 습성을 뿌리 뽑기 위해서는 자신이 만든 자신의 땅에 애착을 갖도록 하는 수밖에 없다고 생각했던 것이다.'

 '그리고 너희가 바다를 막아 너희가 일구어 놓을 땅에 내가 사욕을 부렸다면 그 오마도 새 땅의 복판에 넓은 축구경기장 하나 만든다는 것뿐이다.'

 '…'

 횃불이 차츰차츰 시들어 들고 이따금 기침 소리가 들릴 뿐이다.

 '이 일이 불가능하다면, 성서와 곡괭이만으로 일구어 놓은 미국의 화려한 서

부는 지금 있을 수 없을 것이오!'

'……'

'또 이 일이 너무 많은 피를 요구한다는 생각이 들거든 앞으로 이 소록도를 헤엄쳐 빠져 나가다가 죽어 갈 그 많은 피를 생각해 보아야 할 것이다.'

'……'

'너희는 너희가 잘 살 신조에 대해 배신하고 있는 것뿐만이 아니라 우리 아버지들이 병이 나으면 우리하고 함께 살 땅을 만든다고 그토록 좋아하는 너의 자식들에게도 배신하고 있다.'

'……'

'내가 스스로 목숨을 끊었다면 이미 무너진 오마도의 뚝 위에 죽어 있었을 것이다. 지금 나는 내가 나를 쏠 이유를 못 찾고 있다.'

'……'

'그러기에 너희가 쏘아 죽일 수밖에 없는 것이다.'

'……'

조 원장은 공포를 한 발 쏘았다.

'실탄은 지금 여섯 개 남았다.'

황 장로 있는 앞에 권총을 내어 던졌다.

'이후에 무슨 수를 써서라도 오마도의 바닥이 드러나거든 꼭 축구경기장을 만들도록 해라.'

침묵이 깃들었다.

아무도 권총을 집으려 들지는 않았다.

권총과 조 원장을 번갈아 보던 황 장로는 천천히 걸어 나가 권총을 주웠다.

'시련이 약했다. 눈 못 감고 반나신으로 죽은 어머니를 그대로 두고 나왔듯이, 개떡에 팔려 여자의 사타구니나 핥아 주고 살았듯이, 그리고 죽은 여자 머리 잘라 도둑 떼에 바쳤듯이 나는 되지도 못한 일에 용감하고 있어 지금…. 총구멍을 어디로 향해야 할지 주저하는 뜻은 손가락이 없어서가 아니라 시련이 약했기 때문이다.

　원장 듣게. 오마도는 성서와 곡괭이만으로는 이룰 수 없다는 것을 방금 느꼈구만…. 거기에 더 한 가지 이 권총이 있어야 해. 이 권총이. 자, 갖게. 이 권총으로 빨리 오마도에 가서 둑을 쌓으라고, 이 문둥이 떼를 쫓아버리게. 어서 고된 시련을 겪도록 쫓아버리게.'

　황 장로는 다가왔다. 5미터 앞에 멎더니 권총을 놓고 에워싼 군중에게 손을 들어 보였다.

　군중들은 함성을 지르며 몰려갔다.

　원장은 소록도 높은 둔덕에 올라서 밤새워 햇불이 오가는 오마도 공사장을 지켜보고 있었다.

　이로써 간척사업은 성공하게 된다. 그것을 장황하게 설명할 필요는 없다. 중요한 것은 그에 이르기까지의 과정이므로…. 12장은 성공의 피날레를 보여 주는 하강 단계다. 여기에 희망의 상징인 축구가 다시 등장하여 분위기를 돋운다. 대화해의 장면도 연출되는데, 이 부분은 아래 기사 대목을 읽은 다음에 설명한다.

　그해, 크리스마스 날 소록도는 마냥 흥겨웠다. 축구시합이 벌어진 것이다. 소록도 5,000여 주민이 모두 모인 이 경기장을 어느 섬 밖 사람이 보았다면 아마 아무도 문둥이들은 아니라고 말했을 것이다.

　그 경기장에서 만날 수 있는 여자들은 눈썹이 새까맣고 이지러진 얼굴이라고는 찾아볼 수가 없이 고왔다. 옷들도 화려했다.

　처녀 병동의 아가타들은 여흥으로 포크댄스를 추었다. 한데 그 얼굴, 그 옷차림은 누가 보아도 문둥이가 아니었다.

　납골탑지기의 할아버지마저도 깜장 씽글에 깜장 모자를 쓴 신사가 되어 있었다. 쉰 살 난 한 부인은 빨간 원피스를 입고 유난히 눈을 끌며 쏘다녔다. 외모

뿐만이 아니었다. 그들 몸에서는 향수내도 품겼다.

정말 묘한 축구경기장이었다. 그건 가장무도회 같기도 했고 하나의 너른 야외무대만도 같았다.

거듭되는 침강과 싸워 지시대로 크리스마스 전까지 둑을 완벽하게 쌓아 올린 그 대가인 것이다. 돌덩이 6천여 만 개를 바다에 던져 2,200여 미터의 해성(海城)을 쌓아 330만 평의 땅을 일구어 놓은 대가의 축제인 것이다. 그들은 서로가 문둥이가 아닌 그 얼굴들로 지껄이고 뛰고 마냥 즐거웠다.

이 중에서 가장 초라한 차림이 조 원장이었다. 조 원장은 이 축제의 귀빈석에 늘핏이 앉아 회심의 웃음을 짓고 있었다.

그는 서울 가서 특정 외래품으로 압수된 옷, 옷감, 화장품 등을 대량으로 얻어 태워버리느니 유배지에서 갇혀 사는 가엾은 문둥이나 주자고 설득시켰던 것이다.

그리하여 이 축제 직전에 골고루 나누어 주고 늙은이고 젊은이고 양장을 하며 짙은 화장을 하도록 지시를 내렸다. 처녀 병동은 축제 일주일 전부터 불야성이었다. 짓고 칠하고 또 겹어 칠하는 나르씨시즘이 잠을 앗아 간 것이다.

그리고 이 축제의 아침 소록도 온 주민이 서로 만났을 때는 누가 누군지 몰라보았다. 이름을 서로 대고는 서로 손가락질하며 마냥 웃어 댔다. 웃음에 겨워 배를 거머쥐고 주저앉았다.

그 웃음에 들뜬 와중에서 경기는 진행되었다.

그 묘한 축구경기에서 또 하나 묘한 광경은 조 원장과 바로 바싹 곁에 황 장로가 앉아 있는 장면이다.

5미터 간격이 없는 것이다. 더욱이 45도로 고개를 돌리는 대화의 에티켓도 없이 말을 나누고 있었다.

조 원장은 문둥이와의 이 위험한 장벽을 깨뜨리고 사는 유일한 비문둥이었다.

앞의 마지막에, 5미터 간격을 둔다거나 45도로 고개를 돌리고 대화한다는 것은 한센병 환자와 일반인 사이의 전염 예방을 위한 에티켓이다. 조 원장과 황 장로 사이에 이것이 없어짐으로써 일반인과 환자의 대화해가 이루어졌음을 의미한다. 그것이 이 긴 기사의 마지막 문장에 적혀 있다.

이 기사는 '논픽션 180장'이라는 부제 그대로 한 편의 완성형 논픽션이다. 내러티브 포물선의 5단계 구조를 완벽하게 구현한 단편소설이다. 과문하여 다른 사례를 알지 못하지만, 이 기사는 한국 언론 역사상 최고 난도의 구성력을 갖춘 소설급의 기사다. 「사상계」가 편집후기에 밝혔듯이, 기사 내용은 전부 실화다(이규태, 1966, 362쪽). 단, 기사 인물 중 조창원은 실명이고 나머지는 모두 가명이다.

서두에 잠깐 언급했듯이, 이 기사는 기사 자체로보다는 이청준의 소설 『당신들의 천국』으로 유명해졌다. 이 기사가 소설의 모태이기 때문이다. 이청준은 1954년 초등학교 졸업여행 때 어업조합이 내준 화물선을 타고 소록도를 방문했다가 10년 후 월간 「사상계」에 근무하면서 이규태의 위 기사를 읽고 작품을 구상하게 됐다(강춘진, 2006). 이청준은 『당신들의 천국』 1976년 초판 서문에 그 점을 분명하게 밝혔다. "〈조선일보〉의 이규태 님—특히 한 미숙한 문학청년에게 제법 야심적인 창작 의욕의 발단을 마련해 주었을 뿐 아니라, 소설 곳곳에서 그의 빼어난 취재의 눈에 의지하지 않을 수 없었던 이규태 님을 만날 수 있었던 것은 나의 비길 데 없는 자랑이요 행운이었음을 고백하지 않을 수 없다"(이청준, 2008, 9쪽). 『당신들의 천국』은 1974년 4월부터 1975년 12월까지 「신동아」에 연재된 후, 1976년 5월 문학과지성사에서 단행본으로 출간됐다. 이규태의 「사상계」 기사 후 꼭 10년 만이다. 이 소설은 2003년에 이미 100쇄를 발행했다. 소설은 3부작의 장편인데, 2부가 이규태 기자가 쓴 앞의 기사를 바탕으로 한다. 소설에서 조창원은 조백헌으로, 황시백은 황희백으로 나온다. 소설 3부에서 조백헌 원장과 대화하면서 소록도의 비밀을 한 꺼풀씩 벗겨 가는 C일보 이정태 기자가 바로 이규태 기자를 모델로 한 인물이다. 소설에서 이정태 기자는 "땅딸막한 키에 가슴이 제법 넓게 벌어진 당당한 체구, 선 굵은 검은 테 안경알 속에서 양순한 듯하면서도 만만찮은 시선"의 소유자로 나오는데, 이규태 기자의 실물과 거의 똑같다(조선일보사 사료연구실, 2004b, 210쪽 참조).

　이런 대작은 하루아침에 나오기 어렵다. 이규태 기자는 위 기사 5년 전인 1961년에 처음으로 소록도에 관심을 가져 '천형의 유적지 소록도에 가다'라는 기사(〈조선일보〉 1961.5.12.)를 썼으며, 그 2년 후에도 '유배지에 핀 '마돈나'의 미소'(〈조선일보〉 1963.11.10.)를 썼다. 수년에 걸친 연속 취재가 걸작을 낳았던 셈이다. 앞 기사의 취재 기간은 저자와 「사상계」가 밝히지 않아서 알 수 없지만, 배를 타고 들어가야 하는 그곳의 취재가 하루이틀 거리는 아니었을 것이다. 당시 이규태가 문화부장이었다는 점은 더 놀랍다(이규태, 1966, 362쪽). 부장이 자리를 비워도 아무 문제 없으며 현장으로 나가서 취재하면 오히려 명작이 나온다.

　이규태(1933-2006)는 1959년 〈조선일보〉에 입사하여 문화부, 사회부, 편집부 기자를 거쳐 논설위원과 논설고문까지 45년 6개월을 근무했다. 그는 1983년 3월 1일부터 2006년 2월 23일까지 23년간 '이규태 코너'를 6,702회 연재하며 언론사상 최장기 칼럼 기록을 세웠다. 이 코너는 시의적인 사안이나 키워드 등 무엇이든지 하나를 잡아서 그와 관련한 동서고금의 온갖 정보를 200자 원고지 6매 정도의 분량으로 엮은 글이다. 길지 않더라도 이런 시의적인 글을 매일 쓰기는 불가능에 가까울 정도로 어렵다. 당시는 컴퓨터와 인터넷이 없어서 검색으로 정보를 모을 수 없었기 때문에, 그는 집에 1만 5천여 권의 장서를 마련하고 자신이 개발한 분류방식으로 10만여 개의 색인을 달아 필요한 자료를 뽑아냈다. 그는 책을 읽다가 필요한 부분을 발견하면, 책장을 찢어서 색인집을 늘려 나갔는데, 책장의 양면을 모두 활용하기 위해 항상 동일한 책을 2권씩 샀다. 그는 사망하기 이틀 전까지 '이규태 코너'를 썼다. 그는 '천생 기자'였다(대한언론인회, 2010, 253쪽).

제 2 부

객관화

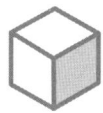

1. 글은 주제 증명이다

 모든 말과 글은 주제를 지니며 화자와 필자는 주제를 증명해야 한다. 기사도 마찬가지다. 기사는 소식이나 정보를 전하는 것인데 무슨 주제냐고 하겠지만, 그게 그렇지 않다. 예를 들어, 교통사고를 취재하는 기자는 사고가 발생한 일시와 장소, 사고의 경위를 알아보고, 가해 차량과 피해 차량 및 가해자와 피해자를 확인한다. 목격자를 찾아서 사고 상황을 듣고 경찰의 조사 내용도 파악한다. 이런 정보는 교통사고라는 기사 주제의 증거들이다. 예기치 않은 사건사고가 이럴진대, 기획형 기사는 말할 것도 없다. 취업난 기사를 쏜다면, 기자는 취업난의 온갖 원인과 배경을 취재할 것이다. 바로 그것들이 취업난이라는 주제를 증빙하는 증거다. 기사에서 증거는 '취재원'이라는 형태로 나타난다. 기자가 어떤 말을 들었다면 그 말을 해 준 사람이 취재원이며 어떤 내용을 찾았다면 그 내용이 담긴 자료가 취재원이다. 기자가 직접 본 것은 별도의 취재원 없이도 중요한 증거물이다. 증거물은 다다익선이다. 취재원 1명인 기사보다 2명이나 3명인 기사가 더 좋다. 증거의 양이 많은 것 못지않게 증거의 종류가 다양해야 한다. 기자가 본 것, 타인에게서 들은 것, 뒤져서 찾은 것 등 서로 다른 속성의 증거들이 혼합되면 더 좋다. 증거가 많고 종류도 다양하다면, 주제를 설득력 있게 증명할 수 있다. 그런 모범 기사 하나를 살펴본다.

> 그의 입은 봇물이 터진 듯했다. 눌러 쓴 모자, 한순간도 가만히 있지 못하고 포승줄을 만지작거리는 손. 떨리는 목소리. 그런데도 침착하게 지난 일을 기자에게 털어놓았다. 그의 말은 부모를 엽기적으로 살해한 범인치고는 논리적이었다. 이은석(23). 명문 ㄱ대 산업공학과 휴학생인 그는 부모를 살해해 토막 내고 시체를 유기한 혐의로 5월 24일 집에서 경찰에 연행되었다. 다음 날 방송과 신문은 이 씨를 '인면수심'의 살인자로 몰아붙였다.
>
> 하지만 이 씨는 인격 파탄자가 아니었다. 정신병자는 더더욱 아니었다. 그는 오히려 사회와 부모가 요구하는 '모범생'으로 살아왔다. 그런 그가 상상하기도 힘든 끔찍한 범죄를 저지른 까닭은 무엇일까? 그의 삶은 개인을 파괴하기에 충분한 악조건에 철저하게 포위되어 있었다. 사랑 없는 부모의 부부 생활, 끝없는 공부 강요와 폭언, 학교에서의 집단 따돌림, 주변과의 대화 단절….
>
> 물론 그와 같은 악조건에서 살아가는 사람들이 모두 잔인한 살인자가 되는 것은 아니다. 그런 점에서 그의 범행은 동정받을 여지가 없다. 하지만 그가 부모를 살해하기까지 살아온 과정을 더듬어 보면, 이 시대를 사는 젊은이들이 누구나 가슴에 간직하고 있을 법한 상처의 단면들을 엿볼 수 있다. 무엇보다 주목해야 할 것은, 가정과 사회로부터 그 같은 상처를 받은 젊은 세대 가운데 도저히 이해할 수 없는 흉한 범죄를 저지르는 이가 점점 늘어나고 있다는 사실이다.
>
> ─부모 갈등·따돌림이 패륜 참극 불렀다. 「시사저널」 2000.6.8. 고제규 기자

기자는 2문단에 주제를 명확하게 설정했다. 이 주제는 기자가 자의적으로 설정한 게 아니라 취재를 통해 유추한 결론이다. 또한, 한 패륜아에 대한 취재

가 호기심 차원에서가 아니라 젊은이들이 지닌 상처의 단면을 알아보기 위함이라고 3문단에 밝힘으로써 주제를 사회적 맥락으로 확대했다. 그런 다음, 기사는 범행 과정을 보여 준다.

> 지난 5월 21일 새벽 5시. 잠을 자지 않고 혼자 양주를 반병 정도 마신 이 씨는 컴퓨터 책상 밑에 있는 망치를 집어 들었다. 그가 어머니 황 씨(50)가 자고 있는 방에 들어갔을 때, 인기척을 느끼지 못한 어머니는 편안히 잠들어 있었다. 이 씨는 어머니 이마를 세 차례 내리쳤다. 그리고는 자기의 방으로 돌아가 네 시간 동안 앉아 있었다. 오전 9시 이 씨는 또다시 아버지 이 씨(59)가 자고 있는 건넌방으로 향했다. 그는 아버지 이마를 한 차례, 뒤통수를 두 차례 망치로 내리쳤다.
> 21일 오전 11시 30분께 이은석이 안방 문을 열어 보니 벽과 매트리스에 피가 흥건히 튀어 있었다. 그는 어머니의 두 다리를 잡고 화장실 안으로 끌고 들어갔다. 자기 방에 있는 공구함에서 쇠톱과 가위를, 주방에서 칼 다섯 자루를 가지고 화장실로 간 이은석은 오후 4시께까지 어머니 시신을 열 토막으로 잘랐다. 그리고 나서 아버지 시체를 화장실로 끌고 가 똑같은 방법으로 열한 토막을 냈다. 밤 8시까지 시체를 토막 낸 이은석의 온몸은 피로 물들어 있었다. 그는 거울에 비친 자신의 모습을 보았으나 두렵지 않고 덤덤했다.
> 22일부터 이은석은 시신을 하나둘 내다 버리기로 작정하고 새벽 3시부터 토막 낸 시체를 비닐봉지에 나누어 담았다. 오후 3시께 이 씨는 시체 일부가 담긴 쇼핑백을 들고 지하철을 탔다. ㄷ역에서 내린 이은석은 역구내 쓰레기통에 쇼핑백을 버렸다. 버스를 타고 집으로 돌아와 다시 음식물쓰레기를 버리듯 위장해 시체 일부를 음식물 분리수거함에 버렸다. 돌아오는 길에는 할인매장에서 세제를 사다가 집안 곳곳에 밴 핏자국을 없앴다. 시체 유기는 23일에도 계속되었다. 전날과 마찬가지로 이은석은 오전부터 지하철을 타고 다니며 시체를 버렸다. 그는 놀랍게도 돌아오는 길에 미장원에 들러 이발하는 태연함도 보였다.

그날 이은석은 집에 돌아와 피 묻은 옷가지를 세탁하고, 밤 11시에 마지막 시체 일부를 근처 아파트 쓰레기통에 버렸다. 이은석은 자신이 체포된 24일, 오전 9시에 전날 세탁한 피 묻은 옷을 쓰레기장에 버리고 오후 2시까지 다시 집안을 청소했다. (중략)

이어서 기사는 한 문단을 할애하여 이은석은 세간에 알려진 대로 등록금 문제로 부모를 살해하지는 않았다고 재강조하고, 본격적으로 주제를 입증하는 증거들을 제시한다.

"은석이는 공부도 잘하고 정말 모범생이었다." 고등학교 3학년 담임이었던 민 아무개 교사는 그를 이렇게 기억했다.(①) IQ가 138인 이은석은 고등학교를 졸업할 때 3년 개근상과 전교 8등을 차지할 정도로 성실하고 노력하는 학생으로 통했다. 민 교사는 "점수를 맞추면 충분히 서울대에 갈 수 있었다. 본인이 공과대를 가고 싶어 해 ㄱ대에 특차 지원해 합격했다"라고 말했다.

대학에 진학한 뒤 이은석은 과내 컴퓨터 동아리에 가입해 활동했다. 컴퓨터를 꽤 잘 다룬 그는 동아리 모임에 빠지지 않고 참여했다. 동아리 후배 ㅂ 씨(22)는 "은석 형과 친했다. 후배들 밥도 자주 사 주고 편하고 자상한 선배였다. 워낙 컴퓨터를 잘하고 동아리 활동에 열심이어서 형을 아끼고 좋아한 사람이 많았다"라고 말했다.(②) 다른 동아리 회원들도 은석이를 비슷하게 기억했다. 하지만 대학 선후배들이 모두 지적하는 이 씨의 특징은 말이 없고 조용한 내성적 성격이었다는 점이다. 친하면서도 일상적인 이야기만 나눌 뿐 집안 이야기는 한 번도 하지 않았다는 것이다.

이은석이 학교 친구들보다 더 편안하게 생각해, 자신의 이야기를 솔직하게 털어놓았던 모임이 있었다. 컴퓨터 도사이면서 영화 마니아였던 이은석은 PC통신 영화동호회에 가입해 '우리들 이야기' 난에 개인적인 이야기를 털어놓았다.

'우리 집 식구들은 서로서로 서먹서먹 썰렁한 관계. 같이 있어도 즐겁지도 슬프지도 않다. 한때는 그런 게 너무 싫어서 혼자서 씩씩거리던 시절도 있었는데, 이젠 무감각해져 버렸다.'(1996.9.23. '부러진 화살')(③)

제일 먼저 제시한 증거는 고3 담임선생(①), 컴퓨터 동아리 후배(②), PC 통신 영화동호회의 '우리들 이야기' 게시판(③)이다. 사람 취재원 2명과 자료 취재원 1개다. 자식이 부모를 살해했다면, 그의 가족이 온전히 정상적이었을 리가 없다. 그래서 기자는 이은석의 가족도 취재했다. 위 ③번이 그 연결고리다.

이은석은 해군사관학교 출신인 아버지 이 씨와 ㅇ여대 정외과를 졸업한 어머니 황 씨 사이에 2남 중 둘째로 태어났다. 군인이었던 아버지는 1986년 예편할 때까지 근무지에서 가족과 떨어져 지냈고, 이은석은 형과 함께 어머니와 살았다. 따로 떨어져 있었던 부모는 물리적인 거리만큼 마음까지 멀어졌는지 자주 다투었다고 한다. 이은석의 형 이 아무개 씨(26)는 "아버지는 결벽증에 걸린 사람처럼 행동했다. 외출했다 돌아오면 반드시 옷을 털고 들어와야 했고 실내에서는 슬리퍼를 신고 생활했다. 그렇지 않으면 혼났다"라고 말했다.(④) 아버지의 이런 성격을 참지 못했던 어머니는 아버지와 다투기 시작했다.

결국 이은석이 어렸을 때부터 부모는 각방을 사용했다. 형 이 씨는 "초등학교 2학년 때 친구 집에 놀러갔다가 친구 부모님이 한방을 쓰는 것을 보고 놀랐다"라며, 그때까지 부모가 각방을 사용하는 것을 당연하게 알았다고 했다. 이 씨가 "친구 엄마 아빠는 방을 함께 쓰는데 우리 집은 왜 따로 주무세요?"라고 묻자, 부모님은 그 뒤 한동안 한방을 사용했다고 한다. 하지만 그것도 잠시였다. 부모는 숨진 날까지 각방을 사용했다. "어머니는 어렸을 때부터 이혼한다는 말을 입에 달고 살았다"라고, 형 이 씨는 아픈 기억을 털어놓았다. "누구 때문에 이혼 못 하는 줄 아느냐? 다 너희들 때문이다"라는 어머니의 말은 어린 자식들에게 항상 마음의 짐이 되었다고 했다.

부부 사이가 원만하지 못한 가정에서 자란 이은석은 어머니와 아버지에게 두려움을 품고 있었다. '초등학교 3학년 때 숙제를 안 해 가자 담임선생님이 어머니와 내 문제를 이야기하려 했다. 나는 굉장히 놀랐다. 어머니가 선생의 말을 듣고 화내실 모습이 연상되자 무한대의 공포를 느꼈다.' (1996.10.27. '가장 아찔했던 순간') 자식이 부모에게서 무한대에 가까운 공포를 느꼈던 까닭은 무엇일까?

이은석은 자술서에서 '부모는 나를 항상 형과 비교했다. 또 다른 아이들과도 비교해 야단쳤다'라고 밝혔다.(⑤) 부모의 무심한 언행은 이은석에게 열등감만을 키웠다. 아버지는 직업상 한 달에 한 번 정도 집에 오면서 아들을 본체만체 했다. 그런 아버지를 기피하면 '사내놈이 왜 그러냐?' '굼벵이 같은 자식'이라고 쏘아붙였다. 어머니는 더 냉정했고 공격적이었다. 큰아들에게는 잘해 주었지만, 자신의 스트레스를 둘째아들에게 쏟아 부었다. 5월 25일 이은석을 심리 분석한 동국대 이상현 교수는 "어머니가 신경질적인 히스테리 환자로 여겨진다"라고 진단했다.(⑥)

어머니에게 야단맞는 일이 잦았던 이은석은 점점 자신감을 잃어 갔다. 말이 없고 내성적인 아이가 된 것은 부부 싸움 뒤의 삭막한 가족 분위기 때문이었다. 형 이 씨는 "아버지와 어머니가 한번 부부 싸움을 하면 보통 2-3개월은 서로 말하지 않았다"라고 냉랭했던 집안 공기를 전했다. 심한 경우 아버지는 부부 싸움 뒤 식사 시간에는 밥그릇만 가지고 방으로 들어간 경우도 많았다. 형제가 모두 말이 없고 내성적인 것은 이런 분위기 때문이다. 부부 갈등이 한 가정을 파탄으로 이끈 도화선이 된 것이다.

역시 그의 가족사는 불행했다. 부모의 갈등은 극에 달했으며 아버지는 냉혹하고 모멸적이었다. 아들은 부모에게 공포감을 느꼈고 열등감에 휩싸였다. 이 내용이 이은석의 형(④)과 이은석의 경찰 자술서(⑤), 동국대 교수(⑥)의 진단을 통해 증빙된다. 기자는 범인의 자술서라는 결정적인 증거자료를 입수함으로써 기사 주제를 설정하고 증명하는 데 박차를 가할 수 있었다.

'나도 같이 다닐 친구가 생기면 좋겠지만 이젠 누굴 다시 사귈 용기가 없어.' (1996.10.31. '항상 어색한 친구에게') 가정에서 외톨이였던 이은석은 중학교에서 친구들로부터 '왕따'를 당했다. 중학교 2학년 때부터 성장이 멈춘 왜소한 체격. 말이 없고 순진했던 그를 친구들은 '원숭이 같은 놈'이라고 놀리고 억지로 교탁으로 끌어내 노래를 시켰다. 이은석은 고등학교에 진학해서도 마음이 통하는 친구를 사귀지 못했다. 그런 아들에게 아버지는 "네가 뭘 잘하냐? 공부나 해라. 공부도 못 하면 사회에서 낙오한다"라는 말을 주저 없이 했다.

이은석은 공부를 잘해야만 부모로부터 인정받을 수 있다고 생각해 고등학교 내내 한눈팔지 않고 공부만 했다. 성적도 상위권이었다. 하지만 정작 자신은 공부를 잘한다고 생각하지 않았다. 그는 "놀지도 않고 1년 3백65일 공부만 해 보세요. 바보가 아닌 이상 이 정도는 할 수 있어요"라며, 기억하고 싶지 않았던 고등학교 3학년 생활을 털어놓았다. 아버지는 공부방 밖에서 아들이 공부하는 것을 지켜보았다. 2-3시간마다 들어와 아들이 얼마나 공부했는지 점검했다. "조금 전에도 200쪽 보던데, 겨우 두 쪽밖에 못 봤어? 너 낙서한 '1987'은 무슨 의미냐"라며 아버지는 은석이를 다그쳤다. 고교 3년 생활은 그에게는 지옥 같았다.

그가 굳이 서울대를 마다하고 ㄱ대에 특차 지원한 것도 이런 생활에서 빨리 벗어나고 싶었기 때문이다. 고등학교 때 친구가 없었던 그는 대학에 들어가 바로 컴퓨터 동아리에 가입해 친구를 사귀려 했다. 하지만 이미 너무 내성적으로 되어버린 탓에 자신의 고민을 털어놓을 만큼 사람을 깊이 사귀는 법을 알지 못했다.

공부하라는 잔소리가 듣기 싫어서 자식이 부모를 죽였다는 식의 기사가 많지만, 사건의 진실은 그리 간단하지 않다. 대개 자식은 그 정도의 이유로는 부모를 죽일 수 없다. 훨씬 더 많은 복합적인 이유가 있기 마련이다. 잔소리라는 이유 하나 때문이라 하더라도 그것은 일반적으로 상상할 수 있는 수준 이상이어야 한다. 말하자면, 그 정도로 극에 달해야 자식이 부모를 죽일 수도 있는 것이다. 앞의 밑줄 친 부분이 그와 관련된 한 증거자료다. 기사처럼 이은석의 고교 시절은 지옥 그 자체였다. 학교와 가정에서 안식을 구할 수 없었던 이은석은 가상의 세계로 도피할 수밖에 없었다. 컴퓨터와 영화가 그의 탈출구였다.

'모임에 나가면 난 항상 침묵한다. 워낙 대화에 소질이 없다 보니 그렇게 된 것인지, 아니면 침묵을 지키다 보니 대화에 소질이 없어진 것인지 분명치 않다.' (1997.3.17. '침묵의 소리') 얼굴을 맞대고 대화하는 법을 몰랐던 그는 컴퓨터 화면을 마주하고는 조금씩 자신의 마음을 풀어 나갔다. 그렇기에 그가 그나마 잘 어울렸던 사람들이 바로 PC 통신 영화동호회 사람들이었다. 현재 시삽[1]인 ㄱ씨(23)는 "은석이는 영화를 많이 보고 영화평도 아주 잘 썼다. 통신 모임에서 운영위원을 할 정도면 열심히 활동했다는 말이다"라고 말했다.(⑦) 하지만 이은석은 오프 모임에서는 비교적 말수가 적었다고 했다. 사람을 만나는 현실 세계에서 여전히 외톨이였던 것이다. 보다 못한 한 친구가 MT 때 돌려 가며 하고 싶은 말을 적는 종이에 '사람을 사랑하십쇼. 여자를 사랑하십쇼'라는 말을 적어 주기도 했다.(⑧) 하지만 이은석은 쪽지를 보고 '사람이고 여자고 간에 자기 자신을 사랑해야 누구를 사랑하지 않느냐?'라는 생각을 했다.

그래서인지 그는 혼자 돌아다니기를 좋아했다. 학교 수업을 대충 듣고, 대학로 동숭시네마텍 자료실에서 영화 관련 책들을 보았다. 그러다 종로까지 걸어가며 레코드 가게에 들러 좋아하는 음악을 듣고, 교보문고에서 밤 9시까지 보고 싶은 책을 뒤적였다. 아마 교보문고가 늦게까지 문을 열었다면 더 있었을 것이다. 밤 9시에도 그는 집에 가기 싫어 명동을 돌아다니며 거리와 사람들을 구

---

1) sysop. PC 통신 시절에 시스템 운영 관리자를 칭하던 용어.

경한 뒤 밤 10시가 넘어서야 지하철에 몸을 실었다. 그래도 그는 곧장 집에 들어가지 않고 동네 근처 공원에서 어슬렁대다가 밤 12시가 넘어서야 집에 들어갔다. 그에게 집은 그만큼 고통스런 공간이었다. 반대로 집을 떠나 있었던 군대 시절을 그는 행복했던 때로 기억했다. "내가 무엇인가를 해서 인정받을 수 있었던 유일한 때가 바로 군대 시절이었다." 집에 있으면서도 그가 유일하게 즐거워했던 시간이 있었다. 바로 비디오테이프를 빌려 영화를 보는 때였다.

'내가 좋아하는 영화를 보면서 그 순간을 즐긴다. 그때만큼은 나도 남들처럼 살아 있다는 걸 느낄 수 있다.'(1996.9.2. '왜 또 나는 영화를 보는가?') 이은석이 10년 넘게 드나들었던 단골 비디오 가게 주인 홍 아무개 씨(34)는 "하루에 4-5편 빌리는 것은 기본이다"라며 그를 영화 마니아로 기억하고 있었다.(⑨) 이은석은 이 대여점에서 영화를 6백 편이나 빌려 보았다.

그가 주로 좋아하는 영화는 '피 튀는 영화'로 그중에서도 올리버 스톤의 〈킬러〉(원제 〈내추럴 본 킬러〉)였다. 그는 이 영화를 '진짜·정말·너무·굉장히·아주·매우·미치도록 존경한다'라며 최고의 수식어를 붙여 '명작'이라 치켜세웠다. 이 영화는 지나치게 폭력적이며 친족을 살해하는 내용을 담고 있어 한동안 수입이 보류되었다. 경찰청 범죄심리분석 자문위원인 신민섭 서울대 교수는 "은석이에게 영화는 도피처였다. 영화를 보며 대리 만족을 느꼈을 것이다"라고 말했다.(⑩) 신 교수는 이은석이 만성적인 우울증과 회피적인 성격 장애에 시달렸다고 진단했다. 어려서부터 부모의 구박을 받으며 열등감에 사로잡혔던 은석이가 군대를 제대하고 다시 집으로 돌아와 부모와 부딪치면서 비극은 시작되었다는 것이다.

기사는 외톨이 이은석이 폭력을 탐닉하게 된 정황을 취재원 4명을 통해 보여 준다. PC 통신 영화동호회 시삽(⑦), 익명의 친구(⑧), 비디오 가게 주인(⑨), 서울대 교수(⑩)가 그런 증거를 제공한 사람들이다. 기사는 다음과 같이 마무리된다.

그는 군대에 있는 동안 PC 통신 영화동호회와 멀어졌고, 과내 컴퓨터 동아리 친구들과도 거의 연락하지 않았다. 형도 아버지와 다툰 뒤 따로 나가 살아 그는 완전히 고립된 채 외톨이가 되었다. 이은석은 이번 학기를 휴학한 뒤 영문과로 편입하기 위해 과천 도서관과 집에서 영어 공부만 했다. 형 이 씨는 "여기 경찰서에 와서야 동생이 영문과에 편입하려고 휴학한 것을 알았다"라고 말했다. 가족과 대화가 단절된 이은석의 상황을 짐작할 수 있는 대목이다. 아무 말 없이 집과 도서관을 오고가던 그를 못마땅하게 여긴 아버지는 사건 발생 1주일 전에 "너 같은 놈은 사회생활 못 한다"라며 야단쳤다. 제대 뒤 가정환경에 적응하지 못하고 자신감을 잃어 가던 은석이는 아버지의 말을 되새겼다.

사건이 나기 하루 전에도 아버지는 비슷한 말로 그를 야단쳤다. 내성적이었던 이은석이 1주일 동안 아버지의 야단을 가슴에 품고 있다가 결국 폭발한 것이다. 야수로 돌변한 이은석은 '이제는 끝이다'라는 심정으로 일을 저질렀다. 시체를 토막 내고 유기한 것은 깨끗이 없던 일로 만들고 싶어서였다고 털어놓았다. 그의 정신 상태를 감정한 신민섭 서울대 교수는 "거울에 비친 자신의 피범벅이 된 모습을 보고도 두렵지 않았던 것은 일종의 정신적 마비 상태에 빠져 있었다는 증거이다"라고 말했다. 「시사저널」이 단독 입수한 이은석의 글을 본 신 교수는 "부모를 살해하기까지는 어려서부터 받은 정신적 학대가 직접적인 원인이었다. 살해한 뒤 시체를 토막 내고 유기한 것은 '피 튀는 영화'가 간접 영향을 미쳤을 것이다"라고 말했다. 이은석은 무의식 상태에서 그가 즐겨 보던 영화대로 '타고난 킬러'처럼 행동했다는 것이다. 신 교수는 마음을 털어놓을 친구가 한 명이라도 있었다면 이런 일은 일어나지 않았을 것이라고 했다.

검거된 뒤 형과 면회하기를 거부했던 이은석은 5월 26일 형과 긴 대화를 나누었다. 면회가 끝난 뒤 형 이 씨는 "동생이 사형만 면한다면 평생 뒷바라지하겠다. 친구가 되겠다"라고 참담한 심정을 토로했다. 형과 대화를 끝낸 이은석은 입술을 굳게 닫은 채 더 이상 논리적으로 자신의 주장을 펴지 못했다. 가정과 사회가 만들어 낸 '엽기적 살인범' 이은석은 그제서야 두려움에 떨며 '후회

한다'는 말만을 중얼거렸다.

　기사는 취재원을 풍부하게 동원하여 주제를 증명하는 데 성공했다. 취재원은 모두 10명이며 이 중 자료취재원은 PC 통신 영화동호회의 '우리들 이야기' 게시판과 이은석의 경찰 자술서이다. 취재원은 기사에 반복적으로 등장해도 1개로 계산했는데, 예를 들어 '우리들 이야기' 게시판의 글은 5번이나 인용되었다. 이런 증거를 담은 문장은 기사 전체 분량(200자 원고지 40.2매)의 약 80%에 달한다. 이 기사를 기자가 된 지 53일밖에 안 된 사람이 썼다고 하면 믿지 않을 것이다. 그 배경이 『기자로 산다는 것』이라는 책에 쓰여 있다(고종석 외 25인, 2007).

　기사가 실렸던 「시사저널」은 1989년 창간되어 한국형 탐사저널리즘의 신영역을 개척하면서 본격적인 시사주간지 시장을 열었다. '자본과 권력으로부터의 독립된 언론'이 사시(社是)였지만, 2006년 회사가 삼성 관련 기사를 무단으로 삭제하면서 경영진과 갈등을 빚었다. 기자 24명 중 17명이 징계를 받자, 기자들이 파업에 돌입하는 '시사저널 사태'를 낳았다. 『기자로 산다는 것』은 「시사저널」 기자들이 파업 중에 쓴 책으로, 저자 26명이 몇 쪽씩 맡아서 경험담과 에피소드를 담았다.

　2000년 4월 「시사저널」에 입사한 고제규 기자는 채 한 달이 되지 않았을 때, 문정우 취재부장으로부터 한 가지 지시를 받았다. 문 부장은 고 기자에게 대학생이 등록금을 주지 않는다고 부모를 토막 살해했다는 기사를 보여 주며 "이해가 되냐?"라고 물었다(고종석 외 25인, 2007, 195쪽). 문 부장은 "등록금 안 준다고 부모를 죽인다? 이해가 안 되지? 그럼, 당장 가서 확인해 봐"라며 취재 지시를 내렸다. 고제규 기자는 여러 신문의 기사를 훑어봤지만, 부장의 말처럼 이해가 안 되는 점을 발견했다. 기사에 살인을 한 사실은 있는데, 그 사실을 만든 사실은 없었던 것이다. 취재에 나선 고제규 기자는 제일 먼저 피의자가 있는 과천경찰서로 갔다. 하루 먼저 기사를 썼던 신문과 방송의 기자들이 북새통을 이루고 있었는데, 기자들도 경찰도 범죄 행위에만 관심이 있지 왜 부모를 죽였는지에 대해서는 별 관심이 없었다. 기자들은 범인이 휴학생인데 그저 등록금을 안 줘서 부모를 죽였다는 결론을 내린 상태에서 취재하고 있었다. 예상했던 대로 다음 날 신문에 '패륜아 이은석' 식의 후속기사가 보도됐다. 이를 지켜봤던 고제규 기자는 '취재 현장에서 저널리즘 이론이 무너지는 것을 목격했다'고 책에 적었다(고종석 외 25인, 2007, 197쪽). 대학원까지 포함해 언론학을 6년이나 공부한 고제규 기자가 아는 게이트키핑(gatekeeping) 이론에 따르면, 1차 문지기는 기자이며 2차 문지기는 데스크와 편집장인데, 이 신출내기 기자가 목격한 뉴스 선택의 1차 문지기는 경찰이었다. 경찰이 가공한 사실이 사건의 전부인 양 보도되고 있었다. 고제규 기자는 경찰서는 현장이 아니라고 생각하고, 사건을 처음부터 다시 취재해 보기로 했다.

먼저 이은석의 집으로 가서 그의 주변과 출신 학교를 취재했다. 결국 피의자를 만나야 하는데, 그것은 (지금은 완전히 불가하며 그때도) 사실상 불가능했다. 그래도 시도해 보기로 했다. 당시는 기자가 경찰서 서장실을 발로 차고 들어간다는 말이 있을 정도로 언론의 기세가 등등했지만, 고제규 기자는 박카스 한 박스를 사서 강력반에 들어가 야근하는 경찰들에게 고생한다며 한 병씩 돌렸다. 기자에게서 뭘 받아 본 적이 없었던 경찰들은 놀랍고 고마웠던지 고제규 기자에게 이은석과의 특별 면회를 허용했다. 고 기자는 이은석에게 왜 부모를 죽였는지 따위의 뻔한 질문을 하는 대신 그저 편하게 말을 주고받았다. 고 기자가 알고 싶은 것은 단 하나, 이은석의 PC 통신 아이디였다. 거기에 그의 심경이 고스란히 담겨 있다고 보았기 때문이다. 담당 경찰은 고 기자가 이은석의 형까지 취재할 수 있도록 도와주었다.

3일간 취재가 끝났을 때, 당시 김상익 편집장은 수습기자인 고제규 기자에게 커버스토리를 쓰라고 지시했다. 그러면서 한 가지만 주문했다. "이 세상에서 일어난 모든 일은 3형식 문장으로 담을 수 있다. 주어, 목적어, 서술어만 있으면 충분하다"(고종석 외 25인, 2007, 199쪽). 주관이 들어갈 수 있는 표현을 최

대한 피하라는 뜻이었다. 기사를 작성하려고 컴퓨터 앞에 앉았을 때는 직속 선배인 이문재 기자의 충고가 떠올랐다. 이문재 기자는 고제규 기자에게 첫 문장을 고민하라고 하면서, 첫 문장을 완성하면 기사의 절반은 쓴 셈이라고 일러주었다. 이 조언에 따라 고 기자가 만든 앞 기사의 첫 문장이 "그의 입은 봇물이 터진 듯했다"였다.

고제규 기자는 수습기간에 이문재 기자에게서 '기자가 곧 매체다'라는 말을 자주 들었다. 그것은 '기자는 자기가 스스로 이해하지 못하면 기사를 쓰지 않는다, 스스로 이해할 때까지 파고든다, 그런 과정을 거치면서 기자 자신이 하나의 매체가 되어 간다, 기자 개개인이 「시사저널」 안의 또 다른 매체다'라는 의미다. 고제규 기자는 수습기간에 이은석 사건을 취재하면서 이 말의 의미를 깨달았고 그것을 평생의 기자정신으로 삼았다.

앞의 기사에는 부장의 훌륭한 지시, 선배 기자의 지혜로운 조언, 수습기자의 놀라운 취재력과 글쓰기 능력, 무엇보다도 스스로 사건을 증명해 보려는 집념이 어우러져 있다. 인물의 주변, 특히 지인을 통해 정보를 검증함으로써 사건의 객관화에 성공했다. 객관적 보도가 무엇인지를 웅변하는 기사다. 취재원 실명화라는 저널리즘 원칙을 준수한 점도 칭찬받아야 한다. 기사의 몇몇 자극적 표현은 요즘 정서로는 받아들이기 어려운 부분이 있지만, 이 사건을 '패륜 참극'으로 지칭하려면 그런 표현이 불가피할 수도 있다.

미국의 각급 교육에서 학생들에게 강조하는 말 가운데 하나가 증거 우선주의(preponderance of evidence)다. 누가 무슨 말을 하든지, SNS로 어떠한 메시지를 받든지, 댓글에서 어떠한 내용을 읽든지, 가장 먼저 '주장의 증거'를 찾아야 하며 그다음으로 '증거가 얼마나 풍부한지'를 확인하라고 학생들에게 가르친다. 기자에게는 더 말할 것 없다. 증거가 최우선이며 증거가 기사의 전부다. 기자의 일은 결국 증거를 수집하여 주제를 증명하는 것이다. 앞의 기사는 그 모범을 보여 주었다.

「시사저널」 기자들은 2006년 6월 회사 경영진과 갈등을 빚고 2007년 1월 5

일 전면 파업에 돌입했으며 1월 22일 회사는 직장을 폐쇄했다. 『기자로 산다는 것』은 「시사저널」 기자들이 거리로 내쫓긴 후인 2007년 2월에 나왔다. 결국 「시사저널」 기자 22명은 회사를 떠나 2007년 8월 29일 「시사IN」을 창간했다. 과거 「시사저널」 기자들과 「시사IN」에 새로 합류한 기자 31명은 「시사IN」 5년의 경험을 토대로 2012년 『다시 기자로 산다는 것: 시사IN 천막에서 중림로까지』를 펴냈다(고재열 외 30인, 2012). 고제규 기자는 「시사IN」에서 2016년 편집국장을, 2020년에는 경영기획실장을 맡았다.

2. 물증을 찾아라

모든 말과 글이 주제 증명이라고 한다면, 관건은 '어떻게 입증하는가?'이다. 이는 곧 증거 수집인데, 그 방법은 크게 보기, 듣기, 찾기의 3가지다. 기자의 취재 방법도 이 3가지다(박재영, 2022).

사건이 발생하면 기자는 현장을 방문하여 직접 눈으로 보고, 당사자나 경찰을 만나서 사건 내용을 듣고, 문서를 뒤지고 인터넷을 검색하여 사건과 관련한 자료를 찾는다. 기자가 하는 일은 모두 이 3가지로 수렴된다. 보기는 다른 말로 관찰이며 그것을 글로 옮기면 묘사문이 된다. 마찬가지로, 듣기는 인터뷰이며 코멘트 인용문이 되고, 찾기는 자료조사나 분석이며 설명문이 된다(〈그림 12〉 참조). 이 중에서 보기와 찾기는 실물이 있어서 증거력이 강한 편이다. 법정에서 물증으로 활용될 수 있다. 찾기는 물증일 수도 있으며 방증으로 활용될 수도 있다. 하지만, 듣기는 실체가 없다. 말은 기억에 의존하는데, 기억이 불명확하거나 부정확할 수 있으므로 말은 불안정한 증거라 할 수 있다. 또한 사람은 오늘 이런 말을 했다가 내일 말을 바꾸기도 한다. 심지어 그 말을 녹음했다 하더라도 그런 뜻으로 한 말이 아니었다고 변명하기도 한다. 한마디로, 말은

보기	듣기	찾기
눈으로 본 것	귀로 들은 것	뒤져서 찾은 것
관찰	인터뷰	자료조사, 분석
묘사문	인용문	설명문
물증	심증	물증, 방증

〈그림 12〉 취재 방법 및 문장의 3종류

'불안정'한 증거다. 취재원이 결정적인 말을 하더라도 그것이 진심인지 알 수 없다. 그 말이 자기의 정확한 기억에서 나왔다는 보장도 없다. 말은 심증일 뿐이다. 그래서 증거력이 약하다.

증거력에서 물증이 심증에 앞선다면, 기자로서는 취재할 때 물증 찾기에 주력할 필요가 있다. 물론 시작 단계에서는 사람을 만나서 사건의 개요나 사안의 지형을 듣는 게 효율적이지만, 그 이후엔 현장 관찰과 자료조사에 더 많은 시간을 할애하는 게 좋다. 특히 현장에서 취재할 때, 취재원에게 질문하여 답을 얻는 심증 찾기도 해야 하지만, 주변을 둘러보거나 주요 포인트를 정밀하게 관찰하는 물증 찾기에 주력해야 한다. 그런 모범적인 기사를 살펴본다.

> "김영란법이요? 아, 그 돈 못 주게 하는 거. 근데 그렇다고 정말 고급 접대가 없어지겠어요? 한국 사람들 어떻게든 다 방법을 찾아내서 할 텐데요."

서울 강남의 한 요정에서 일하는 여성 접대부는 김영란법에 대해 얘기를 하자 이렇게 말했다.

'김영란법'으로 나라가 시끌시끌한 가운데 꽃샘추위가 몰아친 4일 저녁 '대기업 홍보담당의 접대를 받는 기자' 설정으로 본지 기자들이 강남구 역삼동에 위치한 고급 요정을 찾았다.

1인당 식사비가 38만 원에 달하는 곳답게 주차장에는 벤츠와 체어맨, 에쿠스

같은 고급차들이 즐비했다.(①)

 입구로 들어와 슬리퍼로 갈아 신은 뒤 안내를 받아 3층으로 이동했다. 복도와 계단마다 고풍스런 서랍장과 장식품들이 놓여 있어 동양적인 분위기를 물씬 풍겼다.(②)

 방 안에 들어서자 고급스런 자개상에 등받이가 있는 3개의 좌식 의자가 있고 의자 옆에는 방석이 놓여 있었다. 접대를 하는 둘과 달리 접대를 받는 사람은 양 옆으로 방석이 깔려 있어 접대부가 두 명까지 앉을 수 있도록 돼 있었다.(③)

 선택을 받은 접대부 세 명이 들어와 옆자리에 앉자 메뉴를 고를 것도 없이 진수성찬이 차려진다.(④)

 각종 회, 갈비찜, 전, 매생이국, 조기, 홍어무침, 생굴, 새우, 익힌 송이버섯, 연어 등 맛깔스런 요리가 수차례에 걸쳐 상에 올라왔다. 술은 무엇이든 가능했다. 양주만 1인당 1병이 제공되고, 화요나 법주 등 동양주부터 소주, 맥주 등의 술은 무제한으로 제공됐다.(⑤)

 접대부들은 손님들에게 '좋아하는 음식, 입에 맞는 음식'을 끊임없이 물으며 손님들의 취향에 맞는 음식을 접시에 담아 주거나 젓가락으로 입에 넣어 주기도 했다.(⑥)

 중년의 여성이 잠시 들어와 "좋은 시간 보내시길 바란다"고 인사하며 접대부에게 "손님들 확실히 모시라"고 당부했다. 이때부터 손님의 손을 살포시 잡는 등 약간의 스킨십이 시작됐지만 결코 과하지는 않았다.(⑦)

 한복을 곱게 입은 그녀들의 저고리는 반투명이라 속살이 살짝 비쳤다.(⑧)

 접대부 A는 "과거에 종로 쪽에 잘 나가던 몇 군데 요정들이 다 강남으로 내려와서 하나의 건물에 둥지를 튼 걸로 알고 있다"며 "각 요정의 영업사장들이 단골을 모셔오면서 요정 업계가 강북에서 강남으로 자리를 옮겼다"고 설명했다.

 그녀들은 손님들이 어느 회사에 다니는지 등을 묻기도 했다. 신분 노출을 꺼려하자 "저 입 무거워요"라고 안심을 시킨다.

또 다른 접대부 B는 "영감님들이 오시면 우리는 말을 거의 하지 않고 조용히 듣기만 한다"며 "오늘은 젊은 분들이 와서 말을 많이 하는 것"이라고 말했다.

요즈음엔 접대뿐 아니라 젊은 사람들이 친구들 모임을 하기도 한다고 한다.

B는 "주로 기업인들이 많고 특히 IT 업계 쪽 분들이 화끈하게 놀고 간다. 고위 공무원분들도 오시는 것 같은데 신분을 잘 밝히지 않아도 대화를 들으면 티가 난다"고 말했다.

외국인 바이어들도 많이 찾는다고 한다. 접대부들은 이를 대비해 외국어를 익히기도 한다.

천장에 달린 전등 또한 여러 개 있어 밝기 조절이 가능했다. 한창 분위기가 달아오르자 접대부는 조명을 몇 개 꺼 은은한 분위기를 만들었다.(⑨)

식사를 얼추 마치자 부채춤부터 가야금 병창, 살풀이, 어우동, 오고쇼가 장구를 치는 고수와 대금 반주에 맞춰 차례로 진행됐다. 접대부는 이들이 모두 국악 전공자들이라고 귀띔했다.(⑩)

공연이 끝나고 얼마 후 매니저는 접대부를 내보내고 2차를 선택할지 물었다. 매니저는 "오늘 경찰의 단속이 있어 지정 호텔로 갈 수 없다. 대신 스스로 호텔을 찾아가는 조건하에 2차가 가능하다"고 설명했다. 밤이 깊어졌지만 방 너머 다른 방에서 국악이 울리는 소리가 이따금씩 들려왔다.(⑪)

― "김영란법요? 그렇다고 접대가 사라지겠어요".

〈헤럴드경제〉 2015.3.5. 배두헌 기자

위 기사는 2015년 3월 27일 '부정청탁 및 금품등 수수의 금지에 관한 법률' (청탁금지법 또는 김영란법)이 제정됐을 때, 여전히 법 규정 이상의 과도한 접대가 횡행하는지를 보도했다. 기사의 ①~⑪번 문단이 기자가 현장에서 관찰한 물증이다. 거기엔 사람들의 대화도 포함돼 있다. 대화는 기자와 취재원의 문답보다 더 자연스러운 현장의 일부분이어서 증거력도 더 강하다. 위 기사는 물증 부분이 전체의 2/3를 차지할 정도로 많은데, 이런 기사는 아쉽게도 한국 신문에는 별로 없고 미국 신문에 많다.

연쇄 살인과 같은 강력 범죄가 발생하면, 한국이든 미국이든 신문은 사건 며칠 후에 해당 동네를 찾아가 분위기를 보도한다. 2012년 4월 경기도 수원시에서 20대 여성을 살해하고 시신을 훼손한 오원춘 사건이나 그 4개월 후 전라남도 나주시에서 8세 여아를 성폭행하고 살인까지 하려 했던 고종석 사건이 났을 때, 한국 신문에 그런 기사가 났다. 2008년 12월 경기도 안산시에서 8세 여아를 성폭행했던 조두순의 출소가 임박했던 2020년 12월에도 언론은 그의 집이 있는 동네의 분위기를 보도했다. 대개 이런 기사에는 "동네 분위기가 흉흉해서 사람들이 아예 집 밖으로 안 나오려고 한다", "절대 밤에 다니지 말자는 말을 주고받는다", "자녀들에게 절대 혼자 다니지 말고 꼭 친구들과 함께 다녀라고 신신당부했다"는 주민 코멘트가 들어 있다. 코멘트가 생생해서 기사 주제를 잘 전달하지만, 기사가 이런 코멘트로만 구성된다는 점이 문제다. 예를 들어, "50석 규모의 식당이 점심시간이면 빈자리 없이 북적댔지만, 보다시피 오늘은 간신히 세 테이블만 찼다"는 증거마저도 식당 주인의 코멘트로 옮길 정도다. 말하자면 기자가 관찰하여 물증으로 보도해도 될 증거를 굳이 취재원의 코멘트라는 심증으로 바꿔버린다. 코멘트 따기가 습관을 넘어 탐닉의 지경에 이르렀다. 이런 사건은 미국에도 있지만, 기사는 우리와 다르다. 대학이 마을을 먹여 살리다시피 하는 '캠퍼스 타운'에서 연쇄 살인 사건이 났을 때, 미국 신문도 마을 사람들이 얼마나 공포에 떨고 있는지를 '인질로 잡힌 마을'이라는 기사로 보도했다. 기사에는 겁에 질린 주민들의 코멘트도 있지만, 아래와 같은 또 다른 증거들이 다수 포함됐다(박재영, 2020, 183-185쪽 참조).

―대학로의 전신주를 따라 늘어선 술집에 새로운 전단지가 등장했다. 밝은 노란색의 전단지다. "보디가드… 단돈 $399.95로 당신과 당신의 집, 차, 사무실 등을 보호해 줍니다. 지금 당장 전화하세요! 내일이면 늦습니다."

―목요일 학생회 알림판에는 "매우 안전한 집에서 함께 생활할 여성 룸메이트

2명을 구합니다. 학교에서 가깝고 모든 창에 방범시설이 설치되어 있습니다"라는 광고문이 붙었다.

―금요일 오후 남녀 학생 모두 실내 사격장에 북적였다. 발포음을 제외하고 사격장은 조용했다. 그곳엔 낄낄대며 웃는 사람이 없었으며 이따금 소소한 대화 소리만 들릴 뿐이었다. 타깃에 있는 검은색은 사람의 형태이다.

―조깅하는 2명은 키가 크고 말랐다. 한 명은 남성이고 나머지는 여성이다. 그녀는 작고 검은 무언가를 오른손에 쥐고 있다. 휴대용 카세트나 동전 지갑이 아니다. 그녀가 지나가는 것을 살펴보면 그것이 전기 충격총임을 알게 될 것이다.

―에릭과 데이브는 만일의 사태를 대비하여 쇠파이프 9개를 갖고 있다.

―A town held hostage. 〈The Tampa Tribune〉 1990.9.2. Paul Wilborn

대학가에 경호원을 구한다는 광고는 매우 이례적이다. 미국에서 룸메이트를 구할 때 성별을 구분하는 경우는 거의 없다. 남자든 여자든 한집에 함께 (그러나 방은 각자 따로) 사는 게 미국 대학생들의 일반적인 모습이다. 미국의 실내 사격장은 우리의 전자오락실 같은 곳인데, 거기서 떠들지 않고 조용하게 조준 사격을 연습한다면, 상당히 심상찮은 상황이다. 아침에 전기충격총을 들고 조깅하는 사람이 있다면, 그곳은 여간 위험한 곳이 아니다. 대학생들이 집에 쇠파이프를 비치한 것 역시 특별한 이유가 있음을 알게 해 준다. 이런 증거들은 모두 물증이다. 읽자마자 주민들의 경계심과 자기 보호가 극에 달했음을 짐작하게 한다. 단번에 기사 주제를 알게 해 주는 '직관적 증거'들이다(박재영, 2020, 183쪽). 독자는 기사를 읽으면서 스스로 기사 제목의 의미를 알게 된다. 국내 신문에도 범죄 사건 후의 동네 분위기를 전한 기사 중에 물증을 잘 포착한 예가 있다. 다음이 그 기사다.

24일 오후 5시 인천의 한 학원가. 미술학원과 태권도장에서 수업을 마친 아이들이 건물 밖으로 쏟아져 나왔다. 대부분 초등 3, 4학년이고 5학년도 일부 있었다. 기다리던 엄마들의 시선은 일제히 아이들을 향했다. 운전석에서 스마트폰을 보던 엄마 3, 4명도 다급히 승용차에서 내렸다.

"엄마 보이는 데 있으랬지!"(⑫)

갑자기 날카로운 소리가 들렸다. 친구와 잡담하던 태권도복 차림의 한 소년이 불호령에 놀라 몸을 움츠렸다. 혼내는 엄마의 표정도 화가 났다기보다 불안해 보였다. 엄마들은 아이의 손을 낚아채 다급히 승용차에 태웠다. 학원 차량에 탄 아이들은 일제히 휴대전화를 꺼냈다. 대상은 모두 같았다. '집' 아니면 '엄마'였다.

3월 29일 이후 달라진 동네 일상의 한 단면이다. 이곳의 한 아파트에서 초등학생 A 양(8)이 김모 양(17·구속 기소)에게 무참히 살해된 바로 그 사건이 일어난 날부터다.

A 양이 살던 곳은 1,000채 규모의 제법 큰 아파트 단지다. 아이들은 스스럼없이 동네 중고교생을 '언니', '오빠'로, 친구 엄마를 '이모'라고 불렀다. 그러나 사건 이후 그런 모습을 볼 수가 없다. A 양이 유괴됐던 아파트 앞 공원은 하루 종일 텅 비어 있었다. 18일 공원에서 기자를 만난 요구르트 아줌마는 "경찰관 말고 오늘 처음 본 사람"이라며 반가워했다.

공원 한쪽에는 높이 2.3m의 빨간색 전화 부스가 세워졌다.(⑬) 안에는 수신자 부담 전화기가 놓여 있다. 긴급 상황 때 아이들이 걸 수 있다. A 양이 다니던 초등학교 학생들은 더 이상 등하교 때 공원을 지나지 않는다. 그 대신 아파트로 직행하는 쪽문을 이용한다. 아파트 옥상 문에는 카드로 열 수 있는 자동개폐장치가 설치됐다.(⑭) 사건 직후 근처 중고교생들이 시도 때도 없이 몰려와 물탱크(시신 유기 장소) 앞에서 '인증샷'을 찍는 바람에 생겼다. 시신 일부가 버려졌던 음식물쓰레기 처리기기도 모두 교체됐다.(⑮)

엘리베이터는 가장 공포스러운 장소다. 김 양이 A 양을 데리고 탄 엘리베이터 폐쇄회로(CC)TV가 공개된 탓이다. 이제 '낯선 사람과 타지 않기'는 기본이다. CCTV 화면이 떠올라 10층까지 걸어 다니는 사람도 있다.(⑯) 부모가 1층으로 내려와 자녀와 함께 올라가는 '엘리베이터 셔틀'까지 등장했다.(⑰)

무엇보다 불신의 전염 속도가 걷잡을 수 없다. 이웃의 관심을 '범죄 예비 동작'으로 의심하는 것이다. 며칠 전 50대 남성이 "귀엽다"며 아이의 머리를 쓰다듬다 버럭 화내는 부모와 말다툼을 벌이기도 했다. 초등학생 남매를 둔 한 엄마는 "키즈폰을 사 주고 시간 단위로 위치 추적을 한다.(⑱) 아이들 뒤만 밟는 '그림자 인생'이 됐다"고 말했다.

인천 초등생 살인사건은 주민들의 2차 피해로 번졌다. 본보가 아파트 주민 165명을 상대로 '외상후스트레스장애(트라우마)'를 조사한 결과 10명 중 6명 이상이 즉각 치료가 필요한 고위험군이었다. 사실상 '범죄 재난' 상황이다.

―초등생의 참혹한 죽음 이후… 인천 그 동네, 모든 게 달라졌다.
〈동아일보〉 2017.7.26. 김단비·최지선 기자

⑬~⑱번 문장에 있는 수신자 부담 전화 부스, 아파트 옥상 출입문의 개폐 장치, 교체된 음식물쓰레기 처리기, 10층까지 걸어서 올라가는 사람, 엘리베이터 셔틀은 물증에 해당한다. 기자가 눈 부릅뜨고 현장을 잘 관찰했기에 수집할 수 있었던 증거들이다. 물론 이 기사에는 이보다 훨씬 더 강력한 물증이 있다. 두 번째 문단의 ⑫번 문장 "엄마 보이는 데 있으랬지!"가 그것이다. 이것은 기자가 취재원에게 질문하여 얻은 인터뷰 코멘트가 아니라 취재원의 자발적 발언(대화)이다. 그래서 심증이 아니라 물증이다. 대화는 한국 기자들이 취재할 때 간과하는 요소이므로 여기서 꼭 강조해 두고자 한다.

듣기 방법으로 수집한 정보로 흔히 인터뷰 코멘트가 생각나지만, 사람들의 대화도 듣기의 예다. 하지만, 인터뷰 코멘트와 대화는 속성상 판이하며 증거력에서도 크게 차이가 난다. 인터뷰 코멘트는 기자가 불쑥 취재원에게 질문하여 얻은 답으로서 기자가 의도적으로 개입하여 얻어 낸 정보다. 대화는 기자가 상황에 개입하지 않은 가운데 취재원들을 지켜보면서 그들이 하는 말을 들은 정보다. 즉 인터뷰 코멘트는 물어서 얻은 정보이고 대화는 관찰하여 얻은 정보다. 취재원은 기자가 물어서 답할 때보다 누군가와 대화할 때 덜 의도적으로 말한다. 따라서 그때 더 진심을 드러낼 수 있다. 취재원에게 자신이 누구인지 물어서 그를 파악하기보다 취재원이 누군가와 대화하는 것을 지켜봄으로써 그를 더 잘 알 수 있다. 똑같은 사람의 말이지만, 인터뷰 코멘트는 심중이고 대화는 물중이다.

취재의 금언으로 종종 회자하는 게이 탤리즈의 '벽에 붙은 파리'는 기자가 취재 현장에서 일절 입을 다물고 눈으로 보고 귀로 듣기만 하라는 뜻이다 (Kovach & Rosenstiel, 2021/2021, 388쪽). 이 방식으로는 절대로 인터뷰 코멘트를 딸 수 없다. 대신에 대화는 무진장 들을 수 있다. 게이 탤리즈의 말대로 취재를 떠나는 학생들에게 인터뷰 코멘트를 구하려고 애쓰지 말라고 했더니 놀라운 결과가 나왔다. 학생들은 현장에 가기까지 했는데 아무 일도 안 하고 우두커니 있기가 허망했는지, 무언가를 열심히 보고 취재 수첩에 깨알같이 적어 왔다. 사람들이 어떻게 행동하고 누구와 어떤 대화를 나누는지도 빠짐없이 기록했다.

국내 기사 중에 아주 간혹 대화를 그대로 옮긴 기사가 있는데, 읽어 보면 정보가 살아 있고 상황이 생생하게 그려진다. 꼭 오프라인의 대면 대화가 아니어도 좋다. 모바일 메시지 대화라도 무방하다. 앞의 기사와 같은 날에 보도된 부속 기사에 그 예가 있다. 이 기사는 초등학생이 유괴되어 살해된 날의 상황을 다룬다. 제법 긴 기사의 앞부분만 소개한다.

> "A 양 엄마가 아이를 찾는데, 데리고 있는 사람 있어?"
> 단톡방(단체 카카오톡 대화방) 대화가 시작된 건 3월 29일 오후 4시 반경. 인천 초등생 살인 사건 피해자 A 양(8)이 살았던 아파트 이웃 엄마들의 단톡방이다. A 양이 사라지고 약 4시간 후부터 관련 대화가 오갔다.

"○○네 집에서 잠든 거 아냐?"

"△△네 엄마가 데려가서 간식 먹이고 있겠지."

이때만 해도 주민들은 평소처럼 누군가가 A 양을 돌보고 있을 것이라 믿었다. 약 1시간 뒤 다시 카톡 알림이 요란하게 울렸다.

"A 양 찾는다는 안내 방송이 나오는데 아직 집에 안 들어간 거야?"

"아까 아파트 앞 공원에서 봤는데….''

"아직도 못 찾았다고?"

"단지에 경찰들 쫙 깔렸어."

엄마들의 카톡 대화는 더 이상 이어지지 못했다.

A 양을 유괴한 김모 양(17·구속 기소)의 집은 A 양이 사는 동에서 걸어서 1분 거리다. 단지에서 가장 큰 아파트다. A 양의 귀가 소식을 기다리던 이웃들은 형사들이 초인종을 누르며 집안을 수색하겠다고 하자 불안감에 휩싸였다. 한 주민은 "경찰이 냉동실이나 신발장 등 사람이 있기 힘든 좁은 곳을 주로 뒤졌다. 순간 '설마…' 하는 무서운 생각이 들어 집에 함께 있던 아이들의 눈과 귀를 막았다"고 말했다.

이날 단지 곳곳을 수색하던 경찰관들이 오후 10시 반쯤 갑자기 술렁이기 시작했다.

"찾았다." "물탱크에 더 있어!" "범행 도구 나왔어!"

주민들은 베란다 너머에서 들려오는 형사들의 어수선한 외침을 고스란히 들어야 했다. 아파트 1층 주민들은 창문을 이중으로 잠그고 커튼을 내렸다. (중략)

―"그 아이 떠올라… 털모자 써야 잠드는 내 아들".

〈동아일보〉 2017.7.26. 김단비·차준호 기자

사람들이 회의하면서 주고받는 말도 대화의 일종이다. 현장에서 직접 들으면 더 좋고, 나중에 회의록에서 발췌해도 된다. 다음 기사는 기자가 국회 소위원회 회의장에서 들은 대화를 그대로 옮김으로써 국회의원들이 얼마나 무성의하게 법안을 처리하는지를 보여 준다.

"의견 없으세요?"(위원장)
"예."(위원들)
"넘어가시지요. 다음, 이의 없으신가요?"(위원장)
"예."(위원들)
"넘어가겠습니다. 이번 것도 이견 없었지요? 넘어가세요."(위원장)

지난해 9월 21일 국회 문화체육관광위원회 법안심사소위 회의. 박정 소위원장과 여야 소위 위원들은 이 같은 문답을 기계적으로 수차례 반복했다. 이날 소위에 상정된 법안 23개가 별다른 이견 없이 의결됐다.

국회에서 일상적으로 벌어지는 장면이다. 해마다 수천 건씩 발의되는 법안들은 극소수의 쟁점 법안이 아니면 말 그대로 '뚝딱' 처리된다. "국회요? 줄줄이 소시지 공장처럼 법을 찍어 내는 곳이죠. 상임위에 무슨 법이 올라왔는지 솔직히 기억도 잘 안 나요." 지난해 국회를 처음 경험한 비례대표 초선 의원의 고백이다. (중략)

법안 1건당 심사를 평균 4분 만에 마친 법안소위도 있다. 사발면 1개가 익는 데 걸리는 짧은 시간에 법안을 후딱 처리한 것이다. 상임위 전문위원이 법안 검토보고서를 낭독한 이후 소위 위원들이 아무런 의견을 내지 않고 넘기면 가능한 시간이다. (중략)

의원들은 법안 심사를 대체로 전문위원 검토보고서에 의지한다. 전문위원과 담당 부처가 검토보고서에 반대 의견을 담지 않으면, 의원들은 법안을 일단 통과시키고 본다. 그런 태만과 부주의 속에 발생한 것이 지난해 '킥보드법 사태'다. (중략)

▷수석전문위원: 40쪽 면허에 관한 사항입니다. 전기자전거 등 유사 장치와

의 형평성, 개인형 이동장치의 실제 이용 양태 등을 고려할 때 면허 취득까지 부과하는 것은 과도한 측면이 있으므로 이를 면제할 필요성이 있다고 보입니다.

▶장하연 경찰청 차장: 경찰청 의견은 전문위원 검토의견과 같습니다.

▷이채익 법안소위원장: 위원님들, 이견 없으시지요?

▶위원들: 예.

▷이채익 법안소위원장: 넘어가겠습니다.

20대 국회 말 통과된 킥보드법(도로교통법 개정안)은 '운전면허가 없어도 만 13세부터 전동 킥보드를 탈 수 있도록 한다'는 것이 골자였다. 지난해 5월 행안위 법안소위에 보고된 법안 검토보고서에서 당시 경찰청 차장은 법안에 동의를 표했고, 여야 위원들도 별다른 고민 없이 법안을 넘겼다. 지나치게 헐거운 법 규정 때문에 무수한 인명 사고가 발생하고 나서야 21대 국회는 지난해 12월 '운전면허가 있는 만 16세 이상'으로 뒤늦게 법을 바꿨다.

— "국회는 '줄줄이 소시지' 입법 공장… 무슨 법 넘겼는지 나도 몰라".
〈한국일보〉 2021.2.9. 조소진·박준석 기자

위의 대화는 직관적 증거로서 기사 주제를 상징한다. 이보다 더 강력한 물증은 없다. 대화라는 정보의 힘이 이렇게 강하다. 기자가 현장에서 대화를 잘 포착하면 훌륭한 기사를 만들 수 있다. 그런데도 성마른 한국 기자들은 취재원을 진득하게 지켜보려 하지 않는다. 그러려면 시간이 많이 소요되어 가성비가 떨어진다고 여긴다. 인터뷰 코멘트는 필요하고 중요하지만, 결정적 증거는 아니다. 사람들은 부정확한 기억을 바탕으로 말하며 한번 했던 말을 언제 그랬냐는 듯이 바꾸기도 한다. 취재원이 하는 말이 진실하다고 장담할 수도 없다. 인터뷰 코멘트는 심증에 불과하다. 따라서 그것을 수집하려고 안간힘 쓰는 취재 관행을 재고할 필요가 있다. 가성비가 떨어지더라도 물증 찾기에 주력할 필요가 있다. 그것이 취재의 본령이다. 기자들이 '코멘트 중독'에서 벗어나는 길이기도 하다. 에디터가 지시를 바꾸고 기자에게 취재 시간을 조금만 더 주면 기자는 현장에서 충분히 물증을 수집할 수 있다. 그러면 지금과 현저히 다른, 높은 수준의 기사를 만들 수 있다.

3. 입증의 다원화

앞에서 글은 주제 증명이며 관건은 증거 제시라고 하면서 증거 수집의 3가지 방법인 보기, 듣기, 찾기를 설명했다. 증거는 다다익선이지만, 한 종류의 증거보다는 여러 종류의 증거를 많이 제시하면 더 좋다. 즉 증거의 다양성이 중요하다. 예를 들어, 증언이 있고, 그것을 뒷받침하는 문서도 있다면 더 좋다. 하나의 증거 수집 방법도 세부적으로 여러 개로 나누어지므로 이 역시 복합적이면 좋다. 보기 방법을 예로 들어 보면, 사건을 보려고 현장에 한 번 가는 것보다 여러 번 가는 것이, 현장을 1시간 동안 보는 것보다 여러 시간 보는 게 더 낫다. 장소도 한 곳보다는 여러 곳을 보는 것이 더 낫다. 듣기와 찾기도 마찬가지다. 한 사람만 만나기보다는 여러 사람을 만나고, 한쪽 편의 사람만 만나기보다는 여러 편의 사람을 만나고, 유력 인사의 말만 듣기보다는 보통 시민의 말도 듣는 게 더 낫다. 자료도 정부 자료, 민간 자료, 공식 자료, 비공식 자료, SNS 메시지, 이메일 등 여러 가지 자료를 수집하면 더 좋다. 증거는 다양해야 하며 증거 수집의 방법은 다채로워야 한다. 입증의 다원화가 주제 증명에 효과적이다. 아래는 그 모범 사례인데, 정부의 허황한 자원외교 실태를 2일간 보도한 대형 기획물 중 첫날 기사다. 기사를 세 부분으로 나누어 살펴본다.

사진으로만 봤던 모습이 눈앞에 펼쳐졌다.(①) 사막이 끝나는 곳에서 새파란 바다가 시작됐다. 바다에는 큐빅 모양 석유 플랜트가 띄엄띄엄 박혀 있었다. 그 사이를 배들이 오갔고, 바닷가 한켠에는 기름 탱크가 모여 있었다. 종종 죽은 물개가 떠 내려온다는 해변에는 현지인들이 물놀이를 즐기고 있었다. 그러나 40달러 아래로 떨어진 석유 값처럼, 바다 위 '석유 밭'에는 도통 활기라고는 찾아볼 수 없었다. 기름값은 6개월 전만 해도 배럴당 100달러를 웃돌았다. 손에 잡힐 듯한 바다 위 플랜트에는 예상했던 불기둥 따위가 보이지 않았다.

바다 밑을 통과해 육지에 닿은 운송용 파이프라인은 얇고 앙상했다. 뜨거운 햇볕이 내리쬐는 읍내 역시 풀이 죽어 있었다. 새카만 얼굴의 현지 주민들은 멀리서 찾아온 '꼬레아노(한국인) 기자'에게 "사비아가 몇 년 째 새 유전을 발견하지 못하고 있다. (탐사광구에선) 물만 퍼내고 있다"며 걱정스런 얼굴로 말했다.(②) 지난달 7-8일(현지 시각) 방문한 페루 북쪽 해안의 사막 도시 딸라라의 풍경이다.

한국석유공사는 2009년 2월 콜롬비아 석유공사(에코페트롤)와 함께 이곳 딸라라의 석유회사 '사비아페루'(사비아)를 인수했다.(③) 탐사광구 10곳에 생산 유전 1곳의 사업권을 따내는 데 12억 달러(약 1조 3천억 원)를 지불했다. 양쪽이 반반씩 분담했다. 페루 해상 광구의 4분의 3을 차지하고, 하루 평균 석유 1만여 배럴을 생산하는 중소형 유전이다. 인수는 이명박 정부 들어서 2008년부터 본격화한 석유공사 대형화의 '신호탄'이었다. 정부는 자원 수입량 중 우리가 직접 생산하는 비율인 '자주개발률'이 0.3%포인트 상승하게 됐다고 홍보했다. 생산량도 2015년까지 지금의 거의 다섯 배인 일평균 4만 5,000배럴로 늘어날 것이라는 장밋빛 전망을 내놨다.

　　　―사기당한 'MB 자원외교'… "석유보다 물 더 퍼내".
〈한겨레〉 2015.1.18. 리마·딸라라=최현준·임인택·김정필 기자

기사의 첫 문장부터 기자가 현장을 직접 방문하여 본 장면을 그린다(①번 문

장). 2문단의 두 번째 문장까지가 보기 방법으로 수집한 증거들이다. ②번 문장의 주민 인터뷰 코멘트는 듣기 방법이며 ③번 문장은 한국 정부 문서나 과거 보도와 같은 자료 찾기 방법이다. 기사 서두에 벌써 3개의 서로 다른 증거 수집 방법을 효율적으로 활용했다.

6년여가 흐른 지금, 석유공사는 이런 목표를 달성하지 못한 채 사비아 매각을 추진 중이다. 생산량은 수년째 1만 배럴 그대로이고, 그동안 생산한 석유도 국내로 들여오지 못했다. 지난 5년 동안 1,811억 원(공사의 지분만큼만 반영)의 당기순이익이 났다고 하지만 모두 재투자되고 있다. 국내엔 한 푼도 반입되지 않는 상황이다. 엎친 데 덮친 격으로, 세금·벌금을 둘러싸고 페루 정부 및 매각자와 소송이 이어지고 있다.

남미에 기반을 둔 독립언론인 〈아이피에스(IPS) 뉴스〉의 앙헬 파에즈 기자는 "사비아 매매는 페루 대통령까지 나서서 말린 거래였다. (이런 상황은) 예고된 것이나 다름없다"고 말했다.(④) 그는 사비아 매매에 대한 심층 분석 기사를 2009-2010년 여러 차례 썼다. 사비아를 공사에 판 미국인 윌리엄 캘롭은 양도세를 내지 않는 방식으로 거래를 추진했고, 2008년 말 페루 정가를 휩쓴 이른바 '오일 스캔들' 도청의 배후로 지목받았다.

실제 〈한겨레〉가 김제남 의원실을 통해 확보한 당시 3급 비밀문서에는 이런 정황이 고스란히 담겨 있다.(⑤) 사비아 매매 직전인 2009년 1월 20일부터 2월 6일까지 외교통상부와 페루 및 콜롬비아 주재 한국 대사관이 6차례 주고받은 대외비 문서를 보면, 가르시아 전 페루 대통령은 "(사비아에 대한) 부정 의혹이 계속 제기되고 있는 현 상황에서는 이를 인수하지 않는 것이 좋겠다"는 뜻을 2009년 1월말 한국 쪽에 밝혔다.(⑥) 벨라운데 전 페루 외교장관도 "이번 인수 계약이 체결되면 양국 관계 발전에 적지 않은 악영향을 미칠 것으로 본다"고 말했다.

당시 정부와 석유공사는 이런 충고를 받아들이지 않았다. 한병길 전 페루 대사는 〈한겨레〉와 한 통화에서 "(이명박) 대통령이 하겠다고 하는데, 일개 대사가 (거래를) 하지 말자는 입장을 낼 수 없었다"고 말했다.(⑦)

이명박 정부의 의지가 실린 채 거래는 이뤄졌지만 페루 의회는 사비아 매매 완료 1주일 만인 2009년 2월 중순 사비아 매매의 불법성을 조사하는 진상조사위원회를 꾸렸다.(⑧) 1년여 뒤 무려 4억 8,200만 달러의 미납 세금과 벌금 등을 부과했다.

7,161억 원이 투자된 사비아 인수는 국민들에게 선전한 자원의 확보도, 금전적 수익도, 외교에도 득이 되지 않았다.

지난 9일 오후 페루 리마의 산 마르코스 국립대학에서 호르헤 자코네티 교수(경제학)를 만났다.(⑨) 남미에서 가장 오래됐고, 페루의 가난한 수재들이 많이 다닌다는 곳이다. 교수는 지난해 사비아 노조 쪽 요청으로 사비아 경영 현황에 대한 평가를 진행한 바 있다. 경제학자답게 각종 통계 자료를 준비한 채 한국에서 온 기자를 맞았다.

애초 30분으로 예정했던 인터뷰는 2시간 동안 진행됐다. 노교수는 땀을 뻘뻘 흘리며 칠판에, 딸라라 해상 플랜트의 구조와 사비아 계약의 특징 등을 설명했다. '한국이 페루 정부의 경고를 무시하고 사비아를 산 것이 잘못된 선택 아니었느냐'는 기자의 질문에, 그는 웃으며 "필요하다면 살 수 있다. 그런데 너무 비싸게 샀다. 내가 보기엔 3억 달러면 충분했다. 9억 달러(최종 12억 달러)에 샀으니, 한마디로 사기당한 것"이라고 말했다. 이명박 정부의 '자원외교' 취재를 위해 남미에 출장 온 지 일주일째 급기야 '사기'라는 단어를 듣게 됐다.

사비아를 공사에 팔았던 미국인 윌리엄 캘롭은 1993년 '20년 동안 7,400만 달러'를 투자하기로 하고 페루 정부로부터 회사 운영권을 땄다. 그는 16년 뒤인 2009년 초 회사를 한국과 콜롬비아에 12억 달러에 팔았다. 게다가 거액의 양도세 납부를 피하기 위해 미국에 세운 지주회사를 매각하는 방식을 취했다. 이명박 대통령의 특명으로 자원외교 기치를 내걸고 세계 석유 시장에 뛰어든 '풋내기' 석유공사는 사실상 그의 '먹튀' 행위를 도왔다.

석유공사와 페루 정부가 맺은 계약은 개발 허가권을 뜻하는 라이선스 계약이 아닌 서비스 계약이다. 석유공사는 딸라라 해상 시설을 빌려 기름을 뽑아내는 권리를 지닐 뿐, 시추 시설이나 생산된 기름의 판매 권한은 모두 페루 정부에 있다. 페루 정부가 기름을 생산하는 석유공사에 수수료를 지급하는 일종의 '하도급 계약'인 셈이다. 자코네티 교수가 '사기'라고 말하는 근거는 계약의 이런 형태 때문이다. 그는 "계약 특성상 사비아가 쓰는 해상 타워나 배 등은 사실 페루 정부의 것이고, 석유공사는 단지 이를 빌려 쓰는 것"이라며 "실제 그가 판 것은 사실상 서비스 계약서, 즉 종이 한 장"이라고 말했다.

기사의 두 번째 부분은 사태의 배경을 짚으면서 듣기와 찾기의 증거 수집 방법을 집중적으로 활용했다. 듣기 방법으로는 현지 매체의 기자(④번), 전 페루 대사(⑦번), 현지 대학의 교수(⑨)를 활용했으며 찾기 방법으로는 정부 비밀문서(⑤번), 정부 대외비 문서(⑥번), 페루 의회의 자료(⑧번)를 활용했다. 사람 취재원 3명과 자료 취재원 3개다. 특히 후반부에는 현지 대학의 교수에게서 얻은 정보를 상세하게 풀었다. 이 두 번째 부분의 분량은 200자 원고지 11매인데, 기자가 자의적으로 적은 문장이 하나도 없다.

> 사비아의 수익성을 장담했던 석유공사는 지금 사비아 매각을 추진 중이다. 김명훈 석유공사 홍보실장은 〈한겨레〉와 한 통화에서 "사비아 매각을 추진하고 있다"고 말했다.(⑩) 그러나 사려는 사람이 없는 것으로 알려졌다. 중국에서 자원개발 사업을 하는 한 사업가는 "사비아가 시장에 나왔지만, 회사 구조가 좋지 않고 인프라도 나쁘다"며 "시장의 관심이 낮다"고 말했다.(⑪) 수익은 둘째 치고 당초 투자금보다 적은 돈을 받고서 팔 수 있는 상황이다.
>
> 이렇게 매입 과정에서 실제보다 많은 돈을 치르는 문제는 사비아뿐만 아니라 이명박 정부에서 추진한 다른 사업에서도 비일비재하다. 캐나다 하베스트 사의 경우 실제 가치보다 수천억 원 높은 가격에 인수했다는 지적을 받고 있고,

영국 석유 탐사업체인 다나를 인수할 때도 고가 매입 논란이 일었다. 이명박 전 대통령이 지상과제로 제시한 자주개발률을 높일 수 있는 물량만 있다면 계약의 형태나 가격을 따지지 않은 채 무리하게 계약을 추진한 탓이다.

그러나 사비아는 계약상 석유 확보도 하지 못하는 구조다. 사비아에서 생산하는 원유의 처분권은 한국이 아닌 페루 정부에 있다. 석유공사는 애당초 석유가 아닌 돈을 받는 계약을 맺고서는, 생산량을 자신들의 지분율(50%)만큼 반영해 이를 석유 자주개발률에 포함시켰다. 이는 국민을 속인 것이나 다름없다.

7일 오후 뙤약볕이 내리쬐는 가운데 딸라라의 사비아 현지 사무소를 찾았다. 기자가 '한국인 직원을 만나고 싶다'고 했으나, 경비원들은 "이곳엔 없고, 리마에 있다"고 답했다.(⑫) 현지인 직원 700여 명이 일하고 있고, 해마다 탐사 광구에 수백억 원의 돈이 투입되는 딸라라 사무소에 단 한 명의 한국인 직원도 상주하지 않고 있다. 지금까지 7,000억 원이 넘는 돈을 투자해 놓고 관리엔 소홀한 것이다. 딸라라에서 만난 한 사비아 직원은 "한국인은 어쩌다 한 명 왔다가 금방 되돌아간다"며 "공동 경영진인 콜롬비아 쪽은 그나마 몇 명이 상주하고 있다"고 말했다.(⑬) 심지어 한 주민은 "사비아는 콜롬비아가 단독 운영하는 회사 아니냐"고 말하기도 했다.(⑭)

이런 행태는 비단 석유공사만의 문제가 아니다. 광물자원공사는 멕시코에서 벌인 볼레오 동광 사업에 지금까지 1조 1,534억 원을 투자했으나 한동안 단 1명의 상주 직원만을 보내, 돈이 제대로 쓰이는지 관리 감독을 못 했다는 의심을 사고 있다. 당시 광물공사의 사외이사로 일한 남효웅 전 이사는 〈한겨레〉와 한 통화에서 "2012년 볼레오 현장에 갔더니 한국인 직원이 딱 1명 있었다"며 "막대한 돈을 투자하면서 어떻게 이렇게 관리하는지, 공기업이 진짜 문제라고 생각했다"고 말했다.(⑮)

지난 6년여 동안 석유공사가 투자한 사비아 탐사광구 10곳 중에 성공한 곳이 한 곳도 없다는 사실도 이런 경영 공백과 무관하지 않아 보였다. 사비아에서 30년 넘게 일하다 최근 퇴직해 택시 운전을 한다는 한 시민은 "기계를 산다고 돈을 받고서는 실제로는 중고 기계를 사거나, 일을 절반만 하고는 다 했다는 식으로 돈을 빼돌리는 경우가 적지 않다"고 말했다.(⑯)

20여 년 동안 사비아에서 근무하고 있다는 한 직원은 "경영진인 한국과 콜롬비아 쪽 사이에 문제가 있다. 콜롬비아 쪽이 돈을 떼먹고 있지만 한국은 별 조치를 취하지 않고 있다"고 말했다.(⑰) 그는 '이런 말을 하는 게 두렵지 않으냐'는 질문에 "사실을 빨리 알려야 한다"고 말했다. 페루 리마의 사비아 사무소에 이런 사실에 대한 의견을 물으려고 찾아갔으나, 이들은 인터뷰에 응하지 않았다.

기사의 세 번째 부분은 전부 듣기 방법으로 수집된 정보로 이루어졌다. 기자가 인터뷰했던 취재원은 8명이다(⑩-⑰번). 200자 원고지 10매나 되는 분량을 인터뷰 코멘트 증거로 빈틈없이 채워서 주제를 증명했다.

위 기사는 보기(현장 1개), 듣기(관계자 12명), 찾기(자료 4개)의 증거 수집 방법을 모두 활용했다. 증거가 많아서 일단 좋지만, 다양하다는 점이 더 좋다. 사람 취재원 12명 중 5명만 실명인 점은 단점이지만, 현장 관찰이 뒷받침되고 자료 취재원이 풍부하여 이를 잘 보완했다.

위와 같은 대형 기획기사는 상당 기간 준비할 수 있으므로 아무래도 다양한 방법으로 증거를 수집하기가 수월할 것이다. 그러나 꼭 그렇지만은 않아서 한국 신문의 여타 기획기사는 위 기사만큼 모범적이지 않다. 예를 들어, 미국 퓰리처상의 탐사보도 부문 수상작과 한국기자협회 '이달의 기자상'의 기획 부문 수상작을 비교한 연구(남재일·박재영, 2020)를 보면, 두 나라의 기획기사는 입증의 다원성에서 큰 차이를 보였다. 미국 기사는 증거의 종류가 2개인 기사가 25%, 3개인 기사는 22.5%, 4개인 기사는 45%였으며 증거 종류가 5개나 되는 기사도 7.5%나 됐다. 미국 기사는 증거의 조합이 워낙 다양해서 일정한 패턴을 찾기가 어려웠다. 이에 비해 한국 기사는 모두 두 종류의 증거로 구성되어 있었으며 '수사기관 외 정부 기관의 공문서 + 당사자 또는 관계자의 증언'의 조합이 가장 많았다. "이러한 분석 결과는 미국 기사가 한국 기사보다 물증의 양이 많으며, 물증의 종류도 훨씬 다양하다는 것을 의미한다. 이는 미국 기자들이 훨씬 다양한 경로로 취재를 하고 충분한 물증을 확보한 다음에 기사를 작성하는 취재 관행을 갖고 있음을 암시한다"(남재일·박재영, 2020, 35쪽). 상황이 이러하기에 위의 기사가 더 돋보인다. 입증의 다원화를 실천한 기사가 많아지기를 기대해 본다.

4. 인물 그리기

인물에 대한 글을 쓴다면, 필자 누구나 두 가지를 하려고 한다. 인물에 대한 자료 찾기와 인물을 인터뷰하기. 대상 인물이 유명 인사라면 어지간한 이력 정보는 공개돼 있어서 자료 수집은 수월한 편이다. 다만, 이 정보는 과거 정보다. 인물을 인터뷰하면 현재 정보를 얻을 수 있어서 좋다. 몇 시간 진득하게 인물을 만난다면 인터뷰만으로 한 편의 긴 글을 쓸 수 있다. 그렇게 만들어진 기사를 우리는 자주 보았다. 예를 들어, 언론은 대통령 선거가 임박하면 주요 후보에 대해 '그는 누구인가?'라는 기사를 보도하는데, 그 기사는 대개 후보자의 이력 즉 그가 어떤 자리에서 무슨 일을 했는지를 연대순으로 적는다. 그의 탄생부터 적는다면 완벽한 연대기다. 장시간 인터뷰했다면, 그 기사는 안 봐도 질문-답변이 쌍으로 반복하는 일문일답형이다. 이런 인물 인터뷰 기사는 맨 앞에 인터뷰의 취지를 설명하면서 인물의 최근 정보를 독자에게 환기한다. 기사는 중간중간에 최근 또는 과거 정보를 언급하고, 그와 관련한 궁금 사항을 인물에게 묻기도 한다. 전국 신문 대부분은 주말에 인물 인터뷰 기사를 게재한다. 기회만 되면 주중에도 한다. 인터뷰 기사는 대형 기획이어서 신문사의 선임 기자나 논설위원이 'ㅇㅇㅇ의 직격 인터뷰' 식으로 자기 이름의 문패를 달기도 한다. 이처럼 한국 기자들은 인물의 과거 자료나 인터뷰로 인물 기사를 쓰는데, 결론부터 말하면 이런 기사는 저급한 인물 기사다. 특히, 일문일답형 기사는 아래에 설명하듯이 저널리즘 원칙에 어긋난다. 인물 기사를 기존과 다르게 쓰는 방법 즉 인물을 취재하는 새로운 방법은 없을까?

인물 취재는 곧 인물 탐구이고 인물 보여 주기다. 이렇게 말을 바꾸니, 인물을 조사하거나 인물에게 질문하는 것 외에도 기자가 할 수 있는 일이 있을 것 같다. 기자의 취재 도구가 눈, 귀, 머리라고 한다면, 그간의 기사는 귀와 머리만 활용했다. 기자는 인물이 하는 말을 귀담아들었으며 머리를 써서 자료를 모으고 기사에 활용했다. 기자가 듣기를 잘했다고 하지만, 온전히 다 잘 들었던 것도 아니다. 인물의 발언이나 답변을 들으려고 애썼을 뿐이지 인물이 다른 사람과 나누는, 또는 다른 사람들끼리 하는 대화는 신경 쓰지 않았다. 특히, 눈으로 보는 취재는 거의 하지 않았다.

대학에서 '탐사기획보도' 과목을 가르치는데, 취재하러 나가는 학생들에게 '취재원의 입만 보지 말라'고 지시했더니 학생들은 온갖 것을 보고 수첩에 적어 왔다. 학생들은 취재원의 눈과 표정, 헤어스타일과 옷매무새, 자태와 아우라를 보았으며 행동을 지켜보았다. 학생들의 관찰력은 대단했다. 더 다그쳤더니, 취재원을 카페에서 만난 다음에 그의 사무실로 가서 책상을 보고, 동료들과 대화하는 모습을 보고, 그의 집에 가서 방을 살펴보고, 부모님도 보았다. 이런 관찰 정보를 추가한 학생들의 기사는 두 가지 점에서 기존의 인터뷰 기사와 달랐다.

우선, 글이 재미있었다. 기존의 인터뷰 기사는 인물의 코멘트를 반복적으로 제시하므로 아무리 내용이 중요하더라도 금세 싫증이 났다. 글 읽는 집중력도 떨어졌다. 하지만, 눈으로 본 정보가 가미된 글은 인물의 코멘트와 표정, 태도, 동작, 심지어 공간 등이 엇갈리게 등장해서 글 읽는 내내 긴장감이 유지됐다. 인물을 탐구해 가는 재미도 있었다. 기존의 인터뷰 기사가 모노톤의 오디오북이라면 관찰 정보가 추가된 기사는 변화무쌍한 비디오 영상이다.

두 번째 차이점은 언론의 객관주의 원칙을 지키는 데서 나타났다. 인터뷰 기사는 인물이 자기의 말로 자신의 주장을 증빙한다. 이 문장은 말장난 같아 보이는데, 실제로 인터뷰 기사는 그런 말장난 같은 면이 있다. 기자는 인터뷰하면서 인물의 말을 검증하려고 되묻거나 캐묻지만 결국 인물이 하는 말을 기사로 쓰게 된다. 일문일답이라는 형식을 취하는 한, 기사는 인물의 자기 보고(self-report)일 수밖에 없다. 인물의 말은 심증이므로 부정확하고 가변적이다. 그래서 신뢰도가 낮다. 저널리즘의 본질은 인물의 말을 검증하는 것인데, 그의 말을 그의 말로 검증해 봐야 헛바퀴 돌기다. 그의 말을 검증하려면, 그가 아니라 다른 사람을 통해서, 또는 말이 아닌 다른 유형의 정보로 검증해야 한다. 많은 사람이 생각하듯이 인물의 말을 그대로 정확하게 옮기는 것은 객관주의가 아니다. 인물의 말을 증빙하는 것이 객관주의인데, 이를 위해 활용할 수 있는 정보는 의외로 많다. 인물의 표정이나 태도, 행동, 그의 공간, 그와 타인의 대화는 그가 어떤 사람인지 보여 주는 훌륭한 증거다. 말은 심증이고 말 이외의 정보는 물증이다. 법정에서도 물증의 증거력이 심증보다 더 강하다. 예를 들어, 인물이 자기는 '고래 마니아'라고 주장한다면, 그는 '이상한 변호사 우영우'처럼 고래 캐릭터의 열쇠고리를 갖고 다니고, 휴대전화의 대문 사진이 고래이며 사진 보관함에도 고래가 가득할 것이다. 이쯤 돼야 자칭 고래 마니아라는 그의 말을 믿을 수 있다. 이것이 언론의 객관주의이고 삼각 검증(삼각 확인, triangulation)의 원칙이다. 이런 이유에서 일문일답형 인터뷰 기사는 세계 유수의 언론에서 기사로 취급받지 못한다.

듣기의 인터뷰 정보와 보기의 관찰 정보는 취재의 쌍두마차다. 듣기의 인터뷰 정보는 단독으로 사용되면 오히려 위험하며 보기의 관찰 정보는 단독으로 사용되어도 무방하지만 듣기와 결합하면 더 좋다. 저급한 인터뷰 정보에 대비되는 고급의 관찰 정보라 할 수 있겠다.

인터뷰 코멘트에 표정, 태도, 행동, 공간이 추가되면 평면적이었던 인물은 입체화한다. 기자가 듣기만 하다가 보기도 하려면, 안락한 의자에 앉아서 취재원과 두세 시간 담소하는 것보다 시간이 더 들고 몸을 더 움직여야 한다. 하지만 아무리 바쁜 기자도 이 정도는 할 수 있다. 현재의 취재 여건에서도 보기 취재를 과감하게 시도하기를 권한다.

무언가를 본다고는 하지만, 정작 무엇을 보아야 하는지가 고민거리다. 학생들도 관찰 포인트를 찾는 데 애를 먹었다. 취재원의 말도 쓸모없으면 버리듯이, 관찰 정보도 주제와 무관하면 버려야 한다. 인물의 표정이 아무리 인상적이어도 주제와 관련 없으면 정보로서의 가치가 없다. 자, 이제 인물을 만나서 그의 입만 보지 말고, 표정과 태도와 동작을 보고, 다른 사람과 어떻게 대화하고 행동하는지도 관찰한다고 가정해 보자. 그렇게 취재하면 아래와 같은 기사가 나온다.

(전략) 이미선 씨(58)의 약국은 서울 성북구 하월곡동 88번지(동소문로 42길) 골목에 있다. 주소만으로는 이 골목을 설명할 수 없다. '미성년자 출입금지 구역'이라는 경고문과 함께 색색깔의 굵은 실이 골목 입구에 드리워져 있다. 가릴 게 많고 가려져야 한다고 생각하는 그 골목에 이 씨가 23년 동안 운영해 온 '건강한 약국'이 있다.(①)

약국이라는 단어만으로는 그곳을 다 설명할 수 없다. 여덟 평 남짓한 그 공간은 누군가에겐 무료 복지상담센터, 누군가에겐 도서관이자 꽃집, 누군가에겐 수공예 공방, 누군가에겐 물품보관소, 누군가에겐 음악 감상실, 누군가에겐 고해소, 누군가에겐 더위와 추위와 소나기, 그밖에 세상에서 날아드는 모든 것을 피할 수 있는 몸과 마음의 쉼터다.(②)

성매매 집창촌 한가운데 자리 잡은 이 씨의 약국에서 '미아리 텍사스'라 불리는 골목의 하루를 지켜봤다. "안녕하세요!" 오전 9시 30분, 해는 높이 떴지만 적막하던 골목에 낭랑한 목소리가 울려 퍼졌다. 이 구역의 '약사이모' 이미선 씨가 등장했다.(③)

―집도 여기서 가까운가 봐요.

"네. 1분 거리예요. 제가 다니는 교회는 여기서 뛰어가면 30초. 하하하하. 완전 제 구역이죠. 어머, 안녕하세요! 지금 출근하세요?"(④)

골목에서 나와 약국까지 걸어가는 짧은 시간 동안, 이 씨는 리어카에 실을 상자를 정리하던 할머니, 행인들과 인사를 나눴다. 약국 문을 연 이 씨는 제일 먼저 화분들과 인사를 나눴다. 약국 앞은 마치 화원 입구처럼 여러 종류의 화분들이 놓여 있다. 이 씨가 골목 사람들에게 무료로 나눠 주는 '꽃씨함'도 있다. "밤새 잘 있었는지 아침인사를 해요. 사랑을 줘야 돼요. 얘는 나팔꽃이에요. 나팔꽃은 하루밖에 안 피는 거 아세요? 그러니 그 하루에 인사를 해 줘야죠. 얘는 만 개의 손을 가진 만선초. 얘는 풍선초. 무르익으면 여기 씨앗이 맺혀요. 얘는 백일홍이고 얘는 봉선화예요. 이 골목에 햇빛이 얼마나 짱짱하게 잘 드는지 몰라요."(⑤)

이 씨는 하월곡동 88번지 주민들이 현대미술작가 손민지 씨와 함께하는 '여기, 초록이 있어요' 프로젝트 회원이기도 하다. 각자 원하는 씨앗을 처방 받듯이 가져가 새싹을 틔우고, 식물을 키우는 과정에 대해 이야기하는 작업을 한다. 이 프로젝트에 참여하는 가게에는 '만물상 정원', '나물이 한가득', '꽃을 사랑하는 정순 씨' 등 개성 있는 문패가 달려 있다. 이 씨의 약국에는 '건강한 초록이들의 집'이라는 이름이 붙었다. 동네 주민도, 행인도, 성매매 여성도 원하는 사람은 누구나 씨앗을 받아 갈 수 있다. 하월곡동 88번지는 성매매 집창촌으로 알려져 있지만, 집창촌과 주택가는 바로 맞닿아 있다. 주민 대부분은 세입자다.(⑥)

화분과 인사한 이 씨가 스피커를 밖으로 꺼내 음악을 틀었다. "이 골목의 BGM(백그라운드뮤직)입니다(웃음). 골목이 너무 쓸쓸해서요. 외장하드에 제가 직접 고른 음악을 넣었어요." 김동률과 이적, 김광석의 목소리가 이어졌다. "이렇게 저의 하루를 시작합니다."(⑦)

— '미아리텍사스' 약사 이미선 씨 "언니들 얘기 들어 주는 것, 그게 치유".
〈경향신문〉 2019.9.7. 장은교 기자

"부끄러움보다 안타까움, 그들과 한편을 먹고 싶었어요"

서울 성북구 하월곡동 88번지
'건강한 약국' 이미선씨
'성매매 집창촌'의 하루

〈그림 13〉 "부끄러움보다 안타까움, 그들과 한편을 먹고 싶었어요."
〈경향신문〉 2019.9.7. ('미아리텍사스' 약사 이미선 씨)

기사는 시작하자마자 ①번 문단에서 공간을 그린다. 지역이나 동네, 주소지 같은 단어는 기자에게 익숙하지만, 공간이라는 단어는 낯설다. 하지만 사람과 그의 일상 공간은 둘이 아니라 하나다. 이 기사의 인물에게는 더 그러하므로 공간 정보가 인물의 이해에 필수적이다. ②번 문단은 앞으로 소개할 인물의 활동을 요약했다. 긴 기사이므로 내용의 지형을 미리 알려 줄 필요가 있다. 활동을 비유적으로 표현한 대목들이 묘미를 더한다. 드디어 주인공 인물이 등장하는데, 짧은 한마디에서 그의 경쾌한 동작이 연상된다(③번 문단). 여기까지의 설명문은 길지 않아서 전혀 지루하지 않다. 그런데도 기사는 곧바로 문답을 삽입하여 글의 분위기를 바꾸었다. 취재원의 첫 답변인 ④번 문단의 7개 문장은 인물의 성격을 단번에 드러낸다. 문답 후에 또다시 분위기를 바꾼다. ⑤번 문단에는 인물의 태도와 행동, 약국 입구 장면, 인물의 코멘트가 뒤섞여 있으며 ⑥번 문단은 온전한 설명문이다. 그런 후 다시 현장으로 돌아오는데, 독자가 청각을 작동하도록 유도한다(⑦번 문단). 여기까지 변화무쌍하기 이를 데 없다. 공간, 인물의 태도, 동작과 행동, 장면, 코멘트, 설명, 시각 정보, 청각 정보 등이 무시로 튀어나와서 지루할 새가 없다. 주인공과 이야기의 무대를 어느 정도 소개했으므로 이제 본론으로 들어갈 채비를 해야 한다. 기사는 아래와 같이 서서히 그 준비를 한다.

―이 동네에서 약국은 언제부터 했나요.
"1996년 2월부터예요. 원래 저기 옆에서 시작했는데, 재개발되면서 이쪽으로 옮겨 왔어요. 지금 이 자리에서 문을 연 건 2004년 5월이에요."
―여기가 고향이죠.
"부모님 사시던 곳도 바로 근처고요. 어렸을 때 정릉천에서 놀았어요. 내부순환로가 생기면서 지금은 별도 잘 안 들게 됐지만."
―초등학교 때 꿈이 변호사가 돼 '언니들(성매매 여성들)'을 돕는 것이었다면서요.

"제가 열 살 때쯤인가… 동생들이랑 놀던 정릉천 둑길에 어느 날부터 술집들이 생겨나기 시작했어요. 친하게 지내던 언니들이 있었는데, 한 언니의 죽음은 지금도 기억이 나요. 축 늘어진 몸으로 병원에 실려 가던 모습이오. 저에게 새우깡도 많이 사 주던 착한 언니였는데… 스스로 목숨을 끊었죠. 나중에 다른 언니에게 들었는데, 돈 벌어 고향에 사는 부모님을 부양하면서 대학생 애인에게 등록금도 대 줬는데 배신을 당했대요. 어린 마음에도 너무 분하고 이상했어요. 뭔가 잘못됐다, 빨리 커서 돕고 싶다… 그런 생각을 했죠."

이 씨는 2012년 펴낸 책 『미아리 서신』에서 이렇게 썼다. "철이 들면서 제가 사는 동네가 어떤 동네라는 걸 알게 되었고, 그때 들었던 마음은 부끄러움이 아니라 가슴 시림이었습니다. 왜 그 어린 나이에 그녀들의 얼굴에서 슬픔을 읽어 냈는지 지금 생각해도 알 수는 없습니다. 친구들은 뚝방가에 산다고 하면 술집 동네 아이라고 놀려 대곤 했습니다. 그녀들과 한편을 먹고 싶었습니다."(⑧)

(중략)

기자는 주인공 인물을 조사하여 그의 저서를 읽었고, 거기서 기사의 주제문을 찾아냈다. '그녀들과 한편을 먹고 싶었습니다'라는 ⑧번 문장은 인물의 강인함을 극명하게 드러낸다. 이 주제문을 설명문이 아니라 발췌 인용문으로 처리한 점이 칭찬받을 만하다.

이어서 기사는 인물과의 세 번의 문답을 통해, 그가 대학 때 '위대한 혁명'을 꿈꾸며 학생운동을 하다가 수용됐고, 결혼하여 인천에서 10년간 약국을 하면서 남편의 노동운동을 도왔으며, 이혼 후에 빚을 떠안고 신용불량자가 되어 아들과 함께 이곳 고향으로 돌아와 23년째 약국을 한다는 개인사를 들려주었다. 그런 후, 기사는 아래와 같이 본격적으로 주제를 향해 달려간다.

오전 10시 50분. 허름한 조끼를 입은 할아버지가 기침을 하며 들어왔다. "잘 모셔드렸어요?" 이 씨가 묻자 할아버지가 답했다. "응. 납골당에. 돈 좀 들어서

절에 있는 납골당에." 할아버지는 성매매 업주라고 했다. 지난주 부인을 먼저 떠나보낸 할아버지는 종합감기약을 사서 돌아갔다.(⑨)

이 씨의 약국은 성매매 업소들 사이에 있다. 저녁이 되면 약국 바로 옆 천막 아래 의자가 놓이고 '마담이모'들이 호객을 위해 나와 앉는다. 이 씨가 처음 약국을 열었던 자리엔 고층 아파트가 들어섰다. 지금 약국이 있는 곳도 재개발 사업이 진행 중이다. 사업시행인가 신청이 접수된 것은 지난 7월. 사업시행인가가 나면 관리처분계획인가를 받아야 하고, 이주와 철거 작업을 거쳐 착공신고가 나야 재개발이 이뤄진다. 골목에는 당구장, 피부관리실, 식당, 찜질방 등의 흔적이 간판으로만 남았다. 성매매 업소들은 검은색 선팅지를 붙인 채 칠이 벗겨지고 자음과 모음이 몇 개씩 떨어져 나간 낡은 간판 아래서 영업하고 있다.(⑩)

성북구는 하월곡동 88번지와 104번지 일대에 약 5만 400m² 규모의 성매매 집창촌이 남아 있는 것으로 파악하고 있다. 집창촌 내 건물 동수는 약 150여 개다. 성매매는 정식 영업신고가 되지 않기 때문에, 정확한 업소 수는 알 수 없다. 이 씨와 골목 사람들은 어림잡아 80~100여 곳이 여전히 영업하고 있는 것으로 짐작한다.(⑪)

─성매매 여성들과 마음을 터놓게 된 건 언제부턴가요.

"오래 걸렸어요. 저도 처음에는 저 사느라 바빴죠. 마음은 쓰여도 내 삶이 버거운데 뭘 할 수 있을까 싶었어요. 저기 보이죠. (이 씨가 약국 바로 건너편 애견숍을 가리켰다.) 2005년에 불났던 집이에요. (성매매) 업소였는데 다섯 명인가 죽었어요. 연보랏빛 들꽃을 닮았던 아기 엄마가 여기 온 지 보름 만에 그 사고로 죽었어요. 애 아빠랑 헤어지면서 어쩔 수 없이 딸을 두고 나왔는데 경제력이 있어야 딸을 데려올 수 있다고 해서 업소로 온 친구였어요. 소방관들이 시신을 수습해 나오는데 몸집이 전부 너무나 작은 거예요. 왜 그러냐고 물으니까, 불길을 피하려고 최대한 웅크려서 그렇대요. 꼭 엄마의 자궁으로 다시 들어가는 것 같다고 생각했어요. 태아 때 그런 모습이잖아요. 삶이 얼마나 허망한지…. 그 친구들이 그렇게 가고, 사후 처리가 진행되는 과정을 보면서 너무 괴로웠어요. 제가 잘 놀라는 편이 아닌데 가슴이 덜덜 떨려서 청심환을 하루에 두 개씩 먹었어요. 그때부터 뭐랄까. 빚진 자의 심정이 됐어요. 뭐라도 내가 할 수 있는 일을 해야겠다 싶었어요. 그전에는 개인적으로 조금씩 하다가 보폭을 넓힌 거죠."
(⑫)

오전 11시. 약국으로 전화가 걸려왔다. "응, 응, 그래. 근육 풀어지는 약 먹어야지. 그래, 그래. 이모 보내요." 업소 여성의 전화였다. 몸이 아파서 직접 약국에 오기 힘든 성매매 여성들은 전화로 상담을 하기도 한다. 업소의 '주방이모', '청소이모' 들이 대신 약심부름을 온다.(⑬)

─성매매 여성들을 위해서 어떻게 다가갔나요.

"그냥 제가 할 수 있는 것들을 했죠. 약 사러 오면 상담해 주면서 다른 아픈 데는 없는지 물어보고요. 이야기가 필요한 친구들은 들어 주고요. 저도 지금까지도 어려워요. 어떤 친구는 빈혈이 너무 심해 보여서 약을 꼭 먹었으면 좋겠는데 안 사요. 피임약만 사기에, 제가 '빈혈 있으면 간도 안 좋아요' 하면서 빈혈약이랑 간장약을 그냥 줬는데, 탁 치워버리고 가버리더라고요. 불편했던 거죠. 너무 미안했어요. 근데 이 근처에 약국이 여기밖에 없잖아요. 이후에 또 피임약을 사러 왔기에, 정식으로 미안했다고 사과했어요. 그랬더니 계속 와요. 그러다 마음을 여는 친구들도 있어요. 저도 당황하고 마음을 다치기도 하지만, 욕심을 부려서 직진을 해버리면 그 친구와의 관계는 영 어긋나는 거죠. 아무리 안타까워도 그건 억지로 어떻게 할 수 없어요."(⑭)

─꽤 친해진 분들도 많겠어요.

"그래도 정확한 나이나 이름은 잘 몰라요. 대충 알죠. 주로 삼십 대가 많은 것 같아요. 지방에 계신 부모님이나 동생들 부양하는 친구들이 좀 있거든요. 돈 들어갈 때가 되면 아픈 친구들이 꽤 많아요. '이모, 자꾸 체하고 아파' 해서 보면 2월이나 8월이더라고요. 대학 등록금 내는 시즌이죠. 아 그래, 힘들겠구나."(⑮)

오전 11시 50분. 아까 전화했던 업소 여성의 '주방이모'가 왔다. "허리랑 뒷목이 많이 아프대." 근육이완제를 사서 돌아갔다. 점심시간은 낮 12시부터 1시까지. 이 씨는 교회에 가서 교인들과 함께 밥을 먹었다. 골목길에 앉아 도라지를 까서 말리던 동네 할머니들이 "약사 선생"이라며 반갑게 인사했다.(⑯)

기사는 첫 번째 이웃 주민을 등장시키고(⑨번 문단) 또다시 공간을 설명하는데, 이번에는 공간의 역사와 변화다(⑩, ⑪번 문단). 재개발 사업은 공간의 물리적 변화는 물론이고 주인공과 주변 사람들의 미래를 바꿀 수 있는 요인이므로 기사에 중요하다. 그런 다음에 본격적으로 주제를 건드리는 문답을 시작한다. 우선, 꽤 긴 답변을 통해 주인공을 움직이게 한 결정적 계기를 소개했다(⑫번 문단). 뒤이어 곧장 주제로 들어가면 될 것 같은데도, 기사는 주인공의 그저 그런 전화 통화 장면을 살짝 보여 줬다(⑬번 문단). 기사는 절대로 성급하지 않다. 독자의 호흡을 조절하며 천천히 주제로 들어간다. 전화 통화 장면은 가식 없는 일상적 언행을 통해 주인공의 면모를 보여 주려는 의도다. 기사는 주인공을 통해 성매매 여성들의 처지를 전한 다음에(⑭, ⑮번 문단), 또다시 주인공과 동네 주민들의 만남을 보여 준다(⑯번 문단). 인물을 객관화하는 데 필요한 단서와 증거를 계속 쌓고 있다.

> 이 씨는 지난해 포털사이트 다음에 성매매 여성들을 돕기 위한 '스토리펀딩 프로젝트 나다움 꽃피우기 in 하월곡동 88번지'를 공모해 1,000만 원을 모았고, 이를 성매매 여성들을 후원하는 데 썼다. 8월 19-20일엔 기증받은 구두 나눔 행사를 했다. 이 씨가 물품 후원행사를 할 땐 원칙이 있다. "후진 건 (후원) 안 해요. 물품이 오면 제가 하나씩 다 검열해요. 좋은 물건들을 일일이 포장해서, 정말 선물 받는 느낌이 들 수 있게 줘요." 이 씨가 약국 한쪽에서 상자를 꺼냈다. 글루건, 색포장지, 리본, 작은 방울 등 선물 포장 재료가 가득했다. 특별한 취미활동도 없고, 사회에 나가 사람들과 어울리기도 힘든 성매매 여성들을 위

해 이 씨는 '천연 화장품 만들기', '천연 향수 만들기', '천연 비누 만들기' 수업도 무료로 진행한다.(⑰)

―성매매 여성 후원활동을 하고 있죠.

"제가 직접 후원하는 친구는 세 명이에요. 한 명은 자해를 많이 하는 친구예요. 왼쪽 손목이 흉터로 가득해요. 온몸에 멍이 들어 있고요. 여기 온 지 10년 정도 됐는데, 자학을 하고 밥도 잘 못 먹어서 너무 말랐어요. 화가 목까지 차 있어서 먹어도 자꾸 토하고, 몸이 아프니까 일도 잘 못 하고요. 약을 정기적으로 후원해요. 영양제랑 혈액순환제를 챙겨 주죠. 또 한 친구는 아이 엄마예요. 아이가 있다는 것도 우연히 알게 됐어요. 약국 한쪽에 운영하는 작은 도서관에 아이들용 책을 쌓아 뒀더니 그 친구가 빌려가도 되느냐고 물어보더라고요. 그냥 다 가져가라고 했더니, 너무 좋아하면서 큰 쇼핑백을 가져와서 담아 갔어요. 그 친구도 몸이 많이 안 좋아요. 변비약과 피임약만 사 가는데, 변비약 스무 알짜리를 1주일도 안 돼서 다 먹어요. 장이 엉망인 거죠. 그래서 유산균제를 주고 있어요. 또 한 친구는 여기서 일하다 그만두고 지금은 새벽 청소일을 하고 있어요. 삼십 대 중반에 고등학교도 못 마쳐서 취직이 쉽지 않은데, 부모님을 부양해야 하는 상황이에요. 우울증과 공황장애를 앓고 있어요. 여기서 일하던 친구들 중에는 정신적, 육체적으로 모든 기능이 저하되는 경우가 많아요. 나쁜 범죄의 표적이 되기도 쉽고요. 그 친구한테는 제가 약 말고 후원금도 전달해요. 그게 다 제 돈으로 하는 건 아니고요. 제가 통로가 되는 거죠. 그걸 통해서 '누군가는 당신을 향한 사랑의 끈을 놓지 않고 있다. 그것만 당신들이 기억해 주면 좋겠다' 그런 생각을 넣어 주는 거예요."(⑱)

오후 2시. 젓갈과 콩물, 달걀과 캐러멜을 파는 트럭이 지나갔다. 집창촌 골목이라고 보기 힘든, 요즘의 서울 골목이라고 보기도 어려운 한가로운 풍경이었다. 모자를 곱게 쓴 할머니 한 분이 '차갑지 않은' 피로해소제를 찾았다. 이 씨는 교회에서 점심 때 받아 온 배추김치를 담아 건네며 할아버지의 당뇨수치 검사 결과를 물었다. 약국 손님의 대부분은 단골이다. 이 씨는 손님들의 몸 상태가 어떤지, 언제 어떤 약을 먹었는지, 식습관은 어떤지도 알고 있다. 가까운 곳에 병원이 없는 이 골목 사람들에게 이 씨는 주치의 역할도 하고 있다. 이씨는 "동네 약국의 소명"이라고 말했다.⑲

―약국 앞에 '나다움 꽃피우기 in 하월곡동 88번지, 건강한 상담센터' 간판도 있던데요. 2012년에 사회복지사 자격증도 취득했다면서요.

"네. 진~짜 어렵게 열심히 공부해서 1급 자격증을 땄어요. 저렇게 상담센터라고 간판을 해 놓으니까 좋은 게요, 그냥 아무나 들어와서 편하게 물어봐요. (아무나 들어와서 물어보는 게 편한가요) 그럼요. 약 사러 올 일이 없어도 와서 물어보는 거죠. 상담료가 얼마냐고 물어보는 사람도 있지만(웃음), 무료거든요! 여기는 자기 직업이나 상황을 정확히 말하는 걸 좀 꺼리는 분들이 많아요. 관공서를 두려워하는 사람도 많고요. 전에 한 친구(성매매 여성)가 와서, 아버지가 시골에서 혼자 사신다며 '생활비는 내가 벌어서 드릴 수 있는데 거동이 불편하시니까 너무 걱정된다'고 하더라고요. 그럼 장기노인요양보험 해당자거든요. 지방까지 갈 필요도 없고, 건강보험공단에 신청만 하면 돼요. 신청을 도왔더니 그 친구 얼굴이 확 펴졌어요. 뿌듯했죠."⑳

'건강한 약국'에서 많이 팔리는 약은 진통제와 피로해소제, 피임약, 파스 등이다. 비타민이나 영양제는 잘 안 나간다. 생활에 꼭 필요한, 당장의 통증을 멎게 할 약이 절실한 이들이 주 고객이기 때문이다. 성매매 여성뿐 아니라, 주변 상인과 독거노인, 노숙인도 이 씨의 고객이다. '불청객'을 상대하는 것도 이 씨의 일상 중 하나다. 취객이 무작정 들어와 비아그라를 요구하거나, 멀쩡해 보이는 남자들이 "여기서 제일 예쁜 아가씨가 누구냐"고 묻는 경우도 있다. 술에 취해 약국 앞에서 자거나 토하고, 행패를 부리는 일도 흔하다. 이 씨는 "아마 전국에서 112를 제일 많이 누르는 약국일 것"이라고 말했다.

오후 3시 30분. 노숙인과 조현병 환자, 은둔형 외톨이 청년 등의 자활을 돕는 '바하밥집'의 김현일 대표가 약국을 찾았다. 2009년 시작한 바하밥집은 '리커버리 야구단'을 만들고 오는 11월 '5149리그(건강한 51%가 아픈 49%와 함께한다는 의미)' 창단을 앞두고 있다. 삼성라이온즈 출신의 유명 야구선수 이만수 씨가 단장을 맡았다. 김 대표와 이 씨는 10년 넘은 '후원 동지'다.(㉑)

　김 대표는 이날 이 씨에게 11월에 있을 행사의 사회를 부탁하러 왔다. "우리 식구들(노숙인들, 활동가들)이 누나만 보면 반해요. 너무 좋으시니까. 저는 정말 어마어마하게 도움을 받고 있어요." 이 씨는 "내가 무슨 사회야"라고 하면서도, "언젠데?"라며 부탁을 수락했다. 두 사람은 바하밥집을 후원할 수 있는 구체적 방안과 아이디어를 두고 상의했다. 이 씨는 "나는 '온라인 앵벌이'도 부끄러워하지 않는다"고 했다. "제가 속한 단체채팅방, 페이스북 등등에 '이번에 이분들 좀 도웁시다' 하고 글을 올려요. 어떤 때는 '무답'일 때도 있어요. 그래도 상처 안 받아요. 지금은 이분들도 마음의 여백이 있구나, 그럴 수도 있지 생각해요."(㉒)

　오후 4시. 성매매 업소들의 영업시간이 다가오면서 약국도 본격적으로 바빠졌다. 업소 여성들이 10여 분에 한 명꼴로 와서 변비약과 피임약, 진통제 등을 사갔다. 어떤 이는 모자를 푹 눌러쓴 의기소침한 모습이었고, 어떤 이는 나쁜 일이라곤 겪어 본 적 없을 것 같은 말간 얼굴이었다. 어떤 이는 여기저기 자해의 흔적이 보였고, 어떤 이는 성형수술을 지나치게 많이 한 듯 보였다. 이른바 명품으로 휘감은 이도 있었다. 손님에 따라, 이 씨도 조금씩 달라 보였다. 어떤 이와는 농담도 주고받았지만 어떤 이에겐 꼭 필요한 말만 했다.(㉓)

　기사는 주인공의 인품과 선행을 간단한 장면과 인터뷰 코멘트로 소개하기도 하고(⑰번 문단) 문답으로 설명하기도 한다(⑱번 문단). 한 형식의 글이 조금 길게 나온다 싶으면 여지없이 분위기를 바꾼다. 공간과 사람을 그리다가(19번 문단) 문답을 연결하고(⑳번 문단) 다시 설명문으로 돌아오는 식이다(㉑번 문단). 이쯤이면 이제 장면이나 대화가 나올 때가 됐으며(㉒번 문단) 주민들의 표정과 외모, 옷차림도 보여 주면서 글에 생기를 불어넣었다(㉓번 문단). 여기까지 주인공 인물을 이해하는 데 필요한 어지간한 정보는 다 나왔다. 이제 기사는 막

바지로 향한다.

―성매매는 불법이죠. 성매매 여성들을 돕는 것에 대한 비판도 있습니다.(㉔)

"저는 성매매가 좋다, 나쁘다 이런 말은 하지 않아요. 제가 말할 수 있는 건 아닌 것 같아요. 다만, 성매매 여성들도 귀한 생명을 갖고 태어난 사람들이잖아요. 누군가는 그들 편에 서서 그들의 입장에서 목소리를 들어 줬으면 좋겠어요. 그 친구들은 자존감이 매우 낮고요. 자학하며 살아요. 스스로를 비하하고 나 하나 죽어도 된다는 생각으로 사는 이들이 많아요. 죽어도 되는 존재는 없잖아요. 여긴 딱한 배경을 가진 이들이 많아요. 집은 가난하고, 학교도 제대로 못 다녔죠. 여기 올 때, 정말 큰돈 때문에 오는 게 아니라 당장 집안에 몇 백만 원이 급해서 들어왔다가 눌러앉게 된 경우가 많아요."

호황기가 지난 이 골목에선 싸움도 빈번하다. 손님을 두고 업소끼리, 성매매 여성들끼리 싸운다. 어느 가게 유리창이 깨지고, 욕설과 고성이 오가도 놀랄 것 없는 동네다.

―이곳이 언젠가는 없어질 텐데, 성매매 여성들을 위해 가장 필요한 건 뭘까요.(㉕)

"이곳에서 20년 넘게 있으면서, 새 인생을 시작하는 친구를 딱 세 명 봤어요. 밤에 일하고 낮에 잠 안 자고 (미용기술) 수업받으러 다녔어요. 정말 독하게 마음먹고 그런 생활을 몇 년씩 버텨서 해낸 거죠. 쉽지 않은 일이에요. 여기 있는 친구들한테 '너는 왜 그렇게 하지 않느냐'고 말할 수 없어요. 그들이라고 평범하게 더불어 살고 싶은 마음이 왜 없겠어요. 일단은 이 친구들이 뭘 원하는지 그들의 이야기를 잘 들어 줬으면 좋겠어요. 그다음에 자활하는 데 도움을 받을 수 있는 공간과 사람, 연계 시스템이 좀 마련되어야 할 것 같아요. 행정 편의적으로 '몇 건 처리했다' 이렇게 말고요. 나중에 성매매 여성들을 돕기 위한 거버넌스가 마련되면, 그땐 제가 꼭 필요한 역할을 맡고 싶어요."

이 씨는 왜 자신의 고향에 '미아리 텍사스'라는 괴상한 이름이 붙었을까 궁금해 동네 어르신들에게 물어봤다고 했다. 미국 서부 개척시대, 텍사스에 가면 황금을 거머쥘 수 있던 것처럼 성매매로 일확천금을 벌어 보자는 뜻으로 붙여진 것 같다는 설명을 들었다. 이 씨는 돈 대신 사람을 '벌었다'. 2010년 어머니 장례식 때는 성매매 여성들이 조문을 왔다. 이 씨의 인터뷰를 지켜보던 이웃 재활용센터 사장 오용석 씨(57)는 "제가 10년 넘게 지켜봤는데 너무 좋은 분, 훌륭한 분"이라고 말했다.

오후 7시 30분. 이 씨가 화분들에 물을 주었다. 해가 지고 나서야 환해지는 이 골목처럼, 이 씨의 화분들은 저녁에 밥을 먹었다. 이 씨는 폭염으로 쓰러져 최근 입원한 동네 할머니 병문안을 언제 갈까 고민했다. 할머니는 이 씨의 도움으로 기초생활수급자로 지정됐다. 에어컨 설치를 신청해 구청에서 설치하러 나왔지만, 할머니 집의 벽이 너무 부실해 그냥 돌아갔다고 했다. 이 씨는 이 골목의 모든 사정을 살피며 사는 비결에 대해 이렇게 말했다. "음… <u>하나님께서 제게 주신 재능은 약간의 담대함이에요. 일단 해 보자, 죽이 되든 밥이 되든. 죽이 되면 죽으로 먹으면 되지. 뭘 고민하냐. 하하하하하. 저는 지금 제 인생이 좋아요. 많은 사람들과 함께하는 이 길에서 내려오지 않게 해 달라고 매일 기도해요.</u>"(㉖)

오후 8시. 이 골목의 마지막 BGM이 흘러나왔다. 양희은의 '엄마가 딸에게' 였다. "난 삶에 대해 아직도 잘 모르기에 너에게 해 줄 말이 없지만, 네가 좀 더 행복해지기를 원하는 마음에 내 가슴속을 뒤져 할 말을 찾지."(㉗)

기자는 주인공을 가장 불편하게 할 수 있는 질문을 기어코 던진다(㉔번 문장). 이미선 씨 같은 사마리안에게 누구도 함부로 꺼낼 수 없는 논제다. 한국의 착한 독자들은 기자가 건방지다거나 멀쩡한 취재원을 괴롭힌다고 하겠지만, 이런 반박성 질문(counter-argument)을 던지고 취재원의 반응을 살펴야 그의 선행이 얄팍한 동정심인지 진심의 휴머니즘인지 알아낼 수 있다. 기자의 날 선 질문에 대한 주인공의 답변은 포근하기 이를 데 없다. 이 질문을 하지 않았더라면, 인물의 진면목을 볼 수 없었으며 기사도 그리 빛나지 않았을 것이다. 기자는 취재원을 검증하기 위해 굳이 그의 반대자가 되어 공격성 질문을 던져야 한다. 그래서 기자는 잔인한 직업이다. 친절하게도, 기자는 마지막 질문으로 사안의 대안까지 물어본다(㉕번 문장). 그리고는 이 긴 글을 읽은 독자에게 선물이라도 하듯이 무언가를 스스로 생각해 보도록 도와준다(㉖번 문단). 특히, 밑줄 친 부분은 여러 번 읽고 싶을 정도로 좋다. 기사는 오랜만에 청각 정보로 마무리한다(㉗번 문단). 기사를 읽은 후에 양희은의 '엄마가 딸에게'를 찾아서 들어 본 독자가 있을 것이다. 이 기사의 여운은 그 정도로 강하다.

이 기사를 읽은 독자는 '한국에도 이렇게 훌륭한 사람이 있구나!' 하면서 놀라고 감동할지 모른다. 일차적으로 이미선이라는 인물이 지닌 엄청난 메시지의 덕이지만, 그를 매력적으로 그려 낸 기자의 역할도 크다. 이 기사는 듣기와 보기의 결합 즉 인터뷰와 관찰의 결합을 보여 주었다. 인물의 말에 태도, 행동, 대화, 공간 등을 버무림으로써 인물 듣기에 그치지 않고 인물 그리기를 할 수 있었다.

구아모 〈조선일보〉 기자는 학생 때 읽었던 이 기사를 잊지 못해 2021년 초에 기자 신분(당시 〈서울경제〉 소속)으로 이미선 씨를 찾아갔던 적이 있다. 이미선이라는 사람, 그를 표현한 장은교 기자, 그리고 그 취재 과정이 궁금했다. 그때 이미선 씨는 장은교 기자가 거의 모든 것을 조사한 상태에서 자기를 만나러 왔다고 구아모 기자에게 일러 주었다. 구 기자는 취재의 전범(典範)이 무엇인지를 그렇게 알게 됐다고 했다(박재영, 2024). 장은교 기자는 철저한 사전 조사 덕분에 현장에서 여유 있게 인물을 지켜볼 수 있었다. 이 기사는 관찰, 인터뷰, 조사 즉 보기, 듣기, 찾기의 3박자를 모범적으로 구현했다. 거기에 장은교 기자 특유의 편안한 문장이 묘미를 더해 11,600자짜리 기사가 전혀 지루하지 않았다.

기자는 시간이 부족하다 보니 가장 효율적인 취재 방식으로 인터뷰를 선택한다. 하지만, 인터뷰는 가장 낮은 수준의 인물 탐구기법이다. 특히, 문답형의 인물 인터뷰 기사는 만들기에 그리 어렵지 않아서 누구나 기자를 넘볼 수 있게 해 준다. 디지털 모바일 기술이 발달하면서 기자에게 '경계 짓기'가 더 필요해졌음을 고려하면(허만섭·박재영, 2019), 기자는 아류나 이류가 잘 못하는, 또는 할 수 없는 일을 함으로써 자기를 확실하게 차별화해야 한다. 그것이 보통 상품은 넘어 명품을 만드는 길이다.

앞과 같은 기사를 만드는 것은 그리 어렵지 않다. 듣기 외에 보기와 찾기를 조금만 하면 된다. 그런데도 기자들은 그런 시도를 잘 하지 않는 것 같다. 한 예로, 모 신문은 2024년에 이미선 기사를 썼는데, 내용이나 형식 면에서 5년 전에 나왔던 위 기사보다 나은 면이 전혀 없었다. 무려 7,000자의 장문인데도 일문일답 형식을 답습하는 바람에 오히려 퇴보한 느낌을 주었고 읽는 재미도 없었다. 누구라도 그 기사를 찾아서 읽어 보면 이 주장에 동의할 것이다. 앞으로도 이미선을 다룬 기사는 나오겠지만, 장은교 기자의 기사가 '끝판왕'이다. 이미선 씨가 아닌 다른 사람을 다루더라도 이 기사가 인물 기사의 레전드다. 장은교(2023) 기자는 "미디어는 늘 새로운 이야기를 찾는다. 어쩌면 새롭지 않은 이야기란 세상에 없다. 우리가 어떻게 보느냐에 따라, 우리가 어떻게 듣느냐에 따라"라고 말했다(2023, 113쪽). 그의 지론처럼, 이 세상에 흔한 이야기는 없다. 다만, 흔하게 보는 시선이 있을 뿐이다. "우리는 각각의 얼굴로 각각의 이야기를 품고 산다"(장은교, 2023, 114쪽).

장은교 기자는 기획보도 '우리가 명함이 없지 일을 안 했냐'(〈경향신문〉 2022.1.26.-3.4.)로 2022년 '한국기자상'을 받았다. 밥집이나 마트 계산대, 판매점 매대에서 가정과 사회를 위해 평생 일하면서 번듯한 명함 한번 가져 본 적 없는 여성 노인들에 대한 이야기다. 그들의 생애사를 노동의 관점에서 조망한 기사다. 기사를 묶은 책의 크라우드 펀딩에 후원자 2,158명이 참여했다. 그는 현재 프리랜서 작가 겸 기자로 일한다.

이제 또 다른 기사를 볼 텐데, 어지간한 신문 열독자도 전혀 본 적이 없는 양식과 분위기의 기사일 것이다. 미국의 전쟁영웅 드와이트 아이젠하워(애칭 '아이크', Ike) 장군은 1952년 미국 대통령 선거 때 한국전쟁 종결을 공약으로 내걸었는데, 당선되자 그 약속을 지키려고 취임도 하기 전에 당선인 신분으로 한국을 찾았다. 그는 1952년 12월 2일 도착해 서부전선 최전방 미군 부대도 돌아보고 5일에 떠났다. 미국 국빈급 인사로는 최초의 한국 방문이었고 6·25전쟁의 종식을 모색하는 목적이어서 그의 방한은 신문에 크게 보도됐다. 예를 들어, 〈조선일보〉는 1952년 12월 5일 '환영! 아이젠하워 원수, 한국은 방공의 보루'라는 제목의 1면 머리기사에 이어 7일에도 아이젠하워가 한국을 계속해서 원조할 것이라는 내용을 보도했다. 〈동아일보〉는 1952년 12월 7일 '사상 초유의 귀빈, 아 원수는 드디어 다녀가다'라는 제목으로 그의 한국 체류 동정과 기자회견을 묶어 크게 보도했다. 〈민중일보〉도 아이젠하워 기사를 썼는데, 타 신문들과는 완전히 달랐다. '백만불의 혀바닥'이라는 제목부터 심상치가 않다. 아래가 그 기사다.

> 나는 '아이크'의 결정적인 표정을 '혀바닥'에서 발견했다.
> '더그라스 맥아더'가 씨-자처럼, 엄격한 장군의 인상을 주는 데 비하면 '아이크'는 동안처럼 부드럽고 정이 붙는 인상을 준다.
> 기실 「LIFE」 잡지에 나오는 과장된 입과는 달리 그렇게까지 큰 입은 아니었다.
> '아이크'는 그의 옷차림으로 보아 인상이 은근한 맛을 준다.
> 내가 전선에서 '아이크'를 처음 보았을 때, 직감적으로 느낀 것은 그의 복숭아처럼 붉은 화장한 안색이었다.
> 그의 건강은 붉게 타는 그의 안색이 웅변적으로 보장하고 있다.
> '아이크'는 카메라맨이며, 신문기자들을 좋아하는 사람이다.
> 그는 전선에서 몇 번이나 카메라맨들이 따벌떼처럼 시끄럽게 달려들어도 '오-케 오-케' 하며 제멋대로 내버려 두었다.
> 그는 대담하고 솔직한 군인 정치가다. 육 척이 훨씬 넘는 키에 적당히 발달된

몸은 평복을 입었을 때 역연했다.

'아이크'는 솜털이 짙은 사람으로 눈썹 변두리며, 혀 주변에 풋솜처럼 보드러운 솜털이 곱게 깔려 있다.

나는 1미터 정면에 접근하여 '아이크'의 눈동자를 보았는데, 그의 눈은 남빛 불란서 인형처럼 애교가 있으면서도 자세히 들여다보면 예민한 빛을 내뿜는다.

그의 혀는 어머니의 유방을 찾는 그것이다.

풍년이 깃든 듯 물질감이 풍부한 그의 혀바닥에는 흉년이 없었다.

'아이크'의 혀는 소박하고, 평민적이면서도 신비로운 존재였다.

만일 '아이크'의 혀가 보통 사람과 같았던들 오늘날의 영광은 없었을는지도 모른다. '아이크'의 연설은 암만 들어도 싫증을 주지 않는다.

그것은 그의 매력 있는 혀 때문이다. 좀 두터운 듯한 그의 혀바닥은 윤전기의 고무 '루-라'처럼 잘 감돌았다.

그의 혀에는 언제나 보드러운 침이 충만해 목마른 감을 안 준다.

'아이크'의 꼬부리는 데리케이트한 혀바닥은 '키스'할 때의 그것처럼 부드럽고 간지럽다.

'아이크'의 혀는 어린아이가 강아지를 부르는 혀처럼 순진하고 애티가 숨어 있다.

그의 혀바닥은 신경질이 아니며 조금도 독기가 없다.

그의 눈이 부드러운 것은 그의 눈이 쌍가풀진 데서 오는 도움인 듯….

'아이크'가 기자회견 석상에서 십이 분간 서서 유창한 말을 계속하는 것을 보았는데 '라이트'에 비치인 그의 혀바닥은 여러모로 매력적인 인상을 주었다.

그가 미국 시민들한테 절대적인 인기를 얻고 있는 비결은 눈에도 코에도 귀에도 아무데도 있는 것이 아니라, 그의 유일무이한 '혀바닥'에 있다.

천하의 백만대군을 질타(叱咤)하며 독일군을 격파한 '아이크'의 전 매력도 여기에 있다.

'아이크'를 알려면 먼저 그의 '혀바닥'이 주는 천재적 매력을 알아야 한다.
'아이크'의 혀는 백만 달라 아니 천하를 다 준대도 바꾸지 못할 존재다.
—백만 불의 혀바닥. 〈민중일보〉 1952.

　이 기사는 혀 하나로 아이젠하워를 표현했다. 이 혀는 대중을 감동적으로 설득했던 그의 현란한 언술을 상징한다. 혀든 무엇이든 딱 한 가지 상징물로 인물을 표현할 수 있음을 이 기사는 보여 준다. 인물 기사를 이렇게 도발적으로 쓸 수 있을까 싶다. 그래서 이 기사를 처음 읽었을 때 미국 기사를 번역한 것인 줄 알았다. 나는 이 기사를 오소백(1953)의 저서 『신문기자가 되려면』에서 발견했다(419-421쪽). 기자가 아이젠하워의 연설을 목격하고 썼으므로 1952년 12월에 보도됐을 테지만 안타깝게도 날짜가 책에 없었다. 다행히 〈민중일보〉라는 신문 이름은 적혀 있는데, 당시 이 이름의 신문은 2개가 있었다. 정진석 한국외국어대학교 명예교수는 둘 중에서 장도빈이 창간한 〈민중일보〉는 1948년에 폐간됐으므로 이 기사는 부산에서 창간한 〈민중일보〉에 났던 것으로 추정했다. 해방 직후, 부산, 대구, 광주, 평양 등지에서는 사람들이 일본인의 신문 시설을 접수하여 한국어 신문을 발행했다. 앞의 기사가 1952년 기사이므로 〈민중일보〉는 신문들이 창간과 폐간을 거듭하던 해방 공간의 시기에 상당 기간 운영됐던 것 같다.
　오소백은 기사 쓰기에 관한 책을 여러 권 냈을 정도로 글쓰기에 천착했는데, 의미 있고 배울 점이 있으니 이 기사를 자기 책에 소개했을 것이다. 당시 아이젠하워를 다룬 어떤 기사도 이만큼 특이하지 않았을 것이다. 아이젠하워가 환생하여 요새 기자들이 취재한다고 해도 이렇게 기사를 쓰지는 못할 것이다. 그 정도로 이 기사는 차별적이고 독창적이다. 기자로서는 '인생 기사'로 삼을 만한 기사다.
　아이젠하워의 '혀'는 정말 대단했다. 그의 연설은 미국 대통령의 명연설에 꼭 포함되며 연설문집이 따로 있을 정도로 유명하다. 그중에서 가장 많이 알려진 연설은 제2차 세계대전의 분수령이 되었던, 1944년 6월 6일 노르망디 상륙작전 당일 연합군 장병들에게 한 연설이다. 아래가 그 전문이다.

> 연합군 원정군의 군인, 선원 및 공군 제군들
>
> 제군들은 우리가 지난 몇 달 동안 노력해 온 대성전에 착수할 것이다!
>
> 세계의 눈이 제군들에게 쏠려 있다. 자유를 사랑하는 사람들의 희망과 기도가 모든 곳에서 제군과 함께 행진할 것이다. 우리는 우리의 용감한 연합군 및 다른 전선의 전우들과 협력하여 독일 전쟁 기계를 파괴하고 유럽의 억압받는 민족에 대한 나치 폭정을 제거하고 자유세계에서 우리 자신을 보호할 것이다.
>
> 제군의 임무는 쉬운 일이 아닐 것이다. 제군의 적은 잘 훈련되고 장비가 잘 갖춰져 있으며 전투에 숙련되어 있다. 그들은 잔인하게 싸울 것이다.
>
> 그러나 지금은 1944년이다! 1940-41년 나치의 승리 이후 많은 일이 일어났다. 연합국은 본토 항공전에서 독일군에게 큰 패배를 안겨 주었다. 우리의 공세는 그들의 항공 전력과 지상에서 전쟁을 수행할 수 있는 능력을 심각하게 감소시켰다. 우리의 본토 전선은 전쟁 무기와 군수품에서 우리에게 압도적인 우월성을 부여했으며 많은 수의 훈련된 전투병들이 전선에 배치될 수 있게 했다. 흐름이 바뀌었다! 세계의 자유인들이 승리를 위해 함께 행진하고 있다!
>
> 나는 제군들의 용기, 의무에 대한 헌신, 전투 능력을 전적으로 신뢰한다. 우리는 완전한 승리가 아니면 아무것도 받아들이지 않을 것이다!
>
> 행운을 빈다! 그리고 이 위대하고 고귀한 작전에 대해 전능하신 하느님의 축복을 모두 간청하자.
>
> — 'General Dwight D. Eisenhower's Order of the Day'. 1944.6.6.

5. 인물의 변화

　공무 중 순직한 공무원이나 훈련 중 산화한 군인, 심지어 장학금을 기부한 일반 시민에 대해 이야기할 때, 대개 사람들은 해당 인물을 미화한다. 언론 보도도 마찬가지다. 의인들은 그렇게 대접받을 만하다. 때때로 이들을 원래부터 의인이었던 것처럼 보도하기도 하는데, 이럴 때 독자는 그들을 존경할 수 있겠지만 친근하게 느끼지는 못한다. 자기와 너무 다르게 훌륭해서 가슴에 와 닿지 않기 때문이다. 그가 비현실적이라거나 정말 의인인지 의심할 수도 있다. 평생을 의인으로 사는 사람은 거의 없다. 일반적으로는 그 반대다.

　사람은 누구나 소시민적 성향을 지닌다. 이기적이고 소심하고 겁 많고 속 좁은…. 선행을 베푼 의인도 그런 면을 지닐 것이다. 그게 보편적 인간이다. 독자도 그런 사람이다. 기자는 독자의 감동을 유발하는 데에 이 점을 노릴 필요가 있다. 한 사람이 평생 의로웠다는 식의 의인 프레임은 감동 유발에 제한적이다. 그가 원래 의인이라면, 성스러운 일을 한 것은 전혀 놀랄 일이 아니다. 만일 그가 그저 그런 사람이었거나 개차반이었는데 의로운 일을 했다면 독자는 그의 드라마 같은 변화에 감동할 것이다. 산이 높으면 그림자도 크듯이 의인도 단점이나 어두운 면을 지닐 수 있다. 기사는 그것을 애써 가릴 필요가 없다. 오히려 의인의 어두운 면을 투명하게 드러내야 보편적 인간인 독자와 가까워진다. 개과천선이 훨씬 더 독자의 흥미를 끌며 독자를 감동하게 한다. 소설 작법에서 이것을 '인물의 변화'라고 한다.

> 온순한 사람이 강한 모습을 보이고, 겁쟁이가 용기를 내고, 조용한 사람이 할 말을 하고, 용서할 수 없는 자를 용서하고, 원한을 해소하고, 난제의 실마리를 찾아내고, 자기 기만적인 사람이 더 이상 자신을 속이지 않고, 정직하지 못한 사람이 더는 거짓말을 하지 않고, 유혹당하기 쉬운 성격이었던 사람이 원칙을 지키는 사람이 되고, 약자가 강자로 거듭나고, 불신으로 가득하던 사람이 믿음

을 구하고, 억압받던 사람이 압제에서 벗어나고, 받기만 했던 사람이 주는 사람이 되고, 무심하던 사람이 세심한 사람이 되고, 순진하기만 하던 사람이 영리해지고, 모든 일에 따분해하던 사람이 열정을 발휘하고, 냉혈한은 따뜻한 사람이 되고…. (Brooks, 2011/2015, 156쪽)

브룩스(Brooks, 2011/2015)는 우리 모두의 내면에는 악마가 있다고 하면서, "인물이 내면의 악마를 다루는 과정이 인물의 변화"라고 했다(152쪽). 불행하게도 인간은 누구나 증오나 원한 같은 악마성을 짊어지고 살 수밖에 없지만, 그것을 극복해야 하는 것도 인생이다. 단, 사람은 저절로 변하지 않는다. 악마성을 갖게 됐을 때도 어떠한 계기가 있었으며 거기서 벗어났던 때도 계기가 있다. 소설 속 주인공은 악마성을 벗어나기 위해 무언가를 시도하고 행동하며 실패하고 학습한다. 독자는 주인공의 경험을 통해 교훈을 얻게 된다. 작가 E. M. 포스터(Edward Morgan Forster)는 변화하는 인물을 '입체적 인물'(round character)이라고 하면서 독자를 움직여서 어떤 감정을 갖게 해 준다고 했다(조남현, 1982, 150쪽). 이에 비해, '평면적 인물'(flat character)은 독자에게 쉽게 인지되지만, 환경에 의해 변화하는 존재가 아니며 발전이 없어서 독자에게 싫증을 주기 쉽다. 우리 주변에는 평면적 인물이 많아 보이지만, 알고 보면 입체적 인물도 많을 것이다. 기자도 매일의 사안에서 입체적 인물을 만날 테지만, 인물의 변화에 주목하지 않았기에 그의 입체성을 알지 못했다. 그러나 최근에 몇몇 기자가 인물의 변화를 주제 포인트로 잡아 감동적인 기사를 썼다.

〈한국일보〉는 2024년 세월호 참사 10주기를 맞아 4월 12일부터 20일까지 5회짜리 기획기사를 보도했는데, 마지막 날의 기사 2개가 특히 눈에 띄었다. 첫 번째 기사는 세월호 사고 때 고등학교 2학년생 큰딸(이경주)을 잃었던 가정을 다루었다. 어머니 유병화는 활기찼던 안산 고잔동이 사고 후 1-2년간 거대한 상갓집으로 변하는 모습을 보고, 왜 사고가 났는지를 알아보자는 생각으로 학부모 단체와 유족 모임 일을 도왔다. 뒤통수에서 머리카락이 한 움큼이나 빠지고, 혀가 수시로 따끔하고, 배도 참을 수 없을 만큼 아팠다. 남편도 질식할 것 같이 괴로웠지만, 가족을 위해 매일 직장에 나갔다. 그러던 중 또 다른 사건이 발생하는데, 이것이 유병화에게 큰 변화를 몰고 온다. 아래가 기사의 그 대목이다.

(전략) "엄마, 저예요. 보고 싶어서 전화했어요."
　지난해 여름밤, 때아닌 전화벨 소리가 병화를 깨웠다. 경주의 중학교 친구들인 '와동 7인방' 중 한 명이었다. 이들은 안산시 와동에서 중학교를 같이 다녔다. 오랜만의 통화였다. 아이는 병화를 '엄마'라고 부를 만큼 각별했다. 경주가 떠난 후, 병화가 몰랐던 딸의 모습들을 정답게 들려줘 더 가까워졌다. 경주가 중학교 1학년 때 그 친구의 고민을 들어 주면서 급속도로 친해졌다. 경주도 툴툴댈 일이 있으면 늘 그 아이를 찾았다. 수학여행 전날 밤도 둘은 함께였다. 옷을 사지 못한 경주가 수학여행에 입고 간 티셔츠와 신발도 친구에게 빌린 것들이었다. 그런 아이의 목소리에 취기가 돌았다.
　"술 많이 먹었네. 그래, 조심하고. 밥 한번 먹게 집으로 와."
　"네, 밥 먹어요. 우리… 엄마, 사랑해요."
　"그래, 엄마도 사랑한다."
　잠결에 짧은 대화를 나누고 한 달쯤 흘렀을까. 부고를 받았다. 그 아이였다. 병화는 경주의 사망 소식을 들었을 때처럼 가슴이 찢어지듯 아렸다. 그리고 자책했다.
　'사랑한다고 전화한 건 마지막 구조 요청이 아니었을까.'
　한달음에 달려간 장례식장. 영정 사진 속 아이는 여전히 앳됐다. 또다시 소중한 아이를 보낸 병화 부부는 통곡했다.
　사실 병화는 딸이 떠난 뒤에도 아이들을 챙겼다. 친구를 먼저 떠나보내고 느꼈을 침통한 마음이 걱정돼서다. 다만, '와동 7인방'이 스무 살쯤 됐을 때 자연스럽게 연락이 뜸해졌다. 더는 해 줄 수 있는 게 없었고 아이들도 그럭저럭 잘 지내는 듯했다. 어떤 친구는 대학 조교로 일했고, 다른 친구는 병원에 취직했다. 연애도 하면서 일상을 잘 꾸려가는 것 같았다. 혹여나 '자식 잃은 엄마'의 눈치를 볼까 봐 자연스레 거리가 생겼을 때도 억지로 다가가려 하지 않았는데…. 어디서부터 잘못된 걸까.

돌아보면 지난 10년간 애도할 틈이 없었다. 엄마로서 해야 할 일을 하느라 바빴다. 비극은 기별 없이 찾아왔고, 항구에서 아이의 주검을 본 병화는 혼절했다. 눈 떠 보니 자신이 조문객을 받고 있었다. 상을 치른 뒤에는 제대로 된 조사도 없이 어물쩍 넘어가려는 정부와 싸워야 했다. 국회와 청와대, 광화문광장은 물론 전국을 다녔다. 모두 경주를 위한 일이었지만 정작 경주를 온전히 추억할 수는 없었다.

애도하지 못한 감정은 '우울'이라는 찌꺼기를 남겼다. 침전한 그 조각이 많은 사람들에게 폭탄의 심지가 됐다. 세월호 참사 당시 수색 작업했던 민간 잠수사도 어쩌면 그 마음에 짓눌려 먼저 세상을 떠났는지 모른다. 아들을 따라갈 때가 된 것 같다는 내용의 영상을 남기고 숨진 아버지도 그랬을 테다. 그리고 경주 친구도. 서로 의지하며 사춘기를 보냈던 친구의 죽음을, 그 어린 애가 홀로 어찌 감당할 수 있었을까.

세월호 참사 희생자의 형제자매와 친구들을 수시로 만나 상담해 온 사회복지사 박성현은 그때를 떠올리면 안타깝기만 하다.

"가까운 이의 죽음에 반응하는 방식은 아이들마다 다르죠. 다만, 어른들이 흔히 하는 당부가 영향을 많이 끼쳤어요. 이를테면 '부모 앞에서 슬픔을 드러내면 안 된다', '떠난 사람의 몫만큼 열심히 살아야 한다' 같은 충고들 말이에요."

아이들은 감당하기 어려운 상황 앞에서 훌쩍 커버리기를 바라는 주변의 기대까지 짊어져야 했다. 어떤 아이들은 그 무게를 감당하지 못하고 쓰러졌다.

"아이고, 이 엄마가 전화했네. 몇 반이었더라."

지난 3월, 병화의 이야기를 듣기 위해 여러 날을 만나는 동안 그의 전화는 수시로 울렸다. 더 이상 유족 모임에서 공식적으로 맡은 일은 없지만 사람들은 여전히 그를 찾는다. 주변을 잘 챙기는 병화의 성격 때문이다. 이는 경주가 닮았던 성격이기도 했다.

병화는 경주 친구가 떠난 후 다시 마음을 굳게 먹었다. 그래, 내 새끼들부터 단단히 붙들자.

"생존 보고해라, 얘들아."

병화는 '와동 7인방'과 평생 보고 살기로 약속했다. 슬픔이 반복되지 않도록, 이 자리에서 할 수 있는 일을 하기로 했다.

그런 마음으로 한 일이 하나 더 있다. 재난안전전문가 공부다. 진도 체육관에서 물 한 모금 넘기기 힘든 자신에게 죽을 쒀 먹이던 이름 모를 사람들. 공부는 그들을 잊지 않기 위한 경주 엄마의 선택이었다.

"우리 같은 사람이 더 이상 생기면 안 되죠. 그래도 또 재난이 벌어지면 현장에 가서 피해자들을 돕고 싶어요."

10년이라는 시간이 멈춰 섰던 그를 조금씩 움직이고 있었다.

―벚나무 보며 슬픔 삭였는데… 두 번째 딸도 떠났다.

〈한국일보〉 2024.4.20. 진달래 기자

이 기사는 딸을 잃고 딸의 친구까지 잃는 두 번의 고통을 겪은 인물이 어떻게 성장하는지를 보여 준다. 인물이 슬픔으로 좌절했다가 새로운 목표와 희망으로 되살아나는 변화를 담은 덕에 기사의 입체감이 살아나고 내용이 풍성해졌다. 희망적 분위기가 기사의 마지막에 배치되어 독자의 마음도 편안해졌다.

이날 함께 보도된 두 번째 기사는 큰아들(김제훈)을 잃은 아버지 김기현과 어머니 이지연의 이야기인데, 위의 유병화처럼 외부 사건에 의한 변화가 아니라 자발적으로 일어난 내부적 변화를 부각했다. 김기현은 아들의 죽음에 부채 의식을 지닌 인물이다. 연년생 아들을 나중에 연이어 대학에 보낼 자신이 없어서 2월생인 큰아들을 한 해 일찍 초등학교에 넣었다. 그 바람에 큰아들이 그해 고교 2년생이 되어 수학여행을 가고 사고를 당하게 됐다고 그는 자책했다. 그는 자신의 짧은 생각 탓에 그렇게 됐으므로 둘째 아들과 아내를 지켜야겠다고 다짐했다. 그래서 사고 발생 3주 후 회사로 복귀하여 밀린 업무를 처리하기 시작했다. 하지만, 그것은 쉬운 일이 아니었다. 기사는 이렇게 이어진다.

> (전략) 기현의 출근길은 이따금 매우 고됐다. '공원에 시신을 놓는 게 말이 되나', '납골당 때문에 집값 떨어진다' 등의 현수막이 걸린 길을 지나야 했다. 그는 주차장에서 한참을 숨을 고르다 시동을 걸었다. 유족인 줄 모르는 주변 사람들이 보상금 더 받으려고 저러는 것 아니냐고 이야기할 때마다 "집이고 뭐고 다 드릴 테니 우리 아이 살려 달라"는 말이 목 끝까지 치밀었다.
>
> 그렇게 가까스로 버틴 기현은 회사 생활을 32년이나 했다. 부장으로 승진했고 둘째 제영이도 다 커서 직장을 얻었다. 그는 지난해 마지막 신입사원 면접을 끝으로 정년을 맞게 됐다. 면접장에서 정장을 차려입고 의젓하게 앉아 있는 청년들을 보니 제훈이가 생각났다. 나이가 같고 태어난 달까지 같은 지원자들을 볼 때면 눈물이 쏟아질 것 같아 애써 서류를 고쳐 쥐곤 했다. 살아 있었다면 아들도 저렇게 긴장한 모습으로 앉아 있었을 텐데.
>
> 자유인이 된 기현은 지난 2월 25일부터 3월 16일까지 진행된 전국 시민행진 '안녕하십니까'[2)]의 기수로 섰다. 곳곳에 핀 매화가 무색하게 거센 봄바람이 깃발을 마구 흔들었지만, 말없이 꽁꽁 언 손으로 깃발을 다잡았다. 그가 앞장선 행렬은 아무도 보는 이 없는 한적한 시골길을 걸어갔다.
>
> 기현의 목소리를 제대로 들을 수 있었던 건 3월 14일 그의 안산 자택에서였

---

2) 세월호 참사 10주기를 앞두고 전국을 걸으며 시민들에게 세월호를 상기하고 생명 안전 관련 과제를 알린 행사이며 원래 명칭은 '진실·책임·생명·안전을 위한 전국 시민 행진 "안녕하십니까"'이다. 2024년 3월 25일, 전국시민행진단은 세월호 희생자들이 도착했어야 할 제주도에서 행진을 시작하여 진도 팽목항, 목포 신항, 전라도, 경상도, 충청도, 강원도, 안산 등을 거쳐 서울시 중구 세월호 기억 공간까지 21일간 행진했다. 이 여정에 일반 시민, 재난 참사 유가족, 시민사회 단체 활동가 등이 함께했다.

다. 부부의 안내를 받으며 잘 정돈된 현관을 지나 거실에 들어섰다. 햇살 잘 드는 창가에는 회사 퇴임식 때 받은 감사패와 함께 앳된 소년의 사진이 놓여 있었다. 기현은 '제훈이는 어떤 아이였느냐'는 질문에 앨범 한 권을 꺼냈다. 신생아 사진으로 시작한 앨범은 유치원 현장학습에서 고구마를 캐고, 초등학교 운동회에서 하늘색 체육복을 입고 달리는 모습을 담았다. 중학교 졸업 사진 등으로 이어지던 앨범의 마지막 페이지는 제훈이의 영정 사진으로 끝났다. 부부는 기자에게 어릴 적 아들 이야기를 하며 환하게 웃었지만, 기현은 세수를 한다며 화장실을 몇 번이나 들락거렸다. 화장실에서 나온 그의 눈은 충혈돼 있었다.

기현에게 '어떻게 그렇게 빨리 회사에 복귀했느냐'고 물었다. 그러자 제훈이를 기다리던 진도 체육관에서 풀어 헤친 셔츠에 정장 재킷을 덮고 웅크린 채 잠시 잠에 들었다 꾼 꿈 이야기를 꺼냈다. 친구들과 거실에서 놀던 큰아들은 해가 떠오르자 문을 열고 나가며 "이제 가야 한다"고 했다. 아들은 "여기가 네 집인데 어디를 가냐"고 우는 아빠를 꼭 안고 달래 줬다. 울며 깨보니 누군가 덮어 준 모포가 몸을 감싸고 있었다.

"참 온기가 생생했어요. 지금까지 그 온기 덕분에 버텼는지 모르겠어요."

그는 인터뷰 요청을 수차례 받았지만 주저했다. 한참을 고민하다 기자에게 집 문을 열어 준 이유는 무엇일까.

"지난 일을 하나하나 떠올리는 게 너무 힘들어요. 그래서 얘기하고 싶지 않았죠. 세월호 참사로 아이를 잃은 것만 빼고는 어느 동네, 어디에나 있을 법한 무척 평범한 사람들이기도 합니다. 그런데 참사는 특별한 사람들에게만 일어나는 일이 아니더라고요. 만약 저희 기사를 읽은 분들이 누구에게나 닥칠 수 있는 일이라고 생각하게 되면, 저희처럼 아픈 일을 겪는 사람들이 조금이라도 줄어들지 않을까요. 그래야지 나중에 제훈이 곁으로 갔을 때 '그래, 아빠 수고했어'라는 이야기라도 들을 수 있겠죠."

기현은 기자에게 "이름도 모르는 그분들께 감사 인사를 꼭 전해 달라"고 여러 번 당부했다. 참사 직후 부모님들을 먹이고 입혔던 자원봉사자들을 향한 고 마음이다. "진도 체육관은 그 많은 사람이 쓰는데도 우리 집보다도 더 깨끗했어요. 밥 먹여 주고 옷 입혀 준 그분들이 다 공무원인 줄 알았죠. 그런데 정신을 차려 보니 모두 시민분들이었어요. 지금이라도 누군지 알면 꼭 찾아가 인사드리고 싶은데 그럴 방법이 없네요. 기회가 된다면 꼭 감사 인사를 드리고 싶습니다. 정말, 정말 감사했습니다."

—아들 선물로 주려고 했는데… 영정 사진으로 끝난 앨범.
〈한국일보〉 2024.4.23. 원다라 기자

주인공 인물을 변화시킨 것은 그가 꿈에서 본 자원봉사자들이었다. 그들 덕에 슬픔과 분노로 얼룩졌던 그의 마음은 감사와 희망으로 거듭났다. 내부적 변화는, 충격적인 외부적 사건에 의한 변화만큼 극적이지는 않지만, 성스럽고 위대하다.

앞의 두 기사는 보도 당시에도 그랬고 지금도 감동적이다. 독자 울리기가 만사는 아니지만, 슬픈 일을 슬프게 잘 전한 기사다. 문체는 전체적으로 매우 담담하다. 감성적 표현이 한두 곳 있지만 문제가 될 정도는 아니다.

세월호 10주기를 앞두고 새로운 기획을 준비하던 유대근 〈한국일보〉 엑설런스랩 팀장은 2024년 2월 21일 나를 찾아와, 세월호는 그동안 워낙 많이 보도됐으며 새로 나올 팩트도 없어서 고민이라고 했다. 다만, 그간에 시간이 많이 흘러서 이제는 사건 관계자들이 조금 편하게 속내를 얘기할 수 있을 것으로 그는 기대했다. 유 기자는 인물 중심으로 기획하더라도 '슬픈 유가족'이라는 뻔한 프레임은 피하고 싶다고 했다. 나도 10년이면 사람이 변할 수 있는 시간이므로 슬픔을 딛고 일어선 사람들을 찾아보라고 했다. 슬픔이 아니라 변화를 주제로 잡으라고 조언했다.

'참사=슬픔'이라는 기자들의 관습적 인식 틀을 깨려 했던 유대근 기자의 이 발상은 2024년 관훈언론상을 받는 데 결정적으로 이바지했다. 놀랍게도, 이 기사는 '저널리즘혁신' 부문에서 상을 받았다. 혹자는 이 기사에 이렇다 할 디지털 기법이나 인터랙티브 요소, 실험적 디자인이 없는데, 무슨 혁신이냐고 반문할지 모른다. 관훈언론상 본심 때, 문창극 심사위원장은 천편일률적 선악 구도와 틀에 박힌 슬픈 서사에서 벗어난 것 자체가 이 기사의 혁신성이라고 했다. 새로운 취재기법이나 분석 방법 못지않게 기자들의 인식적 혁신이 저널리즘 정통의 가치를 구현하는 데 긴요하다는 뜻이었다. 이 기사로 한국기자협회 '이달의 기자상'을 받았을 때, 유대근 기자는 세월호 사건에 '내가 알던 것보다 훨씬 깊고 중층적인 이야기'가 있음을 알게 해 주는 기사를 쓰고 싶었다고 소상 소감을 밝혔다(유대근, 2024). 유 기자는 이를 위해 취재 방식과 문체, 관점 등 모든 것을 기존과 다르게 하려고 애썼다. 집필에 앞서 김봄 작가를 찾아가 글쓰기 코칭을 받기도 했다.

앞의 '과정 중심의 글쓰기' 챕터와 '티저 예고' 챕터에 소개했던 〈동아일보〉 히어로콘텐츠팀의 '산화' 기사도 인물이 인간적 성숙을 이루는 변화를 보여 준다. 주인공 박현숙은 100일 된 딸을 둔 상태에서 소방관 남편을 잃었다. 남편이 며칠째 눈을 뜨지 못하자, 시어머니는 연명치료를 끝내자고 먼저 제안했다. 시어머니 못지않게 강인했던 박현숙은 누구도 자신을 동정하지 않기를 바라면서 울지 말자고 다짐했다. 일부러 밝은 옷을 입고, 딸 앞에서 약한 모습을 보이지 않고, 이웃에게 아무렇지 않은 듯 예전처럼 행동하며 시댁 식구들과 여행도 다녔다. 2016년 5월 남편 순직 후 1년 반 정도를 그렇게 별 탈 없이 잘 사는 듯했다. 그러다가 이상 징후가 발생하기 시작했다. 길을 걷다가 갑자기 쓰러지고 터널 속을 운전하다가 죽을 것 같은 생각이 들어서 정신을 잃고 구급차에 실려 갔다. 공황장애 치료를 받던 어느 날, 갑자기 눈앞이 온통 회색으로 변하고 몸이 부르르 떨렸다. 놀라서 달려온 시어머니 앞에서 박현숙은 대성통곡을 한다. "니는 아직 멀었다. 아직 멀었어. 한참 더 울어야 해.… 그렇게 해야 니가 산다. 그래야 니가 살아." 시어머니의 이 말은 박현숙이 결국 슬픔을 토하고 나서야 마음의 문을 열 준비가 됐음을 암시한다. 박현숙이 앙금을 털어 내고 거듭날 준비를 했을 때쯤 다행스럽게도 소방관의 유가족을 돕는 소방청 복지담당자 조인담에게서 '소방 가족 마음 돌봄 캠프'(마돌캠)에 참석하라는 초청을 받는다. 박현숙은 망설이다가 결국 2일간 열린 캠프에 참석하여 다른 유가족을 만나고 단체 대화방을 만들고 수다를 떨면서 변화를 보이기 시작한다.

박현숙의 변화는 3회 기사 마지막에 처음 나온다. 서울에서 열린 첫 마돌캠 행사에 참석한 박현숙은 소방관 아버지를 잃은 아이들이 서로 어울리는 모습을 보게 된다. 아래 기사의 마지막 부분이 박현숙의 긍정적 변화를 예고하는 대목이다.

> (전략) 인담이 소방관 유가족을 모이도록 한 서울 행사장엔 수십 명이 와 있었다. 소방관 가족을 잃은 배우자나 자녀들이었다.
> 모두 세 살이라고 했다. 소윤과 나이가 같았다. 왠지 모를 안도감을 느꼈다.
> "아저씨, 여기 애들은 다 아빠 없어요?"
> 여태껏 엄마 뒤에 숨어서 낯을 가리던 아이들도 슬그머니 친구들과 어울려 놀기 시작했다.
> 묘한 감정을 현숙은 느꼈다. 가족이나 친한 친구와 있을 때도 느끼지 못했던 기분. 그녀는 문득 이곳에 모인 사람들의 이야기가 궁금해졌다.
> ― "얘네도 아빠가 없대"… 같은 아픔과 만났다.
> 〈동아일보〉 2022.8.11. 지민구·김예윤·이소정·이기욱 기자

4회 기사에서는 박현숙의 변화가 집중적으로 나타난다. 예를 들어, 마돌캠 행사 다음 날 조인담은 단체 카톡방을 만들어 캠프에서 찍은 사진들을 올렸으며 서로 대화하기 조심스러웠던 참가자들은 조금씩 자신의 이야기를 꺼내 놓기 시작했다. 박현숙도 마음의 변화를 보이기 시작했다. 다음이 기사의 그 대목이다.

(전략) 현숙도 망설였다. 남편이 세상을 떠난 직후 주변에서 심리상담을 권했지만 받지 않았다. 처음 보는 사람 앞에서 상처를 드러내고 싶지 않았다. 눈물을 보이는 것도 싫었다. 상담사가 자신과 딸의 이야기를 정해진 기준에 맞춰 받아들이고 마음대로 해석하는 것도 싫었다.

카톡방에선 인담의 설득으로 심리상담을 받고 온 가족들이 남긴 후기가 조금씩 올라왔다. 예상보다 좋았다는 반응이 대부분이었다. 현숙의 마음이 처음으로 움직였다. '다들 좋다고 하는데… 한번 가 볼까.'

현숙은 소윤을 데리고 인담이 연결해 준 심리상담센터를 찾았다. (중략)

마돌캠 가족들은 더 많이 만나고 이야기를 나누며 어울리길 원했다. 소방청에서 자리를 마련해 주지 않아도 가족들은 즉석 모임을 했다. 각자의 집에 모여 새벽까지 대화를 이어 갔다. 다른 사람으로부터 상처도 자연스럽게 나왔다. 아이들도 아빠, 엄마가 없는 친구들을 형제자매처럼 생각했다. (중략)

— '마돌캠', 순직 소방관 유족들의 버팀목이 되다.
〈동아일보〉 2022.8.12. 지민구·김예윤·이소정·이기욱 기자

유가족들과 접촉이 많아지면서, 아래와 같이 박현숙의 변화는 가속한다.

마돌캠 결성 직후 현숙은 김포에서 소방관 2명이 세상을 떠났다는 뉴스를 봤다. 출동을 나간 수난구조대의 보트가 전복되면서 발생한 사고였다. 소방관 1명은 돌이 갓 지난 쌍둥이 자녀를 남겨 놓고 떠났다. 남겨진 아내가 걱정된 현숙은 인담에게 전화했다.

"주임님, 저는 마돌캠에서 다른 가족들을 만나면서 정말 많은 도움을 받았거든요. 이번에는 다른 소방관 가족에게 저도 도움이 되고 싶은데, 어떻게 해야 할지 모르겠어요."

"일단 조의금부터 보내면 되지 않겠어요?"

"얼마나 해야 할까요."

"음. 마음 가는 대로 하면 되죠."

현숙은 2년 전을 떠올렸다. 남편의 빈소에 앉아서 눈물을 참아내려 애쓰던 자신의 모습. 가장 힘들고 아플 때. 누가 어떤 말을 해도 들리지 않고 어떤 것도 위로가 되지 않는 시간. 그 마음은 현숙이 제일 잘 알았다.

현숙은 인담을 통해 조의금을 전하고 마돌캠의 존재를 알렸다. "혼자 슬퍼하지 말고 당신과 똑같은 가족이 이렇게 모여 있다"는 소식을 조의금 봉투에 꾹꾹 눌러 담아 전했다. 얼마 후 인담이 먼저 현숙에게 전화를 했다.

"소윤 엄마, 원주에 이연숙 여사님이라고 계세요. 소방관 남편이 1년 전에 강릉에서 순직했는데, 같은 강원 지역이고 사는 곳도 가까우니 자주 연락하며 지내고 만나 보세요."

현숙도 기억하는 사건이었다. 강릉 경포호 앞 목조 건물 석란정에서 발생한 화재. 남편이 세상을 떠나고 1년 정도 지나서 발생한 사고였다. 불을 끄던 소방관들이 순직했다는 뉴스를 보며 현숙도 자신의 곁을 떠난 남편이 떠올라 눈물을 흘렸다. 얼마나 힘드실까. 영결식을 마치고 현충원에서 돌아온 날 밤은 정말 공허할 텐데.

그때 현숙은 당장 강릉 장례식장으로 달려가 유가족들을 안아 주고 싶었다. 아이를 어머님께 맡기고 다녀올까. 시동생에게 강릉까지 운전을 좀 부탁할까. 강릉을 가는 방법까지 고민해 봤지만 결국 가지 못했다. 그때는 아기 엄마가 유난을 떤다는 이야기를 들을까 겁이 났다.

인담의 전화를 받고 현숙은 마음을 먹었다.

'이제는 내가 할 수 있는 일을 해야지.'

그해 10월 국립대전현충원에서 순직 소방관 합동 추모 행사가 열렸다. 매년 같은 시기에 열리는 행사였다. 현숙이 묘역에 도착하자 승민의 묘비에서 두 칸 떨어진 곳에 한 여성이 서 있었다. 현숙은 두 손을 모으고 그녀의 옆으로 다가가 말을 걸었다.

"혹시 이연숙 여사님 맞으시죠? 조인담 주임님 통해서 말씀 많이 들었어요."

"아, 태백 허승민 소방관…? 저도 이야기 많이 들었어요. 남편들이 같은 소방본부 소속인데, 여태 인사도 못 했네. 자주 연락하고 지내면 나야 고맙지. 매일 집에만 있는데…."

현숙과 연숙이 통화를 하면 1시간이 훌쩍 넘었다. 남편을 향한 그리움과 세상으로부터 받은 상처를 이야기했다. 현숙은 연숙의 권유로 평생 살아온 태백을 떠나 원주에 자리를 잡았다.

현숙은 마돌캠 가족들을 만난 것이 운이라고 생각했다. 인담이 가족들을 불러 모으지 않았다면, 그가 내민 손을 뿌리쳤다면 어땠을지 생각하기도 싫었다.

"주임님, 마돌캠을 비영리단체 같은 걸로 만들어서 다른 유가족들을 체계적으로 도울 방법은 없을까요? 순직 사고 나면 우리가 가장 먼저 달려가서 함께 위로해 주고… 마돌캠 2기, 3기 이렇게 계속 만들면 좋잖아요."

인담은 현숙의 이야기가 정말 고맙고, 반가웠다.

'아파했던 사람이, 이제는 아픔을 가진 다른 사람에게 손을 내밀려 하는구나.'

이제 박현숙은 타인을 생각하고 배려하는 여유를 갖게 됐다. 박현숙은 자기가 할 수 있는 일은 하자고 다짐하게 됐으며 다른 유가족에게 먼저 다가가 마음을 열도록 도와주는 사람으로 거듭났다. 이런 인물은 영화나 소설에 흔히 있다. 영화 〈타이타닉〉에서 로즈 드윗 뷰케이터(케이트 윈슬렛)가 잭 도슨(레오나르도 디카프리오)을 만나면서 자신이 열정적이고 독립적 여성임을 알게 되는 것은 하나의 예다. 박현숙은 그것이 실재함을 보여 준다. 가면에서 본질로의 변환을 '인물의 성격 변화'(character arc)라고 하는데(Ellis & Lamson, 2011/2022, 411쪽), 박현숙은 거기에 딱 맞는 인물이다.

강력한 인물은 이야기가 펼쳐지는 동안 변하거나 성장한다. 특히 결말에 이르러 인물이 내적인 성숙을 이루는 경우를 내화형 결말이라고 한다(방현석, 2013). 미움과 분노를 털어버리고 용서와 포용, 화해를 통해 인간적 성숙이나 성찰적 성장을 보여 주는 유형이다. 문예 공모전에서 가장 빈번하게 수상의 영광을 차지하는 결말 유형이다. 내화형 결말은 인물 자신만 변할 뿐이지 인물의 내적 변화가 사회적으로 분출되거나 확장되지는 않는다. 이에 비해 확장형 결말은 인물에게 형성된 의식이 주변으로 확장하거나 외부로 표출되는 유형이다. 위 기사는 확장형 결말에 해당한다.

인물을 다룰 때, 그가 처한 현실 못지않게 그의 변화에 주목할 필요가 있다. 이는 단지 더 극적인 이야기를 만들자고 하는 말이 아니다. 더 정확한 글 즉 저널리즘의 정확성 차원에서 하는 말이다. 누구나 아는 단어가 '정확성'이지만, 이 단어의 의미를 깊이 생각해 본 사람은 많지 않다. "정확하게 보도한다"라는 말은 과연 무슨 뜻일까?

> 인물 기사에서 정확성은 나이나 주소를 틀리지 않게 보도하는 데 그치지 않는다. 인물을 정확하게 보도하는 것은 그의 전모 즉 명암을 보여 주는 것이다. 이것은 말처럼 쉽지 않다. 1980년 존 레논이 불의의 피격으로 사망하자 〈뉴욕타임스〉는 그의 부음을 보도했다. 존 레논은 비틀즈 멤버로 1964년 브리티시 인베이전(British Invasion)의 주역이었고, 1970년 그룹 해체 후 솔로로 활동하며 부인 오노 요코와 앨범을 만들기도 했다. 〈뉴욕타임스〉 부음기사는 비틀즈 이후 그의 음악에 대해 "상업적으로 성공하기는 했지만, 청년기의 표현 양식을 지겨울 정도로 재활용한 대표적인 사례였다. 그 노래들은 진실되기는 했지만 지향성이 없었고, 록 음악과 전혀 어울리지 않는 가정적 행복에 지나치게 집착하는 경향이 있었다"라고 썼다. 존 레논의 음악 생애에는 흰색도 있었고 검은색도 있었다. 아니, 파란색과 빨간색도 있었을 것이다. 레논뿐 아니라 모든 인간이 다면적이다. 조지 오웰의 말처럼 인생의 75%는 굴욕이다. 위대한 인물은 더 굴욕적일 수 있다. 산이 높으면 그림자도 크다고 하지 않았던가? 온 세계가 레논을 추앙하고 그의 노래를 찬양할 때, 〈뉴욕타임스〉는 용기 있게도 그를 혹평했다. 하지만, 그것은 딱히 용감해서가 아니라 정확성 원칙을 지킨 것일 뿐

이다. 유달리 망자에게 후한 우리로서는 〈뉴욕타임스〉처럼 보도하기 쉽지 않다. 생존 인물이라면, 팬이 무서워서 그렇게 하지 못할 것이다. (박재영, 2021a, 35-36쪽)

사람은 누구나 발전적 인간이다. 단, 발전을 보여 주려면 명암을 다 말해야 한다. 스토리의 힘은 인물의 변화, 인물의 승화에서 나온다(Hart, 2011/2015).

6. 평전 쓰기: 지인을 취재하라

앞에서 인터뷰에 관찰을 추가하면 더 좋은 인물 기사를 쓸 수 있다고 했다. 그래서 듣기와 보기의 결합을 제안했다. 이제 또 다른 방법을 고민해 본다.

흔히 언론은 객관적이어야 한다고 말하는데, 이 말은 무슨 뜻인가? 사람이든 사안이든 대상을 객관적으로 보도하라는 것은 도대체 어떻게 보도하라는 건가? 디지털 기술 때문에 진실 혼돈의 경향이 강해지면서 많은 사람은 과연 객관주의가 옳은지, 실현 가능한지 궁금해한다. 몇몇 기자와 학자도 객관주의는 애초 실현 불가능하므로 아예 버리고 주관주의의 세련화를 위해 노력해야 한다고 주장한다. 이 말은 그럴듯해 보이지만 객관주의를 잘못 이해한 오류다.

객관주의에 대한 가장 흔한 반론은 인간은 객관적일 수 없다는 것이다. 이 주장은 철학이나 논리학에서 통할지 몰라도 저널리즘에서는 아니다. 대상을 객관적으로 보도하고 싶으면 객관적으로 보는 것으로는 안 되고, 대상에 객관적으로 접근해야 한다. 인물 보도를 예로 들면, 기자가 인물에게 접근하는 방식에 따라 기사는 자서전이 되기도 하고 평전이 되기도 한다. 인물이 스스로 자기를 평가한 책은 자서전이고, 다른 사람이 그를 평가한 책은 평전이다. 그간에 한국 언론은 인터뷰 기사를 통해 인물이 하는 말을 그대로 옮겼으므로 그의 자서전을 대필한 것과 마찬가지였다. 기사를 평전으로 바꾸려면 인물에게 접근하는 방식을 바꾸어야 한다. 기자가 인물에게서 그 자신의 이야기를 들으려고 하지 말고, 인물 주변 사람들에게서 인물에 대한 평가를 들어야 한다(박재영, 2021c). 인물 속으로 들어가지 말고, 인물 밖으로 빠져 나와야 한다. 인물 안에서 그를 캐려고 하지 말고, 인물 밖에서 그를 조망해야 한다. 아래 기사를 보면 그게 무엇인지 단박에 알 수 있다.

> 1996년 김성근(71)이 쌍방울레이더스 감독 할 때, 롯데자이언츠 감독을 지낸 박영길이 운동장에 들렀다. 둘은 한때 OB베어스와 삼성라이온즈 감독으로 붙었던 사이다. 김성근이 불쑥 물었다. "4번 타자가 공 칠 때 자꾸 머리가 돌아가요. 어떻게 고쳐야죠?"
>
> 박영길이 "야구하면서 그런 일은 평생 처음이었다"고 했다. "감독이 다른 감독에게 모르는 거 묻기 쉽지 않아요. 그 양반은 묻더라고. '김성근 오래가겠다' 했어요."
>
> 박영길(72)은 타격 지도의 일인자로 꼽힌다. 그는 김성근의 롱런 비결을 두 가지로 압축했다. "적장에게도 물어보는 열정, 제자를 키우려고 무슨 일이든 하는 자세. 고수는 부끄러움을 모릅니다. 자신 있거든."
>
> 프로야구 원년(82년) 지도자 중 아직 더그아웃에서 버티고 있는 이는 김성근 밖에 없다. 여기까지 그는 연거푸 좌절했다. 프로 지도자가 된 뒤 31년간 직함이 16번 갈렸다. 코치 하다 감독이 되거나 2군 감독 하다 1군이 된 거보다 그 반대가 많았다. 자기식대로 야구하기 위해서라면 소속 구단과 모기업도 들이받았다.
>
> 그는 그때마다 다시 섰다. 평생 라이벌 김응룡(72)이 2000년 한국시리즈에서 김성근을 꺾고 "'야구의 신(野神)'과 싸운 기분"이라고 했다.
>
> 김성근은 환갑 넘어 일본 지바롯데마린스 코치로 갔다(2005-2006년). 돌아온 뒤 65세에 첫 우승을 하고, 66세에 1,000승 감독이 됐다. 한화이글스 감독을

지낸 김인식(66)이 "일본에서 돌아온 김성근과 겨뤄 보고 '야구가 커졌구나' 하고 느꼈다"고 했다.

하일성(64) KBS N 해설위원이 "그 양반은 한마디로 '대안'을 모르는 사람"이라고 했다. "일본에선 일본 사람 대접 못 받고, 한국에선 한국 사람 대접 못 받았어요. 대다수 사람은 '이거 안 되면 저거 한다'는 대안이 있어요. 김성근은 오로지 야구, 야구, 야구, 야구예요."

김성근이 99년 시즌 막판 쌍방울 더그아웃을 비웠다. 선수들에게 "잠깐 다녀온다"고 했다. 알고 보니 신장암 수술 받으러 가는 길이었다. 그는 책에 "암 걸리고 맨 먼저 든 생각이 '야구 못 하면 어떡하나'였다"고 썼다.

외아들 김정준(42·SBS ESPN 해설위원)에게 김성근은 큰 산이었다. 그는 아버지를 '아버지'라고 불러 본 적이 없다. 그만큼 아버지가 어렵고 컸다. "아마 꿈도 야구 꿈만 꾸실 거예요. 당신 입으로 아프다는 거 한 번도 못 들었어요. 약상자 보고 '아, 약 드시는구나' 해요. 가슴 아플 만큼 약상자가 꽉 차 있어요."

LG 내야수 최동수(42). 2001년 LG 2군에서 김성근과 처음 만났다. 벼랑 끝이었다. 프로 생활 7년인데 이뤄 놓은 게 없었다. "훈련이 상상 이상이었어요. 하루에 스윙을 5,000번 하니까 저녁 때 손이 안 펴졌어요. 영감님이 손가락을 하나하나 펴 줬어요."

김성근은 바둑도 골프도 안 한다. 낚시터·영화관·룸살롱도 안 간다. 그가 3남매 키울 때 르망·프라이드·봉고가 불티나게 팔렸다. 김성근은 면허 자체를 안 땄다.

그는 혼자 밥 먹고, 밤새 타선(打線) 짜고, 쉴 새 없이 메모하고, 화장실 갈 때 책 들고 간다. 변기에 앉아서 야구·경영·역사서 섭렵하다 치질 걸렸다. 야구장에 가면 하늘에 부는 바람까지 체크해서 외야수 위치를 조정했다. 그는 하루 1-2시간 걷는다. 야구를 오래 하기 위해서다. 1년에 두 번만 집에 들어간 해도 있다. 부인이 어떻게 견뎠을까? "교회 가셨죠."(아들 김정준)

하일성이 "그 양반은 한겨울에 간염을 앓으면서 운동장에서 이불로 자기 몸을 묶고 훈련을 본다"고 했다.

밀려서 은퇴하는 걸 '밀퇴'라고 한다. SK 감독 시절 김성근이 밀퇴 위기 고참들을 받아 되살려 냈다(2007-2011년). 두산 코치 가득염(44)은 롯데에서 방출된 뒤 2007년 SK에 넘어와 그해 우승 주역이 됐다. 4년 뒤 가득염이 "후배들에게 길을 터 주고 싶다"며 은퇴했다. 김성근이 "자넨 더 할 수 있다"고 두 번 잡았다. LG트윈스 투수 류택현(42)이 말했다. "이런 과정을 보면 선수들이 달라져요. 목숨을 바치게 돼요."

SK 감독 시절 김성근의 등번호는 '38번'이었다. 화투 칠 때 '38광땡'이다. 투수 정대현(35)은 롯데로 옮긴 뒤 스승 번호를 자기 등에 달았다. "다른 팀에 와서도 마운드에 서면 '나는 김성근 감독과 야구한다'고 생각했죠. 현역 1·2군 700명 중 최소한 반이 '김성근 밑에서 뛰고 싶다'고 생각할 걸요."

최동수가 LG 2군에서 1군 올라갈 때 김성근이 쪽지를 줬다. "참아 줘서 고맙다." 최동수는 SK에서 10년 만에 김성근과 다시 만났다. 서른 때도 변기 잡고 피 토하며 울 만큼 힘들었는데, 나이 마흔에 또 하려니 비명이 절로 나왔다. 아내가 보다 못해 남편에게 쪽지를 썼다. "오빠가 지금 유니폼 벗어도 난 손뼉 칠게요." 이 편지는 지금 김성근이 가지고 있다. 스승에게 편지를 맡긴 뒤 최동수는 새벽 3시까지 방망이를 휘둘렀다.

지금 김성근은 고양원더스를 이끌고 있다. 프로에 못 들어갔거나 밀퇴당한 선수들이다. 이들이 각 팀 2군과 붙은 경기를 보고 NC다이노스와 한화이글스가 5명을 뽑아 갔다. 야구 출판 기획자 박정훈(38)이 "김성근 이전엔 불가능했던 일"이라고 했다.

야구인도 생활인이다. 우승 대세에 상관없으면 이기든 지든 빨리 퇴근하고 싶다. 김성근은 대충 해도 될 게임까지 부득부득 작전을 건다. 박영길이 "김성근은 역전패를 안 당한다"고 했다. 그는 이기고 있을 때도 악착같이 앞서간다. 김인식이 "상대가 김성근이면 저쪽이 아무 작전 안 걸어도 '도대체 어떻게 나올까' 계속 궁리하게 된다"고 했다. 그러면서 자신과 라이벌이 다 같이 발전했다. 야구 칼럼니스트 김은식(40)이 "기자로 치면, 1단짜리 단신까지 전부 특종 하겠다며 날마다 밤새우는 상대"라고 했다.

그래서 김성근은 각 구단에 '이기고 싶을 때 찾는 감독'이 됐다. 김성근은 약팀을 강팀으로 조련했다. 88년 꼴찌 태평양돌핀스. 김성근이 부임해 지옥 훈련을 했다. 맨발로 밤샘 산악 행군을 한 뒤 얼음 계곡물에 밀어 넣었다. 태평양은 이듬해 플레이오프까지 쭉 갔다. 94-95년 연속 꼴찌 쌍방울. 선수들을 배팅조·베이스러닝조·수비조로 나누고, 밥 시간도 아까워 '식사조'를 돌렸다. 점심시간이 15분이었다. 쌍방울은 96-97년 연거푸 플레이오프에 나갔다.

훈련은 다른 팀도 다 했다. 얼음 목욕이 잇따랐다. 왜 김성근만 효과를 봤을까? 김성근은 훈련과 실전을 연결했다. 무명(無名)이라도 밑에서 치고 올라오면 기회를 줬다. 스타나 용병도 게으르면 가차 없이 뺐다. 김은식이 "팀 분위기가 확 달라졌다"고 했다. 스타들이 '나 없이 잘되나 보자'고 잘난 척했다 부끄러워했다. 빛을 못 보던 선수들이 '나도 한번 일어서 보자'고 이를 악물었다.

2009년 SK 스프링캠프 때 김성근이 식당에서 밥 먹다 옆자리 손님과 얘기를 나눴다. 암 투병 중인 중년 여교사였다. 김성근이 위로했다. "저는 아팠을 때 '무슨 일이 있어도 야구장에 돌아가야겠다' 그 생각밖에 없었어요. 선생님도 '교단에 돌아가겠다'는 마음을 가지십시오." 가을 시즌에 그녀는 교단에 섰다.

―김성근, 야구, 야구, 야구밖에 모르는 '야구바보'.
〈조선일보〉 2013.7.19. 김수혜 기자

야구팬은 김성근을 잘 알 것이다. 야구에 관심 없는 사람은 김성근이 누구인지 잘 모르겠지만, 이 기사로 그의 면모를 짐작할 수 있다. 김성근의 별명은 '야신'(野神, 야구의 신)인데, 국내 야구선수 중에 천재는 몇몇 있지만 신은 김성근밖에 없다. JTBC의 스포츠 예능프로그램 '최강야구'를 맡은 후에는 그의 지위가 야구 스승을 넘어 인생 스승으로 격상됐다. 혹자는 위 기사를 읽고, 김성근에 대한 항간의 찬양이 과도하기는커녕 부족하다고 말할지 모른다.

이 기사를 쓴 김수혜 기자는 김성근을 알아보려고 12명을 접촉했다. 동료 감독과 코치 2명, 선수 4명, 선수의 아내 1명, 야구 해설위원 1명, 야구 칼럼니스트 1명, 출판기획자 2명, 김성근 아들 1명. 이들은 모두 실명으로 기사에 등장하여 김성근과 관련한 경험담을 전했다. 김 기자는 김성근 감독의 부모가 살아 있었다면 그들도 접촉했을 것이다. 정작 김성근은 기사 맨 마지막에 딱 한 번 등장한다. 이 부분의 에피소드를 기자가 김성근에게서 들은 것인지 기존 자료에서 수집한 것인지는 알 수 없다. 김수혜 기자(현재 국무총리비서실 공보실장)는 왜, 그리고 어떻게 이런 기사를 쓰게 됐을까? 기사의 '편집자 주'에 그 답이 들어 있다.

> 좋아하는 일 평생 잘하는 '롱런(Long Run)'. 모든 사람의 꿈이다. ①경쟁이 치열한 시장에서 ②개인의 실력·노력으로 ③20년 이상 뛴 A급 현역을 골랐다. 롱런 주인공을 수십 년 지켜본 지기(知己)들에게 "그 사람이 남과 어떻게 다르냐"고 물었다. 롱런하는 사람들이 저성장 고령화 시대에 던지는 메시지가 뭘까.

'편집자 주'는 인물 선정의 기준, 인물을 파악하는 방식, 기획의 취지를 간명하게 담았다. 핵심은 인물을 파악하는 방식 즉, 인물에게 접근하는 방식이다. 김수혜 기자는 김성근에 대한 글을 쓰면서 그를 만나지 않고 그의 지인들을 만났다. 김성근을 주변 사람을 통해 알아본 것은 한 사람의 말을 다른 사람을 통해 검증하는 삼각 확인 원칙과 똑같다. 김수혜 기자는 김성근을 만나지 않음으로써, 그의 말을 곧이곧대로 옮기지 않음으로써 객관주의를 실천할 수 있었다. 인물의 객관적 보도는 곧 '인물의 객관화'이다. 주변을 통해 인물을 죄어 가는 방식이다. 기자가 김성근의 구술로 기사를 썼고, 그걸 읽는다고 상상해 보니, 몸이 오그라들 정도로 낯간지럽다. 김성근이라는 인물이 가벼워 보이고 그의 말이 미덥지 않게 느껴진다. 한국 언론이 무심코 써 왔던 인물 인터뷰 기사가

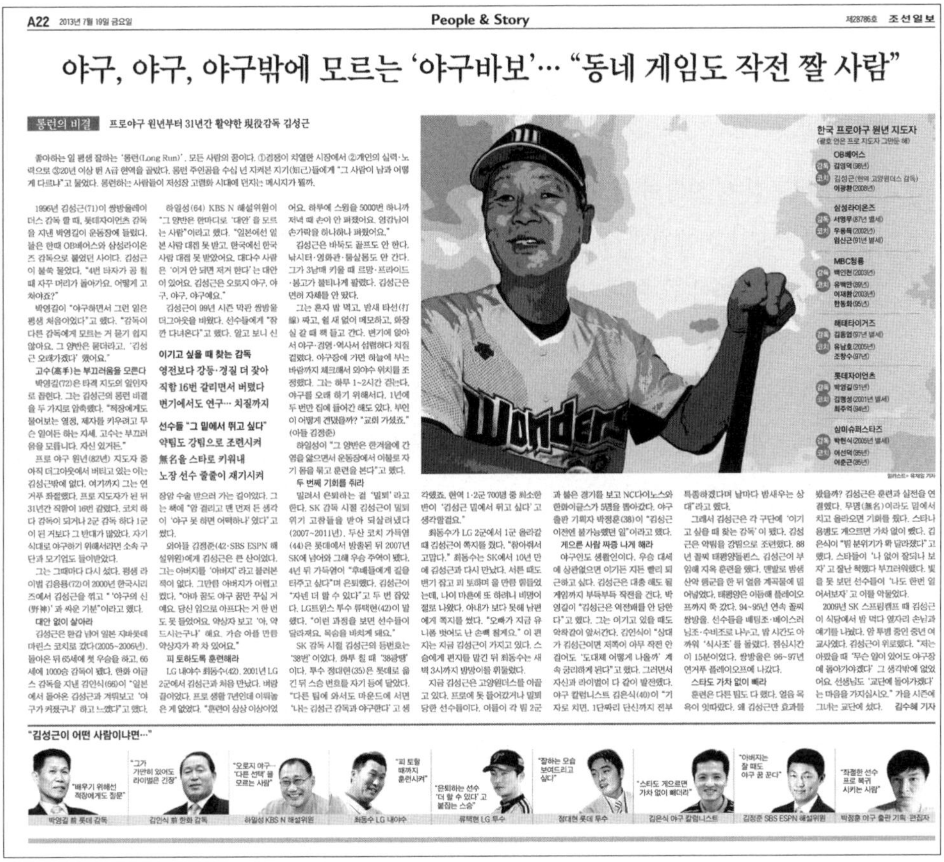

A22 2013년 7월 19일 금요일 People & Story 제28786호 조선일보

야구, 야구, 야구밖에 모르는 '야구바보'… "동네 게임도 작전 짤 사람"

롱런의 비결 **프로야구 원년부터 31년간 활약한 現役감독 김성근**

좋아하는 일 평생 잘하는 '롱런(Long Run)'. 모든 사람의 꿈이다. ①경쟁이 치열한 시장에서 ②개인의 실력·노력으로 ③20년 이상 뛴 A급 현역을 골랐다. 롱런 주인공을 수십 년 지켜본 지기(知己)들에게 "그 사람이 남과 어떻게 다르냐"고 물었다. 롱런하는 사람들이 저성장 고령화 시대에 던지는 메시지가 뭘까.

1996년 김성근(71)이 쌍방울레이더스 감독 할 때, 롯데자이언츠 감독을 지낸 박영길이 운동장에 들렀다. 둘은 한때 OB베어스와 삼성라이온즈 감독으로 붙었던 사이다. 김성근이 불쑥 물었다. "4번 타자가 공 칠 때 자꾸 머리가 돌아가요. 어떻게 고쳐야죠?"

박영길이 "야구하면서 그런 일은 평생 처음이었다"고 했다. "감독이 다른 감독에게 모르는 거 묻기 쉽지 않아요. 그 양반은 물더라고. '김성근 오래가겠다' 했어요."

고수(高手)는 부끄러움을 모른다

박영길(72)은 타격 지도의 일인자로 꼽힌다. 그는 김성근의 롱런 비결을 두 가지로 압축했다. "적장에게도 물어보는 열정, 제자를 키우려고 무슨 일이든 하는 자세. 고수는 부끄러움을 모릅니다. 자신 있거든."

프로 야구 원년(82년) 지도자 중 아직 더그아웃에서 버티고 있는 이는 김성근밖에 없다. 여기까지 그는 연거푸 좌절했다. 프로 지도자가 된 뒤 31년간 직함이 16번 갈렸다. 코치 하다 감독이 되거나 2군 감독 하다 1군이 된 거보다 그 반대가 많았다. 자기 식대로 야구하기 위해서라면 소속 구단과 모기업도 들이받았다.

그는 그때마다 다시 섰다. 평생 라이벌 김응룡(72)이 2000년 한국시리즈에서 김성근을 꺾고 " '야구의 신(野神)' 과 싸운 기분"이라고 했다.

대안 없이 살아라

김성근은 환갑 넘어 일본 지바롯데 마린스 코치로 갔다(2005~2006년). 돌아온 뒤 65세에 첫 우승을 하고, 66세에 1000승 감독이 됐다. 한화 이글스 감독을 지낸 김인식(66)이 "일본에서 돌아온 김성근과 겨뤄보고 '야구가 커졌구나' 하고 느꼈다"고 했다.

하일성(64) KBS N 해설위원이 "그 양반은 한마디로 '대안' 을 모르는 사람"이라고 했다. "일본에선 일본 사람 대접 못 받고, 한국에선 한국 사람 대접 못 받았어요. 대다수 사람은 '이거 안 되면 저거 한다' 는 대안이 있어요. 김성근은 오로지 야구, 야구, 야구, 야구예요."

김성근이 99년 시즌 막판 쌍방울 더그아웃을 비웠다. 선수들에게 "잠깐 다녀온다"고 했다. 알고 보니 신장암 수술 받으러 가는 길이었다. 그는 책에 "암 걸리고 맨 먼저 든 생각이 '야구 못 하면 어떡하나' 였다"고 썼다.

이기고 싶을 때 찾는 감독
영전보다 강등·경질 더 잦아
직함 16번 갈리면서 버텼다
변기에서도 연구… 치질까지

선수들 "그 밑에서 뛰고 싶다"
약팀도 강팀으로 조련시켜
無名을 스타로 키워내
노장 선수 줄줄이 재기시켜

외아들 김정준(42·SBS ESPN 해설위원)에게 김성근은 큰 산이었다. 그는 아버지를 '아버지' 라고 불러본 적이 없다. 그만큼 아버지가 어렵고 컸다. "아마 꿈도 야구 꿈만 꾸실 거예요. 당신 입으로 아프다는 거 한 번도 못 들었어요. 약상자 보고 '아, 약 드시는구나' 해요. 가슴 아플 만큼 약상자가 꽉 차 있어요."

피 토하도록 훈련해라

LG 내야수 최동수(42). 2001년 LG 2군에서 김성근과 처음 만났다. 벼랑 끝이었다. 프로 생활 7년인데 이뤄놓은 게 없었다. "훈련이 상상 이상이었어요. 하루에 스윙을 5000번 하니까 저녁 때 손이 안 펴졌어요. 영감님이 손가락을 하나하나 펴줬어요."

김성근은 바둑도 골프도 안 한다. 낚시터·영화관·룸살롱도 안 간다. 그가 3남매 키울 때 르망·프라이드·봉고가 불티나게 팔렸다. 김성근은 면허 자체를 안 땄다.

그는 혼자 밥 먹고, 밤새 타선(打線) 짜고, 쉴 새 없이 메모하고, 화장실 갈 때 책 들고 간다. 변기에 앉아서 야구·경영·역사서 섭렵하다 치질 걸렸다. 야구장에 가면 하늘에 부는 바람까지 체크해서 외야수 위치를 조정했다. 그는 하루 1~2시간 걷는다. 야구를 오래 하기 위해서다. 1년에 두 번만 집에 들어간 해도 있다. 부인이 어떻게 견뎠을까? "교회 가셨죠." (아들 김정준)

하일성이 "그 양반은 한겨울에 간염을 앓으면서 운동장에서 이불로 자기 몸을 묶고 훈련을 본다"고 했다.

두 번째 기회를 줘라

밀려서 은퇴하는 걸 '밀퇴' 라고 한다. SK 감독 시절 김성근이 밀퇴 위기 고참들을 받아 되살려냈다(2007~2011년). 두산 코치 가득염(44)은 롯데에서 방출된 뒤 2007년 SK에 넘어와 그해 우승 주역이 됐다. 4년 뒤 가득염이 "후배들에게 길을 터주고 싶다"며 은퇴했다. 김성근이 "자넨 더 할 수 있다"고 두 번 잡았다. LG트윈스 투수 류택현(42)이 말했다. "이런 과정을 보면 선수들이 달라져요. 목숨을 바치게 돼요."

SK 감독 시절 김성근의 등번호는 '38번' 이었다. 화투 칠 때 '38광땡' 이다. 투수 정대현(35)은 롯데로 옮긴 뒤 스승 번호를 자기 등에 달았다. "다른 팀에 와서도 마운드에 서면 '나는 김성근 감독과 야구한다' 고 생각했죠. 현역 1·2군 700명 중 최소한 반이 '김성근 밑에서 뛰고 싶다' 고 생각할걸요."

최동수가 LG 2군에서 1군 올라갈 때 김성근이 쪽지를 줬다. "참아줘서 고맙다." 최동수는 SK에서 10년 만에 김성근과 다시 만났다. 서른 때도 변기 잡고 피 토하며 울 만큼 힘들었는데, 나이 마흔에 또 하려니 비명이 절로 나왔다. 아내가 보다 못해 남편에게 쪽지를 썼다. "오빠가 지금 유니폼 벗어도 난 손뼉 칠게요." 이 편지는 지금 김성근이 가지고 있다. 스승에게 편지를 맡긴 뒤 최동수는 새벽 3시까지 방망이를 휘둘렀다.

지금 김성근은 고양원더스를 이끌고 있다. 프로에 못 들어갔거나 밀퇴 당한 선수들이다. 이들이 각 팀 2군과 붙은 경기를 보고 NC다이노스와 한화이글스가 5명을 뽑아갔다. 야구 출판 기획자 박정훈(38)이 "김성근 이전엔 불가능했던 일"이라고 했다.

게으른 사람 짜증 나게 해라

야구인도 생활인이다. 우승 대세에 상관없으면 이기든 지든 빨리 퇴근하고 싶다. 김성근은 대충 해도 될 게임까지 부득부득 작전을 건다. 박영길이 "김성근은 역전패를 안 당한다"고 했다. 그는 이기고 있을 때도 악착같이 앞서간다. 김인식이 "상대가 김성근이면 저쪽이 아무 작전 안 걸어도 '도대체 어떻게 나올까' 계속 궁리하게 된다"고 했다. 그러면서 자신과 라이벌이 다 같이 발전했다. 야구 칼럼니스트 김은식(40)이 "기자로 치면, 1단짜리 단신까지 전부 특종하겠다며 날마다 밤새우는 상대"라고 했다.

그래서 김성근은 각 구단에 '이기고 싶을 때 찾는 감독' 이 됐다. 김성근은 약팀을 강팀으로 조련했다. 88년 꼴찌 태평양돌핀스. 김성근이 부임해 지옥 훈련을 했다. 맨발로 밤샘 산악 행군을 한 뒤 얼음 계곡물에 밀어넣었다. 태평양은 이듬해 플레이오프까지 쭉 갔다. 94~95년 연속 꼴찌 쌍방울. 선수들을 배팅조·베이스러닝조·수비조로 나누고, 밥 시간도 아까워 '식사조' 를 돌렸다. 점심시간이 15분이었다. 쌍방울은 96~97년 연거푸 플레이오프에 나갔다.

스타도 가차 없이 빼라

훈련은 다른 팀도 다 했다. 얼음 목욕이 잇따랐다. 왜 김성근만 효과를 봤을까? 김성근은 훈련과 실전을 연결했다. 무명(無名)이라도 밑에서 치고 올라오면 기회를 줬다. 스타나 용병도 게으르면 가차 없이 뺐다. 김은식이 "팀 분위기가 확 달라졌다"고 했다. 스타들이 '나 없이 잘되나 보자' 고 잘난 척했다 부끄러워했다. 빛을 못 보던 선수들이 '나도 한번 일어서보자' 고 이를 악물었다.

2009년 SK 스프링캠프 때 김성근이 식당에서 밥 먹다 옆자리 손님과 얘기를 나눴다. 암 투병 중인 중년 여교사였다. 김성근이 위로했다. "저는 아팠을 때 '무슨 일이 있어도 야구장에 돌아가야겠다' 그 생각밖에 없었어요. 선생님도 '교단에 돌아가겠다' 는 마음을 가지십시오." 가을 시즌에 그녀는 교단에 섰다. 김수혜 기자

일러스트= 유재일 기자

"김성근이 어떤 사람이냐면…"

〈그림 14〉 김성근, 야구, 야구, 야구밖에 모르는 '야구바보'. 〈조선일보〉 2013.7.19.

얼마나 비객관적인지 이제 알 것 같다.

위의 김성근 기사와 일반적인 김성근 인터뷰 기사는 저널리즘 원칙 측면에서 천양지차다. 그저 크게 다른 것을 넘어 인터뷰 기사는 저널리즘 원칙에 어긋나는 기사 양식이다. 자세한 설명은 뒤로 미루고, 기사를 하나 더 살펴본다. 이번에는 정치인 기사인데, 김성근 기사와 마찬가지로 그를 인터뷰한 게 아니라 주변 사람들을 통해 그를 조명했다.

> "아무리 센 사람이 와 봐야, 선거 때만 며칠 빨딱 고개 내밀어 가지고는 아무리 잘 해도 전재수한테 경쟁이 안 돼요. 솔직히 내가 서병수를 찍었어도 하는 소리라. 해 봐야 안 된다 이거야."
>
> 부산 북구에서 50년 넘게 살았다는 손영원(69) 씨는 지난 13일 "전재수가 100% 될 줄 알았다"며 이렇게 말했다. 이번 총선 부산 지역구 18곳 중 17곳에서 국민의힘 후보가 당선됐다. 더불어민주당 후보 중 '생환'에 성공한 사람은 북구 갑 현역 국회의원인 전재수(53) 당선자뿐이다. 전 당선자는 국민의힘 5선 중진으로 부산시장을 지내기도 한 서병수 후보를 52.31% 대 46.67%, 4,698표(5.64%포인트) 차로 이기고 3선에 성공했다. (중략)
>
> 비결은 그의 20년간 계속된 치열한 '지역구 관리'다. 부산에 출마했던 이언주 전 의원은 과거 "부산에서 국회의원이 되는 방법은 두 가지"라며 "김무성처럼 하든가, 전재수처럼 하든가"라고 말했다. 김 전 의원은 조직, 전 당선자는 '발'이란 것이다.
>
> 전 당선자 지역구에서 만난 주민들은 한 사람도 빠짐없이 "전재수가 늘상 보인다"고 했다. 전 당선자는 북구에서 초·중·고등학교를 나왔고, 서울에 거주지를 두는 경우가 많은 다른 의원들과 달리 지금도 북구에 산다. 전 당선자의 지역 사무소 관계자는 "전 당선자가 시간만 나면 혼자 주민들을 만나러 다닌다"며 "우리도 지금 어디 있는지 모른다"고 했다. 덕천동에서 붕어빵 장사를 하는 남모(64) 씨는 "전 의원은 여기 서민 아니냐"며 "'아이고, 누님 점심 하셨습

니까?', '형님, 식사하셨습니까?' 하면서 밑바닥을 싹 훑고 다닌다"고 했다. 부동산 중개업을 하는 조유나(58) 씨는 "전 의원은 항상 여기 있다. 어른들이고 젊은 사람이고 손잡고 얘기하고 사진 찍는데 인기가 있을 수밖에 없다"고 했다.

북구에 사는 50대 택시 기사 전모 씨는 지역 택시 기사들의 축구 동호회 행사 때마다 전 당선자가 찾아오기 시작한 지가 10년째라고 전했다. "국회의원 하기 전이나 지금이나 하는 게 한결같아예. 행사 때마다 와서 '형님' 하는데, 몇 년 됐다고 고개 뻣뻣해지고 그러는 게 하나도 없어예." 구포동에서 금은방을 운영하는 정일구(71) 씨는 동네 주민 60여 명과 함께 매년 당산제(堂山祭)를 지내는데 전 당선자가 올 정월대보름 전날에도 자정에 맞춰 찾아왔다고 했다. "우리가 제사 지내고 떡국 해먹고 막걸리 한잔 하고 그러는데, 그 양반이 와서 심부름하고 같이 술 한잔 하고 가니까 와 닿지요." 정 씨는 "전 당선자는 초등학교 앞에 가서 학생들한테도 인사를 한다"며 "애들도 전재수를 안다"고 했다. (중략)

─ "전재수는 우리 동네 서민… 아무리 센 사람 와도 안 돼".
〈조선일보〉 2024.4.15. 부산=김경필 기자

기자는 전재수 의원이 어떤 사람인지 알아보기 위해 그를 접촉하는 대신 그를 알 만한 주변 사람들을 접촉했다. 그런 지인이 위의 기사 부분에서만 7명이 나온다. 기사 전체로는 11명이 등장하여 '2024[3] 험지서 살아남는 법'이라는 기사 부제처럼 전재수 의원이 어떻게 부산이라는 험지에서 승리했는지를 알려준다. 전재수 의원은 선거구 조정으로 더는 자기에게 표를 줄 수 없는 주민들에게도 인사를 다녔다. 그래서 그와 형님, 동생 하는 사람만 수천 명이라거나 부산 북구에서는 부인이 집을 나가도 전재수 의원에게 전화한다는 우스갯소리

---

[3] 2024년 4월 10일 개최된 제22대 국회의원 선거.

가 있다고 기사는 전했다. 전재수 의원에 대한 평가는 이렇게 이어진다.

> 전 당선자가 인사만 다니는 것은 아니다. 전 당선자는 이번 총선에서 '공약 이행률 98%'를 내세웠다. 전 당선자의 의원실은 매일 아침 회의마다 공약 이행 상황을 챙기는 것으로 알려졌다. 손영원 씨는 "국회의원이라고 해 봤자 자기 지역구 예산이 뭐뭐가 있는지 전부 다 아는 사람이 있나? 없다. 그런데 전재수는 그걸 다 안다"며 "전재수 사무실 앞에 가 봐라. 큰 현수막에 하나하나 다 쓰여 있다"고 했다. 그는 "그런 거 아는 다른 국회의원이 있나. '폼' 잡으려고 서울 올라가기 바쁘지"라고 했다. (중략)

기자들의 기사 공부모임인 N클럽의 조권형 〈동아일보〉 기자는 정치부 기자들에게 총선 보도 중에서 인상 깊었던 기사를 물어보니 여러 명이 앞의 기사를 추천했다고 했다. 인물에게 접근하는 방식이 여느 기사와 판이해서 그랬을 것이다.

국내 거의 모든 신문은 주말판에 예외 없이, 그리고 주중에도 기회만 되면 문답식 인물 인터뷰 기사를 대문짝만하게 싣는다. 문답식 인물 인터뷰 기사는 한국에만 있다. 외국 특히 영미권의 언론에서는 문답식 인물 인터뷰 기사를 정말 찾기 어려운데, 이유는 그것이 기사로 취급되지 않기 때문이다. 영미권 언론에는 인터뷰 기사라는 말도 없다. 미국에 오프라 윈프리가 있지 않냐고 말하겠지만, 그는 토크쇼 진행자(talk show host)로 불리지 언론인(journalist)으로 불리지 않는다. 영미권 언론에서 인물 기사는 프로파일(profile)이라고 한다(박재영, 2020). 위의 김성근 기사와 전재수 기사가 전형적인 예다. 문답식 인터뷰 기사는 언론이 인물의 말을, 그것도 매우 중요한 인물의 매우 민감한 발언을 검증도 없이 퍼뜨리는 꼴이다. 그래서 외국 언론은 그런 기사를 기사로 간주하지 않고, 보도하지도 않는다. 문답식 인터뷰 기사는 대학의 학보사 기자도, 심지어 전혀 훈련받지 않은 일반 시민도 잘 쓸 수 있다. 정말 중요한 인물의 짧막

한 몇 마디가 긴급히 필요한 경우가 아니라면 문답식 인터뷰 기사는 쓰지 말아야 한다.

프로파일은 '지인을 취재하라'는 저널리즘 규범의 또 다른 이름이다. 영미권 기자들은 인물 A가 기사의 핵심이라면 A보다 'A의 지인'을 먼저 떠올린다. A는 별도로 신경 쓰지 않아도 당연히 취재하게 되지만, A의 지인은 특별히 염두에 두지 않으면 취재에서 빼먹기 쉽다. 그래서 영미권 언론사의 에디터는 현장으로 나가는 기자에게 매번 지인 취재를 상기시킨다. 취재의 1순위는 A가 아니라 A의 지인이라고까지 말할 수 있다. 지인을 취재했다면 기사에 A와 A의 지인 등 여러 사람이 등장해야 한다. 바꾸어 말하면, 기사에 취재원이 1명뿐이라면 그 기사는 취재의 원칙을 어긴, 문제 있는 기사라 할 수 있다.

지인 취재는 기사에 취재원이 많을수록 좋다는 식의 구색 맞추기용이 아니며 기사를 '있어 보이게' 만드는 장식용도 아니다. 지인 취재는 저널리즘의 근간인 '검증'을 위한 규범이다. 앞의 김성근 기사에서 지인의 증언과 경험담이 어우러지면서 인물에 대한 신뢰감이 높아졌다. 덤으로, 기사의 분위기도 좋아졌다. 그러나 지인 취재에는 이보다 더 현실적인 이유가 있다. 지인을 취재하지 않아서 발생했던 저널리즘의 실패를 되짚어 보면 그것을 알 수 있다.

인물 검증의 원칙은 선인과 악인 모두에게 적용되어야 한다. 잘 믿기지 않겠지만, 악인보다는 선인의 인물 검증이 더 긴요하다. 선인은 착한 사람이므로 그의 말을 믿어도 되고 악인은 나쁜 사람이라서 그의 말을 의심해야 한다고 생각할 텐데, 저널리즘에서는 그 반대다. 선인은 착하므로 또는 착하게 알려졌으므로 대중을 속이기가 더 수월하다. 기자도 악인 앞에서는 긴장하고 의구심을 갖지만, 선인 앞에서는 '무장 해제'되기 쉽다. 그래서 지인 취재는 악인은 물론이고 선인에게는 더 필요하다. 이 아이러니를 한국 기자들은 이미 경험했다.

이영학은 난치병 딸을 지극정성으로 보살피는 '천사 아빠'로 2005년 방송에서 처음 알려져 13년간 전국적 스타가 됐다. 이 기간에 방송 프로그램에 9회나 큼지막하게 소개됐으며 SNS와 온라인 커뮤니티에서 29회의 후원금 모금으로

12억 8천만 원을 모았다. 미담의 주인공이었던 그는 2017년 갑자기 살인자가 되어 다시 전국을 놀라게 했다. 이영학은 딸을 꾀어 친구를 집에 데려오게 하고, 딸이 감기약이라고 준 신경안정제로 친구가 의식을 잃자, 딸을 집 밖으로 내보내고 친구를 성추행했으며 친구가 의식을 차리고 저항하자 목 졸라 죽였다. 기자들은 사건이 터지자 비로소 이영학이 누구인지 알아보기 시작했다. 그는 월 카드대금이 4백만~1천만 원이나 되며 고급 승용차를 20대 구입했으며 쌍꺼풀 수술과 성기 변형 수술을 하고 문신 시술을 받았다. 오피스텔에 마사지숍을 열어 아내를 성매매시키고 그걸 몰래 촬영한 영상을 성인 사이트에 올려서 돈을 벌었고, 한 달에 두세 번 아내를 폭행했으며 자기의 계부가 8년간이나 아내를 성폭행하도록 방조했으며 아내가 사망한 지 3일 만에 성인 사이트에 조건만남을 제의하는 글을 올렸던 사람이다. 그가 바로 '어금니 아빠' 이영학이다. 이 정도의 사람이라면 그의 됨됨이는 이미 파다했을 것이다. 그의 지인을 취재했다면 그가 누구인지 일찌감치 알아챌 수 있었을 것이다. 기자들이 처음에는 이영학의 미담에 취해 한 번쯤 실수할 수 있었다손 치더라도, 13년간이나 어떤 기자도 그의 본모습을 알아보려고 하지 않았던 것은 실수가 아니라 실패다. 언론은 이영학이 미담의 주인공으로 유명해졌을 때 대문짝만하게 보도했으며, 그가 살인자로 돌아오자, 그의 진면목을 밝혀냈다는 듯이 "무려 13년간이나 미담의 주인공으로만 알려지며 세상을 속인 인물이 있었다"는 식으로 다시 대문짝만하게 보도했다. 이영학이 세상을 속인 것이 아니라 언론이 그의 검증에 실패했으며 그의 사기를 도와준 꼴이다. '지인을 취재하라'는 규범을 지켰더라면 언론의 실패도 이영학의 살인도 막을 수 있었다.

이영학 사례는 악한보다 착한 사람을 더 조심해야 한다는 진리를 일깨워 준다. 기자는 착하거나 훌륭하게 정평 난 사람 앞에서 자칫 긴장을 풀 수 있으므로 이런 사람들을 더 엄격하게 검증해야 한다. 이런 이유에서 미국 언론계에 'Too good to be true'라는 금언이 유난히 강조된다. 너무 좋아 보이면 진실이 아닐 수 있다, 너무 좋은 사람이라면 그의 참모습은 다를 수 있다, 너무 결과가 좋거나 너무 딱 들어맞는 데이터는 가짜이거나 조작됐을 가능성이 있다는 뜻이다. 황우석의 2005년 사이언스 논문이 꼭 그랬다. 그 반대의 금언도 있다. 'Too bad to be true.' 한국 언론계에도 이와 비슷한, 좋은 말이 있다. 수습기자는 종종 선배에게서 '누가 무슨 말을 하든지 곧이곧대로 믿지 말라'는 조언을 듣는다. 이 말은 워낙 멋져서 기자들은 정작 그게 무슨 뜻인지, 그러려면 무엇을 어떻게 해야 하는지를 고민하지 않는 것 같다. '남이 하는 말을 그대로 믿지 말라'의 다른 버전이 '지인을 취재하라'다.

인물과의 문답 형식인 한국식 인물 기사는 인물의 자서전이고, 영미 언론의 프로파일은 평전이다. 평전은 모든 면에서 자서전을 압도한다. 기사를 다르게 쓰고 싶으면, 취재를 다르게 해야 한다. 인물을 다르게, 새롭게 보도하고자 한다면, 인물에게 접근하는 방식을 바꾸어야 한다. 기자뿐 아니라 글쓰기를 즐기는 일반인도 충분히 할 수 있는 일이다.

김성근은 JTBC의 스포츠 리얼리티 다큐 '최강야구'에서 여전히 현역 야구 감독으로 뛰고 있다. 이 프로그램은 2022년 이승엽 감독으로 시작하여 1년도 안 돼 김성근 감독이 맡아 가장 성공한 스포츠 예능프로그램이 됐다. 트로트 가수 임영웅의 콘서트 예매에도 성공했던 한 네티즌이 '최강야구' 예매에 들어갔다가 대기 5,000번을 받고 실패했다는 게시글을 올렸을 정도로 인기가 높다. 김성근은 언제든지 다시 보도될 수 있을 정도로 뉴스 가치가 큰 인물이다. 하지만, 누가 또 보도하더라도 앞의 기사 이상으로 쓸 수 있을지 의문이다. 그만큼 앞 기사는 '김성근 완결편'이다. 무려 11년 전의 기사가 지금 이렇게 싱싱하다면, 10년 후, 100년 후에 읽어도 여전히 살아 숨 쉬고 있을 것이다. 이것이 에버그린 콘텐츠(evergreen content)다. 기사를 이렇게 만들어야 타 매체, 타 기자와 완전히 차별화하고 격차를 벌릴 수 있다. 그것이 유료 구독화의 길이다.

7. 관점이 있는 글쓰기

'관점이 있는 글'은 설명하기가 어렵고, 섣불리 제안하면 위험할 수 있어서 조심스럽다. 그러나 사례를 먼저 보면, 조금 수월하고 분명하게 이해할 수 있을 것이다. 아래는 기자와 언론학자 대부분이 최고로 꼽는 기사다. 관점이 있는 기사의 대표 사례이기도 하다. 이 기사가 지닌 여러 탁월성 중의 하나가 기사의 관점이므로 그것에 주목하여 읽어 보기를 권한다.

> 백주몽(白晝夢)과 같은 11분간의 휴전협정 조인식은 모든 것이 상징적이었다. 너무나 우리에게는 비극적이며 상징적이었다. 학교 강당보다도 넓은 조인식장에 할당된 한국인 기자석은 둘뿐이었다. '유엔' 측 기자단만 하여도 약 백 명이 되고 참전하지 않은 일본인 기자석도 10명을 넘는데 휴전회담에 한국을 공적으로 대표하는 사람은 한 사람도 볼 수 없었다. 이리하여 한국의 운명은 또 한 번 한국인의 참여 없이 결정되는 것이다.
>
> 27일 상오 10시 정각 동편 입구로부터 '유엔' 측 수석대표 '해리슨' 장군 이하 대표 4명이 입장하고 그와 거의 동시에 서편 입구로부터 공산 측 수석대표 남일(南日) 이하가 들어와 착석하였다. 악수도 없고 목례도 없었다. "기이한 전쟁"의 종막다운 기이한 장면이었다. 북쪽을 향하여 나란히 배치된 두 개의 탁자 위에 놓여진 각 18통의 협정문서에 교전 쌍방의 대표는 무표정으로 사무적인 서명을 계속할 뿐이었다. 당구대같이 퍼런 융에 덮인 두 개의 탁자 위에는 '유엔'기와 인공기가 둥그런 유기 기반에 꽂혀 있었다. 이 두 개의 기 너머로 휴전회담 대표는 2년 이상을 두고 총계 천 시간에 가까운 격렬한 논쟁을 거듭하여 온 것이다. 한국어, 영어, 중국어의 세 가지 말로 된 협정문서 정본 9통, 부본 9통에 각각 서명을 마치면 쌍방의 선임 참모장교가 그것을 상대편으로 준다. 그러면 상대편 대표가 서명한 밑에 이쪽 이름을 서명한다. 정자형으로 된 220평의 조인식 건물의 동익(東翼)에는 참전 '유엔' 13개국의 군사 대표들이

정장으로 일렬로 착석하고 있으며 그 뒤에 참모장교와 기자들이 앉아 있다. 서익(西翼)에는 북쪽에 괴뢰군 장교들, 남쪽에 제복에 몸을 싼 중공군 장교의 일단이 정연하게 착석하고 있다. 양편의 수석대표는 북면(北面)하여 조인하고 멀리 떨어져 좌우에 착석한 양측 장교단은 동서로 대면하고 조인하는 것을 주목하고 있다. 조인이 계속되고 있는 동안 '유엔' 전폭기가 바로 근처 공산군 진지에 쏟고 있는 폭탄의 작렬음이 긴장된 식장의 공기를 흔들었다. 원수끼리의 증오에 찬 정략 결혼식은 서로 동석하고 있는 것조차 불쾌하다시피 또 빨리 이 억지로 강요된 의무를 끝마치고 싶다는 듯이 산문(散文)적으로 진행한다. '해리슨' 장군과 남일은 쉴 새 없이 '펜'을 움직인다. 각기 36번 자기 이름을 서명하여야 하는 것이다. 거기에는 의식에 따르는 어떠한 극적 요소도 없고 강화(講和)에서 예기(豫期)할 수 있는 화해의 정신도 엿볼 수가 없었다. 이것은 어디까지나 "정전"이지 "평화"가 아니라는 설명을 잘 알 수가 있었다. 각기 자기 측 취미에 맞추어 가죽으로 장정하고 금자(金字)로 표제를 박은 협정부도(協定附圖) 각 3권이 퍽 크게 보인다. 그 속에는 우리가 그리지 않은 분할선이 울긋불긋 우리의 강토를 종횡으로 그려져 있을 것이다. "내가 지금 앉아 있는 이곳이 우리나라인가?" 이렇게 의아(疑訝)한다. 그러나 역시 우리가 살고 죽어야 할 땅은 이것밖에 없다고 순간적으로 자답하였다.

　10시 12분 정각 조인작업은 필(畢)하였다. '해' 장군과 남일은 최후의 서명을 마치자 마침 최후통첩을 내던지고 퇴장하는 듯이 대표를 데리고 나가버린다. 남일은 훈장을 가슴에 대여섯 개 차고 있는 데 반하여 '해' 장군은 앞 제친 여름 군복이라는 경쾌한 차림이라는 것이 다를 뿐이었다. 관례적인 합동 기념 촬영도 없이 참가자들은 해산하였다.

　　　　　　　ー'기이한 전투' 정지 당사국 제쳐놓은 결정서로 종막.
　　　　　　　〈조선일보〉 1953.7.29. 판문점=최병우 기자

1953년 7월 27일 유엔군과 북한 사이에 조인된 휴전협정은 기사 아이템으로서는 전형적인 행사다. 모든 신문은 7월 28일 스트레이트 기사로 이 행사를 보도했다. 하지만, 최병우 기자는 그다음 날인 29일에도 위와 같은 기사를 보도했다. 위 기사에는 기사의 필수 요소인 취재원이 하나도 없으며 취재원의 코멘트도 없다. 이렇게 허점투성이지만, 이 기사는 기자와 언론학자가 모두 동의하는 한국 최고의 기사다. 최병우는 휴전협정이라는 이벤트를 '행사 기사'로 보도하지 않았다. 그는 행사의 육하원칙은 무시하고 행사장 장면과 분위기에 주목했다. 그가 행사장에서 보았던 것은 유엔과 북한이 남한의 운명을 결정하는, 즉 남이 자기의 운명을 결정하는 장면이다. 그 때문에 휴전협정은 최병우에게 현실이 아니라 '상징'처럼 다가왔다. 기사 리드와 이후의 내용은 모두 '상징'의 여러 모습이며 그것을 증빙하는 증거들이다. 행사장의 여러 요소를 작위적으로 상징이라는 키워드에 욱여넣은 것이 아니라 행사장에 흩어져 있는 그런 요소들을 상징이라는 단어로 개념화했다.

이 기사에서 발견되는 최병우(1924-1958) 기자의 걸출함은 2개다. 첫째, 그는 기사의 소재와 주제를 명확하게 구분할 줄 알았다. 그는 정전협정이라는 소재에서 '상징'이라는 주제를 발굴했다. 한국 기자들은 행사를 행사 기사로 쓰려고만 하지 행사 아이템에서 자기 나름의 주제를 뽑아내려고 하지 않는다. 행사든 범죄든 기자는 사건을 '자기의 눈'으로 보는 사람이다. '나는 이 사건을 어떻게 볼 것인가?'가 저널리즘의 관건이다. 둘째, 최병우 기자는 자신의 관점을 입증하기 위해 최대한으로 증거를 제시했다. 행사장의 참석자, 참석자들의 태도, 행사장의 모습과 분위기 등 모든 기사 내용은 주제, 즉 '협정 조인식이라는 거창한 이벤트는 우리에겐 별 의미 없는 의전'이라는 관점을 향한다.[4] 한 블

---

[4] 당시 이승만 대통령은 1953년 초부터 휴전협정 논의가 일자, 휴전 반대와 북진통일, 전쟁 불사의 의지를 표시하며 미국이 상호방위조약(한미동맹)을 받아들여야 정전협정을 방해하지 않겠다고 압박했다. 그래서 휴전협정 조인식에 대한민국 대표를 보내지 않았고 서명도 하지 않았다. 이승만 대통령은 다 이긴 전쟁을 미국이 망치고 있다고 생각했으므로 도저히 정전을 받아들일 수 없었다.

〈그림 15〉 '기이한 전투'의 정지. 〈조선일보〉 1953.7.29.

로거는 " '기이한 전투의 정지'라는 제목의 이 르포 기사는 한국 언론의 역사에서 가장 소중한 문장들에 속한다. 최병우의 직관은 사태의 핵심을 찌르고, 그의 감각은 사실에 바탕해 있고, 그의 문장은 차분하다. 그가 전한 판문점 조인식장의 실체는 그 후 정전 65년의 세월 속에서 유효했고, 지금도 유효하다"고 평가했다.[5]

위와 같은 기사를 '관점이 있는 기사'라고 한다. 이 관점은 사안을 바라보는 시각이다. 기자 누구나 자기 나름의 관점을 지닐 수 있지만, 관건은 그것을 기사에서 충분히 입증해야 한다는 점이다. 그간의 많은 기사는 관점을 강하게 설

---

5) https://blog.naver.com/haninet3/221606029285 참조.

정하고서도 그것을 입증하는 증거를 충분히 제시하지 않았다. 자기의 관점을 지지하는 증거 자체도 충분하지 않았고, 더 중요하게는 자기 관점에 반대되는 증거를 전혀 보여 주지 않았다. 이에 대해 기자들은 기사 주제가 정해졌는데 그에 반하는 증거를 담으면 스스로 모순되어 기사가 안 될 것 같은 느낌이 든다고 말한다. 사람은 자신의 태도나 의견, 신념에 부합하지 않는 정보를 접하면 인지부조화를 겪게 되므로 이를 벗어나기 위해 자기에게 유리한 증거만 받아들이고 불리한 증거는 애써 외면한다. 인지부조화를 극복하기 위해서 자기 자신을 기만하는 것이다. 기자도 마찬가지다. 기자들의 선택적 증거 수집과 제시는 아전인수식 증명으로 이어져, 기자의 자의적 시각 또는 자사의 이해타산적 입장이 반영된 기사라는 비판을 받았다. 거의 모든 정파적 기사는 이런 식의 반쪽짜리 기사다. 관점 있는 기사와 정파적 기사의 결정적 차이는 관점의 입증 여부다. 관점이 있는 글쓰기는 최대한으로 증거를 제시하여 기자의 관점을 객관화한다. 그것이 언론의 객관주의이다. 매사에는 찬반론이 있기 마련이므로 결국 모든 사안은 '회색'이다. '회색을 어떻게 보도할 것인가?'가 한국 언론의 과제다.

　내가 처음 앞의 기사를 읽었을 때, 미국 기사인 줄 알았다. 기사의 틀과 문체가 영미권 신문의 기사와 매우 유사했기 때문이다. 이 의문은 최병우 기자가 영어에 능통했다는 사실을 알게 되면서 자연스럽게 풀렸다. 중학생 때부터 영어에 소질이 있었던 그는 미군정청 외무처 문서과에 들어가 미군정청이 한국인 직원들을 위해 설치한 영어강습소에서 회화를 배웠다(정진석, 2023). 그는 1952년 3월 〈조선일보〉 외신부 차장으로 기자 일을 시작했는데, 외신부이다 보니 해외 뉴스통신사의 기사를 많이 볼 수 있었다. 또한, 당시는 1951년 7월부터 시작한 6·25전쟁의 휴전 논의가 계속되던 때여서 종종 외국 특파원 기자들과 판문점에서 함께 취재하고 그들의 기사를 많이 읽었을 것이다. 말하자면, 외국 기자와 기사를 통해 저널리즘 글쓰기를 배웠을 가능성이 크다. 앞의 기사는 그런 연유에서 나오지 않았을까 짐작해 본다.

앞에서 이 기사는 한국 언론사상 최고라고 했는데, 보도 당시에도 이미 그런 평가를 받았다. 조세형(1931-2009)은 앞의 기사 보도 3개월 후인 1953년 10월 〈평화신문〉에서 기자 일을 시작했는데, 언론계 입문 전에 최병우의 앞의 기사를 읽고 감명 받았다고 했다(관훈클럽신영연구기금, 1984). 그는 휴전협정 후 군사정전위원회를 취재하면서 결국 최병우를 만난다. 아래는 조세형이 잊지 못하는 최병우의 모습이다.

> 지금도 기억나는 광경이 하나 있다. 기자를 태운 군용 버스가 판문점을 갈 때마다, 혹은 올 때마다 최병우 기자가 버스 한복판에 서서 무엇인가를 꼭 설명해야만 했다. 미국 기자들이 자꾸 질문을 하니까 최 형은 별수 없이 자리에서 일어나 큰 소리로 설명을 하다가 마침내는 버스 복판으로 밀려나 서서 이야기를 해야 하는 입장이 되곤 하였다. 말하자면 그것은 기자가 기자를 상대로 기자회견을 하는, 매우 진기한 풍경이었다. '최병우 기자회견'이 점차 자리를 굳혀 가자 나중엔 염치 불구하고 한국 기자들도 질문을 하기 시작했다. 한국 기자들이 제일 궁금한 것은 판문점의 회담 내용과 미군 공보장교의 브리핑 내용이었다. 미군 발표를 눈치껏 짐작하곤 했었지만 그걸 갖고 기사를 쓰기란 어림도 없었다. 좀 더 확실하게 회담 내용을 알 필요가 있었다. '최병우 회견'에 한국 기자들이 참여하고 나서부터 국내 신문의 판문점 기사는 한결 정확해졌다.(관훈클럽신영연구기금, 1984, 82-83쪽)

이것이 지금도 많은 언론인들 사이에서 회자하는 '최병우 기자회견' 에피소드다. 최병우 기자는 역사와 국제 정세에도 해박했으므로 한국을 둘러싼 동북아에 대한 정보와 식견을 외국 기자들에게 전해 주었을 것이다. 판문점 취재는 최병우를 한국을 대표하는 기자로 만든 결정적 계기였다(정진석, 2023).

최병우는 1954년 장기영을 따라 〈한국일보〉 창간 외신부장이 되었으며 1956년에는 〈코리아타임스〉 편집국장 겸 〈한국일보〉 논설위원이 되었다.

1958년 인도네시아 특파원 발령을 받아 싱가포르와 인도네시아에 머물다가 대만해협을 취재하라는 긴급 지시를 받았다. 1958년 8월 23일 중국이 대만의 금문도를 공격했기 때문이다. 금문도는 대만 국민정부의 대륙 수복 전초 기지로서 섬 전체가 일종의 요새인데, 중국군이 이 섬에 포격을 가하면서 중국과 미국, 대만 사이에 긴장이 최고조로 치달았다. 최병우는 1958년 9월 11일 포탄이 쏟아지는 금문도에 외국인 기자로서는 유일하게 상륙해 취재하다가 교통사고로 부상해 타이베이에 후송됐으나, 본사 지시에도 불구하고 금문도 재상륙을 위해 병원에서 몰래 빠져나와 기어이 수송선단에 다시 올랐다가 동료 외국인 기자 6명과 함께 바다에 빠져 실종됐다. 그의 기자 여정은 판문점에서 시작하여 대만해협에서 끝났다. 순직 당시 34세였다.

최병우는 기자로 일한 기간이 6년밖에 안 되지만, 그에 대한 평가는 놀라울 정도로 최상급이다(김영희·박용규, 2011). '기자가 갖추어야 할 자질을 고루 갖춘', '멋있고 완벽한 참언론인', '학식 있고 관용과 인애의 정신이 풍부하고', '행동이 과감한 진정한 신사', '조직자와 통솔자에 겸하여 계몽주의자', '지금도 내 가슴속에 살아 있는 우상이자 세상에 빛을 뿌리는 하나의 뚜렷한 별'…(김영희·박용규, 2011, 415-416쪽). 정달영(2002)은 최병우는 이름 자체로 '역사'가 된 기자라고 하면서 그의 불꽃같은 기자정신과 백과전서와 같았던 지식욕, 너무나 순수했던 쇼비니즘이 부럽다고 했다(43-44쪽).

최병우는 광복 이후 최초의 순직 종군기자로 후배 언론인들의 존경을 받고 있으며 관훈클럽 창립과 '신문의 날' 제정에도 크게 이바지했다. 한국일보사는 그의 업적을 기념하기 위해 '최병우기념도서관'을 세웠고, 관훈클럽은 1989년 '최병우 기자 기념 국제보도상'을 제정했다. 이 상은 2014년 관훈언론상의 '국제보도 부문'으로 통합되었는데, 본심 심사위원인 박정찬 고려대 기금 교수는 상의 취지가 '한국 기자가 외국 기자와 경쟁적으로 취재하는 상황'임을 누차 강조했다. 최병우 기자의 판문점 취재와 대만해협 취재가 딱 그것이었다. 〈조선일보〉도 그의 부고를 1면 사설로 전하면서 이 점을 특별히 강조했다.

최 특파원의 인품과 재질은 한국 신문계의 샛별과 같은 존재뿐 아니었고, 한국 전선에 종군한 수백 명 외국 기자들에게 널리 알려져 있는 미더운 한국 기자의 한 사람이었던 것이다. 판문점의 휴전회담 당시에는 본사 기자로서 그 지리하고도 복잡한 보도 전선에서 가장 보도 기사량을 많이 가졌던 미국의 세 통신사와 〈뉴욕타임즈〉 기자들과 어깨를 같이하고 외국 기자들 사이에 빛나는 존재가 될 수 있는 활동을 했던 것이 그였던 것이다.

(최(崔秉宇) 특파원 조난을 아끼며, 〈조선일보〉 1958.10.10.)

한참 좋은 기사를 찾으러 다니던 2021년 7월 16일, 〈조선일보〉 사사 편찬 작업을 했던 김태익 AD본부 수석기획위원을 만났다. 신문사의 역사와 인물들을 두루 훑었을 테니 좋은 기사를 추천할 수 있으리라 기대했다. 바쁜 와중에 나를 만나 준 김태익 기자는 고맙게도 기사 몇 개를 인쇄해서 내게 건넸다. 그중의 하나가 아래 기사다. 무려 30년 전의 기사인데도 그는 이 기사의 첫 문장을 잊지 못한다고 했다. 이게 기사 주제이고 기자의 관점이다. 기자가 이 관점을 어떻게 입증하는지를 눈여겨보면서 기사를 읽어 보자.

평양은 잿빛이었다. 남북고위급회담 대표단을 동행 취재하면서 접한 평양은 '잘 정리된 현대적 도시'라기보다는 콘크리트 건물들이 더욱 우중충해 뵈는, 우울한 도시였다.

거주인구 1명당 녹지가 40m²라고 자랑하는 평양의 숲도 가을 고엽(枯葉)들로 말라 있어 오히려 황량함을 더했다.

평양에서 뜨거운 것이라고는 50도가 넘는 소주, 그리고 밑도 끝도 없는 '통일'의 열기였다.

16일 오후 1시 20분. 개성으로부터 특별 열차 편으로 3시간 40여 분의 여행 끝에 평양역에 내리면서 일행은 호흡을 가다듬었다. 며칠 앞서 평양서 열린 경평(京平)축구 때 거리와 호텔에 몰려든 환영 군중들 틈에서 옷이 찢기고 숨이 막힐 뻔했다는 당시 취재진의 경험담이 상기됐기 때문이었다.

그러나 플랫폼은 예상외로 조용했다. 예전 방북단의 경우 판문점이나 개성역에서부터 1대1로 따라붙었다던 안내원들이 '아무개 선생이 누구냐'며 배당된 우리 일행을 찾아 우왕좌왕할 뿐이었다.

플랫폼까지 들어와 대기하고 있던 벤츠 승용차와 메이커 표시를 떼버려 제작처를 알 수 없는 버스에 나눠 타고 평양역을 나섰지만 거리는 차분했다. 남북축구 때 길을 메우듯 쏟아져 나왔던 그 인파는 흔적도 없고 도로변 버스정류장에 모여 섰거나 한산한 보도(步道)를 삼삼오오 걷던 행인들이 손을 흔드는 정도였다. 차량 행렬은 중심가의 텅 빈 차도를 시속 1백km를 넘는 속도로 질주한 끝에 10분도 채 되지 않아 평양 북동쪽 외진 숲속의 백화원초대소에 일행을 부려놓았다. 평양시정(市井)의 일반 시민들과 철저히 격리된 채 공식 행사장과 초대소를 오가는 3박 4일이 그렇게 시작됐다.

환영 열기가 며칠 새 급랭한 이유를 안내원, 초대소 접대원, 그리고 평양 주재 소련 기자 등으로부터 들어 보니 이랬다.

"축구나 통일음악회 때는 남조선 사람들이 친선을 위해 왔기 때문에 인민들이 너무 반가워서 눈물을 흘렸다. 이번엔 워낙 고위급들이 와서 인민들이 근접하지 않는 것이다." "수경이[임수경]를 평양회담 전까지는 풀어 줄 것으로 알았는데 그렇지 않아 실망했다. 수경이의 석방은 우리 인민의 최대 관심사다." "노태우(盧泰愚) 대통령이 선포한 범죄와의 전쟁은 우리 북조선을 유일하게 응원하는 남조선 학생들을 탄압하려는 것이다. 그리고 나서 무슨 통일 얘기를 하자는 말이냐."

북한의 신문방송들은 회담 며칠 전부터 남측의 회담 원칙이나 입장을 비난하는 내용을 집중적으로 보도했다.

북한 사람들의 눈에 비친 우리 대표단은 한마디로 '남북 간에 장사나 하며 덜렁덜렁 지내다 분열을 고착시키려는 반(反)통일주의자들'이었을 것이다. 가는 곳마다 "기자 선생님들이 통일에 힘써 주셔야죠"라는 호소를 들었다. 이는

'남측 당국자들이 통일을 거부하고 있는 것을 바꿔 달라'는 뜻이었다. 양복 공장에 들른 기자들에게 아주머니들이 '우리의 소원은 통일'을 부르며 눈물을 흘린 것도 그런 뜻이었을 것이다.

　북한 사람들은 한결같이 95년을 통일의 해로 꼽고 있었다. "왜 그렇게 생각하느냐"고 물으면 대답도 하나같이 "수령님이 그렇게 말씀하셨으니까"였다.

　가위눌린 듯 답답한 마음으로 평양 체류 사흘을 허망하게 보내고 만 19일 저녁 목란관에서의 공식 만찬은 매우 인상적인 경험이었다. 중심가 창광산 거리의 아파트군(群) 속에 자리 잡은 목란관은 높다란 콘크리트 담 입구의 경비 초소 등 으슥한 외곽 분위기와는 딴판으로 가장 현대적이고 '자본주의적'인 모습의 연회장이었다. 2백 평은 좋이 됨 직한 중앙홀의 6면형 벽은 온통 순백 대리석으로 뒤덮여 있고 칠색송어구이, 사슴구이, 꽃게즙구이, 속이 샛노란 개량 수박으로 이어지는 식사는 일품이었다.

　그러나 정작 더욱 '자본주의적'인 것은 식후 공연이었다. 양쪽 대리석 벽면이 열리면서 노출된 조명대가 빛을 쏘는 속에 중앙 벽에 무대가 열렸다. 전기기타, 키보드, 색소폰, 드럼 등을 갖춘 15인조 '왕재산경음악단'의 디스코 리듬의 연주가 첫 순서. 현란한 조명 속에 10여 명의 무희가 나와 다리를 번쩍 치켜올리고 엉덩이를 흔들며 신나게 춤을 췄다.

　이어 한복 차림의 무희들이 나와 춘 인형춤은 우리 청소년들 사이에 한때 유행했던 '로봇춤'과 흡사했다. 노래도 '세목동'(우리의 '아리랑목동'), '소방울 소리' 등으로 매번 공연 때마다 감초처럼 끼이던 '조국은 하나', '통일의 노래'처럼 의도적 레퍼토리는 전혀 없었다.

　우리 일행은 서울의 극장식당에라도 와 있는 듯한 착각 속에서 박수 치며 흥겹게 공연을 관람했다. 연형묵(延亨默) 총리를 비롯한 북측 참석자들도 느긋하고도 만족스러운 표정이었다. 옆자리에 앉은 〈노동신문〉 논평원은 이처럼 전자악기를 갖춘 악단이 왕재산경음악단 말고도 보천보전자악단, 만수대예술단과 인민군합주단의 여성기악조(組) 등 4곳이나 된다고 말했다. 그는 "우리가 딱딱하고 폐쇄적이라지만 이런 공연도 할 만큼 달라졌다"고 했다.

　목란관의 공연은 북한의 '변화'로는 평양 나흘 동안 가시적(可視的)으로 포착할 수 있었던 유일한 것이었다. 그러나 그것이 북한에 일고 있다는 사회주의적 생활양식의 부분적 변화들과 일치하는 것인지는 확인할 수 없었다. 다만 분명한 것은 목란관이 노동당이 직영하는 고급 당(黨)간부 전용 연회장이어서 일반 접근이 차단된 곳이라는 점이다.

　목란관 만찬을 빼고 나면, 평양은 그동안 간접적으로 전해 들은 모습과 다름없이 요지부동이었다. 그래서 평양은 잿빛이었다.

　　　　　　　─만찬장서 디스코 공연… "이것이 변화다".
　　　　　　　〈조선일보〉 1990.10.20. 오태진 기자

　기사는 '평양은 잿빛이었다' 8자로 시작한다. 독자를 평양 시내로 안내하여 거리 모습을 보여 준다. 차가운 콘크리트 건물과 사람들의 뜨거운 통일 열기, 인파 없는 거리와 시속 100km로 달리는 벤츠 자동차, 사람들의 열정적이지만 별다른 근거 없는 통일 담론…. 이런 대조는 기사 2/3 지점의 목란관 만찬에 이르러 절정에 달한다. 우선, 목란관이란 건물의 내외부가 극명한 대조를 이룬다. 아파트 단지 속에, 콘크리트 담장과 경비 초소로 둘러싸인 외부와 달리 내부는 대리석 벽과 일품 식사, 일렉트릭 밴드, 무희가 노니는 초자본주의적 모습이다. 공간의 지위에서도 목란관은 차별적이다. 목란관은 일부 특권층의 전유물이기에 내부의 화려한 불빛은 북한 대중의 일상 공간인 평양의 색깔과 더 구분될 수밖에 없었다. '그래서 평양은 잿빛이었다'는 11자가 기사의 마지막 문장이 됐다.

　당시 여러 신문의 기자가 남북총리회담을 취재하려고 평양에 가서 기행문 같은 기사를 썼다. 하지만, 위 기사만큼 뚜렷하게 주제를 설정하지는 않았다. 오태진 기자는 평양에 대한 자기만의 기사를 쓰려고 애썼던 것 같다. 기사의 수미쌍관에서 그것이 읽힌다. 첫 문장과 마지막 문장을 제외한 기사 몸통은 모두 두 문장을 입증하기 위한 증거로 가득 차 있다.

오태진 기자는 미문(美文)의 저널리스트다. 그의 여러 좋은 글 가운데, 『당신들의 천국』을 지은 소설가 이청준이 사망했을 때 쓴 글을 나는 잊지 못한다. '만물상'이라는 칼럼난에 났지만, 모든 문장이 사실 정보로 이루어진, 기자의 주관이 개입된 문장이 하나도 없는 기사다. 한국 신문 역사상 최고의 부음기사라 할 만하다. 이 챕터의 주제와 무관하지만, 여기에 옮겨 본다.

1954년 이청준이 고향 장흥을 떠나 도회지 중학교로 유학 가기 전날 이청준 모자는 개펄로 나갔다. 홀어머니는 몹시도 가난했지만 아들을 맡아 줄 친척집에 빈손으로 보낼 순 없었다. 모자는 막막하고 애틋한 마음으로 한나절 게를 잡았다. 이튿날 이청준이 긴 버스길 끝에 친척집에 닿자 게들은 상해서 고약한 냄새를 풍기고 있었다. 친척집 누님이 코를 막고 게자루를 쓰레기통에 버렸을 때 이청준은 자신이 버려진 듯 비참한 마음이었다.

▶궁색스런 게자루와 거기 함께 담겨 버려진 어머니의 정한(情恨)은 두고두고 이청준의 삶과 문학의 숨은 씨앗이 됐다. 그는 "어머니에게서 깊은 삶의 비의(悲意)와 문학의 자양(滋養)을 얻었고 당신의 삶을 빌린 글들을 쓰면서 많은 것을 깨우쳤다"고 했다. 이청준 문학의 출발점은 고향, 어머니, 불우한 유년이 뭉쳐진 원죄의식이었다. 축축하게 젖은 옷을 입은 듯 남루한 원죄의식, 그 모든 것을 끌어안은 상징이 어머니였다.

▶어머니는 가난에 치여 집까지 팔았지만 그 사실을 고향에 다니러 온 고교생 이청준에게 숨겼다. 어머니는 주인 허락을 얻어 내 집인 양 아들에게 밥을 해먹이고 하룻밤 잠까지 재워 보냈다. 어머니는 신새벽 눈 쌓인 산길을 걸어 아들을 읍내까지 배웅하고 돌아선다. 눈길엔 모자가 걸어왔던 발자국이 고스란히 남아 있다. 어머니는 아들의 목소리와 온기가 밴 아들의 발자국만 밟고 온다.

▶마을 어귀에 선 어머니는 갈 곳이 없다. 집이 없다. 이청준은 그 황망한 어

머니의 사연을 십몇 년 뒤에야 알게 된다. 단편 '눈길'에 쓴 자신의 얘기다. 어머니는 아흔 넘겨 치매를 앓았다. 아들 이름도 잊은 채 "손님 오셨구마. 우리 집엔 빈방도 많으니께 편히 쉬었다 가시오" 하곤 했다. 이청준이 전한 "몸이라는 완벽한 감옥에 갇혀 계신 어머니" 얘기는 정진규가 시 '눈물'로 썼다.

▶1996년 어머니를 보내드린 뒤 이청준은 임권택에게 어머니 상을 치르며 겪은 일화들을 얘기했다. 임권택은 그걸 영화로 만들자 했고 두 사람이 함께 소설과 영화로 쓰고 찍은 작품이 〈축제〉다. 이청준은 "내 소설의 기둥은 어머니"라고 했다. "소설을 쓰게 해 주는 힘과 인연이 어머니에게서 비롯된다"고 했다. 어머니는 이청준이 영원히 말리지 못한 젖은 옷 한 벌, 그의 정신의 피륙이었다. 그가 어머니에게로 돌아갔다. '나는 어머님의 심부름으로 이 세상에 나왔다가/ 이제 어머님 심부름 다 마치고/ 어머님께 돌아왔습니다'(조병화 '꿈의 귀향').

—이청준과 어머니. 〈조선일보〉 2008.7.31. 오태진 수석논설위원

관점이 있는 기사는 한국 기자들에게 낯설지 몰라도 미국 기자들에게는 익숙한 개념이다. 이샘물 〈동아일보〉 디지털이노베이션 팀장은 미국 UC버클리대학 저널리즘스쿨 석사과정 때, 취재를 나갈 때면 언제나 교수가 "다르게 써 오라"고 지시했다고 말했다. 어제 자기가 썼던 기사와 다르게, 비슷한 주제의 과거 자기 기사와 다르게 쓰라고 했다는 것이다. 이것은 기자가 되려는 사람들을 교육하는 차원에서 하는 지시가 아니다. 미국의 뉴스룸에서 기자가 취재를 떠날 때 에디터가 어김없이 그와 눈을 맞추며 "다르게 써 오라"고 지시하는 것을 나는 여러 번 목격했다. 무조건 차별화를 주문하는 것이다. 이 차별화는 ①일단 어떻게 해서든지 자기의 과거 기사와 다르게 쓰라는 것이며 ②특히 여러 기자와 함께 취재하더라도 자기만의 기사를 쓰라는 뜻이다. 둘 다 관점이 있는 글쓰기와 관련된다.

다르게 쓰기는 곧 차별화다. 나는 이것이 미국 신문의 중요한 DNA라고 믿

는다. 소재는 대상 자체이며 주제는 대상을 바라보는 관점이라고 한다면, 기자마다 관점이 다르면 기사 주제가 달라질 테고, 결국 다른 기사가 나온다. 미국의 여러 기자가 한 사안을 함께 취재하고서도 서로 다른 기사를 만드는 이유가 여기에 있다. 한국은 기자들이 몸싸움까지 하면서 경쟁적으로 취재하지만, 나중에 보면 기사는 거의 똑같다. 한 신문이 타 신문과 기사에서 별 차이가 없다면, 그 신문은 좋게 말하면 결코 경쟁에서 이길 수 없다는 뜻이며 나쁘게 말하면 존재 이유가 없다. 사회 전체적으로 보면, 그런 신문은 자원 낭비다.

한국 언론은 미국 언론과 정반대다. 미국 언론은 어떻게 하면 자신을 차별화할 수 있을지를 고민하고, 한국 언론은 어떻게 하면 타사의 보도를 놓치지 않을까를 걱정한다. 이것이 한국 언론이 지닌 만병의 근원이다. 특종 보도는 그 자체로 차별화이며, 미국 기자든 한국 기자든 가만히 놔둬도 잘 한다. 문제는 특종 사안이 아닌, 일상 사안의 차별적 보도이다. 누구나 아는 사안, 공개된 사건사고, 예고된 사안을 어떻게 타 신문과 다르게 쓸 수 있는지가 관건이다. "기자는 특별한 아이템을 찾으려고 애쓰기보다 매일 접하는 평범한 아이템에서 특별함을 찾아내려고 애써야 한다. (중략) 보편적인 질문에 인상적으로 답하거나 평범한 것을 특별하게 보이게 하는 것이 기자의 역량이다"(박재영, 2020, 448쪽). 중후장대한 사안을 친근하게 보도하거나 경박단소한 사안에서 엄중한 메시지를 뽑아내는 것도 그와 유사한 예다. 이를 위해서는 인식의 대전환이 필요하다. 남들이 하는 것을 놓치지 말아야 한다는 수세적 전략이 아니라 남들이 안 하는 것을 해야 한다는 공세적 전략으로 바뀌어야 한다. 내가 무엇을 놓쳤는가보다 나만의 기사, 우리만의 기사가 중요하다. 절대적으로 기자가 부족한 상황에서 모든 사안을 다 챙기겠다는 것은 비합리적이고 어리석은 전략이다. 한국 기자가 일당백의 경쟁력을 지녔다 해도 그 목표는 달성하기 어려우며 달성했다 한들 무슨 의미가 있겠는가? 타 신문이 보도하는 기사를 우리도 보도한다는 것이 독자에게 어떤 의미와 효용을 줄 수 있는가? 모든 기사를 차별적으로 쓸 필요는 없으며 모든 기사를 관점 있는 기사로 쓸 필요도 없다. 하지만,

어떤 때에는 자기만의 기사를 쓰려고 애쓸 필요가 있다. 그것을 권장하고 부추기는 선배와 뉴스룸 문화도 필요하다.

8. 돌직구 비평

미국 기자의 명함을 받아 보면 생소한 직함에 놀란다. 20여 년 전 미국에서 만났던 기자의 명함엔 'Solar Energy' 담당이라고 적혀 있었다. 요즘의 한국에, 심지어 대형 언론사에도 태양광만 담당하는 기자는 아직 없다. 제2차 세계대전 때 미국 정부가 나가사키 원자폭탄 투하를 취재할 기자를 〈뉴욕타임스〉에 요청하자, 〈뉴욕타임스〉는 '과학 담당 기자' 윌리엄 로렌스를 특파했다(박재영, 2004, 36쪽). 1945년에 과학 담당 기자라…. 놀라울 따름이다. 미국 언론사는 기자가 한 분야를 오랫동안 맡아서 스스로 전문성을 키우도록 장려한다. 큰 언론사는 모든 기자를 경력직으로 채용하는데, 특정 분야의 전문성이 인정돼야 뽑힌다. 그래서 미국 신문사의 기자는 전원이 전문기자이고 탐사기자다. 전문성은 어떠한 분야에도 필요하지만, 문화 쪽은 특히 더 그렇다. 문화 담당 기자는 문화계 사건을 보도하는 일도 하지만, 기본적으로 문화 콘텐츠를 비평한다. 미국 언론계에서 문화 분야 담당자는 기자(reporter, writer)가 아니라 비평가(critic)로 불린다. 음악, 미술, 영화, 뮤지컬 등을 평가하려면 전문성을 지녀야 하며 신뢰감도 있어야 한다. 문화 담당 기자는 이런 자산을 기반으로 권위 있는 해석과 냉정한 비평을 제공하므로 독자가 설득된다고 볼 수 있다. 국내 언론계에도 이 정도 급의 문화 담당 기자가 몇 명 있었다. 특히, 영화 담당 기자의 계보에서 절대로 빠트릴 수 없는 인물이 한 명 있다. 그의 기사부터 살펴본다.

"1주일에 섹스는 몇 번 하는가?" —

이민국 관리 한 녀석이 묻는다.

"세 번. 화요일, 토요일 그리고 일요일" —

남자 주인공이 대답한다.

"당신 아내 나이는?" —

밤중에 느닷없이 들이닥친 LA 출입국 조사관이 범인 다루듯 따진다.

말문이 막히는 남자 그레고리 백(白).

"… 스물아홉." —

"노오. 틀렸어. 그녀는 28세야!" —

"저어… 그러니까 한국 나이론…" —

소악당 그레고리 백은 변명한다….

위장 결혼으로 아메리카의 영주권을 얻으려는 처량한 한 한국 청년이 겪는 영화 속의 한 시퀀스다. 아메리카. 과연 이런 수모와 인권적 모욕을 당하면서까지 기어 들어가 영주권을 얻고 살 만큼 훌륭하고 좋은 나라? 과연 이따위 인간 이하의 대접을 받으면서까지 미국으로 건너가야 될 만큼 우리나라는 시시하고 보잘것없는, 살 만한 곳이 못 되는 고장인가?

배창호 감독의 새 작품 〈깊고 푸른 밤〉은 이런 물음을 관객에게 던진다. 알찬 영화다. 구성과 연출이 탄탄하다. 잘 만들었다. 위장 결혼 전과가 많은 가짜 아내 한국 출신 미국 시민 제인이 미리 일러 준 말. "제 등에 파란 점 있다는 걸 잊지 마세요"를 써먹을 새도 없이 곤경에 빠진 치사한 사나이 그레고리 백은 떠들어 댄다. "위대한 아메리카를 사랑합니다. 이 나라는 자유와 기회의 나랍니다. 아이 러브 아메리카! 여기 살게 해 주십시오." 그레고리 백은 갑자기 미국 국가를 노래하기 시작한다. 우렁차게. 끝까지 다 부른다. 객석에 앉아서 나는 울고 싶어진다. 이것은 코미디인가? 비극인가? 조국을 등지고 임신한 약혼녀 버리고, 안 받겠다는, 건방진 양키 나라에 들어가 그린카드 한 장 따내겠다고 1만 달러라는 큰돈 주고 산, 계약 아내와 타인끼리의 결혼생활 하는 그레고리 백이라는 사나이.

그레고리는 영화배우 G. 펙의 것을 빌린 것인데 그 그레고리에게 돈 받고 그와 함께 사는 불행한 여인 제인. 이 기형적인 남녀의 이야기를 흥미 있게 담은 것이 동아수출공사의 1985년 작품 〈깊고 푸른 밤〉이다. 원작 최인호. 카메라 정광석. 현지 로케이션 촬영으로 담은, 모든 화면이 매우 감각적이다. 마치 할리우드 제품 같다. 그린카드 받고 서울 약혼자에게 소식 전하는 공중전화 장면과 제인의 빨간 차 세워 놓고 입 맞추는 바닷가 대목의 360도 패닝이 그 한 예다.

원형이동차라든가 새로운 스타일의 렌즈라든가 하는 새 기재가 완전한 동시녹음의 효과를 나타내면서 이 필름의 매력을 더한다. 밝은 하이키 화면, 그러나 그 속에 펼쳐지는 어둡고 거친 네거티비즘. 혼자 잘 살겠다고 최민희를 죽이려다 실패(돈 2만 달러는 강탈했으나)한 그레고리 백은 악사(惡事)가 탄로나자 제인마저 살해하려다 오히려 그녀 손에 맞아 죽는데, 자동차 나팔 소리가 시체에 눌려 계속 울리는 라스트는 왕년의 전쟁영화 〈백열전선〉과 같은 인상을 준다.

간결하면서 빠른 템포의 커팅. 멈출 줄 모르는 안성기의 연기와 인간 성장. 놀랍게 매력을 더한 숙녀 배우 장미희의 변모. 영화는 스토리―라는 원칙을 다시 생각하게 하는 최인호 원작의 개성. 그리고 작품을 내놓을 적마다 어른스러워져 가는 젊은 감독 배창호.

수작, 올해 화제작이다. 30여만 명이 살고 있다는 로스앤젤레스 교포 사회의 현실적 단면이 드라마 속에 용해되어 자연스럽게 부각되었으면 하는 생각이 들지만 이것은 연출상 계산의 문제인가?

시사적 테마 속에 인간 욕망의 치사함과 그 왜소함을 담그면서 남녀 치정의 허무하고 덧없는 맹랑성을 꺼내 보이는 깔끔한 금일적 시네마다.

―탄탄하게 만든 화제의 수작 〈깊고 푸른 밤〉.
「주간조선」 1985.3.24. 정영일 기자

영화 〈깊고 푸른 밤〉이 감각적이라고 했는데, 그의 글도 매우 감각적이다. 이 글에는 아래와 같은 사족이 붙었다. 사족에 언급된 가수는 지금도 현역으로 유명하다.

> ◇사족―며칠 전 여자와 아이 버리고 미국으로 달아나 연예뉴스가 되었던 남자 가수를 생각하면서 보면 더 재미있다.

그의 글은 그저 읽는 것만으로도 즐거워서 마냥 보고 싶어진다. 그래서 하나 더 골라봤다.

> 같은 연애영화라도 프랑스의 그것과 미국제 러브스토리는 다르다. 같은 간통 드라마라도 파리 시네마와 할리우드 필름은 전혀 틀리다. 특히 간통 이야기의 경우, 프랑스의 그것은 딴 나라의 배우나 연출이 따라갈 수 없을 만큼 개성적이다. 그리고 감성이 짙다.
>
> 모두가 심리극이랄 수 있을 만큼 그 음영이 조각적이며, 그 디테일은 깊게, 감각적이다.
>
> 그것은 곧 프랑스 시네마의 개성이며 그리고 특성이다.
>
> 〈이웃집 여인(La Femme D'A Cote)〉.
>
> 바로 프랑스 영화다. 전형 같은 프랑스 연애 시네마다.
>
> 오랜만에 만나는 프랑스 영화―그것이 멋있는 연애 드라마일 때, 기쁨은 크다. 〈이웃집 여인〉. 어른을 즐겁게 해 주는, 지적인, 사랑의 무서운 이야기다.
>
> 고급이다. 그리고 재미있다. 그리고 그것이 프랑소와 트뤼포 감독의 신작(1981년)이라는 점으로 더 반갑고 좋다. 누벨바그로 출발하여 30년. 남자와 여자의 사랑의 기미를 그리면서 그의 작품은 늘 섬세하며 풍부한 감수성이 넘쳐 흐르는, 바로 프랑스인이 만든 프랑스 영화, 그 자체였다. 그리고 지금, 〈이웃집 여인〉도 그렇다.

여러 가지 색깔들, 맑고, 밝고, 가볍고, 어둡고, 가슴 두근거리고, 슬프고, 기쁘고, 불안하고, 그립고, 초조한 색깔들이 때로 침울하게, 가끔 행복하게 스크린을 달린다.

트뤼포. 인간 심리의 색채작가. 그 트뤼포가 등장인물의 그때그때의 심리를 색채로 나타낸다. 연애가 지니는, 전율할 만한 잔혹한 한 단면, 〈이웃집 여인〉은 그 단면 속에 각 관계를 그려 나간다. 옛날 연인이 각각 행복한 결혼생활을 하면서 8년 만에 만난다. 이야기의 설정은 단순하지만 동시에 매우 이상적(異常的)이다. 흔히 있는 이야기 같지만 결코 흔히 있는 이야기가 아니다.

바로 트뤼포의 영화작극술의 뛰어난 점이다. 두 사람은 과거를 버린 지, 잊은 지 오래다—라고 생각하고 있었다. 특히 남자, 베르나르 쿠드레(제라르 드파르듀)는 그랬다. 그러나 서로 이끌려 뜨겁게 몸을 나누었던 남녀가 그렇게 쉽게 상대를 잊을 수 있을까?

"남자란 사랑이 무엇인가를 잘 몰라. 남자란 사랑에선 늘 아마추어야." —

아내에게 배신당한 남편 필립 보사르(앙리 가르상)의 말이지만 바로 이 시점(視點)에야말로, 연애의 무서움, 사랑의 비극이 있는 것이다. 〈부드러운 살결〉, 〈아덴의 사랑의 이야기〉의 무서운 결말도 이것과 같은 원천이다. 남자 쪽은 주저하면서, 머뭇거리면서, '과거'를 생각해 내지만, 한번 불이 붙자 물불 못 가리고, 돌진한다. 그러나 연애의 '프로페셔널'인 여자—마틸드(화니 아르당)—는 사랑의 괴로움, 무서움, 두려움을 익히 알고 있기 때문에 남자처럼 쉽게, 직진할 수는 없다. 여자는 사랑의 종착역이, 그 종점이, 진짜는 어디 있다는 것을 알고 있기 때문이다.

남녀의 사랑이 이토록 무서운 것인가를 '어른' 관객들은 오싹한 느낌으로 납득한다. 트뤼포의 소설 같은 영상, 카메라 같은 단편 문학, 음악 같은 연출.

남편의 변심과 부정(不貞)과 변화를 지켜보는 아내 아를레트(미셸 봄가르트넬)의 슬픔. 그 담담한 묘사. 여자는 역시 사랑의 프로페셔널이다.

목가적인 프랑스의 지방 도시 그레노블을 무대로 펼치는 남자와 여자의 이야기 〈이웃집 여인〉—'어른'을 위한 트뤼포의 사랑의 이야기다. 수작. 일편(逸篇). 히로인 화니 아르당. 나는 홀딱 반했다. 큰 키. 날씬한, 마른 몸매. 높은 정신성과 동시에 발휘되는 강렬한 에로티시즘, 이상한 매력의 여우다.

지극히 정신적이면서 그리고 지극히 육감적인 연애 영화, 〈이웃집 여인〉이 성공한 것은 아르당 때문이다. 진짜다.

◇사족—〈클로스 인카운터-미지와의 조우〉서 그의 연기를 먼저 선보였던 프랑소와 트뤼포는 지금 꼭 60세지만 싱싱한 그의 감각은 샘물 같다.

—사랑의 비극 그린 연애심리영화 수작 〈이웃집 여인〉.
「주간조선」 1983.4.17. 정영일 기자

과장하면, 영화평의 본문보다 사족이 더 인기를 끌었다. 그래서 사족만 회자하기도 했다. 다행히, 정중헌(1994) 전 〈조선일보〉 기자가 『마지막 로맨티스트 정영일』이라는 책을 편찬하여 그의 영화평과 사족을 한번에 볼 수 있다. 사족만 몇 개를 발췌해 보았다.

—〈바보선언〉: 딴 부분은 모르겠으나 어째서 이 영화가 대종상 편집상을 못 탔는지 알 수 없는 노릇이다. 아아…. (「주간조선」 1984.3.25.) (정중헌, 1994, 115쪽)
—〈포세이돈 어드벤처〉: "하나님께 도움을 주십사고 하지는 않겠습니다. 그러나 방해만은 말아 주십시오…." 뜨거운 증기 파이프에 매달려 신을 향해 절규하는 J. 해크만 목사, 가슴을 친다. (「주간조선」 1976.10.10.) (정중헌, 1994, 23쪽)
—〈위대한 개츠비〉: 속물의 화려한 이야기. (「주간조선」 1977.2.20.) (정중헌, 1994, 29쪽)

그의 사족은 촌철살인이다. 당시의 영화 검열을 비판한 사족도 있다.

> ─〈속 대부〉: 남우조연상을 받은 비토 코르네오 역의 로버트 드니로의 회상 장면을 비롯해 몇 군데가 가위질당했기 때문에 관객 중에는 설명 부족을 느끼는 이도 있다. 영화평자가 강조하고 또 강조하고 싶은 것은 F. F. 코폴라 감독에게 2시간 58분은 예술가의 생명을 걸고 절대로 지켜야 할 '러닝타임'이었다는 것이다. (「주간조선」 1978.5.21.) (정중헌, 1994, 71쪽)

정영일의 영화평은 호평보다 악평이 더 유명했다. 특히 사족은 냉정하고 가차없었다. 『마지막 로맨티스트 정영일』의 맨 뒤에는 '사족 모음'이 따로 편집되어 있는데, 거기서 몇 개를 뽑아보았다.

> ─〈속 O양의 아파트〉: 관객은 제아무리 강요해도 울고 싶지 않으면 안 우는 반면, 스스로 울고 싶으면 언제고 눈물을 흘리는 '냉정한 동물'이라는 것을 알아주기 바란다. (「주간조선」 1979.6.3.)
> ─〈하노버 스트리트〉: 봐도 그만 안 봐도 그만의, 킬링타임용 필름. (「주간조선」 1980.1.20.)
> ─〈스잔〉: 로빈 스프라이인가 한 감독 씨, 8mm쯤으로 공부 좀 더 하시길…. (「주간조선」 1984.11.27.)
> ─〈다크 나이트〉 외화 수입 쿼터와 달러가 아깝습니다. 아아…. (「주간조선」 1984.7.29.)
> ─〈사대 소림사〉 시작도 없고 중간도 없고 끝도 없는 〈사대 소림사〉… 아아! (「주간조선」 1984.9.16.)

정영일의 혹평 기사 하나를 살펴본다. 아래 기사에 소개된 영화의 라인업은 감독 신상옥, 주연 신성일, 조연 김지미, OST 작곡 길옥윤, 가수 패티김이다. 이 5명의 이력은 여기에 다 담을 수 없을 정도로 방대하다. 그저 당시 최고의 감독, 최고의 남녀 배우, 최고의 작곡가, 최고의 가수로 이루어진 드림팀이라고 보면 된다. 당대뿐 아니라 현재까지의 영화감독, 남녀 배우, 작곡가, 가수로 따져도 이들을 능가할 사람은 거의 없다. 그 5명이 1973년에 내놓았던 영화가 〈이별〉이다. 정영일은 〈이별〉을 이렇게 평했다.

> 먼저, 요새 상식으로는 가히 초선풍적 인기 속에 히트 흥행을 계속한 신상옥 감독의 〈이별〉부터 이야기하자.
> 　내가 구경한 것은 비가 오락가락하는 어느 목요일 오후였는데 극장 안은 여성 관객―대부분이었다―들로 준만원이었다.
> 　매우 심한 불황으로 영화계가 당하고 겪고 있는 형편, 현실을 생각할 때 이러한 성황은 우선 기쁨을 주는 일이었으나 영화가 시작되면서 그러한 기쁨은 실망으로 이어져 갔다. 내용이 신통치 않은데도 손님이 모인다는 것은 긴 안목으로의 영화 부활과 별 상관없는 것이었기 때문이다. 서론이 길어졌는데 영화 이야기로 들어가자.
> 　길옥윤 작사 작곡의 노래, "어쩌다 생각이 나겠지/냉정한 사람이지만/그렇게 사랑했던 기억을 잊을 수는 없을 거야/때로는 생각이 나겠지/둥근달을 쳐다보며는/그날 밤 그 언약을 생각하면서 지난날을 후회할 거야…"의 난센스 가사―유치원 어린아이들도 이 정도의 맹랑하고 앞뒤가 엉성한 단세포적 글은 안 쓴다―가 패티김의 목소리로 흘러나오면 스크린엔 파리가 비치기 시작한다.
> 　망원렌즈로 스케치하듯 필름에 담은 파리의 거리가 계속 비쳐진다.
> 　이건 뭔가? 파리의 가두(街頭) 스케치 영화인가? 하고 느낄 즈음, 이 영화의 히로인 김지미가 서양 사람들 사이에 나타난다. 이 사람 저 사람을 붙잡고 길을 묻는다.
> 　무슨 이야기가 시작될 것인가? 관객은 기대하지만 스크린은 계속, 파리만 비친다.
> 　잔등이 크게 파진, 아니 잔등이 가리워지지 않은, 이른바 뉴 모드? 비슷한

'요상한' 옷을 입고 오수미가 나타나도 드라마는 여전히 시작되지 않는다.

한국의 여배우가 백림(伯林)[6] 영화제에 참석했다가 파리에 들러 주불 한국 공보관의 여직원 오수미—무슨 일을 하고 있는지 모르겠는데 노상 나와 다니기만 해도 '모가지'가 안 되는 걸 보면 좋은 일자리인 모양이다—와 만나 이야기를 몇 마디 나누는 것만으로 영화 첫머리의 2-30분은 날아간다.

말하자면 전반, 그러니까 중반으로 접어들기 전의 '극영화 이별'엔 드라마가 없는 것이다. 드라마가 없는 대신 관광엽서가 등장한다.

왕년에 한두 번 불란서 영화 안 본 사람이 있는지, "저게 유명한 개선문"이니 "바로 이것이 에펠탑(塔)"이니 "노틀담 사원은 여기"니 하는 식의 그림 소개가 지루하도록 계속되는데 이런 서투른 파리 스케치 영화를 보려거든 〈파리는 안개에 젖어〉나 〈파리의 정사〉나 〈파리는 불타고 있는가?〉가 차라리 낫지 않겠는가 하고 느낄 무렵, 겨우 '이야기'가 시작된다.

음악을 한다는 신성일은 여배우 김지미의 남편이었으나 아내의 실수(영화에선 그것이 무엇이었는지 설명 안 한다)로 이혼 끝에 파리로 왔고 그곳에서 무역상의 딸 오수미를 알게 되어 약혼했으나 어느 날 김지미가 나타나 둘이 다시 옛 정을 되찾는 듯싶었지만 오수미가 교통사고로 입원하자 신성일은 어리고 싱싱한 약혼자에게 되돌아가고 김지미는 쓸쓸히….

하기야 이야기가 그렇게 되지 않는다면 둥근달을 쳐다보며 그날 밤 그 언약을 후회할 수도 없게 되고 패티김의 노래도 써먹을 수가 없을 테니까 작극술(作劇術)의 당연한 이치라고 하겠지만, 그러나 이 영화 재장(才匠), 거장 소릴 듣던 그리고 또 듣고 있는 신상옥 감독 솜씨치고는 몹시 서운한 작품이라고 하지 않을 수 없다.

뭇슈를 무시 또는 무스로, 빠르돈을 바르돈으로 어설프게 말하는 따위는 덮어 두더라도 '파리에서 시작되어 파리에서 끝났다'는 이 영화, 도시 드라마로

---

6) 베를린의 음역어(音譯語).

서의 무게나 두께가 거의 없다. 경박한 싸구려 관광엽서적 센티멘탈 멜로드라마인 것이다.

여태까지 신상옥의 작품, 하면 일종의 기대를 가질 수 있었고 또 거기에는 인생과 생활과 사람의 체온 같은 것이 곁들여 있어 관객을 납득케 할 수 있었던 것인데 여기, '이별'서는 그렇지가 않다.

우선 생활이 없다.

아무리 등장 주인공들이 떠돌이 여행자고, 무대가 남의 나라 땅이라 치더라도 이것은 너무하다.

물 위에 뜬 기름 같은 주인공들인데 멜로드라마라도, 스스로나 남을 납득시킬 만한 생활이 있어야 하는데 그렇지가 못하다.

그저 자동차 타고 돌아다니다 술 마시고 호텔 방바닥에서, 하숙집 침대에서 '섹스'를 한다.

'괴로움'을 연기하지만 어디까지나 그것은 인형의 연기지 공감을 줄 만한 사람의 고뇌는 아니다.

도저히 용서할 수 없다고 추상같이 버티던 신성일이 김지미의 육탄 공세에 어이없이 넘어가 버리는 호텔 장면을 보자.

신성일이가 호락호락 '욕정(欲情)하여' 카페트 위서 전 남편과 전 아내가 몸을 나눈다. 약혼자가 있는데, 저럴 수가 있느냐는, 군자적(君子的) 모럴을 따지자는 게 아니고 일이 이쯤 벌어졌을 때 남자(수컷)와 여자(암컷)가 어쩔 수 없이 저렇게 되고 마는구나! 하는, 세상살이의 슬픔 같은 것이 영화 장면에 배어 있지 않다는 것이다.

생각하고, 느끼고, 피를 가진 '산 사람'의 드라마가 못 된다는 이야기다.

하얀 넓적다리 허벅지와 겨드랑이를 보이면서 카페트에 누워 사나이 두 다리에 자기 다리를 칭칭 감고 얽히면서 두 발로 애타는 듯? 기묘한(몸부림 아닌) 발부림을 치는 것, 러브신이나 정사 장면의 묘사치고는 어지간히 세련미 없는 동작인데 관객은 웃는다. 숨을 죽이기커녕….

흔히 서양 영화서 아침 햇살 속 침대 위 남녀 주인공 중의 하나가 먼저 눈을 뜨고 흰 시트에 몸을 감고 일어나는 대목이 등장하지만 여기 〈이별〉서도 그와 비슷한 장면이 있다.

그러나 그 장면은 그저 그뿐일 뿐 아니라 '외국 영화 흉내 같군' 하는 인상밖에 주는 것이 없으니 〈이별〉의 연출이 꽤 바쁘게, 그리고 설친 상태로 진행되었다는 걸 느끼게 된다.

전반적으로 시나리오의 엉성함과 촌스러움이 시종(始終) 뒤따르는 〈이별〉이지만 그중의 하나는 이렇다.

오수미 아버지가 운동해서 런던필하모니 오케스트라 오디션에 신성일을 패스시켜 그 악단, 단 하나의 동양 사람 플레이어로 활약하게 해 준다는 대목이 나온다. 그러나 신성일은 이를 마다하고 작곡에 전념하는데 그 작품은 바로 "어쩌다 생각이 난다"는 '이별'이다.

뭐 길옥윤의 '이별'을 음악적으로 무시할 생각은 없지만 '이별'의 작곡자가 런던필하모니에 간다면 무슨 파트의 악기를 맡을 것인가? 하고 나는 한참 생각했다. 바로 여기 시나리오의 얼렁뚱땅식 안이함이 있는 것이다.

이야기를 꾸미더라도 그럴싸해야지 앞뒤 생각도 없이 마구 플로트를 세워서는 관객의 쓴웃음 사는 게 고작이다.

런던필하모니는 또 뭔가? 또 하나. 이것은 신상옥 감독의 연출도 문제가 되는 대목이다.

신성일이 오수미와 약혼했다는 걸 안 김지미가 "난 물러나 한국으로 돌아가겠으니 당신은 그 처녀와 행복을 누리라"고 전 남편에게 말하자 수염 단 신성일은 별안간 김지미의 뺨을 때린다. 얼굴을 감싸고 흐느끼며 주저앉는 히로인—깊어 가는 파리의 밤거리—그래 때리면 어쩌자는 것인가?

이 얼마나 한국 영화적인 필요악인가? 나는 장탄식을 금할 수 없었다.

걸핏하면 여자 따귀를 후려치는 우리 영화의 타성이 '파리서 시작되어 파리서 끝나는', 대감독 신상옥 작품에도 나타난 것이다.

이 대목에서 여자를 때려야 하는 연출상의 필연은 무엇일까? 이해가 안 가는 연출이다. 끝으로 한 가지 더.

자동차 사고로 다치고 입원한 오수미 병상에 달려간 신성일. 그는 서울행 비행기를 같이 타자고 공항서 기다리는 김지미를 내버려 둔 채 다시 오수미 손가락에 약혼반지를 끼워 준다.

극장 안을 메우는 실소(失笑).

제아무리 센티멘탈 멜로드라마라고 하지만 나사못이 조여져야 할 대목은 제대로, 어른이 납득할 만한 처리로, 그려져야 하지 않을까?

〈이별〉은 그런 뜻에서 히트 대중가요에 업힌 IQ 낮은 관광엽서적 멜로드라마 이상의 영화는 될 수가 없었던 것이다.

―신상옥의 〈이별〉과 F. 포드 코폴라의 〈대부〉를 보고.
「월간 영화」 1973.10. 정영일 기자

위의 영화평에 별도의 해제는 필요 없을 것 같다. 그 정도로 평가가 분명하고, 또 가혹하다. 나는 이 기사의 존재를 김영희와 박용규(2011)의 『한국 현대 언론인 열전』 중 '정영일' 편에서 알게 됐다. 두 저자는 신상옥 감독이 위 기사를 보고 격분하여 잡지 발행처인 영화진흥공사 사장에게 항의하고 정영일에게 더는 원고를 청탁하지 말라고 요구했다는 필화를 언급했다. 저자들은 위 기사가 「월간 영화」 1973년 3월호[7]에 났다고 하면서도 기사 본문은 전혀 소개하지 않았다. 나는 기사를 보려고 온갖 도서관에서 「월간 영화」라는 잡지를 뒤졌는데, 보관한 곳이 없었다. 영화진흥공사의 후신인 영화진흥위원회에 물어보니 잡지 이름은 알 것 같은데, 잡지는 보관하고 있지 않다고 하면서 한국영상자료원에 물어보라고 조언해 주었다. 결국, 한국영상자료원의 수집카탈로깅팀 황민진 씨가 서고에서 잡지를 찾아서 해당 부분의 사진을 찍어 내게 보내 주었

---

7) 3월호는 오기이며 10월호에 게재됐다.

다. <이별> 영화평은 그렇게 이 책에서 빛을 보게 되었다.

정영일(1928-1988)은 월간 「스크린」 기자를 거쳐 영화 조감독을 하다가 1958년 <조선일보>에 글을 쓰기 시작했다. 1960년 <조선일보>에 입사하여 1987년 9월 정년퇴임 때까지 <조선일보> 한 신문에서만 27년간 일했다(조선일보사 사료연구실, 2004b). 그는 '오직 영화에 미친 사람'이며 '30년 가까이 언론에 몸담았지만 한 번도 영화를 떠나 본 적이 없는 영화인'이었다(정중헌, 1994, 350쪽).

많은 사람은 1970-1980년대 KBS '명화극장'의 해설자로 그를 기억한다. 그가 펜을 쥔 손으로 마이크를 들었던 시절의 이야기다. 매주 일요일 밤에 방영하는 '명화극장'의 예고방송을 토요일에 했는데, 텔레비전 오른쪽 아래 귀퉁이의 작은 동그란 화면에 검은색 뿔테 안경을 낀 정영일 기자가 등장하여 영화평을 했다. 그가 영화 소개 마지막에 '놓치면 안 될 영화', '놓치면 후회할 영화', '꼭 보셔야 할 영화'라고 하면, 사람들은 그것을 좋은 영화로 받아들였으며 그냥 "이번 주 명화극장은 ○○○입니다"라고 짧게 마무리하면 신통찮은 영화로 이해했다. 소설가 최인호는 예고편 방송에서 정영일이 웃으면 영화를 보았고, 표정이 굳어 있으면 보지 않았다고 한다(정중헌, 1994). 사람들은 정영일의 영화비평을 통해 '누군가가 어떤 대상을 평가한다'는 사실을 처음 알게 됐다. 정영일은 처음으로 영화에 평점별을 매긴 사람이다(대한언론인회, 1993b).

정영일은 좋은 비평이란 누구의 스타일도 모방하지 않은 채 독창성과 신선미가 넘쳐야 함을 보여 주었다. 그의 글은 요즘의 어떠한 필자와 비교해도 독특하다. 영화감독 유현목은 정영일을 "자신의 개성을 한껏 담은 날카로운 평문으로 팬들의 관심을 끌어 모은 스타일리스트"라고 했다(정중헌, 1994, 350쪽). 그의 사족은 번뜩이는 위트와 촌철살인의 촌평을 담은 영화 사전이었다.

정영일은 영화비평의 맹아기를 개척한 선구자이지만, 그렇기에 그의 영화평에는 한계가 있을 수밖에 없다. 그의 비평이 체계적이지 않고 이론적으로도 미흡하다거나 신작 소개나 쓰는 게 영화 기자의 임무는 아니라는 영화 전문가들의 지적이 있었다(김영희·박용규, 2011). 그렇더라도 "전문기자가 드문 [당시의] 우리 언론 현실에서 정영일은 매우 독특한 존재다. 기자 생활의 거의 대부분을 한 분야에서만 활동한 거의 최초의 인물이기 때문이다"(김영희·박용규, 2011, 330쪽).

요즘 영화 담당 기자에게 위와 같은 돌직구 비평 기사를 기대하기는 어렵다. 연예기획사의 전방위적인 압박이 예상되기 때문이기도 하지만, 그보다 더 신경 쓰이는 것은 배우와 감독의 팬덤이다. 요즘엔 정치권력보다 문화권력이 더 무섭다. 최영재와 홍성구(2004)는 언론의 공정성 개념을 정의론에 기반하여 재정의하면서 옳은 것을 옳다고 하고 그른 것을 그르다고 하는 게 공정 보도라고 했다. 요즘의 어떤 기자도 하지 못하는 공정 보도를 정영일은 수십 년 전에 이미 했다.

"나의 기자 인생 제일의 모토는 '보통사람의 눈으로 사물을 보는 것'이었다. '보통사람'이란 나라를 이루고 있는 대부분의 '사람'이고, '보통사람'이란 이치를 크게 벗어나지 않으며 건강한 상식적 감각을 지닌 '소리 없는 다수(多數)'이기 때문이다." 그가 정년퇴임을 맞아 〈조선일보〉에 쓴 글이다(정영일, 1987).

제3부
묘사와 서사

1. 관찰과 묘사

1) 묘사의 정의

한국인의 글쓰기에서 가장 취약한 부분은 묘사다. 기자도 묘사를 잘 못한다. 주된 원인은 학교에서 묘사를 배우지 않았고, 직업적으로도 훈련받지 않았기 때문이다. 영미권의 교육은 일단 학생들에게 무언가를 쓰게 한다. 보통은 에세이이지만, 수준을 높여서 묘사를 요구하기도 한다. 한 예가 J. D. 샐린저의 『호밀밭의 파수꾼』에서 주인공 홀든 콜필드가 친구에게 숙제를 대신해 달라고 부탁하는 장면에 나온다. 방이나 집 등 무엇이든지 묘사하되 엄청나게 길게 묘사하는 것이 숙제의 내용이다(Salinger, 1951/2001, 44-45쪽). 이 소설은 제롬 데이비드 샐린저가 32세 때인 1951년에 출간됐으며 책의 시대적 배경이 그의 고등학생 시절임을 고려하면, 미국은 1930년대에 이미 학교에서 묘사를 중시했다고 볼 수 있다. 아마, 훨씬 전에도 그랬을 것이다. 우리는 초중고 때는 물론이고 대학에서도 묘사라는 단어조차 잘 쓰지 않는다. 기자에게도 묘사는 생소하기 이를 데 없다. 신문사 편집국의 누구도 그 단어를 사용하지 않는다. 아주 간혹 에디터가 기사에 '스케치'[1]를 넣으라고 지시할 때가 있을 뿐이다.

묘사의 뜻은 '그리고(描, 묘) 베낀다(寫, 사)'이다. 대상을 본 그대로 글로 적으라는 뜻이다. 대상을 추상화하거나 일반화하지 않아야 한다는 점이 요지다. 앞의 '물증을 찾아라' 챕터에서 기사 문장에는 설명문, 인용문, 묘사문이 있다고 했는데,[2] 이 셋을 비교해 보면 묘사를 잘 이해할 수 있다.

> 4시간 후 서울 중림동 '산동네'.(①) 미화원 송철호(41) 씨와 함께 약 110cm 높이의 회색 음식물쓰레기 수거통을 밀고 좁은 골목길을 오른다.(②) 철제 공동대문들 앞에는 22ℓ 크기에 뚜껑만 주황색인 파란색 음식물쓰레기 함이 하나씩 놓여 있다.(③)
> 400m 정도 올라가 송 씨와 함께 쓰레기를 수거통에 담아 하산하기 시작한다.(④) 생선뼈, 과일껍질, 먹다 남은 밥, 식빵 썩은 것 등.(⑤) 이어 한 50대 주부가 수거통을 열어 음식쓰레기를 직접 담아 준다.(⑥) "저런 고마운 분들도 있어요."(⑦) 10집 중 9집은 음식물과 일반 쓰레기를 분리해 내어 둔다.(⑧) 그러나 닭뼈를 담은 알루미늄 포일을 넣은 음식물쓰레기 봉투가 보였다.(⑨) 미화원 송철호(41) 씨는 "음식물쓰레기는 바로 농장으로 보내져서 돼지가 먹는데 포일이 있으면 되겠느냐. 심지어 죽은 애완동물, 깨진 유리, 형광등도 나온다"고 했다.(⑩) (중략)
>
> ―쓰레기 분리수거 '극과 극' 주부 90% 동참… 시청·사무빌딩은 엉망.
> 〈조선일보〉 2005.4.11. 손진석 기자

---

[1] 한국 언론계에 통용되는 스케치(sketch)가 묘사다. 그러나 스케치는 기사의 필수 요소라기보다 구색 맞추기용으로 하는 경우가 많다.
[2] 박성호(2017)는 기사 문장을 더 세분하여 직접 인용문, 간접 인용문, 행태 보고 문장, 정보 전달 문장, 묘사 문장, 해설 문장, 평가 문장, 질문 문장, 기타 문장으로 나누었다.

앞의 기사에서 ②, ③, ④, ⑤, ⑥, ⑨번 문장이 묘사문이다. 사람이든 사물이든 대상의 상태나 동작을 그대로 옮겨 적은 문장들이다. 설명문은 ①번과 ⑧번처럼 무언가를 요약하거나 정리한 문장이다. ⑧번은 가장 전형적인 설명문인데, 각 가정의 쓰레기 배출 실태를 하나하나 적는 대신 그런 정보를 종합하여 한 문장으로 요약했다. 나머지 문장인 ⑦번과 ⑩번은 인용문이다. 이 문장들에는 큰따옴표가 붙었으므로 묘사문이나 설명문과 뚜렷하게 구별된다. 큰따옴표가 있으면 직접 인용문이고, 없으면 간접 인용문이다. 간접 인용문도 누군가에게서 들은 말을 전하는 양식이므로 묘사문이나 설명문과 쉽게 구별할 수 있다.

2) 설명 대 묘사

위의 3가지 유형 중에서 설명문과 묘사문을 혼동하기가 쉬우므로 이 둘의 차이를 더 알아본다. 한마디로, 설명은 '말해 주기'이며 묘사는 '보여 주기'다(Rozelle, 2005/2011, 113쪽). 영미권의 저널리즘 글쓰기 교과서에 빠짐없이 등장하는 금언은 'Show, don't tell!'이다(Ellis, 2009/2016, 35쪽). '말하지 말고 보여 주라' 또는 '설명하지 말고 묘사하라'는 뜻이다. 예를 들어, 예쁘다는 표현을 쓰지 않고서도 어떤 사람의 아름다움을 느낄 수 있도록 글을 썼다면, 그것이 묘사문이다. 묘사는 소설가의 전매특허다. 아래는 한 예다.

> ① 그는 어벙했다.
> ② 그 집에 삼룡(三龍)이라는 벙어리 하인 하나 있으니, 키가 본시 크지 못하여 땅딸보로 되었고 고개가 빼지 못하여 몸뚱이에 대강이를 갖다가 붙인 것 같다. 거기다가 얼굴이 몹시 얽고 입이 크다. 머리는 전에 새꼬랑지 같은 것을 주인의 명령으로 깎기는 깎았으나 불밤송이 모양으로 언제든지 푸 하고 일어섰다. 그래 걸어 다니는 것을 보면, 음두꺼비가 서서 다니는 것같이 숨차 보이고 더디어 보인다. 동네 사람들이 부르기를 삼룡이라고 부르는 법이 없고 언제든지 '벙어

리', '벙어리'라고 하든지, 그렇지 않으면 '엥모', '엥모' 한다. 그렇지만 삼룡이는 그 소리를 알지 못한다. (나도향, 『벙어리 삼룡이』에서)(장하늘, 2009, 217쪽에서 재인용)

①은 어벙한 사람을 간명하게 요약 정리한 설명문이다. ②는 소설가 나도향이 그런 사람을 묘사한 문장들이다. 설명은 필자가 인물에 대한 경험이나 정보를 바탕으로 그를 어벙하다고 개념화한다. 이에 비해, 묘사는 어벙하다는 개념화를 독자에게 맡긴다. 필자는 대상을 관찰한 바를 그대로 독자에게 전해 줌으로써 독자가 그것을 개념화하는 데 필요한 증거를 제공한다. 대개 설명문은 짧고 묘사문은 길다.

3) 오감 묘사

묘사는 본 것에 국한하지 않는다. 대상의 소리, 냄새, 감촉도 눈앞에 있는 것처럼 그려 낼 수 있다. 묘사에 시각·청각·후각·미각·촉각의 5가지 감각을 활용하면 더 좋다. 오감 묘사의 대표 사례인 다음 기사는 일제강점기 평안북도의 한 마을 사람들이 일본 경찰에 의해 참화를 당한 모습을 그렸다. 1924년 8월 7일, 독립단원들이 평북 위원군 화창면 주재소를 습격하려다가 중지하고 약 25명이 신흥동으로 올라와 주민들의 도움으로 밥을 지어 먹고 돌아갔는데, 이를 알게 된 일본 경찰 40여 명이 마을 사람들을 고문하여 자백을 받은 다음, 민가 6호를 불태우고 가족 18명을 학살했다. 조선인이 경영하는 신문사와 잡지사 단체는 진상 조사와 보도를 위해 이석 〈조선일보〉 기자를 풀 기자[3]로 선정하여 현지에 급파했다. 다음이 이석 기자가 쓴 기사의 일부분이다. 다음 기사의

---

3) 여러 기자를 대표하여 취재를 맡은 한두 명의 기자. 아래 각주 8번에서 설명하듯이 당시 조선인 언론인 단체인 '무명회'에서 풀 기자를 정했다.

앞부분에 신흥동에 대한 공간 묘사가 나오고, 이어서 시각, 후각, 청각을 동원한 묘사 문장들이 즐비하다.

내가 전기 사건의 실지를 조사하기 위하여 독립단의 천지요 거리거리에 무장 경관이 늘어 있는 강계지방을 거치고 또 백여 리나 되는 태산준령을 도보로 넘어서 신흥동에 도착하기는 지나간 16일 오후 6시였다. 그곳은 전후좌우가 모두 첩첩산중으로 해가 더디 오르고 쉬이 넘어가는 심산궁곡인데 울창한 숲속에서 딱지 같은 집을 세우고 백척간두와 같은 산비탈의 손바닥만 한 화전 때기로 생명을 삼는 극히 빈한한 사람들이 영성하게[4] 모여 사는 산간벽촌이었다. 저물어 가는 해를 근심하면서 풀밭을 헤쳐서 타고 남은 자리를 찾아 들어가니 주인을 잃은 닭 한 떼가 나의 그림자도 미처 보기 전에 사람이라면 진저리가 나는 듯이 숲속으로 달아나서 숨는다. 이것이 피해자 중에도 사람이 가장 많이 타 죽은 김응채의 집이라는데 일조에 초토로 화한 집터에는 산산이 깨어지고 불에 그을린 도깨그릇[5]의 조각이 어지럽게 널려 있을 뿐이다. 그 처참한 광경에 정신을 차릴 수 없던 나는 다시금 장내를 살펴볼 때에 사나운 불에 여지없이 타고 남은 사람의 뼈마디가 아직도 재 속에 섞이어 있는 것을 발견하였다. 이와 같은 참상을 보고는 자연히 살점이 떨리고 눈물이 흘러서 앞길을 분변할 수 없는 가운데 그다음에는 역시 눈으로 차마 볼 수 없는 전명길의 집터를 지나서 최웅규의 집에 이르니 역시 기둥 1개 남지 아니하고 전부 타버린바 이 터에 남아 있는 6축의 시체의 썩은 냄새가 쓸쓸한 가을바람에 코를 찌른다. 그다음 송지항의 집은 더욱 참멸을 당하여 심지어 문밖에 있던 변소까지 전소되고 뜰 앞에 홀로 만발한 국화 나무 밑에서 울리어 나오는 귀뚜라미 소리도 귀신의 우는 소리와 같이 들린다. 그다음 김창성, 이창섭의 집도 오직 사람의 피가 불

---

[4] 수효가 적어서 보잘 것 없이.
[5] 독, 항아리, 바탱이 따위의 그릇을 통틀어 이르는 말. 독그릇.

가운데 말라붙은 폐허이다. 무서운 기운이 전신에 음습하고 가슴만 울렁거리는 나는 황혼에 가리어 있는 하늘을 쳐다보고 "아, 하나님" 할 뿐이었다. 비절참절[6] 이루 형언할 수 없는 현장에서 정신없이 헤매던 나는 돌연히 멀리서 은은히 들리어 오는 총소리에 더욱 무서운 생각이 들어서 부근 인가를 찾아 들어갔다. (중략)

—朝不慮夕(조불려석)[7]하는 국경 주민의 생명.
鬼哭聲(귀곡성) 啾啾(추추)한 焦土(초토)의 폐허에.
〈조선일보〉 1924.9.27. 무명회[8] 특파원 〈조선일보〉 이석 기자

4) 묘사의 달인

묘사의 달인이라 할 만한 사람의 글을 하나 소개한다.

> 대저 낙타는 하나같이 크기가 일정하고 모두 엷은 흰색에 약간 누런색을 띠었다. 털은 짧고, 머리는 말처럼 생겼는데 작으며, 눈은 양과 같고 꼬리는 소와 같다. 가려고 할 때는 반드시 목을 움츠렸다가 목을 드는데, 그 모습이 마치 나는 백로와 같다. 무릎은 두 마디이고 발굽은 양 갈래이다. 걸음걸이는 학처럼 발을 떼고, 거위와 같은 소리를 지른다. (박지원, 1932/2009b, 126쪽)

---

6) 悲絶慘絶. 더할 수 없이 비참함.
7) 형세가 절박하여 아침에 저녁 일을 헤아리지 못한다는 뜻으로, 당장을 걱정할 뿐이고 앞일을 생각할 겨를이 없음을 이르는 말.
8) 무명회는 일제의 언론 탄압에 대항하기 위해 조선인 언론인 48명이 1921년 11월 27일 만든 언론단체다. 〈동아일보〉, 〈매일신보〉, 〈시사신문〉, 〈조선일보〉, 「개벽」, 「아성」, 「서광」, 「신천지」 등의 신문사와 잡지사가 대거 참여했으며 '언론자유의 신장과 회원의 권익 옹호'를 주창했다. 회원 자격은 조선인 기자 및 발행인과 편집인이며 격월로 회의를 했다(정진석, 1990, 483-484쪽).

1780년 8월 17일, 연암 박지원(1737-1805)은 조선사절단으로 청나라에 들어가 생애 처음 낙타를 보고 『열하일기』[9]에 위와 같이 적었다. 한국인이 낙타를 표현한 글로는 이것이 최초이며 최고일 것이다. 연암의 묘사력이 범상치 않음은 『열하일기』 곳곳에서 발견된다. 아래는 또 다른 예다.

> 7월 1일 정축일
> 　　(전략) 그때 벽 사이로 부인의 말소리가 들려왔다. 간드러지고 애교 있는 소리가 제비와 꾀꼬리가 우는 것 같아 주인집 아낙이 필시 절세가인이라는 생각이 들었다. 나는 일부러 담뱃대에 불붙이러 간다고 핑계를 대고 부엌에 들어가니, 나이 오십 이상 되어 보이는 한 부인이 창 앞의 걸상에 앉았는데, 얼굴이 아주 험상궂고 못생겼다.
> 　　나를 보고는,
> 　　"아주버님, 복 많이 받으세요."
> 　　하기에 나도,
> 　　"덕분에요. 주인께서도 홍복을 누리세요."
> 　　라고 대답했다.
> 　　나는 일부러 오랫동안 재를 뒤적거리면서 부인을 곁눈으로 흘깃흘깃 훔쳐보았다.
> 　　묶은 머리에는 온통 꽃을 꽂았고, 금팔찌와 옥귀걸이에 붉은 분까지 얇게 발

---

9) 『열하일기』는 연암 박지원이 1780년 청나라 건륭제의 70세 생일을 축하하는 사절로 북경과 함께 당시에 아무도 가 보지 않은 열하 지방을 체험하고 쓴 여행기다. 박지원은 1780년 10월 말 귀국하여 즉시 집필에 전념했고 3년 만에 『열하일기』를 완성했다. 하지만, 『열하일기』는 박지원의 생전에 출간되지 못하고 100년 이상 필사본으로 전하다가 1911년 조선광문회가 편찬한 『연암외집 열하일기 全』으로 최초로 활자화되었다. 이후 1932년에 대동인쇄소에서 17권 6책으로 된 『연암집』을 발간함으로써 한문본 『열하일기』가 널리 보급되었다. 여기에 한글로 인용된 부분은 김혈조 전 영남대 교수가 1932년판 『열하일기』를 한글로 번역한 『열하일기』에서 발췌한 것이다.

랐다. 몸에는 흑색의 긴 옷을 걸쳤는데 옷에는 은단추를 빼곡하게 달았고, 발에는 화초와 벌과 나비를 수놓은 신발을 신었다. 대개 만주 여성은 발을 작게 하기 위해 피륙으로 발을 감지도 않고, 전족을 하는 가죽신을 신지도 않는다.(①)

주렴 속에서 한 처녀가 나오는데 나이나 얼굴 생김이 스무 살 이상쯤 되어 보였다. 가운데를 갈라서 위로 틀어 올린 묶은 머리 모양을 보아 처녀로 짐작된다. 생김새가 역시 우악스럽고 사나워 보이지만 살결은 희고 깨끗하다. 쇠로 된 냄비를 가지고 나와 녹색 자배기를 기울여 수수밥을 한가득 퍼 담고, 물 한 주발을 가득 담아 냄비에 말아서는, 서쪽 벽 아래에 있는 접이의자에 앉아 젓가락으로 밥을 들이마시듯 부어 넣는다. 한편으론 길쭉한 잎이 달린 파뿌리를 장에 찍어서 밥과 번갈아 먹는데, 목덜미에는 계란만 한 큰 혹이 달려 있다. 밥을 먹고 차를 마시는데 조금도 수줍어하는 기색이 없다. 대개 여러 해 동안 우리나라 사람을 보아 와서, 대수롭지 않기도 하고 친숙하기 때문일 것이다.(②) (박지원, 1932/2009a, 95-97쪽)

위에 발췌된 부분은 모두 묘사문이다. 앞쪽에 대화 한 대목을 넣은 덕에 생동감이 더 커졌다. ①번 문단과 ②번 문단은 여인의 자태와 밥 먹는 모습을 그림으로 나타낼 수 있을 정도로 시각화가 잘됐다.

나는 강석훈(2022) KBS부산총국장의 저서 『조선의 대기자, 연암』을 통해 박지원의 묘사력을 알게 됐다. 강 국장은 중국 베이징특파원으로 일할 때, 연암의 중국 기행이 떠올라서 『열하일기』를 읽다가 그가 한국 최초의 기자임을 확신했다. 취재와 보도라는 관점에서 『열하일기』를 다시 읽어 보면, 강 국장의 주장에 동의하고도 남는다. 연암은 자기가 보고 들은 바를 상상을 초월할 정도로 꼼꼼하게 기록하고 정밀하게 묘사했다. 강 국장은 『열하일기』를 읽으면서 박지원의 취재력과 사실 중심의 글쓰기에 탄복하여 그를 한국 최초의 '진정한 대기자'로 숭상하게 됐다고 했다. "[박지원은] 자신을 삼류 선비로 규정하고 '해야 할 말을 하고 써야 할 글을 쓰는' 자세와 정신을 천명하기도 했다. 오늘

날 언론계가 추구하는 기자 정신 바로 그 자체다. 『열하일기』에는 연암의 기자 정신뿐 아니라 현장의 냄새를 맡는 기자적 본능과 좌충우돌하며 발로 뛰는 기자로서의 자취, '취재 보도에 피아가 없다'는 중립적인 관찰자의 자세, 그림자와 메아리를 얻는 취재 기법 등 오늘날에도 본받고 배워야 할 기자상이 보물처럼 간직되어 있다"(강석훈, 2022, 6-7쪽). 박지원도 그런 자기의 면모를 숨기려 하지 않았는데, 강 국장은 박지원이 1780년 8월 1일 북경에 도착한 날 기록한 한문 원본에서 스스로 사실상 자신을 기자(記者)로 지칭했다고 분석했다(강석훈, 2022, 15-16쪽).

5) 실시간 목격

묘사의 기본 전제는 현장의 실시간 목격이다. 기자가 현장의 장면을 직접 관찰해야 생생한 묘사문을 쓸 수 있다. 옛 기사에서 모범 사례를 몇 개 살펴본다. 1910년 경술국치 이후 한국인들은 정치적 망명이나 경제적 궁핍을 이유로 해외로 이주했으며 1931년 만주사변, 1937년 중일전쟁, 1938년 국가 총동원령 때에는 일제에 의해 강제로 전쟁에 동원되거나 만주 등지로 이주했다. 이렇게 해외에 살게 된 한국인은 약 500만 명이나 됐으며 250만 명이 해방과 함께 인천과 부산 등지로 귀환했다. 이들을 '전재동포'[10]라 불렀다. 아래 기사는 부산으로 들어오는 전재동포를 보도했다.

> 해무 속에 안겨 있는 부산항 아침 일곱 시. 건너다보이는 절영도는 안개 속에 희미하고 잔교 머리를 철썩이는 파도 소리는 한껏 고요하다. 멀리 방파제의 등대가 아직도 껌벅이는 이른 아침 어둠을 뚫고 들어오는 기선 한 척. 저 배가 우리 동포를 가득 싣고 일본서 오는 전재동포 계획 수송선이다. 소위 대동아전쟁

---

10) 전재민, 귀환 동포, 귀환 전재동포라고도 한다.

당시 일장기를 달고 일본의 군수품 수송에 단말마적 역할을 하던 그 배의 모습은 어디 가고 연통에는 적십자를 그려 붙이고 평화의 사도인 양, 전재동포를 싣고 부두에 그 큰 몸집을 갖다 댄다. 배가 부두에 닿자 갑판으로 쏟아져 나오는 우리 전재동포들. 늙은이, 젊은이, 여인네, 소년들. 이 얼굴 저 얼굴의 표정은 천태만상이다.

그들은 아침 바람에 추운 듯 어깨를 웅숭그리고[11] 이 땅의 산천을 응시한다. 그러자 미군이 하선하는 사다리를 갑판에 붙이자 '조선여행사원'이 '메가폰'으로 갑판을 향하여 "여러분, 고국에 돌아오시기에 얼마나 고생하시었습니까. 잠깐 여러분에게 주의사항을 말씀드리겠습니다. 돈은 한 사람에 천 원씩을 교환해 드리고 그 나머지는 보관증을 내드립니다. 여러분이 돌아가실 승차권은 미군정 당국의 지시로 조선여행사에서 무료 배부를 해드릴 터이니 각자가 도착하는 정거장을 알아 두어 승차권 타는 데 틀림없도록 하고 아무쪼록 규율 있게 행동해 주십시오."

이렇게 외치자 미병[12]과 '구호연합원'이 안내하여 상륙의 첫발을 옮긴다. 그들의 몰골은 남자는 때가 쪼질쪼질한[13] 양복에 다 떨어진 외투, 밑바닥이 드러난 구두 초리[14]요, 여자는 뜨개 일본 헝겊으로 만든 '몸뻬'에 다 찢어진 고무신! 나막신들!(①) 전쟁 중 이역에서 얼마나 참담한 생활을 말해 주는 듯한 그 차림차리와 혈색 없는 그 살빛은 굶주린 것이 아니면 무엇이었을 것인가? 국가가 없고 국토가 없는 백성의 걸어가는 길. 그것은 이렇듯 참담하고 험난스러운 것인가? 해방된 오늘날 국가의 지상 명령인 민족통일과 자주독립을 앞두고 서로 권력 다툼과 정당 싸움만 하는 이 땅의 지도자들에게 3천만 겨레의 일면인 이 참담한 광경을 보여 주고 싶다.(②) 상륙하는 그들은 백 명씩 단위로 짐을 한쪽

---

11) 춥거나 두려워 몸을 궁상맞게 몹시 웅그리고.
12) 미군 병사.
13) '자질구레한'의 방언.
14) 볏짚으로 삼아 만든 신.

에 놓고 일본 화폐 교환소 앞으로 질서 정연하게 나열을 시켜 놓으면 구호연합 회원이 격려와 주의를 말해 준 다음 "조선독립만세" 삼창을 부르게 한다. 목이 터지도록 만세 소리를 외치는 그들 그중에는 서로 얼싸안고 울며 "인제는 죽어도 한이 없소" 한다. 조선 민족이라는 긍지를 가질 수 있는 것만으로도 만족하다는 뜻이다. 인제는 일화교환소(日貨交換所)[15]에서 조선 지폐의 교환이 시작된다. 미군이 좌우에 늘어서서 가족의 수효를 엄중히 조사한 다음 한 사람 앞에 천 원씩이 교환되고 나머지 돈은 몇 천 원이든 몇 만 원이든 보관중이라는 흰 종잇조각을 하나 받는다.(③) (계속)

─襤褸憔顔(남루초안)[16]으로 고국 부두에 금의환향은 옛말에만 그치던가.
〈조선일보〉 1946.2.12. 부산=김찬승 기자

위 기사의 처음부터 ①번 문장까지가 묘사 대목이다. 그 후 ②번까지는 칼럼조의 문장들이다. 기사 마지막인 ③번까지는 다시 기자가 관찰한 바를 묘사했다. 배가 항구에 접근하고 전재동포들이 배에서 내려 조국의 땅을 디디는 모습, 그들의 초라한 행색과 귀국의 기쁨을 생생하게 그렸다. 전재동포를 모르는 요즘 사람들도 이 기사를 보면 그들이 누구이며 어떠했는지를 알 수 있다. 묘사에 의한 시각화 덕분이다. 기사를 역사적 기록이라고 한 것은 이 때문이다. 이 사안은 3일간 3회로 연재됐는데, 2회 기사도 전체의 2/3를 묘사문으로 구성하여 현장을 실감 나게 전했다.

> 천 원밖에 안 되는 조선 지폐를 받아들고 한심해하는 사람들을 조선여행사(朝鮮旅行社)원이 가족별로 정리하여 한 가족에 한 사람씩 승차권을 주는 대로 안내한다. 그래서 출찰구는 각 선별로 하여금 4개소로 나뉘어 있는데 잠깐 이 광

---

15) 일본 화폐 교환소.
16) 낡고 해진 옷에 마르고 핏기 없는 얼굴.

경을 스케치하자!

"당신 고향은 어데요?"

"충청도라유—."

"여보세요! 내가 당신 고향을 묻는 것은 차표를 드리려고 묻는데 충청도 어데란 말요?"

"아— 글쎄— 고향을 가 본 적이 있어야지유…. 내가 어렸을 때 아버질 따라갈 때 이름은 청주 땅 '감장고지'라 했는데유…."

출찰구에 앉은 여행사원은 머리를 긁으며

"여보! 그럼 가는 곳도 모르고 어데 차표를 달란 말요? 당신이 일본 있을 때 편지 왕래한 것도 없단 말요?"

"아— 참, 편지 온 게 있구먼유. 가마니 계세유."(④)

하고는 펄쩍 돌아서 가족이 가지고 있는 보따리를 헤친다. 그래서 이리 뒤지고 저리 뒤져서 보풀이 이는 편지 겉봉을 가지고 와서 출찰구에 내민다. 그래서 비로소 하차할 정거장을 골라서 가족 수대로 승차권을 내어준다. 조선여행사 부산사무소장 전영수 씨 말을 들으면 약 반수는 정거장 이름을 몰라서 안내하는 데 시간을 허비하게 된다고 한다. 차표를 받아 가지고 두 줄로 열을 지어서 구호연합 회원이 인도하여 제2홈으로 해서 수용소로 나간다. 기자가 볼 때는 마침 인천(仁川) 일본인의 철퇴식하는 수송열차가 마침 제2홈에 닿았는데 돌아오는 사람과 돌아가는 사람이 서로 부딪혔다. 서로 바라보는 눈과 눈! 비웃는 듯한 입 가장자리! 붓으로 그리기 어려운 한 분위기가 은근히 떠돈다.(⑤) (중략)

—감사한 동포애의 주먹밥! 오는 이와 가는 자의 시선에 뛰는 묘기.

〈조선일보〉 1946.2.13. 부산=김찬승 기자

위의 ④번 문장까지는 사람들의 대화인데, 시각적으로나 내용 면에서 이목을 끈다. 인터뷰 코멘트는 기자가 취재원에게 개입하여 얻는 정보이며 대화는 기자의 관찰로 얻을 수 있는 정보다. 대화가 훨씬 더 실제에 가깝고 자연스럽다. 인터뷰 코멘트는 인용문이고 대화는 묘사문이다. 앞의 기사는 요즘 기사 이상으로 세련되고 실험적이다.

6) 동행 취재도 관찰을 중심으로

기자가 취재원과 동행하거나 대상을 체험한다면, 묘사를 시도하기에 매우 좋다. 아래는 소싯적에 기자를 했던 소설가 채만식이 남해 욕지도의 문어잡이를 동행하면서 쓴 기사다. 관찰에 의한 묘사가 출중하다.

> ◇… 물로 씻은 듯이 맑게 개인 8월의 창공에서는 90도를 넘어 작열된 태양이 쨍쨍하게 내리쪼이고 있다. 이 고열도 그러나 잔물결 위에서 소리 없이 녹아 스러지는 남해— 유달리 빛 고운 암청색(暗靑色) 바다 위에 한 척의 어선이 고요히 미끄러져 가고 있다. 멀리 수평선 위에는 돛을 단 범선이 한 척 또 한 척 가는지 오는지 아득하게 떠서 있고—. (중략)
> ◇… 발동을 죽이고 우리가 탄 배는 앞선 어선을 조심조심 따라가고 있다. 어선 위에는 아들, 조부, 손자의 삼대 세 사람이 타고 있다.
> 　맨 앞 선두에 선 젊은이… 아들은 청동색(靑銅色)으로 보기 좋게 탄 얼굴에서 정기 있게 빛나는 두 눈으로 바다 밑창까지 뚫고 볼 듯이 수면을 보살피고 있다. 한가운데는 영감… 조부가 버티고 서서 역시 조금도 쉬지 아니하고 수면을 보살핀다. 부자가 다 같이 아랫도리에는 '마스'를 두르고 있다. 농부들이 두루는 '도롱이'다. 배 꽁무니에는 어린 손자가 힘에 넘쳐 보이는 커다란 노를 그래도 솜씨 있게 젓고 있다.
> 　이렇게 어선은 잠시 해상을 배회하다가 선두의 젊은이가 무어라고 한마디 외치면서 옆에 놓인 갈고리를 들어 해상에 떠 있는 안표(眼標)[17]를 솜씨 있게 건

---

17) 나중에 보아도 위치를 알 수 있도록 바다에 띄워 놓은 표시물.

져 올린다. 건져 올리는 안표에는 굵다란 줄이 달려 있고 올라오는 줄에는 다시 화분단지—보다 약간 통이 가늘고 그 대신 길이가 갸름한— 놈이 밑구멍으로 물을 조르르 쏟으면서 대롱대롱 매달려 올라온다.

문어잡이다! 보통 다른 고기잡이와는 방법이 특이한 문어잡이의 현장을 우리는 지금 보고 있는 것이다.

◇… 적으면 500길[18]로부터 2-3천 길이나 되는 긴 줄에다가 한 발[19] 내지 두 발 건너씩 '문어 단지'를 비끄러맨다. 단지는 위에서 말한 대로 화분 단지들보다 갸름하게 만든 것이다. 이렇게 해서 적으면 3백 개 많으면 1천 개 이상을 매달아 가지고 배에 싣고 바다로 나아간다. 그것이 여름이나 봄가을이면 근해로 나가지만 겨울이면 훨씬 멀리 원양으로 나가야 한다. 나아가서는 한편 끝부터 차례로 바다 밑에 죽— 일직선으로 가라앉혀 둔다. 그 길이가 십 리나 뻗치기도 한다. 그리고 한편 끝에는 안표를 만들어 바다 위에 떠 있게 한다.

◇… 한편 바다의 '그로'[20] "문어 씨"는 밀물을 타서 근해로 들어와 해상을 이리저리 만보하다가 물이 쓰이면 바다 밑으로 가라앉는다.(①) 그때에 일찍이 보지는 못했으나 생김새가 마침 그 속에 들어가서 휴식과 또 외적의 공격을 피하기에 안성맞춤으로 된 '집'이 있음을 발견한다. 어부는 그것을 문어잡이에 쓰는 '문어 단지'라고 부르지만 문어 씨 자신은 그런 실례스러운 명사를 사용치 아니하고 적어도 별장 하나쯤 발견한 양 폭치고 아무 주저 없이 그 속으로 들어가서 여덟 활개를 쭉 뻗고 낮잠을 잔다.(②)

◇… 도망? 천만에!

문어 씨는 예언자가 아니니까 그 별장이 인간의 교활한 꾀로 장치한 함정임

---

[18] 1길은 2.4-3m.
[19] 길이의 단위로서, 한 발은 두 팔을 양옆으로 펴서 벌렸을 때 한쪽 손끝에서 다른 쪽 손끝까지의 길이다.
[20] 일본어 'グロ'의 우리말 발음. 본딧말은 그로테스크(grotesque)이며 '괴상망측하고 우스꽝스러운'이라는 뜻이다.

을 알지 못한다. 또 배 위에서 줄을 잡아당기느라 동요가 되어도 "허! 웬 파도가 이다지 심한가!" 할 뿐이지 결코 모처럼 발견한 별장을 퇴거하려 하지 아니한다.(③) ―계속―

―심해의 "그로" 문어공 별장은 의외로 함정.
〈조선일보〉 1935.8.10. 채만식 기자

위에서 '(중략)'된 부분의 분량은 기사의 약 20%이므로 기사 대부분이 묘사문이라고 할 수 있다. 이어진 2회 기사도 절반 이상이 묘사문이다.

◇… 안표를 발견해 가지고 바다에 가라앉은 문어 단지를 끌어 올리면서부터 작업은 민첩하게 진행이 된다.

맨 처음 젊은이의 손으로 끌어 올린 줄을 뱃머리에 설비한 '노고루'에 걸고 잡아당긴다. '노고루'라는 것은 흡사 농촌에서 누에고치나 목화를 켜는 데 쓰는 물레와 같다. 이 배에서 쓰는 작은 기중기이다. '노고루'를 통하여 감아올리는 줄은 젊은이의 손을 거쳐 뒤에 서 있는 영감에게로 건너간다. 앞에서는 단지가 달린 줄이 연해 달려 올라온다. 젊은이의 손에서 단지 내용의 검사가 끝이 나고는 그놈이 뒤로 밀려가 영감의 손으로 해서 다시 바다 밑에 가라앉혀진다. 배 꽁무니에서는 손자가 배를 빨리 저어가고 있다.

선두의 젊은이는 뒤로 줄곧 달려 올라오는 단지를 손에 잡을 때에 즉각적으로 그 속

〈그림 16〉 심해의 "그로" 문어공 별장은 의외로 함정. 〈조선일보〉 1935.8.10.

에 문어가 들어 있는지 없는지를 안다. 줄의 이상한 진동에서 오는 손바닥의 촉감과 단지의 무게로써 그것을 알 수가 있는 것이다. 이렇게 앞에서는 끌어 올리고 뒤에서는 도로 바다 밑에 가라앉히고 하여 한 번에 두 가지의 작업을 하는 것이다.

◇… 단지가 연해 올라와서는 뒤로 밀려가서 다시 가라앉고 이렇게 하기를 열 번쯤 지나서 스톱! 배가 잠시 머무르더니 어느 겨를에 꺼냈는지 젊은이의 손에는 여덟 개의 굼틀거리는 발과 흉측스럽게 생긴 대가리의 소유자인 문어 씨가 쥐어져 있다. (중략)

◇… 문어를 움켜쥔 어부의 손에서 찍— 하는 이상한 소리가 들린다. 문어발이 어부의 손과 팔에 그 흡반을 있는 대로 붙이기 때문에 잡아뗄 때에 나는 소리다. 문어는 배가 고프면 제 입으로 제 발을 잘라 먹는 놈이니 아무리 죽느냐 사느냐의 판이지만 향긋한 고기 냄새가 나는 인간의 살이 바로 지척에 있으니 한바탕 빨아 먹으려 드는 것도 무리는 아닐 것이다.(④) 혹은 모처럼 좋은 별장을 발견하여 피신 휴양을 하려던 꿈이 순간에 스러지고 의외의 괴물(사람)에게 목줄띠를 눌린 판이니 생사의 기로에 서게 된지라 악을 한바탕 쓰느라고 그의 유일한 무기인 흡반을 한바탕 사용하는 꼴인지도 알 수 없다.(⑤)

◇… 이렇게 해서 잡힌 문어를 떼여 배 밑창에 산 채로 감금(?)을 시킨 후 작업은 다시 계속이 된다.

연달아 단지가 다시 올라와 가지고 뒤로 밀려가서는 바다로 가라앉는다.

그러다가 또 걸렸다. 그러나 이번 치는 단지 속을 사수하고 곧잘 나오지 아니한다. 그렇지만 사람은 문어보다 영리해서 단지 밑창 구멍에 입김을 불어넣으니까 그때에 비로소 문어는 단지 아가리로 나오고 만다. (중략)

—정연한 삼부자 분업 "잡엇다" 순간에 법열.
〈조선일보〉 1935.8.11. 채만식 기자

어부와 문어의 움직임을 생생하게 표현한 문장이 탁월하다. 문어를 의인화하여 익살스럽게 표현한 부분(위 1회와 2회 기사의 ①-⑤번)은 글 읽는 재미를 더했다. 묘사 중심의 기사로는 독보적이라 할 만하다.

채만식(1902-1950)은 1925년 7월 〈동아일보〉에 들어가 1년간 정치부 기자로 일하고, 1929년 잡지 「개벽」과 1931년 〈중앙일보〉[21]를 거쳐, 1934년 〈조선일보〉에 입사했다가 1936년 1월 퇴사했다(대한언론인회, 1992b). 그는 기자로 일하면서 사실상 작가를 겸업했는데, 〈조선일보〉에 들어갈 즈음엔 이미 작가의 입지를 굳힌 때였다. 장편 『인형의 집을 나와서』(1933년)와 단편 『레디메이드 인생』(1934년)이 그때 나왔다. 기자를 관둔 후에는 더 왕성하게 작품 활동을 하여, 1938년 1월 4일부터 〈조선일보〉에 '탁류'를 198회 연재했다(대한언론인회, 1992b). 그는 작품에서 식민지 농민들의 궁핍, 지식인의 고뇌, 도시 하층민의 몰락, 광복 후의 혼란상을 실감 나게 그리며 신랄하게 비판했다. 이러한 작품 세계는 자신의 기자 경험에서도 영향을 받았을 것이다. 일제는 1930년대 초중반에 조선인을 만주와 두만강변 북쪽 지역으로 강제 이주시켰는데, 그는 〈조선일보〉에 입사하자마자 함경북도 회령에서 10km 더 들어가는 오지의 탄광으로 출장을 가서 관북지역 탄광의 열악한 조건과 집단 이민촌의 궁핍한 생활상을 적나라하게 보도했다(조선일보사, 2004a).[22]

7) 묘사는 곧 장면

오소백은 무시로 잠입 취재를 하고 자유자재로 르포 기사를 썼던 기자다. 수십 권의 저서를 낸 저술가로서 취재와 기사 작성에 관한 책도 여러 권 냈다. 그는 책에 좋은 기사를 다수 인용했는데, 그럴 정도의 기사라면 분명히 눈여겨볼 대목이 있을 것이다. 다음은 6·25전쟁 중 기자가 부산행 피난 열차에 함께 타

---

21) 이상협이 창간한 〈중외일보〉의 후신.
22) 〈조선일보〉 1935년 1월 1일 '관북이민탄광 답사기: 탄학(炭壑)에서 울려오는 단장(斷腸)의 망향가!' 기사 참조.

서 쓴 기사다.

　벌써 대구를 떠난 지 3, 4시간이 가까워 오는데도 화차는 겨우 경산-삼성을 거쳐 마의 터널 남성현 산마루를 향하여 숨 가쁘게 올라간다. 멀리 산기슭에는 이미 석양이 물들어 가고 고을(읍) 갔다 돌아오는 두멧사람들의 발걸음도 바쁘다.
　이름도 모를 낯선 산허리를 ㄹ자로 돌아서자 왼편 쪽 낭비탈 산길에는 제2전선으로 달리는 예비병의 대열이 보이고, 오른손 쪽 회공(灰空)에는 난데없는 까마귀 떼가 비장하게 날고 슬픈 이 겨레의 피난열차는 그 저면(底面)을 가고 있다. 차가 예비병 대열과 거의 닿을 만큼 서서히 달리자, 신병사들은 막대를 들고 혹은 방한모를 들고 만세를 부른다. 그러나 다음 순간 그들의 석불 같은 표정은 어찌된 사태인가 하는 것 같았다.
　기어이 화차는 이십 리 천장지구의 굴을 뚫고 들어가기 시작했다. 앞간에 탄 사람들이 재빠르게 머리 대굴 이렇게 떠들자, 피난민들은 머리를 자라처럼 하고 어떤 사람은 수건으로 어떤 사람은 목두리로 입과 코를 꼭 막는다. 이분 삼분 지나자 코구멍으로 연탄내가 스며들고, 그렇게 차겁던 몸이 한중에 들어간 듯이 후끈해진다. 오분을 지내도 굴속은 캄캄하다. 옆에 있는 어린것들이 아우성치며 발광을 친다. 칠분 팔분이 되자, 내[냄새]에 못 이겨 '카' 줄기침 소리를 내는 사람이 많다. 칙 빵 쾅쾅쾅 이렇게 화통이 있는 힘을 다하여 발악할 때는 굴뚝에서 무서운 불길이 조명탄처럼 비친다. 구분 십분이 넘었다. 암만 생각해도 불길한 예감이 나 안심할 수가 없다. 누구인지 여인의 비명이 들린다. '아이구 어머니' 하고 죽는 소리가 날 때는 온몸이 통조림처럼 된다. 드디어 지옥의 문을 뚫고 나왔다. 모두들 코를 풀고, 기침을 하고, 소생의 암시가 역연하다. 얼굴은 죄다 탄광부가 되었고, 옷은 물론이고 머리가 흠빡 젖었다.(①)
　그러나 터널을 나온 다음 순간 모진 바람으로 젖었던 옷이 이번에는 꽁꽁 얼어붙었다. 이십 리 굴을 지나 남성현 역에서 두 시간 정차하니까 아주 깜깜한

밤이 되었다. 밤 아홉 시가 되어서 남성현을 떠난 차는 청도를 지나 밀양을 향하여 시원치 않게 달린다. 피난민들도 졸고, 차도 약간 조는 듯하다. 밀양에 다달은 것은 새벽 두 시경 어디서 개 짖는 소리가 들려온다. 온몸이 뻣뻣 얼어든다. 나는 앞에 있는 젊은 색시의 이불에 별 수 없이 머리를 파묻었다. 추위가 점점 심해지자, 나도 모르게 색시의 이불을 뺏어 쓰고, 색시는 색시대로 이불을 끌어낸다. 모두를 피난민들은 산송장같이 꼼작 안 한다. 나는 이따금 졸다가는 깜짝 놀라서 눈을 뜨곤 했으나 섣달 차고 밝은 달도 정다운 줄 모르겠고, 오직 슬며시 눈만이 아래로 감기곤 했다. 아차 잘못하면 지붕에서 떨어지지, 아슬아슬한 판국이다. 나는 정신을 걷잡고 똑바로 앉았다. 그리고 사방을 돌아보았다. 사람들의 머리는 거의 안 보이고 이불만이다.

나는 무심코 한눈만 팔다 어떤 순간 이상한 것을 보고 깜짝 놀랐다. 바로 네 살 정도의 어린애가 헐벗은 쥐 모양 의지할 곳을 찾고 있다. 나는 어린이 옆으로 다가섰다. 무엇보다도 위험천만하기 때문이다. 어린것을 가까이하는 순간 한편 웃었고 한편 심각해졌다. 어린이의 허리에는 죄수처럼 빨랫줄이 매여 있고, 다시 빨랫줄은 요 또래 어린것 셋을 연결하여 매여 있다. 슬며시 끈을 만져 보았더니 한 가닥은 삐쳐 어머니 허리에 또 한 가닥은 아버지 허리에 연결되어 있으니, 이런 억울하고도 슬픈 죄수들이 또 어디 있단 말이냐?(②)

이불 위에 은가루처럼 반짝이는 서리가 비수처럼 덤벼든다. 나는 이불을 뒤집어썼다. 머리에 이런 생각이 떠오른다. 27일 서울을 떠날 때 트럭 위에 탄 피난민을 보고 부러워하던 행인들의 표정이며, 며칠 후에는 부산으로 꼭 떠나겠다는 구두닦이 어린애들과 양담배 파는 계집애들의 환영이 눈앞에 어리고 끝끝내 아내와 어린 자식을 두고 온 환영이 머리에 떠올랐다. 3일 새벽 삼랑진에서 통근열차를 바꿔 타니, 그야말로 옛날 기분이 나고 몇 년 만에 객차에 오른 듯했다. 통학생들의 떼를 볼 때, 이곳 학생들은 서울 학생들보다 혜택을 받고 있음을 알 수 있었다. 부산역에 다달은 것은 상오 9시. 부산역과 대합실의 사정은 대구에 못지않았다. 대구 거리는 그래도 침울한 맛이 있으나, 부산 거리는 광란의 아수라장이었다. 누구나 부산을 한 번만 보면 다방에 진절머리를 할 것이고 둘째 한가하게 돌아다니는 젊은 남녀를 보고 얼굴을 찌푸릴 것이다. 부산 거리에서 베—르[23]를 쓴 한국 여성을 보고는 놀라지 않을 수 없었다. 저녁만 되면 골목길에 남녀 쌍쌍이 허리를 끼고 유유히 산책에 바쁘다. 그러나 이런 반면에 보다 많은 층의 헐벗은 피난민들도 있는 곳이 이곳 부산이다. 부산은 아직 취중에 있는 허영의 도시다…. 하지만 나는 좋든 어떻든 이제는 올 데까지 오고야 말았다.

―피난 열차, 〈민주신보〉 1951. (오소백, 1953, 421-424쪽에서 재인용)

제법 긴 기사는 당시의 시대상을 생생하게 전해 준다. 석탄을 때서 가는 화물열차에 탄 사람들의 초라하고 가련한 모습이 적나라하게 그려졌다. 특히, 터널 속에서 사람들이 석탄 가루와 연기를 뒤집어쓰는 장면(①번 문단)과 아이 3명의 허리춤을 빨랫줄로 묶어 놓은 장면(②번 문단)이 인상적이다. 위 기사는 '묘사는 곧 장면'임을 잘 보여 준다. 제법 긴 기사인데도 2곳에 장면이 배치되어 지루하지 않도록 만들었다. 또한, 기자는 대상에 대한 개입을 최소화하고 관찰자 역할을 최대한으로 유지했다. 기자는 게이 텔리즈가 말했던 것처럼 '벽에 붙은 파리'처럼 아무 말도 하지 않은 채 대상을 지켜보기만 했다(Kovach & Rosenstiel, 2021/2021, 388쪽).

〈민주신보〉(民主新報)는 김형두(金炯斗)가 1945년 9월 1일 부산에서 창간한 타블로이드 2면 체제의 일간지다. 처음은 일어 신문 〈부산일보〉를 1945년 8월 16일부터 우리말 신문으로 발행하다가 9월 1일부터 〈중보(衆報)〉로 제호를 바꾸었고, 미군이 진주한 이후 다시 〈민주중보〉로 변경하였다.

아래 기사는 전쟁 후의 생활상을 담았는데, 기사 전체가 장면의 연속이다.

---

23) 당시 여자들이 털실로 짜거나 천으로 만든 챙이 없고 둥글납작한 모자 또는 보자기를 머리에 쓰고 다녔는데, 이를 이르는 말인 것 같다. 프랑스어 'beret'에 모(帽)를 붙인 베레모의 약칭인 것 같다.

그런 만큼 묘사도 출중하다. 기자가 남행 열차 삼등칸에 타서 열차의 모습, 사람들의 행색과 대화를 사실적으로 그렸다.

> 아침 8시 차는 정시에 서울역을 뒤로하였다.
> 약빠르게 개찰구를 나온 셈이었으나, 찻간은 벌써 좌석이 다 찼고 찻간[24]마저 빡빡하게 발을 들여놓을 엄두가 안 났기 때문에 할 수 없이 승강구 근처에 엉거주춤 기대고 설 수밖에 없었다.
> 조치원까지 간다는 중년의 시골신사는 이미 이런 것쯤 여러 번 경험하여 화를 낼 필요도 없다는 듯이 구두를 벗어 나란히 앞에 두고 신문지를 방석 삼아 승강구에 철퍼덕 앉아 버렸다.
> 시발역인 서울역에서 이미 차는 어찌할 수 없이 초만원이며 승객의 반 이상이 서서 가야 되는 판이니, 공교롭게도 그날이 일요일이기 때문에 고향에 가는 학생들까지 겹쳐 붐빈 폼이 더하다고는 하지만 남행 열차의 삼등객실은 우선 출발부터가 명랑치는 못하더라.
> 기적이 멋지게 울리고 차가 덜커덩 앞으로 움직이기 시작하면서부터 삼등칸의 승객들은 유리창 하나 없이 말끔하게 창살만 남은 차창을 통하여 봄빛 짙어 가는 주위의 경치를 마음껏 조망하는 영광을 가지는 것이나, 그보다는 마음대로 차창을 통해 날아드는 시커먼 매연을 의무적으로 호흡해야 할 환경에 놓여지게 된다. 밀리고 닥치는 승객들의 발자취에 차 안에서 일어나는 자욱한 먼지. 거기다가 차가 떠나면서부터 취체[25]가 시작된다. 군인 칸에 끼어 있는 일반인, 일반 승객 틈에 끼어 탄 군인 등등 이러고 보면 승객 된 권리보다 취체의 대상으로서 더 중요한 역할을 한다고 할까?
> 꽉꽉 들어찬 승객 사이를 마음대로 뚫고 다니는 권리를 가진 차장이나, 헌병

---

24) 객차와 객차 사이.
25) 승객들이 규칙을 지키도록 차장이 통제함.

이동경찰보다도 더 자주 그리고 어마어마하게 큰 대바구니를 둘러메고 아주 염치없이 횡행하는 강생회(康生會) 판매원의 지나친 써—비스에는 짜증이 날 지경이다.

옷이며, 버선이며, 구두가 말이 아니다. 들밀고 오고가는 바람에 손님들이 옷 꼴이란 말이 아니다. 산골에서 나오듯 초라한 옷차림의 K.S.C 단원을 보고 길을 비키라고 하던 끝에 "아저씨는 군인 칸으로 가지 왜 여기 이러구 계슈—" 하고 을러대는 판매원의 어조는 사뭇 위압적이다.

남쪽으로 갈수록 차에 오르는 사람이 늘어 타는 것이 아니라, 기어오르게 되고 그러다 못 하면 매달려서라도 타게 된다.

사람들이 운김[26]으로 숨이 답답할 지경인 삼등차간에서는 갈증에 걸린 손님들이 일금 십 환짜리 냉수를 들고 다니는 무허가 물장사 소년 소녀들의 때 묻은 얼굴들을 찾느라고 차창에서 황새같이 길게 목을 내밀고 물 달라고 소리를 치게 된다.

그러나 이들 장사에도 유허가와 무허가가 있어 차창 밖에서 돌아다니는 아이들은 곧잘 물이 든 깡통을 든 채 참새새끼 쫓겨 가듯 도망을 치는 수가 많다. 강생회의 오차 장수들이 이판에 단단히 또 한몫을 보게 된다. 뚜껑도 없고, 끓었는지 안 끓었는지 뜻뜻 미지근한 사까링을 탄 소위 오차— 한 병에 십 환씩 "병만큼은 도로 돌려주셨으면 감사하겠습니다" 판매원의 외이고 다니는 소리가 멋지다.

조치원 이남으로 내려가면서부터 찻간에 올라와 사과와 계란, 김밥을 들고 다니며 파는 아이들이 부쩍 늘어 간다.

새까맣게 때가 묻은 손발에 땀을 줄줄 흘리며, 무엇에 쫓기는 듯 흘금흘금 눈치를 보며, 손님들의 틈을 타고 다니는 모습은 정말 처량하게 보인다. 노파도 있고 부인도 있다.

---

26) 사람들이 모여 있는 곳의 따뜻한 기운.

사과 한 알에 얼마요?

2십 환입니데이….

15환만 합시다.

원금이 15환이어요. 한 개 5환 남는다우.

그럼 찻삯은 어떻게 해요?

그러기에 여러분 덕택으로 그저 왔다갔다 하지요… 들킬 때엔 물건까지 빼앗기구 혼나지요….

옆에 앉아 듣던 여인 승객이 슬그머니 그 이야기하는 여자 행상의 접힌 옷섶을 고쳐줄 때 듣고 있던 승객들도 말없이 고개를 끄덕끄덕했다.

서로 시치미를 떼고 앉았던 이등찻간에서는 찾아볼 수 없는 온화한 풍경이다. 사과가 몇 개 더 팔린다.

자— 한 갑씩 잡수십시요….

골머리가 아파서 것득것득 졸고 앉았던 사람들의 품안에 난데없이 캬라멜 한 갑씩이 굴러든다.

눈을 말똥말똥하게 뜨고 던져 준 쵸코렛을 한 갑씩 들고 앉았노라면 주인공이 돌아온다. 20환씩 내시오.

자유롭지 못한 몸으로 겨우 손님을 헤치고 다니는 상품의 주인은 누가 말만 하면 시비를 낼 기세다. 조국을 위해 싸운 사람들을 삼등찻간 손님들은 이들을 배척할 수 있을까?

조금 있다가 또 연필이다. 손님들은 불쾌하기 전에 국가적 대책이 있어야 되겠다는 것을 통감하게 된다.

"저것 봐." 한 사람이 소리치는데 놀라듯 다— 창밖을 바라본다.

제각금 다— 괴로운 사정을 가지고 있는 손님들도 이때는 유쾌한 듯하였다.

환—하게 피어난 꽃빛이며, 살구꽃이 차창 밖에 나타나고 식목하는 촌사람들이 나란히 국도에 늘어서서 정성껏 나무를 심고 있다. 촌여인들이 가래질을 하고 자갈을 모아다 길에다 편다.

다— 묵묵히 있으나 삼등 객실에는 새로운 희망이 솟는 것이다.

저 나무가 자라나 이 강산이 푸르게 될 무렵 우리도 다리 뻗고 넓직한 찻간에서 웃으며 여행할 수 있을 것이라는 희망… 어젯밤 12시까지 철도공장에서 일하고 시골집에 다녀간다는 젊은 교통부 직원 한 사람이 이렇게 말하였다.

우리들이 밤새도록 기차를 수리해도 이 정도입니다. 젊은 사람들은 전선으로 가고 남아 있는 사람들이 몇 배씩 일하느라고 일이야 하지만 물자 부족의 애로까지 있으니 이렇지요. 그런데 그 신문에 줄곧 나는 공무원 대우는 어찌 되는 건지요?

신문은 거짓말만 한다는 말이 안 나오기가 다행이었다.

—삼등차통통신. 〈서울신문〉 1954.4.[27] (오소백, 1953, 432-436쪽에서 재인용)

입석도 초만원인 열차, 창살만 남은 열차의 차창, 객차 안으로 날아드는 매연, 열차를 타려고 기어오르거나 매달리는 사람들, 물을 파는 아이들의 때 묻은 얼굴, 사카린을 탄 뜨뜻미지근한 오차, 땀에 절고 새까맣게 때가 묻은 손발로 김밥을 파는 아이들…. 전후의 헐벗고 고달픈 시대상을 담은 다큐멘터리를 만든다고 해도 이보다 더 잘 만들 수 있을까 싶다. 기자 자신의 느낌이나 생각은 거의 없고, 모두 자기가 본 바를 그대로 적었다. 단어 하나, 표현 하나도 허투루 쓰지 않았다. 모든 문장이 역사적 기록이다. 중간에 대화 대목을 넣어서 생동감을 더했다. 그러면서도 곳곳에 유머러스한 표현을 넣어 아픈 시대상을 지켜보는 독자의 마음을 달랬다. 기사 마지막에는 희망의 분위기도 전했다. 흠잡을 데 하나 없는 명품 기사다. 기자가 입은 꾹 다물고 눈으로 보기만 했기에 이런 기사를 쓸 수 있었다.

---

[27] 오소백의 책은 1953년에 출간되었는데, 거기에 소개된 〈서울신문〉의 기사는 1954년으로 되어 있어서 기사 게재 연도가 오기인 것 같다.

8) 묘사의 효과

묘사문은 현장감과 실재감을 준다. 그래서 독자의 기억에 오래 남는다. 이에 비해 설명문이나 인용문은 좀처럼 기억되지 않으며 글을 읽는 순간에도 그리 강렬하게 느껴지지 않는다. 액션영화를 떠올리면 이 말을 쉽게 이해할 수 있다. 액션영화의 장면은 액션과 비액션의 두 종류로 구분될 수 있는데, 묘사는 액션 장면에 해당한다. 영화 〈존 윅〉의 총격전 장면은 '격렬하게 싸웠다'라고 간명하게 말하면 끝날 일을 몇 분에 걸쳐 온갖 동작과 소리로 보여 준다. 〈존 윅〉의 활극은 어떻게 유려하게 설명해도 직접 보여 주는 것보다 더 강렬할 수 없다. 백문이 불여일견이라는 말이 왜 나왔겠는가? 이것이 묘사다.

> 글은 들려주고 알려 주고 보여 주고, 이 세 가지를 한다. 들려주는 것은 운문의 일이요, 알려 주고 보여 주는 것은 산문의 일인데, 알리는 것보다 보여 주는 것은 몇 배나 구체적인 전달이다. 누구에게나 시각처럼 빠르고 직접적인 감각은 없기 때문이다.
>
> 묘사란 그린다는 뜻의 회화 용어다. 어떤 물상(物相)이나 어떤 사태를 그림 그리듯 그대로 그려 냄을 가리킴이다. 역사나 학술처럼 조리를 세워 끌어나가는 것은 기술(記述)이지 묘사는 아니다. 실경(實景), 실황(實況)을 보여 주어 독자로 하여금 그 경지에 스스로 들고, 분위기까지 스스로 맛보게 하기 위한 표현이 묘사다.
>
> 아름다운 풍경을 보고 "아름답구나!" 하는 것은 자기의 심리다. 자기의 심리인 "아름답구나!"만 써 가지고는, 독자는 아무 아름다움도 느끼지 못한다. 독자에게도 그런 심리를 일으키기 위해서는 그 풍경의 아름다운 소이(所以)를, 즉 천(天), 운(雲), 산(山), 천(川), 수(樹), 석(石) 등 풍경의 재료를 풍경대로 조합해서 문장으로 표현해 주어야 독자도 비로소 작자와 동일한 경험을 그 문장에서 얻고 한가지로 "아름답구나!" 심리에 이를 수 있는 것이다.

이렇게 제재의 현상을 문장으로 재현하는 것이 묘사다.

묘사의 요점으로는,

(1) 객관적일 것, 언제든지 냉정한 관찰을 거쳐야 할 것이니까

(2) 정연할 것, 시간상으로, 공간상으로 순서가 있어야 전폭(全幅)의 인상이 선명해질 것이니까

(3) 사진기와는 달라야 할 것, 대상의 요점과 특색을 가려 거두는 반면에 불필요한 것은 버려야 한다. (이태준, 1940/1988, 213-214쪽)

묘사의 중요성은 묘사가 몰입의 주요 요인임을 밝혀낸 최근의 국내 연구에서 잘 드러난다. 많은 독자는 묘사가 잘 된 기사에 몰입했으며 기사에 대한 공감도, 만족도, 신뢰도도 높았다(안수찬·김창숙·박재영, 2024). 그런 기사를 다시 읽거나 지인과 공유하겠다는 응답도 많이 나왔다. 몇몇 독자는 "기사를 끝까지 읽은 적이 별로 없는데 이번에는 4번이나 읽었다"거나 "이런 기사를 쓴 기자가 존경스럽다"고 말했다. 또 다른 연구는 범죄 사건을 역피라미드 구조로 쓴 기사와 묘사 중심의 내러티브 스타일로 쓴 기사를 비교했는데, 후자 쪽의 피험자들에게서 뉴스의 지속 사용 의도와 공유 의도가 나타났다(신보라·박재영, 2024). 몰입은 국내외 많은 연구에서 이미 뉴스 효과의 선행 요인으로 밝혀졌는데, 몰입에는 묘사가 필요함이 증명됐다.

묘사를 가르쳐 보면, "묘사의 중요성은 알겠는데, 정작 무엇을 묘사해야 할지 잘 모르겠다"고 말하는 기자들이 많다. 묘사의 대상으로는 사물, 분위기, 표정 등 무엇이든지 좋지만, 주제와 직접적으로 관련된 것을 묘사해야 한다. 묘사는 강한 정보이고 효과도 강하므로 주제와 관련되지 않은 것을 묘사하면 독자를 '삼천포로 빠지게' 만든다.

중후한 메시지와 탄탄한 구조, 빈틈없는 논리, 근엄한 어조의 글이 좋은 글임을 부인하지 않는다. 이런 글은 읽은 후 적어도 단기간에는 기억도 많이 될 것이다. 하지만, 오랜 시간이 지나서도 기억된다는 보장은 없다. 소설이나 영

화에서 평생 기억에 남는 부분은 대사나 내레이션이 아니라 인물의 표정이나 태도, 동작을 묘사한 부분 즉 장면이다. 묘사는 글을 인상적이고 감동적이고 기억되도록 만들며 공감과 정서적 반응을 이끈다. 한국 기자는 유달리 설명에 능하고 묘사에 둔한데, '글의 힘은 묘사에서 나온다!'라고 한번 믿어 보기를 권한다.

적절한 수준의 묘사만으로도 충분하지만, 묘사의 효과를 극대화하고자 한다면 '정밀 묘사'가 필요하다. 즉 묘사의 디테일이 긴요한데, 이 부분은 다음 챕터에서 살펴본다.

2. 디테일을 살려라

누군가를 '과일을 좋아하는 사람'이라고 한다면, 그가 어떤 사람인지 약간 짐작된다. 과일 중에서도 사과를 좋아한다고 하면, 좀 더 구체적이다. 만일 홍옥을 좋아한다고 하면, 그의 취향은 매우 뚜렷하게 전달된다. 그는 새콤한 맛 마니아이다. 그의 성격도 그렇게 톡톡 튈지 모른다. '과일→사과→홍옥'은 정보 디테일(detail)의 한 예다. 묘사 차원에서 보면, 정보의 디테일은 곧 정밀 묘사다. 디테일은 소설가의 필수 덕목인 동시에 필살기다. 소설가는 인물의 성격을 잘 드러내야 하는데, 구체적 표현과 정밀한 묘사 없이는 어렵다. 인물뿐 아니라 사건에서도 디테일은 중요하다. 언론이 다루는 많은 사건을 일반 독자는 직접 본 적이 없으며 경험하지도 못한다. 그러나 정보가 정밀하면, 독자에게 실재감을 줄 수 있다. 이것이 말처럼 쉽지 않다는 점이 문제이긴 하지만⋯.

기획 아이템과 달리, 당장 보도해야 하는 시의적 사안을 정밀 묘사하기는 매우 어렵다. 예를 들어, 행사장에서 예기치 않은 사건이 발생한다면, 기자가 어지간히 기민하게 움직이지 않는 한 정밀하게 보도하기 쉽지 않다. 하지만, 다음 기사는 그런 여건에서도 기자가 한껏 디테일을 살린 예를 보여 준다. 그 덕에 독자는 글에 몰입하고 현장감을 느낄 수 있었다.

1957년 자유당의 선거법 개악에 민주당이 반대하자, 5월 3일 국회에서 원내 다수당이던 자유당이 총퇴장하여 국회가 폐회되는 사태가 발생했다. 이에 야당인 민주당 의원들은 '국민주권옹호투쟁위원회'를 구성하고, 5월 25일 서울 장충단공원에서 자유당의 독재를 규탄하는 시국 강연회를 열었다. 여기에 자유당의 사주를 받은 이정재, 임화수, 유지광 등 동대문파 정치 깡패들이 몰려와서 테러를 자행했다. 〈동아일보〉는 이날의 난동 상황을 다음과 같이 정밀하게 묘사했다.

> 국회 '국민주권옹호투쟁위원회' 주최로 25일 하오 3시 서울시내 장충단공원 광장에서 열린 '시국강연회'는 시작된 지 약 1시간 30분쯤 되었을 무렵 정체불명의 괴한 30여 명이 나타나 '돌'과 '빈병' 등을 연단을 향해 마구 던지는가 하면 연사 앞에 놓은 책상을 뒤집어엎고 '마이크' 조정기에 불을 지르는 등 계획적인 폭행을 자행하면서 강연을 방해하는 바람에 끝을 맺지 못하고 마침내 중단되고 말았다. 이날 강연을 듣기 위해 근 10만 평의 장충단공원 일대 뜰과 산을 하얗게 뒤덮었던 추산 약 20만의 인파는 괴한들의 폭행이 시작되자 처음에는 "저놈을 집어내라!", "저놈을 죽여라" 하고 흥분하여 외쳤지만 얼마 후 괴한들의 폭행이 극에 이르러 날뛸 때는 그저 원통한 표정으로 묵묵히 바라보고만 있었으며 괴한들은 온갖 행태를 다 부리고 유유히 퇴각할 때까지 어느 누구의 방해도 받지 않았고 또 이들을 제지하려는 경찰관도 전혀 없었.
>
> 사건은 45분 약 50분간에 걸친 錢鎭漢(전진한) 의원의 강연이 끝나고 조병옥 의원이 연단에 오른 지 약 5분 후부터 시작되었다.
>
> 조 의원이 강연을 시작하면서부터 군중들은 간간 말 구절이 끝날 때마다 열광적인 박수를 보낼 뿐 물을 끼얹은 듯 조용히 '마이크' 소리에 귀를 기울이고 있었는데 이때 연단 바른편에서 "크게 하라!"고 고함을 치는 소리가 났다. 그러

자 주위 사람들의 시선은 일시에 그곳으로 집중— "그놈 죽여라!" 하는 소리와 함께 군중들은 약간 흥분했다.

그러나 '강연장 경비원'들의 제지로 곧 흥분은 가라앉고 조 의원은 강연을 계속하였는데 얼마 후 이번에는 연단 좌측에서 '돌'이 하나 연단으로 날아들었다.

이에 조 박사는 연설을 하다 말고 "이게 무슨 짓이냐!"고 꾸짖자 그쪽에서는 "뭣이 어째!" 하는 식으로 응수— 이때 군중은 연신 그곳을 향해 "저놈 잡아라!", "저놈 죽이라!" 하고 외치며 일어났다.

이때부터 강연장은 소란해지고 괴한 1명이 바로 근처에 있던 어느 청년을 향해 "너 이놈, 너는 뭐냐!" 하며 쫓아 나와 발로 차고 주먹으로 치고 하여 삽시간에 수라장화— 그 괴한의 뒤를 따라 괴한 일당 30여 명이 연단 앞으로 몰려들었다.

'강연장 경비원', '민주당원'들은 괴한들의 행패를 막으려고 처음에는 그들을 붙들고 밀치고 하였으나 워낙 조직적인 괴한들의 폭행을 막아 내지 못했으며 이래서 연단 앞뒤를 완전히 둘러싼 괴한들은 연단을 향해 '돌', '빈병' 등을 던지고 나중에는 연단 앞에 놓인 책상을 뒤집어 부수고 '마이크'를 자빠트렸다.

사태가 험악하게 되자 조병옥, 장택상 그리고 전진한의 삼 연사는 일시 연단 뒤로 피신하였으며 연단에는 김두한 의원 혼자서 괴한들을 제지하였으나 그들은 물러가려 하지 않고 저마다 무어라고 큰 소리로 외친다.

그러자 괴한 중 1명은 연단 옆으로 돌아가 '마이크' 조정이 있는 곳에 휘발유를 끼얹고 불을 질러 조정기 일체를 소각해 버렸고, 그 후 연단을 한 바퀴 돌고는 유유히 만족한 표정을 지으면서 물러갔다.

이즈음까지 경찰관들은 전혀 눈에 띄지 않았으며 또 그 괴한의 폭행을 제지하려는 사람도 없었으나 괴한들이 그곳을 떠나자 어디 있었는지 사복 경찰관 몇 명이 나타나 장내 정비를 한다고 야단법석을 이루었다.

〈그림 17〉 폭력배에 짓밟힌 장충단 강연회. 〈동아일보〉 1957.5.27.

뒤이어 얼마 후 '싸이렌'을 울리면서 최 중부서장이 몇 명의 정복 경찰관을 대동하고 현장에 나타났으며 장충단공원 입구에는 기마경찰대도 동원되었다.
―폭력배에 짓밟힌 장충단 강연회. 〈동아일보〉 1957.5.27.

기사는 첫 문단에 제법 길게 사건의 개요를 전한 다음에 현장의 어수선함과 폭력으로 얼룩진 장면을 여과 없이 전했다. 연단을 중심으로 펼쳐진 전경(全景), 연사와 청중 간에 오간 고성, 폭력 장면 등이 시청각 효과와 함께 생생하게 전달되어 독자를 70여 년 전의 그 현장으로 인도한다. 이 기사 바로 옆에 편집된 관련 기사도 전체가 묘사다. 아래가 그 기사다.

3-40명으로 추산되는 이들 '폭력배'는 미리부터 연단 변두리에 쳐 놓은 새끼줄 앞에 다가서 자리를 잡고 있었다. 이들은 연단 왼쪽과 정면에 앉아 있었는데 연단으로부터 약 10m 떨어진 곳이 된다.

이들은 대부분 '파나마' 모자에 말쑥한 양복 차림을 한 30 전후의 청년들로서 색안경을 쓰고 있었고 개중에는 머리를 깎은 남자도 있었다.

3시 50분. 조병옥 박사의 연설이 시작되자 방해 공작은 점차로 표면화하였다.

시초에는 "앉으라!", "비켜라!" 등 고함을 질렀다. 연단 주변에서 청중을 향하고 서 있는 주최자 측 '경비원'들에게 소리 지르는 것이다. 특히 경비원 책임자 격으로 연단 앞에 서 있던 김두한 의원에게 노골적으로 "거 뚱뚱한 놈 앉으라!"고 야유하였다.

뿐만 아니라 이들은 저들끼리 싸움질하는 듯 소란을 조장하였다. "떠들지 말라! 개새끼들아!"고 지휘자 격인 '유'모가 큰소리치면 "뭐야! 조용히 하라!"고 응수하였다. 경비원이 다가서서 제지하면 "상관 말고 돌아가라!"고 옆으로 바싹 다가서는 괴한도 있었다.

이 무렵 조병옥 박사는 해방 후 '군정시대'에서 이 박사의 환국과 임정 요인들의 얘기 등 자주 "이 박사… 운운" 등의 말이 나왔다.

이때 연단 왼편에 있던 폭력배 틈에서 뭔지(돌은 아니고) 조 박사 쪽을 향해 던지면서 야유성이 들렸다. 조 박사는 연설을 멈추고 그쪽으로 몸을 돌려 "무슨 짓이냐!"고 나무랐다.

이에 대하여 폭력단 쪽에서 "뭐야, 임마!"고 야유하였다.

그러자 연단 오른편과 근처 언덕에 있던 수백 군중이 일제히 "죽여라!", "죽여라!" 하며 고함을 질렀다. 장내는 극도로 소란해졌다. 폭력단들은 연단 바른 편과 왼쪽에서 경비원들과 옥신각신하면서 연단 가까이 밀려들었다.

쳐 놓은 새끼줄은 이미 끊어졌다. 앉았던 청중들은 모두 일어섰다.

이때부터 정면에 있던 폭력배들은 돌을 던지기 시작했다. 한두 번 날으다가 중단됐던 돌팔매질은 다시 2-30개씩 한꺼번에 날아들었다. 조 박사는 이미 연설을 중단하고 사태를 바라보고 있었으며 연단 위에는 김두한 의원과 그 밖의 주최자 측 사람들이 올라 있었다. 이때가 4시 10분경— 일대 아수라장을 이루고 있었다.

폭력배들은 어느새 연단 위에 뛰어올랐고 회순을 적은 종이를 찢고 또는 '마이크'를 차버렸다. 이때까지도 경찰의 모습은 찾아볼 수 없었다.

―고성 지르며 투석 휘발유 뿌리고 마이크 조정기 소각.

〈동아일보〉 1957.5.27.

폭력으로 얼룩진 이날의 강연회를 재연하고 싶다면, 위 기사를 참조해야 한다. 영화 장면의 시나리오로 사용해도 손색이 없다.[28]

우리와 달리, 미국 신문기사에는 묘사가 필수 요소다. 제2차 세계대전 때 일본 나가사키 원자폭탄 투하를 보도한 〈뉴욕타임스〉 기사는 묘사의 절정을 보여 준다. 그 디테일은 감동적이기까지 하다. 인류는 원자폭탄이 폭발하는 장면을 두 번 목격했다. 첫 번째는 1945년 8월 6일 일본 히로시마이며 두 번째는 3일 후인 나가사키다. 미군 항공기는 1945년 8월 9일 원폭 '팻 맨'(Fat Man)을 싣고 일본 고쿠라로 향했지만, 고쿠라에는 구름이 도시의 70%를 가리고 있어서 시야 확보에 실패했다. 비행기는 상공을 3회나 선회하고, 연료 부족으로 대체 도시인 나가사키로 향했다. 일본군이 지상에서 고사포를 발사했지만, 빗나가거나 거리가 미치지 못했다. 비행기는 나가사키 근처에 와서도 상공을 한참 선회하다가 겨우 구름 사이로 출구를 찾아내 플루토늄239가 담긴 6.4kg의 폭탄을 투하했다. 폭탄은 나가사키 상공 439m에서 폭발했다. 폭발 반경은 1-2km, 폭발 후 화재는 북쪽에서 남쪽까지 3km에 퍼졌다. 폭발 지점의 온도는 순식간에 섭씨 3,900도까지 올라갔으며 후폭풍의 풍속은 시속 1,005km였다. 이 폭발로 7만여 명이 사망했고 27만여 명이 피폭됐다. 폭탄 투하와 폭발의 순간이 어땠는지 알고 싶다면, 아래 기사를 보면 된다.

[B-29 기상에서 8월 9일발=연착]
(전략) 우리는 미리 약속된 무전 신호를 받고 용접공이 쓰는 것과 같은 안경을 쓴 다음 원자탄을 실은 B-29가 전방 800m 상공에서 움직이는 모습을 긴장하며 바라보았다.

"저기 떨어진다!" 갑자기 누군가가 소리치기에 보니 그레이트 아티스트호의 동체로부터 무엇인가 검은 물건이 아래로 떨어진다.

그러자 (기자가 탑승한 비행기의) 조종사 보크 대위가 원자탄의 유효 거리를

---

28) 이날 중부경찰서장은 의도적으로 조직폭력배들이 사라진 후에야 현장에 나타나서 강연회를 해산하라고 명령했으며 검찰도 이 사건을 간단히 수사하고 끝내려 했다. 그러나 주최 측이 폭력배 난동의 증거를 제시하고, 무엇보다도 〈동아일보〉의 사진에 괴한들의 얼굴이 노출되는 바람에 본격적으로 수사하지 않을 수 없게 됐다. 〈그림 17〉에 있는 사진 4장 중 맨 위의 사진에 연단 앞의 폭력배들이 여럿 보인다. 〈동아일보〉가 6월 6일에 이 사진을 조금 확대하여 다시 게재하자, 독자들은 사진에 있는 사람의 이름을 적어서 〈동아일보〉에 보냈으며 〈동아일보〉는 6월 10일 그 사진에 이름까지 붙여서 다시 보도했다. 신문이 독자와 협력하여 폭력배의 신상을 찾아내고 경찰 조사를 이끈 이 모범 사례는 정진석 한국외국어대학교 명예교수의 유튜브 영상 '역사의 목격자 한국 언론'(10회차)에 자세히 소개됐다. https://www.youtube.com/watch?v=fg1QdLGJF5A 참조.

벗어나기 위해 기수를 180도로 회전시켰다.

다음 순간 거대한 섬광이 번쩍하면서 비행기 안은 강렬한 광선으로 가득 찼다. 비행기가 원자탄이 터진 방향과는 정반대로 날고 있었고 대낮임에도 불구하고 우리는 검은색의 특수 안경 너머로 그 섬광을 의식할 수 있었다.

우리는 곧 안경을 벗었는데 천지를 물들인 청록색 광선이 아직도 어른거렸다. 그러자 무시무시한 폭발의 파동이 우리가 탄 B-29를 때려 비행기는 머리에서 꼬리까지 한 번 진동했다. 곧이어 네 차례나 같은 진동이 빠른 속도로 계속되었는데 그것은 마치 우리 비행기의 사방에서 고사포탄이 터지는 것 같았다.

기미에 위치한 관측기사들은 거대한 불덩어리가 마치 지구 속으로부터 나오기나 하는 것처럼 피어올라서는 거대한 흰 연기의 고리들을 내뱉는 광경을 목격했다. 다음 순간 역시 거대한 자줏빛 불기둥(높이가 3km 이상)이 굉장한 속도로 하늘을 향해 솟아오르는 것이 보였다.

우리가 다시 원자탄 폭발 방향으로 기수를 돌렸을 때는 그 자줏빛 불기둥은 어느새 우리와 같은 고도까지 올라와 있었다. 그동안 경과한 시간은 불과 45초. 불기둥은 하늘로부터 떨어지는 것이 아니라 지상에서 위로 솟아오르는 유성처럼 계속해서 위로 뻗어 올라가는 것이었는데 흰 구름을 뚫고 높이 오르면 오를수록 더욱 강렬한 광채를 발했다. 그것은 이제 연기도, 먼지도, 불의 구름도 아니다. 그것은 하나의 생물, 하나의 전연 새로운 존재로서 바로 우리 눈앞에서 탄생한 것이다.

수백만 년이 불과 수 초에 응축된 그 진화의 한 단계에서 이 실체는 한 거대한 사각 토템 기둥의 형태를 취했다. 이 기둥의 밑변의 폭은 약 5km이고 위로 올라가면서 차차 좁아져 꼭대기의 폭은 2km 정도로, 바닥은 갈색, 허리는 호박색, 그리고 꼭대기는 흰색이다. 그러나 이것은 살아 있는 토템 기둥이며 그 표면에는 수없이 새겨져 있는 괴상한 얼굴들이 지구를 향해 상을 찡그리고 있다.

이런 기둥 모양이 영원히 계속될 것만 같더니 곧이어 그 꼭대기로부터 버섯이 솟아올라 불기둥의 높이는 15km로 늘어났다. 버섯의 꼭대기는 기둥보다 훨씬 활발해서 하이얀 크림 같은 거품이 부글부글 끓는가 하면 전후좌우 상하로 소용돌이치는 등 올드 페이스풀[29] 간헐천 천 개를 한데 합친 것과 같은 일대 광란의 연속이었다. 그것은 마치 사슬에 묶인 짐승이 사슬을 풀려고 몸부림치는 것과도 같았다.

수 초 후에 버섯은 그것을 받치고 있는 거대한 기둥으로부터 떨어져 무서운 속도로 하늘로 치솟아 지상 20km의 성층권까지 달했다.

그러자 다음 순간엔 먼지보다는 좀 작은 또 하나의 버섯이 불기둥으로부터 솟아나기 시작했는데 그것은 흡사 목이 잘린 괴물의 몸에서 또 머리가 생겨나는 모양 그것이었다.

먼저 떨어져 나간 버섯구름은 벽공(碧空)[30]으로 높이 올라갈수록 그 모양이 꽃봉오리로 변하여 꽃잎이 아래로 처지자, 바깥쪽은 크림색으로 안쪽은 장밋빛으로 빛났다. 이런 모양은 우리가 약 350km의 거리에서 마지막 돌아보았을 때도 그대로 계속되었다.

—Aftermath of atomic bomb: A city laid waste by world's most destructive force. 〈The New York Times〉 1945.9.9. William L. Laurence

(조화유, 1966, 178-180쪽에서 재인용)

눈을 뜰 수 없을 정도로 강렬한 섬광, 포탄이 터진 것 같은 진동, 거대한 자줏빛 불기둥과 버섯구름…. 기자는 자기가 본 바를 정밀하게 글로 기록했고, 그 덕에 독자는 원자폭탄이 터졌을 때를 그려 낼 수 있다. 미군은 일본 원폭 투하를 결정하면서 이를 취재할 기자를 〈뉴욕타임스〉에 요청하였다. 〈뉴욕타임스〉는 과학 담당 기자 윌리엄 로렌스를 특파했다(박재영, 2004). 그는 4엽 프로펠러 '그레이트 아티스트'(Great Artist, 위대한 예술가)에 탑승하여 위 기사를

---

29) Old Faithful. 미국 옐로스톤 국립공원에 있는 원뿔 모양의 간헐천.
30) 푸른 하늘.

쓰고 1946년 퓰리처상을 받았다.

  한국 기사 중에 정밀 묘사의 모범 사례로 아래의 기사를 들 수 있다. 박유리 전 〈한겨레〉 기자는 현장에 며칠간 머물면서 취재하는 민속지학 저널리즘(ethnographic journalism)의 전문가로서 몇몇 기사에서 범접하기 어려운 묘사력을 자랑했다 (박재영, 2025b). 그중 하나는 서울 탑골공원 기사다. 2015년 11월, 박유리 기자는 탑골공원 노인들이 자주 찾는, 공원 건너편의 버거킹에서 하염없이 앉아 있는 노인을 여럿 봤다. 노인들은 아예 주문도 하지 않거나 1천 원짜리 커피 한 잔으로 몇 시간을 보낸다. 아래는 그가 한 노인을 관찰하고 쓴 대목이다.

> 그는 아메리카노 한 잔을 입에 댔다가 커피를 테이블에 올려놓는다. 오른쪽, 왼쪽으로 허리를 돌리고 입을 크게 열었다 닫는다. 정지 자세로 일 분이 안 되는 시간을 건딘다. 두 발을 들었다 제자리에 놓는다. 다리를 떤다. 휴, 숨을 늘어지게 쉬고 상체를 흔든다. 다시 입을 벌렸다 닫는다. 더운 날씨가 아님에도 바지를 걷어 올린다. 주머니에서 휴대전화를 꺼낸다. 울리지 않는 전화를 바라보다 품 안에 집어넣는다. 아, 알 수 없는 소리를 낸다. 배우 이정재가 '머시룸 스테이크 버거'를 들고 웃는 광고 포스터 쪽을 쳐다본다. 3층에서 2층으로 내려가는 오른쪽 계단으로 눈길을 돌린다. 엉덩이를 의자에서 잠시 들었다 제자리에 앉는다. 왼쪽 귀를 만지고는 두 손을 의자 위에 올린다. 고개를 뒤로 젖힌다. 오른손으로 허벅지를 주무르다 시선을 바닥에 떨군다. 아, 한숨을 쉰다. 파란색 케이스가 씌워진 휴대전화를 꺼내 화면에 엄지와 검지 손가락을 대고 벌렸다 오므렸다 한다. 사진을 확대, 축소한다. 휴대전화를 품속에 도로 넣는다. 상체를 흔들흔들 그리고 커피를 홀짝인다. 휴, 숨을 내뱉는다. 오른발을 까딱까딱 움직인다. 허리춤에 두 손을 올려놓았다 오른손으로 눈을 비빈다. 손을 콧등에 갖다 댄다.
>
> —탑골공원, 자존심과 두려움 그리고 거짓말. 〈한겨레〉 2015.11.6. 박유리 기자

팬터마임(pantomime)을 글로 옮긴 것 같다. 이 시대 한국 노인들의 무료함을 이보다 더 실감 나게 표현할 수 있을까 싶다. 기사를 읽다 보면 무료함을 넘어 노인의 외로움을 느끼게 된다. 정밀 묘사의 절정이라 할 만하다.

묘사의 가장 큰 논쟁점은 표현의 선정성이다. 묘사는 짧게 설명하는 대신 굳이 꼬치꼬치 표현하므로 강렬하고 인상적인 동시에 자극적이고 선정적일 수 있다. 예를 들어, 전쟁이나 테러의 잔혹한 장면을 그대로 드러내는 게 좋은지, 아니면 두루뭉술하게 표현하는 게 좋은지에 대해서는 이렇다 할 정답이 없다. '전쟁이 터졌다'거나 '전쟁이 참혹하다'는 표현만으로도 전쟁이라는 뉴스를 전하는 데에 별다른 문제가 없지만, 언론이 전쟁을 보도하는 궁극적 목적이 전쟁의 예방임을 떠올리면, 그 정도로는 안 된다. 한국 사람 거의 모두는 평생 전쟁을 경험하기는커녕 맨눈으로 본 적도 없다. 그래서 전쟁을 모른다. 전쟁을 모르는 사람들이 전쟁에 대해 경각심을 가지게 하려면 전쟁의 실상을 보여 줘서 전쟁이 무엇인지 알 수 있도록 해야 한다. 그러자면 기사는 전쟁을 더할 수 없이 적나라하게 전해야 한다. 되도록 구체적이고 세세하게 전쟁의 참상을 표현해야 한다. 전쟁뿐 아니라 테러, 살인, 폭행, 교통사고, 화재, 마약, 사기, 자살 등 모든 사건이 다 그렇다. 실상을 알려 줘야 예방에 도움이 된다. 그 매개 역할을 언론이 한다. 역대 기사 중에 대표 사례 몇 개를 소개한다.

한국군은 휴전 협상을 유리하게 이끌기 위한 전초기지를 확보하고자 1952년 7월부터 1년간 강원도 화천군 금성천 북쪽 해발 610m의 수도고지를 두고 적과 치열한 고지전을 벌였다. 국군과 중공군은 계곡을 사이에 두고 근접 대치한 채 고지를 뺏고 뺏기면서 백병전도 치렀다. 아래는 초기의 전투 상황을 적은 기사다.

> 8일 밤이 되자 부하들을 격려하여 수도고지 중턱까지 기어 올라간 김 소대장은 아군들의 시체를 모아다가 장벽을 쌓으라고 부하들에게 명령하였다. 아홉 차례의 돌격 끝에 많은 전우를 잃어버리고 이제 겨우 고지 중허리에 올라가자 해

가 지니 아군의 지원 포격도 중지되어, 또 하룻밤을 산중복[31]에서 적과 싸울 수밖에 없는데 사격 자세마저 감추어 줄 지형이 없는 것이다.

금방 같이 싸우다가 쓰러진 전우의 시체들은 적탄을 막는 방패로 쌓아 올리기 시작하였다. 적탄은 간단없이 내려 쏟는다. 금시까지 엉엉 울다가 숨이 진 부상병의 시체, 아프다고 가슴팍을 쥐어뜯다가 통곡하며 사라진 전우의 시체, "어머니 저는 아들 된 책임을 못하고 갑니다. 군인 된 책임도 다 못하고 죽습니다"라고 울부짖다가 죽은 전우의 아직도 따뜻한 피 흐르는 시체들은 적탄을 막는 방패로 가로 쌓였다. 죽은 전우의 턱 위에 총대를 올려놓고 기어 다니는 적을 노리는 병정들의 이때의 마음을 무어라고 형용할 것인가. 고지에 있는 오랑캐들이 굴려 내려 보내는 수류탄은 가까이까지 와서 폭발하여 전우의 시체가 찢기우고 찢기운다. 어둠에 적과 아군을 분간치 못하는 포병들은 벌써부터 지원사격을 멈추었다. 이제 아군을 살리는 길은 어서어서 동이 터 주위가 밝아지는 길밖에 없다.

이 밤이 새기를—사선(死線)을 방황하는 병정들은 밤 새기만을 고대하고 있었다. 그러나 밤은 좀처럼 새지 않는다. 중천에 반짝거리는 별을 가리고 구름이 오고갈 뿐—아군을 조준하여 또 박격포탄이 쏟아진다. 소대장 김 소위가 머리를 맞아 피를 콸콸 쏟고 죽었다.

그러나 김 소대장의 시체도 한참 만에 '방패 시체'로 쌓여버렸다.

"밤이며 어둠이여 어서어서 거두소서." 전 소대원이 몇 백 번을 합장하였을까— 동은 훤하게 트기 시작하였다. 그때 김 소대장 대신 소대를 지휘하던 제2분대장 방 2등상사는 약 30 '야드' 눈앞에 이상한 것을 발견하고 바싹 기어 나갔다가 돌아와서 부하들에게 말하였다. "되놈도 굉장하구나, 놈들도 우리와 같이 방패 시체를 쌓았어." 전 소대원은 중공군이 자기들의 시체로 만들어 놓은 방벽까지 기어 올라갔다. 여섯 시가 되자 기다렸다는 듯이 아군의 155밀리 거포

---

31) 산허리.

가 적진을 때리기 시작하였다. 여덟 시간 동안에 ○○○○[32]발이나 발사된 아군의 포탄은 고지의 중공군을 붕괴시키고 공격소대는 또다시 밤을 기다려 고지를 돌격—잔적을 소탕한 것이 오후 11시 30분—강원도의 이름 모를 한 개의 산언덕은 이리하여 열한 번째 주인을 바꾸는 대신 5천 명 이상의 적과 아군의 피를 마시고 ○만 발의 각종 포탄과 ○○만 발의 총탄을 받은 것이다.

—수도고지의 탈환 전야 비분의 최후 수단, 전우 시체를 방패로 처절한 전투.
〈조선일보〉 1952.9.14. 전동천 기자

200자 원고지 6.7매밖에 안 되는 짧은 글인데, 전투의 참상을 생동감 있게 전했다. 특히, 전우의 시체를 적탄의 방패로 쌓아 올렸다, 죽은 전우의 턱 위에 총을 올려놓고 사격했다, 수류탄 폭발로 시체가 찢어졌다, 박격포탄에 머리를 맞아 피를 콸콸 쏟고 죽었다 등의 표현은 자극적이라고 말할 사람도 있겠지만, 이런 표현이 전쟁을 체감하게 해 준다.

전동천은 평북 정주 출신으로 1946년 〈평양민보〉 기자로 일했다. 부농의 아들로 일본 유학까지 했던 그는 당시 북한의 공산사회 분위기에서 반동분자로 몰려 비밀경찰에 구금되었다가 탈옥하여 1947년 4월 월남 후 〈조선일보〉 사회부 기자가 됐다(조선일보사 사료연구실, 2004b). 북한 사정에 밝았던 그는 6·25전쟁 때 북진하는 국군을 따라 종군하여 수도고지 탈환 전투 때에는 폭발 사고로 부상을 입는 목숨 건 취재로 앞의 기사를 썼다(대한언론인회, 2001b). 1950년 12월 5일 국군이 전략적으로 평양을 철수하던 날의 상황을 담아 12월 13일에 보도한 '평양 최후의 날'도 처절하고 생동감 넘치는 기사다.

월남전 때 사이공에 특파된 이규태 〈조선일보〉 기자의 1965년 기사도 디테일을 살려서 전쟁을 실감 나게 그렸다.

---

32) 기사의 '○' 표시는 원문 그대로임.

아침밥을 늦게 먹고 베드에 누워 "베트남 정세 낙관적"이라고 테일러 대사가 미국에서 말한 외신을 조간신문에서 읽고 있을 때였다. 비단을 찢는 듯한 날카로운 파열음과 더불어 폭음이 계속되면서 베드가 흔들리는 충격감을 느꼈고 데스크에서 시계가 떨어져 쳇소리를 냈다.

뒤이어 창밖에 뭣인가 떨어지는 소리가 요란스러워 호텔의 일부가 폭파당한 줄로만 알았다.

프랑스식 고풍(古風)의 음침한 낭하를 뛰어 스릴러 영화에 나올듯한 구식 엘리베이터로 호텔의 스카이라운지에 올라가 보았다. 직선거리 2백 미터밖에 안 되는 '함니'가(街)의 첫 '스퀘어'33)에 폭진(爆塵)이 뒤덮고 증기 기관차의 연기 같은 그 검정 폭연(爆煙) 속에 성조기는 그대로 나부끼고 있었다.

반년 전에는 불발탄으로 무사했고, 1주일 전에는 베트콩이 시한폭탄을 내려놓다가 들킨 바로 그 미국 대사관이 끝내 폭파되고 만 것이다.

어젯밤 사이공에서 듣던 중 가장 가깝게 포 소리가 나더니 그것과 연고가 있는 듯해서 불쾌감이 치밀었다.

월남 경찰이 쳐놓는 철조망을 뛰어넘어 깜장에 새까매진 사상자 50여 구가 나흩어진 현장에 이른 것은 폭발 5분 후, 맨 첫 번째로 녹색 올리브 잎 무늬의 원피스를 입은 미국 여사무원이 대사관 건물에서 업혀 나왔다. 그 여인의 옷을 성급히 찢고 젖가슴에 귀를 얹던 한 중년의 미국 남자는 훌쩍훌쩍 울면서 쥐색 웃옷을 벗어 그 여인의 얼굴을 덮어 주었다.(①)

대사관 경비원인 한 흑인은 복부가 파열되어 있는데도 검은 가죽의 권총띠는 그대로 허리에 채웠으며 온몸이 탔거나 살이 떨어져 나간 환각만 같은 사상자 20-30명이 폭풍에 내부를 고스란히 날린 대사관 6층 건물에서 들것에 실려 나왔으며 존슨 부대사는 줄기줄기 흐르는 피를 닦지도 못하고 지휘를 했다.(②)

---

33) square. 광장.

열심히 중상자를 간호하던 한 젊은 미국 여인은 자기 등짝에 피범벅이 된 것도 모르고 있었으며 부상을 입은 아오자이 차림의 한 월남 여인은 길바닥에 무릎을 꿇고 손을 모은 채 중얼중얼 불공을 드리고 있었다. 머리에서 흐른 피가 맞쥔 손을 적시는데도 중얼거리고만 있었다.(③)

그 수라장에 몰려온 소방차들은 불을 끄는 것이 아니라 피를 쓸고 있었으며, 넋 잃고 붐비는 한 소방차는 늘어놓은 시체를 갈려, 죽은 생명을 다시 한 번 죽게 해서 원성을 샀다.(④) (중략)

피와 새까맣게 탄 시체의 잔해들이 궂은비 내리는 '함니'가(街)의 공기를 분명히 비리게 하고 있었다. 이 참상을 본 한 외신 여기자는 "이것은 테러가 아니라 분명히 공격이다"고 혼잣말을 했다.

사이공 시내의 구급차와 소방차가 전부 동원되어 시내를 누비는데 사이공 시민들은 여전히 무표정했고 사이공의 외국인들은 뚜렷이 느낄 수 있을 만큼 안색들이 변했다. 외인 상대의 '투·도' 상가만이 일찍이 철시했을 뿐 아무 일 없었다는 듯 사이공은 자전거 탄 여인들의 아오자이 바람이 일고 있었으며 통행이 금지된 사고 현장 바로 이웃 거리에 있는 '바'에서는 반라(半裸)의 '바·걸'들이 미국인들을 꾀는 데 여념이 없었다.

—처절! 피와… 폭진과… '함니' 가(街)의 생지옥.
〈조선일보〉 1965.4.2. 사이공=이규태 기자

위의 ①~④번 문단이 표현의 디테일을 잘 살린 곳이다. 이규태 기자는 미국 대사관과 가까운 호텔 방에서 엄청난 폭음에 놀랐지만, 기사 제목 그대로 생지옥 같은 현장에 곧장 뛰어들었다. 그는 그것은 "위험한 취재였다"고 편집자 주에 적었다.

전쟁이나 그에 버금하는 살벌한 상황은 참상을 낳을 가능성이 커서 디테일을 살리는 기사를 쓰기에 좋은 기회다. 아래의 여순 사건 기사도 그런 예다. 1948년 4월 3일 제주에서 발생한 4·3사건을 진압하기 위해 육군본부는 여수

주둔 군부대의 제주도 파병을 하달했지만, 이를 거부한 군인들이 10월 19일 반란을 일으켰다. 반란군은 여수와 순천까지 함락시켰다가 10월 24일 진압군에 의해 패퇴했다. 진압군은 민가를 수색하면서 반란군 협력자를 색출하고자 했는데, 이 과정에서 반란군과는 무관한 민간인 상당수가 희생됐다. 아래 기사는 그 비극적 장면을 적나라하게 전한다.

동족의 피로 물들인 순천에 들어간 것은 24일 미명이다. (중략) 순천이 꼭 막히도록 자동차 장갑차 군대가 일대를 점령하고 있다. 먼저 와 있던 차의 병사들이 총을 우리에게 겨누고 "어느 연대냐"고 묻는다. 반란군도 복장이 같기 때문에 일단 조사를 하는 것이었다. 대부대가 집결되어 있는 까닭에 사령부까지 자동차를 들이밀 수가 없어 그 자리에 정차시키고 말았다.

먼동이 트면서 사람 소리가 많이 나는 곳을 쳐다보니 순천읍민이 거의 전부 국민학교 마당에 집결되어 있는 것이 보인다. 모두 벌벌 떨고 있고 젊은 사나이들은 수색을 당하느라고 '빤쓰'만 입고 있다. 질서가 완전히 회복된 줄만 알고 들어갔던 기자는 주저하지 않을 수 없었다. 3주야 동안이나 반란군에게 점령당하였던 순천읍에는 읍민은 대개 피난하고 집집마다 다 텅 비어 있는 것이다. 주민들은 일단 이 국민학교에 집결하여 경찰의 심사를 받는 것이다. 학살을 면한 사람들이 모여 있는 군중 속에서 반란에 참가하였던 그 지방민을 손가락으로 지적하여 뽑아내고 있다.

날이 밝으며 순천 거리에 제1보를 내디뎠다. (중략) 길거리에는 이곳저곳 시체가 산란하고 있다. 어느 것은 썩고 어느 것은 불에 타고 어느 것은 개가 덤벼 뜯어먹고 있다. 경찰서 문안에 들어서니 피비린내가 코를 찌른다. 팔을 묶이어 총살을 당한 외에 다시 가해를 당한 70여 개의 시체가 한데 쌓여 있다. 불탄 버스 속에는 백골이 우수수하다. 마치 나치스 독일의 죄악사의 1페이지를 장식하는 어떤 영화의 장면 그대로의 자태이다. 집집마다 문을 열어 보면 시체 하나나 둘씩 없는 집이 별로 드물다. (중략)

오후에 이르러서 시민이 하나씩 둘씩 자기 집을 찾아가고 어버이 잃은 아이, 남편 잃은 부인, 자식 잃은 부모가 시체를 찾으러 거리를 방황하나 그는 극히 소수에 불과하다. 소방자동차들은 우선 시체를 정리하고자 한 차씩 실어다가는 냇가에 버리고 있다. 시간이 갈수록 긴장이 풀리며 터져 나오는 울음소리가 가슴을 찌른다. 시체가 쌓여 있는 곳에 가을비가 무심히 뿌리어 상처에서 흘러나온 피의 양(量)을 증가시키니 순천의 거리는 문자 그대로 시산혈하(屍山血河)[34]를 이루고 있다. (중략)

—이곳저곳 시체가 산란, 피난민은 점차로 귀착.
〈조선일보〉 1948.10.27. 순천=유건호 기자

유건호 〈조선일보〉 기자는 순천에서 1948년 10월 27일부터 31일까지 위 기사를 포함하여 4건을 송고했다. 아래는 두 번째 기사인데, 진압군이 반란군 협력자를 색출하여 총살하는 살벌한 장면을 정밀하게 그려 냈다.

(전략) 그들은 적개심을 가지고 지나간 3일 동안에 인민위원회 계통에서 활약하던 인사들을 뽑아내는 것이다. 손가락이 한 번 가르쳐진 사람은 사정없이 끌려 나간다. 끌려 나온 사람들은 또다시 그 집단 속에서 자기와 같이 행동하던 사람들을 끄집어내도록 명령을 받는다. 주저하다가는 얻어맞고 주저하다가는 얻어맞고 한 끝에 결국 또 하나를 손가락질한다. 새로 이끌려 나오는 사람은 손가락질한 사람에게 한사코 들입다 덤빈다. 그것도 그럴 것이다. 손가락질 한 번에 끌려 나오면 생명에 위험을 직감하게 되는 것이오 변명할래야 아무 도리가 없는 것이다. "이 자식아, 눈깔이 뒤집혔느냐", "내가 언제 폭도에 가담하였느냐" 고함을 쳐 보지만 소용없는 짓이요 당장에 경찰관에게 제지당하고 만다. 이리하여 지적을 받은 용의자들은 준열한 취조를 받고 그중 일부는 포박당

---

34) 시체가 산처럼 쌓이고 피가 시내를 이룸.

한다. 이리하고 있는 동안에 학교 마당 남쪽 귀퉁이에 15명의 청년이 포박된 채 끌려 나와 선다. 경관대가 한 사람씩 맡아서 약 10m 뒤에 선다. '카-빙'총[35]의 발사와 함께 그들은 앞으로 꼬꾸라졌다. 제2탄, 제3탄이 쓰러진 그들에게로 다시 발사되었다. 운동장 안의 각 집단에서는 약속한 듯이 눈을 감고 손으로 얼굴들을 가린다. (중략)

―공포 삼 일의 육만 시민 또 흑백의 심판.
〈조선일보〉 1948.10.29. 순천=유건호 기자

당시 유건호는 28세로, 기자 경력 만 2년에 불과했는데도 흥분을 자제한 채 담담하고 정확하게 기사를 썼다(조선일보사 사료연구실, 2004b). "아주 절제된 그러나 또렷하게 깨어 있는 눈으로 사태를 냉정하고 꾸밈없이 관찰했음을 말해 주는 기사다"(대한언론인회, 2001a, 180쪽).

화재 기사를 통해 정보의 디테일을 한 번 더 알아본다. 1974년 겨울 88명이 사망한 서울 청량리역 대왕코너 화재를 보도한 기사다. 〈중앙일보〉는 1면에 사건 스트레이트 기사를 쓰고, 6면과 7면에 상보를 담았다. 아래는 6면에 실린 건물 내부 장면 기사다.

> 화재 현장: 화마가 핥고 간 6층 '타임 나이트클럽'과 '브라운 호텔' 57개 객실·사무실·주방·복도 등은 흡사 연옥을 방불케 했다. 호텔 북쪽 10여 개 객실의 일부 용구가 반소된 것을 빼고는 침구·천장·벽면·문짝 등 탈 수 있는 각종 기물은 모두 숯덩이와 재로 변했고 화재 11시간이 지난 3일 하오 2시까지도 열기가 가시지 않았다.
>
> 화재와 소화작업으로 엉망이 된 현장은 타나 남은 전선이 어둠 속에 거미줄처럼 늘어졌고 곳곳에 소화 '펌프' 물이 20cm 깊이까지 괴었다.

---

35) carbine 소총. 제2차 세계대전 때 미군이 많이 사용했던 반자동소총.

가장 처참한 곳은 1백80여 평에 이르는 '타임 클럽'. 이곳엔 64구의 불탄 시체가 홀의 남북 양쪽에 나뉘어 엉켜 붙은 채 겹겹이 쌓여 있었다. 이 가운데는 서로 꼭 껴안은 채 죽은 젊은 남녀의 시체가 7-8쌍, 창가로 몰려 테이블 다리를 껴안은 채 죽은 시체가 5구나 돼 사고 순간이 얼마나 긴박했던가를 말해 주었다. 홀의 주방·주석·스테이지의 철제기물은 엿가래처럼 모두 휘어 붙었고 나머지는 모두 재가 됐으며 심지어 천장에 칠한 5cm 두께의 시멘트가 모두 튀어 떨어져 나갔다. 또 남쪽 창문의 유리창 20여 개가 한 장도 남지 않고 박살났다.

홀의 주방과 후문 옆에는 이날 밤 이들이 마신 것으로 보이는 빈 맥주병이 각각 10여 궤짝씩 쌓여 있었다.

주방 안에는 시커멓게 그은 프로판 가스통이 놓여 있었다.

브라운 호텔 객실 중 발화지점에서 비교적 먼 610, 613, 643-649호 등에는 불길이 완전히 미치지는 않았으나 8평 크기의 632호 객실(트윈) 내부의 벽면과 천장은 전소, 침대·탁자·옷장 등은 모두 반소됐고 문 안쪽 바닥에는 반쯤 타다 남은 스펀지 매트리스가 널려 있었다. 또 객실 남쪽 벽에 장치된 콘센트에는 전깃줄이 꽂힌 채 있었다.

또 627호실에는 연기에 질식, 불에 그은 듯한 바지만 입은 남자, 삼각팬티만을 입은 여자 등 남녀 시체 2구, 북쪽 엘리베이터 앞에는 불에 타 숨진 시체 3구가 있었다.

이밖에 613호실에는 빈 조니워커 병·양담배꽁초·땅콩·콜라병 등이 흩어져 있었고 614호실에는 브래지어·팬티·블라우스가 남아 있었다. 609호실에는 남녀 구두 각각 1켤레·브래지어·남자용 코트·양복 등이 반쯤 탄 채 흩어져 있었다. 또 601호실에는 브라운 호텔·'Y H KIM'이라는 명찰이 붙은 흰색 웨이트리스 복이 있었다.

607호실에는 빨아 넌 남녀용 양말 2켤레가 탁자 위에 나란히 널려 있었고 여자용 팬티·블라우스·속옷 등이 방바닥에 어지럽게 널려 있었다.

이밖에 북쪽 계단 바로 위에 있는 7층 SDA 영어학원의 의자 4백여 개와 타자

〈그림 18〉 막힌 회전문 엉킨 시체 연옥 같은 그 현장. 〈중앙일보〉 1974.11.4.

기·녹음기 등이 전소됐고 SDA 학원 남쪽의 멕시코 카바레가 반소됐다.

—막힌 회전문 엉킨 시체 연옥 같은 그 현장, 숯덩이 같아 남녀 구별 못 해.

〈중앙일보〉 1974.11.4. 김광섭 기자

김광섭 기자는 1973년 11월 3일 일요일 이른 아침에 눈을 떠 습관처럼 라디오를 켜고 화재 소식을 접하고서 곧바로 현장으로 출동했다. 불길이 어느 정도 잡힌 상황에서, 화재가 진압된 건물 안에 들어가 내부 현장을 스케치하라는 사회부장의 지시가 내려왔다. 그는 후배 기자 1명과 함께 경찰과 화재 감식반을 피해 창문을 통해 건물 안으로 들어갔다. 화재는 진압됐지만, 건물 안은 후끈한 열기로 겨울인데도 뜨거웠고 소방호스로 뿌린 물은 구두 위로 넘쳐 들어왔다. 여기저기 검게 그을린 전깃줄이 늘어져 있었다. 그는 "금방이라도 유령이 튀어나올 것 같았다"고 했으며(대한언론인회, 2017, 30쪽). "취재 후 집에 가서 샤워를 했는데도 몸에서 죽음의 냄새가 나는 것 같았다"고 회고했다(김광섭, 2020, 52쪽). 그의 글이 디테일을 살린 덕에 독자는 기자가 현장에서 직접 체험했던 바를 기사를 통해 간접 체험할 수 있었다.

　디테일한 묘사로 사안을 간접 체험하게 하여 일이 재발하지 않도록 도와준다지만, 여전히 사건의 실체 전달과 선정적 보도 사이에 딜레마가 있음을 부인할 수 없다. 적나라하게 보도한다고 하더라도 과연 어느 정도까지 허용될 수 있는가? 자극적 표현이 언제나 필요하다는 뜻은 전혀 아니다. 그러나 지나치게 모범을 강조하는 탓에 자극적 표현에 무조건 거부 반응을 보이는 우리 사회 분위기가 마냥 옳은지 재고할 필요도 있다. 자극적 표현은 논쟁의 대상이지 무조건 불허의 대상은 아니다. 경우에 따라서는 자극도 필요하다. 한 예를 〈머니투데이〉와 경찰청이 협력한 사례에서 볼 수 있다. 경찰청은 작년에 보이스피싱 범죄가 줄기는커녕 1인당 피해액이 3,000만 원을 넘고 범죄 대상은 10·20대로까지 확대되자, 정세진 〈머니투데이〉 기자와 공동 기획보도를 추진했다. 피해자들이 보이스피싱에 속은 오디오 파일을 넘길 테니 그것을 그대로 보도하여 피해자가 더 나오지 않도록 해 보자는 주문이었다. 모방 범죄를 걱정하여 사기의 과정을 숨기기보다 오히려 노출함으로써 예방에 힘써 달라는 취지였다. 적나라하고 자극적일 수 있는 보도가 왜 필요한지를 국가 기관이 공인한 사례라 할 수 있다. 아래가 그 기획보도 중의 하나다.

"김정훈 씨(가명), 당신 계속 그렇게 거짓말하면 성매매 혐의로 구속이야!"

지난 2월 초 30대 직장인 김모 씨는 서울중앙지검 검사로부터 전화를 받았다. 자신을 검사라고 소개한 사람은 성매매 수사 과정에서 김 씨 계좌가 나왔다고 했다. 검사는 "당신은 필리핀에서 카드를 발급해 수사기관의 추적을 어렵게 했다"며 "은행에는 자신이 발급받은 카드가 아니라고 우긴 통화 녹취록이 남아 있다"고 했다.

김 씨는 억울했다. 이날 그는 해외에서 카드를 발급했다는 문자를 받고 고객센터에 확인해 본 게 전부였다.

검사는 "변명하지 말라"며 윽박질렀다. 김 씨 주민등록번호와 주요 계좌에 예치된 금액까지 모두 알고 있었다. 명백한 증거가 있어서 구속을 피하기 어렵다고 했다. 부인 얼굴이 떠올랐다. 회사에 성매매 혐의로 수사 받는다는 사실이 알려지면 해고를 피할 수 없다. 삶이 무너져 내리는 것만 같았다.

그때 김 씨에게 한 통의 전화가 왔다. 자신을 금융감독원(금감원) 안모 과장이라고 소개한 남성은 검찰, 경찰과 합동으로 범죄자금을 추적하고 있다고 밝혔다.

안 과장은 검사와 달리 목소리가 부드러웠다. 김 씨는 눈물을 흘리며 억울한 사연을 쏟아 냈다. 이야기를 한참 듣던 안 씨는 "방법이 있다"며 자신에게 협조만 잘해 준다면 '보호관찰 파견수사'를 해 주겠다고 했다. 수사기관이 지정한 호텔에 혼자 가서 외부와 연락하지 않고 수사 받는 방식이다. 김 씨는 허락 없이 호텔방을 나올 수 없다고 했다.

범죄수익금 추적은 기밀 사항이기 때문에 외부에 절대로 발설하면 안 된다는 조건도 붙었다. 안 과장은 이를 '엠바고' 사항이라 부르며 "(김 씨가) 기혼이라 걱정이 많지만 믿어 준 만큼 엠바고를 철저히 준수해 달라"고 했다. 보안을 유지하기 위해 텔레그램으로 수사를 진행한다고 했다. 그렇게 김 씨는 보호 관찰 번호 ○○○○호가 됐다. (중략)

─ "성매매했잖아, 구속", "협조 잘해라"… 피싱범 능숙한 밀당에 3.2억 '증발'.

〈머니투데이〉 2024.5.3. 정세진 기자

정밀 묘사는 요즘 국내외 언론학계에서 가장 강조되는 '기자의 경계 짓기'의 핵심을 이룬다(허만섭·박재영, 2019). 이미 '모든 시민이 기자다'라고 하는 상황에서, 기자는 어떻게 자신을 아류 기자나 이류 기자, 선동적 유튜버와 차별화할 수 있는가? 거기엔 두 가지 방안이 있다. 첫째는 현장성이다. 기자는 남들처럼 책상머리에 편하게 앉아서 커피 마시면서 사유하며 글을 쓰는 게 아니라 현장에서 발로 뛰어다니며 눈 닦고 관찰하며 글을 쓴다. 여기에 기자의 절대적 우위가 있다. 교수, 학자, 공무원, 시민운동가, 소설가도 훌륭한 전문가이지만, 기자만큼 현장에서 대상을 보지는 않는다. 현장에 두 발로 직접 가서, 눈으로 보고, 그대로 적는 것만 잘해도 기자는 범접하기 어려운 직업이 된다. 두 번째는 정밀한 표현력이다. 도달하기 어려운 목표이긴 하지만, 기자가 소설가 같은 표현력을 지닌다면 적어도 당분간은 생성형 AI도 기자를 넘보기 어려울 것이다. 이 둘을 위해선 발, 눈, 손이라는 고전적 취재 도구만 있으면 된다. 이게 가장 강력하고, 가장 오래가는 최고의 취재 기법이자 글쓰기 노하우다. 인간 기자라면 누구나 할 수 있는 일이다.

3. 친근한 문장

사람들은 중후장대한 사안에 관심을 지니지만, 자기의 일상적 사안을 더 궁금해한다. 사실, 언론이 중후장대한 사안을 보도하는 이유는 결국 그것이 시민의 일상에 영향을 끼치기 때문인데, 마치 별 관계가 없는 것처럼 보도해서 시민들이 관심을 두지 않는다고 말할 수 있다. 역시 관건은 사안을 얼마나 시민과 관련지어 보도하느냐이다. 여기에는 사안 전달의 도구인 글이 큰 역할을 할 수 있다. 사람들은 위엄 있는 글이나 미사여구에 경탄하지만, 일상적 언어로 된 글을 읽을 때 더 가깝게 느낀다. 그걸 친근한 문장이라고 한다면, 아래 기사는 그 대표적 예라 할 수 있다.

"사랑을 하니까 머리에 염색을 하지."
 92세 할아버지가 웃으면서 염색을 하는 까닭을 설명하자, 옆에 있던 할아버지, 할머니 들이 한바탕 따라서 웃는다. 노인답지 않게 웃음소리가 건강하고 명랑하다. '일본 제1의 장수마을'로 알려진 시즈오카 현의 해변마을 이하마(伊浜). 도쿄에서 남서쪽으로 기차로 두 시간, 버스로 한 시간을 달려 찾아온 이 벽지에서는 할아버지와 할머니 들이 어린이 수가 줄어 폐교가 된 옛 초등학교에 모여 게이트볼과 고리 던지기 연습을 하고 있었다.
 운동을 하는 노인 17명 중 안경을 쓰거나 보청기를 낀 사람은 거의 없고, 4명의 할머니가 머리 염색을 했다. 사이토 마스오(齊藤增男, 92) 할아버지가 다시 "집사람이 먼저 세상을 떠났는데, 사랑도 보충을 해야 하니까 이 중의 두 사람이 내 여자친구"라고 말하자 또 한 번 웃음이 터진다.
 이 마을 노인회는 40개 팀이 참가한 지난해의 '미나미 이하마초(南伊浜町) 노인클럽연합회 고리던지기 대회'에서 우승을 했는데, 올해도 우승을 하려고 맹연습 중이다.
 이하마 마을은 122가구에 인구가 350명인데, 그중 65세 이상의 노인이 80명으로 전체의 22.9%이다. '노인 천국' 일본에서도 65세 이상의 노인이 전체의 13.3%인 점과 비교하면 2배에 가깝다.
 비교적 젊은 편이어서 운동을 지도하던 히타 도쿠지로(肥田德次郎, 76) 할아버지는 "우리는 대부분 이 주변에서 태어나 평생을 부지런히 일하며 살아왔다. 우리 마을에서는 늙어도 앓아눕는 일 없이 살다가 수명을 다하는 경우가 많다"고 자랑한다.
 푸른 바다 양쪽으로 몇 개의 섬이 기막히게 아름다운 풍경을 만들어 주고, 뒤로는 해발 200m 정도의 야산이 바람을 막아 주는 이 마을의 주민 생업은 거의 다 반농반어(半農半漁)이다.

　마가레트 꽃과 귤 등을 재배하는 비닐하우스가 산비탈의 밭을 온통 뒤덮고 있고, 앞바다에는 어선과 외지인의 낚싯배가 떠 있거나 포구에 매어져 있다. 자연이 만들어 주는 경치는 이처럼 아름답지만, 삶의 조건이 유리하다고는 말할 수 없다. 그러나 편안하고 아늑한 정서를 가져다주는 자연과 부지런히 일해야 하는 삶의 조건이 절묘하게 결합되어 장수마을을 이루고 있기도 하다.

　노인들은 80세가 넘으면 일에서 손을 떼고 하오마다 운동장에 모여 하루 4시간 정도 운동을 하며 소일을 하는데, 한 달에 두 번씩은 노래하고 춤을 추는 특별 행사도 열린다.

　80세의 오사마 기미코 할머니는 "우리 마을 사람들이 신선한 야채와 칼슘이 많은 해초류, 생선 등을 먹는 것이 건강에 도움을 주는 것 같다"고 말했다.

　운동장에서 30m 정도 걸어 내려오면 마을 복판에 오래된 절이 바다를 향해 서 있다. 절 앞에 세워진 '일본 제1의 장수촌 문화를 전하는 후쇼지(普照寺)'라는 팻말이 자랑스러워 보였다.

　　　　　　― 인구 350명 중 65세 이상 80명, 늙어도 대부분 앓아눕는 일 없어.
　　　　　　〈한국일보〉 1995.3.16. 이하마=박래부 기자

　기사는 한 폭의 수채화 같다. 잔잔하고 소박한 글 덕분이다. 묘사, 인터뷰 코멘트, 설명의 3요소를 잘 조화하여 현장의 정서가 듬뿍 느껴지도록 적었다. 박래부(2015)는 "가능한 한 그들의 삶에 대한 자세와 농담 등을 육성으로 전하려 했다. 바다와 산비탈을 오르내리면서 평생을 근면하게 일하고 긍정적으로 생각하고, 소박하지만 신선한 음식을 먹으며 장수하는 이하마 노인들을 그리고자 한 르포"라고 자평했다(108-111쪽). 일본 제1의 장수촌 이하마 사람들의 삶을 통해 알아본 장수의 비결은 마음의 여유와 긍정적 생각이었다. 이 진부한 진리가 200자 원고지 7매밖에 안 되는 짧은 글에 놀랍도록 강렬하게 담겼다.

'어깨에 힘을 빼고 쓰라'는 주문은 이런 글을 두고 하는 말이다.

많은 기자가 글쓰기 책을 냈지만, 절대다수는 글의 기능적 측면에 매몰됐다. 개중에는 '짧은 문장이 좋다'는 식의 오류에 가까운 조언을 무턱대고 해 놓은 책도 많다. 박래부 기자는 거의 유일하게 문학적 측면에서 기사 문장을 논했다. 그는 『좋은 기사를 위한 문학적 글쓰기』(박래부, 2015)에 기자를 위한 문학적 글쓰기 공부 방법을 소개했다. 흔히 글을 잘 쓰려면 소설을 많이 읽으라고 조언하는데, 박래부 기자의 생각은 조금 다르다. 그는 글쓰기를 배우기에 유용한 순서는 '수필→시→소설'이라고 했다. 자기가 소싯적에 글쓰기를 위해 즐겨 보았던 책을 장르별로 소개하기도 했다(21-35쪽). 예를 들어, 수필로는 장 그르니에의 『섬』, 안톤 슈낙의 『우리를 슬프게 하는 것들』, 조지 로버트 기싱의 『기싱의 고백』, 이상의 『권태』를 추천했다. 이들 에세이에는 우수와 비애가 깔린 서정과 철학, 사색적 문장, 삶에 대한 깊이 있는 통찰 등이 지적이고 우아하게 교직되어 있다고 했다. 또한, 정지용의 '유리창 1'과 '고향', 김수영의 '헬리콥터'와 '폭포', 폴 엘뤼아르의 '자유', 기욤 아폴리네르의 '미라보 다리' 등의 시에서는 글의 간결미와 풍부한 상상력, 함축된 문장이 지닌 힘을 공부할 수 있다고 했다. 그가 추천한 소설은 오 헨리의 단편소설과 알퐁스 도데의 『별』, 헨리크 시엔키에비치의 『등대지기』 등이며 박경리의 『토지』, 최인훈의 『광장』과 『회색인』, 공지영의 『인간에 대한 예의』, 신경숙의 『외딴방』 등을 통해 문장과 역사, 현실에 대한 이해를 깊게 할 수 있다고 말했다.

이런 각별한 노력 덕에 박래부의 글은 미사여구 없이도 빛나고 눌러쓰지 않아도 의미심장하다. 아래 기사는 그의 글이 얼마나 자연스럽고 친근한지 보여주는 또 다른 예다. 1979년 12월 8일 대통령긴급조치 9호 해제로 구금 인사 68명이 석방됐을 때, 박래부 기자는 여타 신문과 완전히 다르게 기사를 썼다.

> 한밤중 갑자기 안겨 든 자유. 한밤중 갑자기 겪는 만남.
> 　전국 곳곳의 교도소와 구치소 문 앞은 다시 결합하는 혈육들의 기쁨으로 밤

새 출렁댔다. 솜옷 입은 아들을 부둥켜안은 어버이는 수염이 따가운 아들의 볼을 쓰다듬으며 눈물을 쏟았고 "외국에 출장 가셨다"던 아빠를 마중한 다섯 살 아들은 "아빠, 선물은 어디 있어?" 소리쳐 어른들을 울렸다. 긴급조치 9호가 해제되던 '한밤중'은 겨울밤답지 않게 짧고 또 짧았다.

시간으로는 7일 하오 7시 45분. 서울 영등포구 고척동에 있는 영등포 구치소 앞은 분명히 한밤중이었으나, 수감자들이 하나씩 둘씩 풀려나오면서부터는 이미 새벽이었다.

맨 먼저 회색 바지와 흰 저고리의 김상복 군(25·중앙신학대 3년)이 지팡이를 짚고 걸어 나왔다. 소아마비로 약간 불편한 모습인 김 군을 멀리서 가장 먼저 발견한 김 군의 누이동생은 "오빠아" 하고 큰 소리를 냈다. 그 순간, 김 군과 김 군 가족들의 두 손 벌린 달음박질은 시작됐다. 멋지고, 감격적인 만남이었다.

다음 순서는 흰 저고리, 검은 바지 차림의 성유보 씨(37·전 〈동아일보〉기자), 그다음 순서는 송좌빈 씨(56·충남 대덕군 동면 주산리 151), 그리고 그다음은 김용훈 씨(30·충남 논산군 논산읍 반월리 162). 이들은 모두 갑작스러운 석방 소식이 가족에게 전해지지 않아 마중 나온 사람이 없었다. 3인은 잠시 허탈한 듯하다가 근처 대폿집으로 가 막걸리 2되를 게 눈 감추듯이 들이켰다. 안주는 돼지볶음.

송 씨와 김 씨가 어디론지 떠난 뒤 성 씨는 택시를 타고 서울 강남구 도곡동 제2아파트 26동 107호 자택에 밤 9시 50분 도착했다. 그 시간 부인은 남편이 다음 날 새벽에나 나올 것으로 알고 머리를 감고 있었다. 두 아들 덕무 군(6)과 영무 군(3), 그리고 머리를 적신 부인 장순자 씨(36)와의 극적인 만남은 그렇게 갑작스럽게 이뤄졌다.

"아빠아", "아빠아."

번갈아 어깨에 매달리던 두 아들은 '선물'을 찾았다. 선물 대신 연신 뽀뽀를 퍼붓던 성 씨는 "나는 내일이나 나오는 줄 알고…" 하면서 말을 잇지 못하는 부인을 안으며 눈물을 흘렸다.

11개월 만에 맞이하는 일가족 4명의 재회였다.

"오늘은 바빠서 선물을 못 샀으니 내일 사 줄게."

성 씨는 아파트 문 안에 들어온 지 10여 분 만에 비로소 의자에 앉으며 아들에게 말했다.

— '닫힌 문 열리며 자유의 포옹' 한밤중 갑자기 돌아온 아빠보고 외국 갔다 온 줄 알고 "선물 어딨어". 〈한국일보〉 1979.12.8. 박래부 기자

기사는 200자 원고지 6.9매 분량인데, 그중 딱 절반인 후반부 3.5매에 성유보 기자의 출소와 가족 재회 장면을 담았다. 3.5매밖에 안 되는 짧은 글에서 박래부 기자는 가족애와 가장의 무게를 느끼게 해 주는 동시에 군사정부의 포악성을 생각하도록 도와주었다. 부인의 머리 감는 모습, 두 아들이 아버지를 부르는 장면, 아버지의 뽀뽀와 부인의 눈물, 그리고 기사 마지막 문장의 코멘트에 나오는 '선물'이라는 단어는 기어코 독자의 코를 찡하게 만든다.

위 기사에 성유보 기자는 택시를 타고 집으로 갔다고 되어 있지만, 실제는 그렇지 않다. 구금 인사 석방이 알려졌을 때, 〈한국일보〉 사회부장은 박래부 기자에게 석방되는 민주 인사 1명을 구치소 앞에서 집까지 따라가며 취재하라고 지시했다(박래부, 2015). 좋은 취재 기회를 준, 고마운 지시였으나 마감 시간이 촉박해 기사를 쓰기는 쉽지 않았다. 그래서 박래부 기자는 구치소 앞에서 성유보 기자가 나오자마자 그를 〈한국일보〉 취재 차량에 태우고 차 안에서부터 취재를 시작하여 집에까지 가서 가족 재회 장면도 지켜보았다. 성유보(2014)도 당시를 회고의 글에서 "가족들 대신 우리를 멈춰 세운 남자가 있었다. 〈한국일보〉 기자라고 소개한 그는 4명을 함께 불러 모아 일단 출소 장면부터 찍었다"라고 했다.

박래부 기자는 1978년 12월 1일 〈한국일보〉에 입사했으니 꼭 1년 만에 위와 같은 엄청난 기사를 썼다. "기사 쓰기는 매체나 장르에 따라, 혹은 그때의 기분에 따라 달라져야 현장감이 있게 된다"(박래부, 2015, 214쪽). 그의 지론이다.

또 하나, 위 기사는 '좋은 부장 밑에 좋은 기자가 나온다'는 진리를 되새겨 준다. "나는 크게 구분할 때 저널리즘 글쓰기에는 문학적 글쓰기와 분석적(논리적) 글쓰기가 있다고 생각한다. 부장의 말대로 나는 사회부에 있는 동안, 그리고 그 후에도 끊임없이 문학적 글쓰기를 시도했다. 신문에서 잘 받아 주지 않더라도 나만의 표현방식을 모색했다"(박래부, 2015, 217쪽).

박래부의 여러 명품 기사 중 작가들이 가장 좋아하는 것은 아무래도 김훈과 함께했던 불멸의 기획 '문학기행'의 기사다. 그 첫 기사를 박래부가 박경리의 『토지』로 썼는데, 이 기사는 고등학교 교과서에 실렸으며 전남대에서 강의 교재로도 쓰였다(박래부, 2015). 박래부는 장명수, 김성우, 김창열, 정달영, 김훈, 임철순, 고종석과 함께 1970-80년대 〈한국일보〉의 명필이었다(김윤곤, 2016). 이들은 가공할 필력으로 독자를 사로잡았고, 독자들은 홀린 듯 다음날 신문을 기다렸다. 한국 신문 역사상 보기 드문 낙양지귀(洛陽紙貴)[36)]의 시대를 이들이 이끌었다. 〈한국일보〉의 이 명맥을 2000년대에 이어간 주인공이 고찬유 기자다. 그의 기사를 살펴본다.

기사가 사람들에게 좀 더 친근하게 다가가면, 사안을 알리고 역지사지하게 만드는 데도 도움이 된다. 예를 들어, 정부 정책에 반대하는 시위 같은 중대 사안을 언론은 정부-시위대의 지나치게 삭막한 대결 구도로 보도하는 바람에 이해관계가 없는 시민들의 공감을 충분히 끌어내지 못했다. 이 한계를 극복하기 위해 글을 다르게 써 보려고 할 필요가 있다. 아래 기사는 그런 예다.

> 남도의 땡볕은 에누리 없이 푸른 들녘을 실하게 지지고 있었다. 검게 그을린 농부가 막걸리 한 사발 새참에 콧노래 흥얼거리는 나주평야는 무심코 지나치면 "아따, 좋다" 그 자체다. 하지만 나주시청 앞마당 우유통 널브러진 틈새에

---

36) 중국 진나라 때 좌사(左思)가 '삼도부(三都賦)'를 쓴 후, 필사하는 사람이 매우 많아 낙양의 종이 값이 올랐다는 뜻으로, 글이나 책이 호평받아 아주 잘 팔리는 것을 비유하는 말.

떡하니 버티고 선 천막은 예사롭지 않다. '생존권 보장' 붉은 머리띠를 두른 이들이 되는 대로 퍼질러 앉아 "아따, 죽겄소" 타령이다. 벌써 보름을 훌쩍 넘어 천막을 지키는 낙농인. 이들은 정부의 낙농정책 실패를 싸잡아 비난하고 있었다. 우유 수급 조절에 실패한 정부가 내놓은 폐업과 감산 정책은 10년 약속이 3년도 못 가 무너진, 그래서 낙농인의 꿈이 무너진 '낙농인 도살책'이라는 게 주장의 요지다. "비싼 사료 먹이고 고렇게 지극정성을 했는디."

지난달 30일 전남 함평군 손불면 죽장리. 트랙터에 실린 2톤 탱크가 산길을 돌아 비탈 텃밭에 닿았다. 임춘빈(40) 씨가 행여 결심에 흠날세라 우악스럽게 탱크 손잡이를 돌리자 두 줄기 우유가 오줌발처럼 쏟아졌다.

새벽 댓바람에 한 번, 해질녘 어스름에 한 번 내외가 짠 신선한 우유 2톤은 우거진 잡초 먹이로 버려졌다. "한 방울이라도 더 나게 할라고 비싼 사료 먹이고 고렇게 지극정성을 했는디. 맴이 어찌겄소. 눈물 콧물 피땀을 버리는 것이재."

우유 버캐가 속절없이 밭을 메우는 사이 동석한 함평낙우회 이영호(45) 회장은 휴대폰으로 속속 상황을 접수했다. "나산 쪽도 버렸다고 그래. 남은 물량은 쓰레기처리장에 버려야 쓰겄구만." 이날 함평 월야 낙농 90여 가구는 일삼아 산에, 들에 심지어 쓰레기장에 애써 짠 우유를 내다 버렸다.

함평뿐이 아니었다. 나주, 보성, 고흥 등 전남에 산재한 낙농가 대부분이 이 날 집유(集乳)를 거부하고 우유를 버렸다. 이는 시청, 군청 앞에 펼친 천막농성에도 꿈쩍하지 않는 정부를 향해 꺼내 든 낙농인들의 마지막 카드였다.

평소 같으면 "아따, 이녁 소 TV에 데뷔할 일 있는가. 외부 사람 발붙이면 소 빙 걸리고 스트레스 받아 우유 질 떨어져브러" 하고 출입을 막았을 축사도 "어차피 버릴 것잉게" 하는 푸념과 함께 열렸다.

함평 대동면 윤성치(62) 씨는 어김없이 오후 6시 젖소를 착유기로 몰았다. 외부인을 본 소들이 겁먹은 채 우왕좌왕 착유기 양쪽에 자리를 잡았다. 소젖을 정성스레 소독하고 4개의 젖꼭지에 유두컵을 씌우자 우유가 냉각탱크로 옮겨졌다. "하루라도 안 짜믄 유방염에 걸려븐게, 허허."

그래서 일 년 365일 하루도 쉴 틈 없이 소젖 짜는 낙농은 천직(賤職) 중의 천직이다. 젖소는 워낙 낯가리기가 심한 터라 부부가 함께 젖을 짜더라도 다루는 젖소가 따로 있을 정도다.

나주 봉황면 김재현(57) 씨는 "저 푸른 초원 위에는 무슨 지랄 빤스여. 초상이 나 곡(哭)을 하다가도 시간 되믄 작업복 갈아입고 우유를 짜야 하는디. 남들 애경사도 못 챙겨서 사람 구실 못 한다는 소리 듣기가 다반사"라고 했다. 이정심(50·여) 씨가 씁쓸한 농으로 거들었다. "여편네 젖은 못 만져도 소젖은 기어이 만져브요잉."

30년 넘게 손에 익힌 낙농 기술과 고단백질 완전식품의 생산자라는 자신감이 그나마 낙농을 천직(天職)으로 여기게 했다. 나주 왕곡면의 최재영(38) 씨가 2대째 가업을 이은 것도 그 때문이다. "죄가 있다믄 비싼 조사료 먹이고 소 키우는 방법 지대로 터득해 우유 더 짜낸 것이재."

"불쌍한 소는 냅둬블고 우릴 도살해브쇼."

낙농인의 분노는 전라도만의 문제는 아니다. 값싼 수입 분유의 범람과 원유(原乳) 수급 조절 실패에 따른 피해는 다른 지역 낙농가도 예외일 수 없다. 하지만 전라도의 분노가 특히 거센 데는 이유가 있다.

발단은 1999년 정부가 원유 수급 조절과 시장개방에 대비하기 위해 낙농가와 유가공업체를 하나로 묶는 '집유일원화' 사업을 펼치고 낙농진흥회(낙진회)를 꾸리면서부터. 그동안 개별 계약으로 정확한 데이터가 나올 리 없었고 이는 수시로 낙농 위기를 불러왔다.

유가공업체 하나 끼고 있지 않아 께름칙했던 낙농인들은 10년 생산 보장과 '규모의 농업' 지원 강화를 철석같이 믿고 낙진회에 가입했다. 특히 전라도와 제주도는 시범지역으로 선정돼 가입률이 가장 높았다.

전국 70%에 육박했던 낙진회 가입은 우유 대기업인 서울우유가 탈퇴하면서 34%대로 떨어지고 원유 수급 조절도 물 건너갔다. 하지만 낙농가의 97%가 낙진회에 가입했던 전남은 지역 유가공업체 7개가 모두 망해 돌아갈 곳도 없었다. 함평의 정모(47) 씨는 "약속은 무슨 개뿔…, 가입시킬라고 집집마다 돌아댕김서 난리 부루스 탱고 지루박을 치드만. 3년도 못 가브러!"라고 혀를 찼다.

지난해부터 낙진회가 소속 농가를 상대로 실시한 원유 차등 가격제와 젖소 도태 등이 농민들의 분노를 키웠다. 그리고 올해 내놓은 폐업 보상과 1일 잉여량 810톤 중 410톤 감산 등 낙농발전종합대책이 기어이 낙농인들의 속을 발칵 뒤집었다.

나주 다시면 이창호(42) 씨는 "시설 투자하라고 꼬서 갖고 빚만 2-3억 맨들고 인자 뽀개라믄 우리더러 죽으란 말이재"라고 언성을 높였다.

더구나 현재 납유량에서 37.5%가량 줄이는 감산 대상에서 비낙진회 낙농가는 제외돼 "낙진회 농가만 손해 본다"는 상대적 박탈감까지 더했다. "막말로 봉급을 40%나 줄인디 살 수 있겠소. 원유를 줄일라믄 전체 낙농가를 상대로 해야재." 오히려 오정자(49·여) 씨는 "요상시러, 일반 농가는 우유업체서 생산량을 늘리라고 한다드만"이라며 고개를 갸웃거렸다.

"아앗따, 이참에 도청이고 청와대고 우유 갖다가 찌끄러블잖게." "아재! 글믄 괜히 욕만 안 먹겠소." "딴 지역이랑 보조를 맞춰야 한게, 좀 보드라고." 허공에 주먹 한번 휘두른 적 없던 주민들이 대책을 논의하느라 떠들썩하던 나주시청 앞도 젖 짤 시간이 다가오자 썰렁하다. "이리 소에 매 있으니 투쟁도 못하재라."

농림부 장관에게 탄원서까지 썼다는 윤성치 씨가 굵직한 책자를 꺼내며 내뱉듯이 말을 던졌다. "미국 1인당 우유 소비량이 262kg, 일본이 90kg. 우리는 아즉 59kg인게 얼마든지 늘릴 수 있단게. 폐업하는 데 돈 쓰지 말고 소비 늘릴 궁리를 해야 쓴디… 그리고 우유 좀 많이 드쇼잉."

―낙농인들 "우유 버리기" 시위 확산.

〈한국일보〉 2003.6.4. 나주·함평=고찬유 기자

이 기사에 대해 이야기하기 전에, 한국 기자들의 글쓰기에 대해 한마디 하고 싶다. 아래는 내가 한국어문기자협회의 계간지「말과 글」2023년 겨울호에 쓴 '기자들은 기사를 글이라고 생각하는가?'의 일부다.

> "기자는 글로 승부를 내는 직업이다." 요즘 이렇게 말하는 기자는 없다. 좋은 글을 쓸 시간적 여유가 없고 마음의 여유도 없다. 아무래도 이 말은 20~30년 전 낭만 있던 아날로그 언론 시대에 어울린다. 하지만, 그때도 기자가 필력을 발휘했던 곳은 어쭙잖은 칼럼이지 기사가 아니다. 기사는 글이라기보다 하나의 틀로 인식됐다. 살인사건이라고 하면 반드시 챙겨야 할 몇몇 정보가 있으며 그것을 배열하는 순서가 정해져 있는 식이다. 유능한 사건팀장은 머릿속에 살인, 폭행, 사기, 화재, 교통사고, 시위 등에 대응하는 틀을 갖고 있어서 현장의 기자들이 정보를 보내 주면 틀에 끼워 넣어서 기사를 만들었다. 마감 시간에 맞추려는 궁여지책이었다. 지금도 마찬가지다.
>
> 기자들은 "오늘 기사 좋던데~ 잘 썼어!"라는 말을 들으면 으쓱하는데, 이것도 정보를 잘 정리했다는 뜻이지 글이 좋다는 뜻은 아니다. 기사를 읽으며 몰입했다거나 감동했다는 뜻은 더더욱 아니다. 한국의 기사는 애당초 기자의 필력과 무관했다. 한국 기자는 예나 지금이나 글이 아니라 팩트(fact)로 승부를 낸다. 새 팩트가 중요할 뿐이지 글은 안중에 없다. 현장 기자와 에디터 모두 그렇다. 그래서 "글이 기자의 무기다" 따위의 말은 기자들의 허세다.
>
> 여기서 '글'은 그냥 글재주를 뜻하지 않는다. 저널리즘에서는 달필이나 미문도 사실 정보에 기초하고 주제 전달에 이바지할 때 의미를 지닌다. 기사는 어떤 장르의 글보다도 처음부터 독자를 사로잡아서 끝까지 끌고 가는 힘을 지녀야 한다.(박재영, 2023a, 6쪽).

나는 위 원고를 쓰면서 '독자를 끌고 가는 힘'의 대표 사례로 앞에 소개한 고찬유 기자의 기사를 소개했다. 특히 이 기사의 첫 문단이 압권이다. 읽을 때마다 정말 좋아서 그 부분을 다시 적어 본다.

> 남도의 땡볕은 에누리 없이 푸른 들녘을 실하게 지지고 있었다. 검게 그을린 농부가 막걸리 한 사발 새참에 콧노래 흥얼거리는 나주평야는 무심코 지나치면 "아따, 좋다" 그 자체다. 하지만 나주시청 앞마당 우유통 널브러진 틈새에 떡하니 버티고 선 천막은 예사롭지 않다. '생존권 보장' 붉은 머리띠를 두른 이들이 되는대로 퍼질러 앉아 "아따, 죽겄소" 타령이다.

위의 앞부분 두 문장과 뒷부분 두 문장은 대조를 이루고, '아따, 좋다'와 '아따, 죽겄소'는 대구를 이룬다. 지역(나주), 공간(시청 앞마당), 시간대와 날씨(땡볕), 시각 정보(머리띠 문구), 청각 정보(아따, 죽겄소), 사건의 키워드(우유)와 성격(천막, 머리띠)이 리드 한 문단에 응축됐다. 기사의 제1원칙인 육하원칙 정보를 모두 담은, 더는 창의적일 수 없는 리드다. 이로써 기자는 이야기를 전개할 바탕을 마련했으며 독자는 그것을 들을 준비가 됐다. 살아 있는 표현력, 장면과 코멘트의 결합으로 주제 부각하기, 재미와 정보를 동시에 잡기, 사투리의 묘미…. 절정의 완성도를 보여 주는 레전드 기사다.

나는 이 기사를 N클럽에서 조소진 〈한국일보〉 기자가 소개하여 알게 됐다. 2023년 가을에 우유 값 인상 논란이 일었을 때, 조소진 기자는 밀크플레이션 기획을 하겠다고 사회부장에게 보고했고, 부장은 참고하라며 위 기사를 보여 줬다. 그 부장이 고찬유 기자다. 조소진 기자는 "이 기사를 읽고 기획을 시작하기도 전에 KO패 당한 기분이었다"고 했다.

고찬유 기자는 2023년에 위 기사로 사단법인 저널리즘클럽Q가 수여하는 'Q저널리즘상' 특별상[37]을 받았다. 이 기사는 2002-2003년 〈한국일보〉가 지역 이슈를 새롭게 전할 목적으로 격주 또는 3주 간격으로 보도한 '전국패트롤'

---

37) 특별상 부문에는 당해 연도가 아니라 과거 어느 때의 기사든 지원할 수 있다.

에 실렸다. 서울 본사 기자들은 매번 지역으로 출장 가서 일주일 안에 원고를 내야 했으므로 2일 정도 사전 취재를 하고, 3-4일은 반드시 지역에 머물렀다. 지역의 마을회관이나 시위 천막 등 주민들과 밀접한 장소에서 숙식하며 신뢰를 얻기 위해 애를 썼다. 고찬유 기자는 이 취재를 '건설 현장 막노동'이라고 했다. 원고 마감이 월요일이어서 늘 그 전 주말에 밤새며 기사를 썼지만, 글을 잘 쓰고 싶다는 바람은 이뤄지지 않았다. 그가 기사를 쓸 때, 가장 염두에 뒀던 것은 '재미'다. 이 기사를 쓰면서 그는 소재를 무겁게 다루지 않으려고 노력했고, 정제된 발언이나 정리된 도식이 아니라 날것의 속내와 생생한 현장이 살아나도록 애썼다. 그는 기존 틀을 벗어나려고 과감하게 시도하는 통에 '이렇게 써도 되나' 하는 고민도 들었지만, 선배들의 응원과 독려가 큰 힘이 됐다고 했다. 아닌 게 아니라, 선배들은 그에게 "기사를 이차원적으로 쓰지 말라"고 충고했던 터였다.

"무려 20년 전에 쓴 기사, 이제는 검색도 잘 안 되는 기사들을 소환해 준 분들에게 감사드립니다. 후배들이 가끔 기사를 어떻게 쓰면 되냐고 물으면 이렇게 답합니다. '쓰고 싶은 대로 쓰렴.' 앞으로는 한마디 덧붙일까 합니다. 그러면 20년 뒤에 상을 탈 수도 있을 거야." 그가 2023년 12월 21일 Q저널리즘상 시상식 때 했던 말이다.

4. 한두 문장에 승부를 걸어라

대부분의 기사는 길지 않다. 길다 한들 단편소설보다도 짧다. 그런 만큼 문장 하나하나가, 단어 하나하나가 귀하고 중요하다. 기사의 각 문장, 각 단어는 주제를 향해야 하며 자기만의 기능을 해야 한다. 그렇지 않은 문장이나 단어는 불필요하다. 문장과 단어가 이렇게 귀중한데도 기자들은 관습적 문장과 단어를 즐긴다. 상투어를 쓰면서 자기의 글 실력이 좋다고 자부하는 기자도 많다. 때로 한 문장이나 한 단어가 글 전체를 좌우한다. 그래서 어떤 기자는 그것을 찾으려고 며칠을 빙빙 돈다. 한두 문장에 승부를 걸어 보는 것이다.

"구할 수 없는 목숨에 그는 목숨을 걸었다."(①) 지난 5월 25일 새벽 2시께 전남 여수시 교동 400번지 중앙시장 화재 현장에서 2층 점포 내부의 인명을 수색하던 여수소방서 연등파출소 소속 인명구조대원 서형진 소방사가 화염과 유독가스 속에서 퇴로를 찾지 못한 채 쓰러져 숨졌다. 숨진 서형진 소방사는 선착대로 현장에 도착해서 곧바로 3층으로 투입되었다. 서 소방사는 3층 유리창의 방범용 쇠창살을 도끼로 찍어 내고 창틀에 매달려 아우성치던 16명을 굴절사다리 바스켓에 묶어서 지상으로 대피시켰다. 서 소방사는 이어 3층 내부(2,139m^3, 점포 30여 개 및 볼링장, 당구장, 극장, 기계실)의 인명 수색을 마치고 다시 2층 내부로 진입했다. 이때 3층은 연쇄인화 직전의 매연으로 가득 차 있었고, 2층은 극성기의 화염이 살수공격으로 수그러들면서, 열기와 유독가스를 뿜어내고 있었다. 그는 보증금 1천8백만 원짜리 전세 아파트에 26세의 젊은 아내 박미애 씨와 지난 2월에 태어난 젖먹이 아들, 그리고 노부모를 남겼다.

지난 5월 20일, 그는 이 세상에서의 마지막 월급을 받았다. 그가 숨진 5월 25일, 그의 아내는 남편이 벌어 온 월급 중에서 6만 원을 손에 쥐고 있었다. 소복을 한 젊은 아내는 돈에 관하여 말하려 하지 않았다. 그의 아내는 늘 잠이 모자라서 꾸벅거리던 남편의 고달픔과 그리고 현장 2층의 암흑 속에서 숨이 끊어지기까지 남편이 혼자서 감당할 수밖에 없었던 그 뜨거움을 되뇌이면서 쓰러져 울었다. 그 여자는 "아, 그 뜨거운 곳에서…"라며 울었다. 아무도 그 여자의 울음에 개입할 수 없었다.(②) 아무도 그 여자를 달랠 수 없었다.

이날 화재는 24일 밤 11시 21분께 여수소방서 상황실에 전화로 신고되었다. '중앙시장'이라는 신고에, 상황실은 발칵 뒤집혔다. 본서 상황실 당직관 유호일 소방경은 현장과 최근거리(1.5km)에 있는 연등파출소에 초동출동을 명령했다. 이날 밤 여수시 동북부 지역(구 여수권) 당직 상황실장은 낙포파출소장 이규준 소방위였다.

　이규준 소방위는 연등파출소의 차량 6대(지휘차, 구조대, 펌프차, 앰뷸런스, 사다리차, 화학차)와 대원 20여 명을 인솔하고 11시 24분께 현장에 도착했다. 이 병력이 이날 진압 전투의 선착대였다. 선착대가 도착했을 때, 2층 유리창 밖으로 쏟아져 나오는 화염과 연기가 3층으로 번져 가고 있었다. 2층 유리창들은 모두 다 방범용 쇠창살에 가로막혀 있었다. 3층 유리창도 대부분이 마찬가지였고, 몇 군데 유리창에는 쇠창살이 없었다.

　쇠창살에 갇힌 사람들은 살려 달라고 아우성을 쳤다. 쇠창살이 없는 창문에서는 매연에 쫓긴 사람들이 곧 뛰어내릴 기세였다. "뛰어내리지 마라. 바람 쪽으로 머리를 낮추고 기다려라. 우리가 간다." 이규준 소방위는 핸드마이크로 3층을 향해 소리쳤다. 그러나 뛰어내릴지 말지는 소방관이 판단할 일이 아니라, 화염 속에 갇힌 사람들이 판단할 일이었다. 선착대는 쇠창살 없는 유리창 밑 인도 위에 매트리스를 깔았다. 4명이 뛰어내렸다. 부상자는 없었다.

　이규준 소방위는 구조대원에게 3층 옥내 진입을 명령했다. 홍갑석 소방교, 김종수 소방사 그리고 숨진 서형진 소방사가 굴절사다리를 타고 3층 창문으로 접근했다. 바스켓을 창틀에 밀착시키고 도끼로 방범 쇠창살을 부수었다. 굴절사다리는 세 번을 오르내리면서 16명을 지상에 내려놓았다. 부상자는 없었다. 구조대원들은 다시 사다리를 타고 3층 유리창을 통해 3층 옥내로 들어가서 30여 개 점포와 볼링장과 극장을 수색했다. 인명이 없음을 확인한 구조대원들은 3층 옥외계단으로 철수했다.

　그때 거리에 모여서 발을 구르던 주민들이 "2층에서 바느질하는 할머니가 못 나온 것 같다"고 고함쳤다. 서형진 소방사는 옥외계단을 따라서 2층으로 내려와 2층의 방화용 철문을 도끼로 부수고 안으로 들어갔다. 서형진 소방사는 거기서부터 27m를 전진한 자리에서 죽었고, 2층에 그가 구하려던 할머니는 없었다. 그러나 할머니의 부재가 확인되지 않는 한, 그는 2층 불길 속에서 할머니가 있을 수도 있다는 가능성을 떨쳐버릴 수 없었을 것이다.

한편, 옥외에서 쏘아 대는 물줄기가 화점에 닿지 못하자 정오채 서장은 1층에서 2층으로 올라가는 중앙 통로 돌파를 명령했다. 중앙 통로는 방범 쇠창살과 철제 셔터로 막혀져 있었다. 전동장치로 개폐되는 문이었는데, 이미 옥내 전원은 끊어져 있었다. 철제 셔터는 열기를 받아서 뜨거웠다. 대원들은 물을 뿌려 철문을 식혀 가면서 도끼와 유압절단기로 철제 셔터 아래쪽에 구멍을 뚫어냈다. 이 작업에 약 12분이 걸렸다.

이 구멍을 통해서 수관 4개가 2층 옥내로 들어왔다. 수관 1개마다 4명씩의 관창수가 붙어 있었다. 관창수들은 2층 화점을 공격하면서 1층과 3층으로의 연쇄 인화를 차단했다. 새벽 1시 30분께 화재는 진압되었고 서형진 소방사는 동료들의 들것에 실려 지휘관 앞으로 운구됐다. "장비를 벗겨 주어라"라고 정 서장은 말했다. 대원들이 서형진 소방사의 무장을 해제했다. 공기호흡기, 도끼, 망치, 손전등, 안전모, 개인 로프를 떼어 주고 방열복을 벗겨 주었다. 그는 그렇게 한평생의 멍에를 벗었다.(③)

28일의 영결식에서 그는 소방교로 추서되어 국립묘지로 갔다. 그가 세상에 남긴 젖먹이 아들의 이름은 서정환이다. 그의 장례식 다음 날이 정환이의 백일이었다. 화재 피해를 입지 않은 1층과 3층은 다음 날부터 정상 영업을 계속했다. 취재를 마치고 서울로 올라오는 자동차 안에서 라디오 뉴스는 온통 장관 부인들의 고급 옷에 관한 것뿐이었다.

―한 소방관의 죽음. 〈국민일보〉 1999.6.2. 김훈 편집위원

위 기사를 읽었을 때, ①, ②, ③번 문장에 눈길이 갔다. ①번 문장은 기사 주제이자 독자에게 궁금증을 유발하는 멋진 리드다. ②번 문장은 워낙 담담해서 더 마음이 미어지게 만든다. ③번 문장은 소방관의 산화를 역시 담담하지만 강렬하게 표현했다. 모두 15자 정도로 짧은데도 메시지 전달에 부족함이 없다. 오히려 짧아서 더 인상적이다. 묘하게도 이 세 문장은 기사의 처음과 중간, 마

지막에 배치되어 기사의 전체 인상을 지배한다. 소방관 순직은 감동적인 스토리를 만들 좋은 기회인데, 기자들이 스트레이트 기사 쓰기에 바빠서 그런지 몰라도 이런 기사가 별로 없다. 있더라도 감정이 과다하거나 신파조로 흘러서 읽기에 부담스럽다. 슬픈 사건을 보도하면서 기자가 울면 독자는 울지 않는다. 독자를 울리고 싶다면, 기자는 담담하게 써야 한다. 기쁜 사건도 마찬가지여서 기자가 웃으면 독자는 웃지 않는다. 기자는 어떤 경우에도 담담하게 글을 써야 한다.

이 기사는 소설가 김훈의 소싯적 기자 때의 글이다. 그는 그때부터 자신만의 문체를 가다듬었다. 김훈은 고급 어휘나 전문 용어, 화려체를 꺼린다. 대신에, 그의 글은 일상적 언어에서 힘을 발휘한다. 그는 아주 간결한 한 문장으로 독자를 사로잡았다. 소설 『칼의 노래』(2001)의 '버려진 섬마다 꽃이 피었다'와 『공무도하』(2009)의 '색들은 물러섰다'가 그런 예다. 안병찬은 김훈과 1970년대 〈한국일보〉와 1990년대 「시사저널」에서 오랫동안 선후배로 일하면서 그의 이런 장점을 일찌감치 알아챘다. 안병찬(2008)은 「시사저널」 편집장 시절인 1992년 당시 김훈 편집위원이 쓴 기사에서 한 문장이 인상에 남는다고 했다. 그해 연변의 재중동포 처녀들이 처음으로 한국 농촌에 시집을 왔는데, 김훈은 제1대 연변 새댁 15명이 신접살림을 차린 경상남북도와 강원도, 전라남도를 누비며 기사를 썼다. 아래는 그 기사에서 문경의 농부에게 시집온 연변 새댁 김옥지 씨가 나오는 대목인데, 밑줄 친 부분이 안병찬이 잊지 못한다고 한 김훈의 문장이다.

김 씨는 연변댁 중에서 가장 나이가 많다. 나이가 많기 때문에 한국 농촌을 읽어 내는 눈도 다른 새댁들과 다르다. 김 씨는 시집온 마을에서 며칠을 지낸 후 마을에 젊은이가 없다는 사실을 발견하고 크게 놀랐다고 한다. 그리고 여기저기 버려진 빈집들도 김 씨의 눈에 띄었다. 사람들이 버리고 떠난 집에는 안방 구들 틈에서 잡초가 올라와 새까만 염소들이 인간의 안방에까지 들어가 풀을

뜯고 있었다. 김 씨는 그렇게 해서 한국 농촌의 문제에 눈을 뜨게 된 셈이다.

김 씨는 "시댁 식구들에 대한 복잡한 호칭과 예의범절이 너무 까다로워 난감할 때가 많다"고 밝혔다. 시댁 어른들이 드나들 때마다 큰절을 해야 하는 풍속도 "아직은 힘들다"고 김 씨는 말했다. 연변 고향에서는 특별한 경우가 아니면 어른들께 큰절을 올리지 않았고 눈으로 인사만 건네도 '결례'가 아니었다고 한다. 또 연변에서는 시부모님 앞에서 다리를 뻗고 앉아도 '무례한 태도'로 야단맞지 않는데, 한국 농촌에서는 시부모 앞에서 다리를 뻗거나 벌리고 앉을 수 없는 것도 김 씨를 난감하게 한다. "예절이 너무 까다롭고 번잡한 것이 아니냐"고 새댁은 기자를 붙잡고 하소연했다.

김 씨는 화장을 지울 때 한국산 '화장지'로 얼굴을 문지르면서, 자신이 한국에 와 있다는 사실을 실감한다고 말했다. 세상에 이토록 부드럽고 포근한 종이가 있을까. 그것이 김 씨의 첫 놀라움이었다고 한다. 또 시집 식구들과 함께 밥을 먹을 때 호마이카 밥상의 표면과 모서리가 그토록 깔끔하고 매끄러운 것을 보고도 김 씨는 자신이 한국에 와 있음을 절감하게 된다고 밝혔다. 그런 부드러움과 깔끔함을 얻기 위해 사람들이 그처럼 '필사적으로' 일한다는 것도 김 씨는 알게 되었다. (중략)

―연변 새댁들 '낯선' 추석맞이. 「시사저널」 1992.9.17/24. 김훈 편집위원

김훈은 〈한국일보〉(1973-1989) 기자로 시작하여 「시사저널」(1994-1998)과 〈국민일보〉(1998-1999)를 거쳐, 다시 〈한국일보〉(1999-2000)와 「시사저널」(2000)에 왔다가 〈한겨레〉(2002-2003)에서 기자 생활을 마무리했다. 김훈은 언론사 4곳에 근무하면서 걸핏하면 사표를 낸 것이 20차례나 된다(안병찬, 2008). 마지막 매체인 〈한겨레〉에서 김훈은 1년간 사회부 기동취재팀에 배속되어 종로경찰서 출입기자로 일했다. 만 54세 때였다. 이때 그는 200자 원고지 3-4매 분량의 '거리의 칼럼'을 30편 썼다. 아래는 그중의 하나다.

황사바람 부는 거리에서 전경들이 점심을 먹는다. 외국 대사관 담 밑에서, 시위 군중과 대치하고 있는 광장에서, 전경들은 땅바닥에 주저앉아 밥을 먹는다.

닭장차 옆에 비닐로 포장을 치고 그 속에 들어가서 먹는다. 된장국과 깍두기와 졸인 생선 한 토막이 담긴 식판을 끼고 두 줄로 앉아서 밥을 먹는다. 다 먹으면 신병들이 식판을 챙겨서 차에 싣고 잔반통을 치운다.

시위 군중들도 점심을 먹는다. 길바닥에 주저앉아서 준비해 온 도시락이나 배달시킨 자장면을 먹는다. 전경들이 가방을 들고 온 배달원의 길을 열어 준다. 밥을 먹고 있는 군중들의 둘레를 밥을 다 먹은 전경들과 밥을 아직 못 먹은 전경들이 교대로 둘러싼다.

시위대와 전경이 대치한 거리의 식당에서 기자도 짬뽕으로 점심을 먹는다. 다 먹고 나면 시위 군중과 전경과 기자는 또 제가끔 일을 시작한다.

밥은 누구나 다 먹어야 하는 것이지만, 제 목구멍으로 넘어가는 밥만이 각자의 고픈 배를 채워 줄 수가 있다. 밥은 개별적이면서도 보편적이다. 시위 현장의 점심시간은 문득 고요하고 평화롭다.

황사바람 부는 거리에서 시위 군중의 밥과 전경의 밥과 기자의 밥은 다르지 않았다. 그 거리에서, 밥의 개별성과 밥의 보편성은 같은 것이었다. 아마도 세상의 모든 밥이 그러할 것이다.

―밥에 대한 단상. 〈한겨레〉 2002.3.21. 김훈 기자

홍병기(2018) 한국신문윤리위원회 심의위원(전 〈중앙일보〉 기자, 언론학 박사)은 김훈의 칼럼에 대해 "감정이 절제된 드라이한 문체로 함축적으로 간결하게 써 내려간 문장이 인상적인 글이다. 현장성, 간결성, 함축성을 살린 관조적 전달만이 담겨 있다. 자신의 글쓰기 철학을 실천하듯 결코 호소하거나 촉구하지 않고 짧은 문장으로 자신이 본 것만을 그대로 옮겨 놓을 뿐이지만 큰 울림으로 다가온다"고 했다(378쪽).

김훈은 〈한겨레〉를 떠난 후에도 간혹 글을 보냈다. 그래서 2020년에 '거리

의 칼럼'이 부활하여 다시 1년간 지속됐다. 〈한겨레〉 재직 때인 2002-2003년에 그의 '거리의 칼럼' 원고를 받은 사람은 당시 〈한겨레〉 기동취재팀장 권태호 기자였다. 18년 후 자유기고가 김훈의 '거리의 칼럼' 원고를 받은 사람은 편집국 부국장 권태호였다. 권태호는 김훈의 두 번째 '거리의 칼럼'을 끝마치면서 "김훈의 원고 중 보도되지 않은 6편이 있는데, 김훈은 도공이 갓 구운 도자기 깨뜨리듯 남은 글들을 다 버리라 했지만 지금도 갖고 있다"고 칼럼에 적었다(권태호, 2020).

〈한국일보〉 시절, 1986년 5월부터 1989년 5월까지 만 3년간 김훈과 함께 한국 언론 역사상 불세출의 명작 '문학기행'을 연재했던 박래부는 '나의 선배 겸 동료 김훈 형'에 대해 이렇게 말했다.

> 김 형은 자신의 재능만큼이나 문장에 대해서도 큰 애착과 성취 욕구를 지니고 있었다. 그는 연필로 기사를 썼는데, 맘먹고 좀 긴 기사를 쓸 때는 10장이 넘는 원고지 파지가 나왔다. 다른 사람들은 대개 파지를 구겨서 쓰레기통에 버렸는데, 그는 그것을 책상 위에 한 장 한 장 쌓아놓고 있었다. 맘에 드는 문장이 나올 때까지, 마감시간과 경쟁해 가며 그는 자신의 문체를 만들어 갔다. 그의 문장은 개성과 생동감, 읽는 재미로 빛났다. (중략) 김훈은 이 시대의 탁월한 스타일리스트 문장가다. 그의 문장에는 고압전류 같은 열정과 격조가 흐른다. (박래부, 2008, 133-134쪽)

흔히 결정적 문장은 기사의 첫 문장에 잘 나온다. 아무래도 처음이 중요하므로 기자들은 기사 리드(첫 문장)에 가장 많이 신경 쓴다. 아래 기사는 그 대표적 예라 할 수 있다.

> 바지를 벗는다. '다리'도 함께 벗는다. 몸을 떠난 다리들이 트레이닝복 하의를 걸친 채 벤치에 기대어 있다. 유니폼으로 갈아입은 선수들이 슬레지(Sledge·

썰매)에 앉았다. 얼음을 만나려면 펜스에 붙어 있는 좁은 문을 통과해야 한다. 썰매를 탄 채 이동하는 일은 어렵다. 기우뚱거리며 조금씩 앞으로 간다. 옷에 밴 땀 냄새가 지독하다. 힘겨운 시간은 잠시였다. "쉬익~ 쉬익~." 썰매의 날이 얼음 위에 닿는 순간 17명은 돌변했다. 그물에 있다 연못을 만난 잉어처럼 펄떡거린다. 쏜살같이 달리는가 싶더니 맹수처럼 거칠게 몸싸움을 한다. 가슴에 붙어 있는 태극마크, 그들은 아이스슬레지하키 국가대표다.

"두 발로 걸을 수 있게 해 주세요."

어린 시절 한민수 씨(44·강원도청)는 간절히 기도했다. 들어주는 사람은 없었다. 두 살 때 침을 잘못 맞은 게 문제였다. 나중에 알게 된 병명은 류머티즘 관절염. 왼 무릎을 움직일 수 없었다. 목발을 짚고 다니며 장애인이 아니라고 우겼지만 인정하는 사람은 없었다. 초등학교 6학년이 돼서야 현실을 받아들였다. 나이 서른에 아예 그 다리를 잘랐다. 한동안 상실감에 빠져 있다 깨달았다. 의족이지만 비로소 두 다리로 걸을 수 있다는 것을…. 휠체어농구와 역도를 즐겨했던 그는 다리를 자른 2000년 슬레지하키를 시작했다. 시속 100km가 넘는 퍽(Puck)이 날아다니는 얼음 위에서 마음대로 움직일 수 없는 다리는 없는 게 나았다. 마음이 편해졌다. (중략)

―두 번째 축제… 숨어 핀 17송이 소치의 꽃.
〈동아일보〉 2014.3.6. 춘천·소치=이승건 기자

기사 첫 문장은 "바지를 벗는다"이며 두 번째 문장은 "'다리'도 함께 벗는다"이다. 이 두 문장이 독자를 유인하는 미끼이자 기사를 해독하는 단서다. 첫 문단의 끝에 '아이스슬레지하키'가 나오는데, 이 단어를 아는 사람은 여기서 내용을 간파할 수 있다. 그러나 대다수는 이 단어를 모르므로 3문단까지 가서 '류머티즘 관절염', '목발', '다리를 잘랐다'에 이어 '휠체어'까지 가서야 이들이 장애인 운동선수임을 짐작하게 된다. 아이스슬레지하키가 하반신 장애인을 위한 아이스하키라는 설명은 기사 중반쯤에나 나온다. 기사의 핵심 정보를 '제

때 주기(immediate identification)보다 늦춰 주는(delayed identification)' 글쓰기 방식이다(박재영, 2020, 170쪽). 이 기사를 역피라미드 구조로 쓴다면, '휠체어'라는 키워드가 리드 문장에 등장할 것이다. 정보를 늦춰 주면 독자는 필자의 의도대로 끌려오기 쉽다. 이 기사는 첫 2개의 문장이 기사 전체를 결정했다고 말할 수 있다. 그 문장들이 암호문 같아서 더더욱 흡인력이 강하다. 조응형 〈동아일보〉 기자는 이승건 기자가 언제나 후배들에게 "기사는 재밌게 써야 한다"고 강조했다고 말했다. 아래에 또 다른 예가 있다.

> 여기, 남편의 고난을 극복케 한 아내가 짠 털장갑이 있다.
> 　이희호 여사가 만든 털장갑은 사랑과 인내 그리고 기적이었다. 그가 한 땀 한 땀 정성으로 짠 털장갑은 쓸쓸하고 추운 감옥 생활을 했던 김대중 전 대통령의 손과 발을 녹였다. 그때마다 남편은 감옥에서 나와 곁으로 돌아왔다.
> 　임종을 앞둔 김 전 대통령은 베이지색 벙어리장갑을 끼고 이 여사에게 눈으로 이별을 고했다. 남편의 체온이 떨어지지 않도록 병실에서 틈틈이 뜨개질한 장갑이었다. 이 여사는 장갑 낀 남편의 오른손을 잡고 눈물을 흘렸다.
> 　이 여사의 장갑 만들기는 엄혹했던 1970년대부터 시작됐다. 76년 재야인사들과 '3·1 민주구국선언'을 주도한 김 전 대통령은 77년 3월 징역 5년의 형이 확정돼 진주교도소에 수감됐다. 이 여사는 뜨개질한 조끼, 스웨터, 장갑을 보냈다. 이듬해 12월 김 전 대통령은 형집행정지로 가석방됐다.
> 　이 여사가 직접 만든 옷과 장갑은 독서를 좋아하고, 추위를 많이 타는 김 전 대통령만을 위한 맞춤용이었다. 80년 7월 '김대중 내란음모 사건'으로 청주교도소에 수감된 남편은 책을 읽으며 외로움을 달랬다. 이 여사는 쉽게 책장을 넘길 수 있도록 손가락 끝이 벌어져 있는 진청색 장갑을 보냈다. 사형 선고를 받았던 남편은 82년 12월 형집행정지로 다시 석방됐다. 기적이었다.
> 　사형수의 부인에서 영부인까지 이 여사는 김 전 대통령과 극한의 고통·기쁨을 함께 나누며 47년간 동행했다. 고통의 순간마다 촘촘하고도 따뜻한 사랑의

장갑으로 동반자를 격려했다. 서거 당일 김 전 대통령이 낀 벙어리장갑은 마지막 선물이었다.

―DJ 고난 이기게 한 '이희호 여사의 털장갑'. 〈국민일보〉 2009.8.19. 박유리 기자

위 기사의 첫 문장은 기자가 독자에게 말을 거는 느낌을 준다. 그러고 보니 기사 전체가 그런 분위기다. 기자는 '오늘 내가 취재한 사안을 어떻게 기사로 쓸까?'보다 '오늘 내가 알게 된 것을 독자에게 어떻게 이야기해 줄까?'라는 느낌으로 글을 적은 것 같다. 김대중 전 대통령 서거를 다룬 스트레이트 기사와 해설기사는 당연히 보도하더라도 이런 잔잔한, 그러나 의미 있는 기사도 필요하다. 기사 전체를 흐르는 담담하고 차분한 분위기가 특히 좋다. 첫 문장이 기사의 전체 분위기를 단단하게 잡아 준다. 박유리 기자는 기자 2년차 때 이 기사를 썼다. 당시 임순만 〈국민일보〉 편집국장은 이 첫 문장을 눈여겨보고, 박유리 기자를 콕 찍어서 '앤드(And) 팀'에 보냈다. 토요판 제작팀에 가서 글을 마음껏 써 보라는 취지였다.[38]

위와 마찬가지로 아래 기사의 첫 문장도 일품이다.

> 서울에서 약 100km 떨어진 곳엔 '캄보디아'가 있다. 충남 아산의 한 버섯 농장. 한국인 사장을 제외한 직원 12명이 모두 캄보디아 사람이다. 캄보디아 말을 쓰며 일을 하고 캄보디아 음식을 해 먹으며 힘을 낸다. 우리 식탁에 오르는 새송이와 느타리버섯을 그들이 재배하는 셈이다. 그 현장에 몸을 던져 보기로 했다. 미숙한 '한국인 노동자'로 1박 2일을 보낼 참이었다. (중략)
>
> 버섯을 키워 포장하기까지 10가지에 가까운 복잡한 절차를 거쳤다. 새 버섯병을 버섯 창고에 들이고, 튼튼한 버섯만 남기고 솎아 내고, 다 자란 버섯을 수확하는 일을 했다. 각 절차마다 일사불란하게 움직이는 선배들과 달리 나는 번

---

38) 2024년 7월 18일 박유리 기자와 인터뷰에서 얻은 내용.

번이 실수를 했다. 그때마다 "괜찮아요"라는 답이 돌아왔다.

　버섯 병을 담은 바구니 하나의 무게는 14kg. 여러 바구니를 한꺼번에 쌓으려다가 병을 떨어뜨리는 실수를 했다. 캄보디아 선배들은 "괜찮아요"라고 했다. 한 병에서 조그만 버섯이 10~20개까지 자란다. 튼튼한 버섯 2개만 남기고 칼로 솎아 내야 하는데 멀쩡한 버섯을 잘라 냈다. "괜찮아요." 이토록 실수에 관대한 직장이라니. 캄보디아 속 '한국인 노동자'로서 받은 특혜 아니었을까. 한국인 속 '캄보디아 노동자'였다면 어림없는 일이었을 것이다. (중략)

　이날 저녁 7시가 넘어서야 일이 끝났다. 퇴근 시간은 오후 5시이지만 버섯 솎아 내는 작업이 더뎠다. 더 일한 만큼 수당을 받는다. 캄보디아 직원들은 농장 한쪽에 있는 간이식당에 모였다. 불판에 삼겹살을 굽기 시작했다. 회식이었다. 갓 수확한 버섯을 굽고 묵은지 김치를 곁들였다. 소주와 맥주를 컵에 따라 "건배"를 했다.

　놀라운 건 그다음 풍경이었다. 직원들은 식탁 한쪽에 휴대전화를 두고 고향 캄보디아에 남아 있는 가족들과 영상 통화를 했다. 스피커폰을 크게 틀어 놓은 채 밥을 먹고 주방일도 했다. 작업반장을 맡고 있는 프룻(38) 씨의 세 살 난 딸이 영상통화로 심통을 부렸다. 1년 전 집에 다녀간 아빠가 집에 자주 오지 않는다고 "아빠, 여자친구가 생겼어?" 하는 것이었다. 캄보디아 사람들이 모두 박장대소했다. 이 간이식당이야말로 캄보디아에 두고 온 가족들과 가장 가까운 장소였다. (중략)

　버섯 한 상자를 선물 받고 운전석에 올랐다. 내비게이션에는 서울까지 2시간 거리로 나타났다. '캄보디아'는 생각보다 가까이 있었다. "전방에 과속 방지턱이 있습니다"라고 내비게이션이 알려 줬다. 일상으로 돌아가니 각오하라는 경고 같았다.

　　―서울서 두 시간 거리엔 '캄보디아'… 이 농장선 나 홀로 한국인이었다.

〈조선일보〉 2024.5.4. 장근욱 기자

첫 문장은 기사 전체를 함축한다. 여유와 배려, 순박함이 가득한 '캄보디아'가 바로 우리 곁에 있는 것이다. 이를 상징하는 단어는 기사에 반복해서 등장하는 '괜찮아요'다. 50-60년 전 우리가 바로 그런 사람들이었다. 지금 여기의 캄보디아 사람들처럼 순박했던 우리가 이역만리에서 광부와 간호사, 사막 근로자로 일했다. 그런데 그 '캄보디아' 인근에 있는 서울은 매일 치열한 몸싸움으로 각박하기 이를 데 없는 정글이다. 기사 마지막 문단이 그것을 담고 있다. 별것 아닌 아이템도 글을 이렇게 쓰면 특종보다 더 훌륭한 기사가 된다. 빛나는 리드와 멋진 엔딩! 이런 표현과 문장은 꼭 회사의 도움이 필요한 일은 아니므로 기자 개개인이 기회 있을 때마다 과감하게 시도하기를 권한다.

5. 무조건 재미있게

고래로 소식을 전하는 사람에게 신속, 정확, 재미의 세 자질이 필요했다(Kovach & Rosenstiel, 2021/2021). 소식은 늦게 전하면 아무런 의미가 없고 부정확하면 안 전하느니 못하다. 밋밋하게 읊조리기보다 재치와 유머를 가미하여 이야기하면 듣는 사람이 즐거우므로 재미 요소는 생각보다 중요하다. 세 가지 자질은 현대의 소식 알림이인 기자에게도 꼭 들어맞는다. 한국의 기자에게 신속은 생명처럼 중요하다. 다른 어떤 것보다도 더 중요하게 여겨서 오히려 문제다. 그 탓에 정확은 언제나 후순위로 밀린다. 팩트(fact)라는 단어를 입에 달고 살 정도로 정확성을 중시하면서도 특종의 기회이거나 낙종을 면해야 할 때는 미확인 정보라 하더라도 일단 보도하고 본다. 그 기사가 부정확하거나 오보로 밝혀져도 좀처럼 사과하지 않는다. 그래서 '아니면 말고' 식으로 보도한다고 비판받았다. 마지막 요소인 재미는 어떤가?

에디터와 선배는 재미있는 아이템을 찾아오라고 후배를 재촉했을지 몰라도 사안을 재미있게 풀어 보라고 부추기진 않았다. 재미와 무관한 사안 또는 재미가 없는 사안이라 하더라도 독자가 재미있게 읽을 수 있도록 만들어 보라고 권하지 않았다. 한국의 기자들에게 기사의 재미는 아이템에 달렸지, 기자에 달리지 않았다. 이것이 기사의 경쟁력을 잃게 만든 큰 원인이다. 알림이의 세 가지 자질인 신속, 정확, 재미는 어느 하나도 우월할 수 없을 정도로 모두 중요하다. 그간에 한국 언론이 이 셋 중에서 유독 재미를 등한시했기에 이번에 여기서 그것을 특별히 강조하고자 한다. 몇몇 근엄한 기자들은 아무리 재미가 중요하다고 해도 일말의 의미가 있어야 한다고 하겠지만, 마냥 재미있기만 해도 충분히 좋은 기사다. 아래가 그런 기사다.

> "당신, 로또에 당첨된 거야. (당첨된 걸) 경매에 내놓으면 최소 10만 달러(약 1억 2,300만 원)는 받을걸."

지난 며칠간 눈인사만 했던 미국 기자가 성큼성큼 다가오더니 손을 내밀었다. 부러움이 가득한 눈이었다. 벽에 붙은 TV 화면에는 '월요일 골프 로또 당첨자 조희찬(Monday Golf Lottery Winner, Heechan Cho)'이 적혀 있다. 지난 9일 미국프로골프(PGA)투어 마스터스 토너먼트가 열린 미국 조지아주 오거스타내셔널GC에 마련된 기자실에서 벌어진 일이다.

오거스타GC가 마스터스 취재를 위해 찾은 세계 500여 명의 기자 중 추첨을 통해 딱 28명에게만 주는 라운드 기회를 잡은 것이다. 세계 최대 골프축제의 무대이자 빌 게이츠, 워런 버핏 등 '명사(名士) 중의 명사'만 회원으로 받는 오거스타GC가 '서울에서 온 주말 골퍼'에게 티박스를 내준다는 얘기였다.

509일 만에 이뤄진 타이거 우즈 복귀 소식을 전하느라 지난 5일 동안 10시간도 못 잘 정도로 고된 일정을 소화한 데 대한 보상이라고 믿었다. "그동안 고생했으니 잘 즐기고 오라"는 말을 기대하고, 서울에 있는 데스크(부장)에게 전화했다. 그러나 수화기 건너편에 있는 사람의 생각은 180도 달랐다. "체험기를 준비하자. 독자들이 오거스타에 있는 것처럼 느끼도록 사소한 것까지 꼼꼼하게 취재해 전달해 보자." 1억원 짜리 로또는 그렇게 숙제가 돼버렸다.

─전 세계 500명 기자 중 28명만 라운드 기회… 한경 기자 마스터스 무대에 서다.

〈한국경제〉 2022.4.17. 오거스타(미국 조지아주)=조희찬 기자

 기사의 서두는 기자가 치른 우여곡절의 경위를 알린다. 그저 들뜬 마음에 부장에게 보고했던 게 큰 실수였다. '독자들이 오거스타에 있는 것처럼 느끼도록' 하라는 부장의 이 지시가 이 아이템의 운명을 완전히 바꾸어 놓는다. 애초 기삿거리 자체가 안 됐던 처지에서 흥미 만점의 읽을거리로 탈바꿈하게 된다. 예정에 없던 라운딩에 더하여 기사도 써야 하는, 흥분되면서도 당황스러운 상황을 기자는 잘 헤쳐 나갈 수 있을까?

 당장 발등에 떨어진 불은 골프채 확보였다. 오거스타GC 관계자는 "그린피, 캐디피, 식사까지 골프장이 책임진다. 공과 채만 알아서 구하라"고 했다. 티오프 시간은 11일 오전 11시. 당일 아침 인근 골프숍에 들러 "클럽 대여비가 얼마냐"고 묻자 "대여 안 한다"는 퉁명스러운 답이 돌아왔다. "두 시간 뒤 오거스타에서 티오프한다"며 자초지종을 설명하자 무테안경을 쓴 주인장의 표정이 싹 바뀌었다. "오거스타 옆에서 평생 살았지만 한 번도 못 가 봤다. 나 대신 클럽을 보낼 테니, 오거스타의 흙과 잔디를 많이 묻혀와 달라."(①)

 주인은 "돈은 안 받겠다"며 자신의 채를 내줬지만, 50달러를 건넸다. 고마운 마음에 골프공도 24개나 구입했다. 이제 챙길 건 다 챙겼다. 가속페달을 밟는 오른발에 힘을 줬다.(②)

 오거스타내셔널GC는 외부인들에게 좀처럼 '속살'을 공개하지 않는다. 회원권을 가진 300여 명과 동반 라운드하지 않는 한, 제아무리 돈 많은 기업인이건 유명 스타이건 클럽하우스로 들어가는 입구인 '게이트3'를 통과할 수 없다.(③)

 그런 게이트3를 기자는 지난 11일 통과했다. 흰색 제복을 입은 수문장은 초

청장과 신분증을 꼼꼼히 확인한 뒤 큼지막한 무쇠 바리케이드를 치웠다. 그러자 도로를 사이에 두고 줄지어 선 울창한 목련 60그루가 기자를 맞이했다. 오거스타GC의 상징 가운데 하나인 '매그놀리아 레인(목련 길)'이다.(④)

매그놀리아 레인은 300m에 이른다. 200년 넘게 산 고목들이 나뭇잎으로 뒤덮인 가지를 도로 위로 길게 늘어뜨린 덕분에 '나무로 만든 터널' 분위기를 자아냈다. 타이거 우즈가 왜 자신의 집에 '미니 매그놀리아 레인'을 만들었는지 고개가 끄덕여졌다.(⑤)

터널을 서행하며 지나자 시야가 확 트였다. 2층짜리 흰색 클럽하우스가 한눈에 들어왔다. 평범한 미국 가정집을 조금 크게 확대한 모양새다. 내심 기대했던 '럭셔리'와는 거리가 멀었다. 건물 외관의 고급스러움만 따지면 한국 골프장이 한 수 위라는 생각이 들었다.(⑥)

기자는 골프채를 구하는 과정을 흥미 있게 소개하면서 골프숍 주인장의 재치 있는 한마디로 오거스타 골프장의 명성을 전했다.(①번 문장) 일거양득이다. 기자가 골프채를 갖고 출장을 갔더라면 큰일 날 뻔했을 정도로 이 에피소드는 매력적이다. 이게 없었더라면 무엇으로 기사 도입부를 만들었을지 궁리조차 잘 안 된다. 이제 기자는 오거스타를 향해 자동차 가속페달을 밟는다. 3번 게이트를 통과하고 목련 터널길을 지나서 클럽하우스에 도착했다. 클럽하우스의 소박함은 목련 터널길의 유명세와 극명한 대조를 이룬다. 기자가 관광 가이드처럼 잘 안내한 덕분에 독자는 오거스타 골프장에 들어선 것 같은 느낌을 받는다. 부장이 지시했던 그대로다.

여기까지 기사의 작법은 정교하기 이를 데 없다. 기자는 자기가 본 장면을 그대로 보여 주다가(②) 설명을 곁들이고(③) 다시 장면을 묘사하다가(④) 설명을 추가하고(⑤) 또다시 장면으로 돌아온다(⑥). 장면은 기자가 본 바를 독자의 머릿속에 그림으로 그려 주며 설명은 기자가 정보를 요약 정리함으로써 독자의 이해를 돕는다. 장면 부분은 묘사문이며 설명 부분은 설명문이다. 묘사문은 시각적 긴장감과 함께 강렬한 인상을 주므로 한곳에 너무 많이 몰아 놓거나 너무 자주 사용하면 독자의 정보 처리에 부하가 걸린다. 영화에서 액션 장면만 30분간 보면 머리가 아픈 것과 비슷하다. 그래서 장면과 설명을 엇갈리게 배치해야 독자가 지루하지 않고 피로하지도 않은 채 글을 계속해서 읽을 수 있다. 장면은 현장 내러티브, 설명은 요약 내러티브라고 한다. 현장 내러티브와 요약 내러티브의 완급 조절이 독자를 유혹하는 글쓰기 요체다(박재영, 2020). 한국 신문기사는 대개 현장 내러티브는 너무 적고 요약 내러티브는 너무 많다. 하지만, 앞의 문단은 현장 내러티브가 주를 이루는 가운데 묘사문이 가장 많고 설명문이 조금 있으며 인용문은 가장 적다. 만점짜리 문장 구성이다.

> 클럽하우스 앞에 차를 대자 직원 서넛이 모여들었다. 한 명은 트렁크를 열어 골프백을 내렸고, 다른 한 명은 차 문을 열어 주면서 발렛 티켓을 건넸다. 눈을 돌리니 또 다른 직원이 클럽하우스 정문을 잡은 채 "들어오라"며 손짓했다.
>   그를 따라 2층으로 올라갔다. 도착한 곳은 '챔피언스 온리'란 팻말이 선명하게 붙은 '챔피언스 로커'. 마스터스 역대 우승자 55명에게만 허락된 곳이다. 로리 매킬로이도, 어니 엘스도, 브라이슨 디섐보도 열어 보지 못한 로커를 기자가 쓰는 영광을 누렸다. 28개 옷장마다 두 명의 챔피언 명패가 붙어 있다. 기자에게 배정된 로커의 주인은 1955년 챔피언 캐리 미들코프와 1988년 챔피언 샌디 라일이었다.
>   옷을 갈아입고 레스토랑으로 이동했다. 소시지, 감자, 비스킷 등으로 구성된 소박한 뷔페였다. 실제 마스터스 PGA 선수들에게 제공되는 메뉴와 같다고 했다. 먹는 둥 마는 둥, 곧바로 야외 연습장으로 향했다. 마스터스 대회 기간에 선수들이 연습하던 바로 그곳이다. 이날 함께할 기자의 전담 캐디는 이미 연습장에서 기다리고 있었다. 그가 찜해 놓은 곳은 김시우가 3라운드에 나서기 전에 연습한 자리였다.

독자가 기자와 동행하는 듯한 분위기는 계속 이어진다. 독자는 기자 덕분에 철옹성 같은 챔피언스 로커를 들여다볼 수 있었다. 레전드 골퍼들의 명패가 오거스타의 명예와 권위를 상징한다. 소시지와 감자 비스킷의 소박함이 오히려 오거스타의 품위를 드높인다. 다시 한 번, 멋진 대조다.

72세 흑인 남성 캐디는 오거스타GC에서 12년 동안 일해 왔다고 했다. 마음씨 좋은 할아버지 같은 미소를 지으며 자신을 월터라고 부르면 된다고 했다. 월터는 기자가 웨지를 꺼내든, 드라이버를 고르든 언제나 "좋은 선택"이라고 맞장구를 쳐 줬다. 기자의 얼굴에 '긴장'이 써 있는지, 조금이라도 풀어 주고 싶었던 모양이다. 피라미드 모양으로 쌓아 놓은 타이틀리스트 공은 새 공이 아니면 'A급 로스트 볼'이었다. 치기 미안할 정도로 광이 났다.

긴장한 탓인지 10분 만에 온몸이 땀에 젖었다. 그걸 봤는지, 월터는 "그린에서 연습해 보지 않겠냐"고 했다. 우즈처럼 무심하게 공 2개를 그린에 툭 던지고 퍼터를 건네받으려 잠깐 고개를 돌린 사이, 공은 저 멀리 굴러갔다. 머리를 긁적이자 월터는 "실제 그린은 더 빠르다"며 껄껄 웃었다.

시계가 오전 10시 40분을 가리키자 월터가 클럽을 챙기기 시작했다. 티박스로 가자는 신호였다. 심장 박동이 빨라졌고, 얼굴은 땀으로 흥건해졌다. 온몸이 고장 난 듯했다.

두 가지만 떠올렸다. 라운딩 당첨을 통보받은 9일 임성재 선수와 데이비드 마허 아쿠쉬네트 최고경영자(CEO)가 건넨 조언. 임 선수는 "바람 신경 쓰지 말고 페어웨이 한가운데로 공을 보내는 데 집중하라"고 했고, 마허 CEO는 "절대 길게 치지 마라. 짧게 쳐서 오르막 퍼팅을 하는 게 좋다"고 말했다.

연습장에서 만난 캐디는 '넘사벽'의 오거스타에 첫발을 디디는 동양인 아마추어 플레이어를 진정시켜 주려고 최대한 편한 모습을 보인다. 기자도 오거스타를 의식하지 않으려고 타이거 우즈처럼 행동해 보지만, 잘 되지 않는다. 이제 곧 경기가 시작한다. 기자뿐 아니라 누구라도 이날 이 자리에선 심장이 뛰고 땀이 나고 몸이 굳었을 것이다. 기자의 체험이 고스란히 독자에게 전달되도록 잘 썼다.

> 그렇게 1번홀(파4) 티박스에 올라섰다. 세계 랭킹 50위 이내 선수만 오를 수 있는 티박스에 선 게 믿기지 않았다. 기자가 선 곳은 선수들이 친 '마스터스 티'(445야드·407m)가 아니라 아마추어 회원들이 치는 '멤버 티'(365야드·333m)였다.
>
> 따뜻한 기온(섭씨 25도), 잔잔한 바람, 구름 한 점 없는 하늘…. 날씨는 완벽했고, 동반자(〈AP통신〉, 〈게티이미지〉, 영국 〈더선〉 기자)들도 상냥했다. 티를 던져 순서를 정했는데 마지막 타자가 됐다. 1-3번 타자들의 티샷은 모두 페어웨이를 지키지 못하고 좌우로 흩어졌다. 순간 눈동자 14개(동반자 3명, 캐디 4명)가 일제히 기자를 향했다. 링 위에 선 복서마냥 시야가 좁아지고 숨이 턱 막혔다. 왼쪽 볼엔 작은 경련이 일었다.
>
> 두 번 연습 스윙을 한 뒤 자세를 잡았다. "레츠 고, 존(기자의 영어 이름)!" 월 그레이브스 〈AP통신〉 기자의 응원 소리가 들렸다. 최대한 힘을 빼고 허리를 돌렸다. '땅!' 클럽 헤드가 공을 맞히는 소리는 나쁘지 않았다. 그렇게 꿈의 라운드가 시작됐다.

기사의 엔딩 문장을 읽은 모든 독자는 과연 기자의 티샷이 페어웨이에 안착했을지 궁금할 것이다. 기자는 기사에 자기를 '서울에서 온 주말골퍼'라고 했는데, 그 정보만으로는 그의 티샷이 성공했는지 가늠하기 어렵다. 그래서 기자는 별도로 조그맣게 골퍼로서의 자기 자신을 소개했다. 이것 또한 재미있고 멋지다.

전 세계 기자 500명 중 28명만이 당첨. 5% 확률의 라운드 기회를 얻은 조희찬은 11년차 아마추어 골퍼이자 8년차 골프 기자다. 박인비, 리키 파울러와 같은 1988년생이다. 로리 매킬로이보다 한 살 형이다. 키 182cm, 몸무게 100kg으로 임성재(183cm, 90kg)보다 조금 더 무겁다. 평균 비거리는 200m. 핸디캡은 +18로 '보기 플레이어'다. 라이프 베스트는 81타. 오거스타GC 라운드 기회를 얻기 전까지 가장 좋은 '뽑기' 성적은 로또 4등(5만 원)이었다. 골프 기자로서의 목표는 두 가지다. 타이거 우즈 단독 인터뷰와 30년 뒤에도 골프 기자를 하는 것이다.

'보기 플레이어' 조희찬 기자는 세계적인 골프장에서, 처음으로 플레이하는 골프장에서, 낯선 사람들이 자기만 지켜보는 가운데, 그것도 첫 번째 홀의 맨 마지막 플레이어로 나서서 티샷을 날렸다. 독자 누구라도 그 티샷이 궁금하므로 2회차 기사를 찾아서 읽게 될 것이다. 기사를 눈앞에 대령해도 읽지 않는 이 시대의 독자가 스스로 기사를 찾아서 읽도록 만드는 힘은 글의 재미에서 나온다. 조희찬 기자는 그 힘을 믿었으므로 자신의 오거스타 도전기를 4회 시리즈 기사로 장황하게 풀어냈다.

애초에 이 사안은 기삿거리가 될 수 없었다. 기자가 자기 얘기를 하는 건 칼럼이지 기사가 아니다. 그러나 골프장의 역사와 의미, 인물, 주변 반응, 당일 상황 등을 재미있게 엮으니 훌륭한 기사가 됐다. 기사는 독자를 명소로 안내하고 동반 골프를 즐기는 느낌이 들도록 함으로써 세계의 유서 깊은 골프장에서 공을 친다는 게 무엇인지를 간접 경험하게 했다. 기자의 놀랍고 설레고 긴장됐던 경험을 내 옆에서 얘기해 주는 것 같은 느낌을 주었다. 기사 문장 대부분이 묘사문이어서 가능했던 일이다. 무엇보다도 기사가 재미있다는 점이 최고로 좋다. 대통령을 비판하거나 재벌 총수의 비리를 캔 기사가 아니더라도, 단독이나 특종 기사가 아니더라도, 이 정도면 나무랄 데 없이 훌륭하다. 적어도 독자에게는 그렇다.

기사 도입부에 언급됐듯이 부장(오상헌 당시 문화부장)의 지시가 이 모든 걸 일궈 냈다. 역시 부장의 지시가 매사의 관건이다. 독자들이 오거스타에 있는 것처럼 느끼도록 사소한 것까지 꼼꼼하게 취재하라! 정작 조희찬 기자는 신문에 보도될 수 있을지 의심했지만, 오상헌 부장은 이런 기사가 더 가치 있다고 보고 자유롭게 써 보라고 조 기자를 부추겼다.[39] 그랬던 만큼 오 부장은 조희찬 기자의 원고를 정성스레 다듬었는데, 학창 시절 무협지 마니아의 관록을 유감없이 뽐냈다고 한다. 기사 반응은 엄청나게 컸다. 어지간한 기업의 회장단과 임원은 물론이고 조 기자의 부모와 아내의 지인들도 기사를 읽고 연락하는 통에 조 기자는 두 달간이나 격려 전화에 시달렸다. 〈한국경제신문〉은 조희찬 기자를 상찬하려고 '특별상'을 신설하여 시상했다.

현재 조희찬 기자는 자녀 보육을 위해 언론계를 떠나 자기 사업을 한다. 2024년 8월 19일 저녁에 예기치 않게도 내가 전화하여 이 기사를 물어보았을 때, 그는 "바로 이런 때가 기자의 가장 큰 기쁨"이라고 했다. 그는 옛 기억을 더듬으면서 흥분과 설렘, 감동과 감사의 마음이 교차한다고 했으며 거기엔 기자를 그만둔 아쉬움도 포함돼 있다고 했다.

별것 아닌 사건을 재미있게 풀어낸 또 다른 사례로 멍 때리기 대회 기사가 있다. 멍 때리기는 '정신이 나간 것처럼 아무 반응이 없는 상태'인데, 누가 그 상태를 오래 유지하는지 자웅을 가린다고 하니 일단 흥미롭다. 하지만 그것도 대회이므로 웬만한 스포츠 경기처럼 순위 위주로 기사를 쓰기 십상이다. 예의 딱딱한 기사가 될 뻔했던 2016년 제3회 수원국제멍때리기대회를 〈조선일보〉 기자는 이렇게 풀어 나갔다.

> (전략) 돌담 성벽길 앞 잔디밭에 요가 매트 70장이 깔렸다. 이 매트는 대회 참가자들이 오후 3시부터 꼬박 2시간 동안 머물러야 하는 전투의 장이다. 참가자

---

39) 2024년 8월 19일 조희찬 기자와의 인터뷰에서 얻은 내용.

70명이 오와 열을 맞춰 자리를 잡았다. 자기소개서 심사로 7대1의 경쟁률을 뚫은 참가자들은 유치원생부터 60대 주부까지 폭이 넓었다.

'멍 때리기' 대회장 주변은 꽤나 번잡스러웠다. 황금연휴를 맞이해 외출을 즐기러 나온 나들이객의 웃음소리, 대회장 앞 대로를 오가는 차량들의 매연, 한낮의 땡볕 더위, 대기에 가득한 황사와 미세먼지가 대회장을 감쌌지만 참가자들은 '시작'을 알리는 벨 소리가 울리자마자 '멍 때리기'에 몰입했다. 2시간 동안 무심한 눈빛으로 '속세'를 떠난 이들은 변기 커버 위에 올라앉거나 옆으로 드러눕기, 가부좌 등 각자 개성 넘치는 자세를 선보였다.

참가의 변은 '여유'와 '안정'을 지향했다. 우체국 집배원 문정훈(38) 씨는 "오전 7시에 출근해 오후 8-9시에 퇴근하는 여유가 없는 삶 속에서 마음을 가라앉히고 싶어서 나왔다"고 했다. 트로트 가수 리미혜(29) 씨는 "요즘 행사철인데 불러 주는 데가 없어서 너무 우울해 참가했다"고 했다. 그는 "억지로 잠을 자려고 하면 잠이 안 오니까 그냥 하루 대부분을 멍하니 있는다"면서 "데뷔 3년이 지났지만 소속사도 없이 혼자 가수 활동을 하다 보니 외롭다"고 했다. 어떤 반전의 계기가 필요한 모양이었다.

1회 대회 우승자였던 초등학생 김지명(당시 9세) 양은 우승 뒤 지상파 TV에 출연하는 등 유명 인사가 된 바 있다.

막상 경기가 시작되자 묘한 긴장감이 맴돌았다. 정신적 이완 대신 우승을 위한 집념이 불타올랐다. 20분쯤 지나자 첫 번째 탈락자가 나왔다. 허리가 아파오자 몸을 자주 들썩였던 5세 여자아이였다. 첫 탈락자가 나오자 다른 참가자들이 내심 안도하는 기색이 역력했다. "황금색 트로피가 탐난다"며 경남 김해에서 올라온 김태우(9) 군은 70분 동안 가부좌를 틀고 앉아 관중들의 찬사를 받았지만, 1시간 11분 뒤 어깨를 흔들며 끅끅 울기 시작했다. 놀란 경기 진행요원이 헐레벌떡 달려가자 김 군은 "엉덩이가 너무 아프다"고 흐느끼며 행사장을 빠져나갔다.

이날 경기 참가자들은 대회 규칙에 따라 모두 자신의 직업을 나타내는 복장을 입고 왔다. 작업복에 안전벨트·안전모까지 착용하고 참가한 건설회사 직원 김창원(40) 씨는 "간만에 휴식을 누리고 싶었다"고 했지만 "한 달 전부터 대회 요강과 '멍 때리기' 요령을 사전에 치밀하게 준비했다"며 전의를 불태웠다.

―국제적으로 판 커진 '멍때리기대회'… "뇌야, 멍 때린 것 맞니?"
〈조선일보〉 2016.5.9. 양지혜·정상혁 기자

'전투', '우승을 향한 집념', '안도하는 기색', '전의를 불태웠다' 등의 표현이 기사의 분위기를 한껏 높인다. 이날 대회 참가자들의 마음이 실제로 이랬을 것이다. 위에 적힌 몇몇 대회 참가의 변을 읽어 보니 벌써부터 웃음이 나온다.

진행요원들은 15분마다 선수 검지에 기구를 갖다 대 심박수를 체크했다. 또 경기를 관전하던 주변 시민들로부터 참가자들에게 스티커 투표를 받아 점수를 합산했다. 관객 투표 다득점자 중에서 가장 안정적인 심박 그래프를 보인 이들이 1-3등이 된다. 그러다 보니 튀기 위해 안간힘을 쓰는 참가자가 속출했다. 시민들의 스티커 투표를 의식해 소파에 누워 TV 보는 자세로 목에 팔을 받치고 누운 남성, 플라스틱 박스 위에 변기 커버를 놓고 '대변보는 자세'로 앉은 남성까지 나왔다. 하지만 이들은 '멍 때리기' 본연의 자세에서 이탈한 나머지 상·하반신의 고통을 이기지 못하고 제풀에 지쳐 떨어져 나갔다. 자신이 잠든 것이 아니라는 걸 보여 주기 위해 눈꺼풀을 격렬히 깜빡이는 참가자도 있었지만, 시간이 지날수록 눈동자에서 힘이 풀려 나갔다.

대회엔 규칙이 많았다. 위반 사항이 총 8가지였는데, ▲휴대전화 확인 ▲졸거나 잘 경우 ▲시간 확인 ▲잡담 나누기 ▲주최 측 음료 외 음식물 섭취 ▲노래 부르기 또는 춤추기 ▲웃음 ▲기타 상식적인 멍 때리기에 어긋나는 모든 경우였다. 사또 복장을 한 심사위원 3명이 내내 대회장을 누비며 참가자들의 상태를 지속적으로 확인했다. 참가자들은 괜한 오해를 살까 봐 잔뜩 위축됐다. 옷에 묻은 산니를 털어 내서나 바람에 날아간 모자를 줍느라 움직인 사람들은 어김없이 '경고장'을 받았다. 대회가 점차 '움직이지 않기 대회'로 변질돼 가자 사회자가 뒤늦게 "여러분, 움직이서도 됩니다"라는 안내방송을 하기에 이르렀다. 안내방송을 수차례 했지만, 탈락의 불명예를 쓰고 싶지 않았던 사람들은 미동도 하지 않았다. 이날 대기 미세먼지는 '매우 나쁨'(151 $\mu g/m^3$) 수준이었고, 대회장 30m 밖 로터리에서 차량들이 짙은 매연을 쏟아 냈지만, 누구 하나 마음 놓고 기침 한 번 하지 않았다. (중략)

이것도 엄연한 대회이니 규정이 있으며 독자에게 그것을 알려 줘야 경기 내용을 이해하는 데 도움이 된다.

마음을 고요하게 한다는 점은 비슷해도, 멍 때리기는 명상과 다르다. 2013년 책 『멍 때려라!』를 쓴 강북삼성병원 정신의학과 신동원 교수는 "명상은 휴식이 아니라 오히려 적극적인 정신의 훈련 과정이자 자신의 감각과 생각의 순간적 몰입"이라고 말했다. 반면 멍 때리기는 목적 없이 순전히 생각나는 대로 하는 것이다. 신 교수에 따르면 멍 때릴 때도 사람의 뇌파는 활발하게 움직인다. 이때 뇌는 무의식 속에서 주로 과거의 정보를 모아 하나로 정리하는 등의 활동을 한다. 그 순간 생각지도 못한 솔루션이 튀어나오기도 한다는 것이 신 교수의 설명이다.

'멍때리기대회' 1회 대회 후원을 했던 황원준 정신과 전문의는 "사람의 뇌는 집중하다가도 멍한 상태로 전환해 휴식하는데, 요즘 사람들은 쉬는 시간에도 스마트폰을 보면서 뇌를 혹사시키고 있다"고 말했다. 그는 "멍 때리기는 정신적인 스트레스를 덜어 주는 귀중한 시간"이라며 "며칠간 계속 지속된다면 문제가 될 수 있지만 단 몇 분, 몇 초의 멍 때림은 정신 안정에 긍정적"이라고 말했다. (중략)

멍 때리기와 명상의 차이와 현대인에게 멍 때리기가 지니는 의미를 궁금해할 독자를 위해 정신과 교수의 권위 있고 전문적인 해석을 기사에 넣었다. 기자의 노력이 애교 수준을 넘어 가상하기까지 하다. 이제 본격적으로 경기 장면으로 들어간다.

    캐나다에서 온 IT엔지니어 월프레드 리(32) 씨는 종이상자로 노트북 모양을 만든 뒤, 컴퓨터 작업을 하는 것처럼 상자를 응시하며 멍 때리기 자세 연출에 활용했다. 그는 "한국의 '멍 때리기'는 일종의 비워 내기인 거 같다"며 "뭔가에 집중하는 명상과 달리 멍 때리기는 무의식적인 것 같다"고 말했다. 그는 "나는 비워 내기가 아닌 내 과거나 미래에 대해서 생각(집중)한다"면서 "정신건강을 위해 샤워할 때나 지하철 탈 때 틈틈이 '멍 때리기'를 연습한다"고 했다. 월프레드 씨는 이날 대회 2등을 차지했다.

    한국에서 영어 교사로 일하는 미국인 대니얼 위버그(34) 씨는 "멍 때리기는 자기도 모르는 사이에 갑작스럽게 찾아오는 순간이라고 생각한다"고 했다. 그는 "한 번도 멍 때리기를 두고 경쟁을 한다는 생각을 못했는데 이걸 의식적으로 할 수 있는 건지 모르겠다"며 "자연스러운 것 같지는 않다"고 했다.

    인도인 비라 킬라파르티(27) 씨는 2년 전 한국 기업에서 일하게 된 남편을 따라 한국에 왔다. 함께 참가한 남편은 대회 시작 40분 만에 엉덩이 경련을 견디지 못하고 탈락했지만, 그녀는 어릴 적부터 다져 온 요가의 내공 덕분에 종료 벨이 울릴 때까지 침착하게 앉아 있었다. 그녀는 "상 같은 걸 바라고 대회에 참가한 게 아니다"며 "남편과 행복한 추억을 만들 수 있는 걸로 만족한다"고 했다. 거의 유일하게 긴장을 찾아볼 수 없던 참가자였다.

    이날 우승은 만반의 준비를 해 온 참가번호 1번 김창원 씨가 차지했다. 1등 상품 로댕의 '생각하는 사람' 모조 트로피를 받아 든 김 씨는 "사회자가 웃긴 말을 많이 했는데, (심박동이 널뛰지 않게) 웃지 않으려고 노력하는 게 가장 힘들었다"고 했다.

    3등은 초등학생 조유나(8) 양이었다. 조 양의 어머니는 "대회 끝나고 나서 딸이 '다리가 많이 아팠다'고 하더라"며 "누가 그러라고 시킨 적도 없는데, 자세를 바꾸면 탈락한다고 본인이 생각했는지 양반다리를 한 채 거의 움직이질 않았다"고 말했다.

참가번호 10번으로 참가했던 트로트 가수 리미혜 씨는 결국 빈손으로 집에 돌아갔다. 리 씨는 "심사위원들이 (시험 감독관처럼) 계속 주변을 돌아다녀서 왠지 눈동자라도 돌아가면 경고받을까 봐 꾹 참고 있었다"면서 "참가자들이 다들 이를 갈고 나온 것 같은 느낌이었다"고 했다.

이날 대회에는 기자(양지혜)도 참가했다. 처음엔 기사를 위해 주변 참가자들을 관찰하려는 목적이었지만, 대회 시작종이 울리자 수상 욕심이 생겼다. 욕심은 정신을 황폐하게 했다. 무릎에 앉은 날파리를 손으로 툭툭 털어 내다가 경고를 받은 뒤로는 더욱 움츠러들었다. 대회 후 최항섭 국민대 사회학과 교수에게 이 현상에 대해 물었다. 최 교수는 "멍 때리기 자체는 정신·문화적인 가치가 있지만 이걸 대회로 열어 경쟁하고 상을 주는 게 모순적인 것 같다"며 "멍 때리기에까지 경쟁과 압박이 틈입한 것"이라고 했다.

대회가 갈수록 인기를 얻자 지방자치단체들도 팔을 걷어붙이고 있다. 서울시 한강사업본부는 22일 이촌한강공원 청보리밭 일대에서 '2016 한강멍때리기대회'를 개최하기로 하는 등 전국에서 행사 주최 움직임이 잇따르고 있다. 멍 때리기에도 1등과 2등과 3등이 자리를 잡고 있는 것이다.

이날 대회에는 1회 대회 우승자 김지명(11) 양은 자원봉사자 자격으로 대회장에 모습을 비췄다. 만사 귀찮은 듯한 표정으로 "멍 때리기 우승자로서 소감이 어떠하냐"는 질문에도 일절 대꾸를 않던 김 양은, 대회가 끝나자마자 큰 소리로 외쳤다. "이제 집에 가도 돼요?"

이 기사를 N클럽 공부모임에 소개했던 구아모 〈조선일보〉 기자는 "글자를 읽고 웃음이 터져 나오면 그것만으로도 기사는 제 몫을 다하는 것이다"라고 말했다. 멍 때리기 대회는 이후에도 여러 번 보도됐지만, 이 기사가 '끝판왕'이다. 앞으로도 이 대회를 취재하려는 기자들을 좌절케 하기에 충분하다. 이 아이템은, 보도한다면 이렇게 레전드급으로 써야 하고, 그게 아니면 아예 쓰지 말아야 한다. 그냥 행사 기사로 쓴다면, 그런 기사가 독자에게 무슨 의미가 있겠는가? 소재보다 소재의 가공이 더 중요함을 이 기사는 웅변한다.

'무엇을 보도할 것인가'보다 '어떻게 보도할 것인가'가 더 중요하다(박재영, 2020). 이 '어떻게' 중의 하나는 재미다. 사안이 중요하든 사소하든, 대상이 인물이든 사건이든, 글이 길든 짧든, 스트레이트 기사든 기획기사든 반드시 재미있게 쓰려고 무진 애를 써야 한다. 특별한 경우뿐 아니라 기자가 매일 접하는 그저 그런 아이템에서도 항상 이렇게 노력해야 한다. 궁극적으로는 중대한 사안을 유머러스하게 전하기, 골치 아픈 사안을 재미있게 풀어내기가 관건이다. 단독이나 특종도 재미있게 써야 독자가 읽는다. 대학생들은 흥미와 그에 따른 몰입을 기사 읽기의 큰 영향 요인으로 꼽는다(안수찬·김창숙·박재영, 2024). 재미있는 글이 최고다.

공교롭게도 위에 소개한 두 사례가 모두 승부를 가리는 게임인데, 내친김에 진짜 스포츠 기사 중에 모범 사례를 살펴본다. 2002년 제17회 한·일월드컵에서 한국은 4강전까지 진출하여 최종 4위를 차지하면서 세계의 이목을 끌었는데, 그 이전에 한민족이 세계 사람들에게 가장 강한 인상을 남겼던 월드컵은 북한이 8강까지 올랐던 1966년 제8회 잉글랜드월드컵이다. 제2차 세계대전 이후 월드컵은 그 이름이 무색할 정도로 유럽과 남미 국가들의 독무대였다. 특히 1958년과 1962년 월드컵 때는 아시아와 아프리카 국가들이 지역 예선을 통과하더라도 유럽 국가들과 플레이오프 경기를 치러야 했고, 결국 단 한 팀도 본선을 밟지 못했다. 1966년에도 FIFA는 아시아와 아프리카, 오세아니아를 한 지역으로 묶어서 본선 티켓 1장만 할당했다. 이에 아프리카의 모든 국가는 지역 예선을 거부했으며 아시아 대부분의 국가도 대회 불참을 선언했다. 북한은 호주를 이김으로써 아시아, 아프리카, 오세아니아의 3개 대륙을 대표하는 단 하나의 국가로 이 대회에 참가했다.

북한은 우승 확률이 500 대 1밖에 되지 않는 미지의 팀이었다. 북한은 조별리그 첫 경기에서 강호 소련에 0-3으로 완패했으며 두 번째 칠레전에서는 경기 종료 직전에 겨우 동점 골을 넣어 1-1 무승부를 기록했다. 마지막 경기에서 맞붙을 이탈리아는 월드컵 2회 우승국으로서 조별리그에서 1승 1패(칠레에 2-0 승, 소련에 0-1 패)를 기록하여 북한과 비기기만 해도 8강에 진출할 수 있었다. 북한은 이탈리아를 이겨야 8강 진출의 경우의 수를 따져볼 수 있는 다급한 처지였다. 북한은 전후반 내내 지칠 줄 모르는 체력과 스피드, 짧고 정확한 패스를 선보이며 전반 42분 박두익의 골을 끝까지 지켜 이탈리아를 1-0으로 잡았다. 북한은 1승 1무 1패로 1승 2패인 이탈리아를 제치고 조 2위로 8강 결승 토너먼트에 진출했다. 북한의 승리는 세계의 축구팬들을 충격에 빠트릴 정도로 대회 최대 이변이었다. 이탈리아 선수들은 분노한 자국 팬과 마주치지 않으려고 야밤에 귀국했지만, 썩은 과일과 달걀 세례를 피할 수 없었다.

〈동아일보〉는 1966년 7월 19일의 이 경기를 7월 20일 '북괴, 이태리 꺾어 1대 0'이라는 제목으로 보도했다. 하지만, 이 기사는 200자 원고지 2매 남짓한 분량에 육하원칙의 정보만 담았을 뿐이고, 그로부터 8년 뒤에 나온 아래 기사가 명품이다.

> 이탈리아는 월드컵 2승의 관록을 가진 유럽 수비 축구의 제일인자로서 대회의 강력한 우승 후보였다. 소위 '스위핑 디펜스'(빗자루 수비)로 불리는 이탈리아의 방어시스템은 특이한 '1-4-2-3' 체제를 완성, '지킨다'는 것이 무엇인가를 세계에 보여 주고 있었다. 체스(서양장기)를 둘 때 두 개의 나이트가 궁성의 전면을 방위하는 이른바 '님조 인디언' 방위체제에서 착상한 것이라는 이탈리아의 포진은 문자 그대로 웅장한 요새였다. 더구나 이탈리아의 수비진은 '캐스트 아이언' 즉 철각(鐵脚)을 내던진다는 공포의 태클로 더욱더 그 이름을 떨치고 있었다.
> 그런데도 칠레와 비기고 난 다음 날 북한 감독 명례현은 "이번엔 이탈리아를

꺾어 보이겠다"고 말함으로써 센세이션을 일으켰다. 정말 하룻강아지 범 무서운 줄 모르고 덤비는 격으로 팬들에게는 받아들여졌다. 그러나 승부의 오묘한 조화를 그 누가 예측할 수 있었으랴. 이탈리아도 북한이 칠레와 비긴 데 놀랐던지 대소련전에서 부상한 에이스 리베라와 바라손을 내보내 최선을 다했다. 7월 19일. 북한은 이탈리아와의 예선 마지막 경기를 맞았다. 소련이 칠레를 눌러 이길 것으로 가정할 때 북한과 이탈리아의 대전에서 이긴 팀이 바로 준준결승에 오르게 된다. 이것은 중요한 일전이었다.

미들스브러 경기장에 모인 관중은 2만여 명.

이 경기에 북한은 이찬명(GK), 임중선, 신영규, 하정원, 오윤경(이상 FB), 임승휘, 박승진(이상 HB), 한봉진, 박두익, 김봉환, 양성국(이상 FW)을 내세웠다.

이탈리아는 롱패스로 공을 띄워 제공권을 십분 이용하는 전법으로 나왔고 북한은 4-2-4로 대인 접근 방어를 펴면서 빠른 주력으로 전원 공격 전원 수비의 틀을 다져 나갔다.

이탈리아는 두 개의 야포 불가렐리와 파케티가 미드필드에 버티고 서서 '달리는 전차'라는 리베라의 돌파력에 지원사격을 가함으로써 경기 초반 북한의 문전을 불바다로 만들었다. 리베라, 페라니, 바리손, 마졸라로 이어지는 이탈리아의 공격진은 때리고 들어가 머리로 받는 유격전법으로 초반 북한 문전을 휘저어 놓았다. 그러나 임승휘, 박승진이 되살아나면서 공격의 전초기지인 미드필드를 장악한 북한은 전반 14분 한봉진의 대시로 공격의 포문을 열었다.

한봉진은 엄청난 주력으로 교묘하게 수비를 제치고 순식간에 문전에 접근, 오른편 페널티 에어리어 부근에서 강슛을 때렸으나 크로스바를 넘고 말았다. 무엇이든지 들어오기만 하면 비로 쓸어 내듯 싹싹 쓸어 낸다는 이탈리아의 '빗자루 수비'가 뜻밖에 허점을 찔리면서 한봉진의 돌격으로 무너지자, 이탈리아 벤치는 황급히 자니치를 빼돌려 한봉진 하나만을 틀어막도록 지시하는 등 동요를 보이기 시작했다.

이탈리아는 수비선을 움츠리면서 정확한 롱패스로 결정타를 노렸으나 북한의 끈질긴 수비를 뚫지 못했다. 신영규, 하정원의 수비는 뛰어났으며 임중선은 바리손을, 오윤경은 페라니를 옭아맸다. 그러나 장갑차 마졸라와 전차 리베라의 중앙 돌파는 매우 위협적이었고 그들이 로빙과 숏패스로 북한의 밀집 방어를 교란시키는 품은 황야에서 먹이를 쫓는 두 마리의 사자처럼 종횡무진이었다. 그러나 그것도 잠시였을 뿐이었다. 〈계속〉

— '하룻강아지와 범' 예상 뒤집혀, 한봉진 돌격 伊(이)[40] 수비진 흔들려.
〈동아일보〉 1974.2.20.

기사는 두 국가가 운명의 결전을 치르는 분위기를 한껏 고조시켰다. 공격과 방어, 전법, 전초기지와 요새, 야포와 제공권, 장갑차와 전차, 지원사격, 교란, 유격전법과 돌격 그리고 불바다…. 실제 전쟁보다 더 전쟁 같은 축구 기사다. 기사는 이렇게 맛만 보여 주고, 마지막에 '〈계속〉'이라고 하면서 진짜 전쟁은 다음 회로 미루었다. 이 기사를 읽고 감질이 나서 다음 날의 기사를 찾아보지 않을 수 없었다.

이탈리아의 명감독 파브리는 북한이 저력은 있으나 주 무기인 빠른 주력만 제거해 버린다면 대수롭지 않은 팀으로 과소평가하고 있었다. 따라서 이탈리아로서는 한봉진에서 박두익으로 이어지는 북한의 가장 무서운 체인만을 끊어버린다면 이 한판의 시합이 '팍스 로마나'를 끝까지 누릴 수 있는 영광된 경기로 끝낼 수 있다고 자부하고 있었다.

따라서 작전의 방향은 뚜렷해졌다. 불가렐리를 시켜 박두익을 묶고 자니치로 하여금 한봉진을 맡게 한 것이었다. 그러나 파브리의 작전은 오산이었다.

한봉진을 맡게 한 자니치가 느림보였다는 것이 '〈선데이타임즈〉'지의 지적이었고 노련한 살바도레 대신에 거친 불가렐리를 내보낸 선수 기용 미스 역시

---

40) 伊太利(이태리)의 줄임말로, 이탈리아(Italia)의 음역어(音譯語).

〈가디언〉지에 의해 지적됐다.

버티고 서 있어야 하는 수비 선수는 기능적인 측면에서 볼 때 일반적으로 느리다. 반면에 공격 선수는 달리는 힘에 가속도가 붙어 상대적으로 더욱 빨라지는 법. 따라서 수비 선수에게 가장 중요한 것은 예리한 판단력인 것이다. 공격해 들어오는 선수가 어느 쪽으로 공을 뺄지 재빨리 판단해야 하기 때문이다.

그러나 한봉진을 맡은 자니치는 스피드에서 처질 뿐 아니라 판단력마저 어둡기 짝이 없었다. 이탈리아의 오른쪽은 허허벌판이나 다름없었다.

이탈리아는 자니치에다 구아네리를 더해 두 사람으로 한봉진을 맡게 했으나 구아네리 역시 느림보였다.

그 대신 한봉진은 빠르고 영악했다. 한봉진은 수비의 방향을 자기 쪽으로 돌리게 해 놓고 짐짓 돌파하는 척하다가 갑자기 크로스패스, 좌측에서 쇄도하는 박두익, 김봉환, 양성국에게 무수히 많은 찬스를 냄으로써 단연히 빛났다.

이탈리아가 밀리기 시작했다. 북한은 링커 박승진이 가로세로를 쏜살같이 내달으면서 어시스트에서도 손발이 맞아들어 감에 따라 차차 경기의 주도권을 쥐기 시작했다. 전반 35분 난폭한 불가렐리는 공을 몰고 가는 박승진을 뒤에서 쫓아가면서 걸었다. 마치 유도 경기에서 볼 수 있는 업어 치기 한판의 순간처럼 박승진은 공중에 치솟았다가 넘어진 불가렐리 위로 떨어졌다. 박승진은 일어났지만 불가렐리는 움직일 수 없었다. 발이 삔 것이다. 불가렐리는 업혀서 퇴장당했고 북한은 프리킥을 얻었다. 교체선수의 룰이 없었던 당시로는 퇴장당하면 그만이었다. 이탈리아는 열 명의 선수로 뛰어야만 했다.

전반 35분부터 전반이 끝날 때까지의 15분간은 북한의 면모가 여실히 드러나는 이른바 '가장 화려한 15분'이었다. '동양의 진주'로 불리는 박두익은 자기를 맡았던 불가렐리의 퇴장으로 자유스러워졌다. 마침내 이탈리아는 당황하는 빛이 역력해졌다. 전반을 얼마 남기지 않고 센터서클에서 하정원의 헤딩 패스를 받은 박두익은 좌측을 뚫고 급속히 오른편으로 돌면서 폴리, 란디니의 잇단 태클을 피하더니 땅볼로 강슛, 공은 이탈리아 골의 모서리를 찌르고 말았다. 그

것이 '화려한 15분'의 말미를 장식하는 황금의 결승골이었다. 〈계속〉

— '동양의 펠레' 박두익 황금의 결승골, "전반 끝은 북한의 가장 화려한 15분" 찬사. 〈동아일보〉 1974.2.21.

경기의 육하원칙 정보로 기사를 구성하면 한두 문장으로 끝날 일을 어떻게 이렇게까지 길게 풀어낼 수 있는지 의아하다. 그것도 흥미진진한 스토리로…. 이날 북한의 선전은 최상급의 기사로 대우받을 만했다. 경기장에서 직접 보거나 중계방송으로 경기를 봤던 사람도 이 기사를 읽으면 또 다른 묘미를 느낄 것이다. 사람들은 자기가 본 경기를 기자는 어떻게 썼을지 궁금해서 스포츠 기사를 읽는다(박재영, 2020). 이 기사는 이 주장에 딱 맞는다. 이런 기사를 읽는 독자라면 기자에게 경외심을 갖게 되지 않을까? 기사는 재미 하나만 충족해도 독자를 만족시키고 남는다.

〈동아일보〉는 뮌헨월드컵이 열리는 해를 맞아 1974년 1월 7일부터 6월 4일까지 '월드컵 축구 발자취, 몬테비데오서 뮌헨까지'라는 대형 기획물을 86회에 걸쳐 보도했다. 위 기사는 25회와 26회차 기사다. 당시 이 기획물에는 애독자가 생겼고, 그들은 다음 날 기사를 애타게 기다렸다. 나는 김학순 고려대 초빙교수를 통해 이 기사를 알게 됐는데, 김 교수는 지금도 그때의 재미를 잊지 못한다고 했다. 특히 전체 기획 중 1974년 2월 11일부터 3월 14일까지 19-38회차의 기사로 보도된 '8회 대회와 북한'이 재미 만점이다(정달영, 2001).[41] 기사는 8쪽짜리 신문의 마지막 면인 스포츠면에 바이라인 없이 보도됐다. 이 연재물의 필자는 최종회에 가서야 처음으로 활자로 나왔다. '국홍주 기자.'

소설가 복거일은 국홍주를 "신문기사도 아름다울 수 있다는 것을 보여 준

---

41) 북한은 이탈리아를 꺾고 8강에서 포르투갈을 만나 또다시 이변의 드라마를 썼다. 전반전에 3골을 먼저 뽑아내 무려 3 대 0으로 앞서다가 후반전에 5골을 먹고 역전패했다. 그중 4골을 '검은 표범' 에우제비오가 넣었다. 북한의 월드컵 8강 진출은 지금까지도 아시아 유일의 원정 8강으로 기록돼 있다. 당시 북한 선수들의 평균 신장은 165cm였다.

재능 있는 기자"라고 했다(장재선, 2006). 이종욱(2024)은 국홍주의 월드컵 기획물에 나타난 그의 박학다식함과 독특한 문체 덕분에 〈동아일보〉가 '낙양의 지가'를 올리는 기회를 얻었다고 평가했다. 또한, 〈동아일보〉 김기만 기자가 2002년 6월 「시민체육」에 쓴 글에서 "고교 시절 〈동아일보〉에 국홍주 기자가 월드컵 열전을 연재할 때는 너무나 재미있어서 수업이 끝나기 무섭게 제일 먼저 도서관에 뛰어 올라가 신문을 읽고 또 읽고 나중에는 노트에 기사를 베껴 집에 가 외우다시피 하곤 했다"는 에피소드를 소개했다. 길게는 수십 년 전에 열렸던 경기를 이제 와서 다시 보도했는데도 이토록 인기를 끌었던 사실이 놀랍다. 뉴스에 구문(舊聞)이란 없다. 기사는 잘 쓰기만 하면 언제든지 팔린다.

잉글랜드월드컵이 열렸던 1966년은 북한이 북괴로 불리던 시절이었다. 앞서 잠시 언급한 이 경기의 스트레이트 기사(〈동아일보〉 1966년 7월 20일 기사)도 제목에 '북괴'라고 썼다. 지금도 북한에 대해서는 대다수가 거리감을 넘어 적대감을 느낀다. 하지만, 월드컵에서만은 하나의 팀으로서 사람들에게 가깝게 다가온다. 국홍주의 글 덕분이다. "이 연재물은 '1회 우루과이대회'부터 서술해 내려오는 편년체였으나, 그 문장은 주요 경기 장면을 박진감 있게 묘사하는 등 열기를 전염시키는 데 부족함이 없었다. 독자들은 바야흐로 '긴급조치' 시대(1974.1.8. 제1호 및 제2호 선포)를 살아가는 엄혹한 분위기에서, 이 흔치 않은 스포츠 기사에 자주 눈길을 주었다. 미리 설계되지 않은 드라마, 축구라고 하는 지구상 최대의 보편 언어가 던져 주는 마력, 그리고 그때까지 별로 익숙지 않았던 월드컵의 세계에 비로소 개안(開眼)을 하고 있었기 때문이다"(정달영, 2001, 54-55쪽).

이런 재미있는 기사가 있는 반면에 대다수의 기사는 그와 정반대다. 어떤 때는 기자들이 서로 경쟁이라도 하듯이 기사를 재미없게 쓴다는 느낌도 받는다. 이 정도로 과도하게 혹평하는 이유는 미국 기자들이 어떻게 해서든지 독자가 기사를 읽도록 만들려고 안간힘을 다하는 것과 비교되기 때문이다. 다음 기사가 그런 예다.

한국은 2021년 도쿄올림픽 양궁 여자 단체전에서 우승함으로써 1988년 양궁이 올림픽에 도입된 이래 여자 단체전 9연패의 진기록을 세웠다. 그간에 한국의 독주를 막으려고 경기 규정을 여러 번 바꾸었어도 양궁 여자 단체전의 금메달을 딴 나라는 한국뿐이다. 다른 어떤 나라도 금메달을 갖지 못했다. 〈워싱턴포스트〉는 이 불멸의 위업을 아래와 같이 썼다.

> 카페인이 당신을 대담하게 만들어서, 어떤 경우에도 완벽하고 침착하게 당신의 빌어먹을 눈알을 후벼 파낼 그들의 스포츠에 도전장을 내밀게 하지만 않는다면, 그 선수들은 커피 한잔 함께하면서 만나볼 수 있을 정도로 친근하게 보인다. 그들은 당신이 만났던 어떤 팀보다 더 자주 경기 도중에 미소를 지을 텐데, 그 미소는 몇몇 상대 팀과 관중을 오도할 것이다. 그들은 미소 짓고, 파괴하고, 미소 짓고, 파괴한다.
>
> 이 팀은 이번 올림픽에서, 심지어 잔인할 정도의 정확성을 요구하는 종목에서 왕조 중의 왕조다. 한국 여자 양궁은 미국 여자 농구(1992년 졸전으로 준결승 패배), 독일 마장마술(2012년 형편없이 시간을 허비하여 패배), 영국 남자 조정 무타포(보잘것없는 5연속 금메달 획득)를 뛰어넘는다. 이 팀은 케냐의 육상 장애물 경주, 중국의 여자 단식 탁구, 중국의 여자 3m 스프링보드 다이빙, 미국의 남자 수영 400m 혼계영과 동급이거나 버금갈 정도로 최상위에 있다. 이 팀은 어떤 면에서는 이 모두를 뛰어넘는다. 박빙의 경기에서 누구도 이들을 이겨 본 적이 없으니까.
>
> 3인조 여자 양궁 단체전이 올림픽 종목으로 채택된 1988년 이래 9개의 금메달은 한국, 한국, 한국, 한국, 한국, 한국, 한국, 그리고 일요일 여기에서도 한국에 돌아갔다. 역대 올림픽에서 금메달은 한국 팀의 서로 다른 궁수 21명에게 돌아갔다. 12개국과 맞붙은 결승전에서 금메달은 모두 한국에게 돌아갔다. 금메달은 서울, 바르셀로나, 애틀랜타, 시드니, 아테네, 베이징, 런던, 리우데자네이루, 도쿄 등 7개 대륙 중 5개 대륙의 9개 도시에서 한국에 돌아갔다.

아프리카 대륙과 남극 대륙에서는 아직 한국에게 돌아간 적이 없지만, 아마도 그렇게 될 것이다. (중략)
―At the archery field, a South Korean dynasty of an enchanting ruthlessness.
〈Washington Post〉 2021.7.25. Chuck Culpepper

  위의 리드에서 기사를 조금이라도 더 재미있게 써 보려는 기자의 안간힘이 느껴진다. 미국 기자들은 저렇게까지 하지 않으면 다른 기자와 차별화할 수 없다고 믿어서 그럴 것이다. 그것을 증명하듯이 이 기사는 한국 여자 양궁을 극찬하는 유튜브 영상에 단짝처럼 등장한다. 척 컬프퍼 기자와 〈워싱턴포스트〉는 기사를 보도하기만 했을 뿐인데도 기사가 자체 발광하여 사람들 사이에서 돌고 있다. 기사가 좋으면, 돈을 들여 광고하거나 애써 홍보할 필요가 없다.
  한국 여자 양궁팀은 한국 기자들이 더 잘 알고, 더 잘 취재할 수 있고, 기사도 더 잘 쓸 수 있는 아이템이다. 그런데도 한국의 독자는 위와 같은 기사를 보지 못했다. 이렇게 품위 있게 한국팀을 극찬하는 기사를 본 적이 없다. 도쿄올림픽 때 그 많은 한국 기자가 양궁 여자 단체전 금메달 기사를 그렇게 많이 썼지만, 단 하나의 기사도 기억되지 않는다면 문제 아닌가? 신문사마다 뉴스 구독 모델을 고민하면서 프리미엄 뉴스나 에버그린 콘텐츠를 만들려고 무진 애를 쓰는데, 특별한 사안을 대상으로 별도의 인력을 투입하여 그런 콘텐츠를 생산하기보다 매일의 아이템을 과거와 조금이라도 다르게 가공하려고 시도할 필요가 있다. 가벼운 사안뿐 아니라 정치처럼 무거운 사안도 어떻게 해서든지 재미있게 쓰려고 노력한다면 더 좋을 것이다. 사람이 적거나 시간이 부족하거나 취재비가 없어서 좋은 기사를 만들지 못하는 경우가 있지만, 그런 여건과 무관하게 좋은 기사를 만들 수 있기도 하다. 위의 〈워싱턴포스트〉 기사는 바로 그런 예다. 재미있는 글이 최고다. 재미없는 글은 아예 쓰지 말자!
  한국 여자 양궁은 2024년 파리올림픽 단체전에서 또 금메달을 따서 올림픽 10연패를 이루었다. 〈워싱턴포스트〉는 당연히 그 놀라운 업적을 보도했고, 그 기사 역시 9연패 기사 못지않게 멋지다. 10연패 기사도 척 컬프퍼 기자가 썼다. 도쿄올림픽과 파리올림픽 때 한국 여자 양궁 단체전 우승을 보도한 국내 신문사의 기자를 살펴보니 동일인인 경우가 거의 없었다.

6. 목격기: 실황중계

1923년 관동대지진 때 일본 정부와 우익 사람들은 조선인이 우물에 독을 풀거나 불을 질렀다는 유언비어를 퍼뜨렸고, 그 때문에 무고한 조선인 6천여 명이 일본인들에게 학살됐다. 일본 정부는 이를 은폐하려고 일본에서 활동하던 독립운동가 박열(1902-1974)을 증거도 없이 사건의 배후로 지목했다. 어차피 누명을 쓸 처지였던 박열은 동지이자 연인인 가네코 후미코(金子文子, 금자문자, 1903-1926)와 함께 그 상황을 역이용하여 일제와 정면 승부를 하고자 했다. 그래서 시도조차 못 했던 일본 황태자 암살 계획을 자백하여 스스로 대역죄를 뒤집어쓴 채 재판에 나섰다. 영화 〈박열〉도 이 줄거리를 따르는데, 하이라이트는 역시 박열의 첫 공판과 최종 공판을 다룬 법정 장면이다. 배우 이제훈은 공판 장면에서 거만하고 불손한 태도로 일본 판사를 우롱하며 자유롭고 기개 넘치는 조선 청년 박열을 열연했다. 일본 천황제의 폐단을 지적하고 조선인의 피해를 고발했다. 영화에서 박열은 실로 용감하고 호방한 애국지사로 그려졌다. 한국인이 감독이고 주인공이 독립운동가이며, 무엇보다도 영화는 허구이므로 관객은 내용이나 연기가 조금 과해도 오히려 통쾌해했다. 하지만, 엄혹한 일제 강점기에 그것도 일본 법정에서 정말로 박열이 그렇게 호기로웠겠는가 하는 의심이 들기도 한다. 이걸 확인하려면 공판속기록 같은 역사 기록을 뒤져야 하는데, 일본 법원에 있을지 몰라도 한국에서는 찾기가 어려울 것이다. 다행히, 당시의 법정을 참관하여 기사를 쓴 한국인이 딱 한 명 있었다. 그는 〈조선일보〉

동경특파원 이석 기자다.

　박열은 1923년 9월 1일 관동대지진 발생 3일 후 일본 경찰에 체포되어 10월 20일 일본 검찰에 의해 도쿄지방재판소 검사국에 기소됐다. 박열의 공판은 약 2년 반 동안이나 도쿄지방재판소 예심에 머물러 있다가 1926년 2월 26-28일 사흘간 도쿄대심원 대법정에서 열렸다. 〈조선일보〉는 이보다 5일 늦은 3월 3일부터 8일까지 박열 공판을 5회 연속 보도했다. 공판 첫날(2월 26일)을 다룬 기사는 3월 3일, 4일, 6일에 나뉘어 보도됐다.

　박열은 일제의 형법 제73조, '일본 천왕, 태황태후, 황태후, 황후, 황태자 또는 황태손에 대해 위해를 가하거나 가하려고 한 자는 사형에 처한다'는 이른바 대역죄(大逆罪)로 기소됐다. 조선인으로는 최초였다. 연인이 일본 여성이며 그녀가 조선인을 자처했다는 점도 사람들을 놀라게 했다. 그래서 공판 날 도쿄대심원 형사 제2호 법정은 일찌감치 북새통을 이뤘다. 사람들은 공판을 보려고 오전 2시부터 대심원 정문에 기다렸으며 오전 7시쯤엔 이미 500여 명에 이르렀다. 오전 9시, 법원은 150여 명만 법정에 입장시킨 채 공판을 시작했다. 공판 첫날 기사는 박열과 가네코 후미코를 영화의 주연과 조연처럼 등장시키며 시작한다.

> 정각인 9시가 되자 박열은 조선 구식의 혼례복인 자줏빛 전복에 쌍학이 교비(交飛)하는 각대를 두르고 장발두(長髮頭)에 사모를 눌러쓴 후 엄숙한 태도로 법정에 나타나서 재판장 앞에 있는 의자에 앉았으며 그 옆에는 금자문자가 눈빛같이 흰 삼팔저고리에 검은빛 『화문라단』 치마를 맵시 있게 입고 앉았는데 두 사람은 같은 감옥 안에 있지마는 만나볼 수가 없다가 오래간만에 법정에서 만나서 서로 입은 의복을 아래위를 훑어보다가 피차 웃음을 지우고 나서는 다시 일어나서 방청석을 향하여 아는 사람에게 얼굴빛과 눈치로 인사를 하는 광경은 참으로 처량하게 보이었다. 그들이 이러한 복색으로 법정에 나오게 되는 것은 운명을 결정하는 법정이나마 여러 사람이 보는 마당에서 처음이자 마지

막인 혼례 생활을 표시하는 의미라는 풍설도 있을 뿐만 아니라 과연 신랑처럼 꾸민 박열과 조선 옷 입은 금자가 한자리에 짝지은 비둘기 모양으로 대하게 된 것은 참으로 초례청을 구경하는 듯한 느낌이 없지 아니하였다.

ㅡ지루하게 끌던 3년 동안 예심 조선인으로는 처음 있는 큰 사건.
〈조선일보〉 1926.3.3. 동경=이석 기자

이어서 곧바로 재판장과의 문답을 통해 박열이 어떤 사람인지 분명하게 보여 준다.

재판장은 개정함을 선언하고 피고 박열의 심리부터 시작하여
  문, 성명이 무엇인가
라고 물은즉 박열은 앉은 채로
  답, 박열이야.
라고 조선말로 대답하매 재판장은 다시
  문, 그것은 조선말이 아닌가. 일본 말로는…라고 물은즉 박렬은 다시 그의 독특한 유창한 일본 말로
  답, 박열이라 쓰기도 하네.
  문, 본명은 박준식이가 아닌가.
  답, 아무거나 다 좋겠지.
  문, 나이는 얼마인가.
  답, 잘 몰라.
  문, 나이를 모르는 사람이 있는가.
  답, 누구든지 자기 나온 때를 아는 사람은 없겠지.
  문, 직업은 무엇인가.
  답, ○○○○○일세.[42)]
  문, 잡지도 발간한 일이 있지.

답, 글쎄···.

문, 주소는.

답, 물어볼 것도 없이 시곡형무소.

문, 출생지는 어디인가.

답, 출생지도 게서 나왔는지 모르지.

문, 신분은 양반인가.

답, 새 양반이지.

상기와 같이 모두가 반항뿐이매 재판장도 빌다시피 하면서 심문을 하자니까 자연 땀이 날 지경일 뿐만 아니라 전일 조건부 약속에 의하여 '피고'라는 말을 하지 못하고 그 대신에 '그편'이라고 부르게 된 것에 의하여 보더라도 당일 법정의 질서는 가히 짐작할 것이다.

위 장면은 영화에서 1시간 29분 45초가 지났을 때 나오는데, 재판장이 박열과 가네코 후미코에게 성명을 묻는 장면만 보여 주고 넘어간다. 위의 3월 3일 기사는 공판 첫날의 첫 20분밖에 담지 못했다. 법정이 혼란하다는 이유로 재판장이 일반인 방청객을 모두 쫓아내 조선인이라고는 특별방청석의 이석 기자뿐이었다. 재판장은 심리 내용을 기록하는 것도 금지했다. 이에 박열은 분개하며 미리 준비한 선언문을 낭독했는데, 이 부분은 3월 4일 기사에 담겼다.

> 박열은 불이 일어날 듯이 눈을 부릅뜨고 쇠와 돌같이 굳은 주먹으로 자기 앞에 놓여 있던 탁자를 치며 노기가 가득 찬 얼굴로 재판장을 노려보며 "너희는 방청을 공개하라"고 사자후 같은 말로 항의를 했다. 포시(布施) 변호사가 뒤를 이어 "방청을 금지함은 너무 무리하다"고 이의를 신립[43]하여 일시에 장내는 소연

---

42) 기사의 원문 그대로다.
43) 申立. 개인이 국가나 공공 단체에 어떤 사항을 청구하기 위하여 의사 표시를 함.

하였으나 재판장은 이를 각하하매 박열은 두 번 말하지 아니하고 다시금 장내를 한 번 돌아보니 특별방청석에 한하여 약 150명의 전부가 일본인이오 조선인이라고는 나(특파원) 한 사람뿐인지라 나에게 향하여 묵례(默禮)로 인사를 했다. 나도 역시 답례를 하매 그는 안심한 듯이 착석을 하게 됐다.

그다음 소산(小山) 검사총장으로부터 잠시 동안 기소한 이유를 설명하매 박열은 이 말을 듣자 한 번 냉소를 지은 후에 돌연히 일어서서 자기 손으로 쓴 나의 선언(我의 宣言)이라는 약 20여 장의 장문의 원고를 전복소대 속으로부터 꺼내 들고 웅장한 목소리를 더 높이어 유창한 일본 말로 한 시간 동안을 낭독하니 그 내용이 극히 과격하여 듣는 자로 하여금 모골이 송연하였을 뿐만 아니라 이 소리를 듣고서는 귀신이라도 통곡치 아니할 수가 없을 듯하였다.

선언문의 낭독을 마친 후 피가 끓는 가슴을 진정하고 땀이 흐르는 얼굴을 수건으로 씻은 후 차를 마시고 태연자약한 태도로 착석하여 무엇인지 침사묵고(沈思默考)⁴⁴⁾하는 모양은 그가 비록 중대범일망정 그를 심문하는 사법관까지라도 그의 장렬한 기개에는 적지 않게 놀람을 말지 아니하는 듯하였는데 특별방청석의 일본인들은 그의 민활한 재간과 명쾌한 두뇌를 칭찬치 아니하는 사람이 없었다. (중략)

―일시여 '我(아)의 선언'을 낭독하자 숙연한 정내엔 열루만 산연.
〈조선일보〉 1926.3.4. 동경=이석 기자

이렇게 공판 첫날의 오전이 끝나고, 낮 12시 휴정 때 이석 기자는 박열과 가네코 후미코의 짧은 만남을 놓치지 않고 취재하여 이렇게 보도했다.

공판이 잠시 휴정됨에 따라 대심원 특별실로 점심을 먹으러 가는 박열 부부의 태도를 보건대 아침부터 정오까지 심지가 격동됐던 박열도 애인 금자를 돌아

44) 말없이 조용히 정신을 모아서 깊이 생각함.

다보고

"매우 피곤하지요"

라고 웃음의 빛이 넘치는 얼굴로 물으매

"나는 괜찮아요. 참 퍽 피곤하시겠서요"

라고 어여쁜 얼굴 앵두빛 같은 입 속을 열어 나직한 말소리로 애교를 흘리면서 대답하니

"무얼 그까지 걸이요, 염려 마서요"

라고 서로 말을 주고받는 양은 그들의 손목에 매인 쇠사슬을 끌고 있는 간수들까지도 이에 융합되어

"오래간만에 만나시니까 반가우시지요"

라고 빙그레 웃는 얼굴로 수작을 붙였다.

키가 후리후리한 몸에 분홍안 바친 갑사 전복을 입고 장발 머리에 사모를 눌러쓰고 검게 난 콧수염을 연해 연방 쓰다듬는 늙은 신랑 같은 박열은 앞에 서고 젊고도 호리호리한 키에 조선녀 학생복을 맵시 있게 입고 '족두리' 대신인 듯한 죄인의 용수를 쓴 금자는 뒤에 따라 여러 명 간수의 호위하는 아래에 법정 밖으로 나가는 광경은 보는 사람의 심리를 이상하게도 산란케 하는 동시에 어쩐지 옷깃을 여미게 하였다. (중략)

박열은 일본 정부의 계략에 기꺼이 응하고자 재판에 나섰으므로 거리낄 게 없었다. 이러한 태도는 공판 첫날 오후의 상황을 담은 3월 6일 기사에 잘 드러난다.

박렬 사건의 공판 제1일 오후는 1시부터 개정하고 재판장은 먼저 박렬에게 대하여 사실 심리를 하겠다 선언하고 시초부터 끝까지 약 2시간 동안 각 사항에 대하여 물은즉 박렬은 역시 의자에 앉은 채로 모두가 그렇다고 대답하여 사실 전부를 승인하였는데 말하자면 자기가 현재 제도를 인정치 아니하는 주의

인 바에는 재판장이 하는 대로 내버려 두자는 것 같았다. 그러나 간혹 가다가 돌연히 큰 소리로 재판장을 향하여 "귀치않다. 물어볼 것이 무엇 있느냐"라고 논박을 하였는바 그는 재판장이 묻는 말에 대답지 아니할 수도 없고 대답하자니 자기의 본의가 아니므로 공연히 재판장을 놀라게 하고 조롱하자는 뜻이었다. 그러고 보니 재판장도 좀 화가 나는 모양이나 그렇다고 박렬에게 조금이라도 귀에 거슬리는 말은 할 수가 없었다. 그것은 박렬의 태도가 조금이라도 자기의 비위에 맞지 아니하는 일이 있으면 곧 큰 소동을 일으킬 염려가 있는 까닭이다. 그러므로 방청석에서는 박렬이가 팔만 들었다 놓고 머리만 움직이어도 금시에 무슨 일이나 생기나 하여 눈이 휘둥그레졌던 것이다. 그래서 재판장은 아니 나오는 웃음도 웃어 가면서 박렬을 얼러 보려 하였으나 박렬은 이것이 추악하다는 듯이 코웃음을 치고 팔짱을 등에 지고 법정 안으로 왔다 갔다 하면서 재판장의 말은 못 듣는 것처럼 한 일도 있어서 재판정은 일종 연극장인 듯하였다.

그다음에 재판장은 박렬의 얼굴빛을 살펴보아 가지고 마음이 좀 진정되었을 듯하였을 때에 "그러면 그편이(피고라는 말) 이와 같은 무서운 계획을 과연 하였다는 말인가"라고 최후로 다시 한 번 묻는다고 한즉 박렬은 눈 속에 잠기어 있는 날카로운 칼로 재판장을 향하여 찍는 듯이 살기가 등등한 눈알을 부릅뜨고 "모두가 다 내 선언에 의하여 알 것이어늘 다시 물을 필요가 무엇이냐"라는 말로 재판장을 여지없이 공박한 후 또 방청 금지에 대하여 항의를 제출하였다.

재판장도 박렬의 위세를 보아서는 할 수 없이 방청 금지를 취소하고 싶은 생각도 있는 모양이나 그는 재판소 면목상 도저히 될 수 없으므로 이 말에 대하여는 무엇이라고 가부를 대답도 못 하고 어떠한 방법으로든지 박렬이가 야단만 아니 치도록 하자는 방침인지 정정(廷丁)[45]은 손에 땀을 쥐며 애꿎은 차만 박렬에게 권하여 찻주전자만 연속하여 왔다 갔다 하는 것도 우습고 박렬이가 차를

---

45) 일제강점기 법원의 사환을 이르던 말.

마신 후 얼굴빛이 좀 나아지면 재판관들은 물론 정정까지도 안심하는 듯 웃음을 웃는 광경도 이곳이 아니면 다시 얻어 못 볼 일이려니와 백만의 적병이라도 무서워하지 아니하는 듯한 박렬의 대담한 태도는 그가 반역아인 중에도 희귀한 반역아인 것을 족히 알 것이다.

——擧手(일거수), 一投足(일투족), 一搖頭(일요두)[46]마다 膽戰心驚(담전심경)[47] 하는 재판관들. 〈조선일보〉 1926.3.6. 동경=이석 기자

공판 둘째 날(2월 27일) 박렬에 대해 사형이 구형됐는데, 이를 담은 3월 7일 기사는 2시간에 걸친 검사의 논고 내용은 내버려 둔 채 박렬 부부와 방청객의 반응을 전했다.

(전략) 약 2시간 동안 논술한 후 엄준한 기색을 가지려는 검사도 영맹부적(獰猛不敵)[48]의 기세를 가진 박렬 부부에게 대하여는 곧 구형의 말이 입에서 나오지 아니함인지 박렬과 금자문자의 전일 정경에 대하여는 실로 동정할 가치가 있다는 등의 말로 피고 두 사람의 동정을 살펴보다가 드디어 사형을 구형한다는 최후의 한 말은 눈을 내려 감고 입안으로 우물쭈물하여 남이 알아들을까 말까? 한 목소리로 선언하고 무색한 듯한 얼굴로 자리에 앉게 되었으니 이 사형이라는 말을 입에 내기가 과연 어려웠던 모양이다.

그래서 이 사형이라는 최후의 한 말이 떨어지던 순간의 박렬 부부의 기색을 살피고자 장내 일반의 시선은 모두 그 두 사람의 얼굴에 모이게 되었다. 그러면 그 두 사람의 기색은 과연 어떠하였을까? 무기 무력한 검사의 태도를 조소하는 듯이 박렬은 문자를, 문자는 박렬을 서로 쳐다보며 한 번 웃을 뿐이었다. 말하

---

46) '손 한 번 들고, 발 한 번 옮기고, 고개 한 번 저을 때마다'라는 뜻으로, 사소한 행동이나 동작을 모두 포함하여 이르는 말.
47) 놀라고 겁이 나서 벌벌 떨다.
48) 빼어나게 용감하여 적수가 없다.

자면 사형이라는 것도 자기에게는 일소의 거리밖에 아니 된다는 셈이다. 이 세상에 "죽음을 각오한다"는 말이 매우 유행하는 모양이나 이 두 사람처럼 각오가 철저한 사람은 다시 얻어 보기가 어려울 것이다.

이를 본 방청객들도 너무나 어이가 없다는 듯이 웃었다. 그리고 재판장은 피고가 이와 같이 대담함에는 다시 더 무엇이라고 물어볼 말이 나오지 아니함인지 잠시 동안 장내는 침묵한 가운데 있었고 힘 있게 부는 바람결이 법정의 유리창에 부딪치는 소리만 이따금씩 일반의 고막을 깨뜨릴 뿐이었으며 장내의 모퉁이, 모퉁이에서 번득이는 경관과 헌병의 칼자루도 이에 이르러서는 무색한 듯하였다.

얼마 후에 박렬은 엄숙히 다물었던 입을 문득 열어 "너희들"이라고 말머리를 꺼내더니 듣기에도 실로 송구한 극히 과격한 말로 약 5분가량 검사의 논고한 내용을 여지없이 반박하여 일반은 "이제 소동이 생기려나 보다"라고 추측되어 장내의 공기는 미리부터 소란하였으나 박렬은 의외에 점잖은 태도로 끝을 마치고 자리에 앉으니 울렁거리던 재판관과 간수들의 가슴도 이에 겨우 진정되는 모양이었다.

―전후 11회 판검사의 심문에 추호 불변의 주지일관한 항변.
〈조선일보〉 1926.3.7. 동경=이석 기자

공판 셋째 날(2월 28일)을 다룬 3월 8일 기사는 박열 변호사의 변론을 집중적으로 보도했으며 박열 부부에 대해서는 아무런 언급이 없었다. 박열은 1926년 3월 25일 최종 공판에서 사형을 선고받았다.

영화 〈박열〉의 이준익 감독은 〈스포츠조선〉과 인터뷰에서 "〈아사히신문〉과 〈산케이신문〉을 통해 고증하면서 쫓아가다 보니 박열과 가네코 후미코가 주도한 재판이었다"고 말했다(조지영, 2017). 영화에 이석 기자가 등장하므로 이준익 감독은 위 〈조선일보〉 기사도 알았을 수 있다. 〈조선일보〉 기사를 보면, 영화에서 박열은 전혀 과장되게 그려지지 않았다. 오히려 실제만 못한 것 같다. 그의 호방하고 애국적인 면모는 기사에서 더 강하게 느껴진다.

두말할 것 없이, 기사는 역사적 기록이다. 특히 중대 사건은 그저 현장에서 직접 보고, 본 바를 그대로 옮기기만 해도 후대에 길이 남을 훌륭한 사료가 된다. 중계방송하듯이 공간을 보여 주고 인물을 그리는 것이다. 인물의 발언과 일거수일투족을 정밀 묘사하면 더 좋다.

이석 기자는 〈조선일보〉 사회부에서 항일 기사를 전담했다. 대표 사례는 일제의 위원 학살 사건의 현장을 답사한 기사다. 1924년 8월 7일, 독립단원 약 25명이 평북 위원군 화창면 주재소를 습격하려 했을 때 신흥동 주민들의 도움을 받았는데, 이를 알게 된 일본 경찰 40여 명이 마을 사람들을 고문하고 18명을 학살했다. 이때 이석 기자는 조선인이 경영하는 신문사와 잡지사의 풀 기자로 현지에 급파되어 생생한 기사를 썼다('관찰과 묘사' 챕터 참조). 3개월 후인 1924년 11월에는 황해도 재령군 북율면에서 동양척식회사의 수탈을 견디지 못한 소작 농민들이 소작료 인하를 요구하며 농성을 벌인 현장을 보도했다(조선일보 100년사 편찬실, 2020).[49] 다시 3개월 후인 1925년 2월에도 이석 기자는 북률면의 쟁의 문제를 5회 르포 기사로 연재했다.[50] 이석은 1925년 6월 동경으로 유학 갔는데, 이듬해 〈조선일보〉 동경특파원 자격으로 일본 천황 폭살 모의 혐의로 일본에서 체포된 박열 부부의 공판을 취재했다(조선일보사 사료연구실, 2004a).

이석은 사회주의자였다(조선일보사 사료연구실, 2004a). 그는 1925년 2월 전조선민중운동자대회 준비위원을 지내고 같은 해 화요회 회원으로 가입했으며 1926년 8월 제2차 조선공산당 사건에 연루되어 경성에서 체포되었으나 1928년 2월 13일 무죄 판결을 받았다. 출옥 후에는 신간회에 관여했다.

---

49) 1925년 2월 8일 〈조선일보〉에 보도한 '총봉의 위협하에 혈전하는 북률 소작인. 보라! 협혈귀 동척의 포학' 기사.

50) 1925년 2월 11-17일 〈조선일보〉에 보도한 '투쟁의 북률면에서'와 '북률 동척 죄악기' 등의 기사들.

목격기는 실황 중계하듯이 자기가 본 바를 그대로 적으면 되므로 그리 어렵지 않다. 아래의 목격기 2개도 매우 유명한데, 공교롭게도 모두 사형 장면을 담은 기사다. 첫 번째는 박진경 대령의 살해범 문상길의 총살 사형 장면의 목격기다. 1948년 4·3사건 당시 미군정의 방침에 따라 박진경 대령이 시민 강경 진압에 나서자, 군 내부에서 반발이 일었다. 부사관과 사병이 탈영하고 연대가 해체되는 와중에 중대장 문상길 중위는 강경 진압에 불만을 품고 연대장 박진경을 암살하기로 했다. 6월 18일 박진경의 대령 진급 축하연 직후에 문상길 중위는 손선호 하사에게 박진경 대령을 사살하도록 명령했고, 손 하사는 취침 중이던 박 대령을 소총으로 사살했다. 남로당 세포였던 문상길과 그의 부하 손선호는 결국 총살됐다. 조덕송 〈조선통신사〉 기자는 사형 장면을 보고 아래와 같이 썼다.

[수색에서 조덕송 발] 1948년 9월 23일 하오 3시 35분, 동 45분. 수색(水色) 동방5리 지점 이름 없는 붉은 산기슭에 터져 나온 10발의 총탄은 두 젊은 생명을 빼앗아 가고야 말았다.

육군 제11연대 육군 중위 문상길(文相吉·23), 일등상사 손선호(孫善鎬·22).

미군 장교 2명, 관계인 장교, 그리고 기자 입회하에 총탄을 받은 문 중위, 손 상사는 지난 6월 18일 오전 3시 동란의 제주도에서 국방경비대 11연대장 박진경 대령을 살해하였던 것이다.

애초 사건 관계자는 10명. 그중 8월 14일 고등군법회의 최후 언도에서 총살형이 선고된 피고는 문상길, 손선호, 배경용, 신상우 도합 4명이었다.

그러나 23일 총살형 집행 직전 배, 신 양인은 특사에 의하여 무기형으로 감형, 결국 직접 하수인이었던 손 상사, 그리고 피고 10명 중 단 한 사람의 장교인 문 중위, 두 사람만이 그 형의 집행을 받게 되었다.

이날 하오 3시 15분 수색 국방군 제1여단 사령부 정문을 떠난 대형 미군 트럭 한 대에는 석 달의 영창 생활에 여윌 대로 여윈 문 중위, 손 상사가 수갑을 채인 채 군기병의 호위 가운데 나란히 앉아 있었다. 자동차는 벌거벗은 산과 산모퉁이를 감돌아 준비된 사형장으로 가는 것이다. 네모로 깎은 말뚝이 둘, 붉은 산기슭에 나란히 서 있다.

그 하나의 말뚝을 향하여 최후의 담배를 피우고 난 허리끈 없는 장교복의 문 중위가 천천히 걸어간다. 군기 사령관인 사형 집행 장교에 의하여 총살형 집행장이 낭독되고 마지막 유언의 기회를 준다.

동란의 제주도였다. 민족과 민족이 맞붙어 피를 흘리는 곳, 그곳의 평화를 찾는다고 감연히 나선 국방경비대 전사의 한 사람인 그들이었다.

그러나 군율은 그들이 지닌바 민족적 도의보다 엄중했다. '상관을 모살(謀殺)하고 반란을 일으킨' 그들의 죄과를 용서하지 않았던 것이다. "제주도 30만 도민을 위하여 이 한목숨 희생되어야만 한다면" 고맙게 형을 받겠다고 총살형 선고를 받은 그들은 마지막 진술을 했다.

"스물세 살을 최후로 문상길은 저세상으로 갑니다. 여러분은 조선의 군대입니다. 마지막 바라건대 ○○○[51]의 지배 아래 ○○○의 지휘 아래 민족을 학살하는 조선 군대가 되지 않기를 문상길은 바라며 갑니다." 외치는 음성도 아니며 부르짖는 소리도 아니다. 다만 청청한 마지막 말에 회답하는 산울림이 영롱할 따름이다.

몸이 말뚝에 묶인다. 하이얀 수건으로 두 눈을 가렸다. 왼편 가슴 심장 위에 검은 동그라미 사격 표식이 붙여졌다. 10m의 거리를 두고 다섯 명의 사격수가 쏜 총탄 다섯 발은 기어코 문 중위의 가슴을 뚫고야 말았다. 이때 하오 3시 35분. 뒤이어 말뚝을 향하여 다시 손선호 상사가 걸어가며 미소를 띤 얼굴로 상관들에게 일일이 목례를 한다.

"마지막으로 제가 좋아하던 군가나 한마디 부르고 저세상으로 가겠습니다."
발을 멈추고 머리를 하늘 쪽으로 돌려 노래를 부른다.

---

51) 기사의 원문 그대로다.

"혈관에 파도치는 애국의 깃발, 넓고 넓은 사나이 마음, 생사도 다 버리고 공명도 없다. 들어라 우리들의 힘찬 맥박, 천지를 진동하는 승리의 함성…."

사형 집행 3분 전이다.

끝나자 집행장이 낭독되고 유언으로 "훌륭한 조선 군대가 되어 주십시오." 단 한마디—.

"겨누어 총—." 이때 "오! 3천만 민족이여!" 손 상사의 입에서 흘러나온 말.

이 말이 사라지기 전에 "쏘앗." 다섯 발 M1 총알은 손 상사의 가슴을 뚫었다. 이때 하오 3시 45분—.

1948년 9월 23일 하오 3시 35분, 45분, 서울 북쪽 수색 동방5리 지점에서 일어난 총성은 그쳤다. 핏발이 스며든 땅 위에 핏망울로 아롱진 두 개의 말뚝—. 그 위에 그러나 가을 하늘은 끝없이 맑고 푸르다—.

—박 대령 살해범 총살형 목격기. 비장한 유언.
〈서울신문〉 1948.9.25. (〈조선통신사〉 조덕송 기자)
(홍병기, 2018, 270-271쪽에서 재인용)

기사는 두 살해범이 국방부를 떠나는 3시 15분부터 3시 35분과 45분에 한 사람씩 사형되는 총 2분간의 상황을 목격한 그대로 글로 표현했다. 두 사람이 형장에 끌려오는 장면부터 최후의 진술, 총살에 이르기까지를 중계하듯이 보도했다.

이 기사는 통신사 기사였으므로 원문을 찾을 수 없는데, 다행히 〈민주일보〉와 〈서울신문〉은 1948년 9월 25일에 조덕송 기자의 전문을 보도했다. 홍병기(2018) 신문윤리위원회 심의위원이 제주도 4·3사건 관련 자료집에서 〈서울신문〉 기사를 찾아내 저서 『뉴스 동서남북』에 수록한 덕에 대중에게도 이 기사가 널리 알려졌다.[52] 홍병기(2018)는 "조덕송이 2년차 기자 시절인 1948년에 쓴 '박진경 대령 살해범 총살형 목격기'는 통신 기사였지만 안정된 필력으로 담담하게 써내려 간 현장 묘사로 인해 당시 많은 신문이 이 기사를 그대로 받아서 전재했다"고 밝혔다(268쪽).

〈민주일보〉를 포함하여 몇몇 신문에 기사가 보도된 9월 25일, 조덕송은 회사로 돌아와서 당시 언론계의 거목 설의식 선생이 자신을 찾는다는 말을 들었다. 설의식은 "해방된 언론계에 나의 후계자를 발견치 못해 쓸쓸하던 차에 조 기자의 기사를 읽고 이제 안심이 돼"라고 말할 정도로 조덕송을 칭찬했다(김영희·박용규, 2011, 363쪽). 설의식은 10일 간격으로 내는 신문 〈새한민보〉를 만들고 있었는데, 다음 호부터 두 페이지를 줄 테니 무엇이든지 쓰고 싶은 걸 쓰라고 조덕송에게 제안했다. 그날 〈조선통신사〉에서 조덕송을 기다리던 또 다른 손님인 일반 시민 5-6명은 조덕송에게 문 중위의 총살형 현장을 조금 더 소상히 들려주면 그림이나 조각, 작곡, 희곡, 영화를 만드는 데 도움이 되겠다고 말했다. 기사의 묘사력이 출중했다는 방증이다. 그러나 조덕송은 결국 이 기사로 인해 고난을 겪는다.

사실, 이 기사는 당시 국방부 보도과장 이창정 중령의 요청으로 조덕송이 총살형장의 법적 입회인 자격으로 들어가서 쓴 목격기였다. 그러나 기사 보도 후 수도경찰청 사찰과 박일원 경위는 조덕송에게 "당신 기사 중 어느 한 대목을 꼬집어 딱 어떤 법 조목에 걸 수는 없지만 기사 전체를 읽고 나면 '아… 죽여서는 안 될 사람을 죽였구나' 하는 수형자들에 대한 동정심을 불러일으키게 되어 있소. 특히 기사의 맨 마지막 부분 '핏발이 스며든…' 부분이 결정적으로 그런 인상과 인식을 주도록 묘사돼 있소"라고 말했다(김영희·박용규, 2011, 364쪽). 그로부터 며칠 후 〈조선통신사〉 사장, 편집국장, 사회부장과 함께 조덕송에 대한 체포령이 내려지고 통신사는 폐쇄됐다. 다행히 수사기관은 애써 체포하려

---

52) 이 기사의 〈서울신문〉 원문과 홍병기가 『뉴스 동서남북』에 소개한 기사는 미세하게 다른데, 홍병기의 버전을 따랐다. 김영희와 박용규(2011)도 공저 『한국 현대 언론인 열전』에 〈민주일보〉 기사의 2/3 정도를 소개했는데, 〈민주일보〉 기사는 '이름도 없는 붉은 산 밑에, 피를 뿜고 지워진 두 청춘, 박 대령 살해범 총살형 목격기'라는 제목에 '수색에서 조덕송 발 〈조선통신사〉 기사'라는 바이라인을 달았다(362-363쪽 참조).

고는 하지 않아 조덕송은 필명을 바꿔 〈국도신문〉에서 일할 수 있었다. 하지만, 이것도 오래가지 못했다.

조덕송이 기자 생활을 시작했던 〈조선통신사〉에는 좌익 성향의 인물이 많았다. 그는 1947년 7월 입사 후 1948년 제주도에서 4·3사건이 터지자, 현지에 내려가 1948년 7월 잡지 「신천지」에 그 유명한 '유혈의 제주도'를 썼다. 이 기사는 4·3사건의 연구에도 자주 인용될 정도로 객관적 시각에서 사건을 조명했지만, 당시 팽배했던 반공 이데올로기 관점과는 맞지 않는 부분이 많았다. 미군정기에 조선문학동맹에 가입했던 것도 그의 사상에 의구심을 갖게 했다. 결국 그는 1950년 5월 1일 '빨갱이'로 몰려 체포됐다. 조덕송은 서대문 형무소에서 전향서를 쓰면서 "사상 전향을 해야 할 정도로 내게 투철한 이념이 있던가?"라고 자문했다(조선일보사 사료연구실, 2004b, 190쪽). 일제강점기 때 시를 쓰기 위해 닥치는 대로 책을 읽으며 일본 프로문학에 끌렸으며 진보적 지식인인 양 감상적 글귀를 썼던 적이 있지만, 그런 사상에 공감하는 정도였지 분명한 정치적 노선이 있지는 않았다. 그는 앞의 기사와 그에 따른 〈조선통신사〉 폐쇄와 체포령 때문에 이후에 어디를 가더라도 붉은 딱지가 붙은 그늘진 언론 생활을 감내해야 했다. 젊은 시절에 경도됐던 좌익 성향이 오랫동안 멍에가 됐다. 1960년 〈조선일보〉 문화부장으로 오면서 그는 그 그늘에서 벗어날 수 있었다.

앞의 기사 9년 후에도 사형을 목격하고 보도한 역사에 남을 명기사가 있었다. 이승만 정부 시절의 특무대장 김창룡을 살해한 부하 장교들의 사형을 다룬 기사다. 김창룡(1920-1956)은 '이승만의 아들'로 불릴 정도로 위세가 대단한 용공 조작의 달인이었다. 권력에 취해 간첩 조작, 양민 학살 등의 반민족적 행위를 너무 많이 한 탓에 옛 부하였던 군인 4명에게 1956년 1월 30일 암살됐다. 박성환 〈동화통신〉 기자가 유일하게 그의 사형 장면을 목격하고 기사를 썼다(대한언론인회, 1993a). 다음이 그 기사다.

전 육군 특무부대장 김창룡 중장 살해범 사형수 허태영(36·전 육군 중령)과 그의 운전수 이유회(28·전 육군 일등중사)에 대한 사형이 집행된 24일 사형집행장에는 입회검찰관 A 소령과 그의 부관 집행관 B 헌병중위와 사격수 10명, 검시 군의관과 사후 수습 사병 6명, 군목과 2명의 기자가 입회하였다. 이날 허태영은 말쑥한 흰 바지저고리에 맨발에 고무신을 신고 있었다. 이삼일 전에 이발과 면도를 한 듯 머리는 깨끗이 빗어 올렸으나 턱에는 수염이 약간 검실검실하였다.

얼굴빛은 여전히 불그스레 좋았으며 태도는 지난 군사재판에 서 있던 태도와 조금도 다름없는 것 같았다. 이유회는 하얀 베로 만든 내복을 위에 입고 아래는 흰 바지 맨발에 고무신을 신고 있었다.

두 사형수는 각각 뒤로 두 손이 묶여진 양 집행장에서 10미터 떨어진 곳에서 유언이 청취되었다.

이유회는 앉아서 유언을 말하고 허태영은 서 있었다. 유언이 각각 끝났을 때 9시 50분 정각―. 이때 사형수 허태영은 기자에게 "신문기자가 여기까지 와서 마지막으로 보아주니 고맙소. 신문기자 여러분들에게 많은 신세를 졌소" 하고 말하였다. 그는 계속하여 "마지막으로 할 말은 백만 대군은 조국통일 건설을 위하여 일 잘하기를 부탁하오. 내가 한 일은 어디까지나 군을 위하여 한 일이요. 나는 마지막까지 미소를 띠어 가며 죽는 것이요. 이 소식을 부디 전해 주오." 이때 허태영의 앞 금이빨이 햇볕에 반짝거렸다. 10시 7분 전―. 허태영은 집행관에게 "우리를 집행하는 헌병들에게 끝나면 잘 먹이라구, 이것도 유언이야"라고 말하고 집행관의 지시에 따라 발을 옮겼다. 이유회도 뒤따라 발을 옮겼다.

집행관의 지시에 따라 삼사 보 발을 옮기다가 멈추고 허태영은 이유회를 부르는 것이었다.

"유회야!" 이유회는 허태영의 얼굴을 쳐다본다. "유회야, 애국가 애국가를 부르자. 유회야, 부르고 가자!"라고 말하니 이유회는 고개를 끄덕이는 것이었다. 10시 5분 전이었다. 주위는 물을 끼얹은 듯이 고요하였다.

두 사형수는 우뚝이 섰다. "시작!" 하고 허태영이 소리치자 두 사형수는 소리 높이 애국가를 부르는 것이었다.

"동해물과 백두산이 마르고 닳도록 하느님이 보우하사 우리나라 만세 무궁화 삼천리 화려강산 대한사람 대한으로 길이 보전하세."

일 절이 끝났다. 산울림이 있었다. 허태영은 애국가 봉창이 끝나자 이유회에게 "만세삼창 부르자"라고 말한 다음 "가서 부르지!"라고 말하고 기자들 쪽을 향하여 "자아, 안녕히들 계시오"라고 외친 다음 말뚝을 향하여 터벅터벅 두 사형수는 걸어갔다. 두 사형수는 간격 5미터 사이를 두고 세워진 새로 깎아 세운 키보다 더 큰 말뚝 앞에 가서 말뚝을 등에 지고 각각 섰다. 이유회는 좌측, 허태영은 우측 말뚝에— 이때 허태영은 다시 기자를 향하여 "신문기자 여러분, 안부 전해 주오"라고 소리치는 것이었다. 언덕 아래 멀리 오곡이 무르익어 가는 평야가 바라다 보이고 평야가 끝나는 곳에 대구 팔공산의 산줄기가 윤곽을 뚜렷이 나타내고 있다. 아침 햇볕은 형장에 포근히 내려 쪼이고 저절로 등에 땀이 스며드는 따뜻한 계곡이었다.

이때 "대한민국 만세" 하는 소리가 계곡이 터져라고 세 번 울렸다. 말뚝 앞에 선 두 사형수는 세 번 손을 높이 들고 세 번 "대한민국 만세"를 부르는 것이었다.

모두가 두 사형수에게 시선을 돌리지 않았으며 모두가 말이 없었다.

군목으로부터 두 사형수에 대하여 마지막 강복이 끝나자 왼쪽 가슴에 검은 표지가 붙여졌다.

왼쪽 가슴에 검은 표지가 붙여지자 두 사형수는 말뚝에 몸이 묶여지고 흰 헝겊으로 눈이 가려졌다.

이와 전후하여 두 사형수 앞 10미터 지점에 일렬횡대로 나란히 10명의 사격수가 집총을 하고 서 있다.

집행관이 사격수 선두에서 사형집행문을 낭독한다. '허태영 전 육군 중령'

그리고 군번 소속 주소 등― 다음 이유회에 대한 것이 끝나고 군법회의에서 사형이 언도되어 이에 의하여 집행한다는 집행문 낭독이 끝났다.

나지막한 집행관의 호령에 일제히 '어깨에 총'이 된다. 찰나에 10발의 총성은 일제히 계곡을 진동시키는 듯 '꽝' 하고 터졌다. 정각 10시 1분. 의리에 살고 의리에 죽는다던 허태영과 그의 운전수 이유회는 이렇게 하여 이 세상에서 사라졌다.

이윽고 두 발의 권총 소리가 울려지고 또다시 두 발의 권총 소리가 났다. 검시관의 검시가 끝난 것이다. 이날 하오 두 유골은 유가족에게 인도되었다. (〈同和通信〉 提供)

―태연한 표정 짓고 끝까지 조국통일 부탁하며 애국가에 대한민국 만세도 高唱(고창). 〈조선일보〉 1957.9.26. (〈동화통신〉 박성환 기자)

1957년 기사이지만, 요즘 기사와는 비교가 안 될 정도로 묘사가 탁월하다. 기자가 현장을 지켜본 시간은 아주 짧았을 텐데, 그 시간 동안 인물들의 행색과 태도, 발언, 사형장의 환경과 분위기까지 정밀하게 기록했다. 독자가 그림을 그리거나 동영상을 제작할 수 있을 정도로 시각화가 뛰어나다. 두 살해범의 총살 장면을 기록한 역사적 문건은 이 기사 외에는 없을 것이다. 역시, 기사는 역사적 기록이다.

이 기사는 이렇게 뛰어나지만, 몇몇 책에 기사의 존재가 언급되기만 했을 뿐이지 전문이 알려진 적은 없었다. 예를 들어, 대한언론인회(1993a)의 『한국언론인물사화 8·15 후편(상)』은 이 기사를 〈동화통신〉 박성환 기자가 쓴 명문이라고 하면서 기사 일부를 발췌하여 소개했다. 그러면서 〈경향신문〉이 1957년 9월 26일 이 기사를 박성환 기자 이름으로 사회면 머리기사로 보도했으며 〈세계일보〉와 〈조선일보〉도 전문을 보도했다고 밝혔다. 조선일보사 사료연구실(2004b)이 펴낸 『조선일보 사람들: 광복 이후 편』에도 같은 날짜에 전문을 보도했다고 적혀 있어서 그 날짜의 신문 PDF 지면을 통해 기사를 찾을 수 있었다.

젊은 기자들과 함께 기사를 공부하는 모임인 'N클럽'에 내가 이 기사를 소개하자, 이비슬 〈뉴스1〉 기자는 기사를 읽고 "묘사는 늙지 않는다"라고 말했다(박재영, 2023b, 96쪽). 박성환 기자는 이혜복, 오소백과 함께 사회부장 3총사로 불렸다(종군기자 사회부 기자 빛나던 이름 이혜복 편찬위원회, 2012).

박성환은 1946년 〈대동신문〉에서 기자 일을 시작하여 그해 〈경향신문〉 창간 멤버로 들어가 국방부를 맡았다. 당시 군 출입기자들은 육군사관학교에서 단기 훈련을 받았는데, 박성환 기자는 수료증 1번을 받아 '종군기자 1호' 칭호를 얻었다. 여순사건과 공비 토벌을 취재했으며 1950년 9·28 서울 수복 직후에 '서울탈환종군기'를 보도하고, 1952년 6월에는 주중특파원을 자원하여 분쟁지역 금문도를 돌아보고 '반공대륙(反攻大陸) 노리는 자유 대만'이라는 연재 기사를 썼다. 박성환은 〈경향신문〉 사회부장 후, 1957년 〈동화통신〉으로 옮겨서 다시 국방부를 맡았다. 앞의 기사에 나오는 허태영과 이유회의 총살형에 국방부는 기자 1명만 입회를 허용했는데, 기자단은 선배이자 국방부를 오래 맡은 박성환을 풀 기자로 선정했다. 그러나 박성환은 취재 후 원고를 기자단에게 보내는 대신 〈동화통신〉 본사로 직접 타전하는 바람에 기자단에서 제명됐다. 기자들은 화가 나서 기사를 싣고 싶지 않았지만, 그의 기사는 "그대로 명문이었고 읽는 사람으로 하여금 현장에 서 있는 감을 주는 정확 섬세한 묘사였기에 그대로 버릴 수가 없었다"(대한언론인회, 1993a, 311쪽). 9월 24일 오전에 집행된 총살형이 하루 늦은 26일 신문에 보도된 데는 이런 배경이 있었다. 그것은 '명문으로 이어진 문제의 기사'였다(대한언론인회, 1993a, 311쪽).

7. 르포르타주

　대개 사람들은 대충이라도 주제를 잡아 놓고 글을 쓴다. 특히 기자는 제한된 시간에 일을 끝마쳐야 하므로 기사가 될 법한 주제가 아니라면 시작조차 잘 하지 않는다. 기자들이 사전에 '기사의 각'(predetermined story angle)을 잡는다는 것은 그래서 나온 말이다(Shoemaker & Reese, 2001). 기사의 각 잡기는 과도하지만 않다면, 마냥 백안시할 필요는 없다. 기자들의 이 습관은 학자들의 가설 검증 연구처럼 연역적이다. 하지만, 이것은 원칙이 아니며 규범도 아니다. 그렇다면, 정반대의 방식도 생각해 볼 수 있다. 아무 선입견 없이, 그냥 현장에 가 보거나 취재 대상을 들여다보는 식이다. 이 방식은 귀납적이다. 르포도 귀납적 취재 방식에 가깝다. 르포(르포르타주, reportage)는 허구가 아닌 사실을 보고하며 실제 사건을 문학적으로 기록한다고 하여 보고기사(報告記事) 또는 기록문학으로 불린다. 그러나 문학 쪽에서 엄밀히 말하면, 단순히 무언가를 '기록했다'라고 해서 르포는 아니며 소설의 형태로 재구성했을 때 르포가 된다.

　오소백(1999)은 한국 언론에서 르포 기사의 뿌리를 1920년대 탐방기사나 답사기사에서 찾는다. 예를 들어, 〈조선일보〉는 1929년 한홍정 기자를 관북 지역에 특파하여 춘궁기 수재민의 참상을 생생하게 전했으며, 1935년에는 채만식 기자가 관북 지역의 탄광에서 일하는 이주민들의 실상을 정밀 묘사했다. 〈동아일보〉는 북한의 실상을 취재하기 위해 평안도와 함경도에 기자단을 보내 1946년 4월 6일부터 이북 답파기를 보도했다. 이미 100여 년 전에 국내 언론에 훌륭한 르포 기사가 있었던 셈이다. 1940년대 중후반에는 잡지의 르포 보도가 크게 융성했다. 월간지「신천지」는 '거리의 정보실'이나 '현지 보고'라는 고정물에 석상인, 고원섭, 한규호 등의 기자들이 쓴 현장 조사 형식의 보도물을 선보였다. 특히, 오소백은 성매매 시장이나 아편굴에 들어가거나 몰래 삼팔선을 넘어 이북 지역을 둘러 본 관찰기를 보도하며 르포 분야에서 종횡무진했다. 조덕송이 제주 4·3사건을 추적하여 「신천지」 1948년 7월호에 200자 원고지 70매 분량으로 보도한 '유혈의 제주도'는 르포 명작 중 하나다(홍병기, 2018).[53)]

오소백(1999)은 르포를 모사(摹寫)가 아니라 사생(寫生)이라고 했다(315쪽). 르포를 쓰려면 현장으로 가야 하고, 직접 목격해야 하며 따로 조사도 해야 한다. "르포 기사도 다른 기사처럼 사실을 본바탕으로 한다. 다만, '사실'과 '객관'을 뼈대로 하되, 어느 정도의 위성적인 살을 붙일 수 있다"(오소백, 1999, 316쪽). 여기서 위성적인 살은 기자의 감상이나 느낌을 뜻하는데, 절대로 가공적, 허구적, 창작적이어서는 안 된다. 오소백은 다음 4개 요소가 입체적으로 혼합될 때, 생생한 르포 기사가 탄생한다고 했다(316쪽).

―발(답사, 체험, 현장)
―눈(목격, 확인, 실증, 목격자 만남)
―머리(조사, 비교, 예상 판단)
―손(르포 기사의 문장화)

오소백의 많은 르포 기사 중에서 1978년에 쓴 탄광 기사를 소개한다. 오소백은 강원도에 있는 한 탄광의 입구에서 전차를 타고 약 40분간 2,500m를 전진하여 수직 갱도에 도착한 다음, 엘리베이터를 타고 초속 7m의 속도로 65초간 450m를 내려갔다. 갱구로부터 2,890m 떨어진 지점이다. 기사는 이 지점에서 시작한다.

> (전략) 갱구에서 3천m, 어지간히 전진했다. 앞장선 소장이 입을 열었다.
> "막장에 들어가겠습니까?"

---

53) 하지만, '르포'라는 단어는 1950년대 들어서 한국 언론에 쓰이기 시작했다.

나는 항의하듯, 그렇게 하겠다고 대답했다. 갱도를 벗어나 비좁고 가파른 곁길로 들어선다. 이른바 노보리(일어)인데 우리말로는 승갱(昇坑)이다. 느닷없이 화끈하다. 공기가 메마르고 통풍이 안 되는 모양이다. 승갱은 겨우 두 사람이 오를 수 있는 넓이. 장대로 마련된 난간을 붙잡고 허리를 굽힌다. 30m쯤 헐떡이며 승갱을 오르니 이번엔 왼쪽으로 꺾어 돈다. 또 다른 승갱이 나타난다. 더 가파르고 갱이 비좁다. 축축이 젖은 탄가루가 미끄럼대처럼 미끄럽다. 와르륵 하는 소리와 함께 나는 쓰러졌다. 정신을 차렸다. 난간 왼쪽 생철 미끄럼대로 탄이 쏟아져 내려간다. 탄이 쏟아지는 소리에 솜털까지 오싹했었다. 얼굴과 이마에 땀이 난다. 손으로 땀을 닦았다.

두 번째로 오르는 소장이 더 오르지 말고 기다리는 것이 어떠냐고 묻는다. 나는 거절했다. 맨 앞의 갱장이 기어간다. 그 뒤를 따르는 소장도 기어간다. 아니 네발로 걷는다. 폭소를 겨우 참았다. 갱장도 소장도 별수 없구나 했다. 네발로 기어간다면 그건 자신만만하다. 갱장과 소장은 두더지처럼 네발로 잘도 기어오른다. 혼자 나는 중얼거렸다. 자기들이 두더지라면 나는 곰이라고…. 두 번째의 노보리는 한 사람이 겨우 빠져 나갈 정도의 비좁은 굴. '와르륵'— 느닷없이 소리가 요란하다. 생철 미끄럼대로 탄 쏟아지는 소리에 두 번 아찔했다. 십년 감수라는 말이 떠오른다.

숨이 콱콱 막힌다. 등골에 식은땀이 흐름을 직감한다. 겉으론 멀쩡하지만 속은 겁에 질린 모양이다. 인간이란 어쩌면 허세로 반 이상은 지탱하는 건지도 모른다. '캐시밀론' 속옷이 물걸레처럼 곤죽이 됐다. 팬티가 똘똘 말려 최고의 귀중품이 버릇없이 빠져나올 것 같다. 인간순례(人間巡禮)의 길도 만만치가 않다. 전문 두더지들은 잘도 기어오른다. 두더지들이 기는 이상 곰의 네발도 지지 않는다. 갱장 두더지가 헐떡거리며 입을 연다. "이제 다 왔습니다. 막장."

막장에 다달았다. 네발로 기어오른 곰도 막장에 골인했다. 숨이 막히는 것 같다. 한 사람의 광부가 겨우 눈만 반짝이며 괭이로 탄을 파내고 있다. 수고한다는 말 이외엔 무슨 말도 건네고 싶지 않다. 인터뷰, 그따위 말승냥이 뼈다귀 같은 소리는 소용없다. 물을 게 없다. 물을 필요도 없다. 그냥 일하는 광부만 물끄러미 쳐다본다. '인간 두더지', 조금도 과장된 표현이 아니다. 숨이 막혀 견딜 수가 없다. 소방호스 같은 압축공기 파이프에 코를 박았다. 공기의 고마움을 땅굴 막장에서 뼈저리게 느낀다. (중략)

—탄광지대일기.
「월간 중앙」 1978.2. 오소백 기자 (오소백, 1987, 210-211에서 재인용)

오소백(1921-2008)은 현장 취재와 살아 있는 언어에 저널리즘 최고의 가치를 두었다. 현장 취재를 가장 잘 실천할 수 있는 영역이 르포이고, 살아 있는 언어의 정점이 관찰에 의한 묘사다. 모두 그의 전매특허다. 그가 기자 생활 내내 사회부에 머물렀던 것은 전혀 이상하지 않다.

1947년 잡지 「신천지」에서 일을 시작한 그는 일선 기자 5년 후인 1952년 6·25전쟁의 와중에 〈부산일보〉 사회부장이 되었으며 얼마 후 〈중앙일보〉에서, 휴전 후에는 〈서울신문〉에서 사회부장을 맡았다. 1955년 〈한국일보〉, 1957년 〈세계일보〉, 1959년 〈경향신문〉, 1960년 복간한 〈경향신문〉, 1961년 〈민족일보〉, 1963년 〈대한일보〉에서 사회부장을 했으니 '영원한 사회부장'으로 불릴 만하다(김영희·박용규, 2011, 174쪽). 그의 사회부장 경력은 10여 년 남짓하지만, 언론학 교재 집필과 기자 교육 경력은 40여 년에 걸쳐 계속됐다. 자신이 한국 최초의 언론교육기관인 조선신문학원에서 기자 교육을 받았고, 기자가 된 지 7년 후부터는 대학에 나가 취재와 저널리즘 강의를 했다. 〈중앙일보〉 사회부장 시절인 1953년에 명저 『신문기자가 되려면』을 발간했는데, 과거 신문방송학과를 다닌 학생치고 이 책을 안 본 사람은 거의 없을 것이다.

오소백은 저서 수십 권 중 마지막인 1999년판 『記者가 되려면』의 '나의 신조'에 "언론인은 대서사(代書士)가 아니다. 무엇을 어떻게 쓰느냐가 더 중요하다"라고 썼다(김영희·박용규, 2011, 182쪽에서 재인용). 이보다 훨씬 전인 1965년의 한 글에서는 "재치 있고 정치 잘하는 신문인보다 성실하고 정치 안 하는 신문인이 소수일망정 굳게 대지에 뿌리박고 있는 한 우리들은 절망하지 않을 것"이라고 했다(김영희·박용규, 2011, 180쪽에서 재인용). 아래는 오소백이 1967년에 쓴 글인데, 지금 언론에 더 들어맞는 것 같다.

> 신문과 정치를 간통시키고 신문과 금권을 윤간시키는 신문 뚜쟁이들을 몰아내야 한다. 이런 뚜쟁이들은 순결한 새싹들에게까지도 신문 창부로 전락시키게 한다. 신문만을 위해 한눈팔지 말고 가는 사람들의 발언권은 후퇴되고 신문 정치에 재빠른 사람의 발언권이 주가를 올리고 있는 듯한 인상이 짙은 건, 악화가 양화를 몰아내는 가치 전도 같다. 권력과 금력의 끈을 잡고 곡예사처럼 줄 타는 자들을 우리는 꿰뚫어 보고 있다.(김영희·박용규, 2011, 180쪽에서 재인용)

오소백의 탄광 르포를 읽으면서 조지 오웰이 1937년 『위건 부두로 가는 길』에 쓴 탄광 르포가 떠올랐다. 위 기사보다 41년 전에 출간된 책이다. 오웰은 직접 채탄 작업을 했는데, 190cm의 장신이었으므로 여간 힘들지 않았다. 아래는 그 고통을 표현한 대목 중의 하나다.

> 처음에 구부리고 걷는 것은 장난이나 마찬가지다. 하지만 이 장난은 오래가지 않는다. 나는 키가 유달리 커서 불리하지만, 천장이 1미터도 안 될 만큼 낮아지면 난쟁이나 어린애가 아닌 이상 걷는 것이 몹시 힘들어진다. 몸을 반으로 접어야 하며, 동시에 고개는 똑바로 쳐들고 있어야 한다. 그래야 처진 들보가 갑자기 나타나면 피할 수 있다. 그러다 보면 목이 결리기 시작하는데, 무릎과 허벅지가 아픈 것에 비하면 아무것도 아니다. 이렇게 1킬로미터쯤 가다 보면 도저히 참을 수 없이 고통스러워진다(절대 과장이 아니다). 과연 끝까지 갈 수 있겠냐는 의문이 들기 시작하며, 그보다 더한 것은 도대체 돌아갈 때는 어떻게 하나 싶어진다는 것이다. 그럴수록 속도는 점점 느려진다. 이렇게 너무나 낮은 곳을 쪼그린 자세로 나아가기를 수백 미터. 갑자기 천장이 이상스럽게 높은 지

점이 나타나(오래된 암반이 무너진 덕분인지 모르겠다) 6미터 정도는 곧추서서 걸을 수가 있다. 얼마나 위안이 되는지 모른다. 그러나 곧바로 다시 100미터 정도 쪼그려 자세로 걸어야 할 구간이 나타나고, 이어서 들보들이 줄줄이 나타나면 납작 엎드려야 한다. 이제는 네발로 기어야 하는데, 쪼그려 걷기에 질리고 나면 이것도 위안이 된다. 그러다 들보의 연속이 끝나고 다시 일어서려면, 무릎이 일시 파업을 하며 펴지기를 거부한다. 여기서 당신은 (불명예스럽게도) 잠시 멈추라고, 1-2분쯤 쉬면 좋겠다고 말한다. (Orwell, 1937/2010, 39-40쪽)

한국 언론에서 르포 기사의 흐름은 1960년대 잡지 「사상계」로 이어져 전영욱, 황천영, 신일철, 노종호 등이 혈액원, 국토 건설의 현장, 어족 고갈의 현장, 난지도 소년시(市), 미군 부대 주민들의 생활상 등을 생생하게 보도했다. 이후의 르포 계보에서는 1975년 〈한국일보〉에 보도된 안병찬의 월남전 기사가 단연 압도적이다. 안병찬은 월남전 기간(1960-1975)에 한국 기자로는 가장 오랫동안 현지에 머물렀으며 가장 마지막에 월남을 떠났다. 가장 먼저 들어가서 가장 나중에 나온다(first in, last out)는 종군기자의 전형이었다.[54] 그가 현지에서 보낸 많은 기사가 르포 형식인데, 그중에서 월남 패망 날의 사이공을 기록한 기사가 가장 유명하다.

그는 주월 한국 대사관이 19년 만에 폐쇄된 1975년 4월 29일 오전 10시 30분 (사이공 현지 시각) 상황까지를 기사로 송고하여 4월 30일 〈한국일보〉에 '다가오는 포성에 다급한 "굿바이 사이공", 사이공을 떠나면서 안병찬 특파원 마지막 통신'이라는 제목으로 보도했다. 그날 한국 대사관 직원들과 대사관 뜰에 모인 교민 1백여 명은 월남 정부의 이민국에서 출국비자를 얻는 한편 한국행 배편과 비행편을 구하려고 동분서주했다. 한국은 월남에 군대를 파병했으므로

---

[54] 혹자는 그가 역사적 현장의 최전선에서 프론티어처럼 일한다고 하여 그를 '전선(前線) 기자'로 부른다(안병찬, 2005, vii쪽).

월남의 패망은 한국인들에게 긴박함을 넘어 위험한 상황이었다. 기자라 해도 마찬가지였다. 〈한국일보〉 본사도 그게 걱정되어 안병찬 특파원과 텔렉스 교신을 했다. 아래는 그 내용을 담은 기사다.

> 사이공에 남아 '월남전의 종말'을 취재해 온 안병찬 특파원은 29일 상오 10시 30분 대사관원들과 함께 사이공을 철수하기 앞서 본사와 마지막 텔렉스 교신을 했다.
> 　월남전, 특히 한국 대사관 철수의 최후 순간을 홀로 지켜본 안 특파원과의 교신은 다음과 같다.
> 　▲본사=곧 철수하기 바란다.
> 　▲안 특파원=오늘 하오 대사관의 최종 철수진이 떠난다. 다른 직원은 이미 다 떠났다. 대사관의 무선통신도 오늘 아침 끊었다. 그러나 사람이 없는 대사관에 철수 못 한 1백여 명의 한국인이 몰려왔다. 대부분 공항 수속 때문인데 나는 이들의 출국을 보고 이곳 정세에 따라 대사관 최종 철수진과 함께 행동하겠다.
> 　▲본사=탄손누트 공항도 이젠 위험하지 않은가.
> 　▲안 특파원=정세를 잘 판단해서 가능한 한 끝까지 있겠다. 이틀 전 뱅코크로 철수한 〈비스 뉴스〉의 이요섭(李堯燮) 씨에게 필름과 기사를 보냈다. 우리 대사관도 오늘 태극기를 내렸는데 몇 명 안 되는 직원들과 함께 나의 월남 취재 중 감격적인 순간이었다.
> 　▲본사=위험한 일은 절대 삼가라.
> 　▲안 특파원=여기 상황에 따라 가능하면 텔렉스를 다시 해 보겠다. 동료들에게 안부 전하고 집에도 잘 얘기해 달라.
> 　―"곧 철수하라… 최후 상황 보고 행동하겠다" 본사와 최종 텔렉스 교신.
> 〈한국일보〉 1975.4.30. 안병찬 기자

이 기사는 현지 시각 29일 오전 10시 30분까지 상황을 담았으며 월남은 이튿날인 4월 30일을 맞으면서 공식적으로 패망했다. 위 기사는 안병찬 기자가 월남에서 보낸 마지막 기사다. 위 기사 옆에는 아래의 조그만 기사가 붙었는데, 〈한국일보〉의 태국 방콕특파원인 양평 기자가 교민들과 안병찬 기자의 이후 행방을 알아보고 그들의 안위를 추정한 내용이다.

> 사이공을 마지막 순간까지 취재한 〈한국일보〉 안병찬 특파원은 29일 낮 사이공을 최후로 철수한 미군 헬리콥터에 김영관 주월 대사 등 대사관 직원들과 함께 동승, 월남 근해의 미 항공모함으로 거쳐 무사히 철수한 것으로 관측되고 있다.
>
> —안 특파원 대사관 직원 등과 미 헬기편 항모로 무사 철수.
> 〈한국일보〉 1975.4.30. 뱅코크=양평 기자

하지만, 이후 며칠간 안병찬 기자와 연락이 닿지 않자, 〈한국일보〉 본사에서는 그의 사망과 장례가 거론될 정도로 상황이 긴박해졌다. 그러다가 만 6일 후인 5월 5일 오후 4시 안병찬은 미국령 괌에서 〈한국일보〉 본사에 전화를 걸어 생존을 확인해 주었다. 이날 그가 전화로 불러준 기사가 한국 언론사에 길이 남을 르포 기사가 되었다. 1975년 5월 6일 〈한국일보〉 1면 머리기사로 실린 '사이공 최후의 새벽 나는 보았다'이다. 주월 대사관이 문을 닫고 대사관 직원과 교민들이 최후의 탈출을 벌였던, 1975년 4월 29일 아침 7시부터 30일 새벽 4시까지 사이공의 21시간을 그렸다.

> 최후까지 사이공에 남아 긴박한 전황을 취재하던 본사 안병찬 특파원은 월남정부가 항복하던 4월 30일 새벽 미 해군 헬리콥터 편으로 사이공을 벗어나 수송선 서전트 앤드류 밀러호를 타고 탈출, 약 128시간 만인 4일 밤(현지 시간) 괌도에 도착하여 5일 하오 4시(한국 시간) 본사로 전화해 왔다. 안 특파원은 지난

29일 상오 11시 본사와 마지막 텔렉스 교신을 나눈 후 걷잡을 수 없을 만큼 혼란한 피난민 철수 물결에 휩싸여 그간 명확한 행방이 확인되지 않고 있었다.
[타무닌 캠프(괌도 아가냐市) 5일=안병찬 특파원 전화]

지난 29일 사이공의 거리는 텅텅 비어 있었다. 전날 월남 공군의 독립궁에 대한 반란폭격 때문에 사이공 시는 24시간 통금령이 내려져 있었다. 그리고 공산군의 로케트 공격이 탄손누트 공항에 계속되었다. 송고를 위해 아침 7시에 일어나 통금령 속을 나가 텔렉스 센터로 달려갔으나 철문이 굳게 잠겨 있어 상오 8시 반께 한국 대사관에 잠시 들렀다. 9시께 사이공 우체국 전신전화실로 달려갔다. 당직자에 간청, 텅 빈 방에서 겨우 『한국일보사』와 텔렉스를 연결시켰다.

송고를 끝마친 후 본사로부터 빨리 철수하라는 지시를 받았다. 이때가 상오 10시 40분.

시가 광경을 컬러로 찍었다. 거리는 텅 비어 있었다. 다시 본 특파원 사무실로 가서 급히 배낭과 케이스를 지프에 싣고 김영관 대사관저로 운전하여 갔다.

김영관 대사 이하 전 공관원이 대사관저에서 다급하게 철수를 서두르고 있었다.

김 대사관저 뒤에 있는 미군 아파트 옥상에 집결하라고 미국 대사관에서 연락이 와 급히 달려갔으나 수위가 미 대사관으로부터 연락이 없다고 김 대사 이하 전 공관원과 본 특파원과 월남 직원 몇 사람을 넣어 주지 않았다. 대사 이하 모두 발걸음을 돌려 미 대사관으로 허겁지겁 자동차로 달려갔다.

미 대사관은 마당을 헬리콥터 착륙장으로 급조하기 위해 나무를 철거하고 있었다.

김 대사가 아직 남아 있는 교민들에게 미 대사관으로 모이도록 미 대사관 뜰에서 조치를 취하고 있었다.

본 특파원은 김 대사의 운전사 김만수 씨와 함께 대사 차로 다시 밖으로 나갔다. 철문을 빠져나가 시내를 다시 촬영한 후 거리에서 허둥지둥하고 있는 한국 사람들을 만나 USA ID나 미 대사관으로 가서 패스포트를 제시하라고 알린 다음에 미 대사관으로 돌아왔다. 이때가 정오께였다.

미 대사관의 철문은 이미 굳게 닫혀 있었다.

김 대사 전용차로도 어림이 없었다.

약 30분 동안 미 해병 경비병과 승강이 끝에 할 수 없이 대사관 뒤의 오락센터로 돌아가서 미 해병 경비병들에게 한국특파원이라고 말하여 간신히 오락센터로 들어갈 수 있었다.

이때 한국 교민들이 내 뒤를 따라 들어갈 수 있었다. 오락센터에는 그 후에 한국 교민이 1백 50-2백 명으로 늘어났다.

김 대사와 경제협력 참사관 등 두 사람만이 미 대사관 본관 건물에 있었고 나머지 한국 공관원은 오락센터에서 철수, 헬리콥터 편을 기다리게 되었다.

오락센터에는 미국인, 한국인, 필리핀인, 월남인 등 약 3천 명이 와글와글하고 있었다. 밖에서 월남인들이 들어오려고 아우성을 치자 미 해병 경비병이 공포를 쏘아 댔다. 제3국인은 패스포트를 보이면 들어올 수 있었으나 월남인들의 소동 때문에 이날 하오부터는 어려워졌다.

그런 상태로 김 대사와 참사관을 제외한 공관원, 한국 교민 약 1백50-2백 명이 쭉 기다리고 있었다. 밤이 어두워질 때까지 담을 넘어 한국인들이 계속 들어왔다.

밤이 깊었는데도 한국인의 철수에는 우선순위가 거의 없었다. 미국 시민과 가족들이 다 나갈 때까지 대기하고 있어야만 했다.

하오 4시에 미 해병 헬리콥터 치누크가 도착, 철수가 시작되었다.

치누크는 계속 날아가고 날아왔는데 한국 사람들은 마냥 처졌다.

제1파와 2파 사이는 약 1시간이 걸렸다.

밤 8시, 9시… 12시까지 초조하게 기다렸다.

그 사이 오락센터에 있던 사람들의 3분의 2가 철망을 통해 헬리콥터 착륙장으로 나가 철수되었다.

〈그림 19〉 사이공 최후의 새벽 나는 보았다. 〈한국일보〉 1975.5.6.

　한국 공관원의 철수가 처진 것은 처음 집결장에 모이지 못해 차질이 생겨 철수 순위가 뒤로 떨어졌다는 것이다.
　밤 11시 반께 "미국 시민들은 다 모여라"고 경비병이 외쳤다. 곧이어 미국인들은 모두 착륙장 안으로 들어갔다.
　밤 12시께 미 해병 경비병들이 하나둘씩 없어지더니 얼마 안 있어 한 사람도 눈에 보이지 않았다.
　갑자기 헬리콥터 철수장으로 들어가 버리고 철수작전은 중단됐다.
　헬리콥터 착륙장과 오락센터 사이에는 높은 담과 철문이 가로막혀 있었다.
　이때 공산군의 포 위협이 있었다.
　오락센터에는 약 700명이 남았는데 한국인을 제외하고는 전부 월남인뿐이었다.

우리 공관원들은 긴급회의를 열어 박 대통령 앞으로 SOS 전문을 치기로 기안했다가 김 대사 앞으로 바꾸었다.

보낼 수단이 없어 초조해하고 있는데 40분 만에 철수작전이 재개되었다.

미 해병들이 "안심하라"고 말하고 "도와주겠다"고 했다.

약 700명을 헬리콥터 착륙장으로 집어넣고 문을 잠갔다. 30일 새벽 2시 치누크가 다시 날아왔다.

새벽 3시 15분께는 대량으로 날아왔다. 약 15, 20대가 대사관 옥상과 착륙장에 내렸다. 새벽 4시 마지막으로 본 특파원이 탔다.

'아듀 사이공.' 시가를 내려다봤다. 불빛이 군데군데 보였다.

사이공을 벗어나 남지나해(南支那海)의 미 수송선 덴버호(상륙수송 도크선)에 내렸다. 약 40분간의 비행이었다. 짐을 조사받은 후 새벽 6시에 미 해군용역 수송선 서전트 앤드류 밀러호(1만 2,000톤급)에 옮겨졌다.

한국인 14명이 나와 함께 행동했다.

거기에 해군본부 연락장교 이문학 중령과 대사관 파견 해군 통신요원 변종근 중사, 김현태 중사, 양진숙 여인(27), 남자 교민 등 14명이 타고 있었다. 우리는 1주일 동안 다섯 끼를 먹었을 뿐이었고 갑판 열 때문에 화상을 입어 등이 벗겨졌다. 누울 자리가 없어 누울 수가 없었다. 이 배에는 6천400명이 타고 있었다.

5일 상오 1시(한국 시간) 괌도에 도착했다.

―사이공 최후의 새벽 나는 보았다.
〈한국일보〉 1975.5.6. 마지막 특파원 본사 안병찬 기자 괌도서 급전

안병찬 기자는 위 기사 이후에 월남 패망을 10회에 걸쳐 대하 스토리로 풀어냈다. 이 연재 기사도 르포다. 내가 이 책을 기획했을 때, 박정찬 고려대 특임교수는 안병찬 언론인권센터 명예이사와 내가 만날 수 있는 자리를 만들어 주었다. 2021년 6월 30일 그날, 안병찬 이사와 박정찬 교수는 젊은 날의 독서를

회고하면서 님 웨일즈의 『아리랑』(1937), 에드거 스노의 『중국의 붉은 별』(1937), 존 리드의 『세계를 뒤흔든 열흘』(1919), 이태의 『남부군』(1988)에 대해 서로 주거니 받거니 하면서 신나게 대화했다. 안병찬의 논픽션 탐닉은 김영희(2020)의 연구에서도 확인된다. 이날 안병찬은 학창 시절에 탐독했던 앙드레 말로의 『인간의 조건』(1933)을 떠올리면서 인간이 자신의 운명을 선택해야 하는 실존적 상황에 관심이 많았다고 말했다. 그는 기자 생활 내내 '르포르타주 저널리스트'임을 자칭했고, 르포를 몸으로 실천하면서 그 이름에 책임을 졌다. 그는 『르포르타주 저널리스트의 탐험』이라는 책에서 다음과 같이 말했다.

> 현장주의 리얼리즘은 나로 하여금 모사(模寫, 시뮬레이션)의 현실적 한계와 허무를 깨닫게 만든다. 과연 우리는 대상으로부터 자신을 분리하는 객관주의 기술 방법으로 사실의 기반을 다져 나갈 수 있는 것인가. 만일 우리가 어느 정도 사실의 축대를 튼튼하게 쌓는 데 성공한다면, 과연 우리는 진실에 접근하는 다음 통로를 발견할 수 있는 것인가. 이런 의문은 현장주의 리얼리즘의 허무주의적 회의론으로 귀착한다. (안병찬, 2008, 14쪽)

> 나는 리얼리즘의 서사를 좇아서 구도자처럼 헤맸다. 저널리스트는 험난한 리얼리즘의 바닥에 몸을 갈아야 하지만, 거기로부터 또다시 자신을 빼내야 하는 가혹한 현장에 산다고 말한다. 나는 그 험난한 여정을 거치며 써 나간 현장 기록이 때로는 역사보고서나 기록문학서의 가치를 갖게 된다는 희망을 가지고 작업을 계속했다. 그 끝에 내가 기착한 것이 르포르타주 저널리즘이다. (안병찬, 2008, 16쪽)

안병찬은 르포르타주가 저널리즘의 정수라고 믿는다. 안병찬의 저널리즘은 '현장'과 '리얼리즘', 두 단어로 집약된다. 〈한국일보〉의 명필 정달영은 안병찬의 글을 이렇게 평했다.

> 현장은 문체를 만든다. 특별한 수사나 묘사력이 없어도 역사적 현장의 박진(迫眞)은 더도 덜도 아닌 전달력을 지니게 마련이다. 안병찬 기자의 글은 본래 장식도 없고 건조한 편이다. 핵심을 잡으려는 노력만이 끈질기다. '글이 화려해야' 기자로서 성공한다는 말은, 적어도 그의 칼칼한 기사 문장을 볼 때면 절반도 못 되는 진실임을 알게 된다. 중요한 것은 관찰력이고, 역사에 대한 시각이며, 거창한 말로는 춘추필법과 같은 '정신'에 있는 것이다. (정달영, 2002, 43쪽).

〈한국일보〉와 「시사저널」에서 함께 일했던 소설가 김훈은 안병찬(2005)의 저서 『사이공 최후의 표정 컬러로 찍어라』 서문에 안병찬이 중시했던 '현장'을 언급하면서 "현장은 기자의 고향이며 때로는 무덤이다. 기자는 현장 안에 있되, 그 현장에 속하지 않는다"고 했다(viii쪽). 기자는 관찰하고 뒤져서 메시지를 만들고 전하지만, 메시지로부터는 스스로 소외되어야 한다. 김훈은 이런 개입과 소외의 고통스러운 통합이 취재 보도의 매 순간 동시에, 그리고 계속 유지되면서 보도의 리얼리즘이 이루어진다고 보았다. 안병찬도 이에 동의한다.

> 기자는 이것은 옳으냐 그르냐, 이것은 아름다운가 추한가, 이것은 선인가 악인가 질문하기에 앞서서 '이것은 무엇인가'라는 물음에 답해야 하는 자이다. 기자는 존재 판단의 바탕 위에서만 가치 판단을 세워 나가는 자이고, '이것은 무엇인가'라는 질문에 대한 대답으로부터 저 자신의 자아가 철저히 소외되는 외로움을 감내하는 자인 것이다. 그것이 험난하고, 때로는 불가능해 보이기도 하는 보도 리얼리즘의 길이다. (안병찬, 2005, viii쪽)

안병찬은 월남에서 무사 귀환하였다. 하지만, 5일간 연락이 끊겼을 때, 당시 〈한국일보〉 사장 장기영은 스스로 "불안하였다"고 말할 정도로 걱정이 컸다(안병찬, 2005, xi쪽). 거기에는 일말의 자기 책임도 있었기 때문이다. 월남이 패망하기 일주일 전인 1975년 4월 23일 장기영 사장은 사이공의 안병찬 특파원에게 긴급 전문을 보냈다. "만약 불행히도 사이공이 함락 직전에 놓이면 사이공의 최후 표정을 컬러로 찍고 돌아오라.[55] 베트콩 사진을 찍었으면 좋겠으나 그런 위험한 일은 안 했으면 좋겠다"(안병찬, 2005, vii쪽). 〈한국일보〉 3년차 기자로서 안병찬의 생환을 목격했던 김훈은 그때의 감격을 아래와 같이 회고했다.

> 내가 1973년 말 언론사에 갓 입사한 수습기자였을 때, 안병찬 선배는 산전수전의 현장을 갈고 다니던 고참이었다. 그는 철저한 현장주의 기자였고, 엄혹한 트레이너였다. 우리는 그를 따랐고 두려워했으며 부러워했다. 그가 베트남 최후의 사실들을 모두 취재노트 속에 담아 가지고 실종의 며칠 후에 다시 생환했을 때, 우리는 모두 그의 불사조와도 같은 기자정신을 향해 기립박수를 보냈다. (안병찬, 2005, x쪽)

　안병찬이 〈한국일보〉에 뿌리내린 르포 정신은 20여 년 뒤 홍윤오 기자가 아프가니스탄에서 제대로 이어받았다. 2001년 9·11사태가 발생했을 때, 미국은 알카에다의 오사마 빈 라덴을 수괴로 지목하고, 당시 아프가니스탄 집권 세력인 탈레반에게 그를 내놓으라고 윽박질렀다. 하지만, 알 카에다를 비호하던 탈레반은 이를 거절했고, 미국은 탈레반을 축출하겠다고 아프가니스탄을 침공했다. 미국은 동맹국과 함께 개전 한 달 만에 수도 카불을 점령하고, 뒤이어 탈레반의 거점 칸다라를 접수했다. 하지만 알카에다와 탈레반은 주변국으로 피신하여 게릴라전을 벌였다. 미국이 테러의 온상으로 지목하였던 그곳에 홍윤오 〈한국일보〉 기자가 한국 기자로는 처음으로 들어갔다. 기사를 5번 보냈는데,

---

[55] 장기영 사장의 이 지시에서 영감을 받아 나온 책 제목이 앞에 언급한 『사이공 최후의 표정 컬러로 찍어라』이다.

아래가 카불에 들어가기 직전의 요충지 잘랄라바드에서 보낸 1신이다.

16일 아프가니스탄의 아침은 고요했다. 전날까지 탈레반의 동쪽 거점이자 오사마 빈 라덴의 테러조직 알 카에다의 근거지였던 군사도시 잘랄라바드. 칠흑 같은 어둠이 걷히자 불안한 표정의 시민들이 하나둘 모습을 보이기 시작했다.

이른 아침이어서인지 중심가 '낭가하르주' 주지사 저택에 수 명의 무장병들이 서성일 뿐 군인들은 별로 눈에 띄지 않았다. 철시한 시장에선 수염을 기른 노점상들만이 과일과 잡화를 담은 바구니를 나르며 장사를 준비하고 있었다. '리키샤'라고 불리는 3륜차 택시가 오가고 있었고, 자전거를 탄 채 어디론가 향하는 사람의 모습도 보였다.

시장 앞에는 대형 버스 2대가 멈춰 있었지만 움직일 기색을 보이지 않는다. 믿어지지 않을 정도로 평화로운 모습이다. (중략)

쿠디르가 이끄는 게릴라 병력 600여 명은 세계 각국의 기자단을 대동하고 파키스탄을 떠나 간선도로인 카이버 패스(Khyber Pass)를 거쳐 전날 저녁 잘랄라바드에 도착했다.

이집트인 사령관 아부 카심이 지휘하던 탈레반 군, 알 카에다 요원들은 우리 일행이 도착하기 하루 전 탱크 등을 버려 둔 채 러시아제 군용헬기를 타고 산악지대로 떠났다. 탈레반의 지하드(성전)에 참전하기 위해 파키스탄에서 왔던 파슈툰족 민병대 수백 명도 우리 일행이 들어왔던 카이버 패스를 반대 방향으로 달려 고향으로 돌아갔다고 주민들은 전했다. (중략)

좁고 울퉁불퉁한 카이버 패스는 차량과 사람들로 시종 붐볐다. 트럭에 함께 탄 파슈툰인 안내원은 "어제까지 길에 아무도 없었다"고 말했다. 길가에서는 폭격으로 파괴된 탱크와 장갑차 등 50여 대를 목격할 수 있었다. 첫 번째 마을을 지나자 노인과 어린아이들이 신경질적인 표정으로 우리를 바라다보았다. 일부는 낡은 무기를 들고 버려진 탱크 위에 앉았지만 아무런 몸짓도 하지 않았다. 35세의 파슈툰 모흐만드라는 전사는 "탈레반에게서 모두 진저리가 났을 것"이라면서 "우리의 관심사는 정부와 직업이 없다는 것, 타지크인과 우즈벡인들의 파슈툰족에 대한 존경심이 없어졌다는 것뿐"이라고 말했다. (중략)

— "아프간의 아침 불안한 고요".
〈한국일보〉 2001.11.17. 탈레반 지역에서 홍윤오 기자

혹시라도 전쟁터의 긴박함과 살벌함을 기대하고 위 기사를 읽었다면, 실망했을 것이다. 홍윤오 기자가 아프가니스탄에서 본 것은, 그리고 그가 전하고자 했던 것은 미국이 겁을 주며 말했던 것과 판이했다. 전쟁은 강대국과 몇몇 정치지도자의 놀음일 뿐이며 고통 받는 사람은 언제나 일반 대중임을 그는 기사에서 보여 주고 싶었는지 모른다. 이런 관찰은 이후의 기사에도 쭉 이어져 4신 기사에서 더 명확해진다.

> 미국이 911 테러의 주범으로 지목한 오사마 빈 라덴과 그의 테러조직 알 카에다가 은신하고 있고 극단적 이슬람 근본주의자들인 탈레반이 통치해 온 아프가니스탄.
> 그곳에서 가공할 테러 양성소를 찾기에는 취재 일정이 허락하지 않았다. 알 카에다 조직의 흔적을 찾기도 힘들었다. 오히려 강하게 다가온 것은 척박한 땅에서 대대로 물려받은 가난과 굶주림, 문맹이었다. 직접 확인할 수 있는 테러와의 연결고리라면 기독교 서구 문명에 대한 상대적인 박탈감과 증오, 적개심이었다. 그건 눈에 보이지 않는데다 총이나 폭탄으로는 결코 응징할 수 없는 것들이다. 수도 카불을 포함, 4박 5일 동안 아프간 현장을 취재하면서 줄곧 머릿속을 맴돌던 생각은 이런 것들이었다.
> 전쟁 초기 외신으로만 접했던 잘랄라바드의 알 카에다 캠프는 온갖 대량 살상무기가 구비된 잘 조직화된 테러 양성소였다. 하지만 실제 눈으로 확인한 이곳은 초라하기 그지없었다. 사방 100m의 아랍식 사각형 건물이 전부였다. 무기 훈련소라는 곳은 약 50평쯤 되는 공간에 구형 박격포와 기관포, 로켓 수류탄

등이 널려 있는 게 고작이었다. 탈레반 군부대라는 곳들도 으레 군부대라면 갖추고 있을 법한 구형 탱크와 장갑차들이나 대공포, 트럭들뿐이었다. 이곳에 최첨단 테러용 무기들이 있고 고도로 훈련된 테러리스트들이 밤낮 대량 살상무기를 조작하며 미국을 어떻게 공격할 것인지 궁리하고 있었을 것이라고는 상상하기 어려웠다. (중략)

— "폭탄으론 진정한 승리 없다". 〈한국일보〉 2001.11.22. 홍윤오 기자

안병찬은 위 기사가 얼마나 반가웠던지 그에 화답하는 칼럼을 〈한국일보〉에 실었다(안병찬, 2001). 평소 '팍스 아메리카나'를 전파하는 미국의 저널리즘이 못마땅했던 안병찬은 위 기사들을 보면서 "우리 눈으로 올바른 현장을 볼 수 있다는 데 안도감을 느꼈다"고 했다. 정달영(2002)도 아프가니스탄에서 기자들에게 절대적으로 필요한 취재 장비는 우리의 눈 즉 안목이라고 하면서 "남이 말하는 정의, 남이 전해 주는 진실이 아니라 '우리'가 보고 겪고 찾아내는 역사"를 전해야 한다고 했다(45쪽). 그것은 전쟁의 최초, 최대 피해자인 진실을 '구출'하기 위한 작업이라고 그는 덧붙였다. 안병찬(2001)은 홍윤오 기자가 전해 준 인간 파괴와 죽음의 현장을 보고 "종군기자는 행동주의적인 인도주의자가 되어야 한다. 그의 기록은 '냉철한 숫자와 깨끗한 서정과 체험 속에서 우러나는 명증(明證)'이 용해된 것이라야 한다. 그는 가슴에 슬픔을 품고 인간을 사랑하는 시인이 되어야 한다"라고 적었다. 미군은 20년간 2조 달러(약 2,000조 원)를 쏟아 부으며 아프간 군을 키우고 국가 재건도 도왔지만, 부패한 정권에 별 진전이 없어 2021년 8월 30일 철수했다. 곧이어 카불은 탈레반에 함락됐다.

8. 내러티브 에세이

스트레이트 기사, 해설기사, 기획기사 등의 분류는 순전히 기자의 편의에서 나온 것이다. 기사 생산자가 자기 편의대로 기사를 나눈 것일 뿐이다. 기사 소비자인 시민들은 스트레이트, 해설, 기획과 같은 단어를 모르며 알 필요도 없다. 시민들은 기사가 재미있으면 만족하며 의미까지 있으면 대만족하며 읽는다. 따라서 기자는 스트레이트나 해설 따위의 기사 양식을 신경 쓸 필요가 없으며 그런 틀에 얽매일 필요도 없다. 오히려 기사는 기자 마음대로 쓰면 되고, 또한 기자 마음대로 써야 한다. 다만, 가치중립적 언어 사용하기, 출처(source) 밝히기, 취재원의 마음속 깊이 들어가되 동화되지 않기 등의 저널리즘 원칙을 지키기만 하면 된다. 기사의 양식이 그다지 중요하지 않다면, 아래와 같은 낯선 유형도 별문제가 안 될 것이다. 기자가 무언가를 둘러보고 감상을 적었는데, 설명은 뒤로 미루고 기사부터 읽어 본다.

> "아, 이랬구나. 이런 땅이었구나. 이렇게 황막할 뿐인데…."
> 문득 이렇게 내뱉고 만다. 곁에 친구라도 앉은 듯이 중얼거리는 말에, 차 중의 이방인들이 한 번씩 시선을 준다. 건조한 바람이 땀을 말리고 있다.
> "12월의 여름…."
> 한 미국인이 또 한 번 독백을 하자 모두는 고개를 끄덕여 동의한다. 유난히 동체가 길어 운전석 뒤에 두 줄의 좌석을 둔 택시에는 7명의 합승 손님이 탔다. 벤구리온 공항에서 예루살렘의 각자의 목표지점까지 데려다주고 90세켈(4,200원)씩을 받는다.
> 공항을 출발해서 얼마 동안은 매우 풍요로운 들판이었다. 특히 오렌지가 탐스러웠다. 들녘을 지나 언덕길로 접어들었을 땐 굽이마다 잘 가꿔진 숲이 도열했다. 우리네 같으면 암록(暗綠)으로 청천할 소나무들이 연둣빛으로 무기력해 보이는 것이 기이했다.

그러나 이 땅, 세계사에서 가장 중대한 사건이 일어났던 산야(山野)에 대한 새삼스러운 각성은 숲이 끝나면서 벽력같이 닥쳐왔다.

'이런 땅'이었던 것이다. 불모(不毛)다. 크지 않은 돌들로 뒤덮인 산은 레미콘을 부어내려 그대로 굳힌 듯이 볼품없게 뒹굴었다. 그것이 아직 사막이 아닌 이유는 오로지 석회질로 보이는 그 돌들 때문이리라.

어쩌다가 그 산비탈에 양 떼가 다닥다닥 붙어 있음은 그것 자체가 기적으로 보인다. 생존이란 그처럼 각박한 것이다. 특히 이 땅에 산다는 사실은 그토록 절박한 것으로 비쳐 온다.

길녘은 더욱 스산하다. 버려져 녹슨 탱크 조각들이 불망(不忘)의 기념비가 되어 누워 있다. 그것들은 기묘한 조율(調律)로 전쟁과 평화의, 역사의 주제를 연주한다. 메마르고 거칠고, 온통 모래가 낀 듯한 불협화의 음악이다.

"지난 50년간의 연평균 강우량은 예루살렘의 경우 500mm를 넘지 못합니다. 남쪽으로 갈수록 건조해져서 사해(死海) 쪽은 50mm, 홍해에 면한 에일라트 지역은 30mm 미만이 돼요."

관광 가이드로서의 훈련이 되어 있는 듯한 운전사가 설명한다. 그런 땅에서, 마을들은 왜 한결같이 그 못생긴 산 위에 자리 잡고 있는가. 가뜩이나 물 없는 천지에서 무슨 방법으로 물을 얻어 살기에 산마루마다 마을을 이룰 수 있는가.

예루살렘은 해발 800m대의 산지에 집적(集積)된 도시다. 베들레헴도, 또 갈릴래아의 나자렛도 모두 높은 언덕 위에 자리 잡았다. 이 땅의 많은 도시와 마을들과 새로 생기는 키부츠까지도 한결같다. 그에 대한 정확한 해명은 들은 일이 없다. 그러나 예루살렘이 거대한 성곽도시이듯이, 이 모든 마을들이 성(城)이었음을 짐작하기는 어렵지 않다. 그들이 일제히 대비하고 있는 것은 바로 '전쟁'인 것이다.

그런데 예루살렘, 현지의 히브리 발음으로는 예루살라임, 그 뜻은 바로 '평화의 성'이다. 유다인의, 전 세계 크리스천들의, 또한 모슬렘들의 일치된 신앙의 고향이 이곳이다.

그러나 '평화의 성'에는 평화가 없었다. 일찍이 3000년 전 다윗 왕이 이곳을 수도로 일으킨 이래 완전한 멸망과 '주인 바꿈'을 되풀이해 오기를 열두 차례. 그중에도 "저 돌들이 어느 하나도 제자리에 그대로 얹혀 있지 못하고 다 무너지고 말 것"이라던 예수의 예언대로 파괴된, 로마에 의한 멸망은 가장 참혹한 장면으로 기록된다.

이윽고 성지 예루살렘에 이른다. 도중의 돌산들이 안겨 준 뜻밖의 각성이 조금씩 구체화하기 시작한다. 모리아 산상에 우람하게 들어선 황금의 모슬렘 사원 오마르 모스크가 또 한 번의 충격을 주고 있다. 짧은 겨울 해가 기울면서 그 황금의 돔에 부딪쳐 몸부림을 친다.

그렇다. 예루살렘은 하늘과 땅이 맞닿는 곳이다. 전쟁과 평화가 함께 뒤엉겨 온 곳이다. 그렇다면 저 지극한 기도 '하늘의 영광, 땅의 평화'는 지금 어디쯤에서 메아리치고 있는 것일지, 성지 순례의 첫걸음은 가볍지가 않다.

사실 처음 여행길에 오르면서, 나그네로서의 기자는 조금쯤 교만에 빠져 있었다. 관광하는 기분으로 쉽게 일을 이룰 수 있으리라고 믿었다. 그러나 남들이 모두 다닌 길, 하루에도 수천 명의 순례객이 그리스도 예수의 발자취를 좇아서 맴돌고 있는 비좁은 땅은 생각처럼 그렇게 수월한 곳이 아니었다.

순례가 힘들다는 실감은 갈수록, 가서 볼수록 가중되어 온다. 성탄절을 맞이한 베들레헴의 구유 앞에서, 2000년 전의 골목길과 조금도 다름이 없을 나자렛의 구석구석에서, 갈릴래아 호숫가의 무너진 옛 마을 돌더미 앞에서, 해면 하(海面下) 400m의 사해 바닷가를 불어 가는 열풍(熱風) 속에서, 그때마다 갑자기 몰려오는 목마름들은 참아 내기가 무척 어려웠다.

―돌·모래 위 평화와 전쟁 함께 엉겨. 〈한국일보〉 1982.1.1. 정달영 기자

위 기사는 수필이다. 수필 중에서도, 신변 일상을 소재로 삼아 개인적 감성과 정서를 자유롭게 쓴 경수필이 아니라, 보편성이 있는 주제를 객관적 관찰을 바탕으로 체계적으로 쓴 중수필이다. 경수필은 개인적 수필이고 중수필은 사

회적 수필이다. 중수필은 내용과 분위기 면에서 무게와 깊이를 지니며, 객관적 관찰 중심이며, 지적이고 사색적이며 논설 성격을 지닌다. 고종석(2014)은 기자는 수필을 쓰더라도 신변잡기류의 글보다 중수필을 써야 한다고 했다.

기사는 처음에 단순 기행문이나 여행 기사 분위기를 보였다가 주제를 개인 차원을 넘어 사회적 차원으로 승화함으로써 신변잡기를 뛰어넘는 훌륭한 기사로 변모했다. 기사는 점층구조다. 기자는 '12월의 여름'이라는 이국적 풍경으로 시작하여 오렌지가 탐스러운 풍요로운 들판을 그리면서 예루살렘의 여정을 이야기한다. 그러다가 숲이 끝나고 불모의 땅에 들어서면서 전쟁과 평화의 불협화음이라는 주제로 나아간다. 예루살렘은 세계 3대 종교의 공통 성지로서 지명의 의미에도 담겼듯이 '평화'를 상징한다. 유대인에게는 유대교의 원천이며 기독교도에겐 예수가 인간을 위해 고난 받은 성지이며 이슬람교도에겐 무함마드가 승천한 장소다. 하지만, 예루살렘은 바로 그것 때문에 숙명적으로 전쟁터가 되어야 했던 곳이다. 그것이 경건함과 평정심을 얻으려고 예루살렘에 왔던 정달영 기자를 짓눌렀다. 그 목멤은 이 기사 40여 년 후인 지금도 가자전쟁을 통해 재현되고 있다. 여정은 이미 힘들고, 목은 타는데 앞으로 얼마나 더 큰 시련이 닥쳐올지 알 수 없다. 이런 걱정이 기사의 마지막 문장에 담겼다.

정달영 기자는 분명한 문제의식하에 주제를 명료하게 설정했다. 대조적인 문장, 간결하고 함축적인 표현, 독자와 대화하는 느낌, 독자를 현장으로 인도하는 분위기…. 매 단어가 필수불가결하며 버릴 문장이 하나도 없다. 중수필인데도 서사적 진술에 의존하지 않고, 서정적 진술을 더 많이 사용했다. 무거운 주제를 자연스럽고 친근하게 그러나 강렬하게 전달하는 마력의 글쓰기! 이것이 정달영의 글이다. 정달영(1939-2006)은 〈한국일보〉 문화부장 시절에 위의 기사를 썼다. 당시, 이스라엘 곳곳의 성지를 현장 취재해 '하늘의 길 땅의 길'이라는 제목으로 15회에 걸쳐 연재했다(정달영, 2008).[56]

저널리즘에서 이와 같은 기사를 내러티브 에세이(narrative essay)라고 한다 (Hart, 2011/2015). 명칭이 그러할 뿐이지 여전히 기사이므로 현장을 관찰한 정보에 기초해야 하며 기자의 감정은 최소화해야 한다. 자기가 둘러본 것을 전달하는 수준을 넘어 그 안에서 사유를 끌어낼 수 있는 글이어야 한다. 앞의 기사는 기자가 수필 식으로 기사를 쓴다면, 어떻게 써야 하는지를 보여 주는 모범 사례다.

앞의 기사 30년 후에 나온 아래 기사도 훌륭한 내러티브 에세이다. 어떻게 사실 정보만으로 저널리즘 글쓰기 원칙을 지키면서 묵직한 주제의 수필을 쓸 수 있는지를 보여 주는 기사다.

> 서울 압구정동 갤러리아백화점 1층 페라가모 매장에는 아이보리색 스커트가 있다. 소녀 취향의 사랑스러운 치마 밑단에 풀이 무성하다. 강아지풀인지 마디풀인지 껄껄이풀인지 개망초인지 알 수 없지만 이 풀에는 나비와 잠자리가 날아다닌다. 쇼윈도에 걸린, 매장에 딱 한 개밖에 없는 옷. 가격은 187만 5,000원이다.
>
> 이 매장에는 색색의 플라워 프린트(이건 꽃무늬와 같은 뜻이지만 다른 용도로 쓰이는 말이다. '몸뻬'를 장식한 꽃무늬를 '플라워 프린트'라고 표현하진 않는다) 스커트가 있다. "어떤 꽃이죠?" 당황한 남자 직원은 여자 직원을 부른다. 여자 직원이 말했다. "장미 느낌입니다."
>
> 장미로 보이는 이 꽃은 장미가 아닌, '장미 느낌'이다. 플라워 프린트 옷을 구입하는 것은 '장미 느낌', '풀의 느낌', '봄의 느낌'을 소비하는 것이다. 솜사탕처럼 부드러운 '안느 퐁텐'의 블라우스(49만 5,000원)에도, 대나무 잎만큼이나 시원한 소재의 '플리츠플리즈' 검정 반팔 블라우스(35만 5,000원)에도 노랑고 빨간 꽃이 피었지만 이름은 없다. 페라가모의 꽃은 영원하지만, 향기는 없다.

---

56) 정달영 사후에 나온 책 『참언론인이 되려는 젊은이들에게』의 마지막 부분에 위 기획 시리즈의 전체 기사와 사진이 수록되어 있다.

봄의 향기는 따로 판다. 화장품·향수 매장이다. 벚꽃, 매화, 철쭉, 개나리, 진달래 향기를 각각 살 순 없지만 여러 꽃을 조합한 은은하고 상큼한 냄새다. 다만 꽃줄기와 이파리가 뿜는 신록의 향기를 뺀 붉고 노란 꽃잎 향기다.

올 봄 콘셉트가 '사쿠라 핑크'인 일본 화장품 '슈에무라' 매장에도 손님이 끊이지 않는다. 봄의 미풍처럼 가벼운 질감으로 모공 없이 매끈하고 화사한 꽃잎 피부를 선사한다는 '슈에무라 UV 언더베이스 무스 사쿠라 컬렉션'(5만 2,000원)은 몇 주 지나지 않아 금방 떨어지고 마는 벚꽃의 아련함을 담은 한정판이다.

압구정의 봄은 신상품이 입고되는 1월 말 시작된다. 봄꽃 중에서 일찍 피기론 으뜸인 매화보다 빠르다. 지방과 강북의 백화점보다도 빠르다.

봄이 와도 다 봄이 아닌 날, 4월인데도 겨울바람이 남아 있다. 압구정에선 왁자지껄 떠드는 삼삼오오 행인을 찾기 힘들다. 조용하고, 무표정하다. 요즘은 이 무표정을 '시크(chic)하다'고 표현한다. 활짝 핀 개나리는 경박할 만큼 솔직하고, 매력적이지 않을 만큼 숨김이 없지만 압구정 사람들은 다르다. 멋을 부린 듯, 안 부린 듯, 명품을 한 듯, 안 한 듯, 신상을 입은 듯, 안 입은 듯. 그런 은근함이 압구정이다. 압구정은 결코 만개(滿開)하지 않는다.

올 유행은 선명하고 톡톡 튀는 밝은 색상(패션계에선 '비비드한 팝컬러'라고 부른다)이라지만 압구정은 유행을 취사선택한다. 압구정 현대백화점 지하 2층 '스타일 429'. 미국 캐주얼 브랜드 '레베카 민코프'와 '빈스' 등 10여 개 브랜드의 수입 의류·잡화를 판매하는 '편집숍'이다. 누구나 알 만한 브랜드는 아니지만 압구정 멋쟁이라면 누구나 아는 '뜨는' 브랜드를 갖췄다.

봄이지만 이곳은 아직 회색, 검정, 갈색, 카키색이 주류다. 지난해 겨울 없어서 못 팔았다는 '레베카 민코프' 가방도 그렇다. 튀는 색상은 주황색 숄더백(79만원) 1개뿐이다. 구희수(38·여) 매니저는 "베이직한 컬러의 레베카 민코프 백은 여러 개 있으니까 이젠 한 시즌만 들 수 있는 포인트 컬러를 한 개 더 살까 생각하는 분들이 주황색 백을 산다"고 말했다. 통계상 이 매장에선 소득 계층

2011년 도심의 봄

서울 압구정동 갤러리아백화점 1층 빼라가모 매장에는 아이보리색 스커트가 있다. 소녀 취향의 사랑스러운 치마 밑단에 꽃이 무성하다. 강아지풀인지 마디풀인지 펠멜이풀인지 개망초인지 알 수 없지만 이 꽃에는 나비가 잠자리가 날아다닌다. 소라인에 걸린, 매장에 딱 한 개밖에 없는 옷. 가격은 187만5000원이다.

빼라가모 장미꽃에 향기가 없다

이 매장에는 색색의 꽃들의 플라워 프린트(이건 꽃무늬와 같은 뜻이지만 다른 용도로 쓰이는 말이다. '몸뻬'를 장식한 꽃무늬를 '플라워 프린트'라고 표현하진 않는다) 스커트가 있다. "어떤 꽃이죠?" 당황한 남자 직원은 여자 직원을 부른다. 여자 직원이 말했다. "장미 느낌이요."

장미로 보이는 이 꽃은 장미가 아닌, '장미 느낌'이다. 플라워 프린트 옷을 구입하는 것은 '장미 느낌' '튤립 느낌' '봄의 느낌'을 소비하는 것이다. 솜사탕처럼 부드러운 '앤드 봄'의 블라우스(40만5000원)에도, 대나무 잎만큼이나 시원한 소재의 '플리츠 플리즈' 검정 반팔 케이프스(35만5000원)에도 노랗고 빨간 꽃이 피었지만 이름은 없다. 빼라가모의 꽃은 영원하지만, 향기는 없다.

봄의 향기는 따로 판다. 화장품·향수 매장이다. 빛을, 햇볕, 함께, 개나리, 진달래 향기를 각각 살 수 없지만 여러 꽃을 조합한 은은하고 상큼한 내새다. 이만 꽃샘기주에 이파리가 앞선 신록의 향기를 뺀 봄날 노란 꽃잎의 향기다.

올 봄 콘셉트는 '사부과 핑크'인 일본 화장품 '슈에무라' 매장에도 손님이 끊이지 않는다. 의 미쁨하게 가벼운 립글로스 도광 없이 이건지 화사한 꽃잎 피부를 선사한다. '앞 에뛰르 UV 언더 베이스 무스 사쿠라 컬렉션'(5만2000원)은 몇 주 지나지 않아 금방 앞아지고 그때 반발의 아련함을 담은 팬이다.

압구정 화려한 신상품이 있긴 해도 일찍이 시작된다. 봄날 중에서 일찍 피기 은근한 매장보다. 지양과 강북의 백화점보다도 빠르다.

봄을 타도, 타지 않은 옷

봄이 와도 이 봄이 아닌 날, 4월인데도 겨울 바람이 남아 있다. 압구정에서 원자재 물든 삼삼오오 행인을 흔힘은다. 조용하고, 무표정하다. 요즘은 이 무표정을 '시크(chic)'하다고 표현한다. 함박 핀 개나리는 경박할 만큼 솔직하고, 매력적이지 않을 만큼 숨김이 없지만 압구정 사람들은 다르다. 멋을 부린 듯, 안 부린 듯, 명품을 한 듯, 안 한 듯, 신상을 입은 듯, 안 입은 듯… 그런 은근함이 압구정이다. 압구정은 결코 만개(滿開)하지 않는다.

"물건 팔 때 '감해수'가 없는 브랜드에요.

이런 말 하면 안 돼죠. 그런 손님을 우해하는 멘트가 아니에요. 감해수가 없다고 감해수 손님들이 선호하진 않거든요. 여자, 요즘 뜨는 브랜드 OOO 가방을 드셨대요." 구체적으로 손님의 패션을 알아보는 게, 그걸 좋아하지만 압구정 현대백화점 지하 2층 '스타일 429', 미국 캐주얼 브랜드 '레배카 민코프' '반스' 등 100개 브랜드의 수입 여름·잡화를 판매하는 '편집숍'이다. 누구나 알 만한 브랜드는 아니지만 압구정 명품이라면 먹누구나 아는 '뜨는' 브랜드들 갖췄다.

봄이지만 이곳은 아직 회색, 검정, 감색, 카키색이 주름다. 지난 여름 앞에이서 못 팔았다는 '레베카 민코프' 가방도 그렇다. 뒤는 색상은 주황색 슈티넷(78만원) 1개뿐이다. 구해수(38·여) 매니저는 "레이지팝 컬러의 레베카 민코프 백은 여러 곳에 있으니까 여러분이 시간을 한 개 더 살까 생각하는 분들이 주황색 백을 산다"고 말했다. 통계상 이 매장에서 소득 계층이 높을수록 봄 색상을 구입할 확률이 있다. 봄 색상은 '경제력 여유'의 상징이다.

"무니가 강한 에트로, 색상이 강한 미소니, 이런 브랜드는 지방과 감북에서 매출을 좋죠. 압구정 고객은 베이직한 토른킬 유니크한 디자인을 선호하지 않은 것 같아요." <갤러리아백화점>

압구정 구나영 명품 MD

신사동에서 헤어·메이크업 숍을 운영하는 '타야드 바이 박은경'의 박은경(40·여) 원장은 "무미하지 않은 듯 예약 세련됨과 유명함이 바로 '압구정스러운'이라고 했다. 봉조차 은근히 타야 하는 것, 압구정이다.

압구정의 봄바람이 불지 않는다

압구정 로데오 거리에 복유럽 분위기의 20, 30대 캐주얼 의류를 판매하는 '휴 포션샵' 김도원(30) 공동대표는 "거리에 지나가는 사람의 '그녀'가 많아지는 대신 봄을 느낀다"고 했다. 감북 사람이 더 많은 강남에 무 많으면 생각할 수 있는 그런 부담감 클래식한 스타일은 이제 많이 빠지는 추이에요. 그래도, 법들 틈이 쌓 나가죠. 손님들이 소재나 디자인으로 포인트를 주는데, 색상은 선호하지 않은 것 같아요." <갤러리아백화점>

더욱 코디네이터들은 독특한 스타일을 찾아 이곳에 오죠."

그들 투매니크, 포미노, 베스트 등에게 혈 한때 앞의 의상 갓갖에는 형광색이 피었다. 그러나 과해보일 뿐, 변화 포션샵 맞은편 손님이 특히 많다. 한국 아이돌 스타일을 찾아 여기로 온다.

"식물에서 삼 먹는데 앞게서에 매우 소피심이 있어요. 이 멋있죠?' 속으로 생각하면 집은 눈도 안 마주치죠. 유니크림 구는거요. 압구정에서 독특하고, 지도, 압구정에서 살고 여기서 일하지만 압구정 사람들, 다들 자기가 어느 정도 잘났다고 생각하지 않나요?"

압구정 로데오에서 예약에 해어 숍 '데에이'를 운영하는 디자이너 알렉스(24)씨는 이렇게 말했다.

진단해 꽃분홍세, 봄볓의 따사로음, 산들 산들 벗채에, 항명색적의 매나리색, 령지 모를 설레, 시원한 웃음소리. 봄날 유난히 뭇부짓었 약한 어애를 여유를. 압구정에는 이 오직 그 없다. 압구정의 봄바람이 봄은 앞 들어나다. 본이 와도 피이고, 딱 그만큼만. 압구정이다.

박유리 기자 nopimular@kmib.co.kr

〈그림 20〉 2011년 도심의 봄… 그러나 압구정에 봄은 없다. 〈국민일보〉 2011.4.7.

이 높을수록 봄 색상을 구입할 확률이 높다. 봄 색상은 '경제적 여유'의 상징이다.

"물건 팔 때 '김혜수가 입는 브랜드예요' 이런 말 하면 안 돼요. 그건 손님을 우대하는 멘트가 아니에요. 김혜수가 입었다고 압구정 손님들이 선호하진 않거든요. '어머, 요즘 뜨는 브랜드 ○○○ 가방을 드셨네요.' 구체적으로 손님의 패션을 알아주는 거, 그걸 좋아하세요."(구희수 매니저)

20, 30대가 입을 수 있는 캐주얼 브랜드가 많지만 주요 고객은 40대다. 지난해 겨울에는 에르메스 가방을 든 70대 할머니가 아이돌 그룹 '빅뱅'이 착용한 토끼털 워머(95만원)를 구입했다고 한다. 스타일은 중시하되 계절과 유행을 맹목적으로 따라하는 것, 여기선 촌스럽다.

"무늬가 강한 에트로, 색상이 강한 미소니, 이런 브랜드는 지방과 강북에선 매출이 좋죠. 압구정 고객은 브랜드가 유난히 드러나는 걸 싫어해요. 잘나가는 명품은 심플하고 미니멀하거나 아방가르드하거나. 명품 하면 생각할 수 있는 그런 무겁고 클래식한 스타일은 이제 많이 빠지는 쪽이에요. 끌로에, 스텔라, 발망 등이 잘 나가죠. 손님들이 소재나 디자인으로 포인트를 주는데, 봄 색상은 선호하지 않는 것 같아요."(갤러리아백화점 압구정점 구나영 명품 MD)

신사동에서 헤어·메이크업 숍을 운영하는 '티아라 바이 박은경'의 박은경(40·여) 원장은 "꾸미지 않은 듯 몸에 밴 세련됨과 유연함이 바로 '압구정스러움'"이라고 했다. 봄조차 은근히 타야 하는 곳, 압구정이다. (중략)

―2011년 도심의 봄… 그러나 압구정에 봄은 없다.
〈국민일보〉 2011.4.7. 박유리 기자

압구정동에서는 봄을 있는 그대로, 자연 그대로 느끼려고 하면 오히려 뭔가 이상하고 어색하다. 원칙을 어긴 것 같고, 잘못하는 것 같기도 하다. 압구정동이란 동네는 '압구정스러움'이 필요한 곳이다. 누구든 여기에 오면 그 불문율을 따라야 할 것 같은 느낌을 준다. 그래서 압구정동은 고고한 듯 범접을 불허하는 느낌을 주는 곳, 동경심과 함께 거부감이 공존하는 곳이다. 적어도 이방인의 눈에는 그렇게 비친다. 박유리 기자는 '디테일을 살려라'와 '한두 문장에 승부를 걸어라' 챕터에 소개되었듯이, 대상을 정밀하게 관찰하여 섬세하면서도 정확하게 표현하는 데 탁월한 기자다. 각을 잡아 쓰지 않는데도 주제를 강렬하게 전달하는 빼어난 글쓰기를 보여 준다.

국내외를 통틀어 전설의 내러티브 에세이는 '아우슈비츠에는 새로운 뉴스가 없다'라는 기사일 것이다. A. M. 로젠탈(A. M. Rosenthal)이 1958년 나치의 유대인 제2수용소 오슈비엥침 브제진카(아우슈비츠 비르케나우)를 둘러보고 「뉴욕타임스 매거진」(The New York Times Magazine)에 쓴 기사다.

> (브제진카, 폴란드) 브제진카에서 무엇보다도 끔찍했던 점은 햇살이 밝고 따사로웠으며 우아하게 늘어선 미루나무 행렬을 쳐다보기 좋았으며 출입문 근처 풀밭에 아이들이 뛰놀고 있었다는 점이다.
>
> 브제진카에 태양이 비친다거나 빛과 푸르름과 아이들의 웃음소리가 있다는 이 모든 사실은 악몽에나 나올 정도로 무섭도록 잘못된 것 같았다. 브제진카는 형언할 수 없는 테러의 장소이기 때문에 전혀 햇빛이 들지 않고 풀이 말라 죽어 있었다면 딱 어울렸을 것이다.
>
> 아직도 매일 전 세계 사람들이 방문하고 있어서 브제진카는 아마 지구상에서 가장 섬뜩한 여행지일 것이다. 사람들은 여러 이유로 온다. 그런 일이 정말 있었는지 알아보기 위해, 스스로 잊지 않도록 상기하기 위해, 그저 고통의 현장을 지켜봄으로써 희생자들에게 경의를 표하기 위해.
>
> 브제진카는 더 유명한 남쪽 마을인 오슈비엥침에서 3.2km 떨어져 있다. 인구 1만 2,000여 명의 오슈비엥침은 바르샤바에서 273km 떨어져 있으며 모라비아 고개로 불리는 산길의 동쪽 끝 눅눅한 습지에 자리 잡고 있다.
>
> 브제진카와 오슈비엥침은 나치가 아우슈비츠 집단수용소라고 불렀던, 정밀하게 조직된 고문과 죽음의 공장 중 일부다.

마지막 수감자들이 벌거벗은 채로 경비견과 간수들에 떠밀려 가스실로 들어간 지 14년이 지난 지금, 아우슈비츠 이야기는 수없이 회자했다. 일부 수감자들은 제정신의 사람이라면 상상도 할 수 없는 자신의 기억을 글로 남겼다. 아우슈비츠 수용소장 루돌프 프란츠 페르디난트 회스는 처형되기 전에 대량 학살과 생체실험에 대한 상세한 회상록을 썼다. 400만 명이 여기서 죽었다고 폴란드 사람들은 말한다.

이제 아우슈비츠에 대해서는 더는 보도할 뉴스가 없다. 다만 그것에 대해 뭔가를 쓰라는 강제성 즉 아우슈비츠를 방문하고도 뭔가를 말하거나 쓰지 않고 떠나는 것은 여기서 죽은 사람들에게 가장 통탄스럽고 무례한 행동이라는 불안감에서 오는 강제성만 있을 뿐이다.

지금 브제진카와 오슈비엥침은 매우 조용하다. 비명은 더 이상 들리지 않는다. 처음에 관광객들은 둘러보기를 빨리 끝내려는 듯 조용하고 재빠르게 걷다가 이후에 마음속이 막사, 가스실, 지하 감옥, 고문실로 가득 차면서 느릿느릿 걷는다. 관광 가이드도 무언가를 가리킨 후에 별로 보탤 말이 없으므로 말을 많이 하지 않는다.

모든 방문객에겐 자신이 절대로 잊지 못할 것임을 아는 특별한 공포가 있다. 어떤 이들에게 그 공포는 오슈비엥침에 재현된 가스실을 보는 것, 그리고 그건 "별것 아니야"라는 말을 듣는 것이다. 다른 이들에겐 브제진카에서 독일인들이 퇴각하면서 폭파한 가스실과 화장장의 폐허에 데이지꽃이 자라고 있다는 것이 공포다.

마음으로 받아들일 수 없기에 가스실과 화장용 화로를 멍하니 바라보지만, 판유리 뒤편에 있는 머리카락 무덤이나 아기들의 신발 더미, 질식사당한 사람들로 꽉 채워진 벽돌방 앞에서 전율하며 서 있는 방문객들이 있다.

한 방문객은 여성 막사에서 3층으로 된 나무상자들의 거대한 행렬을 보고 입을 벌린 채 침묵의 비명을 내질렀다. 나무상자는 너비 1.8m(6피트), 높이 90cm(3피트)로 수감자 5-10명을 떠밀어 넣었던 잠자리다. 가이드는 막사를 재빨리 걸어서 지나간다. 더 이상 볼 게 없다.

여성 수감자들에게 불임 실험을 했던 벽돌 건물. 가이드가 문을 열려고 해 보지만 잠겨 있다. 방문객들은 안으로 들어가 보지 않아도 된다는 것에 감사해하고는 부끄러움에 얼굴이 화끈거린다.

벽에 나란히 줄지어 붙어 있는 얼굴들이 말없이 바라보는 긴 복도. 수감자를 담은 수천 장의 사진과 그림들. 카메라 앞에 섰던 남자들과 여자들은 다 죽었으며 자신이 죽을 것임을 모두 알고 있었다.

모두 멍한 얼굴이지만, 줄의 한가운데 있는 사진 한 장은 보는 이의 시선을 붙잡고 마음을 쓰리게 한다. 22세의 풍만하고 예쁜 금발 소녀. 그는 달콤하고 소중한 생각에 잠긴 듯 부드럽게 웃고 있다. 젊은 날 그의 마음을 스쳐 간 생각은 무엇이었으며 아우슈비츠 사자(死者)의 벽에 붙어 있는 지금의 그의 기억은 무엇일까?

방문객들은 사람들이 질식사한 지하 감옥으로 들어가면서 잠시 머뭇거리다가 자신이 질식되는 것처럼 느낀다. 또 한 명의 방문객이 들어가더니 비틀거리며 나오면서 성호를 긋는다. 아우슈비츠에는 기도할 공간이 없다.

방문객들은 서로 애원하듯이 쳐다보다가 가이드에게 "충분합니다"라고 말한다.

아우슈비츠에 대해 보도할 새 뉴스는 없다. 햇살이 눈부신 날이었으며 나무는 푸르렀고 대문 앞에는 아이들이 뛰놀고 있었다.

―There is no news from Auschwitz.
「The New York Times Magazine」 1958.8.31. A. M. Rosenthal

로젠탈은 제2차 세계대전(1939.9.1.-1945.9.2.)의 나치 강제 수용소가 해방된 지 14년 후인 1958년에 폴란드 바르샤바에 특파원으로 갔다. 당시 미국 신문에서 나치의 강제 수용소는 이미 구문(舊聞)이 되어 더는 수용소의 잔학 행위에 관한 기사를 찾아볼 수 없었다. 이 기사는 역사의 추악함을 기억하지 않으려는 듯한 미국인들에게 죽음의 수용소를 망각하는 데 따른 위험성을 강력하게 상기시키는 계기가 되었다. 기사의 밑줄 친 곳이 가장 많이 회자하고 인용된 부분이다. 아우슈비츠를 방문하려는 사람들은 방문 전에 이 기사를 읽어두면 좋을 것이다. 방문 후에 읽어도 좋다. 이 기사는 보도되자마자 저널리즘의 고전이 되었으며 지금도 그렇고, 앞으로도 그럴 것이다. 에버그린 콘텐츠(evergreen content)다.

A. M. 로젠탈(1922-2006)은 1958년의 이 기사를 포함하여 여러 기사에서 폴란드 문제를 너무 깊이 파고들었다는 이유로 1959년 정부로부터 추방당했다. 그는 이 기사로 1960년 퓰리처상 국제보도(International Reporting) 부문 상을 받았다. "로젠탈의 글쓰기 스타일은 [독자를] 무장 해제할 정도로 개인적이었다. 마치 그가 친구에게 편지를 쓴 것 같았다. 아우슈비츠의 나치 수용소 방문을 바탕으로 한 「뉴욕타임스 매거진」 기사가 전형적이다"(McFadden, 2006). 그의 부고 기사에 적힌 내용이다.

9. 시적 표현

지금도 복원 중인 광화문은 우여곡절의 역사를 지녔다. 조선 왕조가 1395년에 지은 경복궁의 정문인 광화문은 1592년 임진왜란 때 불타 없어졌다가 1865년 흥선대원군이 재건했다. 약 200년간 잘 서 있다가 약 270년간 완전히 사라졌다가 다시 겨우 제 모습을 되찾았다. 하지만, 이후에 더 모진 수난을 겪는다.

일제는 한일강제병합 1년 후인 1911년에 경복궁을 허물고, 그 자리에 조선총독부 청사를 만들 계획을 세웠다. 영국의 인도총독부나 네덜란드의 보르네오총독부보다 더 거창한 건물을 짓고자 했다. 1916년 6월 공사를 시작해 경복궁의 크고 작은 전각 400여 칸을 없앴다. 공사 초기부터 세간의 관심사는 '과연 광화문이 살아남을 것인가?'였다. 1921년에 총독부는 민심을 달래려고, 광화문을 헌다는 말은 헛소문이며 1922년 안에 처리 방침을 확정하겠다고 밝혔다. 이즈음, 일본의 민예 연구가 야나기 무네요시(柳宗悅, 1889-1961)는 〈동아일보〉에 '장차 잃게 된 조선의 한 건축을 위하여'라는 특별기고문(1922.8.24.-28.)을 5회 연재하여 한반도에서 광화문 철거 반대 여론을 일으켰다. 야나기는 이 글을 일본 잡지 「개조」에도 게재해 일본에서도 역사적 건축물 보호에 대한 공감이 일었다. 이듬해에는 와세다대 교수이자 건축학자인 곤 와지로(今和次郎, 1888-1973)가 여러 강연에서 광화문 해체의 부당성을 주장했다. 광화문 보존론은 이렇게 무성했음에도 별다른 조치가 없었는데, 1926년 총독부 청사의 완공이 눈앞에 다가오면서 다시 큰 관심사로 떠올랐다. 하지만, 일제는 완전 철거 대신 광화문을 건춘문(경복궁 동쪽 문) 옆으로 옮기는 정도로 계획을 수정한 채 해체 공사에 들어갔다. 1926년 8월 9일 〈동아일보〉에 '광화문 해체 수일 전 착수'라는 아래의 기사가 실렸으므로 해체 공사는 8월 첫 주에 시작했을 것이다.

> 경복궁 정문 광화문 이전 공사는 수일 전에 해체 공사에 착수하였는데 청부[57]는 궁천조(宮川組)[58]에서 5만 4,800원에 입찰하여 명년 8월 15일까지는 공사를 완료할 터이라는데 해체한 광화문은 건춘문에 다시 지을 터이며 따라서 광화문의 좌우에 있는 궁장도 전부 헐어버릴 터이라더라.
> ―광화문 해체 수일 전 착수. 〈동아일보〉 1926.8.9.

이제 시민들은 광화문이 헐리는 장면을 목도하게 됐다. 민족 문화가 말살되는 현장을 보면서 누구나 아픔과 울분을 느꼈을 것이다. 설의식 기자는 1926년

---

57) 淸負. 일정한 보수를 받고 일을 떠맡음. 도급.
58) 광화문 해체 공사를 맡았던 일본 회사.

8월 11일 〈동아일보〉에 그 애통함을 아래와 같이 보도했다.

◇ 헐린다 헐린다 하던 광화문은 마침내 헐리기 시작한다. 총독부 청사 까닭으로 헐리고 총독부 정책 덕택으로 다시 짓게 된다.

◇ 원래 광화문은 물건이다. 울 줄도 알고 웃을 줄도 알며 노할 줄도 알고 기뻐할 줄도 아는 '사람'이 아니다. 밟히면 꾸물거리고 죽이면 소리치는 생물이 아니라 돌과 나무로 만들어진 건물이다.

◇ 의식 없는 물건이오 말 못 하는 건물이라 헐고 부수고 끌고 옮기고 하되 반항도 회피도 기뻐도 슬퍼도 아니한다. 다만 조선의 하늘과 조선의 땅을 같이한 조선의 백성들이 그를 위하여 아까워하고 못 잊어 할 뿐이다. 오백 년 동안 풍우를 같이 겪은 조선의 자손들이 그를 위하여 울어도 보고 슬퍼도 할 뿐이다.

◇ 석공의 망치가 네 가슴을 두드릴 때 너는 알음이 없으리라만은 뚜닥닥하는 소리를 듣는 사람이 가슴 아파하며 역군의 둔장[59]이 네 허리를 들출 때에 너는 괴로움이 없으리라만은 우지끈하는 소리를 듣는 사람이 허리 질려 할 것을 네가 과연 아느냐 모르느냐?

◇ 팔도강산의 석재와 목재와 인재의 정수를 뽑아 지은 광화문아! 돌덩이 한 개 옮기기에 억만 방울의 피가 흐르고 기왓장 한 개 덮기에 억만 줄기의 눈물이 흘렀던 광화문아! 푸른 이끼 끼인 돌 틈에 이 혼적이 남아 있고 눈바람 맞은 기둥에 그 자취가 어렸다 하면 너는 옛 모양 그대로 있어야 네 생명이 있으며 너는 그 신세 그대로 무너져야 네 일생을 마친 것이다.

◇ 비바람 오백 년 동안 충신도 드나들고 역적도 드나들며 수구당도 드나들고 개화당도 드나들던 광화문아! 평화의 사자(使者)도 지나고 살벌의 총검도 지나며 러시아의 사절도 지나고 원나라 청나라의 국빈도 지나던 광화문아! 그들을 맞고 그들을 보냄이 너의 타고난 천직이며 그 길을 인도하고 그 길을 가르침이

---

59) 인부들의 우두머리.

너의 타고난 천명이었다 하면 너는 그 자리 그곳을 떠나지 말아야 네 생명이 있으며 그 방향 그 터전을 옮기지 말아야 네 일생을 마친 것이다.
◇ 너의 천명과 너의 천직은 이미 없어진 지가 오래였거니와 너의 생명과 너의 일생은 헐리는 그 순간에 옮기는 그 찰나에 마지막으로 없어지고 말았다. 너의 마지막 운명을 우리는 알되 너는 모르니 모르는 너는 모르고 지내려니와 아는 우리는 어떻게 지내랴?
◇ 총독부에서 헐기는 헐되 총독부에서 다시 지어 놓는다 한다. 그러나 다시 짓는 그 사람은 상투 짠 옛날의 그 사람이 아니며 다시 짓는 그 솜씨는 웅건한 옛날의 그 솜씨가 아니다. 하물며 이시이인(伊時伊人)⁶⁰⁾의 감정과 기분과 이상(理想)이야 말하여 무엇하랴?

〈그림 21〉 헐려 짓는 광화문. 〈동아일보〉 1926.8.11.

◇ 다시 옮기는 그곳은 북악을 등진 옛날의 그곳이 아니며 다시 옮기는 그 방향은 경복궁을 정면으로 한 옛날의 그 방향이 아니다.

◇ 서로 보지도 못한 지가 벌써 수년이나 된 경복궁 옛 대궐에는 장림(長霖)[61]에 남은 궂은비가 오락가락한다. 광화문 지붕에서 뚝딱하는 망치 소리는 장안(長安)[62]을 거쳐 북악에 부딪친다. 남산에도 부딪친다. 그리고 애달파하는 백의인(白衣人)의 가슴에도 부딪친다….

—헐려 짓는 광화문. 〈동아일보〉 1926.8.11. 小木杏子

기사라기보다 한 편의 시다. 이 시는 200자 원고지 8매의 글로 광화문을 의인화하여 나라 잃은 민족의 아픔을 표현했다. 일제의 혹독한 식민 통치를 매도하고 먼 훗날 민족 독립을 희구한 단장의 애국적 산문이다. 고등학교 국어 교과서에 실린 명문이다. 당시에는 기사의 개념이 완전히 자리 잡지 못했으며 글쓰기의 원칙이나 양식도 없었을 것이다. 하지만, 그런 상황이 오히려 자유롭고 창의적인 기사 쓰기를 허용하고 촉진했다고 말할 수 있다.

설의식(1900-1954)은 1922년 〈동아일보〉에 입사하여 1925년 사회부장, 1927년 도쿄특파원, 1935년 편집국장, 1945년 편집주간을 지냈다(대한언론인회, 1992b). '헐려 짓는 광화문'은 그가 사회부장 때 적은 글이다. 언론인 주요한은 설의식을 "현대적 감각의 문장가였으며 수필가였고 정치적인 문제들을 격조 있게 논평한 평론가"라고 했다(대한언론인회, 1992b, 52쪽). 위 기사의 저자로 표기한 '小木杏子'는 설의식이 자신의 아호 '소오(小梧)'의 한자 획수를 풀어 지은 필명이다.

설의식 기자는 영원한 '〈동아일보〉 사람'이었지만, 몇몇 이유로 잠시 〈동아일보〉를 떠난 적이 있다. 그중 하나가 손기정 일장기 말소 사건이다. 1936년 8

---

(60) 그때 그 사람.
(61) 큰 장마.
(62) 서울.

월 9일 제11회 베를린올림픽 마라톤에서 손기정과 남승용의 쾌거가 터졌을 때, 이길용 〈동아일보〉 체육부 기자는 조사부의 이상범 화백에게 일장기의 빨간 부분을 하얗게 덧칠해 달라고 부탁해 손기정의 사진에서 일장기가 지워진 채 보도됐다. 이 지면은 당시에 사진의 전송 상태와 인쇄 품질이 조악했던 덕에 일제의 검열에 걸리지 않았다. 하지만 〈동아일보〉가 8월 25일 일장기를 지운 손기정 사진을 다시 내보내자, 조선총독부는 곧바로 발행을 중단시키고 관련자들을 연행했다. 이때 송진우 사장, 김준연 주필, 설의식 편집국장 등이 사임했으며 〈동아일보〉는 8월 29일 무기한 정간 처분됐다.

손기정(1912-2002년)의 올림픽 마라톤 제패는 세계적인 사건이었다. 손기정은 베를린올림픽 마라톤에서 2시간 29분 19초를 기록하여 인류 최초로 2시간 30분 벽을 깼다. 또한, 동양인으로서는 처음으로 올림픽 마라톤에서 금메달을 땄다. 역대 올림픽 남자마라톤에서 우승했던 동양인은 2명밖에 없는데, 모두 한국인이다. 1936년 베를린의 손기정과 1992년 바르셀로나의 황영조. 우리의 마라톤 우승은 지금도 이렇게 자랑스러운데, 나라 잃은 당시의 사람들에게는 이루 말할 수 없이 감격적인 사건이었을 것이다. 남승룡도 동메달을 땄으므로 겹경사였다. 그래서 1936년 8월 9일의 경기 결과는 곧장 한반도로 알려졌으며 〈조선중앙일보〉는 그다음 날인 8월 10일에 호외(號外)를 발행했다. 호외 이면(裏面)에 그 유명한 아래의 시가 실렸다. 손기정과 남승룡을 축하하고 민족의 설움을 위로하고자 심훈이 새벽에 쓴 시다. 이 시는 1936년 8월 11일 〈조선중앙일보〉 4면에 그대로 다시 실렸다.[63]

(마라손에 우승한 孫(손) 南(남) 兩君(양 군)에게)
그대들의 첩보[64]를 전하는 호외 뒷장에

---

[63] 정진석 한국외국어대학교 명예교수의 유튜브 영상 '한국 언론과 현대사 2부: 1910~1945년' 참조. https://www.youtube.com/watch?v=wdWJ2_e2Huc

붓을 달리는 이 손은 형용 못 할 감격에 떨린다!
이역의 하늘 아래서, 그대들의 심장 속에 용솟음치던 피가
이천삼백만의 한 사람인 내 혈관 속을 달리기 때문이다.
○○
"이겼다"는 소리를 들어 보지 못한 우리의 고막은
깊은 밤 전승의 방울 소리에 터질 듯 찢어질 듯.
침울한 어둠 속에 짓눌렸던 고토의 하늘도
올림픽의 거화(炬火)⁽⁶⁵⁾를 켠 것처럼 화닥닥 밝으려 하는구나!
○○
오늘밤 그대들은 꿈속에서 조국의 전승을 전하고저
마라손 험한 길을 달리다가 절명한 아테네의 병사를 만나 보리라.
그보다도 더 용감하였던 선조들의 정령이 가호하였음에
두 용사 서로 껴안고 느껴느껴 울었으리라.
○○
오오, 나는 외치고 싶다! 마이크를 쥐어 잡고
전 세계의 인류를 향해서 외치고 싶다!
"인제도 인제도 너희들은, 우리를 약한 족속이라고 부를 터이냐??"
(1936, 8월 10일 새벽)

　　　　　　ー오오, 朝鮮(조선)의 男兒(남아)여!〈조선중앙일보〉1936.8.10. 심훈

시는 4연 16행으로 구성되었다. 식민지 백성으로 핍박받아 온 우리 백성의 슬픔과 한을 털어 버리고 감격과 희망을 외치고자 했다. 마지막 연에서는 전 세계를 향해 조선이 나약한 민족이 아님을 선언한다. 심훈은 이 시를 쓴 지 한

---

64) 捷步. 빨리 걷는 걸음.
65) 홰에 켠 불. 횃불.

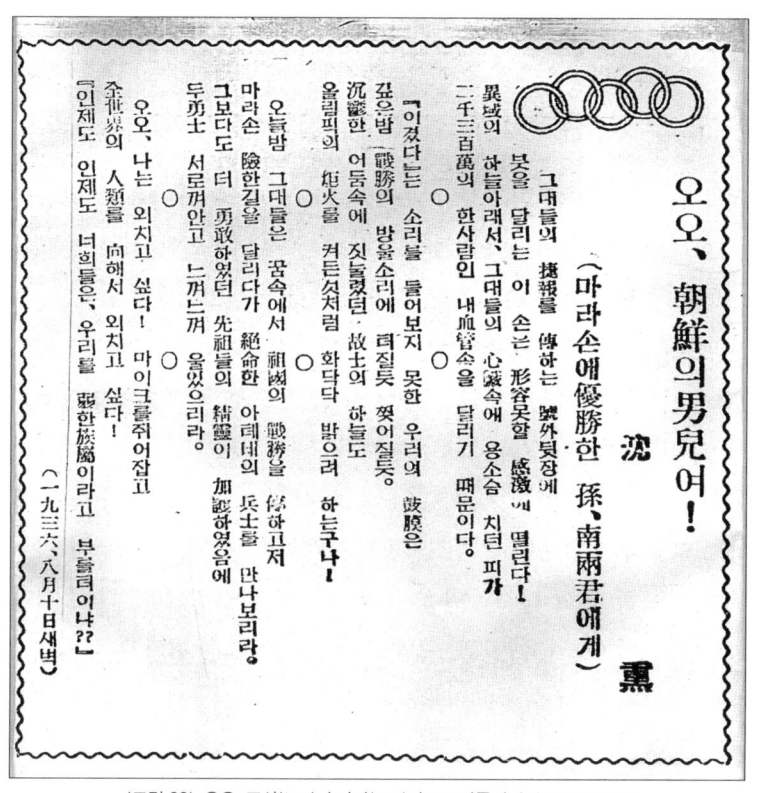

〈그림 22〉 오오, 조선(朝鮮)의 남아(男兒)여! 〈조선중앙일보〉 1936.8.10.

달도 안 된 1936년 9월 16일 사망했다. 세상을 떠나기 전에 마지막으로 쓴 시라고 하여 그의 '절명시'로 불린다. 심훈은 '그날이 오면' 등 자신의 시를 모아 1932년에 책으로 출간하려고 했으나 일제의 검열로 포기했는데, 그때 써 놓은 시집의 '머리말씀'은 이렇게 시작한다.

나는 쓰기를 위해서 시를 써 본 적이 없습니다. 더구나 시인이 되려는 생각도 해 보지 아니하였습니다. 다만 닫다가 미칠 듯이 파도치는 정열에 마음이 부대끼면 죄수가 손톱 끝으로 감방의 벽을 긁어 낙서하듯 한 것이 그럭저럭 근 백

수(百首)나 되기에 한곳에 묶어보다가 이 보잘것없는 시가집이 이루어진 것입니다. (심훈, 1974, 3쪽)

이 글로 볼 때, 심훈은 손기정의 금메달 소식을 듣고 위의 시를 단숨에 썼을 것이다. 심훈의 시집은 1949년 '한성도서'가 『그날이 오면』이라는 제목의 유고집으로 출간했다. 시를 엮은 부분의 마지막 장 이름이 '절필'인데, 거기엔 그가 마지막으로 남긴 위의 시만 외로이 수록되어 있다(심훈, 1974, 155-156쪽).

심훈(1901-1936)은 18세 때인 1919년 3·1운동으로 복역했으며 상해로 망명한 후, 1924년 귀국하여 〈동아일보〉 기자로 1년간 일했다. 이후 영화에 투신하여 배우와 감독도 했으며 1927년 〈조선일보〉에 들어와 김기림과 함께 경찰 담당 기자로 일했다. 1931년에는 〈조선일보〉를 그만두고 당진으로 내려가 『직녀성』과 『상록수』를 쓰고 상록학원을 세워 농촌계몽에 힘썼다. 다시 서울로 돌아온 날이 1936년 8월 10일인데, 그날 손기정의 낭보를 접하고 새벽에 민족의 절규와도 같은 위의 시를 썼다. 심훈은 기쁨에 들떠서 옛 친구들과 매일 더덩실 춤추며 술을 마셨고, 몸이 허약해진 데다 장티푸스까지 걸려 한 달이 조금 지난 1936년 9월 16일 세상을 떠났다(대한언론인회, 1992b).

위의 두 시 못지않게, 아래의 시와 같은 기사도 경탄할 만하다. 김구 장례식을 보도한 기사인데, 시 이상으로 문학적이다. 김구는 1949년 6월 26일 서거했으며 10일간의 국민장을 거쳐 7월 5일 장례식이 치러졌다. 7월 6일, 모든 신문이 여러 개 면에 장례식을 보도한 가운데 〈국도신문〉은 스트레이트 기사 밑에 다음과 같은 기사를 실었다.

> 오호, 여기 발 구르며 우는 소리… 지금 저기 아우성치며 우는 소리… 하늘도 울고 땅도 울고… 이 겨레 이 강산이 미친 듯 우는 소리를… 님이여 듣습니까… 님이여 듣습니까…. 소녀들의 입을 흘러나오는 구슬픈 조가(弔歌)에 인도되어 영여(靈輿)[66]는 고요히 고요히 길을 떠나간다. 아침저녁으로 고인의 웃음

을 반겨 주던 경교장(京橋莊)[67] 뜰 앞 우거진 수풀 속에 무심히 울어 주는 풀벌레 소리도

이제는 오늘이면 마지막이련가 다시 못 볼 몸차림 갖추고 문지방을 넘어서는 자애롭던 주인 길손도 없이 홀로 먼 길을 어이 가시려고 상오라 아홉 시 반 서울 근 북쪽 말없이 자리 잡은 인왕(仁旺) 뫼기슭에 의구한 산천 버리고 님은 영영 떠나신다. 떠돌아 70년이 비바람도 많았더니 돌아와 마지막에 광풍으로 지시다니 이 겨레 이 강산을 어데다 두고 천고한(千苦恨)[68] 품으신 채 어디로 가십니까. 떨어지지 않는 발자욱 억지로 옮길 때 엎드려 통곡하는 불쌍한 겨레들아 넓고 넓은 장안을 눈물로 적시인들 아우성쳐 하늘을 무너뜨린들 이미 가신 어버이를 무슨 수로 깨울소냐. 진을 치고 늘어선 군중의 통곡을 아시는지 모르시는지 청초한 여름 화초로 깨끗이도 단장된 영여는 다만 무겁게 무겁게 움직이는 것이었다.

대한민국(大韓民國) 임시정부(臨時政府) 주석(主席) 백범(白凡) 김구지구(金九之柩)[69] 홍포로 앞서는 명정(銘旌)[70] 따라 상오 열한 시 반 이 나라의 애사(哀史) 얽힌 광화문을 넘어선 영여는 뜻깊은 종로 길로 더 들어섰다. 말없이 님을 보내는 종각 속 인경아 5년 전 이 무렵에는 소리소리 너를 울려 삼천리 이 강산에 광복을 전하던 그 님의 가심인 줄 이 길을 아느냐. 이 대목으로 넘어서는 영여의 발걸음은 더욱 무거웠고 종로라 긴 길을 하염없이 가시었다.

철시한 장안은 울음으로 무겁게 울고, 길을 더듬는 영여 앞에 무릎 꿇는 흐느낌이여 동대문 옛터를 더듬어서 감돌아 마지막 인사길인 운동장을 들어서는

---

66) 상여.
67) 서울특별시 종로구에 있는 백범 김구(金九)의 집무실과 사저. 김구는 1945년 11월부터 1949년 6월 26일까지 이 건물을 사용했으며 여기서 안두희에게 암살당했다.
68) 많은 괴로움과 아픔.
69) 김구의 관.
70) 장사 지낼 때 죽은 사람의 신분을 밝히기 위해 품계·관직·성씨 등을 기재하여 상여 앞에서 길을 인도하고 하관(下棺)이 끝난 뒤에는 관 위에 씌워서 묻는 깃발.

영여. 영(嶺)을 넘어 불어오는 7월의 훈풍에 높고 높은 하늘에는 흰 구름만 무심하다.

―거리는 인산인해, 상가 완전철시로 조의를 표명.
〈국도신문〉 1949.7.6. 조덕송 기자

김구의 국민장은 정부 수립 이후 최초의 국민장이었다. 그 정도로 국가적인 대사였고 국민적 애사였다. 영결식에는 시인 이은상이 지은 조가(弔歌)가 울려 퍼지고 쇼팽의 장송행진곡이 다단조로 연주되었다. 행사 자체가 예술이었으며 그것을 보도한 글도 예술적이었다. 위 기사와 관련한 시인 노천명의 에피소드를 보면, 이런 평가가 과하지 않음을 알 수 있다. 노천명은 위 기사를 스크랩한 뒤 〈국도신문〉을 방문하여 조용만 주필에게 기사를 쓴 기자를 소개해 달라고 했다. 노천명은 조덕송을 만나 "수고 많으셨어요. 이 글들은 기사이자 시입니다. (중략) 나는 이 기사들을 읽으면서 열흘 동안 울고 울었어요"라고 말했다(조덕송, 1991, 157쪽). 문학 저널리즘이란 위와 같은 기사를 두고 하는 말이다.

위의 기사는 거의 알려지지 않았던 탓에 본문을 옮겨 놓은 문헌이 하나도 없다. 나는 인터넷을 뒤지다가 우연히 남재희의 글을 보고 이 기사의 존재를 알게 됐다. 남재희(2019)는 자신의 회고록에 조덕송을 언급하며 "백범 김구 선생이 암살되었을 때, 그의 장례식 기사가 사람들의 심금을 울렸다"고 적었다. 남재희는 딱 이 한 문장만 언급했을 뿐, 조덕송의 그 기사가 실린 매체와 날짜는 언급하지 않았다. 나는 고려대 도서관에서 백범김구선생전집편찬위원회의 백범김구전집 제10권 『순국 추모록』을 찾았고, 그 책이 당시 전국 각지 신문의 김구 장례식 및 애도식 기사 모음집임을 알게 되어 기쁜 마음에 들여다보았는데 아쉽게도 〈국도신문〉 기사는 없었다. 백범김구선생기념사업협회와 국립중앙도서관에도 알아보았지만, 〈국도신문〉 기사는 보관하고 있지 않았다. 그러던 중 조덕송(1991)이 자기의 책 『조덕송의 증언』 제3권에 이 기사를 언급하면서 일부를 옮겨 적어 놓은 것을 발견했다. 더 찾아보자는 생각에서 백범김구기념관에 문의하니 그 기사가 실린 〈국도신문〉의 지면 일부분을 사진으로 보내주었는데, 도저히 판독할 수 없을 정도로 흐릿했다. 결국 국회도서관에서 마이크로필름으로 보관된 해당 날짜의 〈국도신문〉을 발견하여 기사 전문을 직접 받아 적을 수 있었다. 앞의 기사의 전문은 70여 년간 숨어 있다가 이 책을 통해 처음으로 대중과 만나게 되었다.

조덕송(1926-1997)은 여러 회사의 사회부장을 거쳐 〈조선일보〉에 정착하여 사회부장, 논설위원을 역임하며 정년퇴직 때까지 오랫동안 일했다. 조덕송은 "타고난 사회부 기자라 할 만큼 연파 기사로 필명을 날렸다. (중략) 되글을 배워 말글로 쓰는 사람. 조대감[조덕송]은 요새 식으로는 고등학교가 최종 학력인데 대졸 뺨치는 지식과 필력을 갖고 있어 사람들이 더욱 감탄했다." 조덕송에 대한 남재희의 평가다.

| 참고문헌 |

국내 문헌

강석훈 (2022). 『조선의 대기자』. 연암. 서울: 니케북스.
강춘진 (2006). 『책 속에 갇힌 문학, 책 밖으로 나오다: 작가와 떠나는 현장탐방』. 서울: 가교출판.
경향신문사 사사편찬위원회 (1996). 『경향신문 50년사』. 서울: 경향신문사.
고재열 외 30인 (2012). 『다시 기자로 산다는 것: 시사IN 천막에서 중림로까지』. 서울: 시사IN북.
고종석 (2014). 『고종석의 문장: 자유롭고 행복한 글쓰기란 무엇일까』. 서울: 알마.
고종석 외 25인 (2007). 『기자로 산다는 것』. 서울: 호미.
관훈클럽신영연구기금 (1984). 『신문기자 최병우』. 서울: 관훈클럽신영연구기금.
권태호 (2020.11.27.). 김훈의 '거리의 칼럼'을 끝마치며. 〈한겨레〉.
김고은 (2022.5.10.). '아프간의 언어'로 다시 써진 기사, 경향 인터랙티브 '안녕, 봄과…'. 「기자협회보」.
김광섭 (2020). 『나는 사회부 기자가 좋다』. 군산=하움.
김영희 (2020). 『언론인 '안깡' 안병찬』. 서울: 나녹.
김영희·박용규 (2011). 『한국 현대 언론인 열전』. 서울: 커뮤니케이션북스.
김욱동 (2008). 『헤밍웨이를 위하여』. 서울: 이숲.
김윤곤 (2016.3.10.). 한국일보, '펜의 힘' 르네상스. 〈한국일보〉.
김태용·박재영 (2005). 발성사고법(Think Aloud)을 이용한 인쇄신문 독자의 기사선택 과정 연구. 「한국언론학보」, 49권 4호, 87-109.
남재일·박재영 (2020). 한·미 탐사보도 성격 비교 연구. 「언론과학연구」, 20권 3호, 5-45.
남재희 (2019.6.17.). 남재희 회고록 文酒 40년 〈16〉 조덕송, 백범 장례식 기사로 사람들의 심금 울린 명 사회부기자. https://blog.naver.com/doodoo54/221560461533
대한언론인회 (1992a). 『한국언론인물사화 8·15 전편(상)』. 서울: 대한언론인회.
대한언론인회 (1992b). 『한국언론인물사화 8·15 전편(하)』. 서울: 대한언론인회.
대한언론인회 (1993a). 『한국언론인물사화 8·15 후편(상)』. 서울: 대한언론인회.
대한언론인회 (1993b). 『한국언론인물사화 8·15 후편(하)』. 서울: 대한언론인회.
대한언론인회 (2001a). 『한국언론인물사화 제5권』. 서울: 대한언론인회.
대한언론인회 (2001b). 『한국언론인물사화 제6권』. 서울: 대한언론인회.
대한언론인회 (2010). 『한국언론인물사화 제7권』. 서울: 대한언론인회.
대한언론인회 (2017). 『취재현장의 목격자들+: 명기자, 명데스크 못다한 뒷이야기 34』. 서울: 청미디어.
박래부 (2015). 『좋은 기사를 위한 문학적 글쓰기: 저널리즘 문장론』. 파주: 한울.
박래부 (2008). 『분노 없는 시대 기자의 실존』. 서울: 커뮤니케이션북스.
박성호 (2017). 공영방송 뉴스의 불편부당성 연구: BBC와 KBS의 선거 보도를 중심으로. 고려대학교 대학원 박사학위논문.
박인규 (2015.11.29.). 천생(天生) 기자, 손광식 선배를 보내며. 〈프레시안〉.
박재영 (2004). 『신문 지면의 구성 요소』. 서울: 미디어연구소.

박재영 (2020). 『뉴스 스토리: 내러티브 기사의 작법과 효과』. 서울: 이채.
박재영 (2021a). 저널리즘 원칙, 기자의 '지적 양심' 일깨우는 각성제. 좋은저널리즘연구회, 『버릴 관행, 지킬 원칙: 취재 보도 바로 세우기』(34-40쪽). 서울: 이화여자대학교출판문화원.
박재영 (2021b). 겉핥기를 이제 그만, 독자는 사건의 '속살'을 원한다. 좋은저널리즘연구회, 『버릴 관행, 지킬 원칙: 취재 보도 바로 세우기』(110-113쪽). 서울: 이화여자대학교출판문화원.
박재영 (2021c). 삼각확인도 진실 검증도 없는 인터뷰 기사. 좋은저널리즘연구회, 『버릴 관행, 지킬 원칙: 취재 보도 바로 세우기』(122-130쪽). 서울: 이화여자대학교출판문화원.
박재영 (2022). 좋은 뉴스의 조건. 한국언론학회 저널리즘연구회, 『저널리즘 다시 보기』(151-182쪽). 파주: 나남.
박재영 (2023a). 기자들은 기사를 글이라고 생각하는가? 「말과 글」, 겨울호, 6-10.
박재영 (2023b). 기자와 독자가 뽑은 좋은 기사. 「관훈저널」, 여름호, 90-101.
박재영 (2024). 기자라서 기쁜 기자들. 좋은저널리즘연구회, 『한국의 기자』(241-269쪽). 서울: 이화여자대학교출판문화원.
박재영 (2025a). 글쓰기 혁신의 실험실, 동아일보 히어로콘텐츠팀 5기. 좋은저널리즘연구회, 『한국 저널리즘의 혁신』(149-170쪽). 서울: 이화여자대학교출판문화원.
박재영 (2025b). 민속지학 저널리즘의 본보기, 박유리 전 〈한겨레〉 기자. 좋은저널리즘연구회, 『한국 저널리즘의 혁신』(171-191쪽). 서울: 이화여자대학교출판문화원.
박정자 (2013). 『스토리텔링의 비밀이 된 아리스토텔레스의 시학』. 서울: 인문서재.
박지원 (1932). 『열하일기』. 서울: 대동인쇄소. 김혈조 (역) (2009a). 『열하일기1』. 파주: 돌베개.
박지원 (1932). 『열하일기』. 서울: 대동인쇄소. 김혈조 (역) (2009b). 『열하일기2』. 파주: 돌베개.
방현석 (2013). 『이야기를 완성하는 서사패턴 959』. 파주: 아시아.
성유보 (2014.4.13.). 79년 말 풀려나 찾아뵌 고향 아버지는…. 〈한겨레〉.
손광식 (1995). 기자의 본질을 찾아서: 핵심은 변화, 그 기본은 창조성. 「신문과 방송」, 2월호, 48-51.
손광식·최낙동·백선기·이승구 (1982). 『거탑의 내막: 4대 재벌총수의 경영비결』. 서울: 경향신문사.
신보라·박재영 (2024). 뉴스의 정서적 요소가 이용자의 뉴스 행동과 이슈에 대한 태도에 미치는 영향: 몰입의 매개효과를 중심으로. 「한국소통학보」, 23권 4호, 71-107.
심훈 (1974). 『그날이 오면』. 서울: 정음사.
안병찬 (2001.11.28.). 특별기고 종군기자는 후퇴할 때도 맨 끝에 서야. 〈한국일보〉.
안병찬 (2005). 『사이공 최후의 표정 컬러로 찍어라: 한국 르포르타주의 정수』. 서울: 커뮤니케이션북스.
안병찬 (2008). 『르포르타주 저널리스트의 탐험』. 서울: 커뮤니케이션북스.
안수찬·김창숙·박재영 (2024). 독자는 어떤 기사를 좋아하는가: 20대의 뉴스 품질 평가 기준에 대한 귀납적 접근을 중심으로. 「한국소통학보」, 23권 2호, 125-167.
오소백 (1953). 『신문기자가 되려면』. 서울: 세문사.
오소백 (1987). 『기자가 되려면』. 서울: 세문사.
오소백 (1999). 『기자가 되려면』. 서울: 세문사.
이규태 (1966). 소록도의 반란. 「사상계」, 10월호, 334-362.
이샘물·박재영 (2020). 『탁월한 스토리텔러들: 미국 기자들의 글쓰기 노하우』. 서울: 이담북스.
이종욱 (2024.7.5.). "요즘 튀는 기자가 안 보인다, 딱 한 명 기억에 남는 사람은…." 「기자협회보」.

이진 (2021.1.22.). "내 피를 먼저" 양복에 폭탄 감추고 출발… 총독부서 "쾅". 〈동아일보〉.
이청준 (2008). 『당신들의 천국』. 서울: 문학과지성사.
이태준 (1940). 『문장강화』. 서울: 문장사. 임형택 (해제) (1988). 『문장강화』. 서울: 창작과 비평사.
유대근 (2024.6.12.). [이달의 기자상] 산 자들의 10년. 「기자협회보」.
장은교 (2023). 『오늘도 당신이 궁금합니다』. 서울: 휴머니스트출판그룹.
장재선 (2006.3.27.). 소설가 복거일의 회갑잔치, 문인의 영원한 젊음을 축하하다. 〈문화일보〉.
장하늘 (2009). 『글쓰기 표현사전』. 서울: 다산북스.
정달영 (2001). 정달영의 기자론 기사론: 스포츠 기사와 월드컵 이야기. 「신문과 방송」, 7월호, 52-55.
정달영 (2002). 정달영의 기자론 기사론: 종군기자와 전쟁보도. 「신문과 방송」, 1월호, 42-45.
정달영 (2008). 『참언론인이 되려는 젊은이들에게』. 파주: 한울.
정숙현 (2023). 『모정의 뱃길』. 군산: 하움출판사.
정영일 (1987.10.1.). 정년(停年) 퇴임날에…. 〈조선일보〉.
정중헌 (1994). 『마지막 로맨티스트 정영일: 그가 쓴 영화·음악·세상 이야기』. 서울: 미세기.
정진석 (1990). 『한국언론사』. 서울: 나남출판.
정진석 (2023). 『기자 최병우 평전』. 서울: 관훈클럽.
정진석 (2024). 내 책과의 기막힌 이별. 「근대서지」, 12월호, 23-30.
조남현 (1982). 『소설원론』. 서울: 고려원.
조덕송 (1991). 『민족대드라마 증언(3)』. 서울: 다다미디어.
조선일보 100년사 편찬실 (2020). 『간추린 조선일보 100년사: 민족과 함께 한 세기 1920-2020』. 서울: 조선일보사.
조선일보사 사료연구실 (2004a). 『조선일보 사람들: 일제시대 편』. 서울: 랜덤하우스중앙.
조선일보사 사료연구실 (2004b). 『조선일보 사람들: 광복이후 편』. 서울: 랜덤하우스중앙.
조지영 (2017.6.13.). 이준익 감독 "아사히 신문과 산케이 신문을 통해 고증하면서 쫓아가다 보니 박열과 가네코 후미코가 주도한 재판이었다." 〈스포츠조선〉.
조화유 (1966). 『퓰리처상 수상 특종기사선: 대사건과 대기자』. 서울: 문성사.
종군기자 사회부기자 빛나던 이름 이혜복 편찬위원회 (2012). 『종군기자 사회부기자 빛나던 이름 이혜복』. 서울: 청미디어.
최수묵 (2011). 『기막힌 이야기 기막힌 글쓰기』. 서울: 교보문고.
최승영 (2024.9.3.). [인터뷰] 책 '뽕의 계보' 쓴 전현진 〈경향신문〉 기자 "현실 마약왕, 동네 사우나서 볼 법한 사람들이었죠". 「기자협회보」.
최영재·홍성구 (2004). 언론 자유와 공정성. 「한국언론학보」, 48권 6호, 326-342.
허만섭·박재영 (2019). 디지털시대 언론 전문직주의의 위기와 변화. 「언론과학연구」, 19권 4호, 254-290.
허영섭 (2003). 비전문적, 감성적 보도가 큰 문제: 경제기자의 대부 손광식. 「신문과 방송」, 10월호, 89-95.
홍병기 (2018). 『뉴스 동서남북: 한 권으로 읽는 한국 언론 명인·명문 열전』. 서울: 아마존의나비.
황현 (1955). 『매천야록(梅泉野錄)』. 서울: 국사편찬위원회. 이장희 (역) (1973). 『매천야록』. 서울: 대양서적.

해외 문헌

Bell, J. S. (2004). Plot & structure. New York: Writer's Digest Books. 김진아 (역) (2012). 『소설쓰기의 모든 것 Part 1: 플롯과 구조』. 서울: 다른.

Bly, N. (1887). Ten days in a madhouse. New York: Waking Lion Press. 오수원 (역) (2018). 『넬리 블라이의 세상을 바꾼 10일』. 파주: 모던아카이브.

Brooks, L. (2011). Story engineering. New York: Penguin Publishing Group. 한유주 (역) (2015). 『스토리를 만드는 공학: 소설 쓰기와 시나리오 쓰기의 6가지 핵심요소들』. 고양: 인피니티북스.

Brooks, B. S., Kennedy, G., Moen, D. R., & Ranly, D. (2011). News reporting and writing (10th Ed.). New York: Bedford/St. Martin's.

Ellis, S. (Ed.) (2009). Now write! Nonfiction: Memoir, journalism and creative nonfiction exercises from today's best writers. New York: TarcherPerigee. 안희정 (역) (2016). 『논픽션 쓰기의 모든 것: 에세이, 여행기, 회고록』. 서울: 다른.

Ellis, S., & Lamson, L. (Eds.) (2011). Now write! Screenwriting: Exercises from today's best writers and teachers. New York: Jeremy P. Tarcher/Penguin. 안희정 (역) (2022). 『시나리오 쓰기의 모든 것: 가장 비싼 시나리오 작가 95명의 노하우와 실전연습』. 서울: 다른.

Hart, J. (2011). Story craft: The complete guide to writing narrative nonfiction. The University of Chicago: Chicago, IL. 정세라 (역) (2015). 『소설보다 더 재밌는 논픽션 쓰기: 퓰리처상 심사위원이 말하는 탄탄한 구조를 갖춘 글 쓰는 법』. 서울: 유유.

Kovach, B., & Rosenstiel, T. (2021). The elements of journalism. New York: Three Rivers Press. 이재경 (역) (2021). 『저널리즘의 기본원칙』. 서울: 한국언론진흥재단.

Kramer, M., & Call, W. (Eds.) (2007). Telling true stories: A nonfiction writers' guide from the Nieman Foundation at Harvard University. New York: Plume. 최서현 (역) (2019). 『진짜 이야기를 쓰다: 하버드 니먼재단의 논픽션 글쓰기 가이드』. 서울: 알렙.

McFadden, R. D. (2006.5.11.). A. M. Rosenthal, Editor of The Times, dies at 84. 〈The New York Times〉.

Orwell, G. (1937). The road to Wigan Pier. London: Left Book Club. 이한중 (2010). 『위건 부두로 가는 길』. 서울: 한겨레출판.

Rozelle, R. (2005). Write great fiction: Description & setting. New York: Writer's Digest Books. 송민경 (역) (2011). 『소설쓰기의 모든 것 Part 2: 묘사와 배경』. 서울: 다른.

Salinger, J. D. (1951). The catcher in the rye. New York: A Modern Library Book. 공경희 (역) (2001). 『호밀밭의 파수꾼』. 서울: 민음사.

Shoemaker, P. J., & Reese, S. D. (1996). Mediating the message. New York: Longman.

국내외 신문·잡지 기사

● 경향신문
하루는 책보 이틀은 깡통, 대전에 목불인견의 구걸 대열. 〈경향신문〉 1964.5.9. 대전=손충무·장비호 기자.
무명의 정주영 수주·차관 '두 개의 바늘구멍' 뚫은 알프스 산장의 한판. 〈경향신문〉 1982.3.8. 특별취재반
　　　(손광식 편집국장 대리, 최낙동 논설위원, 백선기·이승구 기자).
'미아리텍사스' 약사 이미선 씨 "언니들 얘기 들어 주는 것, 그게 치유". 〈경향신문〉 2019.9.7. 장은교 기자.
바닷가 공업도시에 아프간 꼬마들 벚꽃처럼 왔고요. 〈경향신문〉 2022.4.14. 울산=조해람 기자.
고양이 n번방, '인천 토리'의 추적이 시작됐다. 〈경향신문〉 2023.3.4. 전현진 기자.

● 계간 미스터리
길고양이 킬러를 추적하다. 「계간 미스터리」 2023.5.10. 전현진 기자.

● 공립신보
別報(별보). 〈公立新報〉[공립신보] 1908.3.25.

● 국도신문
거리는 인산인해, 상가 완전철시로 조의를 표명. 〈국도신문〉 1949.7.6. 조덕송 기자.

● 국민일보
한 소방관의 죽음. 〈국민일보〉 1999.6.2. 김훈 편집위원.
DJ 고난 이기게 한 '이희호 여사의 털장갑'. 〈국민일보〉 2009.8.20. 박유리 기자.
2011년 도심의 봄… 그러나 압구정에 봄은 없다. 〈국민일보〉 2011.4.7. 박유리 기자.
"걷다 보면 길 보일까요". 마포대교 24시간 기자가 만난 사람들. 〈국민일보〉 2015.12.11. 김판 기자.

● 내일신문
초곡리 풍상과 황영조. 〈내일신문〉 2007.8.10. 안병찬.

● 동아일보
총독부에 폭발탄! 〈동아일보〉 1921.9.13.
광화문 해체 수일 전 착수. 〈동아일보〉 1926.8.9.
헐려 짓는 광화문. 〈동아일보〉 1926.8.11. 小木吾子(설의식 기자).
폭력배에 짓밟힌 장충단 강연회. 〈동아일보〉 1957.5.27.
고성 지르며 투석 휘발유 뿌리고 마이크 조정기 소각. 〈동아일보〉 1957.5.27.
'하룻강아지와 범' 예상 뒤집혀, 한봉진 돌격 伊(이) 수비진 흔들려. 〈동아일보〉 1974.2.20. 국흥주 기자.
'동양의 펠레' 박두익 황금의 결승골, "전반 끝은 북한의 가장 화려한 15분" 찬사. 〈동아일보〉 1974.2.21. 국
　　　흥주 기자.
어둠 속에서 사내 둘이 다가왔다. 다짜고짜 수갑을 채웠다. 〈동아일보〉 2013.9.30. 신광영·손효주 기자.

두 번째 축제… 숨어 핀 17송이 소치의 꽃. 〈동아일보〉 2014.3.16. 춘천·소치=이승건 기자.
초등생의 참혹한 죽음 이후… 인천 그 동네, 모든 게 달라졌다. 〈동아일보〉 2017.7.26. 김단비·최지선 기자.
"그 아이 떠올라… 털모자 써야 잠드는 내 아들". 〈동아일보〉 2017.7.26. 김단비·차준호 기자.
10분 만에 죽은 엄마와 조카… 눈물의 웅덩이는 마르지 않는다. 〈동아일보〉 2022.3.18. 이새샘·김재희·남건우·신희철 기자.
"괜찮은 척했다 살아가야 했기에". 〈동아일보〉 2022.8.9. 지민구·김예윤·이소정·이기욱 기자.
"얘네도 아빠가 없대"… 같은 아픔과 만났다. 〈동아일보〉 2022.8.11. 지민구·김예윤·이소정·이기욱 기자.
'마돌캠', 순직 소방관 유족들의 버팀목이 되다. 〈동아일보〉 2022.8.12. 지민구·김예윤·이소정·이기욱 기자.
강남 한복판서 멈춰 선 구급차… 오라는 응급실 '0'. 〈동아일보〉 2023.3.28. 조건희·송혜미·이상환·이지윤 기자.

● 머니투데이
"성매매했잖아, 구속", "협조 잘해라"… 피싱범 능숙한 밀당에 3.2억 '증발'. 〈머니투데이〉 2024.5.3. 정세진 기자.

● 민주신보
피난 열차. 〈민주신보〉 1951.

● 민중일보
백만 불의 혀바닥. 〈민중일보〉 1952.

● 사상계
소록도의 반란. 「사상계」 1966.10. 이규태 기자.

● 서울경제
초곡리 회상. 〈서울경제〉 1999.3.5. 안병찬.

● 서울신문
박 대령 살해범 총살형 목격기. 비장한 유언. 〈서울신문〉 1948.9.26. (〈조선통신사〉 조덕송 기자).
삼등차통신. 〈서울신문〉 1954.4.

● 시사저널
연변 새댁들 '낯선' 추석맞이. 「시사저널」 1992.9.17/24. 김훈 편집위원.
강원도 소농민 그 후 7년. 「시사저널」 1994.2.10. 안병찬.
부모 갈등·따돌림이 패륜 참극 불렀다. 「시사저널」 2000.6.8. 고제규 기자.

● 오마이뉴스
광주항쟁 곳곳에 등장한 이 미국 청년을 아십니까. 〈오마이뉴스〉 2020.5.12. 소중한 기자.

계엄군 곤봉에 맞은 미국인, 그가 광주를 위해 남긴 선물. 〈오마이뉴스〉 2020.5.12. 소중한 기자.

● 월간 영화
신상옥의 〈이별〉과 F. 포드 코폴라의 〈대부〉를 보고. 「월간 영화」 1973.10. 정영일 기자.

● 월간 중앙
탄광지대일기. 「월간 중앙」 1978.2. 오소백 기자.

● 일간스포츠
해송이 속삭이는 갯마을 풍상. 〈일간스포츠〉 1980.8.15. 안병찬 기자.

● 조선일보
朝不慮夕(조불려석)하는 국경 주민의 생명. 〈조선일보〉 1924.9.27. 무명회 특파원 조선일보 이석 기자.
전 경성을 들어 흥미의 초점 된 변장 탐방 제1군 금석 출동. 〈조선일보〉 1924.10.7.
변장 기자를 꼭 찾아내시오. 먼저 찾는 이에게 상금 10원. 〈조선일보〉 1924.10.7.
설설 이끌었소! 전황의 여파는 군밤 장사에도 감쪽같이 변장하고 안동까지. 〈조선일보〉 1924.10.9. 이서구 기자.
결전지를 향하여 종로로 가는 길에 재동서 발각. 〈조선일보〉 1924.10.10. 이서구 기자.
지루하게 끌던 3년 동안 예심 조선인으로는 처음 있는 큰 사건. 〈조선일보〉 1926.3.3. 동경=이석 기자.
일시여 '我(아)의 선언'을 낭독하자 숙연한 정내엔 열루만 산연. 〈조선일보〉 1926.3.4. 동경=이석 기자.
一擧手(일거수), 一投足(일투족), 一搖頭(일요두)마다 膽戰心驚(담전심경)하는 재판관들. 〈조선일보〉 1926.3.6. 동경=이석 기자.
전후 11회 판검사의 심문에 추호 불변의 주지일관한 항변. 〈조선일보〉 1926.3.7. 동경=이석 기자.
심해의 "그로" 문어공 별장은 의외로 함정. 〈조선일보〉 1935.8.10. 채만식 기자.
정연한 삼부자 분업 "잡엇다" 순간에 법열. 〈조선일보〉 1935.8.11. 채만식 기자.
襤褸憔顔(남루초안)으로 고국 부두에 금의환향은 옛말에만 그치던가. 〈조선일보〉 1946.2.12. 부산=김찬승 기자.
감사한 동포애의 주먹밥! 오는 이와 가는 자의 시선에 뛰는 묘기. 〈조선일보〉 1946.2.13. 부산=김찬승 기자.
이곳저곳 시체가 산란, 피난민은 점차로 귀착. 〈조선일보〉 1948.10.27. 순천=유건호 기자.
공포 삼 일의 육만 시민 또 흑백의 심판. 〈조선일보〉 1948.10.29. 순천=유건호 기자.
수도고지의 탈환 전야 비분의 최후 수단, 전우 시체를 방패로 처절한 전투. 〈조선일보〉 1952.9.14. 전동천 기자.
'기이한 전투' 정지 당사국 제쳐 놓은 결정서로 종막. 〈조선일보〉 1953.7.29. 판문점=최병우 기자.
태연한 표정 짓고 끝까지 조국통일 부탁하며 애국가에 대한민국 만세도 고창(高唱). 〈조선일보〉 1957.9.26. (〈동화통신〉 박성환 기자).
최(崔秉宇) 특파원 조난을 아끼며. 〈조선일보〉 1958.10.10.
처절! 피와… 폭진과… '함니' 가(街)의 생지옥. 〈조선일보〉 1965.4.2. 사이공=이규태 기자.
만찬장서 디스코 공연… "이것이 변화다". 〈조선일보〉 1990.10.20. 오태진 기자.

쓰레기 분리수거 '극과 극' 주부 90% 동참… 시청·사무빌딩은 엉망. 〈조선일보〉 2005.4.11. 손진석 기자.
이청준과 어머니. 〈조선일보〉 2008.7.31. 오태진 수석논설위원.
속옷 도둑인 줄 알았는데 '연쇄 살인범'. 〈조선일보〉 2009.10.6. 전현석·변희원 기자.
김성근, 야구, 야구, 야구밖에 모르는 '야구바보'. 〈조선일보〉 2013.7.19. 김수혜 기자.
국제적으로 판 커진 '멍때리기 대회'… "뇌야, 멍때린 것 맞니?" 〈조선일보〉 2016.5.9. 양지혜·정상혁 기자.
국군 돕다 스러진 문산호 선원들… 국가, 69년 만에 이름 불러 줬다. 〈조선일보〉 2019.6.28. 계룡대=김수혜 기자.
"전재수는 우리 동네 서민… 아무리 센 사람 와도 안 돼". 〈조선일보〉 2024.4.15. 부산=김경필 기자.
서울서 두 시간 거리엔 '캄보디아'… 이 농장선 나 홀로 한국인이었다. 〈조선일보〉 2024.5.4. 장근욱 기자.

●조선중앙일보
오오, 朝鮮(조선)의 男兒(남아)여! 〈조선중앙일보〉 1936.8.10. 심훈.

●주간조선
사랑의 비극 그린 연애심리영화 수작 〈이웃집 여인〉. 「주간조선」 1983.4.17. 정영일 기자.
탄탄하게 만든 화제의 수작 〈깊고 푸른 밤〉. 「주간조선」 1985.3.24. 정영일 기자.

●중앙일보
막힌 회전문 엉킨 시체 연옥 같은 그 현장, 숯덩이 같아 남녀 구별 못 해. 〈중앙일보〉 1974.11.4. 김광섭 기자.
7과 4 사이… 꽃피운 '잡초' 김경문 야구. 〈중앙일보〉 2008.8.26. 김식 기자.

●한겨레
밥에 대한 단상. 〈한겨레〉 2002.3.21. 김훈 기자.
사기당한 'MB 자원외교'… "석유보다 물 더 퍼내". 〈한겨레〉 2015.1.18. 리마·딸라라=최현준·임인택·김정필 기자.
탑골공원, 자존심과 두려움 그리고 거짓말. 〈한겨레〉 2015.11.6. 박유리 기자.

●한겨레21
세 차례 성폭행, 기억 안 난다? 「한겨레21」 2007.1.27. 길윤형 기자.

●한국경제
전 세계 500명 기자 중 28명만 라운드 기회… 한경 기자 마스터스 무대에 서다. 〈한국경제〉 2022.4.17. 오거스타(미국 조지아주)=조희찬 기자.

●한국일보
모정의 뱃길 3만 4천리, 6년을 하루같이 20리길 노 저어 딸 등교시킨 어머니. 〈한국일보〉 1962.2.10. 여수=이문희 기자.

여수여중서는 장학금까지 약속, 졸업을 축하하듯 바다도 잔잔. 〈한국일보〉 1962.2.10. 여수=이문희 기자.
"곧 철수하라… 최후 상황 보고 행동하겠다" 본사와 최종 텔렉스 교신. 〈한국일보〉 1975.4.30. 안병찬 기자.
안 특파원 대사관 직원 등과 미 헬기편 항모로 무사 철수. 〈한국일보〉 1975.4.30. 뱅코크=양평 기자.
사이공 최후의 새벽 나는 보았다. 〈한국일보〉 1975.5.6. 마지막 특파원 본사 안병찬 기자 괌도서 급전.
'닫힌 문 열리며 자유의 포옹' 한밤중 갑자기 돌아온 아빠보고 외국 갔다 온 줄 알고 "선물 어딨어". 〈한국일보〉 1979.12.8. 박래부 기자.
돌·모래 위 평화와 전쟁 함께 엉겨. 〈한국일보〉 1982.1.1. 정달영 기자.
초곡리 6년 전. 〈한국일보〉 1986.7.8. 안병찬 논설위원.
다시 본 초곡리. 〈한국일보〉 1986.7.10. 안병찬 논설위원.
초곡리 후계자. 〈한국일보〉 1986.7.12. 안병찬 논설위원.
고추 4백만 원어치 사기당하고 밭 천 평 팔아 빚 청산. 〈한국일보〉 1986.12.25.
대화고추와 첫눈. 〈한국일보〉 1987.1.6. 안병찬 논설위원.
대화고추와 형사. 〈한국일보〉 1987.1.8. 안병찬 논설위원.
메밀꽃 통곡한다. 〈한국일보〉 1987.1.20. 안병찬 논설위원.
인구 350명 중 65세 이상 80명, 늙어도 대부분 앓아눕는 일 없어. 〈한국일보〉 1995.3.16. 이하마=박래부 기자.
"아프간의 아침 불안한 고요". 〈한국일보〉 2001.11.17. 탈레반 지역에서 홍윤오 기자.
"폭탄으론 진정한 승리 없다". 〈한국일보〉 2001.11.22. 홍윤오 기자.
낙농인들 "우유 버리기" 시위 확산. 〈한국일보〉 2003.6.4. 나주·함평=고찬유 기자.
'모정의 뱃길' 주인공 정숙현 씨. 〈한국일보〉 2004.7.8.
"국회는 '줄줄이 소시지' 입법 공장… 무슨 법 넘겼는지 나도 몰라". 〈한국일보〉 2021.2.9. 조소진·박준석 기자.
벚나무 보며 슬픔 삭였는데… 두 번째 딸도 떠났다. 〈한국일보〉 2024.4.20. 진달래 기자.
아들 선물로 주려고 했는데… 영정 사진으로 끝난 앨범. 〈한국일보〉 2024.4.23. 원다라 기자.

● 헤럴드경제
"김영란법요? 그렇다고 접대가 사라지겠어요". 〈헤럴드경제〉 2015.3.5. 배두헌 기자.

● 황성신문
五件條約請締顚末(오건조약청체전말). 〈황성신문〉 1905.11.20.

Dying for love. 〈Associated Press〉 1996.6.2. Julia Prodis.
General Dwight D. Eisenhower's Order of the Day. 1944.6.6.
Final salute. 〈Rocky Mountain News〉 2005.11.11. Jim Sheeler.
Aftermath of atomic bomb: A city laid waste by world's most destructive force. 〈The New York Times〉 1945.9.9. William L. Laurence.
Before deadly rage, a life consumed by a troubling silence. 〈The New York Times〉 2007.4.22. N. R. Kleinfield.

There is no news from Auschwitz. 「The New York Times Magazine」 1958.8.31. A. M. Rosenthal.
A town held hostage. 〈The Tampa Tribune〉 1990.9.2. Paul Wilborn.
At the archery field, a South Korean dynasty of an enchanting ruthlessness. 〈Washington Post〉 2021.7.25. Chuck Culpepper.

| 찾아보기_인명 |

〈ㄱ〉
가네코 후미코(金子文子)　416, 417, 419, 420, 424
강석훈　328, 329
강수련　8
강은　8
게이 탤리즈(Gay Talese)　34, 230, 340
고원섭　435
고제규　210, 219~222
고종석　219, 220, 226, 375, 456
고찬유　375, 378~381
곤 와지로(今和次郎)　465
공병선　8
공지영　372
구아모　8, 26, 257, 406
국홍주　412, 413
권중현　56
권태호　388
기욤 아폴리네르(Guillaume Apollinaire)　372
길옥윤　310, 311, 314
길윤형　46
김경필　285
김광섭　366, 367
김구　472~474
김기림　472
김기만　413
김단비　229, 231
김달진　100
김대중　44, 390, 391
김미루　8
김봄　271
김상익　220
김성근　133, 278~284, 286, 287, 289
김성우　117, 375
김수영　372
김수혜　77, 78, 281, 282
김식　134
김예림　8
김예윤　98, 272, 273
김원봉　40

김익상　40~44
김재희　48
김정필　235
김준연　469
김지미　310~315
김지환　8
김진경　8
김찬승　331, 332
김찬희　28
김창룡　430, 431
김창숙　8, 346, 407
김창열　117, 375
김태익　8, 297
김관　21, 23, 27, 28
김학순　7, 162, 412
김형두　340
김훈　375, 384~388, 448, 449

〈ㄴ〉
나경택　7, 135, 137~139, 141
나도향　324
남건우　48
남문희　148
남승용　469
남재희　474, 475
넬리 블라이(Nellie Bly)　109
노병유　138, 139, 145, 146
노유정　8
노종호　440
노지원　8
노천명　474
님 웨일즈　447

〈ㄷ〉
다나카 기이치(田中義一)　43
더럼 스티븐스(Durham White Stevens)　61
드와이트 아이젠하워(Dwight D. Eisenhower)　258

⟨ㅁ⟩

메리 히긴스 클라크(Mary Higgins Clark) 89
문상길　426, 427
문양목　62
문정우　219
문창극　271
민영기　55, 56

⟨ㅂ⟩

박경리　372, 375
박래부　371, 372, 374, 375, 388
박성환　430, 433, 434
박열(박렬)　416~425
박용준　38
박유리　356, 391, 460, 461
박정찬　7, 296, 446
박정희　117
박제순　54~57
박종철　170
박준석　233
박지원　326~329
박진경　426, 428
배두헌　225
배설(Ernest Thomas Bethell)　60, 68
배정근　8
백선기　162
변은샘　8
변희원　30
복거일　412

⟨ㅅ⟩

사이토 마코토(齋藤實)　40
석상인　435
선정수　27, 28
설의식　429, 465, 468, 469
성유보　373, 374
소중한　135~141, 144, 147, 148
손광식　162, 163
손기정　468, 469, 472
손선호　426, 427
손영극　100

손진석　322
손충무　119
손효주　95
송진우　469
송혜미　32, 38
신경숙　372
신광영　94~96, 99
신상옥　310~315
신석호　8
신성일　310, 312~315
신성호　170
신일철　440
신희철　48
심훈　469~472

⟨ㅇ⟩

아리스토텔레스(Aristotle)　184
안병찬　7, 164, 165, 167, 168, 170, 173, 175~177, 179~183, 385, 386, 440~443, 446~449, 452
안수찬　8, 148, 346, 407
안정훈　8
안톤 슈낙(Anton Schnack)　372
안희재　8
알퐁스 도데(Alphonse Daudet)　372
앙드레 말로(Andre Malraux)　447
에이브러햄 마이클 로젠탈(Abraham Michael, A. M. Rosenthal)　461, 463, 464
야나기 무네요시(柳宗悅)　465
양지혜　403, 406
양평　442
어니스트 헤밍웨이(Ernest Hemingway)　26
에드거 스노(Edgar Snow)　447
에드워드 모건 포스터(Edward Morgan Forster, E. M. Foster)　264
엔 알 클라인필드(N. R. Kleinfield)　70
오 헨리(O. Henry)　372
오대양　8
오상헌　401
오소백　261, 337, 340, 344, 434~436, 438, 439
오지은　8

오태진 300~302
오프라 윈프리(Oprah Gail Winfrey) 286
원다라 270
원태성 8
위은지 38
윌리엄 로렌스(William L. Laurence) 304, 355
유건호 363, 364
유대근 8, 29, 140, 270, 271
유현목 316
육영수 117
윤상진 8
이규태 187, 190, 205, 206, 359, 361
이근택 56
이기욱 98, 272, 273
이길용 469
이문영 183
이문재 221
이문희 114~117
이미자 117
이비슬 8, 434
이상 372
이상범 469
이상환 32, 38
이새샘 48
이샘물 148, 302
이서구 100, 102~104, 106~109
이석 324, 326, 417~420, 423~425
이소연 8
이소정 98, 272, 273
이승건 389, 390
이승구 162
이승만 292, 430
이승엽 133, 289
이영학 287, 288
이완수 8
이완용 56, 62
이용균 132
이유회 431~434
이은상 474
이재경 8
이재극 55, 56

이제훈 416
이종욱 133, 413
이준성 8
이준익 424
이지용 56
이지윤 32, 38
이진 8, 43, 44
이청준 205, 301, 302
이태 447
이토 히로부미(伊藤博文) 50, 51, 53~56, 58, 59, 63
이하영 55, 56
이학현 62
이혜복 434
이희령 8
이희정 8
임보미 8
임세원 8
임순만 391
임영웅 289
임인택 235
임지우 8
임철순 375

〈ㅈ〉

장 그르니에(Jean Grenier) 372
장근욱 392
장기영 295, 448, 449
장도빈 261
장명수 117, 375
장비호 119
장은교 245, 257, 258
장인환 63, 64, 66~69
장지연 59~61
장현은 8
잭 로젠탈(Jack Rosenthal) 107
전동천 359
전명운 63, 64, 67, 68
전영욱 440
전재수 284~286
전현석 30

전현진 8, 122, 128~131
정달영 296, 375, 412, 413, 447, 448, 452, 455~457
정상혁 403
정세진 8, 367, 369
정숙현 115~117
정영일 306, 309~311, 315~317
정재관 62, 63
정주영 99, 148~153, 155~161
정중헌 309, 310, 316
정지용 372
정진석 7, 43, 48, 49, 60, 61, 108, 162, 261, 294, 295, 326, 353, 469
제롬 데이비드 샐린저(Jerome David Salinger, J. D. Salinger) 321
조건희 32, 38
조권형 8, 286
조덕송 426, 428~430, 436, 474, 475
조민희 8
조세형 295
조소진 8, 78, 233, 380
조승희 69~74
조웅형 8, 390
조지 로버트 기싱(George Robert Gissing) 372
조지 오웰(George Orwell) 276, 439
조해람 79, 81, 87, 88
조해영 8, 128
조희연 8
조희찬 394, 395, 400, 401
존 리드(John Reed) 447
주요한 468
줄리아 프로디스(Julia Prodis) 92
지민구 97~99, 272, 273
진달래 267
짐 실러(Jim Sheeler) 91
찐 꽁 선(Trinh Cong Son) 182

〈ㅊ〉
차준호 231
채만식 333, 335~337, 435
척 컬프퍼(Chuck Culpepper) 415, 416

최낙동 162
최미송 8
최병우 291~296
최상훈 73, 74
최수묵 184
최유섭 62
최은희 100
최인호 306, 316
최인훈 372
최지선 229
최현준 235

〈ㅌ, ㅍ〉
태원준 28
패티김 310~312
폴 엘뤼아르(Paul Eluard) 372
폴 윌본(Paul Wilborn) 227

〈ㅎ〉
한경제 8
한규설 54~58
한규호 435
한홍정 435
허지원 8
허태영 431~434
헨릭 시엔키에비치(Henryk Sienkiewicz) 372
홍병기 7, 387, 428, 429, 436
홍윤오 449, 451, 452
황순원 162
황영조 180~182, 469
황우석 289
황천영 440
황현 61

| 찾아보기_개념어 |

〈ㄱ〉

가해자 47, 131, 197, 209
간접 인용문 322, 323
갈등 63, 88, 120, 134, 185, 186, 192~196, 198, 199, 210, 214, 219, 221
감동 6, 88, 140, 257, 261, 263, 270, 347, 352, 379, 401
개벽 326, 337
객관 436
객관성 7
객관적 보도 221, 282
객관주의 243, 277, 282, 294, 447
객관화 207, 221, 251, 282, 294
검열 42, 43, 60, 251, 309, 469, 471
게이트키핑(gatekeeping) 27, 220
결과 중심적 29, 38, 39
경계 짓기 258, 369
경수필 455
경쟁력 39, 175, 303, 394
경제부 162
경향신문 6, 8, 49, 79, 81, 87, 119, 122, 128, 130, 131, 149, 150, 154, 161, 162, 245, 246, 258, 433, 434, 438
계간 미스터리 129~131
공간 81, 98, 191, 217, 242~244, 247, 251, 254, 255, 257, 300, 325, 380, 425
공감도 346
공공성 107, 108
공립신보 61, 62, 65, 68, 69
공립협회 62, 63, 69
공유 6, 84, 122, 131, 184, 346
공익 107
과정 보도 107
과정 중심 29, 31, 39, 271
관동대지진 416, 417
관습적 글쓰기 39
관점 258, 271, 290, 292~294, 297, 302, 303, 328
관찰 35, 110, 223, 242~244, 257, 321, 324, 329, 331~333, 346, 364, 368, 369, 406, 425

관훈언론상 29, 38, 99, 270, 271, 296
관훈클럽 295, 296
광고 9, 71, 88, 227, 415
광화문 172, 464~468, 473
구독 모델 415
구매 6, 149
구성, 구성력 7, 19, 78, 96, 97, 134, 147, 161, 184, 205, 226, 330, 348
국도신문 430, 472, 474, 475
국민일보 21, 23, 25, 27, 384, 386, 391, 459, 460
궁금증 21, 35, 88, 136, 384
권선징악 121
기사 삭제 43
기사의 각(predetermined story angle) 435
기사의 구조 131
기승전결 184
기억 5, 6, 28, 77, 87, 116, 121, 137, 159, 212, 213, 217, 222, 268, 345~347
기획 29, 37, 100, 104, 107, 161, 162, 282, 375, 380, 446, 457
기획기사 7, 29, 128, 182, 240, 407, 453
기획형 기사 209
긴장감 44, 87, 104, 128, 185, 242, 397, 402

〈ㄴ〉

낙양의 지가 413
낙양지귀 9, 375
낙종 393
내러티브 129, 184, 186, 453
내러티브 스타일 346
내러티브 포물선 184, 185, 205
내면의 악마 264
내일신문 181, 182
내화형 결말 275, 276
논설위원 28, 162, 165, 167, 168, 170, 173, 177, 179, 182, 206, 241, 295, 475
논픽션 96, 129, 131, 161, 183, 184, 205, 447
뉴스통신사 59, 294
뉴욕월드(New York World) 109

뉴욕타임스 매거진(The New York Times Magazine)　461, 464
뉴욕타임스(The New York Times)　69, 73, 74, 107, 108, 276, 277, 304, 352, 355

〈ㄷ〉

다음뉴스　38
다큐멘터리　99, 148, 161, 162, 344
단어　68, 74, 91, 97, 116, 237, 244, 247, 276, 322, 344, 374, 381, 382, 389, 393, 436, 453
단편소설　205, 372, 381
대동보국회　62, 69
대동신문　434
대한매일신보　48, 60, 68, 108
대한인국민회　69
대한일보　438
대화　34, 53, 88, 107, 156, 205, 225, 229~233, 242~244, 254, 257, 328, 332, 333, 341, 344, 456
데국신문　108
독립신문　6, 49, 108
독자　6, 9, 26, 28, 34, 37, 38, 59, 67, 78, 86, 87, 99~102, 104, 107~109, 122, 131, 150, 152, 153, 156, 185, 186, 257, 263, 264, 324, 345~347, 353, 375, 379, 385, 391, 396~400, 407, 412, 413, 456, 464
독자 효과　131
동아일보　6, 8, 32, 37, 38, 41~43, 48, 49, 94~99, 102, 108, 184, 229, 231, 259, 271~273, 286, 302, 326, 337, 348, 350~353, 373, 389, 390, 408, 410, 412, 413, 435, 465~469, 472
동화통신　430, 433, 434
드라마　38, 96, 133, 161, 263, 306, 307, 312, 313, 315, 412, 413
듣기　44, 222, 223, 229, 230, 234, 236, 238, 240, 242, 243, 257, 258, 277
디테일　307, 347, 348, 352, 359, 361, 364, 367, 461

〈ㄹ〉

레전드 기사　9, 163, 380
록키마운틴뉴스(Rocky Mountain News)　89
르포(르포르타주, reportage)　182, 293, 337, 371, 425, 435, 436, 438, 440, 442, 446, 447, 449
리드　29, 78, 120, 122, 129, 130, 136, 147, 170, 292, 380, 384, 388, 390, 393, 415

〈ㅁ〉

만족감, 만족도　6, 346
매일신문　108
매일신보　108, 326
머니투데이　8, 367, 369
명품　7, 254, 258, 344, 375, 408, 458, 460
몰입　6, 75, 78, 87, 110, 131, 346, 348, 379, 402, 404, 407
묘사, 묘사문　34, 38, 222, 223, 308, 313, 319, 321~329, 331, 333, 337, 340, 341, 345~348, 351, 352, 356, 357, 367, 369, 371, 396, 397, 400, 413, 425, 428, 429, 433~435, 438
무명회　324, 326
문답식 인터뷰 기사　286, 287
문답형　257
문장　29, 219, 220, 221, 235, 236, 238, 293, 297, 300, 301, 322~325, 331, 332, 336, 344~346, 369, 370, 372, 374, 380~382, 384, 385, 387~391, 393, 397, 399, 400, 412, 413, 436, 448, 456, 461
문체　117, 129, 131, 270, 271, 294, 385, 387, 388, 413, 448
문화부　206
문화일보　8, 128, 162
물증　222, 223, 225~227, 229, 230, 233, 234, 241, 243, 322
미담 기사　74
미스터리　89, 131, 135, 147
미확인 정보　393
민간 신문　42, 43
민속지학 저널리즘　356

민족일보　438
민주신보　340
민주일보　428, 429
민주중보　340
민중일보　259, 261

〈ㅂ〉

반박성 질문(counter-argument)　256
발전적 인간　277
발품　29
발행인　173, 326
방증　110, 222, 223, 429
법원 기사　121, 131
베트남(월남)　182, 183, 359, 360, 361, 440~446, 448, 449
벽돌 신문　43
벽에 붙은 파리　34, 230, 340
변화　78, 147, 163, 164, 176, 183, 186, 251, 263~265, 267, 270~273, 275~277
보기　222, 223, 234, 236, 240, 243, 244, 257, 258, 277
복선　95, 98, 191, 197
부산일보　8, 340, 438
빙산 이론　26

〈ㅅ〉

사건 재구성　39, 40, 48
사람 취재원　213, 238, 240
4·3　361, 426, 428, 430, 436
사상계　189, 190, 205, 206, 440
사회부　27, 28, 44, 117, 120, 165, 206, 386, 425, 438
사회정책부　29, 140
산케이신문　424
삼각 검증(triangulation)　243
삼각 확인　243, 282
상업성　107, 108
상투어　382
상황 재구성　37
샌프란시스코 크로니클(San Francisco Chronicle)　61, 64, 66

생동감　37, 156, 328, 344, 359
서울경제　26, 180~182, 257
서울신문　6, 49, 344, 428, 429, 438
선악 구도　121, 271
선정성　357
설명문　34, 37, 222, 223, 247, 248, 254, 322~324, 345, 396, 397
성격 변화　275
세계일보　8, 433, 438
세월호　29, 147, 264, 266, 268~271
소록도　185, 187, 188, 190~193, 195, 199, 200, 202~206
소설　38, 89, 110, 120, 156, 162, 184, 187, 205, 263, 302, 372
소스(source)　53
손품　29
수미쌍관　128, 300
수습기자　5, 165, 175, 220, 221, 289
수필　38, 372, 455~457
스케치　311, 312, 322, 367
스토리텔링　7
스트레이트 기사　49, 50, 60, 61, 131, 292, 364, 385, 391, 407, 413, 453, 472
스트레이트 형식　67, 78, 131
스포츠　29, 132, 281, 289, 401, 407, 412
스포츠조선　424
시각화　328, 331, 433
시나리오　314, 352
시대일보　108
시사IN　88, 148, 182, 222
시사저널　173, 175, 210, 218, 219, 221, 222, 385, 386, 448
시일야방성대곡　49, 59
시점　74, 75, 78~80, 82~84, 137, 164, 187, 188, 191, 308
신동아　205
신뢰도　6, 243, 346
신문 압수　43
신문과 방송　162
신분 가장　110
신천지　326, 430, 435, 436, 438

신한민보　69
실재감　345, 347
실험정신　131
심증　223, 226, 229, 230, 233, 243

〈ㅇ〉
아사히신문　424
아이트래킹(eye-tracking)　110, 111
아프가니스탄　78~81, 449~452
아프간　79~88, 451, 452
안타고니스트　120~123, 128, 131, 132, 134
에디터　5, 27, 131, 168, 234, 287, 302, 322, 379, 393
에버그린 콘텐츠(evergreen content)　7, 28, 163, 289, 415, 464
에세이　49, 321, 453, 456, 457, 461
AP(Associated Press)　94, 399
N클럽　6, 8, 26, 29, 78, 87, 128, 129, 140, 286, 380, 406, 434
엑설런스랩　29, 140, 270
엑스트라　111, 115, 120
엔딩(ending)　78, 393, 399
여순 사건　361
역피라미드 구조　29, 38, 39, 46, 47, 170, 346, 390
연결 문장　156
연결고리　147, 153, 156, 158, 213, 451
연결성　115, 157
연대기　74, 187, 241
연대순　79, 87, 241
연속극　107, 147, 161
연작　168
영화진흥공사　315
영화진흥위원회　315
오감　324
오건조약청체전말　49~52, 59~61, 69
오마이뉴스　135, 136, 140, 141, 147, 148
오보　393
5·18　7, 135~137, 139, 140~145, 147
올림픽　180, 181, 414, 415, 469
요약 내러티브　34, 35, 397

워싱턴포스트(The Washington Post)　414, 415
월간 스크린　316
월간 영화　315
월간 중앙　438
위계화　111, 115
위장　40, 110, 305
유료 구독　289
유료화　39
유머　140, 156, 344, 393
6·25　75, 76, 78, 88, 259, 294, 337, 359, 438
육하원칙　5, 74, 292, 380, 408, 412
을사늑약　50, 54, 56, 57, 59~61
의열단　40
이달의 기자상　29, 240, 271
이슬람　84, 88, 451, 456
이야기　89, 107, 120, 131, 132, 134, 152, 183~187, 194, 196, 247, 258, 271, 275, 276, 278, 380
인물 인터뷰 기사　241, 258, 282, 286
인물의 객관화　282
인물의 변화　183, 263, 264, 277
인용문　34, 53, 222, 223, 248, 322, 323, 333, 345, 397
인지　264
인지 에너지　34, 74
인터랙티브　271
인터랙티브 기사　87
인터뷰　61, 138, 222, 223, 240~243, 257, 258, 277, 282, 284, 286, 287
인터뷰 코멘트　34, 107, 229, 230, 233, 236, 240, 254, 332, 333, 371
일간스포츠　176, 177, 182
일문일답　241~243, 258
일반 시민 취재원　26
일상적 언어　370, 385
일제강점기　40, 108, 324, 416, 422, 430
입증　6, 222, 234, 240, 241, 293
입체적 인물　264

〈ㅈ〉
자료 취재원　213, 238, 240

자서전　277, 278, 289
작법　94, 96, 131, 147, 148, 184, 263, 396
잠입　40, 44, 109, 110, 337
장면 재구성　47
장애물　132, 194
재미　6, 121, 134, 135, 242, 337, 380, 381, 393, 394, 399, 400, 407, 412~415
저널리즘 규범　287
저널리즘 원칙　109, 221, 242, 284, 453
저널리즘혁신　99, 270
저널리즘클럽Q　27, 131, 380
전문기자　304, 317
전문성　304
전재동포　329~331
절정　184~187, 194, 196, 197, 200, 300, 352, 357, 380
점층구조　456
정보 검증　42, 43, 48, 221, 243
정보 늦춰 주기(delayed identification)　390
정보 제때 주기(immediate identification)　389
정치부　286, 337
정형성　129, 131
정확성　276, 393
JTBC　8, 281, 289
조선신문학원　438
조선일보　6, 8, 26, 30, 42, 43, 49, 77, 100~102, 104~106, 108, 205, 206, 257, 259, 281, 283, 285, 291, 293, 294, 296, 297, 300, 302, 309, 316, 317, 322, 324, 326, 331, 332, 335~337, 359, 361, 363, 364, 392, 401, 403, 406, 416~418, 420, 423~425, 430, 433, 435, 472, 475
조선중앙일보　108, 469~471
조선총독부　40, 43, 464, 469
조선통신사　426, 428~430
조연　110, 111, 115~117, 119, 120, 132, 193, 507
좋은 기사　5~9, 26~28, 48, 49, 78, 129, 162, 297, 337, 372, 394, 415
주간조선　306, 309, 310
주연　110, 111, 117, 119, 417
주인공　43, 81, 87, 111, 115, 117, 120, 132, 163,

　　164, 183, 191, 247, 248, 251, 254, 256, 264, 270, 271, 375, 416
주제　21, 27, 29, 33, 34, 99, 104, 107, 110, 121, 134, 164, 175, 183, 185, 186, 209~212, 215, 219, 221, 222, 226, 227, 233, 234, 240, 244, 251, 292, 294, 297, 300~303, 346, 380, 381, 384, 435, 455~457, 461
줄거리　75, 416
중간종합　48, 61, 69, 73
중계방송　412, 425
증보　340
중수필　455, 456
중앙일보　6, 7, 73, 108, 134, 170, 337, 364, 366, 387, 438
중외일보　108, 337
증거 수집　222, 294
증거 수집 방법　234, 236, 238, 240
증거 우선주의(preponderance of evidence)　221
증거력　222, 223, 225, 229, 243
증명　209, 210, 215, 219, 221, 222, 234, 240, 294, 346, 415
지속 사용 의도　131, 346
직관적 증거　227, 233
직접 인용구　156
직접 인용문　322, 323

⟨ㅊ⟩
차별화　258, 289, 302, 303, 369, 415
찾기　21, 162, 222, 223, 233, 234, 236, 238, 240, 241, 257, 258
체험 기사　109, 110
최강야구　281, 289
추리　31
추리소설　135
추적기　147
추적취재　163, 164, 183
출입처　78, 129
충성도　6
취재력　42, 221, 328
취재원　6, 26~28, 34, 39, 87, 107, 120, 139, 144, 173, 175, 209, 213, 217, 219, 221, 223,

225, 226, 229, 230, 233, 238, 240, 242~244, 247, 256, 257, 287, 292, 332, 333, 453
친밀한 저널리즘(intimate journalism)　27

〈ㅋ〉

칼럼　5, 9, 27, 67, 173, 175, 181, 183, 206, 379, 386~388, 452
칼럼니스트　9, 180, 281, 282
KBS　316, 328
코리아 데일리뉴스(The Korea Daily News)　60
코리아타임스(The Korea Times)　295
Q저널리즘상　27, 131, 380, 381
큰따옴표　53, 323
클라이맥스　86, 93, 184, 197

〈ㅌ〉

타블로이드　340
탈레반　79, 81, 82, 449~452
탐사기자　304
탐사저널리즘　219
탐사보도　240
탬파 트리뷴(The Tampa Tribune)　227
특종　170, 281, 303, 393, 407
특종기사　5~7, 9, 400
티저(teaser)　88, 89, 91~99, 149, 159, 187, 271

〈ㅍ〉

판결 기사　120, 122, 131
팩트(fact)　270, 379, 393
팬터마임(pantomime)　357
편집국　28, 322, 388
편집부　206
편집인　173, 175, 182, 326
평면적 인물　264
평양민보　359
평전　140, 277, 278, 289
평화신문　295
표현　50, 107, 116, 129, 130, 171, 176, 186, 220, 221, 247, 261, 270, 276, 323, 327, 336, 337, 344, 345, 347, 357, 359, 361, 367, 384, 393, 403, 428, 438, 439, 456, 457, 458, 461, 464, 468
표현력　369, 380
풀리처상　74, 89, 240, 356, 464
프로타고니스트　120~123, 128, 131, 132, 134
프로파일(profile)　286, 287, 289
프리미엄 뉴스　7, 415
플래시백　185, 187, 188
플롯 전환점(plot point)　185~188, 192, 193, 195, 196, 198, 199
피라미드 구조　47
피처(feature writing)　89
피해자　46, 47, 131, 165, 168, 170, 172, 209, 230, 267, 325, 367, 452

〈ㅎ〉

한겨레　8, 74, 128, 183, 235~239, 356, 386~388
한겨레21　46, 148
한국경제　8, 395
한국기자협회　29, 240, 271
한국영상자료원　315
한국일보　6~8, 29, 78, 112, 114~117, 140, 164~168, 170, 173, 177, 179, 180, 182, 233, 264, 267, 270, 295, 371, 374, 375, 378, 380, 385, 386, 388, 438, 440~442, 445~449, 451, 452, 455, 456
한국전쟁　259
한성순보　49, 108
한성주보　49
해됴신문　60
해설기사　391, 453
해조신문　60
헤럴드경제　225
현대중공업　79, 80, 82~87
현장 내러티브　34, 35, 397
현장감　44, 107, 345, 348, 374
현장성　369, 387
호기심　28, 29, 31, 38, 99, 100, 107, 122, 129, 147, 211
홍보　235, 415
확장형 결말　276

황성신문　49~52, 58~61, 108
효과　27, 38, 94, 110, 111, 116, 128, 131, 186,
　　　187, 234, 281, 306, 345~347, 351
흡인력　37, 128, 390
흥미　23, 28, 68, 74, 88, 100~102, 107, 263, 306,
　　　395, 396, 401, 407, 412
히어로콘텐츠팀　32, 37, 38, 97, 99, 271

* 모든 외국어 이름과 명칭, 개념어는 본문에 한글로 적었는지와 관계없이 찾아보기에는 모두 '한글(영어)'로 표기한다.